中国社会科学年鉴

中国人口年鉴 2013

ALMANAC OF CHINA'S POPULATION

中国社会科学院人口与劳动经济研究所

中国社会科学出版社

图书在版编目（CIP）数据

中国人口年鉴.2013／中国社会科学院人口与劳动经济研究所编.—北京：中国社会科学出版社，2014.1
ISBN 978－7－5161－3891－5

Ⅰ.①中… Ⅱ.①中… Ⅲ.①人口—中国—2013—年鉴 Ⅳ.①C924.2－54

中国版本图书馆 CIP 数据核字（2014）第 016492 号

出 版 人	赵剑英
责任编辑	汪正鸣　张昊鹏　姜阿平　李敦球
责任校对	张昊鹏
责任印制	张雪娇
出　　版	中国社会科学出版社
社　　址	北京鼓楼西大街甲 158 号（邮编100720）
网　　址	http://www.csspw.cn
	中文域名：中国社科网　010－64070619
发 行 部	010－84083685
门 市 部	010－84029450
经　　销	新华书店及其他书店
印刷装订	三河市东方印刷有限公司
版　　次	2014 年 1 月第 1 版
印　　次	2014 年 1 月第 1 次印刷
开　　本	787×1092　1/16
印　　张	39
字　　数	964 千字
定　　价	385.00 元

凡购买中国社会科学出版社图书，如有质量问题请与本社联系调换
电话：010－64009791
版权所有　侵权必究

《中国人口年鉴》编辑委员会

主　任　蔡　昉

副主任　张车伟　冯乃林

委　员（以姓氏笔画为序）

　　　　王大龙　王红进　毛群安　冯乃林
　　　　伍晓玲　何珊珊　张车伟　汪正鸣
　　　　陆杰华　陈　立　陈　浩　武　洁
　　　　郑真真　段成荣　赵长保　郭震威
　　　　翟燕立　蔡　昉　潘晨光

目 录

编辑说明   1
1.文献选载   1
·人口与发展   1

国务院关于印发国家基本公共服务体系"十二五"规划的通知(2012年7月11日)   1
国家基本公共服务体系"十二五"规划   1
国务院办公厅关于印发少数民族事业"十二五"规划的通知(2012年7月12日)   32
少数民族事业"十二五"规划   33
民政部关于鼓励和引导民间资本进入养老服务领域的实施意见(2012年7月24日)   43
中华人民共和国民政部令(第45号)(2012年8月8日)   45
中国边民与毗邻国边民婚姻登记办法   45
中共中央组织部 人力资源社会保障部 公安部等25部门关于印发《外国人在中国永久居留享有相关待遇的办法》的通知(2012年9月25日)   47
外国人在中国永久居留享有相关待遇的办法   48
坚定不移沿着中国特色社会主义道路前进　为全面建成小康社会而奋斗(节选)
——在中国共产党第十八次全国代表大会上(2012年11月8日)   胡锦涛 49
中华人民共和国老年人权益保障法(1996年8月29日第八届全国人民代表大会常务委员会第二十一次会议通过;根据2009年8月27日第十一届全国人民代表大会常务委员会第十次会议《关于修改部分法律的决定》修正;2012年12月28日第十一届全国人民代表大会常务委员会第三十次会议修订)   51
国务院批转发展改革委等部门关于深化收入分配制度改革的若干意见的通知(2013年2月3日)   57
关于深化收入分配制度改革的若干意见   58
政府工作报告(节选)
——2013年3月5日在第十二届全国人民代表大会第一次会议上   温家宝 64

在十二届全国人大一次会议闭幕式上的讲话(2013年3月17日) 习近平	67
·劳动就业和社会保障	70
促进就业是保障和改善民生的头等大事(2012年7月17日) 温家宝	70
人力资源和社会保障部 总后勤部等5部门关于军人退役养老保险关系转移接续有关问题的通知(2012年8月20日)	73
国务院关于进一步加强和改进最低生活保障工作的意见(2012年9月1日)	76
财政部 民政部关于印发《城乡最低生活保障资金管理办法》的通知(2012年9月28日)	80
城乡最低生活保障资金管理办法	80
人力资源社会保障部 财政部 卫生部关于开展基本医疗保险付费总额控制的意见(2012年11月14日)	82
人力资源和社会保障部 财政部关于进一步完善公共就业服务体系有关问题的通知(2012年12月26日)	85
人力资源社会保障部 中华全国工商业联合会关于加强非公有制企业劳动争议预防调解工作的意见(2013年1月10日)	88
人力资源社会保障部办公厅关于进一步贯彻落实国务院开展厂办大集体改革工作指导意见的通知(2013年4月16日)	89
人力资源社会保障部关于执行《工伤保险条例》若干问题的意见(2013年4月25日)	90
·教育和公共卫生	93
教育部关于全面提高高等教育质量的若干意见(2012年3月16日)	93
国务院关于加强食品安全工作的决定(2012年6月23日)	100
国务院关于加强教师队伍建设的意见(2012年8月20日)	105
国务院办公厅转发教育部等部门关于做好进城务工人员随迁子女接受义务教育后在当地参加升学考试工作的意见的通知(2012年8月30日)	109
关于做好进城务工人员随迁子女接受义务教育后在当地参加升学考试工作的意见	109
国务院关于深入推进义务教育均衡发展的意见(2012年9月5日)	110
财政部 发展改革委 教育部 人力资源社会保障部关于扩大中等职业教育免学费政策范围进一步完善国家助学金制度的意见(2012年10月22日)	114
教育部等5部门关于加强义务教育阶段农村留守儿童关爱和教育工作的意见(2013年1月4日)	116
国务院办公厅关于建立疾病应急救助制度的指导意见(2013年2月22日)	119
人力资源社会保障部办公厅关于做好H7N9禽流感患者医疗保障工作的通知(2013年4月18日)	121
2.概况	123
2012年中国人口发展概况 李桂芝	123
2012年全国户籍人口和暂住人口状况 公安部治安管理局户政管理处	128
2012年中国人口和计划生育事业发展概况 国家人口和计划生育委员会办公厅研究室	130
2012年中国社会保障事业发展概况 汪泽英	132

2012年中国教育事业发展概况	教育部 136
2012年中国人才事业发展概况	潘晨光 赵慧英 140
2012年中国卫生事业发展概况	谭相东 李乾源 146
2012年中国社会服务事业发展概况	何珊珊 151

3. 专论
·专文
157

中国必须通过的减速关	蔡昉 157
2012：中国人口学研究的回顾与评述	陆杰华 李月 173
中国农村劳动力外出就业的新变化	张恒春 邓志喜 188
中国人口城镇化率统计与推算方法探讨	武洁 权少伟 201
中国劳动争议的状况及影响因素	王美艳 206
中国居民营养状况调查与监测	马冠生 赵丽云 218

·学术研究综述
226

人口红利理论研究新进展	唐代盛 邓力源 226
中国农村居民收入地区差异研究述评	郭叶波 魏后凯 242

·文摘
256

"90后"大学生就业能力结构模型研究	256
"单独"育龄妇女总量、结构及变动趋势研究	256
"老龄健康"的经济学研究	256
"十二五"时期我国劳动关系发展走势与应对之策	257
51.27%的城镇化率是否高估了中国城镇化水平：国际背景下的思考	257
变革中的劳动关系研究：中国劳动争议的特点与趋向	257
城镇化要从"要素驱动"走向"创新驱动"	257
城镇劳动力市场雇佣关系的演化及影响因素	258
从"民工荒"看我国"刘易斯转折点"与农民就业转型	258
到底能生多少孩子？——中国人的政策生育潜力估计	258
二元转型及其动态演进下的刘易斯转折点讨论	258
发达地区人口、土地与经济城镇化协调发展研究	259
反思当前城镇化发展中的五种偏向	259
非农就业、社会保障与农户土地转出——基于30镇49村476个农民的实证分析	259
非正规就业劳动关系的调整机制——基于对城市农民工群体的调查	259
个人特征、家庭特征对农村非农就业影响的实证	260
工会建设与外来工劳动权益保护	260
公共支出结构与农村减贫——基于省级面板数据的证据	260
环境污染对劳动生产率的影响研究	260
基于SYS-GMM的中国人口结构变化与经济增长关系研究	261
集体谈判的影响因素分析——基于一家合资企业集体谈判历史变迁的实证研究	261

集体协商与"国家主导"下的劳动关系治理——指标管理的策略与实践 261
技术创新对就业的影响:创造还是毁灭工作岗位——以福建省为例 261
技术进步、资本深化、产业升级与大学生就业——2001-2010 年中国省级面板数据分析 262
健康、劳动参与及中国农村老年贫困 262
经济增长、收入差距与农村贫困 262
经济增长与不平等对农村贫困的影响 262
空间依赖、碳排放与人均收入的空间计量研究 263
劳动保护、工作福利、社会保障与农民工城镇就业 263
劳动关系氛围和员工工作满意度:组织承诺的调节作用 263
劳动力市场"去管制化"与"知识失业" 263
劳动力自由迁移为何如此重要?——基于代际收入流动的视角 263
劳动契约、员工参与与相互投资型劳动关系 264
粮食补贴政策与农户非农就业行为研究 264
流动儿童歧视、社会身份冲突与城市适应的关系 264
流动儿童社会融合的代际传承 264
流动人口在城市劳动力市场中的地位:三群体研究 265
论我国罢工立法与罢工转型的关系 265
农民对新型农村合作医疗的福利认同及其影响因素 265
农民工城镇化的分层路径:基于意愿与能力匹配的研究 265
农民工的劳动合同状况及其影响因素研究 266
农民工人力资本与工资关系的性别差异及户籍地差异 266
企业劳动关系和谐度实证研究:基于大连地区的企业调查 266
人口承载力研究的演进、问题与展望 266
人口红利、结构红利与区域经济增长 267
人口红利:理论辨析、现实困境与理性选择 267
人口结构、城镇化与碳排放 267
人口老龄化的区域经济效应分析——基于新古典经济增长模型 267
人口流动、财政支出结构与城乡收入差距 268
人力资本、劳动力市场分割与性别收入差距 268
失地对中国农村居民健康风险的影响分析 268
双重角色定位下的工会跨界职能履行及作用效果分析 268
体面劳动背景下我国集体谈判制度的构建 269
我国劳动关系协调机制整体推进论纲 269
我国劳动密集型小企业劳动关系问题研究 269
我国企业劳动关系和谐度的评价与建议:基于问卷调查的实证分析 269
我国企业劳动关系和谐指数评价指标之研究 270
预期寿命与中国家庭储蓄 270

内容	页码
增长、就业与社会支出——关于社会政策的"常识"与反"常识"	270
浙江非公企业劳资矛盾与工会调节作用研究:基于农民工租住地工会的实证研究	270
中国城镇化"推进模式"研究	271
中国城镇化格局变动与人口合理分布	271
中国劳动力市场的户籍分割效应及其变迁——工资差异与机会差异双重视角下的实证研究	271
中国流动人口人力资本回报与社会融合	272
中国农民养老生命周期补偿理论及补偿水平研究	272
中国区域间人口红利差异分解及解释——基于数据包络分析模型	272
中国人口年龄结构合理转化问题研究	272
中国省际人口迁移区域模式变化及其影响因素——基于2000年和2010年人口普查资料的分析	273
中国细分行业的就业创造研究	273
中国行业工资集体协商效果的实证分析:以武汉餐饮行业为例	273
中国制造业部门劳动报酬比重下降及其动因分析	273
转型社会的劳资关系:特征与走向	274
宗教参与对我国高龄老人死亡风险的影响分析	274
最低工资标准提升的劳动力供给效应——基于回归间断设计的经验研究	274

4.大事记 275
· 2012年中国人口大事记 275

5.附录 299
· 会议综述 299

"中国城市化的反思与创新"学术研讨会综述　李玉柱　299

实现"人人老有所养":构建覆盖城乡的中国特色社会养老保障体系
　　——"2012养老保障国际论坛"会议综述　孟颖颖　304

· 会议动态 310

内容	页码
国家人口计生委2011年度工作总结大会	310
中国社会保障30人论坛年会(2012)	310
制定家庭暴力防治法可行性研讨会	311
全国人口和计划生育形势分析会	311
国家免费孕前优生项目全面推进工作会议	311
中法家庭发展政策研讨会	311
中国城镇化战略研讨会	312
全国人口计生利益导向工作会议	312
第二届中国世界城市史论坛	312
人口挑战与社会融合国际研讨会	312
第六届"亚洲女性论坛"	313
中日韩应对人口老龄化问题国际研讨会	313

"中国城市化的反思与创新"学术研讨会	313
全国综合治理出生人口性别比偏高暨重点治理年工作会议	313
两岸人力资源开发与交流研讨会	314
积极应对人口老龄化战略研讨会	314
新型农村合作医疗改革与发展战略论坛	314
残疾人保障国际论坛(2012)	314
"城市化:动态、问题与治理"国际学术会议	315
亚洲构建可持续老龄化社会研讨会	315
首届中美婚姻家庭治疗国际研讨会	315
2012广州论坛·新型城市化发展高峰论坛	316
第二届城市社会论坛	316
首届全国社会保障教学研讨会	316
国家人口发展"十二五"规划实施研讨会	317
人口研究方法与应用:健康老龄的生物人口学与多状态事件史分析国际研讨会	317
中国劳动学会劳动教育科学分会年会	317
"新生代农民工家庭的社会融入"研讨会	318
国家社会福利制度发展战略研讨会	318
全国人口和计划生育综合改革工作会议	318

6.数据 319

- 说明 319
- 数据类目 320
- 行政区划 321

1.2012年全国行政区划	321
2.2012年全国民族自治地方行政区划和人口数	322

- 人口数、户数和人口自然变动 323

3.2012年各省、自治区、直辖市人口数及人口自然变动	323
4.2012年各省、自治区、直辖市户数、人口数	324
5.2012年各省、自治区、直辖市市户数、人口数	325
6.2012年各省、自治区、直辖市县户数、人口数	326
7.2012年全国分年龄、性别的人口数	327
8.2012年全国城市分年龄、性别的人口数	330
9.2012年全国镇分年龄、性别的人口数	333
10.2012年全国乡村分年龄、性别的人口数	336
11.1978-2012年全国人口出生率、死亡率和自然增长率	339
12.2012年各省、自治区、直辖市户数、人口数、性别比和平均家庭户规模	340
13.2012年各省、自治区、直辖市城市户数、人口数、性别比和平均家庭户规模	342
14.2012年各省、自治区、直辖市镇户数、人口数、性别比和平均家庭户规模	344

15.2012年各省、自治区、直辖市乡村户数、人口数、性别比和平均家庭户规模	346
16.2012年各省、自治区、直辖市分性别、受教育程度的人口	348
17.2012年各省、自治区、直辖市城市分性别、受教育程度的人口	350
18.2012年各省、自治区、直辖市镇分性别、受教育程度的人口	352
19.2012年各省、自治区、直辖市乡村分性别、受教育程度的人口	354
20.2012年各省、自治区、直辖市分性别、婚姻状况的人口	356
21.2012年各省、自治区、直辖市城市分性别、婚姻状况的人口	358
22.2012年各省、自治区、直辖市镇分性别、婚姻状况的人口	360
23.2012年各省、自治区、直辖市乡村分性别、婚姻状况的人口	362
•人口构成	364
24.2012年各省、自治区、直辖市人口城乡构成	364
25.2012年各省、自治区、直辖市人口年龄构成和抚养比	365
26.2012年各省、自治区、直辖市城市人口年龄构成和抚养比	366
27.2012年各省、自治区、直辖市镇人口年龄构成和抚养比	367
28.2012年各省、自治区、直辖市乡村人口年龄构成和抚养比	368
29.2005-2012年各省、自治区、直辖市城镇人口比重	369
30.2012年全国15岁及以上人口分年龄、性别的婚姻状况	370
31.2012年全国城市15岁及以上人口分年龄、性别的婚姻状况	374
32.2012年全国镇15岁及以上人口分年龄、性别的婚姻状况	378
33.2012年全国乡村15岁及以上人口分年龄、性别的婚姻状况	382
•非农业、农业人口	386
34.2012年全国非农业、农业人口	386
35.2012年全国市非农业、农业人口	387
36.2012年全国县非农业、农业人口	388
•计划生育	389
37.2012年全国育龄妇女分年龄、孩次的生育状况	389
38.2012年全国城市育龄妇女分年龄、孩次的生育状况	390
39.2012年全国镇育龄妇女分年龄、孩次的生育状况	391
40.2012年全国乡村育龄妇女分年龄、孩次的生育状况	392
41.2012年全国分孩次出生政策符合率	393
42.2012年全国分孩次出生政策符合率与上年比较	394
43.2012年全国已婚育龄妇女领证情况及避孕率	395
44.2012年全国已婚育龄妇女领证情况及避孕率与上年比较	396
45.2012年全国采取各种节育措施人数	397
46.2012年全国采取各种节育措施人数与上年比较	398
47.2012年全国采取各种避孕措施分布	399
48.2012年全国采取各种避孕措施分布与上年比较	400

49.2012年全国实施各种节育手术例数	401
50.2012年全国实施各种节育手术例数与上年比较	402
51.1971-2012年全国计划生育手术情况	403
·劳动就业	404
52.2008-2012年全国就业基本情况	404
53.全国历年按三次产业分就业人员数	405
54.全国历年按城乡分就业人员数	406
55.2012年各省、自治区、直辖市按行业分城镇单位就业人员数	408
56.2003-2012年全国按行业分城镇单位就业人员数	410
57.2012年各省、自治区、直辖市私营企业就业人数	412
58.2012年各省、自治区、直辖市个体就业人数	413
59.1990-2012年各省、自治区、直辖市城镇登记失业人员及失业率	414
·社会保障与社会服务	415
60.全国历年城市社会救济和城市居民最低生活保障	415
61.2012年各省、自治区、直辖市城市居民最低生活保障及其他社会救济	416
62.2012年各省、自治区、直辖市农村居民最低生活保障情况	418
63.全国历年农村社会救济和农村居民最低生活保障	419
64.2004-2012年全国医疗救助情况	420
65.2012年各省、自治区、直辖市医疗救助及其他农村救济	421
66.2012年各省、自治区、直辖市农村五保供养情况	422
67.1999-2012年全国最低生活保障和社会救济平均标准	424
68.1999-2012年全国最低生活保障和社会救济平均支出水平	425
69.2012年各省、自治区、直辖市城市养老服务机构	426
70.2012年各省、自治区、直辖市农村养老服务机构	428
71.2012年各省、自治区、直辖市儿童收养机构	430
72.2012年各省、自治区、直辖市社会福利院	432
73.2012年各省、自治区、直辖市老龄事业情况发展概况(一)	434
74.2012年各省、自治区、直辖市老龄事业情况发展概况(二)	436
75.2012年各省、自治区、直辖市结婚登记服务情况(一)	438
76.2012年各省、自治区、直辖市结婚登记服务情况(二)	440
77.全国历年结婚登记情况	441
78.2012年各省、自治区、直辖市离婚办理服务情况	442
79.全国历年离婚办理情况	444
80.全国历年自然灾害情况	445
81.2012年各省、自治区、直辖市自然灾害损失情况	446
·社会保险	447
82.1994-2012年全国社会保险基本情况	447

83.1990-2012年全国社会保险基金收支及累计结余	448
84.2012年各省、自治区、直辖市城镇职工基本养老保险情况	449
85.1989-2012年全国参加城镇职工基本养老保险人数	450
86.2012年各省、自治区、直辖市城乡居民社会养老保险情况	451
87.2012年各省、自治区、直辖市城镇基本医疗保险参保人数	452
88.2012年各省、自治区、直辖市城镇基本医疗保险基金收支情况	453
89.2012年各省、自治区、直辖市失业保险情况	454
90.2012年各省、自治区、直辖市工伤保险情况	455
91.2012年各省、自治区、直辖市生育保险情况	456
·人民生活水平	**457**
92.2012年人民生活基本情况	457
93.2012年各省、自治区、直辖市城镇居民平均每人全年家庭收入来源	458
94.2012年各省、自治区、直辖市按来源分农村居民家庭人均纯收入	459
95.2012年各省、自治区、直辖市城镇居民家庭平均每人全年现金消费支出(一)	460
96.2012年各省、自治区、直辖市城镇居民家庭平均每人全年现金消费支出(二)	462
97.2012年各省、自治区、直辖市农村居民家庭平均每人消费支出	464
98.全国历年城乡居民家庭人均收入和消费支出	465
99.2012年各省、自治区、直辖市居民消费水平	466
100.全国历年居民消费水平	467
101.2012年各省、自治区、直辖市城镇单位就业人员工资总额和指数	468
102.1995-2012年全国城镇单位就业人员工资总额和指数	469
103.2012年各省、自治区、直辖市城镇单位就业人员平均工资和指数	470
104.1995-2012年全国城镇单位就业人员平均工资和指数	472
105.全国历年城乡居民家庭人均收入及恩格尔系数	474
106.1978-2012年全国城乡居民生活水平、职工工资和住房	475
107.2012年东、中、西部及东北地区农村居民家庭基本情况	476
108.全国历年城乡新建住宅面积和居民住房情况	477
109.2012年各省、自治区、直辖市农村居民家庭住房情况	478
·公共卫生与健康	**479**
110.2012年各省、自治区、直辖市医疗卫生机构数	479
111.2012年各省、自治区、直辖市医疗卫生机构床位数	480
112.2012年各省、自治区、直辖市卫生人员数	481
113.2012年各省、自治区、直辖市农村乡镇卫生院及床位、人员数	482
114.2012年各省、自治区、直辖市村卫生室及人员数	483
115.2011年各省、自治区、直辖市医院诊疗人次、住院人数	484
116.2012年各省、自治区、直辖市基层医疗卫生机构诊疗人次、住院人数	485
117.2012年全国医院收入与支出	486

118. 2012年综合医院收入与支出	487
119. 2008-2012年全国公立医院次均门诊费用、人均住院费用	488
120. 2012年全国政府办综合医院次均门诊费用、人均住院费用	489
121. 2012年全国城市医院住院病人前10位疾病构成	490
122. 2012年全国县级医院住院病人前10位疾病构成	490
123. 2012年全国部分市分性别前10位疾病死亡专率及死亡原因构成	491
124. 2012年全国部分县分性别前10位疾病死亡专率及死亡原因构成	491
125. 2011年各省、自治区、直辖市儿童保健情况	492
126. 1990-2011年全国儿童保健情况	493
127. 1991-2011年卫生部监测地区新生儿死亡率、婴儿死亡率、5岁以下儿童和孕产妇死亡率	494
128. 2011年各省、自治区、直辖市孕产妇保健情况(一)	495
129. 2011年各省、自治区、直辖市孕产妇保健情况(二)	496
130. 1990-2011年全国孕产妇保健情况	497
131. 2012年全国28种传染病报告发病及死亡数	498
132. 2012年各省、自治区、直辖市新型农村合作医疗情况	499
133. 2012年各省、自治区、直辖市农村改水情况	500
134. 2012年各省、自治区、直辖市农村改厕工作情况	501

· 教育状况   502

135. 全国历年各级各类学校数	502
136. 全国历年各级各类学校专任教师数	503
137. 全国历年各级各类学校招生数	504
138. 全国历年各级各类学校在校学生数	505
139. 2012年各省、自治区、直辖市每10万人口各级学校平均在校生数	506
140. 全国历年各级各类学校毕业生数	507
141. 2012年各省、自治区、直辖市各级普通学校生师比	508
142. 1990-2012年全国学龄儿童入学率和各级普通学校毕业生升学率	509
143. 2012年全国高等教育学校(机构)学生数	510
144. 2012年全国各级各类学历教育学生情况	511
145. 2012年各省、自治区、直辖市特殊教育基本情况	512
146. 2011年各省、自治区、直辖市教育经费情况	513
147. 2011年各类学校教育经费情况	514
148. 2012年各省、自治区、直辖市分性别的15岁及以上文盲人口	515
149. 2012年各省、自治区、直辖市城市分性别的15岁及以上文盲人口	516
150. 2012年各省、自治区、直辖市镇分性别的15岁及以上文盲人口	517
151. 2012年各省、自治区、直辖市乡村分性别的15岁及以上文盲人口	518

· 台湾省   519

152. 2008-2012年台湾省面积和人口主要指标	519

153.2008-2012年台湾省劳动力和就业状况	519
154.2004-2011年台湾省医院、病床和医务人员情况	520
155.2004-2012年台湾省入学率和教育经费	520

·香港特别行政区 521

156.2008-2012年香港特别行政区人口主要指标	521
157.2008-2012年香港特别行政区劳动人口及失业状况	521
158.2008-2012年香港特别行政区按行业划分的就业人数	522
159.2008-2012年香港特别行政区按居住国家/地区划分的访港旅客人数	522
160.2008-2012年香港特别行政区医疗卫生条件	523
161.2008-2012年香港特别行政区15岁及以上人口受教育程度	524

·澳门特别行政区 525

162.2008-2012年澳门特别行政区人口主要指标	525
163.2009-2012年澳门特别行政区按行业划分的就业人口	525
164.2008-2012年澳门特别行政区经济活动人口及失业状况	526
165.2008-2012年澳门特别行政区医疗卫生条件	526
166.澳门特别行政区14岁及以上人口受教育程度	527

·世界人口数据 528

167.人口统计(一)	528
168.人口统计(二)	529
169.人口与经济统计(一)	530
170.人口与经济统计(二)	531
171.健康状况(一)	532
172.健康状况(二)	533
173.妇女发展统计(一)	534
174.妇女发展统计(二)	535
175.儿童发展统计(一)	536
176.儿童发展统计(二)	537
177.儿童发展统计(三)	538
178.儿童发展统计(四)	539
179.HIV统计(一)	540
180.HIV统计(二)	541
181.教育统计(一)	542
182.教育统计(二)	543
183.死亡率统计(一)	544
184.死亡率统计(二)	545
185.死亡率统计(三)	546
186.致患因素(一)	547

187.致患因素(二)	548
188.发病率统计	549
189.传染病统计(一)	550
190.传染病统计(二)	551
191.卫生服务覆盖率(一)	552
192.卫生服务覆盖率(二)	553
193.卫生服务覆盖率(三)	554
194.卫生资源统计(一)	555
195.卫生资源统计(二)	556
196.卫生费用统计(一)	557
197.卫生费用统计(二)	558
198.卫生费用统计(三)	559
·世界人口数据部分指标解释	560
7.索引	**563**
8.英文目录	**577**
9.补白	
中国的生态文明建设	122
教育质量:来自国际学生评估项目的信息	298
中国中产阶层的兴起	576

编辑说明

时光飞度，转眼间岁末将至。《中国人口年鉴》2013卷携着编辑部各位同仁对读者的良好祝愿，如约与大家见面了。

由于工作调整和机构改革等原因，《中国人口年鉴》2013卷由期刊变为图书，今后改由中国社会科学出版社出版发行。《中国人口年鉴》仍将秉承"收录广泛、资料浓缩、信息密集、内容权威"的一贯原则，以全面、客观、详实地反映中国人口及相关各项事业的发展概况，以及相关领域的研究状况为己任，继续在学术界和社会各界发挥自己应有的作用。

《中国人口年鉴》2013卷仍设8个栏目：1. 文献选载；2. 概况；3. 专论；4. 大事记；5. 附录；6. 数据；7. 索引；8. 英文目录。

1. "文献选载"栏目，该栏目由"人口与发展"、"劳动就业和社会保障"和"教育和公共卫生"三个部分组成。辑选了2012年度党和国家领导人的相关讲话、报告，以及有关人口、劳动就业、社会保障与社会保险、教育、公共卫生等方面的法律、法规和文件。各部分文献篇目以发表时间为序。为增加内容的时效性，辑入了2013年1月1日至4月30日之间已发表或已公布的部分文献。

2. "概况"栏目。该栏目文章均由国家主管部门或权威人士撰写，内容的权威性具有可靠的保证，基本上涵盖了2012年度与人口发展相关各项社会事业的发展概况。

3. "专论"栏目。这个栏目一直是本年鉴最具特色的重点栏目，由"专文"、"学术研究综述"和"文摘"三部分组成。

"专文"部分的6篇文章，内容均为社会各界所关注的热点问题。著名经济学家蔡昉教授撰写的"中国必须通过的减速关"一文，就如何看待人口红利消失后所出现的中国经济减速提出了极富建设性的见解。明确提出要创造一个创造性破坏的制度环境，提高潜在生产率，进而使经济健康持续发展的结论，令人耳目一新；"2012：中国人口学研究的回顾与评述"则对2012年中国人口学研究的状况进行了梳理，使读者得以全方位地了解中国人口学研究发展的全貌；由农业部农业经济研究中心专家撰写的"中国农村劳动力外出就业的新变化"一文，利用全国农村固定观察点系统的调研数据，全面、客观地分析了近年来中国农村劳动力外出就业的新变化和新特点，有利于读者了解我国农村劳动力转移的现状；由国家统计局人口和就业统计司专家撰写的"我国人口城镇化率统计与推算方法探讨"，对我国人口城镇化的统计与推算方法进行了介绍和探讨；随着中国经济的发展，劳动争议问题也越来越突出，"中国劳动争议的状况及影响因素"一文，为读者介绍了中国劳动争议的现状，以及产生劳动争议的原因；"中国居民营养调查与监测"对我国居民营养调查与监测活动的历史、现状、内容等方面进行了全面的介绍，对于读者了解我国居民营养调查与监测活动的开展状况一定大有裨益。

"学术研究综述"收入了"人口红利理论研究新进展"和"中国农村居民收入地区差异研究述评"两篇文章。前者基于文献，对人口红利理论研究方面的新进展进行了全面的梳理与评述，不失为一篇了解人口红利问题研究现状的好文章；后者则根据现有文献，对中国农村居民收入地区差异问题的研究现状进行分析梳理，读者可以通过此文对中国农村居民收入地区差异研究现状，以及学界关注的热点有一个大致的了解。

"文摘"由本书编辑部根据国内2012年已出版的相关学术期刊中的内容选编而成，基本上反映了2012年人口学及相关学科的研究状况。中国社会科学院人口与劳动经济研究所劳动关系研究室孙兆阳、周晓光两位同志，为"文摘"的选编做了不少工作，在此特致谢意。

4."大事记"栏目。本栏目涵盖了2012年发生的与中国人口发展相关的事件，为读者把握中国人口发展提供时间序列上的清晰脉络。

5."附录"栏目。由"会议综述"和"会议动态"两部分组成。

6."数据"栏目。此栏目在本书中所占篇幅最大，其目的在于为读者在时间和空间上提供一个比较平台，以最大限度地发挥统计数据的作用。其中国内部分包括"行政区划"、"人口数和户数、人口自然变动"、"人口构成"、"非农业、农业人口"、"计划生育"、"劳动就业"、"社会保障与社会服务"、"社会保险"、"人民生活水平"、"公共卫生与健康"和"教育状况"方面的数据，以及台湾省、香港特别行政区和澳门特别行政区的相关统计数据。

在数据收集过程中，国家卫生和计划生育委、公安部、教育部、民政部、国家统计局等部、委、局的相关部门给予了大力的支持，在此一并表示感谢。

"世界人口数据"包括部分相关国际统计数据及其指标解释。

7.本书所载文章、数据，除特殊注明外均不包括台湾省、香港特别行政区、澳门特别行政区，以及服现役人员。

8.为便于读者阅读，本书除在卷首列"目录"外，还在卷尾编有"索引"。

9.《中国人口年鉴》2013卷编辑分工为：(1)"文献选载"由汪正鸣负责；(2)"概况"由汪正鸣负责；(3)"专论"由汪正鸣负责，其中"文摘"由汪正鸣、孙兆阳、周晓光提供；(4)"大事记"由施琛华负责，嵇平平供稿；(5)"附录"由施琛华负责；(6)"数据"由汪正鸣负责，其中"世界人口数据"由赵晓姝编译提供；(7)"索引"由汪正鸣、施琛华编制；(8)"英文目录"由汪正鸣、孙兆阳、周晓光编译，郑真真审校。

全书由汪正鸣统编，副主编郑真真审校，主编张车伟审定。版式设计汪正鸣。

《中国人口年鉴》编辑部
2013年10月

文献选载

- 人口与发展
- 劳动就业和社会保障
- 教育和公共卫生

文献选载

- 人口与发展
- 劳动就业和社会保障
- 教育和公共卫生

人口与发展

国务院
关于印发国家基本公共服务体系"十二五"规划的通知
国发〔2012〕29号

各省、自治区、直辖市人民政府，国务院各部委、各直属机构：

现将《国家基本公共服务体系"十二五"规划》印发给你们，请认真贯彻执行。

国务院
2012年7月11日

国家基本公共服务体系"十二五"规划

序　言

"十二五"时期是我国全面建设小康社会的关键时期，是深化改革开放、加快转变经济发展方式的攻坚时期。建立健全基本公共服务体系，促进基本公共服务均等化，是深入贯彻落实科学发展观的重大举措，是构建社会主义和谐社会、维护社会公平正义的迫切需要，是全面建设服务型政府的内在要求，对于推进以保障和改善民生为重点的社会建设，对于切实保障人民群众最关心、最直接、最现实的利益，对于加快经济发展方式转变、扩大内需特别是消费需求，都具有十分重要的意义。

本规划根据《中华人民共和国国民经济和

社会发展第十二个五年规划纲要》(以下简称"十二五"规划纲要)的有关要求编制,主要阐明国家基本公共服务的制度安排,明确基本范围、标准和工作重点,引导公共资源配置,是"十二五"乃至更长一段时期构建国家基本公共服务体系的综合性、基础性和指导性文件,是政府履行公共服务职责的重要依据。

第一章 规划背景

第一节 基本概念

基本公共服务,指建立在一定社会共识基础上,由政府主导提供的,与经济社会发展水平和阶段相适应,旨在保障全体公民生存和发展基本需求的公共服务。享有基本公共服务属于公民的权利,提供基本公共服务是政府的职责。

基本公共服务范围,一般包括保障基本民生需求的教育、就业、社会保障、医疗卫生、计划生育、住房保障、文化体育等领域的公共服务,广义上还包括与人民生活环境紧密关联的交通、通信、公用设施、环境保护等领域的公共服务,以及保障安全需要的公共安全、消费安全和国防安全等领域的公共服务。

基本公共服务标准,指在一定时期内为实现既定目标而对基本公共服务活动所制定的技术和管理等规范。

基本公共服务均等化,指全体公民都能公平可及地获得大致均等的基本公共服务,其核心是机会均等,而不是简单的平均化和无差异化。

基本公共服务体系,指由基本公共服务范围和标准、资源配置、管理运行、供给方式以及绩效评价等所构成的系统性、整体性的制度安排。

第二节 规划范围

根据"十二五"规划纲要,为突出体现"学有所教、劳有所得、病有所医、老有所养、住有所居"的要求,本规划的范围确定为公共教育、劳动就业服务、社会保障、基本社会服务、医疗卫生、人口计生、住房保障、公共文化等领域的基本公共服务。

"十二五"规划纲要还明确了基础设施、环境保护两个领域的基本公共服务重点任务,包括:行政村通公路和客运班车,城市建成区公共交通全覆盖;行政村通电,无电地区人口全部用上电;邮政服务做到乡乡设所、村村通邮;县县具备污水、垃圾无害化处理能力和环境监测评估能力;保障城乡饮用水水源地安全等。这些内容分别纳入综合交通运输、能源、邮政、环境保护等相关"十二五"专项规划中,不在本规划中予以阐述。

第三节 发展环境

经过30多年的改革开放和发展建设,我国经济实力、综合国力和国际地位显著提高,人民生活明显改善。"十一五"以来,各地区、各有关部门认真贯彻落实党中央、国务院的决策部署,我国基本公共服务体系建设取得了显著成效。城乡免费义务教育全面实施,公共教育体系日趋完备,国民平均受教育年限达到9年。实施积极就业政策,初步建立起面向全体劳动者的公共就业服务体系。社会保险制度逐步由城镇向农村、由职工向居民扩展,保障水平逐步提高,城乡社会救助体系和社会福利体系基本形成。医药卫生体制改革深入推进,免费基本公共卫生服务项目全面实施,城乡基层医疗卫生服务体系逐步健全,国家基本药物制度初步建立。保障性安居工程加快建设,以廉租住房、公共租赁住房和农村危房改造等为主要内容的基本住房保障制度初步形成。基本实现县县有文化馆图书馆、乡乡有综合文化站,广播电视全面覆盖20户以上已通电自然村,公共博物馆、纪念馆、美术馆、公共图书馆、文化馆、科技馆等公共文化设施逐步向社会免费开放。全民健身稳步推进。公共服务财政投入显著增加。从总体上看,我国基本公共服务的制度框架已初步形成,人民群众上学、就业、就医、社会保障、文化生活等难点问题得到有效缓解。

但是,我国基本公共服务供给不足、发展不平衡的矛盾仍然十分突出,建立健全基本公共服务体系仍然面临许多困难和挑战。基本公共服务的规模和质量难以满足人民群众日益增长的需求;农村、贫困地区和针对社会弱势群体的基本公共服务尚未得到充分保障;体制机制有待于进一步完善,城乡区域间制度设计不衔接,管理条块分割,资源配置不合理,服务提供主体和提供方式比较单一,基层政府财力与事权不匹配,以及监督问责缺位等问题较为突出。必须深刻认识到,基本公共服务体系不健全,不仅难以保障发展成果惠及全民,不利于社会和谐稳定,而且还会制约经济社会健康协调可持续发展。

"十二五"时期,我国发展仍处于可以大有作为的重要战略机遇期,也是加快构建基本公共服务体系的关键时期。从需求看,工业化、信息化、城镇化、市场化、国际化深入发展,城乡居民收入水平不断提高,消费结构加快转型升级,各类公共服务需求日趋旺盛。从供给看,经济继续保持平稳较快发展,财政收入不断增加,基本公共服务财政保障能力进一步加强。从体制环境看,有利于科学发展的体制机制加快建立,教育、卫生、文化等社会事业改革深入推进,建立健全基本公共服务体系的体制条件不断完善。要牢牢抓住难得的历史机遇,顺应各族人民过上更好生活新期待,努力提升基本公共服务水平和均等化程度,推动经济社会协调发展,为全面建成小康社会夯实基础。

第二章 指导思想和主要目标

第一节 指导思想

高举中国特色社会主义伟大旗帜,以邓小平理论和"三个代表"重要思想为指导,深入贯彻落实科学发展观,把基本公共服务制度作为公共产品向全民提供,着力保障城乡居民生存发展基本需求,着力增强服务供给能力,着力创新体制机制,不断深化收入分配制度改革,加快建立健全符合国情、比较完整、覆盖城乡、可持续的基本公共服务体系,逐步推进基本公共服务均等化。

把基本公共服务制度作为公共产品向全民提供,是我国公共服务发展从理念到体制的创新。我国实行社会主义制度,公民都有获得基本公共服务的权利。保障人人享有基本公共服务是政府的职责,必须着眼制度设计、系统规划、整体推进,建立健全基本公共服务体系。基本要求是:

——以人为本,保障基本。从最广大人民群众的根本利益出发,立足我国社会主义初级阶段的基本国情,坚持尽力而为、量力而行,优先保障基本公共教育、劳动就业服务、社会保险、基本社会服务、基本医疗卫生、人口和计划生育、基本住房保障、公共文化体育等服务的提供,随着经济社会发展逐步扩大范围和提高标准。

——政府主导,坚持公益。牢牢把握基本公共服务的公益性质,明确政府的主体责任,完善公共财政体系,科学划分各级政府基本公共服务事权与支出责任,健全地方政府为主、统一与分级相结合的公共服务管理体制。加强立法、规划、投入、监管和政策支持,有效促进公平公正。

——统筹城乡,强化基层。打破行业分割和地区分割,加快城乡基本公共服务制度一体化建设,大力推进区域间制度统筹衔接,加大公共资源向农村、贫困地区和社会弱势群体倾斜力度,实现基本公共服务制度覆盖全民。把更多的财力、物力投向基层,把更多的人才、技术引向基层,切实加强基层公共服务机构设施和能力建设,促进资源共建共享,全面提高基本公共服务水平。

——改革创新,提高效率。完善财政保障、管理运行和监督问责机制,形成保障基本公共服务体系有效运行的长效机制。创新基本公共服务供给模式,引入竞争机制,积极采取购买服务等方式,形成多元参与、公平竞争的格局,不断提高基本公共服务的质量和效率。

第二节 主要目标

今后一个时期,要把建立健全基本公共服务体系作为完善保障和改善民生制度安排、加快构建再分配调节机制的重大任务,并与全面建设小康社会战略目标和任务紧密衔接。"十二五"时期的主要目标是:

——供给有效扩大。政府投入大幅增加,基本公共服务预算支出占财政支出比重逐步提高。基本公共服务国家标准体系和标准动态调整机制逐步健全,各项制度实现全覆盖。创新公共服务供给方式,实现提供主体和提供方式多元化。

——发展较为均衡。资源布局更趋合理,优质资源共享机制加快建立,县(市、区)域内基本公共服务均衡发展基本实现,农村和老少边穷地区基本公共服务水平明显提高。

——服务方便可及。以基层为重点的基本公共服务网络全面建立,设施标准化和服务规范化、专业化、信息化水平明显提高,城乡居民能够就近获得基本公共服务。

——群众比较满意。城乡居民基本公共服务需求表达机制有效建立,服务成本个人负担比率合理下降,绩效评价和行政问责制度比较健全,社会满意度不断提高。

经过努力,"十二五"时期,覆盖城乡居民的基本公共服务体系逐步完善,推进基本公共服务均等化取得明显进展;到2020年实现全面建设小康社会奋斗目标时,基本公共服务体系比较健全,城乡区域间基本公共服务差距明显缩小,争取基本实现基本公共服务均等化。

第三章 基本公共教育

国家建立基本公共教育制度,保障所有适龄儿童、少年享有平等受教育的权利,提高国民基本文化素质。

"十二五"时期政府提供如下基本公共教育服务

◆ 为适龄儿童、少年提供免费九年义务教育,为农村义务教育阶段寄宿生提供免费住宿,并为家庭经济困难寄宿生提供生活补助;
◆ 为贫困地区农村义务教育学生实施营养改善计划;
◆ 为农村学生、城镇家庭经济困难学生和涉农专业学生提供免费中等职业教育;
◆ 为家庭经济困难学生接受普通高中教育提供资助;
◆ 为家庭经济困难儿童、孤儿和残疾儿童接受学前教育提供资助。

第一节 重点任务

重点巩固提高九年义务教育,基本普及高中阶段教育和学前一年教育,完善以政府为主导、多种方式并举的家庭经济困难学生资助政策,建立健全基本公共教育服务体系。

——九年义务教育。巩固九年义务教育普及成果,全面提高义务教育的质量和水平,着力推进义务教育均衡发展。统筹规划学校布局,推进义务教育学校标准化建设。保留必要的村小学和教学点,加强农村中小学寄宿制学校建设。提高农村义务教育阶段家庭经济困难寄宿生的生活费补助标准。将义务教育阶段的孤儿寄宿生全面纳入生活补助范围。公共教育资源重点向农村、边远、贫困、民族地区和革命老区倾斜,实行县(市、区)域内城乡中小学教师编制和工资待遇同一标准,以及教师、校长交流制度,逐步取消义务教育阶段重点校和重点班。以流入地全日制公办中小学为主,保证农民工随迁子女平等接受义务教育,并研究制定接受义务教育后在当地参加升学考试的办法。完善城乡义务教育学校的资源共建共享和对口交流支援制度。实施农村义务教育学生营养改善计划。巩固民族地区义务教育普及成果,推进双语教学。提高中小学教育信息化水平。全面实施素质教育,推进课程和教学方法改革,建立国家义务教育质量基本标准和监测制度,切实减轻中小学生课业负担。提高义务教育师资队伍能力水平,加强民族地区双语教师队伍建设。

——高中阶段教育。加强政府统筹,促进普通高中和中等职业教育协调发展。推动普通高中多样化发展,促进办学体制多元化,扩大优质资源。建立普通高中家庭经济困难学生国家资助制度。大力发展中等职业教育,坚持以服务为宗旨、以就业为导向,学校教育与职业培训并举,完善产学合作机制,全面推行工学结合、校企合作、顶岗实习的职业教育人才培养模式。加强职业教育教师队伍建设,鼓励技能型人才到职业学校从教。加强中等职业教育基础能力建设,建立健全职业教育质量保障体系。实行中等职业教育农村学生、城市家庭经济困难学生和涉农专业学生免学费政策,逐步实行中等职业教育免费制度。

——普惠性学前教育。建立政府主导、社会参与、公办民办并举的办园体制,构建覆盖城乡、布局合理的学前教育公共服务体系。为家庭经济困难儿童、孤儿和残疾儿童接受学前教育提供资助。大力发展公办幼儿园,鼓励优质公办幼儿园举办分园或合作办园。鼓励社会力量举办幼儿园,积极扶持民办幼儿园特别是面向大众、收费较低的普惠性民办幼儿园发展,采取政府购买、减免租金、以奖代补、派驻公办教师等方式,引导和支持民办幼儿园提供普惠性服务。根据居住区规划和居住人口规模,充分考虑农民工随迁子女接受学前教育的需求,配套建设城镇幼儿园。逐步完善县、乡、村学前教育网络,乡镇和大村独立建园,小村设分园或联合办园,人口分散地区举办流动幼儿园、季节班等。充分利用中小学布局调整富余的校舍和教师举办幼儿园(班)。积极发展民族地区学前双语教育。加强幼儿教师队伍建设。

第二节 基本标准

加快建立健全基本公共教育服务国家标准体系。依据国家相关教育法律法规,为保障服务提供的规模和质量、明确工作任务的事权与支出责任、促进城乡区域均衡发展,制定"十二五"时期基本公共教育服务国家基本标准。

农村义务教育阶段中小学公用经费实行全国统一的基准定额。校舍建设、设备配置、师资配备、教学管理规范等具体标准,由教育部依法会同有关部门及国家标准化行政管理部门制定实施。

各省(区、市)应遵循实施国家基本标准,并可结合本地区实际情况,适当拓展基本公共教育服务范围和提高服务标准。

"十二五"时期基本公共教育服务国家基本标准

服务项目	服务对象	保障标准	支出责任	覆盖水平
九年义务教育				
义务教育免费	适龄儿童、少年	免学费、杂费以及农村寄宿生住宿费,免费向农村学生提供教科书;农村中小学年生均公用经费标准,普通小学不低于500元,普通初中不低于700元	中央与地方财政按比例分担	目标人群覆盖率100%,九年义务教育巩固率达到93%
寄宿生生活补助	农村家庭经济困难寄宿学生	年生均补助小学1 000元,初中1 250元	地方政府负责,中央财政适当补助	目标人群覆盖率100%
农村义务教育学生营养改善	贫困地区农村义务教育学生	在寄宿生生活补助基础上,集中连片特殊困难地区每生每天营养膳食补助3元(每年在校时间按200天计)	地方政府负责,国家试点地区中央财政承担,其他地区中央财政适当补助	目标人群覆盖率100%
高中阶段教育				
中等职业教育免费	农村学生、城镇家庭经济困难学生和涉农专业学生	免学费	中央与地方财政按比例分担	目标人群覆盖率100%,使高中阶段教育毛入学率达到87%
中等职业教育国家助学金	全日制在校农村学生及城市家庭经济困难学生	资助每生每年不低于1 500元,资助两年	中央与地方财政按比例分担	目标人群覆盖率100%
普通高中国家助学金	家庭经济困难学生	平均资助每生每年1 500元,地方结合实际在1 000—3 000元范围内确定	中央与地方财政按比例分担	目标人群覆盖率100%
学前教育				
学前教育资助	家庭经济困难儿童、孤儿和残疾儿童	具体资助方式和标准由地方确定	地方政府负责,中央财政适当补助	目标人群覆盖率100%,学前一年毛入园率达到85%

第三节 保障工程

根据建立健全基本公共教育体系的需要,实施一批保障工程,着力加强薄弱环节,改善薄弱学校办学条件,有效缩小城乡区域间教育发展差距。

——义务教育学校标准化建设工程。完善

城乡义务教育经费保障机制,改造农村义务教育阶段薄弱学校,实现城乡中小学校舍、师资、设备、图书、体育场地基本达标。

——义务教育教师队伍建设工程。实施农村义务教育学校教师特设岗位计划和中小学教师国家级培训计划,加强农村学校薄弱学科教师队伍建设,建设农村边远艰苦地区教师周转宿舍。

——中等职业教育基础能力建设工程。扶持一批优质特色中等职业学校,改善实习实训设施条件,加强"双师型"教师队伍建设。

——民族教育发展工程。支持边境县和民族自治地方贫困县高中阶段学校建设,加强民族地区双语教师培训。

——农村学前教育推进工程。重点支持中西部贫困地区建设一批乡村幼儿园。

第四章 劳动就业服务

国家建立劳动就业公共服务制度,为全体劳动者就业创造必要条件,加强劳动保护,改善劳动环境,保障合法权益,促进充分就业和构建和谐劳动关系。

"十二五"时期政府提供如下劳动就业公共服务

◆ 为全体劳动者免费提供就业信息、就业政策咨询、职业指导和职业介绍、就业失业登记等服务;
◆ 为就业困难人员和零就业家庭提供就业援助;
◆ 为失业人员、农民工、残疾人、新成长劳动力等提供职业技能培训和技能鉴定补贴;
◆ 为全体劳动者免费提供劳动关系协调、劳动人事争议调解仲裁和劳动保障监察执法维权等服务。

第一节 重点任务

建立健全覆盖城乡的劳动就业公共服务体系,以高校毕业生、农村转移劳动力、城镇就业困难人员和零就业家庭为重点服务对象,全面提升就业全过程公共服务能力,努力创造平等就业机会,积极构建和谐劳动关系。

——就业服务和管理。完善并全面实施就业政策法规咨询、信息发布、职业指导和职业介绍、就业失业登记等免费服务,推进服务规范化和标准化,拓展服务功能。推进分类服务和管理,加快推行就业失业登记证实名制,尽快实现一人一证、全国通用。健全人力资源市场调查统计制度,建立全国就业信息监测制度,加强失业动态监测预警。完善就业援助政策,加大资金投入,完善税费减免、社会保险补贴、岗位补贴等办法,开发社区服务、养老服务、助残服务、交通协管、保洁、绿化等公益性岗位。加强公共就业服务网络建设,整合职业介绍和人才交流服务的公共资源,推动就业信息全国联网,提升就业创业和人才服务能力。

——职业技能培训。建立健全面向全体劳动者的职业培训制度,对城乡有就业要求和培训愿望的劳动者提供职业技能培训。对通过初次职业技能鉴定并取得职业资格证书或专项职业能力证书的,按规定给予一次性职业技能鉴定补贴。对未能升学的应届初高中毕业生等新成长劳动力普遍实行劳动预备制培训,给予培训费补贴,并对农村学员和城市家庭经济困难学员给予一定生活费补贴。加强职业技能培训经费统筹使用,提高效率和效益。加强职业技能培训能力建设,加大培训市场监管和资源整合力度,引导协调各类职业院校、培训机构有序开展职业技能培训,研究推进职业技能实训基地建设。

——劳动关系协调和劳动权益保护。全面推行劳动合同制度,着力提高小企业和农民工劳动合同签订率,扩大集体合同覆盖面。规范劳务派遣用工和企业裁员行为。全面推进实施劳动用工备案制度,加强对劳动用工的动态监管。健全企业薪酬调查和信息发布制度。完善企业工资决定机制和正常增长机制,积极稳妥推进工资集体协商工作。健全工资支付保障机制,完善最低工资和工资指导线制度,逐步提高最低工资标准。健全协调劳动关系三方机制,发挥政府、工会和企业作用。加强劳动保障监察执法力度,全面推进网格化、网络化管理,完善劳动案件办理协查制度。加强劳动人事争议调解仲裁服务体系建设,规范办案程序。建立健全重大集体劳动争议应急调处机制。

第二节 基本标准

加快建立健全劳动就业公共服务国家标准体系。依据国家劳动就业服务相关法律法规,为保障劳动就业公共服务的规模和质量、明确工作任务的事权与支出责任,制定"十二五"时期劳动就业公共服务国家基本标准。

劳动就业公共服务机构设施建设、设备配置、人员配备、服务规范等具体标准,由人力资源社会保障部依法会同有关部门及国家标准化行政管理部门制定实施。

加强劳动标准体系建设。适时修订完善工作时间、休息休假、女职工和未成年工特殊劳动保护等标准,加强劳动定额标准管理。

各省(区、市)应遵循实施国家基本标准,并可结合本地区实际情况适当提高标准。

第三节 保障工程

按照整合、补缺、标准化的原则,因地制宜,统筹规划,加强就业、社会保险、劳动保障监察和调解仲裁等服务设施建设,形成覆盖城乡、功能齐全、布局合理、方便可及的就业服务网络,提高服务和管理的规范化、信息化、专业化水平。

——基层劳动就业和社会保障综合服务平台建设工程。全面加强县、乡两级服务设施(设备)建设,开展就业和职业技能培训、劳动关系协调、劳动保障监察和调解仲裁、人事人才、劳务输出等服务,提供社会保险参保登记、缴费、待遇核发、关系转移等经办服务。街道(乡镇)服务站、行政村(社区)服务窗口与其他公共服务设施共建共享。

——省、市(地)级人力资源市场建设工程。新建和改扩建一批省、市(地)级人力资源综合服务设施,改善综合就业和人力资源服务、劳动关系协调、劳动人事争议调解仲裁、劳动保障监察等服务的条件。

——就业失业动态监测和预警工程。建立健全覆盖全国的就业失业信息监测网络,完善就业信息统计和失业预警指标体系,开展就业需求预测,适时发布就业需求和失业预警信息。

第五章 社会保险

国家建立基本养老保险、基本医疗保险、工伤保险、失业保险、生育保险等社会保险制度,保障公民在年老、疾病、工伤、失业、生育等情况下依法从国家和社会获得物质帮助的权利。

第一节 重点任务

坚持广覆盖、保基本、多层次、可持续的方针,以增强公平性和适应流动性为重点,着力完善制度,扩大覆盖范围,逐步提高保障水平和统筹层次,建立健全覆盖城乡居民的社会保

"十二五"时期劳动就业公共服务国家基本标准

服务项目	服务对象	保障标准	支出责任	覆盖水平
就业服务和管理	有就业需求的劳动年龄人口	免费享有就业政策法规咨询、职业供求信息、市场工资指导价位信息和职业培训信息、职业指导和职业介绍、就业和失业登记等服务	地方政府负责,中央财政适当补助	目标人群覆盖率达到100%
创业服务	有创业需求的劳动年龄人口	免费享有创业咨询指导、创业培训、创业项目推介,获得创业小额担保贷款贴息	地方政府负责,中央财政适当补助	为500万人次提供创业培训
就业援助	零就业家庭和符合条件的就业困难人员	免费享有公益性岗位配置和政策指导、就业困难人员和零就业家庭认定、就业岗位即时服务、就业培训等,城镇有就业需求的家庭至少有一人就业	地方政府负责,中央财政适当补助	帮助500万就业困难人员就业和再就业,动态消除零就业家庭
职业技能培训和技能鉴定	失业人员、农村转移就业劳动力、残疾人、新成长劳动力	失业人员、农村转移就业劳动力、残疾人等享有职业技能培训补贴,符合条件的新成长劳动力享有6—12个月的补贴性劳动预备制培训;符合条件的人员享有职业技能鉴定补贴	地方政府负责,中央财政适当补助	为1亿人次提供各类职业技能培训,培训后就业率不低于60%;为7500万人次提供技能鉴定
劳动关系协调	存在劳动人事关系的就业人员	免费享有劳动用工备案信息查询、劳动关系政策咨询、集体协商促进等服务	地方政府负责	企业劳动合同签订率达到90%,集体合同签订率达到80%
劳动保障监察	存在劳动人事关系的就业人员	免费享有法律咨询和执法维权服务	地方政府负责	监察案件结案率达到95%以上
劳动人事争议调解仲裁	存在劳动人事关系的就业人员	免费享有劳动人事争议调解和仲裁服务	地方政府负责	劳动人事争议仲裁结案率达到90%;50%以上案件在基层调解组织解决

"十二五"时期政府提供如下社会保险服务

◆职工享有职工基本养老保险,农村居民享有新型农村社会养老保险,城镇居民享有城镇居民社会养老保险;
◆职工享有职工基本医疗保险,农村居民享有新型农村合作医疗,城镇居民享有城镇居民基本医疗保险;
◆职工享有失业保险、工伤保险、生育保险。

险体系。

——基本养老保险。以农民工、非公有制经济组织从业人员和灵活就业人员为重点，扩大职工基本养老保险覆盖面，将未参保集体企业退休人员全部纳入基本养老保险保障范围。推动机关事业单位养老保险制度改革。实现新型农村社会养老保险和城镇居民社会养老保险制度全覆盖，各地根据实际情况可以将两项制度合并实施。完善被征地农民基本生活保障制度，实行先保后征。实现基础养老金全国统筹，完善基本养老保险关系转移接续办法，逐步推进城乡养老保障制度有效衔接。建立健全与经济发展、工资增长和物价水平相适应的企业退休人员基本养老金正常调整机制，稳步提高新型农村社会养老保险和城镇居民社会养老保险基础养老金水平。

——基本医疗保险。扩大职工基本医疗保险制度覆盖范围，重点提高农民工、个体工商户和灵活就业人员参保率。巩固提高新型农村合作医疗参合率和城镇居民基本医疗保险参保率，逐步提高人均筹资标准和财政补助水平，鼓励有条件地区探索建立城乡统筹的居民基本医疗保险制度。全面推进基本医疗保险门诊统筹，将门诊常见病、多发病纳入保障范围，逐步提高门诊费用报销比例，基层医疗卫生机构门诊费用报销比例要明显高于医院。逐步提高医保基金最高支付限额和政策范围内住院费用报销比例，做好三项基本医疗保险待遇水平的衔接。提高儿童白血病、先天性心脏病等重大疾病医疗保障水平。探索建立重特大疾病保障机制，切实解决重特大疾病患者的因病致贫问题。完善基本医疗保险关系转移接续办法和医疗费用结算办法，全面实现统筹区域内和省内异地就医即时结算，逐步实现跨省异地就医结算。在确保基金安全和有效监管的前提下，鼓励以政府购买服务的方式，委托具有资质的商业保险机构经办各类医疗保障管理服务。

——工伤、失业和生育保险。健全预防、补偿、康复相结合的工伤保险制度，完善差别费率和浮动费率办法，适度提高待遇水平。将国有企业老工伤人员全部纳入工伤保险统筹管理。充分利用现有医疗和康复资源，加强工伤康复基地建设。完善失业保险制度，健全失业保险待遇正常调整机制，研究建立失业保险关系转移接续机制。完善生育保险制度，加强与基本医疗保险制度的衔接。以农民工、非公有制经济组织从业人员等为重点，扩大工伤、失业和生育保险覆盖面。积极探索建立农民意外伤害保障机制和覆盖城乡居民的生育保障机制。

第二节 基本标准

加快建立健全社会保险服务国家标准体系。依据国家社会保险相关法律法规，为实现社会保险制度覆盖全民，并保障参保人员待遇水平，明确工作任务的事权与支出责任，制定"十二五"时期社会保险服务国家基本标准。

社会保险服务机构设施建设、设备配置、人员配备、服务规范等具体标准，由人力资源社会保障部、卫生部依法会同有关部门及国家标准化行政管理部门制定实施。

各省（区、市）应遵循实施国家基本标准，并可结合本地区实际情况适当提高标准。

第三节 保障工程

实施社会保险服务保障工程，改善服务设施条件，为城乡居民提供方便、快捷、高效的经办服务。

——省、市（地）级社会保障服务中心建设工程。新建和改扩建一批省、市（地）级社会保障服务设施，配置必要的设备，改善参保缴费、

"十二五"时期劳动就业公共服务国家基本标准

服务项目	服务对象	保障标准	支出责任	覆盖水平
基本养老保险				
职工基本养老保险	职工、无雇工的个体工商户、灵活就业人员	根据个人累计缴费年限、缴费工资、当地职工平均工资、个人账户金额、城镇人口平均预期寿命等因素确定基本养老金	用人单位缴纳一般不超过工资总额的20%，职工缴纳本人工资的8%，基金出现支付不足时由县级以上政府给予补贴	参保人数3亿人左右
新型农村社会养老保险	16周岁以上，未参加职工基本养老保险的农村居民	基础养老金不低于每人每月55元，并逐步提高标准	基础养老金由政府全额负担，个人缴费部分政府适当补贴	参保人数4.5亿人左右
城镇居民社会养老保险	年满16周岁（不含在校学生），不符合职工基本养老保险参保条件的城镇非从业居民	基础养老金不低于每人每月55元，并逐步提高标准	基础养老金由政府全额负担，个人缴费部分政府适当补贴	参保人数5000万人左右
基本医疗保险				
职工基本医疗保险	职工、无雇工的个体工商户、灵活就业人员	政策范围内住院费用支付比例达到75%左右，最高支付限额达到当地职工年平均工资的8倍左右	用人单位缴纳工资总额的6%左右，职工缴纳本人工资的2%，基金出现支付不足时由县级以上政府给予补贴	参保人数2.6亿人左右
新型农村合作医疗	农村居民	政策范围内住院费用支付比例达到75%左右，最高支付限额达到当地农村居民年人均纯收入的8倍左右	个人和政府共同负担，各级财政的补助标准提高到年人均不低于360元，基金出现支付不足时由县级以上政府给予补贴	参合率稳定在90%以上
城镇居民基本医疗保险	城镇非从业居民	政策范围内住院费用支付比例达到75%左右，最高支付限额达到当地城镇居民人均可支配收入的8倍左右	个人和政府共同负担，各级财政的补助标准提高到年人均不低于360元，基金出现支付不足时由县级以上政府给予补贴	参保率稳定在90%以上
失业、工伤和生育保险				
失业保险	职工	支付失业保险金、基本医疗保险费、丧葬补助金、抚恤金以及职业培训和职业介绍补贴等，失业保险金标准不低于城市居民最低生活保障标准	用人单位和职工按规定缴费，基金出现支付不足时由县级以上政府给予补贴	参保人数1.6亿人左右

"十二五"时期社会保险服务国家基本标准

服务项目	服务对象	保障标准	支出责任	覆盖水平
工伤保险	职工	基金支付工伤医疗和康复、伤残、护理及工亡等待遇;用人单位支付停工留薪期的工资福利及护理待遇、5—6级伤残津贴待遇及一次性伤残就业补助金等	个人不缴费,用人单位根据行业差别费率和行业内费率档次缴费,基金出现支付不足时由县级以上政府给予补贴	参保人数2.1亿人左右
生育保险	职工	基金支付生育医疗费用和生育津贴,生育津贴按职工所在用人单位上年度职工月平均工资计发	用人单位缴费,基金出现支付不足时由县级以上政府给予补贴	参保人数1.5亿人左右

社会保险关系转移接续、待遇核发、社会保险档案管理、异地就医结算等经办服务条件。

——社会保障卡建设工程。逐步推行全国统一的社会保障卡,完成发放8亿张,覆盖60%以上人口,实现其在养老、医疗、工伤、失业、生育等社会保险的应用,并与就业服务、劳动关系、社会救助等信息共享。重点在国家、省、市(地)三级建设社会保障卡中心及其支持系统。

第六章　基本社会服务

国家建立基本社会服务制度,为城乡居民尤其是困难群体的基本生活提供物质帮助,保障老年人、残疾人、孤儿等特殊群体有尊严地生活和平等参与社会发展。

"十二五"时期政府提供如下基本社会服务

◆ 为城乡困难群体提供最低生活保障和专项救助;
◆ 为农村五保对象提供吃、穿、住、医、葬方面的生活照顾和物质帮助;
◆ 为自然灾害受灾人员提供救助;
◆ 为城市生活无着的流浪乞讨人员提供救助;
◆ 为残疾人、孤儿、精神病人等特殊群体提供福利服务;
◆ 为老年人提供基本养老服务;
◆ 为优抚安置对象提供优待抚恤和安置服务;
◆ 为城乡居民免费提供婚姻登记服务;
◆ 为身故者提供基本殡葬服务。

第一节　重点任务

着力健全以城乡最低生活保障制度为核心,以农村五保供养、自然灾害救助、医疗救助、流浪乞讨人员救助制度为主要内容,以临时救助制度为补充的社会救助体系。以扶老、助残、救孤、济困为重点,逐步拓展社会福利的保障范围，推动社会福利由补缺型向适度普惠型转变，逐步提高国民福利水平。加强优抚安置工作。

——社会救助。完善城乡最低生活保障制度，健全低保标准动态调整机制。采取多种措施提高老年人、残疾人、未成年人和重病患者的保障水平。建立低收入家庭认定体系，健全收入核查制度。加强城乡低保与最低工资、失业保险和扶贫开发等政策的衔接。将专项救助逐步延伸至低保边缘家庭，重点解决其医疗、教育、住房等方面的困难。加强医疗救助与基本医疗保险制度的衔接，逐步实行诊疗费用即时救助，降低医疗救助起付线，有条件的地方可以取消医疗救助起付线。健全自然灾害监测预警、评估调查、信息发布、应急救援和应急物资储备体系，完善救助技术标准和补助项目。完善临时救助制度。加强城市生活无着的流浪乞讨人员救助管理，加大流浪未成年人保护力度。

——社会福利。建立健全孤儿保障体系，合理确定孤儿养育标准，建立自然增长机制。拓展孤儿安置渠道，鼓励家庭养育。扩大福利机构收养能力。加强贫困和重度精神疾病患者收养和治疗服务。推动婚姻登记标准化和全国信息联网，推行婚姻免费登记。有条件的地方可向城乡基本生活困难家庭发放基本殡葬服务补贴，提供遗体运送、火化和绿色安葬等服务。加快实施免费地名公共服务。依托社区综合服务平台，为社区居民提供公益便民利民社区服务。

——基本养老服务。适应人口老龄化趋势，有条件的地方可发放高龄老年人生活补贴和家庭经济困难的老年人养老服务补贴。将符合条件的农村老人全部纳入农村五保供养范围，实行分散供养与集中供养相结合，适度提高供养标准。建立健全养老服务体系，鼓励居家养老，拓展社区养老服务功能，增强公益性养老服务机构服务能力，鼓励通过公建民营、民办公助等方式引导社会资本参与养老服务机构建设和管理运行。

——优抚安置。全面落实优抚对象各项优待政策，确保军人的抚恤优待与经济和社会发展相适应。实施残疾军人辅具改造。改善优抚设施条件，健全孤老优抚对象和重残退役军人集中供养制度。落实退役士兵安置改革各项政策，组织引导符合条件的退役士兵免费参加职业教育和技能培训。

第二节 基本标准

加快建立健全基本社会服务国家标准体系。依据国家基本社会服务相关法律法规，为保障基本社会服务的规模和质量，明确工作任务的事权与支出责任，制定"十二五"时期基本社会服务国家基本标准。

各类基本社会服务机构资质认定、设施建设、设备配置、人员配备、服务规范以及服务对象资格认定等具体标准，由民政部依法会同有关部门及国家标准化行政管理部门制定实施。

各省（区、市）应遵循实施国家基本标准，并可结合本地区实际情况适当提高标准。

第三节 保障工程

按照应保尽保、应助尽助的要求，实施一批基本社会服务保障工程，提升基本社会服务水平。

——低收入家庭认定体系建设工程。结合建立收入信息监测系统，指导地方通过资源整合，加强低收入家庭收入核定工作机构及能力建设，逐步建立居民家庭经济状况核对信息系统。

——综合防灾减灾工程。重点推进国家自然灾害四级应急救助指挥系统、救灾物资储备

"十二五"时期基本社会服务国家基本标准

服务项目	服务对象	保障标准	支出责任	覆盖水平
社会救助				
最低生活保障	家庭人均收入低于当地最低生活保障标准的城乡居民	保障标准按照能维持当地居民基本生活所必需的吃饭、穿衣、用水用电等费用确定，年均增长按国家"十二五"规划纲要确定的目标实施	地方政府负责，中央财政对困难地区适当补助	目标人群覆盖率100%
自然灾害救助	因自然灾害致使基本生活困难的人员	灾后12小时内基本生活得到初步救助	中央和地方政府共同负责	目标人群覆盖率100%
医疗救助	最低生活保障家庭、五保户以及低收入重病患者、重度残疾人、低收入家庭老年人等特殊困难群体	医疗救助起付线逐步降低或取消，政策范围内住院自负费用救助比例原则上不低于50%	地方政府负责，中央财政对困难地区适当补助	目标人群覆盖率100%
流浪乞讨人员生活救助	城市生活无着的流浪乞讨人员	免费享有临时基本食物、住处、急病救治、返乡及安置服务	县级以上政府负责	目标人群覆盖率100%，城区均设有标准的救助机构
流浪未成年人救助保护	流浪未成年人	免费享有生活照料、教育和职业培训、医疗救治、行为矫治、心理辅导、权益保护、返乡及安置等服务	县级以上政府负责	目标人群覆盖率100%，城区均设有标准的救助机构
社会福利				
孤儿养育保障	失去父母、查找不到生父母的未成年人	孤儿基本生活最低养育标准由各地按不低于当地平均生活水平的原则合理确定，机构养育标准高于散居养育标准	地方政府负责，中央财政按照一定标准给予补助	目标人群覆盖率100%，新增孤儿养育床位20万张
农村五保供养	无劳动能力、无生活来源又无法定赡养、抚养、扶养义务人，或者法定赡养、抚养、扶养义务人无赡养、抚养、扶养能力的老年、残疾或者未满16周岁的村民	不低于当地村民的平均生活水平，并根据当地村民平均生活水平的提高适时调整，由地方政府确定	地方政府负责，中央财政对困难地区适当补助	目标人群覆盖率100%，集中供养能力达到50%以上
殡葬补贴	推行火葬地区不保留骨灰者和低收入家庭身故者的家庭	不保留骨灰者骨灰撒海等服务免费；有条件的地方为低收入家庭身故者遗体运送、火化以及安葬等提供补贴	地方政府负责	使火化率提高到50%

"十二五"时期基本社会服务国家基本标准

服务项目	服务对象	保障标准	支出责任	覆盖水平
基本养老服务				
基本养老服务补贴	家庭经济困难且生活难以自理的失能半失能65岁及以上城乡居民	有条件的地方根据老年人身体状况和家庭收入情况评估,确定补贴标准	地方政府负责	目标人群覆盖率50%以上
优抚安置				
优待抚恤	享受国家抚恤补助的优抚人员	不低于当地平均生活水平	中央和地方政府分级负担	目标人群覆盖率100%
重点优抚对象集中供养	孤老和生活不能自理的抚恤优待对象	不低于当地平均生活水平	中央和地方政府共同负责	目标人群覆盖率100%
退役军人安置	退役军人	自主就业的,在领取退役金后,享受扶持就业优惠政策;其他分别采取安排工作、退休、供养等方式予以安置	中央和地方政府共同负责	目标人群覆盖率100%

库及综合应急避难场所等建设,加强社区减灾工作,开展防灾减灾专业人员特别是灾害信息员和志愿者队伍培训。

——孤残儿童保障服务工程。推进儿童福利机构建设,配备必要的专业救治和康复设施,培养培训2万名具有资质的孤残儿童护理员。拓展流浪未成年人保护设施功能,发挥庇护救助作用。

——养老服务体系建设工程。充分利用现有资源,加快专业化的老年养护机构和社区日间照料中心建设。增加养老床位300多万张,每千名老年人拥有养老床位数达到30张。支持有需求的失能老年人实行家庭无障碍设施改造。培养培训具有资质的专业养老服务人员。

第七章 基本医疗卫生

国家建立基本医疗卫生制度,为城乡居民提供安全、有效、方便、价廉的基本医疗卫生服务,切实保障人民群众身体健康。

"十二五"时期政府提供如下基本医疗卫生服务

◆ 为城乡居民免费提供居民健康档案、健康教育、预防接种、传染病防治、儿童保健、孕产妇保健、老年人保健、高血压等慢性病管理、重性精神疾病管理、卫生监督协管等国家基本公共卫生服务;
◆ 实施国家免疫规划,艾滋病和结核病、血吸虫病等重大传染病防治,农村妇女住院分娩补助、适龄妇女宫颈癌乳腺癌检查等重大公共卫生项目;
◆ 实施国家基本药物制度,基本药物全部纳入基本医疗保障药物报销目录,并实行零差率销售;
◆ 为公众安全用药提供保障,确保药品质量和安全。

第一节　重点任务

按照人人享有基本医疗卫生服务的目标要求,加快建立健全公共卫生服务体系、城乡医疗服务体系、药品供应和安全保障体系,提高基本医疗卫生服务的公平性、可及性和质量水平。

——公共卫生服务。全面实施国家基本公共卫生服务项目,逐步提高人均基本公共卫生服务经费标准。实施国民健康行动计划,根据经济社会发展水平和疾病防治工作需要,逐步增加重大公共卫生服务项目。完善重大疾病防控、计划生育、妇幼保健等专业公共卫生服务网络,提高对严重威胁人民健康的传染病、慢性病、地方病、职业病和出生缺陷等疾病的监测、预防和控制能力。完善卫生监督体系,建立食品安全标准及风险评估、监测预警、应急处置体系和饮用水卫生监督监测体系。依托县级医院实施农村院前急救网络建设。加强突发公共事件紧急医学救援能力和突发公共卫生事件监测预警、应急处理能力建设。积极发展中医预防保健服务。

——医疗服务。完善区域卫生规划。按照"大病不出县"、"小病不出社区"的要求,加强以县级医院为龙头、乡镇卫生院和村卫生室为基础的农村三级医疗卫生服务网络建设,健全以社区卫生服务为基础,社区卫生服务机构、医院和预防保健机构分工协作的城市医疗卫生服务体系。扩大城乡医院对口支援力度,推行乡村卫生服务一体化管理。加快建立分级诊疗、双向转诊和全科医生首诊制度。巩固和完善国家基本药物制度,推进基层医疗卫生机构综合改革,建立多渠道补偿机制,完善人事分配制度、考核和激励机制。积极推动公立医院改革,完善医院管理体制、法人治理机制、补偿机制和医疗机构分类管理制度。加强医疗服务监管,制定实施鼓励医疗卫生人才到基层服务的政策措施。推动形成多元化办医格局。统筹利用中西医卫生资源,加强中医(民族医)医疗服务机构能力建设,提高综合医院和专科医院中西医结合的服务能力。

——药品供应和安全保障。建立和完善以国家基本药物制度为基础的药品供应保障体系。政府办基层医疗卫生机构集中采购、统一配送、全部配备使用和零差率销售基本药物,逐步将村卫生室纳入基本药物制度实施范围,鼓励在非政府办基层医疗卫生机构实施基本药物制度,推动其他医疗机构优先使用基本药物。完善基本药物价格形成机制和调整机制,动态调整基本药物目录。鼓励提供与使用中医药。完善基本药物报销办法,逐步提高实际报销水平。全面提高国家药品标准,建立健全基本药物质量评价标准。完善药品检验检测体系,实行国家基本药物全品种覆盖抽验和全品种电子监管,提升对基本药物从生产到流通全过程追溯的能力。健全药品安全应急体系,强化快速通报和快速反应机制,完善药品不良反应监测和发布制度。

第二节　基本标准

加快建立健全基本医疗卫生服务国家标准体系。依据国家医疗卫生领域相关法律法规,为保障基本医疗卫生服务的规模和质量,明确工作任务的事权与支出责任,促进城乡区域基本医疗卫生服务均衡发展,制定"十二五"时期基本医疗卫生服务国家基本标准。

医疗卫生机构设施建设、设备配置、人员配备、服务规范和药品生产流通等具体标准,由卫生部、食品药品监管局、中医药局依法会同有关部门及国家标准化行政管理部门制定实施。

各省(区、市)应遵循实施国家基本标准,并可结合本地区实际情况适当提高标准。

"十二五"时期基本医疗卫生服务国家基本标准

服务项目	服务对象	保障标准	支出责任	覆盖水平
基本公共卫生服务				
居民健康档案	城乡居民	为辖区常住人口免费建立统一、规范的居民电子健康档案	地方政府负责,中央财政适当补助	规范化电子建档率达到75%以上
健康教育	城乡居民	免费享有健康教育宣传信息和健康教育咨询服务等	地方政府负责,中央财政适当补助	城乡居民具备健康素养的人数达到总人数10%
预防接种	0—6岁儿童和其他重点人群	免费接种国家免疫规划疫苗,在重点地区,对重点人群进行针对性接种	地方政府负责,中央财政适当补助	以街道(乡镇)为单位适龄儿童免疫规划疫苗接种率达到90%以上
传染病防治	法定传染病病人、疑似病人、密切接触者及相关人群	就诊的传染病病例和疑似病例及时得到发现登记、报告、处理,免费享有传染病防治知识宣传和咨询服务	地方政府负责,中央财政适当补助	传染病报告率和报告及时率达到100%;突发公共卫生事件相关信息报告率达到100%
儿童保健	0—6岁儿童	免费建立保健手册,享有新生儿访视、儿童保健系统管理、体格检查、生长发育监测及评价和健康指导	地方政府负责,中央财政适当补助	儿童系统管理率达到85%以上
孕产妇保健	孕产妇	免费建立保健手册,享有孕期保健、产后访视及健康指导	地方政府负责,中央财政适当补助	孕产妇系统管理率达到85%以上
老年人保健	65岁及以上老年人	免费享有登记管理、健康危险因素调查、一般体格检查、中医体质辨识、疾病预防、自我保健及伤害预防、自救等健康指导	地方政府负责,中央财政适当补助	老年居民健康管理率达到60%
慢性病管理	高血压、糖尿病等慢性病高危人群	免费享有登记管理、健康指导、定期随访和体格检查	地方政府负责,中央财政适当补助	高血压和糖尿病患者规范化管理率达到40%以上
重性精神疾病管理	重性精神疾病患者	免费享有登记管理、随访和康复指导	地方政府负责,中央财政适当补助	重性精神疾病患者管理率达到70%
卫生监督协管	城乡居民	免费享有食品安全信息、学校卫生、职业卫生咨询、饮用水卫生安全巡查等服务与指导	地方政府负责,中央财政适当补助	目标人群覆盖率达到70%以上
药品供应和安全保障				
基本药物制度	城乡居民	享有零差率销售的基本药物,并全部纳入基本医疗保障药物报销目录,逐步提高实际报销水平	地方政府负责,中央财政适当补助	覆盖所有政府办基层医疗卫生机构和村卫生室
药品安全保障	城乡居民	享有符合国家药品标准的药物	中央和地方政府共同负责	药品出厂检验合格率达到100%

第三节　保障工程

实施一批基本医疗卫生服务保障工程,改善基础设施条件,健全服务网络,同步完善医疗卫生机构管理运行机制,为基本医疗卫生服务供给提供有力支撑。

——公共卫生服务体系建设工程。重点改善卫生监督、精神卫生、农村应急救治、食品安全等专业卫生服务机构基础设施条件,提高公共卫生服务和应急救治处置能力。

——医疗服务体系建设工程。推进基层医疗卫生机构标准化建设,提高县级医院(含中医医院)服务能力,加强省级妇儿专科医院、边远地区市(地)级综合医院、县级中医医院建设,使每个地级市都至少有一所综合医院达到三级医院水平,每个县(市、区)都至少有一所医院达到二级甲等医院水平。

——全科医生培养计划。加强以全科医生为重点的基层医疗卫生队伍建设,以三级综合医院和有条件的二级医院为临床培养基地,以社区卫生服务中心和专业公共卫生服务机构为实践基地,建设全科医生培养实训网络,通过转岗培训和规范化培训等多种途径培养15万名全科医生。

——医药卫生信息化建设工程。推进基层医疗卫生信息化建设。建设三级医院与县级医院远程医疗系统,加强公立医院信息化建设。

——药品安全保障基础设施建设工程。改善省、市(地)两级药品检验机构实验室条件,重点提升检验检测、认证检查和不良反应监测等药品安全技术支撑能力。

第八章　人口和计划生育

国家建立人口和计划生育基本服务制度,为城乡居民提供计划生育、优生优育、生殖健康以及人口和计划生育信息等服务。

"十二五"时期政府提供如下人口和计划生育基本服务

◆为育龄人群免费提供避孕药具和避孕、节育技术服务;
◆为符合条件的育龄夫妇免费提供再生育技术服务;
◆为城乡居民免费提供计划生育、优生优育、生殖健康等科普宣传教育和咨询服务;
◆为符合条件的计划生育家庭提供奖励扶助。

第一节　重点任务

坚持计划生育基本国策,以计划生育服务和计划生育利益导向为重点,完善人口和计划生育服务体系,保障城乡育龄人群身心健康,促进人口长期均衡发展。

——计划生育服务。创新人口和计划生育服务理念和模式。增强基层服务机构服务能力,依法拓展服务范围,加大流动服务、上门服务工作力度。加强流动人口计划生育服务管理,建立流动人口现居住地计划生育技术服务保障机制。进一步落实计划生育技术服务项目免费制度,完善避孕药具发放等的服务管理办法。推进出生缺陷一级预防工作,实行孕前优生健康检查,将免费孕前优生健康检查试点覆盖到全国31个省(区、市)。加强出生人口性别比偏高综合治理,广泛宣传男女平等观念,制定实施有利于女孩健康成长和妇女发展的社会经济政策,在扶贫济困、慈善救助、贴息贷款、就业安排、项目扶持中对计划生育女儿户予以倾斜。探索建立计划生育公益金制度。推进人口和计划生育信息化建设。加强人口和计划生育科普知识宣传。

——计划生育奖励扶助。继续实施和完善农村部分计划生育家庭奖励扶助制度、"少生快富"工程和计划生育特别扶助三项制度,扩大范围并建立动态调整机制。完善独生子女父母奖励制度,探索建立独生子女父母老年扶助制度和长效节育奖励制度。

第二节 基本标准

加快建立健全人口和计划生育基本服务国家标准体系。依据国家人口和计划生育相关法律法规,为保障服务提供的规模和质量,明确工作任务的事权与支出责任,制定"十二五"时期人口和计划生育基本服务国家基本标准。

计划生育服务机构设施建设、设备配置、人员配备、服务规范等具体标准,由人口计生委依法会同有关部门及国家标准化行政管理部门制定实施。

各省(区、市)应遵循实施国家基本标准,并可结合本地区实际情况适当提高标准。

"十二五"时期人口和计划生育基本服务国家基本标准

服务项目	服务对象	保障标准	支出责任	覆盖水平
计划生育服务				
技术指导咨询	育龄人群	免费获取避孕药具,免费享有查环查孕经常性服务、术后随访服务及计划生育、优生优育、生殖健康科普、教育、咨询服务	免费避孕药具支出由中央财政全额负担,其他服务由地方政府负责,中央财政适当补助	本地常住人口目标人群覆盖率100%,流动人口目标人群覆盖率达到85%
临床医疗服务	育龄夫妇	免费享有避孕和节育的医学检查、计划生育手术、计划生育手术并发症和计划生育药具不良反应的诊断、治疗	地方政府负责,中央财政适当补助	避孕节育免费服务目标人群覆盖率100%
再生育技术服务	符合条件的育龄夫妇	免费享有再生育相关的医学检查、输卵(精)管复通手术	地方政府负责,中央财政适当补助	目标人群覆盖率100%
宣传服务	城乡居民	免费获取计划生育、优生优育、生殖健康等宣传品	地方政府负责,中央财政适当补助	家庭覆盖率达到90%
计划生育奖励扶助				
独生子女父母奖励	实行计划生育、子女未满18周岁的夫妇	奖励费每对夫妇每年不低于120元	中央、地方、企事业单位共同负担	目标人群覆盖率80%以上
农村部分计划生育家庭奖励扶助	年满60周岁、只生育一个子女或两个女孩的农村计划生育家庭夫妇	奖励扶助金夫妇每人年均不低于960元	中央和地方财政按比例共同负担	目标人群覆盖率95%以上

"十二五"时期人口和计划生育基本服务国家基本标准

服务项目	服务对象	保障标准	支出责任	覆盖水平
"少生快富"	特定农牧区可生三个孩子而自愿少生一个或两个孩子,并已落实安全适宜长效节育措施的夫妇	一次性奖励每对夫妇不少于3 000元	中央财政负担80%,地方财政负担20%	覆盖内蒙古、海南、四川、云南、甘肃、青海、宁夏、新疆和新疆生产建设兵团所有目标人群
计划生育家庭特别扶助	符合条件的死亡或伤残独生子女父母及节育手术并发症三级以上人员	根据不同情况,给予每人每月不低于135元、110元的扶助金;给予节育手术并发症一级、二级、三级人员适当补助	中央和地方财政按比例共同负担	目标人群覆盖率90%以上

第三节 保障工程

——实施人口和计划生育服务体系建设工程。改造部分市(地)级、县级和乡(镇)中心站基础设施,更新、增配必要的计划生育流动服务车和相关设备,提高信息化水平,使每个县和中心乡镇都有一个符合国家标准的人口和计划生育服务机构。开展人口和计划生育队伍职业化、专业化建设。

第九章 基本住房保障

国家建立基本住房保障制度,维护公民居住权利,逐步满足城乡居民基本住房需求,实现住有所居。

"十二五"时期政府提供如下基本住房保障服务

◆为城镇低收入住房困难家庭提供廉租住房或租赁补贴;
◆为城镇中等偏下收入住房困难家庭、新就业无房职工和城镇稳定就业的外来务工人员提供公共租赁住房;
◆为符合条件的棚户区居民实施住房改造;
◆为农村困难家庭危房改造提供补助。

第一节 重点任务

加大保障性安居工程建设力度,增加保障性住房供应,加快解决城镇居民基本住房问题和农村困难群众住房安全问题,建立健全基本住房保障制度。

——廉租住房和公共租赁住房。保障性住房实行分散配建和集中建设相结合。集中建设保障性住房,要优先安排在交通便利、基础设施齐全、公共事业完备、就业方便的区域。健全廉租住房保障方式,实行实物配租和租赁补贴相结合。多渠道筹集廉租住房房源。完善租赁补贴制度,通过发放租赁补贴增强低收入家庭在市场上承租住房的能力。重点发展公共租赁住房,逐步使其成为保障性住房的主体,并逐步实现与廉租住房统筹建设、并轨运行。面向有一定支付能力的城镇中低收入住房困难家庭,适当发展经济适用住房和限价商品住房。

——棚户区改造。全面推进城市和国有工矿棚户区、中央下放地方煤矿棚户区、国有林区棚户区和国有林场危旧房、国有垦区危房改造。稳步推进非成片棚户区、零星危旧房改造。逐步开展基础设施简陋、建筑密度大、集中连片的城镇旧住宅区综合整治,稳步实施"城中村"改造,改善基础设施条件,完善居住功能。

——农村危房改造。继续推进农村危房改造,合理确定补助对象和标准,优先帮助住房最危险、经济最贫困农户解决住房安全问题。落实建设基本要求,强化工程质量安全管理,完善档案管理和产权登记,推动农村基本住房安全保障制度建设。推进游牧民定居工程建设,提高建设质量和规范化水平。

——保障性住房管理。加快基本住房保障立法工作,做好廉租住房、公共租赁住房和经济适用住房等各类保障性住房的政策衔接。鼓励各地依法建立保障性住房投资机构。研究建立全国性和区域性个人住房贷款担保体系,支持中低收入家庭改善住房条件。建立健全多部门联动的收入(财产)和住房情况动态监管机制,制定公平合理、公开透明的保障性住房配租政策和监管程序,严格规范准入、退出管理和租费标准。加强棚户区改造项目管理,推进市政基础设施和公共服务设施配套建设。实施能力建设工程,建立健全保障性住房管理服务机构,提升住房保障管理人员素质,加强规范化管理。建立全国住房保障基础信息管理平台,促进全国住房保障业务系统互联互通。

第二节 基本标准

加快建立健全基本住房保障服务国家标准体系。依据基本住房保障有关政策规定,为保证保障性住房的供给规模和质量,明确工作任务的事权与支出责任,制定"十二五"时期基本住房保障服务国家基本标准。

"十二五"时期基本住房保障服务国家基本标准

服务项目	服务对象	保障标准	支出责任	覆盖水平
廉租住房	城镇低收入住房困难家庭	享有实物配租的,人均住房建筑面积 13m² 左右,套型建筑面积 50m² 以内,租金标准由市、县政府确定;享有租赁补贴的,租赁补贴标准由市、县政府根据当地经济发展水平、市场平均租金、家庭经济承受能力等因素确定	市、县政府负责,省级政府给予资金支持,中央给予资金补助	增加廉租住房不低于 400 万套,新增发放租赁补贴不低于 150 万户
公共租赁住房	城镇中等偏下收入住房困难家庭、新就业无房职工、城镇稳定就业的外来务工人员	单套建筑面积以 40m² 左右的小户型为主,租金水平由市、县政府根据市场租金水平和供应对象的支付能力等因素确定	市、县政府负责,引导社会资金投入,省级政府给予资金支持,中央给予资金补助	增加公共租赁住房不低于 1 000 万套
棚户区改造	符合条件的棚户区居民	实物安置和货币补偿相结合,具体标准由市、县政府确定(有国家标准的,执行国家标准)	政府给予适当补助,企业安排一定的资金,住户承担一部分住房改善费用	改造棚户区居民住房不低于 1 000万户

"十二五"时期基本住房保障服务国家基本标准

服务项目	服务对象	保障标准	支出责任	覆盖水平
农村危房改造	居住在危房中的农村分散供养五保户、低保户、贫困残疾人家庭和其他贫困户	每户建筑面积一般控制在40—60m^2，户均中央补助不低于6 000元，地方补助标准自行确定	省级政府负总责，中央财政安排补助资金、省级财政给予资金支持、个人自筹等相结合	改造农村危房800万户以上
游牧民定居	未定居的游牧民	每户建筑面积不低于60m^2（考虑家庭平均人口差异，内蒙古自治区户均50m^2），户均中央补助3万元，户均地方配套1.6万元	省级政府负总责，中央财政安排补助资金、地方财政给予资金支持、个人自筹相结合	基本完成24.6万户游牧民的定居任务

基本住房保障对象的家庭收入（财产）标准、住房困难标准、租金标准和保障面积标准，由市（地）、县级政府在国家标准框架内结合当地实际确定，并实行年度动态管理。

基本住房保障管理服务机构的设施建设、设备配置、人员配备、服务规范等具体标准，由住房城乡建设部依法会同有关部门及国家标准化行政管理部门制定实施。

第三节 保障政策

进一步完善土地、财税、金融等政策体系，建立稳定投入机制，加大财政资金、住房公积金贷款、银行贷款的支持力度，引导社会力量参与保障性安居工程建设和运营。

——土地政策。在土地利用年度计划中要根据保障性安居工程建设需要，单独列出，做到应保尽保。依法收回的闲置土地、具备净地出让条件的储备土地和农用地转用计划指标，应优先保证保障性住房用地。

——财税政策。加大财政投入力度，完善财政投入方式。土地出让收益用于保障性住房建设和棚户区改造的比例不低于10%。地方政府债券优先用于保障性安居工程建设。住房公积金增值收益在提取贷款风险准备金和管理费用后，全部用于廉租住房和公共租赁住房建设。对保障性安居工程建设和运营给予税费优惠。其中，对廉租住房、公共租赁住房、经济适用住房及棚户区安置住房，免收各种行政事业性收费和政府性基金。

——金融政策。支持保险资金、信托资金、房地产信托投资基金等投资保障性安居工程建设和运营。支持符合条件的地方政府融资平台公司和其他企业发行企业（公司）债券、上市公司债券，多渠道筹集建设资金。鼓励商业银行按照风险可控的原则，发放公共租赁住房等保障性住房中长期贷款。支持符合条件的省级政府以及计划单列市、省会城市、地级市政府融资平台公司进行廉租住房、公共租赁住房和棚户区改造融资。

——价格政策。依据经济社会发展水平、保障对象的承受能力以及建设成本等因素，合理制定、调整保障性住房价格或租金标准。

第十章 公共文化体育

国家建立公共文化体育服务制度，保障人民群众看电视、听广播、读书看报、进行公共文化鉴赏、参加大众文化活动和体育健身等权益。

"十二五"时期政府提供如下公共文化体育服务

◆ 向全民免费开放基层公共文化体育设施，逐步扩大公共图书馆、文化馆(站)、博物馆、美术馆、纪念馆、科技馆、工人文化宫、青少年宫等免费开放范围；
◆ 为全民免费提供基本的广播电视服务和突发事件应急广播服务；
◆ 为农村居民免费提供文化信息资源共享、电影放映、送书送报送戏等公益性文化服务；
◆ 加强文化遗产保护和综合利用；
◆ 为城乡居民参加全民健身活动提供免费指导服务。

第一节 重点任务

围绕建设社会主义核心价值体系和满足城乡居民精神文化需求的要求，坚持公益性、基本性、均等性、便利性，建立健全公共文化服务体系，扩大公共文化产品和服务的供给。推进全民健身公共服务体系建设。

——公益性文化。继续实施文化惠民工程，以农村基层和中西部地区为重点，加快公共文化基础设施建设。推进建立公共电子阅览室和未成年人公益性上网场所。促进城乡基层公共文化服务资源的共建共享。逐步实现公共文化场馆向全社会免费开放。推动文化科技卫生"三下乡"、"送欢乐下基层"等活动制度化，充分发挥流动文化服务车、流动电影放映车作用。广泛开展社区文化、村镇文化、校园文化、家庭文化等群众性文化活动，积极开展面向农民工和残疾人等群体的公益性文化服务。完善公益性演出补贴制度。加大对地方特色和民族特色文化的支持力度。加大文化和自然遗产、非物质文化遗产保护力度，逐步提高面向公众开放、展示的水平。

——广播影视。加强农村基层广播电视和无线发射台站建设，全面解决20户以下已通电自然村"盲村"广播电视覆盖。加强直播卫星平台建设，在有线网络未通达、无线网络不能覆盖的农村地区开展直播卫星公共服务。提高少数民族语言广播影视节目译制、制作、播出及传播覆盖能力。继续推进农村电影数字放映，将观看爱国主义教育影片纳入中小学教育教学计划。鼓励电影企业深入城乡社区、厂矿等开展公益放映活动。积极推进国家应急广播体系建设。加强地面数字电视建设，逐步完成地面模拟信号向数字信号的转换，不断提高无线广播电视公共服务的质量和水平。

——新闻出版。广泛开展全民阅读活动，逐步扩大基本免费或低收费阅读服务范围。继续加强农家书屋和城乡阅报栏(屏)建设，合理规划布局建设农村和中小城市出版发行网点。推进公益性数字出版产品免费下载、阅读和使用。大力扶持少数民族出版物的翻译和出版，积极开展少数民族文字书报刊赠送活动。

——群众体育。加强基层公共体育设施建设。大力推动公共体育设施向社会开放，健全学校等企事业单位体育设施向公众开放的管理制度。全面实施全民健身计划，健全基层全民健身组织服务体系，扶持社区体育俱乐部、青少年体育俱乐部和体育健身站(点)等建设，发展壮大社会体育指导员队伍，大力开展全民健身志愿服务活动。积极推广广播体操、工间操以及其他科学有效的全民健身方法，广泛开展形式多样、面向大众的群众性体育活动。建立国家、省、市三级体质测定与运动健身指导站，普及科学健身知识，指导群众科学健身。推动落实国家体育锻炼标准，加强学生体质监测,制定残疾人体质测定标准,定期开展国民体质监测。

第二节 基本标准

加快建立健全公共文化体育服务国家标准体系。依据国家文化体育相关法律法规,为保障服务的供给规模和质量,明确工作任务的事权与支出责任,促进城乡均衡发展,制定"十二五"时期公共文化体育服务国家基本标准。

各类公共文化体育设施布局、场馆建设、设备配置、人员配备、服务规范等具体标准,由文化部、广电总局、新闻出版总署、文物局和体育总局依法会同有关部门及国家标准化行政管理部门制定实施。

各省(区、市)应遵循实施国家基本标准,并可结合本地区实际情况适当提高标准。

"十二五"时期公共文化体育服务国家基本标准

服务项目	服务对象	保障标准	支出责任	覆盖水平
公益性文化服务				
公共文化场馆开放	城乡居民	公共空间设施和基本服务项目免费,全年开放时间不少于10个月	中央和地方财政按比例共同负担	除文物建筑及遗址类博物馆外,各级文化文物部门归口管理的公共文化场馆全面向社会开放
公益性流动文化服务	城乡居民	免费享有影视放映、文艺演出、图片展览、图书销售和借阅、科技宣传为一体的流动文化服务;每个乡镇每年送4场地方戏曲;每学期中小学生观看两部爱国主义教育影片	地方政府负责,中央财政适当补助	基本建立灵活机动、方便群众的公益性流动文化服务网络,保障公益性演出场次
广播影视				
农村广播电视	农村居民为主	无偿提供中央第一套广播节目、中央第一套和第七套电视节目及本省第一套广播电视节目等4套以上广播和电视节目服务,逐步增加节目套数和提高播放质量	中央和地方政府共同负责	基本实现所有通电行政村和自然村村村通和户户通广播电视
农村电影放映	农村居民	行政村一村一月放映一场电影,每场财政补贴200元	中央和地方财政按比例共同负担	每年放映780万场公益电影
少数民族语言广播影视	主要少数民族地区居民	通过有线、无线或卫星等方式能够收听收看到本民族语言广播影视节目	中央和地方政府共同负责	覆盖藏、维、蒙、哈、朝、壮、傣等主要少数民族地区
应急广播	城乡居民	在突发公共事件发生前后及时获得政令、信息等服务	中央和地方政府共同负责	在全国范围内基本实现分层次、分类型、全方位立体覆盖

"十二五"时期公共文化体育服务国家基本标准

服务项目	服务对象	保障标准	支出责任	覆盖水平
新闻出版				
公共阅读服务	城乡居民	农村行政村建立农家书屋,图书不少于1 500册,报刊20—30种,电子音像制品不少于100种(张),并及时更新;城市和乡镇主要街道、大专院校、居民小区等人流密集地点设公共阅报栏(屏),及时提供各类新闻和服务信息	中央和地方财政按比例共同负担	基本实现行政村村有农家书屋,新增城乡公共阅报栏(屏)10万个,国民综合阅读率达到80%
民文出版译制	有文字的少数民族	可以获得本民族语言文字出版的、价格适宜的常用书刊、电子音像制品,政府给予出版物资助	中央和地方政府共同负责	每年选择不少于800种优秀国内外书刊、电子音像制品翻译成少数民族语言文字
盲文出版	盲人	可以获得价格适宜的盲文出版物,政府给予出版物资助	中央和地方政府共同负责	年生产盲文书刊1 600种、70万册
文化遗产展示				
文化遗产展示门票减免	未成年人、老年人、现役军人、残疾人和低收入人群	减免参观文物建筑及遗址类博物馆的门票	中央和地方财政分别负担	目标人群覆盖率100%
群众体育				
体育场馆开放	城乡居民	有条件的公办体育设施(含学校体育设施)向公众开放,免费项目或有关收费标准由地方政府制定;开放时间与当地公众的工作时间、学习时间适当错开,不少于省(区、市)规定的最低时限,全民健身日免费开放,国家法定节假日和学校寒暑假期间,应当适当延长开放时间	地方政府负责,中央财政适当补助	可供使用的公共体育场地(含学校体育场地)占全国体育场地总数的比率达到53%左右
全民健身服务	城乡居民	免费享有健身技能指导、参加健身活动、获取科学健身知识等服务;免费提供公园、绿地等公共场所全民健身器材	地方政府负责,中央财政适当补助	经常参加体育锻炼人数比率达到32%以上

第三节 保障工程

实施公共文化体育服务保障工程,健全服务网络,着力改善基层文化体育设施条件,有效提升公共文化体育服务能力。

——公共文化服务体系建设工程。继续推进广播电视村村通、文化信息资源共享、国家数字图书馆推广工程、公共电子阅览室建设计划、农村数字电影放映、农家书屋、西藏新疆等边疆民族地区广播电视覆盖工程和边疆地区少数民族新闻出版工作，实施地面数字电视覆盖和直播卫星广播电视公共服务建设，新建、改扩建一批市(地)级公共图书馆、文化馆、博物馆。

——传播体系建设工程。重点加强媒体传播能力、民族文字出版和民族语言广播、文化传播渠道、国家应急广播体系建设。

——文化和自然遗产保护工程。重点支持国家重大文化和自然遗产地、全国重点文物保护单位、大遗址、中国历史文化名城名镇名村保护设施建设，推进非物质文化遗产保护利用设施建设试点。做好历史档案和文化典籍保护整理工作。

——体育基本公共服务建设工程。重点支持县级公共体育场建设，加快建设一批面向群众、贴近基层的中小型全民健身中心和灯光球场，充分利用城市绿地、广场、公园等公共场所和适宜的自然区域建设全民健身活动设施。继续实施农民体育健身工程，改善农村公共体育设施条件。

第十一章 残疾人基本公共服务

国家为残疾人提供适合其特殊需求的基本公共服务，营造残疾人平等参与的社会环境，为残疾人生活和发展提供稳定的制度性保障。

"十二五"时期政府提供如下残疾人基本公共服务

◆ 为符合条件的贫困残疾人参加社会保险按规定给予补贴；
◆ 为0—6岁残疾儿童免费提供抢救性康复；
◆ 为适龄残疾儿童、少年免费提供义务教育，并针对残疾学生的特殊需要适当提高补助水平；
◆ 为残疾人免费提供就业服务和就业援助；
◆ 为残疾人提供盲人阅读、聋人手语及影视字幕、特殊艺术、自强健身等公共文化体育服务；
◆ 为残疾人提供无障碍环境。

第一节 重点任务

按照平等、参与、共享的原则，以重度残疾人、农村残疾人和残疾儿童为重点，优先发展社会急需、受益面广、效益好的残疾人基本公共服务，增强供给能力，健全残疾人社会保障体系和服务体系。

——残疾人社会保障。落实和完善贫困残疾人参加社会保险保费补贴政策，提高残疾人社会保险参保率和待遇水平。逐步将符合规定的残疾人医疗康复项目纳入基本医疗保险支付范围，逐步增加工伤保险职业康复项目。着力解决好重度残疾、一户多残、老残一体等特殊困难家庭的基本生活保障问题，做好低收入残疾人家庭生活救助。有条件的地方实施贫困残疾人生活补助和重度残疾人护理补贴制度。构建辅助器具适配体系，有条件的地方对重度残疾人适配基本型辅助器具给予补贴。

——残疾人基本服务。建立健全以专业康复和托养服务机构为骨干、社区为基础、家庭为依托的社会化残疾人康复、托养服务体系。加强残疾人服务设施建设，继续实施"阳光家园"计划，实施国家重点康复工程，建立残疾儿童抢救性康复救助制度。完善残疾学生助学政策，保障残疾学生和残疾人家庭子女免费接受义务教育，逐步实行残疾学生高中阶段免费教育，推进特殊教育学校标准化建设。加大残疾人就业促进和保护力度,开展多层次残疾人职业技能培训,为农村残疾人提供实用技术培训,落实残疾人按比例就业、安置残疾人单位税收优惠、残疾人个体就业扶持等政策。公共就业服务机构和残疾人就业服务机构免费为残疾人提供有针对性的职业介绍、职业指导等就业服务。将住房困难的城乡低收入残疾人家庭优先纳入基本住房保障制度。加强针对盲人和聋人特殊需求的公共文化服务,实行公共文化体育设施对残疾人优惠开放,扩大盲人读物出版规模。加快无障碍建设和改造,推进公共设施设备和信息交流无障碍,有条件的地方为有需求的贫困残疾人家庭无障碍改造提供补助。建立健全残疾预防体系。

第二节 基本标准

加快建立健全残疾人基本公共服务国家标准体系。依据国家残疾人事业相关法律法规,为保障残疾人基本公共服务的规模和质量,明确工作任务的事权与支出责任,缩小残疾人生活状况与社会平均水平的差距,制定"十二五"时期残疾人基本公共服务国家基本标准。

"十二五"时期残疾人基本公共服务国家基本标准

服务项目	服务对象	保障标准	支出责任	覆盖水平
残疾人社会保障				
社会保险保费补贴	重度和贫困残疾人	参加城镇居民基本医疗保险、新型农村合作医疗、新型农村社会养老保险和城镇居民社会养老保险按规定享受政府社会保险费补贴	中央和地方财政共同负担	目标人群覆盖率100%
基本医疗保障医疗康复项目	参保残疾人	运动疗法、偏瘫肢体综合训练、脑瘫肢体综合训练、截瘫肢体综合训练、作业疗法、认知知觉功能康复训练、言语训练、吞咽功能障碍训练、日常生活能力评定等医疗康复项目纳入基本医疗保险范围	基本医疗保险基金支出	目标人群覆盖率100%
残疾人基本服务				
义务教育阶段特殊教育	适龄残疾儿童、少年	在"两免一补"基础上,针对残疾学生特殊需要,进一步提高补助水平;大中城市不能到校上学的残疾儿童、少年接受送教上门服务	中央和地方财政共同负担	学龄残疾儿童少年接受义务教育比率达到90%
残疾人教育资助	家庭经济困难的残疾儿童、青少年	义务教育、学前教育和高中阶段教育寄宿生享受生活费用和特殊学习用品、教育训练补助;高中阶段教育学费、杂费、课本费免费	中央和地方财政共同负担	义务教育和高中阶段教育资助目标人群覆盖率100%,为5.14万人次贫困残疾儿童提供学前教育训练费和生活补助
残疾儿童抢救性康复	0—6岁残疾儿童	对接受手术、辅具配置和康复训练等服务提供资助	中央和地方财政共同负担	覆盖93万人(次)左右目标人群

"十二五"时期残疾人基本公共服务国家基本标准

服务项目	服务对象	保障标准	支出责任	覆盖水平
残疾人就业服务	城乡有就业愿望的残疾人	免费在公共就业服务机构和基层劳动就业社会保障公共服务平台享有职业介绍、职业指导等就业服务;对就业困难残疾人提供就业援助;免费在残疾人就业服务机构享有就业信息发布、残疾人职业培训等服务	地方政府负责,中央财政适当补助	实现城镇残疾人新增就业100万,为100万农村贫困残疾人提供实用技术培训
残疾人文化服务	残疾人	能够收看到有字幕和手语的电视节目,在公共图书馆得到盲文和有声读物等阅读服务	中央和地方财政共同负担	各级公共图书馆设立盲人阅览室,配置盲文图书及有关阅读设备;省市两级电视台普遍开办手语节目;影视剧和电视节目加配字幕
残疾人体育健身服务	残疾人	免费享有体育健身指导服务	中央和地方财政共同负担	建立1 200个残疾人体育健身示范点,经常参加体育健身的残疾人比率达到15%以上

第三节 保障工程

针对残疾人基本公共服务的特殊性和专业性,实施残疾人基本公共服务保障工程,提升残疾人基本公共服务能力。

——残疾人康复和托养设施建设工程。建设一批残疾人康复设施,配备相应的设备和专业人员,全面开展康复医疗、功能训练、辅助器具适配、心理辅导、康复转介、残疾预防、知识普及和咨询等康复服务;支持一批示范性专业托养机构建设,实施"阳光家园"计划,增强托养服务能力。

——特殊教育学校建设工程。改扩建和新建一批特殊教育学校,添置必要的教学、生活和康复训练设施,使每个地级市和人口30万以上、残疾儿童少年较多的县(市、区)都至少有1所按国家标准建设的特殊教育学校。

第十二章 促进城乡、区域基本公共服务均等化

按照推进基本公共服务均等化和实施主体功能区规划、国家区域发展战略的要求,逐步建立城乡一体化的基本公共服务制度,健全促进区域基本公共服务均等化的体制机制,促进公共服务资源在城乡、区域之间均衡配置,缩小基本公共服务水平差距。

第一节 促进城乡基本公共服务均等化

——加强城乡基本公共服务规划一体化。涉及公共服务的各类规划,要贯彻区域覆盖、制度统筹的原则要求,以服务半径、服务人口为基本依据,打破城乡界限,统筹空间布局,制定实施城乡统一的基本公共服务设施配置和建设标准。

——推进城乡基本公共服务制度衔接。以制度统一为切入点,抓紧制定和实施统筹城乡基本公共服务制度的工作目标和阶段任务。鼓

励各地开展统筹城乡基本公共服务制度改革试点,有条件的可率先把农村居民纳入城镇基本公共服务保障范围;暂不具备条件的,要注重缩小城乡服务水平差距,预留制度对接空间。

——加大农村基本公共服务支持力度。进一步加大公共资源向农村倾斜力度,新增预算内固定资产投资要优先投向农村基本公共服务项目。制定并推行各类机构服务项目及其规范标准,提高农村基层公共服务人员专业化水平。鼓励和引导城市优质公共服务资源向农村延伸,包括充分利用信息技术和流动服务等手段,促进农村共享城市优质公共服务资源。

——以输入地政府管理为主,加快建立农民工等流动人口基本公共服务制度,逐步实现基本公共服务由户籍人口向常住人口扩展。结合户籍管理制度改革和完善农村土地管理制度,逐步将基本公共服务领域各项法律法规和政策与户口性质相脱离,保障符合条件的外来人口与本地居民平等享有基本公共服务。积极探索多种有效方式,对符合条件的农民工及其子女,分阶段、有重点地纳入居住地基本公共服务保障范围。

第二节 促进区域基本公共服务均等化

——推进落实主体功能区基本公共服务政策。对优化开发区域和重点开发区域,要根据工业化、城镇化需要,加强基本公共服务能力建设,使基本公共服务设施布局、供给规模与人口分布、环境交通相适应。对限制开发和禁止开发区域,要加大财政转移支付力度和财政投入,保障不因经济开发活动受限制而影响基本公共服务水平的提高。

——加大困难地区基本公共服务支持力度。加大对贫困地区、革命老区、民族地区、边疆地区和集中连片特殊困难地区的基本公共服务财政投入和公共资源配置力度,政府基本公共服务投资项目优先向这些地区倾斜。鼓励发达地区采用定向援助、对口支援和对口帮扶等多种形式,支持这些地区发展基本公共服务,并形成长效机制。

——建立健全区域基本公共服务均等化协调机制。加强国务院各部门与省级政府间的磋商协调,保持区域间基本公共服务范围和标准基本一致,推动相关制度和规则衔接,做好投资、财税、产业、土地和人口等政策的配套协调。健全地方政府为主、统一与分级相结合的公共服务管理体制,着力加强省级政府推进省域内基本公共服务均等化的统筹职能。适应区域一体化发展要求,完善现有各类区域协调机制,强化其促进区域内基本公共服务协作、资源共享、制度对接作用。鼓励和倡导长三角、珠三角等发达地区率先实现基本公共服务一体化。

第十三章 增强公共财政保障能力

建立与经济发展和政府财力增长相适应的基本公共服务财政支出增长机制,切实增强各级财政特别是县级财政提供基本公共服务的保障能力。

第一节 明确政府间事权和支出责任

——综合考虑法律规定、受益范围、成本效率、基层优先等因素,合理界定中央政府与地方政府的基本公共服务事权和支出责任,并逐步通过法律形式予以明确。中央政府主要负责制定国家基本公共服务标准和政策法规,提供涉及中央事权的基本公共服务,协调跨省(区、市)的基本公共服务问题,以及对各省级政府提供的基本公共服务进行监督、考核与问责。按照国家统一制度框架,省级政府主要负责制定本地区基本公共服务标准和地方政策法规,提供涉及地方事权的基本公共服务,以及对市级和县级政府提供的基本公共服务进行监督、考核与问责。市级和县级政府具体负责本地基本公共服务的提供以及对基本公共服务机构的监管。

——逐步将适合更高一级政府承担的事权和支出责任上移,增加中央和省级政府在基本公共服务领域的事权和支出责任。强化省级政府在教育、就业、社会保险、社会服务、医疗卫生等领域基本公共服务的支出责任。

第二节 完善转移支付制度

——科学设置、合理搭配一般性转移支付和专项转移支付。在明确划分各级政府基本公共服务事权和支出责任的基础上,逐步做到属于地方政府事务,其自有收入不能满足支出需求的,中央财政原则上通过一般性转移支付给予补助;属于中央委托事务,中央财政通过专项转移支付足额安排资金;属于中央地方共同事务,明确各自支出的分担比例。

——完善转移支付办法。增加一般性转移支付特别是均衡性转移支付规模和比例,加大对中西部地区转移支付力度,优先弥补禁止开发区和限制开发区的收支缺口。规范专项转移支付,充分发挥专项转移支付资金促进基本公共服务均等化的积极作用。

——加快完善省以下转移支付制度。充分发挥省级财政转移支付有效调节省内基本公共服务财力差距的功能。已实施省直管县财政改革的地区,省级政府要根据本地区实际情况,加大对县级政府的转移支付力度。没有实施省直管县财政改革的地区,省、市级政府要采取多种方式,增加对县级政府的转移支付。

第三节 健全财力保障机制

——完善公共财政预算,优化财政支出结构。各级政府要优先安排预算用于基本公共服务,并确保增长幅度与财力的增长相匹配、同基本公共服务需求相适应,推进实施按照地区常住人口安排基本公共服务支出。加快构建以政府为主导、充分体现社会公平的再分配调节机制。

——拓宽基本公共服务资金来源。继续安排中央资金,支持贫困地区和薄弱环节提高基本公共服务能力,地方各级政府特别是省级政府要安排相应资金。充分利用国际金融组织贷款等有效融资形式,拓宽政府筹资渠道,增加基本公共服务基础设施投入。加大国有资本经营预算用于基本公共服务的支出比重。扩大全国社会保障基金规模。

——提高县级财政保障基本公共服务能力。中央财政制定县级基本公共服务财力保障范围和保障标准,并根据相关政策和因素变化情况动态调整。省、市级财政要按照本行政区划内基本公共服务均等化的要求,逐步提高县级财政在省以下财力分配中的比重,帮助困难县(市、区)弥补基本财力缺口。县级政府要强化自我约束,科学统筹财力,规范预算管理。中央财政要完善县级财政保障基本公共服务的激励约束机制,根据基层工作实绩实施奖励。

第十四章 创新供给模式

在坚持政府负责的前提下,充分发挥市场机制作用,推动基本公共服务提供主体和提供方式多元化,加快建立政府主导、社会参与、公办民办并举的基本公共服务供给模式。

第一节 建立多元供给机制

——在政府实施有效监管、机构严格自律、社会加强监督的基础上,扩大基本公共服务面向社会资本开放的领域。各地区、各部门在制定规划和配置公共服务资源时,要给非公立机构留有合理空间,特别是配置新增资源时要统筹考虑由社会资本举办服务机构和提供服务。鼓励和引导社会资本参与基本公共服务设施建设和运营管理。公平开放基本公共服务准入,大力发展民办幼儿园和职业培训机构,鼓励和引导社会资本举办医疗机构和参与公立医院改制,推动社会资本兴办养(托)老服务和残疾人康复、托养服务等机构以及建设博物馆、体育场馆等文体设施。

——在实践证明有效的领域积极推行政府购买、特许经营、合同委托、服务外包、土地出让协议配建等提供基本公共服务的方式,抓紧研究制定分领域、分行业具体政策,包括规范准入标准、资质认定、登记审批、招投标、服务监管、奖励惩罚及退出等操作规则和管理办法。提供基本公共服务的民办机构,在设立条件、资质认定、职业资格与职称评定、税收政策和政府购买服务等方面,与事业单位享有平等待遇。

——充分发挥公共投入引导和调控作用,合理利用政府补贴供给方和补贴需求方的调节手段,探索财政资金对非公立基本公共服务机构的扶持,并积极采取财政直接补贴需求方的方式,增加公民享受服务的选择权和灵活性,促进基本公共服务机构公平竞争。

——提升社区基本公共服务能力,构建以社区为基础的城乡基层社会管理和公共服务平台。实施社区服务体系建设工程,以居民需求为导向,加强基层公共服务资源整合,因地制宜建设社区综合公共服务设施,行政办公、就业和社会保障、卫生计生、文化体育、科普宣传等设施加大共建共享力度。在外出就业较为集中的农村地区,要重点解决好留守家属的关爱服务,充分利用布局调整后闲置资源用于开展托老、托幼等服务。加快建设社会工作专业人才队伍,并建立专业人员引领志愿者服务的机制。

——提高基本公共服务信息化水平。积极构建国家数字化教学资源库和公共教育服务平台,加强就业、社会保险、基本社会服务、医疗卫生、人口和计划生育、保障性住房、文化体育等信息系统建设,促进信息资源整合共享。积极利用信息技术提高公共服务机构管理效率,创新服务模式和服务业态。

——逐步有序扩大基本公共服务领域对外开放,鼓励采用合资、合作等多种形式开展高水平的国际合作办医、养老以及文化体育等交流,鼓励中外合作办学。

第二节 分类推进事业单位改革

——按照政事分开、事企分开和管办分离的要求,分类推进事业单位改革。对提供公共服务的事业单位,要强化公益属性,改革和完善政府投入方式,加强监督管理。承担义务教育、公共文化、公共卫生及基层的基本医疗服务等基本公益性服务,不能或不宜由市场配置资源的事业单位,划入公益一类;承担非营利医疗等公益服务,可部分由市场配置资源的事业单位,划入公益二类。

——探索管办分离的有效实现形式,完善法人治理结构,使事业单位真正转变为独立的事业单位法人和公共服务提供主体。积极推进体制改革,完善运行机制,配套推进机构编制、国有资产管理、人事管理、收入分配、社会保险改革。

第三节 鼓励社会力量参与

——强化社会公众对基本公共服务供给决策及运营的知情权、参与权和监督权,健全基本公共服务需求表达机制和反馈机制,增加决策透明度。

——发挥各类社会组织在基本公共服务需求表达、服务供给与监督评价等方面的作用，把适合由社会承担的基本公共服务事项，以购买服务等方式交由社会组织承担。

——大力发展志愿服务，完善志愿服务管理制度和服务方式，促进志愿服务经常化、制度化和规范化，推动志愿服务与政府服务优势互补、有机融合。

——积极发展慈善事业，增强全社会慈善意识，积极培育慈善组织，完善慈善捐赠的法律法规和税收减免政策，充分发挥慈善在基本公共服务提供和筹资等方面的作用。

第十五章　规划实施

本规划确定的目标和任务，是政府对人民群众的承诺，要切实加强组织领导和统筹协调，建立健全规划实施机制，全力确保完成。

第一节　明确责任分工

本规划确定的各项指标和任务，要分解落实到国务院各有关部门和各省级人民政府。国务院各有关部门要按照职责分工，抓紧制定行业基本公共服务的具体标准，切实做好相关专项规划与本规划的衔接，并明确工作责任和进度。各省级人民政府要在国务院有关部门指导下，结合本地区实际，编制实施省级基本公共服务专项规划或行动计划，以国家基本标准为依据制定本地基本公共服务标准体系，并加强对市县级政府的绩效评价和监督问责。要建立高层次综合协调机制，协调解决规划实施中跨地区跨部门跨行业的重大问题。

各级政府要加大财力统筹，特别是中央财政和省级财政要合理确定与下级财政基本公共服务支出的分担比例，保证本规划确定的各项基本公共服务目标任务及保障工程的投入，保证本级财政承担的投入分年、足额落实到位。严格规范财政转移支付管理和使用，确保资金按时足额拨付。

第二节　加强监督问责

发展改革委要加强对规划实施情况的跟踪分析，以开展全国基本公共服务水平综合评价为重要手段，制定评价指标体系和评价方案，牵头组织开展中期评估和终期评估，并向国务院提交评估报告，以适当方式向社会公布。

国务院各有关部门和各省级人民政府要开展本行业和本地区的基本公共服务水平监测评价，注意研究新情况，解决新问题。要自觉接受同级人大、政协和人民群众的监督。积极开展基本公共服务社会满意度调查。鼓励多方参与评估，积极引入第三方评估。

完善基本公共服务问责机制，增加基本公共服务绩效考核在政府和干部政绩考核中的权重。健全基本公共服务预算公开机制，增强预算透明度。切实加强对建设工程和专项拨款使用绩效的审计、监管。建立基本公共服务设施建设质量追溯制度，对学校、医院、福利机构、保障性住房等建筑质量实行终身负责制。

国务院办公厅
关于印发少数民族事业"十二五"规划的通知
国办发〔2012〕38号

各省、自治区、直辖市人民政府，国务院各部委、各直属机构：

《少数民族事业"十二五"规划》已经国务院同意，现印发给你们，请认真组织实施。

国务院办公厅
2012年7月12日

少数民族事业"十二五"规划

少数民族事业,是党和国家坚持与完善民族区域自治制度,加快少数民族和民族地区发展,保障少数民族合法权益,巩固和发展平等、团结、互助、和谐的社会主义民族关系,促进各民族共同团结奋斗、共同繁荣发展的一项综合事业。

大力发展少数民族事业,是适应我国多民族基本国情的客观需要,是增进民族团结和维护社会稳定的重要保障,是实现全面建设小康社会战略任务的重要内容。少数民族事业的发展,事关各族群众的福祉,事关社会主义现代化建设的全局,事关国家团结统一和长治久安,具有重大的现实意义和深远的历史意义。

"十一五"以来,我国少数民族事业快速发展,取得显著成绩。民族地区基础设施建设取得突破性进展,群众生产生活条件明显改善;特色优势产业快速发展,自我发展能力显著增强;生态建设和环境保护成效显著,环境质量进一步改善;贫困问题有效缓解,农牧民收入持续增加;社会事业长足进步,基本公共服务能力稳步提高。少数民族干部和各类人才队伍日益壮大,整体素质不断提升;民族法律法规和政策体系更趋完善,各民族合法权益得到进一步保障;民族团结不断巩固,民族关系更加和谐。当前,少数民族和民族地区发展仍面临一些突出问题和特殊困难,基础设施薄弱、生态环境脆弱的瓶颈制约仍然存在,区域发展不平衡、贫困面大的问题仍然突出,加快社会事业发展、提升基本公共服务水平的任务仍然艰巨,加强民族团结、维护社会和谐稳定的任务仍然繁重。

根据《中共中央 国务院关于进一步加强民族工作加快少数民族和民族地区经济社会发展的决定》(中发〔2005〕10号)、《中华人民共和国民族区域自治法》和《中华人民共和国国民经济和社会发展第十二个五年规划纲要》,编制本规划。

本规划中民族地区指5个自治区、30个自治州和117个自治县、3个自治旗。

一、指导思想和发展目标

(一)指导思想。

高举中国特色社会主义伟大旗帜,以邓小平理论和"三个代表"重要思想为指导,深入贯彻落实科学发展观,牢牢把握各民族共同团结奋斗、共同繁荣发展的民族工作主题,坚持和完善民族区域自治制度,以解决少数民族事业发展中的特殊困难和问题为重点,采取特殊政策措施,不断加大对少数民族事业的扶持力度,全面提升少数民族事业发展水平。着力推进民族地区基础设施建设,不断夯实长远发展基础;着力培育特色优势产业和战略性新兴产业,不断增强自我发展能力;着力加强生态建设和环境保护,建设美好家园和国家生态屏障;着力保障和改善民生,进一步提高基本公共服务水平;着力加大对少数民族文化事业的支持力度,进一步促进少数民族文化繁荣发展;着力加大少数民族干部和各类人才培养力度,努力建设高素质的少数民族干部和各类人才队伍;着力健全民族法律法规体系,保障少数民族合法权益;着力开展民族团结进步创建活动,进一步巩固和发展平等、团结、互助、和谐的社会主义民族关系,努力开创各民族和睦相处、和衷共济、和谐发展的新局面。

(二)主要发展目标。

民族地区经济发展主要指标增速高于全国平均水平,人均地区生产总值与全国平均水平的差距明显缩小。基础设施更加完善,特色优势产业体系初步形成,城镇化率增速高于全国平均水平,生态环境持续改善,对外开放水平显著提升。

民族地区人民生活水平大幅提高,城乡居

民收入与全国平均水平差距明显缩小。城镇登记失业率控制在5%以内。牧区、边境地区、人口较少民族聚居地区和少数民族贫困地区群众生产生活条件明显改善。

民族地区基本公共服务能力显著增强，教育、文化服务、医疗卫生、社会保障等与全国的差距明显缩小。九年义务教育巩固率达到90%以上，城乡三项基本医疗保险参保率提高3个百分点，新型农村养老保险和城镇居民养老保险实现全覆盖。

少数民族优秀传统文化得到有效保护、传承和弘扬，适应各族群众需求的优秀文化产品更加丰富，少数民族基本文化权益得到切实保障，少数民族文化产业发展迈出较大步伐，在对外文化交流中发挥更大作用。

民族理论政策体系和民族法律法规体系更加完备，民族事务服务体系更加完善，少数民族权益保障得到进一步加强，民族团结进步创建活动不断深入，民族关系更加和谐。

二、主要任务

（一）着力推动民族地区加快发展，不断改善各族群众生产生活条件。

加强民族地区基础设施建设，优先安排与农牧区群众生产生活密切相关的水利、能源和环境保护基础设施建设，优先安排草场围栏、农村公路、邮政设施、通信设施、广播电视、公共文化设施、贸易集市、清洁能源、民房改造等中小型和公益型项目。

大力发展民族地区资源开发、特色农牧业、民族文化旅游业等特色优势产业。推动有机产品基地建设，带动配套产业、社会服务业的发展，促进群众就业和增收。支持在资源开发、旅游度假、风情体验、加工制造、商贸流通等方面特色突出的小城镇加快发展。按照市场导向、优势互补、生态环保、集中布局的原则，积极承接国内外产业转移。

加大对少数民族和民族地区扶贫开发力度。全力实施集中连片特殊困难地区扶贫攻坚工程，优先解决特困少数民族贫困问题。重点支持民族地区实施整村推进、以工代赈、产业扶贫、劳动力转移培训等工程。大力推进游牧民定居工程，妥善解决搬迁农牧民后续发展和长远生计问题。建立和完善计划生育家庭优先优惠政策体系，支持建立健全人口计生服务体系，构建民族地区人口计生基本公共服务均等化机制。

深入推进兴边富民行动，大力扶持人口较少民族发展，集中力量加快边境地区和人口较少民族聚居地区经济社会全面发展。进一步做好少数民族特色村寨保护与发展工作，改善特色村寨的人居环境，培育特色产业，促进少数民族文化传承，创建民族和谐村寨。

支持民族贸易和民族特需商品生产企业发展，培育和发展满足少数民族群众生产生活特殊需求的特色产业，继续执行扶持民族贸易和民族特需商品生产企业的财政和金融等优惠政策。实施少数民族特需商品传统生产工艺和技术保护工程。

进一步加强耕地保护，支持民族地区加快编制土地整治规划。推动各类建设工程节约集约用地，做好与土地利用总体规划的衔接。

加强民族地区矿产资源调查评价与勘查，有序推进优势矿产资源开发，通过矿业的可持续发展，增强民族地区经济实力，提高当地群众收入水平。

继续加大民族地区天然林资源保护、石漠化综合治理、退牧还草、易灾地区草地保护、重点防护林建设、野生动植物保护、湿地保护与恢复、防沙治沙等生态工程建设力度，巩固退耕还林成果，基本形成国家生态安全屏障体系。

推动民族地区对外开放，支持发展对外贸易，开拓国际市场，提升沿边开放水平。积极建设广西东兴、云南瑞丽、内蒙古满洲里等重点开发开放试验区和新疆喀什、霍尔果斯经济开发区,加快边境经济合作区发展,支持符合条件的边境经济合作区扩大规模和调整区位。

专栏1

(1)少数民族特色村寨保护与发展工程。

加大试点力度,整合统筹各方面资金,通过实施特色民居保护和改造等项目,保护少数民族特色村寨的建筑风格和整体风貌,改善少数民族群众的居住条件和环境,支持特色种养、民族风情旅游、民族手工艺品开发等"一村一品"特色产业发展,带动少数民族群众增收,推动民族文化保护和传承,促进民族团结进步。

(2)少数民族特需商品传统生产工艺和技术保护工程。

保护少数民族特需商品独特的生产工艺和技术,促进生产发展,满足消费需求,推动少数民族特需商品生产的产业化。系统收集和整理少数民族特需商品传统生产工艺和技术,运用现代技术手段予以保存和展示。对一些濒临失传的传统工艺和技术进行抢救。

(二)大力发展教育、科技、卫生、就业和社会保障事业,不断提高民族地区基本公共服务水平。

支持民族地区大力发展公办幼儿园,积极扶持普惠性民办幼儿园发展,优先将农牧区幼儿园纳入学前教育项目支持范围,构建"广覆盖、保基本"的学前教育公共服务体系。推进民族地区义务教育均衡发展,深化基础教育课程改革和教学改革,提高教育教学质量。科学稳妥推进双语教育,加大双语人才培养力度。推进民族地区义务教育学校标准化建设,改善办学条件,巩固义务教育普及成果。加快农牧区寄宿制学校建设,逐步提高生均公用经费基本标准和家庭经济困难寄宿生生活费补助标准,加大对民族地区实施农村义务教育学生营养改善计划的支持力度。加强中小学师资队伍建设,鼓励支持高校毕业生到民族地区基层任教。支持民族地区发展现代远程教育,扩大优质教育资源覆盖面。支持民族地区加快普及高中阶段教育,推动普通高中多样化发展,提高普通高中办学质量。加快发展民族地区职业教育,办好一批适应当地经济发展方式转变和产业结构调整要求的职业院校,加大符合当地产业发展需求的优势特色专业建设支持力度,中等职业教育改革发展示范校建设项目、职业教育实训基地建设项目等国家实施的项目向民族地区倾斜。继续办好内地西藏班、新疆高中班和内地西藏、新疆中职班,鼓励和支持有关省区相对发达城市面向当地民族地区举办中职班。加强民族院校和民族地区高校建设,中央财政支持地方高校发展的专项资金、工程和项目向民族院校和民族地区高校倾斜。推进学科专业调整和课程改革,重点加强应用型学科、特色学科建设。加大民族医药人才、民族文化人才及双语师资等民族地区急需人才的培养力度。继续办好高校少数民族预科班、民族班。继续实施少数民族高层次骨干人才培养计划,并逐步扩大办学规模。

加强民族地区科技基础设施和科技人才队伍建设,大力推进科技特派员农村科技创业行动,建立社会化、多元化、信息化新型农村科技服务体系,大力推广先进适用技术,促进科技进步和产业升级。加大科技富民强县专项行动计划实施力度,推动县域经济发展。加强少数民族和民族地区科普工作,加大双语科普工作力度,扶持少数民族语言文字科普读物的翻译出版,支持面向民族地区的大学生科普志愿者队伍建设。

专栏2

(1)民族地区双语教育推进工程。

支持高校定向培养双语教师,建设双语教师培养培训基地。组织编译和开发优质双语教材、教辅、课外读物、课件和音像制品。

(2)民族地区义务教育学校标准化建设工程。

支持边境县和民族自治地方扶贫开发工作重点县义务教育学校校舍、体育场地、教学仪器设备、图书达到国家基本标准。

(3)农牧区幼儿园建设工程。

支持现有的乡镇和村幼儿园改善办学条件。优先在具备条件的农牧区小学增设附属幼儿园，在边远贫困地区开展学前教育巡回支教。积极扶持民办幼儿园发展。

(4)民族地区教育基础薄弱县普通高中建设工程。

支持民族地区教育基础薄弱县加强普通高中基础设施建设，改善办学条件，扩大培养规模，提升普通高中教育发展水平和质量。

(5)民族院校和民族地区高校教育质量提升工程。

支持民族院校和民族地区高校硕士点、博士点建设，建设一批重点学科，在审批新增硕士点、博士点和重点学科时，给予政策倾斜。支持建设一批重点实验室和人文社科研究基地，构建一批优势互补、资源共享的科研平台。加强师资队伍建设的校际联合和对外交流，鼓励和支持培养引进一批教育教学骨干、学术骨干和学科带头人，建设一批高水平教学和科研团队。

(6)民族院校和民族地区高校学生锻炼平台搭建工程。

搭建民族院校和民族地区高校学生寒暑假锻炼平台，充分利用现有资源，鼓励少数民族学生加强见习、实习和实训，提升就业能力。

(7)学校民族团结教育推进工程。

在全国各级各类学校广泛深入开展爱国主义和民族团结教育，推动党的民族理论政策、民族法律法规进教材、进课堂、进头脑，把民族团结教育贯穿到课堂教学、社会实践、校园文化建设全过程。在学生中广泛组织开展民族团结交流活动，组织举办各民族师生文化交流艺术节，开展东中部学校和民族地区学校"结对子"、学生"手拉手"等活动。加强民族团结教师培训和教材资源建设。支持中国教育电视台等单位开播民族团结教育专题节目。

(8)民族地区双语科普工程。

加强少数民族科普工作队建设，组建民族院校和民族地区高校少数民族学生科普志愿者队伍，扶持少数民族语言文字科普宣传品的翻译出版，组织开展内容丰富的科普宣传活动。

加强民族地区公共卫生服务体系建设，完善重大疾病防控、健康教育、妇幼保健等公共卫生服务网络，加强卫生监督、农村急救、精神疾病防治、食品安全监测等能力建设。加快建立和完善农牧区传染病、慢性病、地方病、职业病防控体系，提高突发公共卫生事件处置能力。加强以县级医院(含民族医医院)为龙头、乡镇卫生院和村卫生室为基础的农村三级医疗卫生服务网络建设，完善以社区卫生服务为基础的城市医疗卫生服务体系。加强以全科医生为重点的基层医疗卫生队伍建设，落实鼓励全科医生长期服务基层政策。加强妇儿专科医院和综合医院妇儿科建设。推进地市级综合医院建设。巩固提高新型农村合作医疗参合率，逐步提高人均筹资标准及保障水平。加大对少数民族和民族地区妇女宫颈癌、乳腺癌免费检查力度，提高妇女健康水平。加大民族医药的保护和抢救力度，实施民族医药保护与发展工程。加强民族医药基础理论和临床应用研究，推动民族医药学科和人才队伍建设，培养高层次民族医药人才。推广民族医药适宜技术，加大乡村民族医药工作者培训力度。

专栏3

民族医药保护与发展工程。

梳理民族医重点专科(专病)优势病种诊疗方案,形成临床路径并加以推广。建立民族药药材种质资源保护区和药用野生动植物种养基地。继续实施民族医药关键技术研究项目和民族医药文献整理与适宜技术筛选推广项目。建设一批民族医药重点学科,培养一批民族医药学科带头人,推进民族医药学术继承和发展。实施全国名老民族医药专家学术经验继承、优秀民族医药临床人才研修等项目。推进民族医药标准化建设,建设一批民族医药标准化实施推广示范单位。

加强面向少数民族和民族地区公共就业服务体系建设,加强职业技能培训,大力开发公益岗位,完善就业援助制度,着力解决少数民族高校毕业生、农牧区转移劳动力、民族地区城镇就业困难人员等群体就业问题。加快推进民族地区覆盖城乡的社会保障体系建设,提高社会保险统筹层次,合理确定城乡居民最低生活保障标准。加快发展民族地区社会福利事业和社会慈善事业,加大社会救助力度。大力推进民族地区保障性安居工程建设。

(三)着力发展少数民族文化事业和文化产业,不断满足各族群众精神文化需求。

按照国家"十二五"时期文化改革发展规划纲要,加快构建民族地区公共文化服务体系。以城乡基层文化设施为重点,以流动文化设施和数字文化阵地建设为补充,基本建成覆盖城乡的公共文化设施网络。继续实施广播电视村村通工程,解决20户以下已通电自然村通广播电视问题,力争实现"户户通"。加强广播电视无线发射台站基础设施建设,进一步巩固和加强民族地区无线覆盖水平。支持少数民族题材影视剧的创作、生产、播出,继续向西藏、新疆等民族地区捐赠电视剧,并逐步扩大捐赠范围。对有线电视未通达的农牧区,开展直播卫星服务。继续实施农村数字电影放映工程,基本实现每个行政村每月放映一场电影,中小学生每学期至少观看2次爱国主义影片。支持城市数字影院建设。依托重点新闻网站,加强民族语言网站建设,提高网站服务少数民族受众的水平。

加大民族地区公共文化产品和服务的供给力度,积极弘扬中华优秀传统文化,大力扶持少数民族文化产品的创作生产。继续实施西新工程,加强少数民族语言广播影视节目制作、译制能力建设。实施新闻出版东风工程和新疆文化建设春雨工程,加强少数民族语言文字出版能力和信息化建设,加大对国家级少数民族文字出版基地建设的支持力度,提高优秀国家通用语言文字、外文出版物和优秀少数民族文字出版物双向翻译出版的数量和质量,支持基层出版物发行网点建设。支持民族文化特色鲜明的综合性博物馆和专题博物馆建设。加快推进公共图书馆、博物馆、文化馆(站)、美术馆等公共文化设施向社会免费开放,支持公共阅报栏(屏)建设。开展"中华民族一家亲"等面向民族地区基层的送戏送书送医活动,组织文化志愿者为民族地区基层群众提供文化志愿服务。支持民族地区公共体育设施建设,加强少数民族传统体育训练基地建设。继续办好全国性少数民族重大文化体育活动。依托少数民族重大节庆活动和民族民间文化资源,广泛开展群众性文化体育活动。

专栏4

(1)少数民族文化读本编撰出版工程。

编撰出版少数民族文化读本和少数民族历史题材青少年普及版绘图本,编创、巡演、展播少数民族历史题材说唱艺术,创作、陈列、展出少数民族历史风俗画。

(2)少数民族传统文化展演评奖活动。

继续举办全国少数民族文艺会演、全国少数民族传统体育运动会、全国少数民族文学创作"骏马奖"评奖活动、全国少数民族曲艺展演、全国少数民族美术作品展和中国少数民族戏剧会演。

加强少数民族文化遗产保护工作。加强少数民族语言文字规范化信息化建设。健全少数民族文化遗产普查、登记、建档、认定制度,加强对世界文化遗产、大遗址和文物保护单位的保护,继续实施少数民族文物保护工程,加强民族地区历史文化名城(街区、村镇)的保护。对濒危的少数民族非物质文化遗产项目实施抢救性保护,对具有一定市场前景的少数民族非物质文化遗产项目实施生产性保护,对少数民族非物质文化遗产集聚区实施整体性保护。加强民族地区文化生态保护区建设。加强少数民族古籍保护、抢救、搜集、整理、翻译、出版和研究等工作。继续实施西藏、新疆等地少数民族古籍保护专项工作。

专栏5

(1)少数民族语言文字规范化信息化建设工程。

加快少数民族语言文字急需标准的研制,开展多民族语言文字平台建设和民族语言资源库建设。

(2)少数民族濒危语言抢救与保护工程。

科学保护少数民族语言文字,完成20种少数民族濒危语言的调查工作,出版《中国少数民族语言文字保护丛书》。

(3)少数民族文物保护工程。

实施西藏重点文物保护、新疆大遗址保护等民族地区重点文物保护工程。

(4)少数民族古籍保护工程。

基本完成少数民族古籍普查和《中国少数民族古籍总目提要》的编纂出版工作。

充分发挥少数民族文化资源优势,加快少数民族文化产业发展,增强少数民族文化影响力。深化民族地区文化体制改革,加快培育文化市场主体。加强少数民族文化资源数字化建设。支持少数民族文化企业的高新技术应用示范,鼓励发展数字出版等新兴业态,推动数字印刷和绿色印刷发展。培育少数民族文化市场,实施一批具有带动、示范作用的文化产业项目。支持创作一批深受各族群众喜爱、具有鲜明民族特色的优秀少数民族文化作品,打造具有竞争力和影响力的艺术品牌,提升产业创新水平。积极举办少数民族文化产业博览会,为民族地区文化资源展示、产品交易搭建平台。

(四)不断巩固和发展民族团结进步事业,营造各民族和谐发展的社会环境。

广泛开展民族团结宣传教育,引导各族干部群众牢固树立汉族离不开少数民族、少数民族离不开汉族、各少数民族之间也相互离不开的思想,增强对伟大祖国的认同、对中华民族的认同、对中华文化的认同、对中国特色社会主义道路的认同,增强维护祖国统一和民族团结、反对民族分裂的自觉性、主动性和坚定性。大力弘扬以爱国主义为核心的民族精神,把民族团结教育纳入社会主义精神文明建设和公民意识教育、道德教育的全过程,推进民族理论政策、民族法律法规和民族基本知识宣传教育进机关、进企事业单位、进社区、进乡村、进学校、进部队。继续开展民族团结宣传月、宣传周和民族自治地方逢十周年庆典等传统活动。充分利用大众媒体和网络等新兴媒体开展宣传教育,建设网上民族团结宣传教育舆论阵地。

深入开展民族团结进步创建活动,推动各级各类民族团结进步示范单位建设,按照国家有关规定表彰民族团结进步先进集体和个人,充分发挥各类先进典型的模范带头作用。增进各民族互相了解、互相学习、互相交流,继续组织全国少数民族参观团,广泛开展青少年民族团结交流活动。继续推进民族团结进步教育基地建设。加强对民族关系状况的分析研判,建立和完善涉及民族因素的矛盾纠纷调处机制,完善应急处置预案。

专栏6

民族团结进步创建工程。

推动各级各类新闻、出版、文化单位做好民族团结进步宣传教育工作,在全社会形成良好的舆论氛围。广泛开展民族团结进步示范典型创建活动,建设一批示范地(市、州)、县(旗)、乡(镇)、村(社区)、学校、企事业单位、连队等,建立一批民族团结进步教育基地。指导各地区各部门按照国家有关规定开展民族团结进步表彰活动。

(五)加强少数民族各类人才队伍建设,提升民族地区发展的智力支撑能力。

进一步确立少数民族和民族地区经济社会发展中人才优先发展的战略。积极推进民族地区企业经营管理人才、专业技术人才、高技能人才、农牧区实用人才、社会工作专业人才等各类人才队伍建设。大力开发民族地区经济社会发展急需紧缺的专门人才,积极引进海外高层次人才。实施边疆民族地区人才支持计划。进一步加大对艰苦边远民族地区人才的扶持力度,鼓励民族地区各类人才的成长和创业,支持和吸引各类人才到民族地区发展创业。加强和改进干部和各类人才援藏援疆援青、博士服务团、"西部之光"访问学者、少数民族科技骨干特殊培养等工作。健全和完善人才培养、评价、选拔、激励、保障的体制和机制。

积极推进少数民族干部培养选拔工作,完善少数民族干部选拔制度,不断扩大规模、提高质量、改善结构。民族自治地方招收录用公务员时,依据法律和有关规定,对少数民族报考人员给予适当照顾。推进干部支援民族地区工作,继续做好中央国家机关、经济发达地区与民族地区干部双向交流。重视培养选拔少数民族女干部。加强对少数民族和民族地区干部的教育培训。发挥各级党校、行政学院、干部学院、高校和社会培训机构的作用,建立健全分工明确、优势互补的民族干部教育培训体系。

专栏7

(1)少数民族人才发展工程。

实施少数民族高级人才联系培养项目,完善少数民族高级人才数据库。组织专家团到民族地区进行科技服务。实施少数民族科技领军人才与创新团队支持项目,遴选一批培养对象予以重点扶持,建设一批创新团队。实施少数民族中青年英才培养项目,遴选一批少数民族中青年人才进行重点扶持,提高优秀中青年人才的创新能力和科研水平。实施少数民族老专家学术技术抢救项目,遴选一批作出重大贡献、具有较大影响力的少数民族老专家予以资助,推进学术技术经验传承。实施少数民族和民族地区骨干人才培训项目,培训少数民族和民族地区经济社会发展急需紧缺人才。

(2)少数民族和民族地区干部教育培训工程。

实施少数民族和民族地区党政领导干部培训项目,对民族自治地方、边境地区、民族乡镇、人口较少民族等党政领导干部进行分期分批培训。加大民族地区干部双语培训力度。加强教育培训师资队伍建设,建立教育培训师资库,实现优秀师资资源共享。建立完善培训课程体系,加强精品课程和精品教材建设。编译出版民族地区基层干部双语培训教材。

(六)加强民族理论政策体系和民族法律法规体系建设,提高民族工作决策和管理水平。

加强马克思主义民族理论及其中国化的历史进程、基本经验研究,研究现阶段中国民族问题变化的基本规律,推进中国特色社会主义民族理论体系建设。组织开展少数民族和民族地区发展重大问题与我国民族关系发展变化情况的研究。加强世界民族问题研究,特别是对周边国家民族问题理论与实践的比较研究,开展民族问题研究国际交流与合作。加强民族政策落实情况评价体系研究,推进民族理论政策研究基地建设,完善民族工作决策专家咨询机制。

推动涉及民族方面的立法工作,促进在相关法律法规中贯彻落实宪法关于民族方面的规定。进一步完善民族区域自治法配套法规,制定贯彻实施民族区域自治法的部门规章或规范性文件,支持和帮助民族自治地方制定或修订自治条例、单行条例。全面提高依法管理民族事务的能力,提高民族工作的法制化水平。加强民族法制宣传教育,提高全社会民族法律法规意识。加强民族法制理论研究,完善民族法制理论体系。

加强民族政策、民族法律法规执行情况的监督检查。建立健全监督检查机制,完善监督检查机构、队伍和工作网络,实现监督检查的制度化、规范化、常态化。建立民族政策落实情况评价机制。

专栏8

(1)民族法规体系建设工程。

修订《城市民族工作条例》等有关行政法规。研究制定少数民族语言文字保护、清真食品管理、民族成分登记管理、少数民族群众殡葬管理、少数民族文化遗产保护、少数民族传统医药保护等方面的法规或规章。实施民族法制宣传教育"六五"规划。

(2)民族理论政策研究工程。

实施中国特色社会主义民族理论政策体系研究项目,重点加强对马克思主义民族理论、坚持和完善民族区域自治制度、中外民族理论比较的研究,编辑出版一批重点书籍,举办全国民族理论政策专题研讨会。实施新形势下民族工作重大课题研究项目,重点组织开展民族地区发展及民生问题、民族关系状况、城市民族工作、台湾少数民族、世界民族问题等方面的重大课题招标研究。实施民族理论政策宣传和民族团结教育研究项目,重点加强民族团结进步事业典型经验研究,实施民族理论政策教育行动计划。实施民族政策执行情况监督检查研究项目,重点加强对民族政策执行情况督查机制、民族区域自治有关政策落实情况、民族工作有关规划落实情况的研究,梳理民族工作方面的规范性文件。实施民族理论政策研究队伍建设项目,完善民族工作专家咨询制度和课题成果转化机制,办好民族理论中青年骨干培训班,扶持一批民族研究刊物,加强民族理论政策研究国际合作。

(七)继续加大民族工作交流合作力度,不断提升对外和对港澳台交流与合作水平。

加大我国民族理论政策和少数民族事业发展的对外宣传力度,积极开展民族工作领域对外交流。加强对国外民族理论政策的研究和借鉴。扩大少数民族文化对外交流与合作,打造一批少数民族文化对外交流精品,发挥少数民族文化在扩大中华文化国际影响力中的重要作用。鼓励民族院校和民族地区高校开展对外交流与合作,提高办学国际化水平。促进与港澳台地区的交流与合作,加强与旅居国外少数民族侨胞的联谊工作。做好民族工作干部涉外培训工作。

专栏9

(1)民族工作对外交流与合作工程。

实施对外文化精品战略,打造"多彩中

华"、"中华瑰宝"等品牌项目,建设民族工作领域对外传播平台。拓展民族院校和民族地区高校对外交流渠道,开展与国外著名大学、研究机构学术交流与合作,引进国外教育资源合作办学。开展对周边国家民族领域的研究、交流和相关人员的培训。

(2)民族工作对港澳台交流与合作工程。

继续举办海峡两岸各民族"中秋联欢"、"三月三"等传统交流活动。邀请台湾少数民族代表团参加全国少数民族文艺会演、全国少数民族传统体育运动会等全国性重大活动。开展港澳台地区民族研究和教育交流合作。鼓励大陆少数民族与台湾少数民族开展交流活动,建立稳定的交流合作机制。

(八)努力构建民族事务服务体系,不断提高民族事务管理和服务水平。

建立健全民族事务服务体系,保障少数民族群众合法权益。尊重少数民族风俗习惯,保障少数民族群众在饮食、丧葬、语言文字等方面的特定需求。提高对少数民族群众在特定需求、就业创业、社会保障、法律援助等方面的服务水平。加大对少数民族妇女的培训力度。加强少数民族法律服务队伍和服务网点建设。以特色服务、帮扶互助、宣传教育、促进交流为重点,加强社区民族工作。建立和完善少数民族流动人口流出地与流入地政府的联动机制,做好少数民族流动人口的服务与管理工作。

加强民族工作部门自身建设,推进政务公开,强化社会管理和公共服务职能。加强基层民族工作部门机构建设,改善工作条件,提高经费保障水平。优化民族工作部门干部结构,开展双语培训,建设一支政治思想坚定、有较高政策理论水平、善于团结各族群众的民族工作干部队伍。加强基层民族工作专兼职队伍建设。加强民族事务管理与服务信息化建设,促进管理与决策的科学化、民主化、规范化。

专栏10

(1)民族事务服务体系建设工程。

扩大服务少数民族群众的法律援助专兼职队伍,为少数民族群众提供法律援助。在少数民族聚居区的医院、邮局、学校、政务服务大厅、机场、火(汽)车站等公共服务机构或场所提供双语服务。

(2)推进民族事务信息化建设。

依托国家电子政务网络,基本实现省级以上政府民族工作部门的互联互通,逐步实现各级民族工作部门的网络互联。加强信息资源开发利用,开展以政府网站为平台的多语种信息服务,推进业务应用系统建设,进一步提高对民族关系分析评估、民族地区经济社会发展监测能力,提升政府信息公开及服务能力。

三、政策措施

(一)财政政策。

加大中央财政对民族地区一般性转移支付和专项转移支付力度,建立对民族地区转移支付稳定增长机制,提高民族地区基本公共服务保障水平。

(二)投资和产业政策。

加大中央财政性投资对民族地区的投入力度。提高国家有关部门专项建设资金在西部民族地区的投入比重,加大对西部民族地区铁路、公路、民航等建设项目投资的资本金投入或提高补助标准。加大对民族地区特色农牧业发展的投入力度。在符合外方合作政策前提下,鼓励国际金融组织和外国政府优惠贷款向民族地区倾斜。中央安排的公益性建设项目,取消西部民族地区县以下(含县)以及集中连片特殊困难地区市地级配套资金。上级政府有关部门各种专项资金的分配,向民族自治地方和民族乡倾斜。

对民族地区实行差别化的产业政策。扶持民族地区发展旅游业等特色优势产业,凡有条件在民族地区加工转化的能源、资源开发利用项目,优先在当地布局建设。

(三)金融政策。

鼓励金融机构在满足审慎监管要求和有效防范风险的前提下,在民族地区设立分支机构,加大金融服务力度。鼓励商业银行重点支持有利于扩大就业、有偿还意愿和偿还能力、具有商业可持续性的民族地区中小企业、民族特需商品生产企业的融资需求。扶持民族地区妇女通过小额担保财政贴息贷款实现创业就业。加大对民族地区基础设施、特色农牧业、能源、环境保护、教育、文化产业、医疗卫生等重点领域的信贷和金融服务支持力度。鼓励民族地区县域法人金融机构吸收的存款主要用于当地发放贷款。

(四)生态补偿政策。

建立民族地区资源开发和生态保护补偿机制,在配套产业、社会服务业、劳动用工等方面,充分保障当地群众的利益。加强重点生态功能区保护,增加对民族地区生态保护与建设、环境整治的专项经费,完善森林生态效益补偿制度,逐步提高国家级公益林补偿标准,加大对大江大河上游等生态脆弱地区生态保护与建设支持力度。完善草原生态保护奖励机制。

(五)教育科技政策。

公共教育资源、重大教育工程和项目向少数民族和民族地区倾斜。增加双语教育经费。加大对民族地区实施农村义务教育阶段学校教师特设岗位计划的倾斜力度。在民族地区探索高中阶段免费教育,扩大家庭经济困难学生资助比例。加大对民族地区科普工作的支持力度。

(六)医疗卫生政策。

中央财政继续支持民族地区医疗卫生事业发展,新增医疗卫生资源重点向民族地区倾斜。鼓励医学院校毕业生到民族地区服务,鼓励发达地区医务人员到民族地区开展医疗帮扶。

(七)文化政策。

全国地市级公共文化设施建设规划、全国文化信息资源共享工程、公共电子阅览室建设计划、数字图书馆推广工程、公共图书馆文化馆免费开放计划、农家书屋建设工程等,向民族地区倾斜。加大对民族地区文物保护的财政支持力度。国家文化出口重点企业和项目认定、"文化部文化产业投融资公共服务平台",向民族地区倾斜。

少数民族题材电视剧,在备案公示、完成剧审查、播出调控等管理环节给予支持。对民族地区广播影视节目制作和广告经营活动给予支持,对符合条件的机构优先晋升《电视剧制作许可证(甲种)》资质。广播电视村村通工程、农村电影放映工程、城市数字影院建设工程等,向民族地区倾斜。

(八)社会保障政策。

完善民族地区城镇居民基本医疗保险和新型农村合作医疗制度,逐步提高补助标准,不断提高保障水平。加大中央财政对少数民族贫困群众救助和自然灾害救助的投入力度,合理确定城乡最低生活保障标准。在民族地区的投资项目优先吸纳当地少数民族劳动力就业。

(九)干部和人才政策。

支持高校毕业生到民族地区基层工作,实施"三支一扶"(支农、支教、支医和扶贫)和大学生志愿服务西部计划等项目时,继续向少数民族和民族地区倾斜。加大选调生工作力度,积极引导优秀高校毕业生到民族地区基层一线锻炼成长。推进民族地区干部挂职锻炼工作。

(十)对口支援政策。

鼓励经济较发达省(市)、大中城市、国有大中型企业采取多种形式支援民族地区加快发展。继续推进援藏、援疆、援青等对口支援工作。鼓励社会各界参与支持民族地区公益活动及慈善捐助。

四、组织实施

建立健全实施少数民族事业规划的领导体制和工作机制。充分调动各地方、各部门的积极性，形成党委、政府统一领导，有关部门各司其职，社会各方面通力协作的规划组织实施工作格局。进一步坚持和完善国家民委委员制，充分发挥委员单位和兼职委员在实施少数民族事业规划中的重要作用。

建立健全实施少数民族事业规划的协调落实机制和目标责任制。中央有关部门和地方各级政府要把少数民族事业规划相关内容纳入本部门、本地区工作计划，分解落实工作责任，制定具体实施方案和配套政策措施，认真抓好落实。

加强对规划执行情况的监测评估和监督检查。国家民委要加强监督评估能力建设，健全少数民族事业发展综合评价监测体系，强化对规划实施情况的跟踪分析。国家民委、发展改革委、财政部要切实履行职责，监督检查少数民族事业规划的执行情况，定期向国务院报告，并以适当方式向社会公布，确保如期完成规划确定的各项任务和目标。

民政部
关于鼓励和引导民间资本进入养老服务领域的实施意见
民发〔2012〕129号

各省、自治区、直辖市民政厅（局）、新疆生产建设兵团民政局：

养老服务是党和政府高度关切、社会各界广泛关注、人民群众迫切需求的重大民生问题，在我国应对人口老龄化挑战、保障和改善民生、加强和创新社会管理中发挥着重要作用。鼓励和引导民间资本进入养老服务领域，对于实现养老服务投资主体多元化，缓解养老服务供需矛盾，加快推进以居家为基础、社区为依托、机构为支撑的社会养老服务体系建设，具有重要意义。为贯彻落实《国务院关于鼓励和引导民间投资健康发展的若干意见》（国发〔2010〕13号）精神，民政部结合当前养老服务发展实际，制定本实施意见。

一、鼓励民间资本参与居家和社区养老服务

（一）采取政府补助、购买服务、协调指导、评估认证等方式，鼓励各类民间资本进入居家养老服务领域。

（二）支持民间资本拓展居家养老服务内容，为老年人提供生活照料、家政服务、精神慰藉、康复护理、居家无障碍设施改造、紧急呼叫、安全援助和社会参与等多方面服务。

（三）鼓励民间资本在城镇社区举办老年人日间照料中心、托老所、老年之家、老年活动中心等养老服务设施，支持社区养老服务网点连锁发展、扩大布点，提高社区养老服务的可及性。

（四）鼓励民间资本参与农村居家和社区养老服务发展，重点为向留守老年人及其他有需要的老年人提供日间照料、短期托养、配餐等服务。支持村民自治组织发展农村互助养老模式。

二、鼓励民间资本举办养老机构或服务设施

（五）鼓励和支持民间资本举办适宜老年人特别是失能、半失能、高龄老年人集中照料、护理、康复、娱乐的养老院、养护院、老年公寓、敬老院等多种形式的养老机构。

（六）民间资本举办的养老机构或服务设施，可以按照举办目的，区分营利和非营利性质，自主选择民办非企业单位和企业两种法人登记类型。

（七）对于民间资本举办的非营利、营利性养老机构或服务设施，支持其根据市场需求，丰富服务形式和服务内容，为老年人提供多样化的选择性服务。

（八）鼓励民间资本举办的养老机构规模化、品牌化、连锁化和网络化发展，支持其跨区联合、资源共享，发展异地互动养老，推动形成一批具有知名品牌和较强竞争力的养老机构。

（九）鼓励民间资本对闲置的医院、企业厂房、商业设施、农村集体房屋及各类公办培训中心、活动中心、疗养院、旅馆、招待所等可利用的社会资源进行整合和改造，使之用于养老服务。

（十）按照《外商投资产业指导目录》的要求，鼓励境外资本在境内投资设立养老机构。对境内养老机构现有的税收等优惠政策，同样适用于符合条件的境外投资者。港澳地区服务提供者在内地举办非营利性养老机构，按有关规定执行。

三、鼓励民间资本参与提供基本养老服务

（十一）对于政府举办的尤其是新建的养老机构或服务设施，在明晰产权的基础上，提倡通过公开招投标，以承包、联营、合资、合作等方式，交由社会组织、企业或有能力的个人等民间资本运营或管理。

（十二）鼓励民间资本举办的养老机构接收安置政府供养对象，政府按照规定标准拨付相关生活、医疗、照料等费用。

（十三）各级民政部门要采取政府购买服务的方式，支持民间资本在为孤老优抚对象、"三无"、五保及低收入的高龄、独居、失能等困难老年人提供的基本养老服务中，发挥积极作用。

四、鼓励民间资本参与养老产业发展

（十四）积极支持民间资本参与发展老年生活服务、医疗康复、饮食服装、营养保健、休闲旅游、文化传媒、金融和房地产等养老产业。

（十五）鼓励和引导民间资本开发老年保健、老年照护、老年康复辅具、老年住宅、老年宜居社区等产品和服务市场。

（十六）鼓励民间资本投资建设各类专业化养老服务机构或组织，承接政府或社会委托，提供养老服务评估、咨询和第三方认证等服务。

五、落实民间资本参与养老服务优惠政策

（十七）将民间资本举办养老机构或服务设施纳入经济社会发展规划、城乡建设规划、土地利用规划和年度土地利用计划，合理安排用地需求，符合条件的，按照土地划拨目录依法划拨。

（十八）对民间资本举办的非营利性养老机构或服务设施提供养老服务，根据其投资额、建设规模、床位数、入住率和覆盖社区数、入户服务老人数等因素，给予一定的建设补贴或运营补贴。

（十九）对民间资本举办的养老机构或服务设施提供的养护服务免征营业税。对符合条件的非营利性养老机构或服务设施自用房产、土地免征房产税、城镇土地使用税，其免税收入不计入所得税应纳税收入。

（二十）民间资本举办的各类养老机构或服务设施按有关规定，要与居民家庭用电、用水、用气、用热同价。

（二十一）对民间资本举办的养老机构或服务设施所办医疗机构已取得执业许可证并申请城镇职工（居民）基本医疗保险或新型农村合作医疗保险定点机构的，经审查合格后纳入定点范围。

（二十二）民间资本举办的非营利性养老机构或服务设施提供的养老服务，其价格实行政府指导价。营利性养老机构提供的服务，根据其提供的服务质量，实行企业自主定价。

（二十三）鼓励社会向民间资本举办的非营利性养老机构进行捐赠，按规定享受相关税收优惠政策。

六、加大对民间资本进入养老服务领域资金支持

（二十四）争取建立养老服务长效投入机制和动态保障机制，不断增加对民间资本进入养老服务领域的财政支持。

（二十五）争取设立多种形式的专项投资，鼓励和引导民间资本进入养老服务领域。在安排中央专项补助资金支持社会养老服务体系建设工作中，要将民间资本参与运营或管理的养老机构纳入资助范围。

（二十六）各级民政部门福利彩票公益金每年留存部分要按不低于50%的比例用于社会养老服务体系建设，并不断加大对民间资本提供养老服务的扶持力度。

（二十七）鼓励金融机构加快金融产品和服务方式创新，通过创新信贷品种、增加信贷投入、放宽贷款条件、扩大抵押担保范围等方式，加大对民间资本进入养老服务领域的金融支持。

七、加强对民间资本进入养老服务领域指导规范

（二十八）完善养老服务法律、法规和政策，加强养老服务监督和管理，为鼓励和引导民间资本进入养老服务领域创造公平竞争的市场环境。

（二十九）制订养老服务资格认证、建筑设施、人员配备、分类管理、安全卫生、等级评定等标准，建立养老服务需求与质量评估制度，推动各级各类养老服务标准的贯彻落实，规范民间资本养老服务提供行为。

（三十）开展养老服务从业人员职业道德建设、专业技能培训和职业资格鉴定，提升法律意识、责任意识和业务水平，推行院长岗前培训和养老护理员持证上岗制度，提升民间资本提供养老服务的质量和水平。

（三十一）指导民间资本举办的养老机构或服务设施加强管理服务，健全规章制度，落实安全责任，实现安全、健康、有序发展。

（三十二）培育和发展养老服务行业协会，发挥其在行业自律、监督评估和沟通协调等方面的作用，促进民间资本投资主体行业自律和维护自身合法权益。

（三十三）地方各级民政部门要发挥好宏观管理、行业规范和业务指导职能，进一步采取切实有效措施，鼓励和引导民间资本进入养老服务领域。工作推进过程中遇到的困难和问题，请及时报部。

民政部
2012年7月24日

中华人民共和国民政部令
第45号

《中国边民与毗邻国边民婚姻登记办法》已经2012年3月21日民政部部务会议通过，并已经国务院批准，现予公布，自2012年10月1日起施行。

部长 李立国
2012年8月8日

中国边民与毗邻国边民婚姻登记办法

第一条 为规范边民婚姻登记工作，保护婚姻当事人的合法婚姻权益，根据《中华人民共和国婚姻法》、《婚姻登记条例》，制定本办法。

第二条 本办法所称边民是指中国与毗邻国边界线两侧县级行政区域内有当地常住户口的中国公民和外国人。中国与毗邻国就双方国家边境地区和边民的范围达成有关协议的,适用协议的规定。

第三条 本办法适用于中国边民与毗邻国边民在中国边境地区办理婚姻登记。

第四条 边民办理婚姻登记的机关是边境地区县级人民政府民政部门。

边境地区婚姻登记机关应当按照便民原则在交通不便的乡(镇)巡回登记。

第五条 中国边民与毗邻国边民在中国边境地区结婚,男女双方应当共同到中国一方当事人常住户口所在地的婚姻登记机关办理结婚登记。

第六条 办理结婚登记的中国边民应当出具下列证件、证明材料:

(一)本人的居民户口簿、居民身份证;

(二)本人无配偶以及与对方当事人没有直系血亲和三代以内旁系血亲关系的签字声明。

办理结婚登记的毗邻国边民应当出具下列证明材料:

(一)能够证明本人边民身份的有效护照、国际旅行证件或者边境地区出入境通行证件;

(二)所在国公证机构或者有权机关出具的、经中华人民共和国驻该国使(领)馆认证或者该国驻华使(领)馆认证的本人无配偶的证明,或者所在国驻华使(领)馆出具的本人无配偶的证明,或者由毗邻国边境地区与中国乡(镇)人民政府同级的政府出具的本人无配偶证明。

第七条 办理结婚登记的当事人有下列情形之一的,婚姻登记机关不予登记:

(一)未到中国法定结婚年龄的;

(二)非双方自愿的;

(三)一方或者双方已有配偶的;

(四)属于直系血亲或者三代以内旁系血亲的;

(五)患有医学上认为不应当结婚的疾病的。

第八条 婚姻登记机关应当对结婚登记当事人出具的证件、证明材料进行审查并询问相关情况,对当事人符合结婚条件的,应当当场予以登记,发给结婚证。对当事人不符合结婚条件不予登记的,应当向当事人说明理由。

第九条 男女双方补办结婚登记的,适用本办法关于结婚登记的规定。

第十条 未到婚姻登记机关办理结婚登记以夫妻名义同居生活的,不成立夫妻关系。

第十一条 因受胁迫结婚的,受胁迫的边民可以依据《中华人民共和国婚姻法》第十一条的规定向婚姻登记机关请求撤销其婚姻。受胁迫方应当出具下列证件、证明材料:

(一)本人的身份证件;

(二)结婚证;

(三)要求撤销婚姻的书面申请;

(四)公安机关出具或者人民法院作出的能够证明当事人被胁迫结婚的证明材料。

受胁迫方为毗邻国边民的,其身份证件包括能够证明边民身份的有效护照、国际旅行证件或者边境地区出入境通行证件。

婚姻登记机关经审查认为受胁迫结婚的情况属实且不涉及子女抚养、财产及债务问题的,应当撤销该婚姻,宣告结婚证作废。

第十二条 中国边民与毗邻国边民在中国边境地区自愿离婚的,应当共同到中国边民常住户口所在地的婚姻登记机关办理离婚登记。

第十三条 办理离婚登记的双方当事人应当出具下列证件、证明材料：

（一）本人的结婚证；

（二）双方当事人共同签署的离婚协议书。

除上述材料外,办理离婚登记的中国边民还需要提供本人的居民户口簿和居民身份证,毗邻国边民还需要提供能够证明边民身份的有效护照、国际旅行证件或者边境地区出入境通行证件。

离婚协议书应当载明双方当事人自愿离婚的意思表示以及对子女抚养、财产及债务处理等事项协商一致的意见。

第十四条 办理离婚登记的当事人有下列情形之一的,婚姻登记机关不予受理：

（一）未达成离婚协议的；

（二）属于无民事行为能力或者限制民事行为能力人的；

（三）其结婚登记不是在中国内地办理的。

第十五条 婚姻登记机关应当对离婚登记当事人出具的证件、证明材料进行审查并询问相关情况。对当事人确属自愿离婚,并已对子女抚养、财产、债务等问题达成一致处理意见的,应当当场予以登记,发给离婚证。

第十六条 离婚的男女双方自愿恢复夫妻关系的,应当到婚姻登记机关办理复婚登记。复婚登记适用本办法关于结婚登记的规定。

第十七条 结婚证、离婚证遗失或者损毁的,中国边民可以持居民户口簿、居民身份证,毗邻国边民可以持能够证明边民身份的有效护照、国际旅行证件或者边境地区出入境通行证向原办理婚姻登记的机关或者中国一方当事人常住户口所在地的婚姻登记机关申请补领。婚姻登记机关对当事人的婚姻登记档案进行查证,确认属实的,应当为当事人补发结婚证、离婚证。

第十八条 本办法自2012年10月1日起施行。1995年颁布的《中国与毗邻国边民婚姻登记管理试行办法》（民政部令第1号）同时废止。

中共中央组织部 人力资源社会保障部
公安部等25部门

关于印发《外国人在中国永久居留享有相关待遇的办法》的通知

人社部发〔2012〕53号

各省、自治区、直辖市、新疆生产建设兵团、副省级市组织、人力资源社会保障、公安、外事、发展改革、教育、科技、财政、住建、商务、计生、人民银行、国资、海关、税务、工商、旅游、侨务、银监、证监、保监、外专、民航、外汇部门,各铁路局,国务院各部门、各直属机构人事部门：

《外国人在中国永久居留审批管理办法》颁布以来,一批外籍人才获得《外国人永久居留证》,为我国吸引海外人才和投资者更好参与国家建设发挥了重要作用。《国家中长期人才发展规划纲要（2010-2020年）》明确提出,要实施更加开放的人才政策,大力吸引海外高层次人才回国（来华）创新创业。经中央人才工作协调小组同意,现印发《外国人在中国永久居留享有相关待遇的办法》,请认真贯彻执行。

在中国永久居留的外国人享有相关待遇问题,涉及到工作和生活的方方面面,是吸引海外人才来华工作的重要措施。各级组织、人力资源社会保障、公安、外交、发展改革、教育、科技、财政、住建、铁路、商务、计生、人民银行、国资、海关、税务、工商、旅游、侨办、银监、证监、保监、外专、民航、外汇等相关部门要充分认识这项工作的重要意义，加强协调配合，抓紧出台实施细则和办法，积极落实各项措施，切实保障外籍人才在中国永久居留的合法权益和各项待遇。要不断完善服务政策，增强服务意识，提高服务水平，为大力吸引海外人才来华创新创业营造良好环境。

中共中央组织部　人力资源社会保障部
公安部　外交部　发展改革委　教育部
科技部　财政部　住房城乡建设部
铁道部　商务部　人口计生委
人民银行　国资委　海关总署
税务总局　工商总局　旅游局
侨办　银监会　证监会
保监会　外专局　民航局　外汇局
2012年9月25日

外国人在中国永久居留享有相关待遇的办法

《外国人永久居留证》是获得在中国永久居留资格的外国人在中国境内居留的合法身份证件，可以单独使用。凡持有中国《外国人永久居留证》的外籍人员可享有以下待遇：

一、除政治权利和法律法规规定不可享有的特定权利和义务外，原则上和中国公民享有相同权利，承担相同义务。

二、在中国居留期限不受限制，可以凭有效护照和《外国人永久居留证》出入中国国境，无需另外办理签证等手续；其配偶及直系亲属，可按有关规定申请办理相应签证、居留证件或《外国人永久居留证》。

三、进出境自用物品按照海关对定居旅客的有关规定办理手续。

四、在中国就业，免办《外国人就业证》；符合条件的，可优先办理《外国专家证》、《回国（来华）专家证》以及各地人才工作居住证。

五、可以技术入股或者投资等方式创办外商投资企业，可以合法获得的人民币在中国境内进行外商直接投资。

六、在中国投资项目、设立外商投资企业的，发展改革、商务、工商、外汇等部门按照外资管理有关规定简化核准及审批程序，提高效率。

七、可按规定参加专业技术职务任职资格评审和专业技术人员资格考试。

八、随迁子女义务教育阶段入学，符合条件的，可享受相关政策，由其居住地教育行政部门按照就近入学的原则办理入、转学手续，不收取国家规定以外的费用。

九、可以《外国人永久居留证》作为有效身份证件办理参加社会保险各项手续。在中国境内就业的，按照《中华人民共和国社会保险法》有关规定参加各项社会保险；在中国境内居住但未就业，且符合统筹地区规定的，可参照国内城镇居民参加城镇居民基本医疗保险和城镇居民社会养老保险，享受社会保险待遇。办理社会保险关系转移接续、终止等手续，社会保险经办机构按照有关规定简化流程、提供方便。

十、可按照《住房公积金管理条例》等规定，在工作地缴存和使用住房公积金，离开该地区时，可按规定办理住房公积金的提取或转移手续。

十一、可不受《关于规范房地产市场外资准入和管理的意见》中关于境外个人在境内购买自用商品住房需在境内工作、学习超过一年的限制，按照其他有关规定在境内购买自用、自住商品住房。

十二、在缴纳所得税方面，按照中国税收法律法规以及税收协定的有关规定，履行相应的纳税义务。

十三、在国内办理银行、保险、证券和期货等金融方面业务，可以《外国人永久居留证》作为身份凭证，享有中国公民同等权利、义务和统计归属。

十四、在国内取得的收入，依法纳税并持有税务部门出具的对外支付税务证明后，可兑换外汇汇出境外。可以《外国人永久居留证》作为身份凭证，按照相关外汇管理规定办理外汇业务。

十五、在国内购物、购买公园及各类文体场馆门票、进行文化娱乐商旅等消费活动与中国公民同等待遇、价格相同。

十六、乘坐中国国内航班，可凭《外国人永久居留证》办理有关登机手续；在国内乘坐火车，可凭《外国人永久居留证》购买火车票；在国内旅馆住宿，可凭《外国人永久居留证》办理有关入住手续。

十七、在申领机动车驾驶证和办理机动车登记方面，享受中国公民同等待遇。初次申领或持境外机动车驾驶证换领《中华人民共和国机动车驾驶证》，符合驾驶证申领或换领条件的，可凭《外国人永久居留证》、公安部门出具的住宿登记证明、身体条件证明，经考试合格后，由公安机关核发《中华人民共和国机动车驾驶证》。申请办理机动车登记，可以凭《外国人永久居留证》、公安部门出具的住宿登记证明及机动车相关证明、凭证，到公安部门办理机动车登记业务。

十八、加入或恢复中国国籍，公安部门按照有关规定简化手续，加快办理。

十九、本办法由人力资源社会保障部、公安部会同相关部门负责解释。

二十、本办法自发布之日起施行。

坚定不移沿着中国特色社会主义道路前进为全面建成小康社会而奋斗（节选）
——在中国共产党第十八次全国代表大会上
2012年11月8日

胡锦涛

……

七、在改善民生和创新管理中加强社会建设

加强社会建设，是社会和谐稳定的重要保证。必须从维护最广大人民根本利益的高度，加快健全基本公共服务体系，加强和创新社会管理，推动社会主义和谐社会建设。

加强社会建设，必须以保障和改善民生为重点。提高人民物质文化生活水平，是改革开放和社会主义现代化建设的根本目的。要多谋民生之利，多解民生之忧，解决好人民最关心最直接最现实的利益问题，在学有所教、劳有所得、病有所医、老有所养、住有所居上持续取得新进展，努力让人民过上更好生活。

加强社会建设，必须加快推进社会体制改革。要围绕构建中国特色社会主义社会管理体系，加快形成党委领导、政府负责、社会协同、公众参与、法治保障的社会管理体制，加快形成政府主导、覆盖城乡、可持续的基本公共服务体系，加快形成政社分开、权责明确、依法自治的现代社会组织体制，加快形成源头治理、动态管理、应急处置相结合的社会管理机制。

（一）努力办好人民满意的教育。教育是民族振兴和社会进步的基石。要坚持教育优先发展，全面贯彻党的教育方针，坚持教育为社会主义现代化建设服务、为人民服务，把立德树人作为教育的根本任务，培养德智体美全面发展的社会主义建设者和接班人。全面实施素质教育，深化教育领域综合改革，着力提高教育质量，培养学生社会责任感、创新精神、实践能力。办好学前教育,均衡发展九年义务教育,基本普及高中阶段教育,加快发展现代职业教育,推动高等教育内涵式发展,积极发展继续教育,完善终身教育体系,建设学习型社会。大力促进教育公平,合理配置教育资源,重点向农村、边远、贫困、民族地区倾斜,支持特殊教育,提高家庭经济困难学生资助水平,积极推动农民工子女平等接受教育,让每个孩子都能成为有用之才。鼓励引导社会力量兴办教育。加强教师队伍建设,提高师德水平和业务能力,增强教师教书育人的荣誉感和责任感。

(二)推动实现更高质量的就业。就业是民生之本。要贯彻劳动者自主就业、市场调节就业、政府促进就业和鼓励创业的方针,实施就业优先战略和更加积极的就业政策。引导劳动者转变就业观念,鼓励多渠道多形式就业,促进创业带动就业,做好以高校毕业生为重点的青年就业工作和农村转移劳动力、城镇困难人员、退役军人就业工作。加强职业技能培训,提升劳动者就业创业能力,增强就业稳定性。健全人力资源市场,完善就业服务体系,增强失业保险对促进就业的作用。健全劳动标准体系和劳动关系协调机制,加强劳动保障监察和争议调解仲裁,构建和谐劳动关系。

(三)千方百计增加居民收入。实现发展成果由人民共享,必须深化收入分配制度改革,努力实现居民收入增长和经济发展同步、劳动报酬增长和劳动生产率提高同步,提高居民收入在国民收入分配中的比重,提高劳动报酬在初次分配中的比重。初次分配和再分配都要兼顾效率和公平,再分配更加注重公平。完善劳动、资本、技术、管理等要素按贡献参与分配的初次分配机制,加快健全以税收、社会保障、转移支付为主要手段的再分配调节机制。深化企业和机关事业单位工资制度改革,推行企业工资集体协商制度,保护劳动所得。多渠道增加居民财产性收入。规范收入分配秩序,保护合法收入,增加低收入者收入,调节过高收入,取缔非法收入。

(四)统筹推进城乡社会保障体系建设。社会保障是保障人民生活、调节社会分配的一项基本制度。要坚持全覆盖、保基本、多层次、可持续方针,以增强公平性、适应流动性、保证可持续性为重点,全面建成覆盖城乡居民的社会保障体系。改革和完善企业和机关事业单位社会保险制度,整合城乡居民基本养老保险和基本医疗保险制度,逐步做实养老保险个人账户,实现基础养老金全国统筹,建立兼顾各类人员的社会保障待遇确定机制和正常调整机制。扩大社会保障基金筹资渠道,建立社会保险基金投资运营制度,确保基金安全和保值增值。完善社会救助体系,健全社会福利制度,支持发展慈善事业,做好优抚安置工作。建立市场配置和政府保障相结合的住房制度,加强保障性住房建设和管理,满足困难家庭基本需求。坚持男女平等基本国策,保障妇女儿童合法权益。积极应对人口老龄化,大力发展老龄服务事业和产业。健全残疾人社会保障和服务体系,切实保障残疾人权益。健全社会保障经办管理体制,建立更加便民快捷的服务体系。

(五)提高人民健康水平。健康是促进人的全面发展的必然要求。要坚持为人民健康服务的方向,坚持预防为主、以农村为重点、中西医并重,按照保基本、强基层、建机制要求,重点推进医疗保障、医疗服务、公共卫生、药品供应、监管体制综合改革,完善国民健康政策,为群众提供安全有效方便价廉的公共卫生和基本医疗服务。健全全民医保体系,建立重特大疾病保障和救助机制,完善突发公共卫生事件应急和重大疾病防控机制。巩固基本药物制度。健全农村三级医疗卫生服务网络和城市社区卫生服务体系,深化公立医院改革,鼓励社会办医。扶持中医药和民族医药事业发展。提高医疗卫生队伍服务能力,加强医德医风建设。改革和完善食品药品安全监管体制机制。开展爱国卫生运动,促进人民身心健康。坚持计划生育的基本国策,提高出生人口素质,逐步完善政策,促进人口长期均衡发展。

(六)加强和创新社会管理。提高社会管理科学化水平,必须加强社会管理法律、体制机制、能力、人才队伍和信息化建设。改进政府提供公共服务方式,加强基层社会管理和服务体系建设,增强城乡社区服务功能,强化企事业单位、人民团体在社会管理和服务中的职责,引导社会组织健康有序发展,充分发挥群众参与社会管理的基础作用。完善和创新流动人口和特殊人群管理服务。正确处理人民内部矛盾,建立健全党和政府主导的维护群众权益机制,完善信访制度,完善人民调解、行政调解、司法调解联动的工作体系,畅通和规范群众诉求表达、利益协调、权益保障渠道。建立健全重大决策社会稳定风险评估机制。强化公共安全体系和企业安全生产基础建设,遏制重特大安全事故。加强和改进党对政法工作的领导,加强政法队伍建设,切实肩负起中国特色社会主义事业建设者、捍卫者的职责使命。深化平安建设,完善立体化社会治安防控体系,强化司法基本保障,依法防范和惩治违法犯罪活动,保障人民生命财产安全。完善国家安全战略和工作机制,高度警惕和坚决防范敌对势力的分裂、渗透、颠覆活动,确保国家安全。

全党全国人民行动起来,就一定能开创社会和谐人人有责、和谐社会人人共享的生动局面。

……

中华人民共和国老年人权益保障法

(1996年8月29日第八届全国人民代表大会常务委员会第二十一次会议通过;根据2009年8月27日第十一届全国人民代表大会常务委员会第十次会议《关于修改部分法律的决定》修正;2012年12月28日第十一届全国人民代表大会常务委员会第三十次会议修订)

第一章 总则

第一条 为了保障老年人合法权益,发展老龄事业,弘扬中华民族敬老、养老、助老的美德,根据宪法,制定本法。

第二条 本法所称老年人是指六十周岁以上的公民。

第三条 国家保障老年人依法享有的权益。老年人有从国家和社会获得物质帮助的权利,有享受社会服务和社会优待的权利,有参与社会发展和共享发展成果的权利。禁止歧视、侮辱、虐待或者遗弃老年人。

第四条 积极应对人口老龄化是国家的一项长期战略任务。国家和社会应当采取措施,健全保障老年人权益的各项制度,逐步改善保障老年人生活、健康、安全以及参与社会发展的条件,实现老有所养、老有所医、老有所为、老有所学、老有所乐。

第五条 国家建立多层次的社会保障体系,逐步提高对老年人的保障水平。国家建立和完善以居家为基础、社区为依托、机构为支撑的社会养老服务体系。倡导全社会优待老年人。

第六条 各级人民政府应当将老龄事业纳入国民经济和社会发展规划,将老龄事业经费列入财政预算,建立稳定的经费保障机制,并鼓励社会各方面投入,使老龄事业与经济、社会协调发展。国务院制定国家老龄事业发展规划。县级以上地方人民政府根据国家老龄事业发展规划,制定本行政区域的老龄事业发展规划和年度计划。县级以上人民政府负责老龄工作的机构,负责组织、协调、指导、督促有关部门做好老年人权益保障工作。

第七条 保障老年人合法权益是全社会的共同责任。国家机关、社会团体、企业事业单位和其他组织应当按照各自职责,做好老年人权益保障工作。基层群众性自治组织和依法设立的老年人组织应当反映老年人的要求,维护老年人合法权益,为老年人服务。提倡、鼓励义务为老年人服务。

第八条 国家进行人口老龄化国情教育,增强全社会积极应对人口老龄化意识。全社会应当广泛开展敬老、养老、助老宣传教育活动,树立尊重、关心、帮助老年人的社会风尚。

青少年组织、学校和幼儿园应当对青少年和儿童进行敬老、养老、助老的道德教育和维护老年人合法权益的法制教育。广播、电影、电视、报刊、网络等应当反映老年人的生活,开展维护老年人合法权益的宣传,为老年人服务。

第九条 国家支持老龄科学研究,建立老年人状况统计调查和发布制度。

第十条 各级人民政府和有关部门对维护老年人合法权益和敬老、养老、助老成绩显著的组织、家庭或者个人,对参与社会发展做出突出贡献的老年人,按照国家有关规定给予表彰或者奖励。

第十一条 老年人应当遵纪守法,履行法律规定的义务。

第十二条 每年农历九月初九为老年节。

第二章 家庭赡养与扶养

第十三条 老年人养老以居家为基础,家庭成员应当尊重、关心和照料老年人。

第十四条 赡养人应当履行对老年人经济上供养、生活上照料和精神上慰藉的义务,照顾老年人的特殊需要。赡养人是指老年人的子女以及其他依法负有赡养义务的人。赡养人的配偶应当协助赡养人履行赡养义务。

第十五条 赡养人应当使患病的老年人及时得到治疗和护理;对经济困难的老年人,应当提供医疗费用。对生活不能自理的老年人,赡养人应当承担照料责任;不能亲自照料的,可以按照老年人的意愿委托他人或者养老机构等照料。

第十六条 赡养人应当妥善安排老年人的住房,不得强迫老年人居住或者迁居条件低劣的房屋。老年人自有的或者承租的住房,子女或者其他亲属不得侵占,不得擅自改变产权关系或者租赁关系。老年人自有的住房,赡养人有维修的义务。

第十七条 赡养人有义务耕种或者委托他人耕种老年人承包的田地,照管或者委托他人照管老年人的林木和牲畜等,收益归老年人所有。

第十八条 家庭成员应当关心老年人的精神需求,不得忽视、冷落老年人。与老年人分开居住的家庭成员,应当经常看望或者问候老年人。用人单位应当按照国家有关规定保障赡养人探亲休假的权利。

第十九条 赡养人不得以放弃继承权或者其他理由,拒绝履行赡养义务。赡养人不履行赡养义务,老年人有要求赡养人付给赡养费等权利。赡养人不得要求老年人承担力不能及的劳动。

第二十条 经老年人同意,赡养人之间可以就履行赡养义务签订协议。赡养协议的内容不得违反法律的规定和老年人的意愿。基层群众性自治组织、老年人组织或者赡养人所在单位监督协议的履行。

第二十一条 老年人的婚姻自由受法律保护。子女或者其他亲属不得干涉老年人离婚、再婚及婚后的生活。赡养人的赡养义务不因老年人的婚姻关系变化而消除。

第二十二条　老年人对个人的财产，依法享有占有、使用、收益和处分的权利，子女或者其他亲属不得干涉，不得以窃取、骗取、强行索取等方式侵犯老年人的财产权益。老年人有依法继承父母、配偶、子女或者其他亲属遗产的权利，有接受赠与的权利。子女或者其他亲属不得侵占、抢夺、转移、隐匿或者损毁应当由老年人继承或者接受赠与的财产。老年人以遗嘱处分财产，应当依法为老年配偶保留必要的份额。

第二十三条　老年人与配偶有相互扶养的义务。由兄、姐扶养的弟、妹成年后，有负担能力的，对年老无赡养人的兄、姐有扶养的义务。

第二十四条　赡养人、扶养人不履行赡养、扶养义务的，基层群众性自治组织、老年人组织或者赡养人、扶养人所在单位应当督促其履行。

第二十五条　禁止对老年人实施家庭暴力。

第二十六条　具备完全民事行为能力的老年人，可以在近亲属或者其他与自己关系密切、愿意承担监护责任的个人、组织中协商确定自己的监护人。监护人在老年人丧失或者部分丧失民事行为能力时，依法承担监护责任。老年人未事先确定监护人的，其丧失或者部分丧失民事行为能力时，依照有关法律的规定确定监护人。

第二十七条　国家建立健全家庭养老支持政策，鼓励家庭成员与老年人共同生活或者就近居住，为老年人随配偶或者赡养人迁徙提供条件，为家庭成员照料老年人提供帮助。

第三章　社会保障

第二十八条　国家通过基本养老保险制度，保障老年人的基本生活。

第二十九条　国家通过基本医疗保险制度，保障老年人的基本医疗需要。享受最低生活保障的老年人和符合条件的低收入家庭中的老年人参加新型农村合作医疗和城镇居民基本医疗保险所需个人缴费部分，由政府给予补贴。有关部门制定医疗保险办法，应当对老年人给予照顾。

第三十条　国家逐步开展长期护理保障工作，保障老年人的护理需求。对生活长期不能自理、经济困难的老年人，地方各级人民政府应当根据其失能程度等情况给予护理补贴。

第三十一条　国家对经济困难的老年人给予基本生活、医疗、居住或者其他救助。老年人无劳动能力、无生活来源、无赡养人和扶养人，或者其赡养人和扶养人确无赡养能力或者扶养能力的，由地方各级人民政府依照有关规定给予供养或者救助。对流浪乞讨、遭受遗弃等生活无着的老年人，由地方各级人民政府依照有关规定给予救助。

第三十二条　地方各级人民政府在实施廉租住房、公共租赁住房等住房保障制度或者进行危旧房屋改造时，应当优先照顾符合条件的老年人。

第三十三条　国家建立和完善老年人福利制度，根据经济社会发展水平和老年人的实际需要，增加老年人的社会福利。国家鼓励地方建立八十周岁以上低收入老年人高龄津贴制度。

国家建立和完善计划生育家庭老年人扶助制度。农村可以将未承包的集体所有的部分土地、山林、水面、滩涂等作为养老基地，收益供老年人养老。

第三十四条　老年人依法享有的养老金、医疗待遇和其他待遇应当得到保障，有关机构必须按时足额支付，不得克扣、拖欠或者挪用。

国家根据经济发展以及职工平均工资增长、物价上涨等情况,适时提高养老保障水平。

第三十五条 国家鼓励慈善组织以及其他组织和个人为老年人提供物质帮助。

第三十六条 老年人可以与集体经济组织、基层群众性自治组织、养老机构等组织或者个人签订遗赠扶养协议或者其他扶助协议。负有扶养义务的组织或者个人按照遗赠扶养协议,承担该老年人生养死葬的义务,享有受遗赠的权利。

第四章 社会服务

第三十七条 地方各级人民政府和有关部门应当采取措施,发展城乡社区养老服务,鼓励、扶持专业服务机构及其他组织和个人,为居家的老年人提供生活照料、紧急救援、医疗护理、精神慰藉、心理咨询等多种形式的服务。对经济困难的老年人,地方各级人民政府应当逐步给予养老服务补贴。

第三十八条 地方各级人民政府和有关部门、基层群众性自治组织,应当将养老服务设施纳入城乡社区配套设施建设规划,建立适应老年人需要的生活服务、文化体育活动、日间照料、疾病护理与康复等服务设施和网点,就近为老年人提供服务。发扬邻里互助的传统,提倡邻里间关心、帮助有困难的老年人。鼓励慈善组织、志愿者为老年人服务。倡导老年人互助服务。

第三十九条 各级人民政府应当根据经济发展水平和老年人服务需求,逐步增加对养老服务的投入。各级人民政府和有关部门在财政、税费、土地、融资等方面采取措施,鼓励、扶持企业事业单位、社会组织或者个人兴办、运营养老、老年人日间照料、老年文化体育活动等设施。

第四十条 地方各级人民政府和有关部门应当按照老年人口比例及分布情况,将养老服务设施建设纳入城乡规划和土地利用总体规划,统筹安排养老服务设施建设用地及所需物资。非营利性养老服务设施用地,可以依法使用国有划拨土地或者农民集体所有的土地。

养老服务设施用地,非经法定程序不得改变用途。

第四十一条 政府投资兴办的养老机构,应当优先保障经济困难的孤寡、失能、高龄等老年人的服务需求。

第四十二条 国务院有关部门制定养老服务设施建设、养老服务质量和养老服务职业等标准,建立健全养老机构分类管理和养老服务评估制度。各级人民政府应当规范养老服务收费项目和标准,加强监督和管理。

第四十三条 设立养老机构,应当符合下列条件:

(一)有自己的名称、住所和章程;
(二)有与服务内容和规模相适应的资金;
(三)有符合相关资格条件的管理人员、专业技术人员和服务人员;
(四)有基本的生活用房、设施设备和活动场地;
(五)法律、法规规定的其他条件。

第四十四条 设立养老机构应当向县级以上人民政府民政部门申请行政许可;经许可的,依法办理相应的登记。县级以上人民政府民政部门负责养老机构的指导、监督和管理,其他有关部门依照职责分工对养老机构实施监督。

第四十五条 养老机构变更或者终止的,应当妥善安置收住的老年人,并依照规定到有关部门办理手续。有关部门应当为养老机构妥善安置老年人提供帮助。

第四十六条 国家建立健全养老服务人才培养、使用、评价和激励制度,依法规范用工,促进从业人员劳动报酬合理增长,发展专职、兼职和志愿者相结合的养老服务队伍。

国家鼓励高等学校、中等职业学校和职业培训机构设置相关专业或者培训项目,培养养老服务专业人才。

第四十七条 养老机构应当与接受服务的老年人或者其代理人签订服务协议,明确双方的权利、义务。养老机构及其工作人员不得以任何方式侵害老年人的权益。

第四十八条 国家鼓励养老机构投保责任保险,鼓励保险公司承保责任保险。

第四十九条 各级人民政府和有关部门应当将老年医疗卫生服务纳入城乡医疗卫生服务规划,将老年人健康管理和常见病预防等纳入国家基本公共卫生服务项目。鼓励为老年人提供保健、护理、临终关怀等服务。国家鼓励医疗机构开设针对老年病的专科或者门诊。医疗卫生机构应当开展老年人的健康服务和疾病防治工作。

第五十条 国家采取措施,加强老年医学的研究和人才培养,提高老年病的预防、治疗、科研水平,促进老年病的早期发现、诊断和治疗。国家和社会采取措施,开展各种形式的健康教育,普及老年保健知识,增强老年人自我保健意识。

第五十一条 国家采取措施,发展老龄产业,将老龄产业列入国家扶持行业目录。扶持和引导企业开发、生产、经营适应老年人需要的用品和提供相关的服务。

第五章 社会优待

第五十二条 县级以上人民政府及其有关部门根据经济社会发展情况和老年人的特殊需要,制定优待老年人的办法,逐步提高优待水平。对常住在本行政区域内的外埠老年人给予同等优待。

第五十三条 各级人民政府和有关部门应当为老年人及时、便利地领取养老金、结算医疗费和享受其他物质帮助提供条件。

第五十四条 各级人民政府和有关部门办理房屋权属关系变更、户口迁移等涉及老年人权益的重大事项时,应当就办理事项是否为老年人的真实意思表示进行询问,并依法优先办理。

第五十五条 老年人因其合法权益受侵害提起诉讼交纳诉讼费确有困难的,可以缓交、减交或者免交;需要获得律师帮助,但无力支付律师费用的,可以获得法律援助。鼓励律师事务所、公证处、基层法律服务所和其他法律服务机构为经济困难的老年人提供免费或者优惠服务。

第五十六条 医疗机构应当为老年人就医提供方便,对老年人就医予以优先。有条件的地方,可以为老年人设立家庭病床,开展巡回医疗、护理、康复、免费体检等服务。

提倡为老年人义诊。

第五十七条 提倡与老年人日常生活密切相关的服务行业为老年人提供优先、优惠服务。

城市公共交通、公路、铁路、水路和航空客运,应当为老年人提供优待和照顾。

第五十八条 博物馆、美术馆、科技馆、纪念馆、公共图书馆、文化馆、影剧院、体育场馆、公园、旅游景点等场所,应当对老年人免费或者优惠开放。

第五十九条 农村老年人不承担兴办公益事业的筹劳义务。

第六章 宜居环境

第六十条 国家采取措施,推进宜居环境建设,为老年人提供安全、便利和舒适的环境。

第六十一条 各级人民政府在制定城乡规划时,应当根据人口老龄化发展趋势、老年人口分布和老年人的特点,统筹考虑适合老年人的公共基础设施、生活服务设施、医疗卫生设施和文化体育设施建设。

第六十二条　国家制定和完善涉及老年人的工程建设标准体系,在规划、设计、施工、监理、验收、运行、维护、管理等环节加强相关标准的实施与监督。

第六十三条　国家制定无障碍设施工程建设标准。新建、改建和扩建道路、公共交通设施、建筑物、居住区等,应当符合国家无障碍设施工程建设标准。各级人民政府和有关部门应当按照国家无障碍设施工程建设标准,优先推进与老年人日常生活密切相关的公共服务设施的改造。无障碍设施的所有人和管理人应当保障无障碍设施正常使用。

第六十四条　国家推动老年宜居社区建设,引导、支持老年宜居住宅的开发,推动和扶持老年人家庭无障碍设施的改造,为老年人创造无障碍居住环境。

第七章　参与社会发展

第六十五条　国家和社会应当重视、珍惜老年人的知识、技能、经验和优良品德,发挥老年人的专长和作用,保障老年人参与经济、政治、文化和社会生活。

第六十六条　老年人可以通过老年人组织,开展有益身心健康的活动。

第六十七条　制定法律、法规、规章和公共政策,涉及老年人权益重大问题的,应当听取老年人和老年人组织的意见。老年人和老年人组织有权向国家机关提出老年人权益保障、老龄事业发展等方面的意见和建议。

第六十八条　国家为老年人参与社会发展创造条件。根据社会需要和可能,鼓励老年人在自愿和量力的情况下,从事下列活动:

(一)对青少年和儿童进行社会主义、爱国主义、集体主义和艰苦奋斗等优良传统教育;

(二)传授文化和科技知识;

(三)提供咨询服务;

(四)依法参与科技开发和应用;

(五)依法从事经营和生产活动;

(六)参加志愿服务、兴办社会公益事业;

(七)参与维护社会治安、协助调解民间纠纷;

(八)参加其他社会活动。

第六十九条　老年人参加劳动的合法收入受法律保护。任何单位和个人不得安排老年人从事危害其身心健康的劳动或者危险作业。

第七十条　老年人有继续受教育的权利。国家发展老年教育,把老年教育纳入终身教育体系,鼓励社会办好各类老年学校。各级人民政府对老年教育应当加强领导,统一规划,加大投入。

第七十一条　国家和社会采取措施,开展适合老年人的群众性文化、体育、娱乐活动,丰富老年人的精神文化生活。

第八章　法律责任

第七十二条　老年人合法权益受到侵害的,被侵害人或者其代理人有权要求有关部门处理,或者依法向人民法院提起诉讼。人民法院和有关部门,对侵犯老年人合法权益的申诉、控告和检举,应当依法及时受理,不得推诿、拖延。

第七十三条　不履行保护老年人合法权益职责的部门或者组织,其上级主管部门应当给予批评教育,责令改正。国家工作人员违法失职,致使老年人合法权益受到损害的,由其所在单位或者上级机关责令改正,或者依法给予处分;构成犯罪的,依法追究刑事责任。

第七十四条　老年人与家庭成员因赡养、扶养或者住房、财产等发生纠纷,可以申请人民调解委员会或者其他有关组织进行调解,也可以直接向人民法院提起诉讼。人民调解委员会或者其他有关组织调解前款纠纷时,应当通过说服、疏导等方式化解矛盾和纠纷;对有过错的家庭成员,应当给予批评教育。人民法院对老年人追索赡养费或者扶养费的申请,可以依法裁定先予执行。

第七十五条 干涉老年人婚姻自由,对老年人负有赡养义务、扶养义务而拒绝赡养、扶养,虐待老年人或者对老年人实施家庭暴力的,由有关单位给予批评教育;构成违反治安管理行为的,依法给予治安管理处罚;构成犯罪的,依法追究刑事责任。

第七十六条 家庭成员盗窃、诈骗、抢夺、侵占、勒索、故意损毁老年人财物,构成违反治安管理行为的,依法给予治安管理处罚;构成犯罪的,依法追究刑事责任。

第七十七条 侮辱、诽谤老年人,构成违反治安管理行为的,依法给予治安管理处罚;构成犯罪的,依法追究刑事责任。

第七十八条 未经许可设立养老机构的,由县级以上人民政府民政部门责令改正;符合法律、法规规定的养老机构条件的,依法补办相关手续;逾期达不到法定条件的,责令停办并妥善安置收住的老年人;造成损害的,依法承担民事责任。

第七十九条 养老机构及其工作人员侵害老年人人身和财产权益,或者未按照约定提供服务的,依法承担民事责任;有关主管部门依法给予行政处罚;构成犯罪的,依法追究刑事责任。

第八十条 对养老机构负有管理和监督职责的部门及其工作人员滥用职权、玩忽职守、徇私舞弊的,对直接负责的主管人员和其他直接责任人员依法给予处分;构成犯罪的,依法追究刑事责任。

第八十一条 不按规定履行优待老年人义务的,由有关主管部门责令改正。

第八十二条 涉及老年人的工程不符合国家规定的标准或者无障碍设施所有人、管理人未尽到维护和管理职责的,由有关主管部门责令改正;造成损害的,依法承担民事责任;对有关单位、个人依法给予行政处罚;构成犯罪的,依法追究刑事责任。

第九章 附则

第八十三条 民族自治地方的人民代表大会,可以根据本法的原则,结合当地民族风俗习惯的具体情况,依照法定程序制定变通的或者补充的规定。

第八十四条 本法施行前设立的养老机构不符合本法规定条件的,应当限期整改。具体办法由国务院民政部门制定。

第八十五条 本法自2013年7月1日起施行。

国务院批转发展改革委等部门
关于深化收入分配制度改革的若干意见的通知
国发〔2013〕6号

各省、自治区、直辖市人民政府,国务院各部委、各直属机构:

国务院同意发展改革委、财政部、人力资源社会保障部《关于深化收入分配制度改革的若干意见》,现转发给你们,请认真贯彻执行。

收入分配制度是经济社会发展中一项带有根本性、基础性的制度安排,是社会主义市场经济体制的重要基石。改革开放以来,我国收入分配制度改革不断推进,与基本国情、发展阶段相适应的收入分配制度基本建立。同时，收入分配领域仍存在一些亟待解决的突出问题，城乡区域发展差距和居民收入分配差距依然较大，收入分配秩序不规范，隐性收入、非法收入问题比较突出，部分群众生活比较困难。当前，我国已经进入全面建成小康社会的决定性阶段，按照党的十八大提出的千方百计增加居民收入的战略部署，要继续深化收入分配制度改革，优化收入分配结构，调动各方面积极性，促进经济发展方式转变，维护社会公平正义与和谐稳定，实现发展成果由人民共享，为全面建成小康社会奠定扎实基础。

我国仍处于并将长期处于社会主义初级阶段，当前收入分配领域出现的问题是发展中的矛盾、前进中的问题，必须通过促进发展、深化改革来逐步加以解决。解决这些问题，也是城乡居民在收入普遍增加、生活不断改善过程中的新要求新期待。同时也应该看到，深化收入分配制度改革，是一项十分艰巨复杂的系统工程，不可能一蹴而就，必须从我国基本国情和发展阶段出发，立足当前、着眼长远，克难攻坚、有序推进。

深化收入分配制度改革，要坚持共同发展、共享成果。倡导勤劳致富、支持创业创新、保护合法经营，在不断创造社会财富、增强综合国力的同时，普遍提高人民富裕程度。坚持注重效率、维护公平。初次分配和再分配都要兼顾效率和公平，初次分配要注重效率，创造机会公平的竞争环境，维护劳动收入的主体地位；再分配要更加注重公平，提高公共资源配置效率，缩小收入差距。坚持市场调节、政府调控。充分发挥市场机制在要素配置和价格形成中的基础性作用，更好地发挥政府对收入分配的调控作用，规范收入分配秩序，增加低收入者收入，调节过高收入。坚持积极而为、量力而行。妥善处理好改革发展稳定的关系，着力解决人民群众反映突出的矛盾和问题，突出增量改革，带动存量调整。

各地区、各部门要深入学习和全面贯彻落实党的十八大精神，充分认识深化收入分配制度改革的重大意义，将其列入重要议事日程，建立统筹协调机制，把落实收入分配政策、增加城乡居民收入、缩小收入分配差距、规范收入分配秩序作为重要任务。各有关部门要围绕重点任务，明确工作责任，抓紧研究出台配套方案和实施细则，及时跟踪评估政策实施效果。各地区要结合本地实际，制定具体措施，确保改革各项任务落到实处。要坚持正确的舆论导向，引导社会预期，回应群众关切，凝聚各方共识，形成改革合力，为深化收入分配制度改革营造良好的社会环境。

国务院
2013年2月3日

关于深化收入分配制度改革的若干意见

发展改革委　财政部　人力资源社会保障部

为贯彻落实党的十八大提出的"实现发展成果由人民共享，必须深化收入分配制度改革"要求，深入推进"十二五"规划实施，完善收入分配结构和制度，增加城乡居民收入，缩小收入分配差距，规范收入分配秩序，现提出以下意见：

一、充分认识深化收入分配制度改革的重要性和艰巨性

改革开放以来，我国收入分配制度改革逐步推进，破除了传统计划经济体制下平均主义的分配方式，在坚持按劳分配为主体的基础上，允许和鼓励资本、技术、管理等要素按贡献参与分配，不断加大收入分配调节力度。经过三十多年的探索与实践，按劳分配为主体、多种分配方式并存的分配制度基本确立，以税收、社会保障、转移支付为主要手段的再分配调节框架初步形成,有力地推动了社会主义市场经济体制的建立,极大地促进了国民经济快速发展,城乡居民人均实际收入平均每十年翻一番,家庭财产稳定增加,人民生活水平显著提高。实践证明,我国收入分配制度是与基本国情、发展阶段总体相适应的。

特别是党的十六大以来,按照科学发展观和构建社会主义和谐社会的要求,充分发挥再分配调节功能,加大对保障和改善民生的投入,彻底取消农业税,大幅增加涉农补贴,全面实施免费义务教育,加快建立社会保障体系,深入推进医药卫生体制改革,大力加强保障性住房建设,城乡最低生活保障标准和扶贫标准大幅提升,企业退休人员基本养老金水平持续提高,近年来农村居民收入增速快于城镇居民,城乡收入差距缩小态势开始显现,居民收入占国民收入比重有所提高,收入分配制度改革取得新的进展。

同时,也要看到收入分配领域仍存在一些亟待解决的突出问题,主要是城乡区域发展差距和居民收入分配差距依然较大,收入分配秩序不规范,隐性收入、非法收入问题比较突出,部分群众生活比较困难,宏观收入分配格局有待优化。这些问题的产生,既与我国基本国情、发展阶段密切相关,具有一定的客观必然性和阶段性特征,也与收入分配及相关领域的体制改革不到位、政策不落实等直接相关。

当前,我国已经进入全面建成小康社会的决定性阶段。深化收入分配制度改革,优化收入分配结构,构建扩大消费需求的长效机制,是加快转变经济发展方式的迫切需要;深化收入分配制度改革,切实解决一些领域分配不公问题,防止收入分配差距过大,规范收入分配秩序,是维护社会公平正义与和谐稳定的根本举措;深化收入分配制度改革,处理好劳动与资本、城市与农村、政府与市场等重大关系,推动相关领域改革向纵深发展,是完善社会主义市场经济体制的重要内容;深化收入分配制度改革,使发展成果更多更公平惠及全体人民,为逐步实现共同富裕奠定物质基础和制度基础,是体现社会主义本质的必然要求。

我国仍处于并将长期处于社会主义初级阶段,是世界上人口最多的发展中国家,区域之间发展条件差异大,城乡二元结构短期内难以根本改变,工业化、信息化、城镇化和农业现代化还在深入发展。要充分认识到,当前收入分配领域出现的问题是发展中的矛盾、前进中的问题,必须通过促进发展、深化改革来逐步加以解决。解决这些问题,也是城乡居民在收入普遍增加、生活不断改善过程中的新要求新期待。同时也应该看到,深化收入分配制度改革,是一项十分艰巨复杂的系统工程,涉及方方面面利益调整,不可能一蹴而就,必须从我国基本国情和发展阶段出发,立足当前、着眼长远,克难攻坚、有序推进。

二、准确把握深化收入分配制度改革的总体要求和主要目标

1.总体要求。

全面贯彻落实党的十八大精神,以邓小平理论、"三个代表"重要思想、科学发展观为指导,立足基本国情,坚持以经济建设为中心,在发展中调整收入分配结构,着力创造公开公平公正的体制环境,坚持按劳分配为主体、多种分配方式并存,坚持初次分配和再分配调节并重,继续完善劳动、资本、技术、管理等要素按贡献参与分配的初次分配机制,加快健全以税收、社会保障、转移支付为主要手段的再分配调节机制,以增加城乡居民收入、缩小收入分配差距、规范收入分配秩序为重点,努力实现居民收入增长和经济发展同步,劳动报酬增长和劳动生产率提高同步,逐步形成合理有序的收入分配格局,促进经济持续健康发展和社会和谐稳定。

2.主要目标。

——城乡居民收入实现倍增。到2020年实现城乡居民人均实际收入比2010年翻一番,力争中低收入者收入增长更快一些,人民生活水平全面提高。

——收入分配差距逐步缩小。城乡、区域和居民之间收入差距较大的问题得到有效缓解,扶贫对象大幅减少,中等收入群体持续扩大,"橄榄型"分配结构逐步形成。

——收入分配秩序明显改善。合法收入得到有力保护,过高收入得到合理调节,隐性收入得到有效规范,非法收入予以坚决取缔。

——收入分配格局趋于合理。居民收入在国民收入分配中的比重、劳动报酬在初次分配中的比重逐步提高,社会保障和就业等民生支出占财政支出比重明显提升。

三、继续完善初次分配机制

完善劳动、资本、技术、管理等要素按贡献参与分配的初次分配机制。实施就业优先战略和更加积极的就业政策,扩大就业创业规模,创造平等就业环境,提升劳动者获取收入能力,实现更高质量的就业。深化工资制度改革,完善企业、机关、事业单位工资决定和增长机制。推动各种所有制经济依法平等使用生产要素、公平参与市场竞争、同等受到法律保护,形成主要由市场决定生产要素价格的机制。

3.促进就业机会公平。大力支持服务业、劳动密集型企业、小型微型企业和创新型科技企业发展,创造更多就业岗位。完善税费减免和公益性岗位、岗位培训、社会保险、技能鉴定补贴等政策,促进以高校毕业生为重点的青年、农村转移劳动力、城镇困难人员、退役军人就业。完善和落实小额担保贷款、财政贴息等鼓励自主创业政策。借鉴推广公务员招考的办法,完善和落实事业单位公开招聘制度,在国有企业全面推行分级分类的公开招聘制度,切实做到信息公开、过程公开、结果公开。

4.提高劳动者职业技能。健全面向全体劳动者的职业培训制度,足额提取并合理使用企业职工教育培训经费,保障职工带薪最短培训时间。新增财政教育投入向职业教育倾斜,逐步实行中等职业教育免费制度。建立健全向农民工免费提供职业教育和技能培训制度。完善社会化职业技能培训、考核、鉴定、认证体系,规范职业技能鉴定收费标准。提高技能人才经济待遇和社会地位。

5.促进中低收入职工工资合理增长。建立反映劳动力市场供求关系和企业经济效益的工资决定及正常增长机制。完善工资指导线制度,建立统一规范的企业薪酬调查和信息发布制度。根据经济发展、物价变动等因素,适时调整最低工资标准,到2015年绝大多数地区最低工资标准达到当地城镇从业人员平均工资的40%以上。研究发布部分行业最低工资标准。以非公有制企业为重点,积极稳妥推行工资集体协商和行业性、区域性工资集体协商,到2015年,集体合同签订率达到80%,逐步解决一些行业企业职工工资过低的问题。落实新修订的劳动合同法,研究出台劳务派遣规定等配套规章,严格规范劳务派遣用工行为,依法保障被派遣劳动者的同工同酬权利。

6.加强国有企业高管薪酬管理。对部分过高收入行业的国有及国有控股企业,严格实行企业工资总额和工资水平双重调控政策,逐步缩小行业工资收入差距。建立与企业领导人分类管理相适应、选任方式相匹配的企业高管人员差异化薪酬分配制度,综合考虑当期业绩和持续发展,建立健全根据经营管理绩效、风险和责任确定薪酬的制度,对行政任命的国有企业高管人员薪酬水平实行限高,推广薪酬延期支付和追索扣回制度。缩小国有企业内部分配差距,高管人员薪酬增幅应低于企业职工平均工资增幅。对非国有金融企业和上市公司高管薪酬,通过完善公司治理结构,增强董事会、薪酬委员会和股东大会在抑制畸高薪酬方面的作用。

7.完善机关事业单位工资制度。建立公务员和企业相当人员工资水平调查比较制度,完善科学合理的职务与职级并行制度,适当提高基层公务员工资水平;调整优化工资结构,降低津贴补贴所占比例,提高基本工资占比;提高艰苦边远地区津贴标准,抓紧研究地区附加津贴实施方案。结合分类推进事业单位改革,建立健全符合事业单位特点、体现岗位绩效和分级分类管理的工资分配制度。

8.健全技术要素参与分配机制。建立健全以实际贡献为评价标准的科技创新人才薪酬制度,鼓励企事业单位对紧缺急需的高层次、高技能人才实行协议工资、项目工资等。加强知识产权保护,完善有利于科技成果转移转化的分配政策,探索建立科技成果入股、岗位分红权激励等多种分配办法,保障技术成果在分配中的应得份额。完善高层次、高技能人才特殊津贴制度。允许和鼓励品牌、创意等参与收入分配。

9.多渠道增加居民财产性收入。加快发展多层次资本市场,落实上市公司分红制度,强化监管措施,保护投资者特别是中小投资者合法权益。推进利率市场化改革,适度扩大存贷款利率浮动范围,保护存款人权益。严格规范银行收费行为。丰富债券基金、货币基金等基金产品。支持有条件的企业实施员工持股计划。拓宽居民租金、股息、红利等增收渠道。

10.建立健全国有资本收益分享机制。全面建立覆盖全部国有企业、分级管理的国有资本经营预算和收益分享制度,合理分配和使用国有资本收益,扩大国有资本收益上交范围。适当提高中央企业国有资本收益上交比例,"十二五"期间在现有比例上再提高5个百分点左右,新增部分的一定比例用于社会保障等民生支出。

11.完善公共资源占用及其收益分配机制。建立健全资源有偿使用制度和生态环境补偿机制。完善公开公平公正的国有土地、海域、森林、矿产、水等公共资源出让机制,加强对自然垄断行业的监管,防止通过不正当手段无偿或低价占有和使用公共资源。建立健全公共资源出让收益全民共享机制,出让收益主要用于公共服务支出。

四、加快健全再分配调节机制

加快健全以税收、社会保障、转移支付为主要手段的再分配调节机制。健全公共财政体系,完善转移支付制度,调整财政支出结构,大力推进基本公共服务均等化。加大税收调节力度,改革个人所得税,完善财产税,推进结构性减税,减轻中低收入者和小型微型企业税费负担,形成有利于结构优化、社会公平的税收制度。全面建成覆盖城乡居民的社会保障体系,按照全覆盖、保基本、多层次、可持续方针,以增强公平性、适应流动性、保证可持续性为重点,不断完善社会保险、社会救助和社会福利制度,稳步提高保障水平,实行全国统一的社会保障卡制度。

12.集中更多财力用于保障和改善民生。加大对教育、就业、社会保障、医疗卫生、保障性住房、扶贫开发等方面的支出,进一步加大对中西部地区特别是革命老区、民族地区、边疆地区和贫困地区的财力支持。严格控制行政事业单位机构编制,"十二五"期间中央和地方机构编制总量只减不增,减少领导职数,降低行政成本。坚决反对铺张浪费,严格控制"三公"经费预算,全面公开"三公"经费使用情况。"十二五"时期社会保障和就业支出占财政支出比重提高2个百分点左右。

13.加大促进教育公平力度。合理配置教育资源,重点向农村、边远、贫困、民族地区倾斜。全面落实九年义务教育免费政策,严格规范教育收费行为。进一步完善普通高中、普通本科高校、中等职业学校和高等职业院校家庭经济困难学生国家资助政策,逐步提高补助标准。为家庭经济困难儿童、孤儿和残疾儿童接受学前教育提供补助。切实解决农民工随迁子女平等接受义务教育和参加当地中考、高考问题。

14.加强个人所得税调节。加快建立综合与分类相结合的个人所得税制度。完善高收入者个人所得税的征收、管理和处罚措施,将各项收入全部纳入征收范围,建立健全个人收入双向申报制度和全国统一的纳税人识别号制度,依法做到应收尽收。取消对外籍个人从外商投资企业取得的股息、红利所得免征个人所得税等税收优惠。

15.改革完善房地产税等。完善房产保有、交易等环节税收制度,逐步扩大个人住房房产税改革试点范围,细化住房交易差别化税收政策,加强存量房交易税收征管。扩大资源税征收范围,提高资源税税负水平。合理调整部分消费税的税目和税率,将部分高档娱乐消费和高档奢侈消费品纳入征收范围。研究在适当时期开征遗产税问题。

16.完善基本养老保险制度。全面落实城镇职工基本养老保险省级统筹,"十二五"期末实现基础养老金全国统筹。分类推进事业单位养老保险制度改革,研究推进公务员养老保险制度改革。提高农民工养老保险参保率。健全城镇居民和新型农村社会养老保险制度。建立兼顾各类人员的养老保障待遇确定机制和正常调整机制。发展企业年金和职业年金,发挥商业保险补充性作用。扩大社会保障基金筹资渠道,建立社会保险基金投资运营制度。

17.加快健全全民医保体系。提高城镇居民基本医疗保险和新型农村合作医疗筹资和待遇水平,整合城乡居民基本医疗保险制度。稳步推进职工医保、城镇居民医保和新农合门诊统筹。"十二五"期末基本医疗保险政策范围内医保基金支付水平达到75%以上,明显缩小与实际住院费用报销支付比例的差距。建立城乡居民大病保险制度,完善城乡医疗救助制度。全面实现统筹区域和省内异地就医即时结算。逐步增加人均基本公共卫生服务经费,提高基本公共卫生服务水平。

18.加大保障性住房供给。建立市场配置和政府保障相结合的住房制度,加强保障性住房建设和管理,满足困难家庭基本需求。"十二五"期末全国城镇保障性住房覆盖面达到20%左右,按质量标准完成农村困难家庭危房改造1 000万户以上,实现全国游牧民定居目标。

19.加强对困难群体救助和帮扶。健全城乡低收入群体基本生活保障标准与物价上涨挂钩的联动机制,逐步提高城乡居民最低生活保障水平。提高优抚对象抚恤补助标准。建立健全经济困难的高龄、独居、失能等老年人补贴制度。完善孤儿基本生活保障制度,推进孤儿集中供养,建立其他困境儿童生活救助制度。建立困难残疾人生活补贴和重度残疾人护理补贴制度。

20.大力发展社会慈善事业。积极培育慈善组织,简化公益慈善组织的审批程序,鼓励有条件的企业、个人和社会组织举办医院、学校、养老服务等公益事业。落实并完善慈善捐赠税收优惠政策,对企业公益性捐赠支出超过年度利润总额12%的部分,允许结转以后年度扣除。加强慈善组织监督管理。

五、建立健全促进农民收入较快增长的长效机制

坚持工业反哺农业、城市支持农村和多予少取放活方针,加快完善城乡发展一体化体制机制,加大强农惠农富农政策力度,促进工业化、信息化、城镇化和农业现代化同步发展,促进公共资源在城乡之间均衡配置、生产要素在城乡之间平等交换和自由流动,促进城乡规划、基础设施、公共服务一体化,建立健全农业转移人口市民化机制,统筹推进户籍制度改革和基本公共服务均等化。

21.增加农民家庭经营收入。健全农产品价格保护制度,稳步提高重点粮食品种最低收购价,完善大宗农产品临时收储政策。着力推进农业产业化,大力发展农民专业合作和股份合作,培养新型经营主体,支持适度规模经营,加大对农村社会化服务体系的投入,促进产销对接和农超对接,使农民合理分享农产品加工、流通增值收益。因地制宜培育发展特色高效农业和乡村旅游,使农民在农业功能拓展中获得更多收益。

22.健全农业补贴制度。建立健全农业补贴稳定增长机制,完善良种补贴、农资综合补贴和粮食直补政策,增加农机购置补贴规模,完善农资综合补贴动态调整机制,新增农业补贴向粮农和种粮大户倾斜。完善林业、牧业和渔业扶持政策。逐步扩大农业保险保费补贴范围,适当提高保费补贴比例,进一步细化和稳步扩大农村金融奖补政策。

23.合理分享土地增值收益。搞好农村土地确权、登记、颁证工作,依法保障农民的土地财产权。按照依法自愿有偿原则,允许农民以多种形式流转土地承包经营权,确保农民分享流转收益。完善农村宅基地制度,保障农户宅基地用益物权。改革征地制度,依法保障农民合法权益,提高农民在土地增值收益中的分配比例。

24.加大扶贫开发投入。大幅增加财政专项扶贫资金,新增部分主要用于支持集中连片特殊困难地区扶贫攻坚,加大以工代赈力度,努力实现贫困地区农民人均收入增长幅度高于全国平均水平。"十二五"时期,对240万生存条件恶劣地区的农村贫困人口实施异地扶贫搬迁;按照人均2 300元(2010年不变价)的扶贫标准,到2015年扶贫对象减少8 000万人左右。

25.有序推进农业转移人口市民化。制定公开透明的各类城市农业转移人口落户政策,探索建立政府、企业、个人共同参与的市民化成本分担机制,把有稳定劳动关系、在城镇居住一定年限并按规定参加社会保险的农业转移人口逐步转为城镇居民,重点推进解决举家迁徙及新生代农民工落户问题。实施全国统一的居住证制度,努力实现城镇基本公共服务常住人口全覆盖。

六、推动形成公开透明、公正合理的收入分配秩序

大力整顿和规范收入分配秩序,加强制度建设,健全法律法规,加强执法监管,加大反腐力度,加强信息公开,实行社会监督,加强基础工作,提升技术保障,保护合法收入,规范隐性收入,取缔非法收入。

26.加快收入分配相关领域立法。研究出台社会救助、慈善事业、扶贫开发、企业工资支付保障、集体协商、国有资本经营预算、财政转移支付管理等方面法律法规,及时修订完善土地管理、矿产资源管理、税收征管、房产税等方面法律法规。建立健全财产登记制度,完善财产法律保护制度,保障公民合法财产权益。

27.维护劳动者合法权益。健全工资支付保障机制,将拖欠工资问题突出的领域和容易发生拖欠的行业纳入重点监控范围,完善与企业信用等级挂钩的差别化工资保证金缴纳办法。落实清偿欠薪的工程总承包企业负责制、行政司法联动打击恶意欠薪制度、保障工资支付属地政府负责制度。完善劳动争议处理机制,加大劳动保障监察执法力度。

28.清理规范工资外收入。严格规范党政机关各种津贴补贴和奖金发放行为,抓紧出台规范改革性补贴的实施意见。加强事业单位创收管理,规范科研课题和研发项目经费管理使用,严格公务招待费审批和核算等制度规定。严格控制国有及国有控股企业高管人员职务消费,规范车辆配备和使用、业务招待、考察培训等职务消费项目和标准,职务消费接受职工

民主监督,相关账目要公开透明。

29.加强领导干部收入管理。全面落实《关于领导干部报告个人有关事项的规定》,严格执行各级领导干部如实报告收入、房产、投资、配偶子女从业等情况的规定,对隐报瞒报、弄虚作假等行为,通过抽查、核查,及时纠正,严肃处理。继续规范领导干部离职、辞职或退(离)休后的个人从业行为,严格按照有关程序、条件和要求办理兼职任职审批事项。

30.严格规范非税收入。按照正税清费的原则,继续推进费改税,进一步清理整顿各种行政事业性收费和政府性基金,坚决取消不合法、不合理的收费和基金项目,收费项目适当降低收费标准。建立健全政府非税收入收缴管理制度。

31.打击和取缔非法收入。围绕国企改制、土地出让、矿产开发、工程建设等重点领域,强化监督管理,堵住获取非法收入的漏洞。严厉打击走私贩私、偷税逃税、内幕交易、操纵股市、制假售假、骗贷骗汇等经济犯罪活动。严厉查处权钱交易、行贿受贿行为。深入治理商业贿赂。加强反洗钱工作和资本外逃监控。

32.健全现代支付和收入监测体系。大力推进薪酬支付工资化、货币化、电子化,加快现代支付结算体系建设,落实金融账户实名制,推广持卡消费,规范现金管理。完善机关和国有企事业单位发票管理和财务报销制度,全面推行公务卡支付结算制度。整合公安、民政、社保、住房、银行、税务、工商等相关部门信息资源,建立健全社会信用体系和收入信息监测系统,完善个人所得税信息管理系统。建立城乡住户收支调查一体化制度。

七、加强深化收入分配制度改革的组织领导

33.统一认识,加强领导。各地区、各部门要深入学习和全面贯彻落实党的十八大精神,充分认识深化收入分配制度改革的重大意义,将其列入重要议事日程,建立统筹协调机制,把落实收入分配政策、增加城乡居民收入、缩小收入分配差距、规范收入分配秩序作为重要任务,纳入日常考核。各有关部门要深入调查研究,加强工作指导,强化监督检查,认真总结经验,及时解决改革中出现的突出矛盾和问题。

34.突出重点,强化实施。收入分配制度改革要与国有企业、行政体制、财税金融体制等相关重点领域改革有机结合、协同推进。各有关部门要围绕重点任务,明确工作责任,抓紧研究出台配套方案和实施细则,及时跟踪评估政策实施效果。各地区要结合本地实际,制定具体措施,确保改革各项任务落到实处。鼓励部分地区、部分领域先行先试,积极探索。

35.深入宣传,注重引导。坚持正确的舆论导向,引导全社会从基本国情和发展阶段出发,正确认识当前存在的收入分配问题,深入宣传坚持科学发展是解决收入分配问题的根本途径,实现社会公平正义是我们坚定不移的目标。切实做好各项改革政策的解读工作,加深对收入分配制度改革艰巨性、复杂性的认识,引导社会预期,回应群众关切,凝聚各方共识,形成改革合力,为深化收入分配制度改革营造良好的社会环境。

政府工作报告(节选)
——2013年3月5日在第十二届全国人民代表大会第一次会议上

温家宝

……

三、对今年政府工作的建议

……

(二)强化农业农村发展基础,推动城乡发展一体化

近些年是我国农业发展最快、农村面貌变

化最大、农民得到实惠最多的时期。当前,农业农村发展进入一个新阶段,呈现出农业生产综合成本上升、农产品供求结构性矛盾突出、农村社会结构深刻变动、城乡发展加快融合的态势,全面建成小康社会的重点难点仍然在农村。

必须坚持把解决好"三农"问题作为全部工作的重中之重,这是历史经验的科学总结,既管当前,也管长远,是长期指导思想。农村土地制度关乎农村的根本稳定,也关乎中国的长远发展,其核心是要保障农民的财产权益,底线是严守18亿亩耕地红线。

要坚持以家庭承包经营为基础,支持发展多种形式新型农民合作组织和多层次的农业社会化服务组织,逐步构建集约化、专业化、组织化、社会化相结合的新型农业经营体系,始终注重保护法律赋予农民的财产权利,调动农民积极性。

毫不放松粮食生产,建设高标准基本农田,推广先进技术,增强农业综合生产能力,保障粮食和重要农产品的有效供给。要继续加大"三农"投入,加强农村基础设施建设和基本公共服务体系建设,推动城乡发展一体化,形成以工促农、以城带乡、工农互惠、城乡一体的新型工农、城乡关系。要采取有效措施,稳定农业生产经营队伍,积极培育新型农民。

城镇化是我国现代化建设的历史任务,与农业现代化相辅相成。要遵循城镇化的客观规律,积极稳妥推动城镇化健康发展。坚持科学规划、合理布局、城乡统筹、节约用地、因地制宜、提高质量。

特大城市和大城市要合理控制规模,充分发挥辐射带动作用;中小城市和小城镇要增强产业发展、公共服务、吸纳就业、人口集聚功能。

加快推进户籍制度、社会管理体制和相关制度改革,有序推进农业转移人口市民化,逐步实现城镇基本公共服务覆盖常住人口,为人们自由迁徙、安居乐业创造公平的制度环境。村庄建设要注意保持乡村风貌,营造宜居环境,使城镇化和新农村建设良性互动。

(三)以保障和改善民生为重点,全面提高人民物质文化生活水平

2003年抗击突如其来的非典疫情给我们的重要启示之一,就是要统筹经济社会发展。这些年我们在发展经济的同时,更加重视保障改善民生和发展社会事业,政府工作力度之大、财政投入资金之多前所未有。

经过不懈努力,我国经济社会发展的协调性明显增强。当前社会结构、社会组织形式、社会利益格局发生深刻变化,社会矛盾明显增多。我们必须把保障和改善民生作为政府一切工作的出发点和落脚点,放在更加突出的位置,着力加强社会建设。

千方百计扩大就业。坚持实施就业优先战略和更加积极的就业政策,通过稳定经济增长和调整经济结构增加就业岗位,加强职业技能培训,提高劳动者就业创业能力,加大投入和政策支持,完善就业服务体系,鼓励创业带动就业,做好重点人群就业工作,促进城乡居民收入持续稳定增长。

完善社会保障制度。坚持全覆盖、保基本、多层次、可持续方针,不断扩大社会保障覆盖面,提高统筹层次和保障水平,加强各项制度的完善和衔接,增强公平性,适应流动性,保证可持续性。

今年企业退休人员基本养老金继续提高10%,城乡低保和优抚对象补助标准也进一步提高。要加大对社会养老服务体系和儿童福利机构建设的支持力度。

深化医药卫生事业改革发展。巩固完善基本药物制度和基层医疗卫生机构运行新机制,加快公立医院改革,鼓励社会办医。扶持中医药和民族医药事业发展。健全全民医保体系,

建立重特大疾病保障和救助机制,全面开展儿童白血病等20种重大疾病保障试点工作。

今年新农合和城镇居民基本医疗保险财政补助标准由每人每年240元提高到280元,人均基本公共卫生服务经费标准由25元提高到30元。

逐步完善人口政策。坚持计划生育基本国策,适应我国人口总量和结构变动趋势,统筹解决好人口数量、素质、结构和分布问题,促进人口长期均衡发展。重视发展老龄事业,切实保障妇女和未成年人权益,关心和支持残疾人事业。

加强和创新社会管理。改进政府提供公共服务方式,加强基层社会管理和服务体系建设,完善村民自治、城市居民自治制度,保证人民群众依法直接行使民主权利,管理基层公共事务和公益事业。

改革社会组织管理体制,引导社会组织健康有序发展。建立健全维护群众权益机制,完善人民调解、行政调解、司法调解联动的工作体系,健全法律援助制度,推动涉法涉诉信访工作改革,畅通和规范群众诉求表达、利益协调、权益保障渠道,健全重大决策社会稳定风险评估和突发事件应急管理机制,维护社会公共安全,促进社会和谐稳定。

食品药品安全是人们关注的突出问题,要改革和健全食品药品安全监管体制,加强综合协调联动,落实企业主体责任,严格从生产源头到消费的全程监管,加快形成符合国情、科学合理的食品药品安全体系,提升食品药品安全保障水平。强化公共安全体系和企业安全生产基础建设,遏制重特大安全事故。

加强房地产市场调控和保障性安居工程建设。坚决抑制投机、投资性需求,抓紧完善稳定房价工作责任制和房地产市场调控政策体系,健全房地产市场稳定健康发展长效机制。

继续抓好保障性安居工程建设和管理,让老百姓住上放心房、满意房。今年城镇保障性住房基本建成470万套、新开工630万套,继续推进农村危房改造。

教育和科技在现代化建设中具有基础性、先导性、全局性作用,文化是民族的血脉和人民的精神家园,必须放在更加重要的战略位置。

继续推进教育优先发展。目前我国年度财政性教育经费支出总额已经超过2万亿元,今后还要继续增加,必须把这些钱用好,让人民满意。

要进一步深化教育综合改革,切实解决社会普遍关注的重大问题。着力推动义务教育均衡发展,加快发展现代职业教育,提高各级各类教育质量,进一步促进教育公平,为国家发展提供强大的人力资源支撑。

深化科技体制改革。推动科技与经济紧密结合,着力构建以企业为主体、市场为导向、产学研相结合的技术创新体系。瞄准关系全局和长远发展的战略必争领域,加强基础研究、前沿先导技术研究。

健全科技资源开放共享机制,完善支持科技发展和成果应用转化的财税、金融、产业技术和人才政策,创造公平开放的创新环境,最大限度地调动广大科技工作者的积极性、主动性,激发全社会的创新活力。

扎实推进文化建设。把文化改革发展纳入经济社会发展总体规划,列入各级政府效能和领导干部政绩考核体系,推动文化事业全面繁荣、文化产业快速发展。

政府要履行好发展公益性文化事业的责任,加快推进重点文化惠民工程,完善公共文化服务体系。广泛开展全民健身运动,促进群众体育和竞技体育全面发展。

大力加强社会公德、职业道德、家庭美德、个人品德教育。推动诚信体系建设,以政务诚信带动商务诚信和社会诚信,形成良好的社会风尚。

……

在十二届全国人大一次会议闭幕式上的讲话

2013年3月17日

习近平

各位代表,这次大会选举我担任中华人民共和国主席,我对各位代表和全国各族人民的信任,表示衷心的感谢!

我深知,担任国家主席这一崇高职务,使命光荣,责任重大。我将忠实履行宪法赋予的职责,忠于祖国,忠于人民,恪尽职守,夙夜在公,为民服务,为国尽力,自觉接受人民监督,决不辜负各位代表和全国各族人民的信任和重托。

各位代表!中华人民共和国走过了光辉的历程。在以毛泽东同志为核心的党的第一代中央领导集体、以邓小平同志为核心的党的第二代中央领导集体、以江泽民同志为核心的党的第三代中央领导集体、以胡锦涛同志为总书记的党中央领导下,全国各族人民戮力同心、接力奋斗,战胜前进道路上的各种艰难险阻,取得了举世瞩目的辉煌成就。

今天,我们的人民共和国正以昂扬的姿态屹立在世界东方。

胡锦涛同志担任国家主席10年间,以丰富的政治智慧、高超的领导才能、勤勉的工作精神,为坚持和发展中国特色社会主义建立了卓越的功勋,赢得了全国各族人民忠心爱戴和国际社会普遍赞誉。我们向胡锦涛同志,表示衷心的感谢和崇高的敬意!

各位代表!中华民族具有5000多年连绵不断的文明历史,创造了博大精深的中华文化,为人类文明进步作出了不可磨灭的贡献。经过几千年的沧桑岁月,把我国56个民族、13亿多人紧紧凝聚在一起的,是我们共同经历的非凡奋斗,是我们共同创造的美好家园,是我们共同培育的民族精神,而贯穿其中的、最重要的是我们共同坚守的理想信念。

实现全面建成小康社会、建成富强民主文明和谐的社会主义现代化国家的奋斗目标,实现中华民族伟大复兴的中国梦,就是要实现国家富强、民族振兴、人民幸福,既深深体现了今天中国人的理想,也深深反映了我们先人们不懈奋斗追求进步的光荣传统。

面对浩浩荡荡的时代潮流,面对人民群众过上更好生活的殷切期待,我们不能有丝毫自满,不能有丝毫懈怠,必须再接再厉、一往无前,继续把中国特色社会主义事业推向前进,继续为实现中华民族伟大复兴的中国梦而努力奋斗。

实现中国梦必须走中国道路。这就是中国特色社会主义道路。这条道路来之不易,它是在改革开放30多年的伟大实践中走出来的,是在中华人民共和国成立60多年的持续探索中走出来的,是在对近代以来170多年中华民族发展历程的深刻总结中走出来的,是在对中华民族5000多年悠久文明的传承中走出来的,具有深厚的历史渊源和广泛的现实基础。中华民族是具有非凡创造力的民族,我们创造了伟大的中华文明,我们也能够继续拓展和走好适合中国国情的发展道路。全国各族人民一定要增强对中国特色社会主义的理论自信、道路自信、制度自信,坚定不移沿着正确的中国道路奋勇前进。

实现中国梦必须弘扬中国精神。这就是以爱国主义为核心的民族精神,以改革创新为核心的时代精神。这种精神是凝心聚力的兴国之魂、强国之魄。爱国主义始终是把中华民族坚强团结在一起的精神力量,改革创新始终是鞭策我们在改革开放中与时俱进的精神力量。全国各族人民一定要弘扬伟大的民族精神和时代精神,不断增强团结一心的精神纽带、自强不息的精神动力,永远朝气蓬勃迈向未来。

实现中国梦必须凝聚中国力量。这就是中国各族人民大团结的力量。中国梦是民族的梦,也是每个中国人的梦。只要我们紧密团结,万众一心,为实现共同梦想而奋斗,实现梦想的力量就无比强大,我们每个人为实现自己梦想的努力就拥有广阔的空间。生活在我们伟大祖国和伟大时代的中国人民,共同享有人生出彩的机会,共同享有梦想成真的机会,共同享有同祖国和时代一起成长与进步的机会。有梦想,有机会,有奋斗,一切美好的东西都能够创造出来。全国各族人民一定要牢记使命,心往一处想,劲往一处使,用13亿人的智慧和力量汇集起不可战胜的磅礴力量。

中国梦归根到底是人民的梦,必须紧紧依靠人民来实现,必须不断为人民造福。

我们要坚持党的领导、人民当家作主、依法治国有机统一,坚持人民主体地位,扩大人民民主,推进依法治国,坚持和完善人民代表大会制度的根本政治制度,中国共产党领导的多党合作和政治协商制度、民族区域自治制度以及基层群众自治制度等基本政治制度,建设服务政府、责任政府、法治政府、廉洁政府,充分调动人民积极性。

我们要坚持发展是硬道理的战略思想,坚持以经济建设为中心,全面推进社会主义经济建设、政治建设、文化建设、社会建设、生态文明建设,深化改革开放,推动科学发展,不断夯实实现中国梦的物质文化基础。

我们要随时随刻倾听人民呼声、回应人民期待,保证人民平等参与、平等发展权利,维护社会公平正义,在学有所教、老有所得、病有所医、老有所养、住有所居上持续取得新进展,不断实现好、维护好、发展好最广大人民根本利益,使发展成果更多更公平惠及全体人民,在经济社会不断发展的基础上,朝着共同富裕方向稳步前进。

我们要巩固和发展最广泛的爱国统一战线,加强中国共产党同民主党派和无党派人士团结合作,巩固和发展平等团结互助和谐的社会主义民族关系,发挥宗教界人士和信教群众在促进经济社会发展中的积极作用,最大限度团结一切可以团结的力量。

各位代表!"功崇惟志,业广惟勤。"我国仍处于并将长期处于社会主义初级阶段,实现中国梦,创造全体人民更加美好的生活,任重而道远,需要我们每一个人继续付出辛勤劳动和艰苦努力。

全国广大工人、农民、知识分子,要发挥聪明才智,勤奋工作,积极在经济社会发展中发挥主力军和生力军作用。一切国家机关工作人员,要克己奉公,勤政廉政,关心人民疾苦,为人民办实事。中国人民解放军全体指战员,中国人民武装警察部队全体官兵,要按照听党指挥、能打胜仗、作风优良的强军目标,提高履行使命能力,坚决捍卫国家主权、安全、发展利益,坚决保卫人民生命财产安全。

一切非公有制经济人士和其他新的社会阶层人士,要发扬劳动创造精神和创业精神,回馈社会,造福人民,做合格的中国特色社会主义事业的建设者。

全国广大青少年,要志存高远,增长知识,锤炼意志,让青春在时代进步中焕发出绚丽的光彩。

香港特别行政区同胞、澳门特别行政区同胞,要以国家和香港、澳门整体利益为重,共同维护和促进香港、澳门长期繁荣稳定。广大台湾同胞和大陆同胞要携起手来,支持、维护、推动两岸关系和平发展,增进两岸同胞福祉,共同开创中华民族新的前程。广大海外侨胞,要弘扬中华民族勤劳善良的优良传统,努力为促进祖国发展、促进中国人民同当地人民的友谊作出贡献。

中国人民爱好和平。我们将高举和平、发展、合作、共赢的旗帜,始终不渝走和平发展道路,始终不渝奉行互利共赢的开放战略,致力于同世界各国发展友好合作,履行应尽的国际责任和义务,继续同各国人民一道推进人类和平与发展的崇高事业。

各位代表!中国共产党是领导和团结全国各族人民建设中国特色社会主义伟大事业的核心力量,肩负着历史重任,经受着时代考验,必须坚持立党为公、执政为民,坚持党要管党、从严治党,全面加强党的建设,不断提高党的领导水平和执政水平、提高拒腐防变和抵御风险能力。全体共产党员特别是党的领导干部,要坚定理想信念,始终把人民放在心中最高的位置,弘扬党的光荣传统和优良作风,坚决反对形式主义、官僚主义,坚决反对享乐主义、奢靡之风,坚决同一切消极腐败现象作斗争,永葆共产党人政治本色,矢志不移为党和人民事业而奋斗。

劳动就业和社会保障

促进就业是保障和改善民生的头等大事

2012年7月17日

温家宝

就业是民生之本，促进就业是安国之策。党中央、国务院始终高度重视就业工作。特别是党的十六大以来，我们坚持以人为本、全面协调可持续的科学发展观，坚持把促进就业作为保障和改善民生的头等大事，确立了就业优先发展战略，制定实施了具有中国特色的积极就业政策，健全了促进就业的法律体系，构建了社会主义市场经济条件下促进就业的体制机制框架，建立了面向全体劳动者的职业培训体系，形成了覆盖城乡的公共就业和人才服务体系。各地区、各部门认真贯彻落实中央关于促进就业创业的方针政策，加大了工作力度，在劳动力总量增加较多、就业压力很大的情况下，就业工作取得了举世瞩目的新成就。

——我们努力保持了就业规模持续扩大和就业形势基本稳定。2003年至2011年的9年间，全国城镇新增就业人数累计达9 800万，城镇登记失业率始终保持在4.3%以下的较低水平。在世界上人口最多的发展中国家，实现就业规模持续扩大和就业形势持续稳定，是中国就业史上的辉煌篇章，充分体现了社会主义制度的巨大优越性。

——我们妥善解决了国有企业下岗职工再就业问题。通过实施积极的就业政策，3 000万国有企业下岗职工得到妥善安置，先后有2 800多万下岗失业人员顺利实现再就业。基本解决国有企业改革遗留的下岗职工再就业问题，有力促进了国有企业改革发展，有效保障了社会安定。

——我们稳步推进数以亿计农村富余劳动力有序转移。坚持实施统筹城乡的就业政策，深化户籍制度改革，积极推动农业劳动力有序转移，2011年底全国农民工总量达到2.5亿多人，比2003年底增加1.39亿人。有力推动了我国工业化、城镇化和农业现代化进程，大幅度提高了农民收入，极大地改善了农民生活。

——我们有效化解新一轮青年就业高峰的压力。面对以高校毕业生为重点的新成长劳动力就业高峰期的到来，我们及时调整工作重点，坚持把高校毕业生就业摆在现阶段就业工作的首位，出台了一系列扶持政策和措施，营造了有利于高校毕业生就业创业的制度环境。2003年至2011年，4 000多万高校毕业生实现稳定就业，既化解了新一轮就业高峰压力，也很好地发挥了高素质人力资源在经济社会发展中的作用。

——我们成功应对重特大自然灾害、国际金融危机对就业的严重冲击。汶川特大地震发生后，我们先后帮助100多万灾区劳动者在本地实现就业，近30万劳动者异地转移就业。面对国际金融危机严重冲击，我们果断决策、妥善应对，到2009年下半年我国就业状况已基本恢复到危机前的水平，2010年城镇新增就业达到1 168万人，2011年又进一步达到1 221万人，创历史新高。持续提高就业水平，极大地增强了人民的向心力和民族凝聚力，也赢得了国际社会的高度赞赏。

近10年来就业创业工作取得的辉煌成就告诉我们，只要充分发挥中国特色社会主义巨大的制度优势，坚持实施就业优先战略和更加积极的就业政策，各级党委、政府高度重视、扎实工作，充分发挥广大企业和劳动者的积极性、主动性、创造性，我们就一定能够解决好中国的就业问题。

近10年来就业创业工作取得的成绩使我们倍受鼓舞。更为重要的是，经过不断实践，我们深化了对就业工作规律的认识，探索了不少成功做法，积累了许多宝贵经验，走出了一条符合中国实际的就业发展路子。对这些重要经验和有效做法，要认真总结，继续坚持，不断完善。

第一，坚持促进经济发展与扩大就业相结合。经济发展是带动就业的"火车头"。我们坚持科学发展，促进经济发展与扩大就业良性互动，使经济平稳较快发展的过程成为就业不断扩大的过程。过去10年，面对复杂的国内外环境和一系列重大风险挑战，我们坚持加强和改善宏观调控，保持了经济平稳较快发展和就业规模不断扩大。2003年至2011年，我国年均经济增长速度达10.7%，年均城镇新增就业1 000多万人。就业规模的不断扩大，提高了居民收入，扩大了国内需求，充分发挥了人力资源的作用，有效促进了经济持续快速发展。

第二，坚持发挥市场机制作用与强化政府责任相结合。我们彻底改革统包统配为基础的就业制度，确立了劳动者自主择业、市场调节就业、政府促进就业的工作方针，建立了全国统一的劳动力市场和市场导向的就业机制，鼓励劳动者通过市场自主就业、自主创业。另一方面，切实履行政府促进就业的责任，通过促进经济发展、调整产业结构，创造更多就业岗位；通过税费减免、小额担保贷款、社会保险补贴、岗位补贴等政策，鼓励自主创业、鼓励企业吸纳就业；通过职业介绍补贴、职业培训补贴政策，强化就业服务和职业培训，创造了有利于稳定扩大就业的制度环境。

第三，坚持统筹城乡就业发展。我们坚持把农村富余劳动力转移就业摆在十分重要的位置，废止了城市流浪乞讨人员收容遣送办法，取消了针对农民工流动就业的凭证管理制度和相关收费，将农民工就业服务、就业指导、职业培训纳入公共服务体系；大规模开展清理拖欠农民工工资行动，建立了最低工资制度和最低工资标准正常调整机制，初步建立了农民工工资支付保障机制；积极解决农民工子女教育、社会保障、进城落户等问题，推行职业培训、就业服务、劳动维权三位一体的工作机制，大力促进农村劳动力在非农产业转移就业。

第四，坚持大力发展职业教育。建成世界上最大规模的职业教育体系，形成企业、职业院校和各类培训机构共同参与的职业教育基本格局。我们着力调整优化教育结构，把发展职业教育放在重要位置，不断扩大职业教育招生规模。目前全国中等和高等职业教育招生每年超过1 200万人，中职招生占高中阶段教育招生的比例达到一半，高职招生占高等教育招生比例也接近一半。我们采取多种形式加强职业培训，提高职工就业、再就业能力。每年参加各种类型培训的超过1.5亿人次。十年来，全国共有9 300多万人取得职业资格证书。我们持续增加财政投入，十年来各级财政投入职业培训资金累计达453亿元。2009年开始推行中职教育免学费政策，目前已覆盖城乡家庭经济困难的学生和涉农专业学生。

在世界上人口最多、劳动力数量最大的发

展中国家,解决就业问题是一项长期、复杂、艰巨的任务。当前和今后一个时期,我国劳动力供求总量矛盾和结构性矛盾并存、长期矛盾和短期问题相互叠加、城镇就业压力与农村富余劳动力转移压力以及高校毕业生就业压力交织的基本状况难以改变,促进劳动者充分就业的任务仍然十分繁重。需要强调的是,国际金融危机对我国就业的不利影响短期内不会减弱,劳动力总量供求矛盾仍然突出;随着技术进步、结构调整和发展方式转变过程加快,劳动者素质与经济社会发展需求不相适应的问题将会更加突出,就业结构性矛盾也会更加尖锐。综合分析判断,今后我国就业形势将更加复杂、更加严峻。对此,我们必须有清醒的认识,必须付出更大的努力。

当前和今后一个时期,是全面建设小康社会的关键时期,是深化改革开放、加快转变发展方式的攻坚时期,也是我国就业事业发展的重要时期。促进就业对于保障和改善民生、促进社会和谐稳定具有十分重要的意义。各级党委、政府要进一步提高对就业工作极端重要性的认识,切实把促进就业创业摆在各项工作的优先位置,采取更加有效的措施,通过更加扎实的工作,切实把这项关系党和国家工作大局的大事抓紧抓好。

(一)坚持就业优先战略,继续实施更加积极的就业政策。要坚持把促进充分就业作为经济社会发展的优先目标,选择有利于扩大就业的经济社会发展战略和相关政策。在制定国民经济发展规划、调整产业结构和产业布局时,优先考虑扩大就业规模、改善就业结构、创造良好就业环境的需要,探索建立经济政策对就业影响的评价机制。更加注重政府公共投资对就业的拉动作用,建立政府投资和重大项目促进就业的考核机制。要继续实施更加积极的就业政策。实行更加有利于促进就业的财政税收政策、金融支持政策、社会保障政策和对外贸易政策,实施鼓励劳动者多渠道、多形式就业创业的扶持政策。强化政府促进就业的责任,加强对就业工作的组织领导,充分发挥促进就业工作协调机制的作用,把就业完成情况纳入政府综合考核体系。适应城乡公共就业服务均等化的要求,加强公共就业人才服务体系建设,改善和提升公共就业服务质量。

(二)保持经济平稳较快发展,增强经济发展对就业的拉动作用。经济发展是就业的基础和根本保障,解决我国的就业问题归根到底要靠发展经济。要在保持经济平稳较快发展中促进就业。在一个相当长的时期内,保持一定的经济发展速度,是扩大和稳定就业的根本前提。当前我国经济运行总体平稳,但经济运行中仍然存在一些突出矛盾和问题,特别是经济下行压力加大,给就业创业工作带来新的压力。我们要抓住重要战略机遇期,加强和改善宏观调控,正确处理保持经济平稳较快发展、调整经济结构和管理通胀预期三者的关系,进一步扩大国内需求特别是消费需求,保持经济平稳较快发展,为扩大就业创造良好的经济发展环境。要在转变经济发展方式和推动经济结构调整中扩大就业,更加注重发展实体经济,鼓励发展就业容量大的劳动密集型产业、服务业,大力发展知识密集型、技术密集型的战略性新兴产业。要在统筹城乡发展、积极稳妥推进工业化、城镇化和农业现代化中扩大就业,创造更多城乡就业机会。

(三)加大工作和政策力度,着力解决好重点群体就业问题。继续把促进高校毕业生就业摆在当前就业工作的首位,抓好各项扶持政策的贯彻落实,加强就业指导和服务,积极拓展高校毕业生就业领域,保持较高初次就业率,引导毕业生转变观念,支持和鼓励更多毕业生到城乡基层、中小企业、中西部地区、艰苦边远地区就业创业。推进农村富余劳动力转移就业,进一步完善职业培训、就业服务、劳动维权三位一体的工作机制,逐步解决好农民工在城镇就业、落户、子女就学、社会保障等方面的实际问题,积极稳妥地推进农民工城镇化进程。强化对就业困难人员的就业援助,继续做好复员转业军人安置就业工作,加强妇女、少数民族群众、残疾人等就业工作。

(四)积极扶持中小企业发展,促进以创业带动就业。中小企业特别是小型微型企业,是稳定扩大就业的主力军。各地区、各部门要充分认识中小企业在经济社会发展和促进就业创业中的重要地位作用,认真落实针对小型微型企业的税收优惠政策,清理不合理收费,切实减轻企业负担。要扩大对小型微型企业贷款,完善金融体系结构,逐步缓解和解决小型微型企业融资难问题。要改善对小型微型企业的公共服务,支持企业提高技术和管理水平,增强发展后劲和市场竞争力。要放宽市场准入、简化审批手续,优化小型微型企业发展环境。要激发高校毕业生、科技人员、返乡农民工等人员的创业动力,加大创业培训和创业服务力度,更好落实完善鼓励创业的扶持政策,营造有利于创业的环境,提高创业成功率。

(五)大力兴办职业教育和技能培训,全面提升劳动者就业能力。职业教育是直接解决就业的教育,是提高技能的教育,是面向人人的教育。加强职业教育和职业培训,是促进就业特别是解决就业结构性矛盾的有效手段。要紧密结合市场需求,统筹推动就业技能培训、岗位技能提升培训和创业培训,积极探索现代学徒制培训,加快构建劳动者终身职业培训体系,使城乡劳动者都能得到有针对性的培训,提升职业技能水平。要坚持政府主导,充分发挥行业企业、职业院校和培训机构的作用。要大力加强高技能人才队伍建设,培养造就一支数量充足、结构合理、技艺精湛的高技能人才队伍,并带动中、初级技能劳动者队伍建设。高等教育要与就业需求更加紧密结合起来,加快

由注重招生规模扩张向注重人才培养质量和就业市场需要转变,创新人才培养体制、办学体制、教育管理体制,调整专业设置,强化实践教学,加强就业指导,加大实习实训力度,更好地适应就业市场需求和经济社会发展需要。与此同时,我们还要大力培养现代农民。要适应农业现代化和建设社会主义新农村的需要,大力发展农村义务教育,加强农村职业教育和农民技能培训,着力培养有文化、懂技术、会经营的新型农民,促进农业增产、农民增收、农村发展。

(本文系温家宝总理2012年7月17日在全国就业创业工作表彰大会上的讲话,发表时略有删节。)

人力资源社会保障部 总后勤部等5部门
关于军人退役养老保险关系转移接续有关问题的通知
后财〔2012〕547号

各省、自治区、直辖市人民政府人力资源社会保障、财政厅(局),新疆生产建设兵团人力资源社会保障、财务局,各军区、各军兵种、总装备部、军事科学院、国防大学、国防科学技术大学、武警部队:

为了贯彻实施《中华人民共和国社会保险法》和《中华人民共和国军人保险法》,维护军人退役养老保险权益,现就军人退役养老保险关系转移接续有关问题通知如下:

一、军人退出现役参加基本养老保险的,国家给予退役养老保险补助,军人服现役期间单位和个人应当缴纳的基本养老保险费由中央财政承担,所需经费由总后勤部列年度预算安排。

二、军人退役养老保险关系,由军人所在

单位后勤(联勤、保障)机关财务部门转移到地方负责职工基本养老保险的社会保险经办机构。

三、退役养老保险补助由军人所在单位后勤(联勤、保障)机关财务部门在军人退出现役时一次算清。计算办法为：军官、文职干部和士官，按本人服现役期间各年度月工资20%的总和计算；义务兵和供给制学员，按本人退出现役时当年下士月工资起点标准的20%乘服现役月数计算。其中，12%作为单位缴费，8%作为个人缴费。

军官、文职干部和士官计算服现役期间养老保险补助的工资项目包括：基本工资、军人职业津贴、工作性津贴、生活性补贴和奖励工资。

四、计划分配到企业工作的军官、文职干部，由接收安置单位向军人所在单位后勤(联勤、保障)机关财务部门提供社会保险经办机构开户银行、户名和账号，军人所在单位后勤(联勤、保障)机关财务部门，依据军官、文职干部转业命令，安置地军队转业干部安置工作部门的报到通知和军队团级以上单位政治机关干部部门的审核认定意见，开具《军人退役养老保险参保缴费凭证》、《军人退役养老保险关系转移接续信息表》(以下简称转移凭证，见附件1、2)，将退役养老保险补助通过银行汇至安置地社会保险经办机构，转移凭证和银行汇款凭证复印件一并交给本人；本人参加基本养老保险后，将转移凭证和银行汇款凭证复印件交给接收安置单位，由接收安置单位到当地社会保险经办机构办理转移接续手续。

五、符合由人民政府安排工作条件、退役时未选择自主就业的士兵，由安置单位或者本人持军人所在单位后勤(联勤、保障)机关财务部门出具的《关于提供社会保险经办机构开户银行信息的函》(见附件3)，联系安置地社会保险经办机构获取开户银行、户名和账号，提供给军人所在单位后勤(联勤、保障)机关财务部门；军人所在单位后勤(联勤、保障)机关财务部门，依据士兵退役命令、安置地退役士兵安置工作主管部门的报到通知和军队团级以上单位司令机关军务部门的审核认定意见，开具转移凭证，将退役养老保险补助通过银行汇至安置地社会保险经办机构，转移凭证和银行汇款凭证复印件一并交给本人；本人参加基本养老保险后，将转移凭证和银行汇款凭证复印件交给接收安置单位，由接收安置单位到当地社会保险经办机构办理转移接续手续。

六、由人民政府扶持自主就业的退役义务兵、服现役不满12年的士官和符合由人民政府安排工作条件但退役时自愿选择自主就业的士兵，以及复员的军官、文职干部，由军人所在单位后勤(联勤、保障)机关财务部门于每年8月底前，根据本单位军人退役安置及户籍分布情况，分别给有关县级社会保险经办机构发出《关于提供社会保险经办机构开户银行信息的函》。县级社会保险经办机构应在收到之日起的10个工作日内，将回执返回军队有关部门。

军人所在单位后勤(联勤、保障)机关财务部门依据军人退役命令或者复员命令，开具转移凭证，将退役养老保险补助通过银行汇至本人退役时户籍所在地社会保险经办机构，转移凭证和银行汇款凭证复印件一并交给本人，按规定办理转移接续手续。

七、军人退出现役后参加职工基本养老保险的，由社会保险经办机构将退役养老保险补助中相应的单位缴费部分记入统筹基金，个人缴费部分记入个人账户。军人退出现役后参加新型农村社会养老保险或者城镇居民社会养老保险的，按照国家有关规定办理城乡养老保险制度衔接手续。

八、军人入伍前已经参加职工基本养老保险的，其基本养老保险关系和相应资金不转移到军队,由原参保地社会保险经办机构开具参保缴费凭证交给本人,并保存其全部参保缴费记录,个人账户储存额继续按规定计息。

军人退出现役后继续参加职工基本养老保险的,由本人持原参保地社会保险经办机构开具的参保缴费凭证,按照国家规定办理基本养老保险关系转移接续手续。

军人退出现役采取退休、供养方式安置的,经本人申请,由原参保地社会保险经办机构依据军人所在团级以上单位出具的《军人退休(供养)证明》(见附件4)和参保缴费凭证等相关手续,退还个人账户储存额,终止基本养老保险关系。

八、军人退出现役到机关事业单位的,其养老保险办法按照国家有关规定执行,退出现役时不给予退役养老保险补助,待机关事业单位养老保险制度改革后,按照相关规定办理。

军官、文职干部退出现役自主择业的,由安置地政府逐月发给退役金,退出现役时不给予退役养老保险补助,按照国家规定依法参加当地职工基本养老保险,其养老保险缴费年限从在当地缴纳养老保险费之日算起。

军人退出现役采取退休方式安置的,实行退休金保障制度,退出现役时不给予退役养老保险补助。

退出现役的一至四级残疾军人由国家供养终身,其生活保障按照国家有关规定执行,退出现役时不给予退役养老保险补助。

十、计划分配到企业工作的军官、文职干部,除给予退役养老保险补助外,按照《关于转业到企业工作的军官、文职干部养老保险有关问题处理意见的通知》(〔2002〕后联字第3号)规定,给予养老保险一次性补贴。

十一、军人退出现役后按照规定办理了基本养老保险关系转移接续手续的,退役养老保险补助年限与入伍前和退出现役后参加职工基本养老保险的缴费年限合并计算。

符合本通知第四、五条规定情形的,退役养老保险补助年限计算为首次安置地参保缴费年限;符合本通知第六条规定情形的,退役养老保险补助年限计算为退役时户籍所在地参保缴费年限。

十二、军人所在单位后勤(联勤、保障)机关财务部门在开具转移凭证时,军人服现役期间的行政区划代码统一填写为"910000",转入地社会保险经办机构据此做好人员标识,参保人员再次转移时其服现役期间的行政区划代码不变。军地双方应当逐步建立完善军人退役养老保险关系转移凭证信息交换机制,方便各地社会保险经办机构办理转移接续手续。

十三、本通知自2012年7月1日起施行。本通知施行前已退出现役的军人,其养老保险办法按国家原有规定执行。

十四、本通知由总后勤部、人力资源社会保障部负责解释。

附件:(略)
1.军人退役养老保险参保缴费凭证
2.军人退役养老保险关系转移接续信息表
3.关于提供社会保险经办机构开户银行信息的函
4.军人退休(供养)证明

**人力资源和社会保障部
财政部 总参谋部 (通知)
总政治部 总后勤部**
2012年8月20日

国务院
关于进一步加强和改进最低生活保障工作的意见
国发〔2012〕45号

各省、自治区、直辖市人民政府，国务院各部委、各直属机构：

最低生活保障事关困难群众衣食冷暖，事关社会和谐稳定和公平正义，是贯彻落实科学发展观的重要举措，是维护困难群众基本生活权益的基础性制度安排。近年来，随着各项相关配套政策的陆续出台，最低生活保障制度在惠民生、解民忧、保稳定、促和谐等方面作出了突出贡献，有效保障了困难群众的基本生活。但一些地区还不同程度存在对最低生活保障工作重视不够、责任不落实、管理不规范、监管不到位、工作保障不力、工作机制不健全等问题。为切实加强和改进最低生活保障工作，现提出如下意见：

一、总体要求和基本原则

（一）总体要求。

最低生活保障工作要以科学发展观为指导，以保障和改善民生为主题，以强化责任为主线，坚持保基本、可持续、重公正、求实效的方针，进一步完善法规政策，健全工作机制，严格规范管理，加强能力建设，努力构建标准科学、对象准确、待遇公正、进出有序的最低生活保障工作格局，不断提高最低生活保障制度的科学性和执行力，切实维护困难群众基本生活权益。

（二）基本原则。

坚持应保尽保。把保障困难群众基本生活放到更加突出的位置，落实政府责任，加大政府投入，加强部门协作，强化监督问责，确保把所有符合条件的困难群众全部纳入最低生活保障范围。

坚持公平公正。健全最低生活保障法规制度，完善程序规定，畅通城乡居民的参与渠道，加大政策信息公开力度，做到审批过程公开透明，审批结果公平公正。

坚持动态管理。采取最低生活保障对象定期报告和管理审批机关分类复核相结合等方法，加强对最低生活保障对象的日常管理和服务，切实做到保障对象有进有出、补助水平有升有降。

坚持统筹兼顾。统筹城乡、区域和经济社会发展，做到最低生活保障标准与经济社会发展水平相适应，最低生活保障制度与其他社会保障制度相衔接，有效保障困难群众基本生活。

二、加强和改进最低生活保障工作的政策措施

（一）完善最低生活保障对象认定条件。

户籍状况、家庭收入和家庭财产是认定最低生活保障对象的三个基本条件。各地要根据当地情况，制定并向社会公布享受最低生活保障待遇的具体条件，形成完善的最低生活保障对象认定标准体系。同时，要明确核算和评估最低生活保障申请人家庭收入和家庭财产的具体办法，并对赡养、抚养、扶养义务人履行相关法定义务提出具体要求。科学制定最低生活保障标准，健全救助标准与物价上涨挂钩的联动机制，综合运用基本生活费用支出法、恩格尔系数法、消费支出比例法等测算方法，动态、适时调整最低生活保障标准，最低生活保障标准应低于最低工资标准；省级人民政府可根据区域经济社会发展情况，研究制定本行政区域内相对统一的区域标准，逐步缩小城乡差距、区域差距。

（二）规范最低生活保障审核审批程序。

规范申请程序。凡认为符合条件的城乡居民都有权直接向其户籍所在地的乡镇人民政府（街道办事处）提出最低生活保障申请；乡镇

人民政府(街道办事处)无正当理由,不得拒绝受理。受最低生活保障申请人委托,村(居)民委员会可以代为提交申请。申请最低生活保障要以家庭为单位,按规定提交相关材料,书面声明家庭收入和财产状况,并由申请人签字确认。

规范审核程序。乡镇人民政府(街道办事处)是审核最低生活保障申请的责任主体,在村(居)民委员会协助下,应当对最低生活保障申请家庭逐一入户调查,详细核查申请材料以及各项声明事项的真实性和完整性,并由调查人员和申请人签字确认。

规范民主评议。入户调查结束后,乡镇人民政府(街道办事处)应当组织村(居)民代表或者社区评议小组对申请人声明的家庭收入、财产状况以及入户调查结果的真实性进行评议。各地要健全完善最低生活保障民主评议办法,规范评议程序、评议方式、评议内容和参加人员。

规范审批程序。县级人民政府民政部门是最低生活保障审批的责任主体,在作出审批决定前,应当全面审查乡镇人民政府(街道办事处)上报的调查材料和审核意见(含民主评议结果),并按照不低于30%的比例入户抽查。有条件的地方,县级人民政府民政部门可邀请乡镇人民政府(街道办事处)、村(居)民委员会参与审批,促进审批过程的公开透明。严禁不经调查直接将任何群体或个人纳入最低生活保障范围。

规范公示程序。各地要严格执行最低生活保障审核审批公示制度,规范公示内容、公示形式和公示时限等。社区要设置统一的固定公示栏;乡镇人民政府(街道办事处)要及时公示入户调查、民主评议和审核结果,并确保公示的真实性和准确性;县级人民政府民政部门应当就最低生活保障对象的家庭成员、收入情况、保障金额等在其居住地长期公示,逐步完善面向公众的最低生活保障对象信息查询机制,并完善异议复核制度。公示中要注意保护最低生活保障对象的个人隐私,严禁公开与享受最低生活保障待遇无关的信息。

规范发放程序。各地要全面推行最低生活保障金社会化发放,按照财政国库管理制度将最低生活保障金直接支付到保障家庭账户,确保最低生活保障金足额、及时发放到位。

(三)建立救助申请家庭经济状况核对机制。

在强化入户调查、邻里访问、信函索证等调查手段基础上,加快建立跨部门、多层次、信息共享的救助申请家庭经济状况核对机制,健全完善工作机构和信息核对平台,确保最低生活保障等社会救助对象准确、高效、公正认定。经救助申请人及其家庭成员授权,公安、人力资源社会保障、住房城乡建设、金融、保险、工商、税务、住房公积金等部门和机构应当根据有关规定和最低生活保障等社会救助对象认定工作需要,及时向民政部门提供户籍、机动车、就业、保险、住房、存款、证券、个体工商户、纳税、公积金等方面的信息。民政部要会同有关部门研究制定具体的信息查询办法,并负责跨省(区、市)的信息查询工作。到"十二五"末,全国要基本建立救助申请家庭经济状况核对机制。

(四)加强最低生活保障对象动态管理。

对已经纳入最低生活保障范围的救助对象,要采取多种方式加强管理服务,定期跟踪保障对象家庭变化情况,形成最低生活保障对象有进有出、补助水平有升有降的动态管理机制。各地要建立最低生活保障家庭人口、收入和财产状况定期报告制度,并根据报告情况分类、定期开展核查,将不再符合条件的及时退出保障范围。对于无生活来源、无劳动能力又无法定赡养、抚养、扶养义务人的"三无人员",可每年核查一次;对于短期内收入变化不大的家庭,可每半年核查一次;对于收入来源不固定、成员有劳动能力和劳动条件的最低生活保障家庭,原则上实行城市按月、农村按季核查。

(五)健全最低生活保障工作监管机制。

地方各级人民政府要将最低生活保障政策落实情况作为督查督办的重点内容,定期组织开展专项检查;民政部、财政部要会同有关部门对全国最低生活保障工作进行重点抽查。财政、审计、监察部门要加强对最低生活保障资金管理使用情况的监督检查,防止挤占、挪用、套取等违纪违法现象发生。建立最低生活保障经办人员和村(居)民委员会干部近亲属享受最低生活保障备案制度,县级人民政府民政部门要对备案的最低生活保障对象严格核查管理。充分发挥舆论监督的重要作用,对于媒体发现揭露的问题,应及时查处并公布处理结果。要通过政府购买服务等方式,鼓励社会组织参与、评估、监督最低生活保障工作,财政部门要通过完善相关政策给予支持。

(六)建立健全投诉举报核查制度。

各地要公开最低生活保障监督咨询电话,畅通投诉举报渠道,健全投诉举报核查制度。有条件的地方要以省为单位设置统一的举报投诉电话。要切实加强最低生活保障来信来访工作,推行专人负责、首问负责等制度。各级人民政府、县级以上人民政府民政部门应当自受理最低生活保障信访事项之日起60日内办结;信访人对信访事项处理意见不服的,可以自收到书面答复之日起30日内请求原办理行政机关的上一级行政机关复查,收到复查请求的行政机关应当自收到复查请求之日起30日内提出复查意见,并予以书面答复;信访人对复查意见不服的,可以自收到书面答复之日起30日内向复查机关的上一级行政机关请求复核,收到复核请求的行政机关应当自收到复核请求之日起30日内提出复核意见;信访人对复核意见不服,仍以同一事实和理由提出信访请求的,不再受理,民政等部门要积极向信访人做好政策解释工作。民政部或省级人民政府民政部门对最低生活保障重大信访事项或社会影响恶劣的违规违纪事件,可会同信访等相关部门直接督办。

(七)加强最低生活保障与其他社会救助制度的有效衔接。

加快推进低收入家庭认定工作,为医疗救助、教育救助、住房保障等社会救助政策向低收入家庭拓展提供支撑;全面建立临时救助制度,有效解决低收入群众的突发性、临时性基本生活困难;做好最低生活保障与养老、医疗等社会保险制度的衔接工作。对最低生活保障家庭中的老年人、未成年人、重度残疾人、重病患者等重点救助对象,要采取多种措施提高其救助水平。鼓励机关、企事业单位、社会组织和个人积极开展扶贫帮困活动,形成慈善事业与社会救助的有效衔接。

完善城市最低生活保障与就业联动、农村最低生活保障与扶贫开发衔接机制,鼓励积极就业,加大对有劳动能力最低生活保障对象的就业扶持力度。劳动年龄内、有劳动能力、失业的城市困难群众,在申请最低生活保障时,应当先到当地公共就业服务机构办理失业登记;公共就业服务机构应当向登记失业的最低生活保障对象提供及时的就业服务和重点帮助;对实现就业的最低生活保障对象,在核算其家庭收入时,可以扣减必要的就业成本。

三、强化工作保障,确保各项政策措施落到实处

(一)加强能力建设。省级人民政府要切实加强最低生活保障工作能力建设,统筹研究制定按照保障对象数量等因素配备相应工作人员的具体办法和措施。地方各级人民政府要结合本地实际和全面落实最低生活保障制度的要求,科学整合县(市、区)、乡镇人民政府(街道办事处)管理机构及人力资源,充实加强基层最低生活保障工作力量,确保事有人管、责有人负。加强最低生活保障工作人员业务培训,保障工作场所、条件和待遇,不断提高最低生活保障管理服务水平。加快推进信息化建设,全面部署全国最低生活保障信息管理系统。

(二)加强经费保障。省级财政要优化和调整支出结构,切实加大最低生活保障资金投入。中央财政最低生活保障补助资金重点向保障任务重、财政困难地区倾斜,在分配最低生活保障补助资金时,财政部要会同民政部研究"以奖代补"的办法和措施,对工作绩效突出地区给予奖励,引导各地进一步完善制度,加强管理。要切实保障基层工作经费,最低生活保障工作所需经费要纳入地方各级财政预算。基层最低生活保障工作经费不足的地区,省市级财政给予适当补助。

(三)加强政策宣传。以党和政府对最低生活保障工作的有关要求以及认定条件、审核审批、补差发放、动态管理等政策规定为重点,深入开展最低生活保障政策宣传。利用广播、电视、网络等媒体和宣传栏、宣传册、明白纸等群众喜闻乐见的方式,不断提高最低生活保障信息公开的针对性、时效性和完整性。充分发挥新闻媒体的舆论引导作用,大力宣传最低生活保障在保障民生、维护稳定、促进和谐等方面的重要作用,引导公众关注、参与、支持最低生活保障工作,在全社会营造良好的舆论氛围。

四、加强组织领导,进一步落实管理责任

(一)加强组织领导。进一步完善政府领导、民政牵头、部门配合、社会参与的社会救助工作机制。建立由民政部牵头的社会救助部际联席会议制度,统筹做好最低生活保障与医疗、教育、住房等其他社会救助政策以及促进就业政策的协调发展和有效衔接,研究解决救助申请家庭经济状况核对等信息共享问题,督导推进社会救助体系建设。地方各级人民政府要将最低生活保障工作纳入重要议事日程,纳入经济社会发展总体规划,纳入科学发展考评体系,建立健全相应的社会救助协调工作机制,组织相关部门协力做好社会救助制度完善、政策落实和监督管理等各项工作。

(二)落实管理责任。最低生活保障工作实行地方各级人民政府负责制,政府主要负责人对本行政区域最低生活保障工作负总责。县级以上地方各级人民政府要切实担负起最低生活保障政策制定、资金投入、工作保障和监督管理责任,乡镇人民政府(街道办事处)要切实履行最低生活保障申请受理、调查、评议和公示等审核职责,充分发挥包村干部的作用。各地要将最低生活保障政策落实情况纳入地方各级人民政府绩效考核,考核结果作为政府领导班子和相关领导干部综合考核评价的重要内容,作为干部选拔任用、管理监督的重要依据。民政部要会同财政部等部门研究建立最低生活保障工作绩效评价指标体系和评价办法,并组织开展对各省(区、市)最低生活保障工作的年度绩效评价。

(三)强化责任追究。对因工作重视不够、管理不力、发生重大问题、造成严重社会影响的地方政府和部门负责人,以及在最低生活保障审核审批过程中滥用职权、玩忽职守、徇私舞弊、失职渎职的工作人员,要依纪依法追究责任。同时,各地要加大对骗取最低生活保障待遇人员查处力度,除追回骗取的最低生活保障金外,还要依法给予行政处罚;涉嫌犯罪的,移送司法机关处理。对无理取闹、采用威胁手段强行索要最低生活保障待遇的,公安机关要给予批评教育直至相关处罚。对于出具虚假证明材料的单位和个人,各地除按有关法律法规规定处理外,还应将有关信息记入征信系统。

国务院
2012年9月1日

财政部　民政部
关于印发《城乡最低生活保障资金管理办法》的通知
财社〔2012〕171号

各省、自治区、直辖市财政厅（局）、民政厅（局），新疆生产建设兵团财务局、民政局：

为贯彻落实《国务院关于加强和改进城乡最低生活保障工作的意见》（国发〔2012〕45号），进一步加强城乡最低生活保障资金管理，财政部、民政部制定了《城乡最低生活保障资金管理办法》。现印发你们，请遵照执行。

财政部　民政部
2012年9月28日

城乡最低生活保障资金管理办法

第一章　总则

第一条　为进一步加强城乡最低生活保障（以下简称城乡低保）资金管理，提高资金使用效益，确保城乡困难群众基本生活，根据国家有关法律法规和财政部专项补助资金管理有关规定，制定本办法。

第二条　本办法所称城乡低保资金是指按照国家有关规定用于保障城乡低保对象基本生活的专项资金，包括城乡低保金和城乡低保对象价格补贴、节日补贴等临时或一次性的生活补助资金。

第三条　城乡低保资金管理应遵循以下原则：

（一）预算管理科学精细。合理编制城乡低保资金预算，提高低保资金预算的科学性、完整性；加强预算执行管理，注重绩效考评，完善资金分配办法，提高预算支出的均衡性和有效性。

（二）保障标准动态调整。根据物价变动情况和经济社会发展变化适时调整城乡低保标准，切实保障低保对象基本生活。

（三）管理信息公开透明。加强低保资金管理的信息公开工作，依法公开相关政策、数据等信息，严格执行低保对象审批和资金发放的公示制度，确保补助资金用于符合条件的困难群体，实现低保对象的"应保尽保、应退尽退"。

（四）资金管理规范安全。规范城乡低保资金管理程序，健全监督机制，确保城乡低保资金专项管理、分账核算、专款专用。完善资金支付和发放管理，简化环节，提高效率，确保城乡低保资金及时足额地发放到低保对象手中。

第二章　资金筹集

第四条　城乡低保资金的筹集渠道包括各级财政预算安排的资金、社会捐赠收入等。

各级财政部门应将城乡低保资金纳入同级财政预算。同时，通过财税优惠政策，鼓励和引导社会力量提供捐赠和资助，多渠道筹集城乡低保资金。

第五条　各级民政部门应按照预算编制要求，根据低保对象人数、低保标准、补助水平和滚存结余等有关数据，认真测算下年度城乡低保资金需求报同级财政部门。经同级财政部门审核后，列入预算草案报本级人民代表大会批准。上级财政部门应按规定及时下达城乡低保补助资金预算指标，以提高下级财政部门预算编制的完整性。

各级民政、财政部门应规范城乡低保基础管理工作，加强基础数据的搜集和整理，确保相关数据的准确性和真实性，为城乡低保资金预算的编制提供可靠依据。

第六条 在年度预算执行过程中，如需调整城乡低保资金预算，应由各级民政部门根据实际情况向同级财政部门提出申请，经财政部门审核并按规定程序报批后实施。

第七条 城乡低保资金年终如有结余，可结转下一年度继续使用。城市低保资金和农村低保资金年终滚存结余一般均不得超过其当年支出总额的10%。

第八条 各级财政部门应当将城乡低保工作经费纳入财政预算，综合考虑城乡低保工作量等因素予以合理安排。基层城乡低保工作经费不足的地区，省市级财政给予适当补助。城乡低保工作经费不得从城乡低保资金中列支。

第三章 资金分配

第九条 县级以上财政部门应当会同民政部门按照公开、公平、公正的原则，采取因素分配等方法，科学合理地分配城乡低保补助资金，强化"以奖代补"机制，以加强最低生活保障管理工作。

因素分配方法主要依据城乡低保对象数量、地方财政困难程度、城乡低保资金安排情况等因素；以奖代补主要依据城乡低保资金绩效评价结果。

中央财政城乡低保补助资金重点向贫困程度深、保障任务重、工作绩效好的地区倾斜。

第十条 各级财政、民政部门应建立健全城乡低保资金绩效评价制度，对制度实施和资金使用的效果进行评价。绩效评价的主要内容包括资金安排、预算执行、资金管理、保障措施、组织实施和实际效果等。

第十一条 中央财政应当于每年9月30日前按当年扣除一次性补助之外的城乡低保补助资金实际下达数的一定比例（不低于70%、不超过当年预算数），将下一年度城乡低保补助资金预算指标提前通知地方。中央财政提前通知地方预算指标后的剩余部分，应当在次年全国人民代表大会批准预算后90日内尽快下达。

各省级财政部门应相应建立城乡低保补助资金预算指标提前通知制度。在接到中央财政提前通知预算指标后的30日内，连同本级安排的下一年度城乡低保补助资金预算指标提前通知部分一并下达各地市县，提前通知文件同时报送财政部、民政部。

第四章 资金发放

第十二条 城乡低保资金原则上实行社会化发放，通过银行、信用社等代理金融机构，直接发放到户。

县级财政、民政部门应当以低保家庭为单位为其在代理金融机构开设专门账户，代理金融机构不得以任何形式向城乡低保对象收取账户管理费用；实行涉农资金"一卡（折）通"的地方，应当将农村低保资金纳入"一卡（折）通"，统一发放。

第十三条 县级民政部门应当及时将低保对象花名册及当期发放的低保资金数额清单报同级财政部门，财政部门应当按照财政国库管理制度有关规定及时审核并支付资金。

第十四条 城乡低保金应当按月发放，于每月10日前发放到户。

个别金融服务不发达地方的农村低保金可以按季发放，于每季度初10日前发放到户。

城乡低保对象价格补贴、节日补贴等临时或一次性的生活补助资金，应当按照有关要求及时足额发放到户。

第十五条 年度终了，地方各级民政部门应按照规定认真做好城乡低保资金的清理和对账工作，并按要求向同级财政部门报送城乡低保资金年度执行情况及相关说明。

第五章 监督检查

第十六条 各级财政、民政部门和经办人员应严格按规定使用城乡低保资金，不得擅自扩大支出范围，不得以任何形式挤占、截留、滞留和挪用，不得向低保对象收取任何管理费用。对违规使用低保资金的，按有关规定严肃处理。

各级财政、民政部门应当建立健全财务管理制度，健全城乡低保资金发放台账，做好与金融机构的定期对账工作。

第十七条 各级财政、民政部门应建立健全城乡低保资金信息公开制度，对资金的管理办法、分配因素和使用情况等，积极主动向社会公开并接受监督。

第十八条 各级财政、民政部门应建立健全对资金安排、预算执行、资金管理、保障措施、组织实施和实际效果等的资金监督检查制度，定期或不定期地进行检查，及时发现和纠正有关问题。

财政部驻各地财政监察专员办事处在规定的职权范围内，依法对城乡低保资金的使用管理进行监督检查。

第十九条 各级财政、民政部门应自觉接受审计、监察等部门和社会的监督。

第六章 附则

第二十条 各省、自治区、直辖市财政、民政部门应参照本办法，结合当地实际，及时制定本行政区域城乡低保资金管理办法。

第二十一条 本办法自公布之日 30 日后起实施。

第二十二条 本办法由财政部、民政部负责解释。

人力资源社会保障部 财政部 卫生部

关于开展基本医疗保险付费总额控制的意见

人社部发〔2012〕70号

各省、自治区、直辖市及新疆生产建设兵团人力资源社会保障厅（局）、财政厅（局）、卫生厅（局）：

当前，我国覆盖城乡居民的基本医疗保障制度初步建立，参保人数不断增加，保障水平逐步提高，按照国务院《"十二五"期间深化医药卫生体制改革规划暨实施方案》（国发〔2012〕11号）关于充分发挥全民基本医保基础性作用、重点由扩大范围转向提升质量的要求，应进一步深化医疗保险付费方式改革，结合基本医疗保险基金预算管理的全面施行，开展基本医疗保险付费总额控制（以下简称"总额控制"）。为指导各地做好此项工作，现提出以下意见：

一、任务目标

以党中央、国务院深化医药卫生体制改革文件精神为指导，按照"结合基金收支预算管理加强总额控制，并以此为基础，结合门诊统筹的开展探索按人头付费，结合住院、门诊大病的保障探索按病种付费"的改革方向，用两年左右的时间，在所有统筹地区范围内开展总额控制工作。结合医疗保险基金收支预算管理，合理确定统筹地区总额控制目标，并根据分级医疗服务体系功能划分及基层医疗卫生机构与医院双向转诊要求，将总额控制目标细化分解到各级各类定点医疗机构。逐步建立以保证质量、控制成本、规范诊疗为核心的医疗服务评价与监管体系，控制医疗费用过快增长，提升基本医疗保险保障绩效，更好地保障人民群众基本医疗权益，充分发挥基本医疗保险对公立医院改革等工作的支持和促进作用。

二、基本原则

一是保障基本。坚持以收定支、收支平衡、略有结余，保障参保人员基本医疗需求，促进医疗卫生资源合理利用，控制医疗费用过快增长。

二是科学合理。总额控制目标要以定点医疗机构历史费用数据和医疗保险基金预算为基础，考虑医疗成本上涨以及基金和医疗服务变动等情况，科学测算，合理确定。

三是公开透明。总额控制管理程序要公开透明，总额控制管理情况要定期向社会通报。建立医疗保险经办机构与定点医疗机构的协商机制，发挥医务人员以及行业学(协)会等参与管理的作用。

四是激励约束。建立合理适度的"结余留用、超支分担"的激励约束机制，提高定点医疗机构加强管理、控制成本和提高质量的积极性和主动性。

五是强化管理。加强部门配合，运用综合手段，发挥医疗保险监控作用，确保总额控制实施前后医疗服务水平不降低、质量有保障。

三、主要内容

(一)加强和完善基金预算管理。完善基本医疗保险基金收支预算管理制度，在认真编制基本医疗保险收入预算的基础上进一步强化支出预算，并将基金预算管理和费用结算管理相结合，加强预算的执行力度。各统筹地区要根据近年本地区医疗保险基金实际支付情况，结合参保人数、年龄结构和疾病谱变化以及政策调整和待遇水平等因素，科学编制年度基金支出预算。实现市级统筹的地区还要在建立市级基金预算管理制度基础上，根据市、区(县)两级医疗保险经办机构分级管理权限，对基金预算进行细化和分解。

(二)合理确定统筹地区总额控制目标。统筹地区要按照以收定支、收支平衡、略有结余的原则，以基本医疗保险年度基金预算为基础，在扣除参保单位和个人一次性预缴保费、统筹区域外就医、离休人员就医和定点零售药店支出等费用，并综合考虑各类支出风险的情况下，统筹考虑物价水平、参保人员医疗消费水平等因素，确定医疗保险基金向统筹区域内定点医疗机构支付的年度总额控制目标。在开展总额控制的同时，要保障参保人员基本权益，控制参保人员个人负担。

(三)细化分解总额控制指标。以近三年各定点医疗机构服务提供情况和实际医疗费用发生情况为基础，将统筹地区年度总额控制目标按照定点医疗机构不同级别、类别、定点服务范围、有效服务量以及承担的首诊、转诊任务等因素，并区分门诊、住院等费用进一步细化落实到各定点医疗机构。要按照基本医疗保险对不同类别与级别定点医疗机构的差别支付政策，注重向基层倾斜，使定点基层医疗卫生机构的指标占有合理比重，以适应分级医疗服务体系建设和基层医疗卫生机构与医院双向转诊制度的建立，支持合理有序就医格局的形成。

(四)注重沟通与协商。统筹地区要遵循公开透明的原则，制定实施总额控制的程序和方法，并向社会公开。要建立医疗保险经办机构和定点医疗机构之间有效协商的机制，在分解地区总额控制目标时，应广泛征求定点医疗机构、相关行业协会和参保人员代表的意见。有条件的地区可按级别、类别将定点医疗机构分为若干组，通过定点医疗机构推举代表或发挥行业学(协)会作用等方式，进行组间和组内协商，确定各定点医疗机构具体总额控制指标，促进定点医疗机构之间公平竞争。

(五)建立激励约束机制。按照"结余留用、超支分担"的原则，合理确定基本医疗保险基金和定点医疗机构对结余资金与超支费用的分担办法，充分调动定点医疗机构控制医疗费用的积极性。在保证医疗数量、质量和安全并加强考核的基础上,逐步形成费用超支由定点医疗机构合理分担,结余资金由定点医疗机构合理留用的机制。超过总额指标的医疗机构,应分析原因,改进管理,有针对性地提出整改意见。医疗保险经办机构可根据基金预算执行情况,对定点医疗机构因参保人员就医数量大幅增加等形成的合理超支给予补偿。医疗保险经办机构应与定点医疗机构协商相关具体情况,并在定点服务协议中明确。

(六)纳入定点服务协议。要将总额控制管理内容纳入定点服务协议,并根据总额控制管理要求调整完善协议内容。要针对总额控制后可能出现的情况,逐步将次均费用、复诊率、住院率、人次人头比、参保人员负担水平、转诊转院率、手术率、择期手术率、重症病人比例等,纳入定点服务协议考核指标体系,并加强管理。

(七)完善费用结算管理。统筹地区医疗保险经办机构要将总额控制指标与具体付费方式和标准相结合,合理预留一定比例的质量保证金和年终清算资金后,将总额控制指标分解到各结算周期(原则上以月为周期),按照定点服务协议的约定按时足额结算,确保定点医疗机构医疗服务正常运行。对于定点医疗机构结算周期内未超过总额控制指标的医疗费用,医疗保险经办机构应根据协议按时足额拨付;超过总额控制指标部分的医疗费用,可暂缓拨付,到年终清算时再予审核。对于医疗保险经办机构未按照协议按时足额结算医疗费用的,统筹地区政府行政部门要加强监督、责令整改,对违法、违纪的要依法处理。

医疗保险经办机构可以按总额控制指标一定比例设立周转金,按协议约定向定点医疗机构拨付,以缓解其资金运行压力。医疗保险经办机构与定点医疗机构之间应建立定期信息沟通机制,并向社会公布医疗费用动态情况。对在改革过程中医疗机构有效工作量或费用构成等发生较大变动的,统筹地区医疗保险经办机构可根据实际,在年度中期对定点医疗机构总额控制指标进行调整。

(八)强化医疗服务监管。统筹地区卫生、人力资源社会保障等部门要针对实行总额控制后可能出现的推诿拒收病人、降低服务标准、虚报服务量等行为,加强对定点医疗机构医疗行为的监管。对于医疗服务数量或质量不符合要求的定点医疗机构,应按照协议约定适当扣减质量保证金。要完善医疗保险信息系统,畅通举报投诉渠道,明确监测指标,加强重点风险防范。要建立部门联动工作机制,加强对违约、违规医疗行为的查处力度。

(九)推进付费方式改革。要在开展总额控制的同时,积极推进按人头、按病种等付费方式改革。要因地制宜选择与当地医疗保险和卫生管理现状相匹配的付费方式,不断提高医疗保险付费方式的科学性,提高基金绩效和管理效率。

四、组织实施

(一)加强组织领导。总额控制是深化医疗保险制度改革的一项重要任务,同时对深入推进公立医院改革有重要促进作用,各地要高度重视,加强组织领导,将此项工作作为医疗保险的一项重点工作抓紧、抓实、抓好。各省(区、市)要加强调研和指导,进行总体部署;统筹地区要研究制定具体工作方案,认真做好组织实施。

(二)做好协调配合。加强部门协调,明确部门职责,形成工作合力。财政部门要会同人力资源社会保障部门做好全面实行基本医疗保险基金预算管理有关工作,共同完善医疗保险基金预算管理的制度和办法,加强对医疗保险经办机构执行预算、费用结算的监督。卫生部门要加强对医疗机构和医务人员行为的监管,以医疗保险付费方式改革为契机,探索公立医院改革的有效途径。要根据区域卫生规划和医疗机构设置规划,严格控制医院数量和规模,严禁公立医院举债建设。要顺应形势加强医疗服务的精细化管理,推进医院全成本核算和规范化诊疗工作。要采取多种措施控制医疗成本,引导医务人员增强成本控制意识,规范诊疗服务行为。各地区要建立由人力资源社会保障、财政和卫生等部门共同参与的协调工作机制,及时研究解决总额控制工作中的有关重大问题。

(三)注重廉政风险防控。各统筹地区医疗保险经办机构在总额控制管理过程中,要坚持"公开、公平、公正"的原则,加强与定点医疗机构的协商,实现程序的公开透明。医疗保险经办机构与定点医疗机构协商原则上不搞"一院一谈",坚决杜绝暗箱操作,协商确定的总额控制指标要及时向社会公开。总额控制管理全程要主动接受纪检、监察等部门以及社会各方的监督。医疗保险经办机构与定点医疗机构在总额控制管理过程中出现的纠纷,按服务协议及相关法律法规处理。

(四)做好政策宣传。高度重视宣传舆论工作的重要性,切实做好政策宣传和解读,使广大医务人员和参保人员了解总额控制的重要意义,理解配合支持改革。总额控制工作中遇有重大事项或问题,要及时报告,妥善处理。

本意见适用于人力资源社会保障部门负责的基本医疗保险。

人力资源社会保障部 财政部 卫生部
2012年11月14日

人力资源和社会保障部 财政部
关于进一步完善公共就业服务体系有关问题的通知
人社部发〔2012〕103号

各省、自治区、直辖市及新疆生产建设兵团人力资源社会保障厅(局)、财政厅(局、财务局),各计划单列市人力资源社会保障局、财政局:

为深入贯彻落实就业促进法和国家基本公共服务体系"十二五"规划、"十二五"促进就业规划,进一步加强公共就业服务体系建设,完善公共就业服务机构管理体制,健全公共就业服务经费保障机制,面向社会更好地提供公共就业服务,现就有关问题通知如下:

一、公共就业服务基本原则

(一)保基本。把握基本公共就业服务的公益性质,明确政府的主体责任。以促进社会就业更加充分和优化社会人力资源配置为主要目的,承担基本公共就业服务。

(二)可持续。完善财政保障、管理运行和监督问责机制,形成保障基本公共就业服务体系有效运行的长效机制。创新服务供给模式,引入竞争机制,不断提高服务质量和效率,实现公共就业服务可持续发展。

(三)均等化。按照覆盖城乡、普遍享有的要求,面向全社会提供统一、规范、高效的公共就业服务,方便各类劳动者求职就业和用人单位招聘用工,逐步实现地区间、城乡间基本公共就业服务均等化。

二、公共就业服务范围及主要内容

(四)公共就业服务范围:根据分类推进事业单位改革的相关规定,按照政事分开、事企分开和管办分开的要求,政府公共就业服务的范围主要是指面向所有劳动者免费提供的基本公共就业服务。服务内容包括:就业政策法规咨询;职业供求信息发布,市场工资指导价位信息和职业培训信息发布;职业指导和职业介绍;组织就业见习,推荐开展职业培训和职业技能鉴定;开展创业服务;对就业困难人员实施就业援助,对高校毕业生、农村转移劳动者等重点群体提供专门就业服务;劳动人事档案管理服务;失业人员管理,办理就业登记、失业登记等事务。劳动人事档案管理服务可按经当地物价主管部门审批的成本价收取费用,并逐步实行免费服务。

对目前由公共就业服务机构以营利为目的向劳动者提供的收费服务项目,要从公共就业服务机构中逐步剥离,主要转由企业等社会力量提供。

三、加强公共就业服务体系建设

(五)公共就业服务机构设置及职责。省、市、县三级设立公共就业服务机构,县以下街道(乡镇)和社区(行政村)设立基层公共就业服务平台。省、市、县三级公共就业服务机构负责制定落实各项公共就业服务政策,统筹协调辖区内就业管理,建设公共就业服务信息系统,并承担向辖区内劳动者和用人单位提供基本公共就业服务的职责。县级以下基层公共就业服务平台负责开展以就业援助为重点的公共就业服务,落实各项就业政策,实施劳动力资源调查统计,并承担上级人力资源社会保障行政部门安排的其他就业服务工作。

各地要按照《中共中央国务院关于分类推进事业单位改革的指导意见》(中发〔2011〕5号)精神,在事业单位分类改革中明确公共就业服务机构的公益属性。对基层公共就业服务平台提供的基本公共就业服务,可采取政府购买服务的方式给予补偿。

(六)加强机构职能整合和基层平台服务功能。各地要按照统一领导、统一制度、统一管理、统一服务标准、统一信息系统的要求,统筹规划公共就业和人才交流服务机构建设,形成覆盖城乡的公共就业服务体系。要按照《人力资源和社会保障部、中央机构编制委员会办公室关于进一步加强公共就业服务体系建设的指导意见》(人社部发〔2009〕116号)提出的原则,整合原劳动就业服务机构和人才交流服务机构的就业服务职能,统筹管理辖区内城乡各类劳动者的就业服务工作。要充分利用现有资源,强化服务网点的统筹规划,从服务对象的实际需要和便利出发,确保服务功能不减少,服务能力不下降。区、县级原劳动就业服务机构和人才交流服务机构原则上要整合建立统一的综合性服务机构。各地在加强街道(乡镇)和社区(行政村)劳动就业和社会保障综合服务平台建设中,要进一步强化基层特别是农村公共就业服务功能,提高人员素质,改进服务手段,承担基本公共就业服务职能。

四、提升公共就业服务水平

(七)健全公共就业服务制度。全面实施统一的基本服务免费制度、就业信息服务制度、大型专项就业服务活动制度、就业与失业登记管理制度、就业援助制度、劳动人事档案管理服务、就业信息监测制度等各项就业公共服务制度。探索建立政府购买基本公共就业服务的制度。

(八)提高公共就业服务专业化、标准化水平。根据经济社会发展的需求,逐步拓展基本就业公共服务范围,充实服务项目,细化服务内容,规范服务流程,完善服务标准,全面提高服务质量和效率,实现公共就业服务专业化。逐步建立公共就业服务标准体系,明确公共服务机构设施建设、设备配置、人员配备等具体标准,为服务对象提供规范、便捷、优质的公共就业服务。

(九)提高公共就业服务信息化水平。建立全国统一的公共就业服务信息系统,健全全国统一的公共就业服务信息指标体系。以"数据向上集中、服务向下延伸、网络到边到底、信息全国共享"为目标,整合各类就业管理服务信息资源;以部省两级为核心建立就业信息数据库,形成覆盖城乡的公共就业服务信息网络和就业信息监测体系,实现就业管理服务工作全程标准化和信息化。

(十)健全公共就业服务绩效考核机制。各地要以提高公共就业服务绩效为目标,根据公共就业服务机构承担的免费服务工作量、服务效果和服务成本,研究建立公共就业服务绩效考核管理制度,切实提高公共就业服务效率和水平。

五、健全公共就业服务经费保障机制

(十一)完善公共就业服务机构经费管理。各地要认真落实就业促进法,将县级(含)以上公共就业服务机构和县级以下基层公共就业服务平台经费纳入同级财政预算。要按照事业单位财务规则,根据其享有财政补助编制内实有人数,并综合考虑其承担的免费公共就业服务工作量,安排公共就业服务机构开展公共就业服务所需的基本支出和项目支出预算。基本支出是指公共就业服务机构为了保障其正常运转、完成日常工作任务而发生的人员经费和公用经费支出。基本支出具体内容由省级财政部门、人力资源社会保障部门结合本地实际确定。项目支出是指公共就业服务机构为了完成特定工作任务和事业发展目标,在基本支出之外所发生的经费支出。项目支出包括:大型专项就业服务活动、失业人员和就业困难人员管理服务、就业信息服务与统计监测、跨地区劳务协作、创业服务、档案管理服务、就业服务场所租赁维护修缮、设备购置、信息系统建设运行维护等。

对目前尚未纳入同级财政补助范围仍通过申领职业介绍补贴维持运转的公共就业服务机构,其申领职业介绍补贴的期限截止到2012年底。

(十二)加大对基层公共就业服务的扶持力度。对县级公共就业服务机构和县级以下基层公共就业服务平台开展公共就业服务所需经费确有困难的,上级财政部门要给予适当补助,所需经费从就业专项资金中列支。补助方式可根据公共就业服务工作量和服务成效等确定。中央财政对中西部地区和老工业基地县级公共就业服务机构和基层公共就业服务平台能力建设给予适当奖励性补助。

六、加强监督管理

(十三)完善财务管理制度。公共就业服务机构要建立健全财务管理规章制度,严格执行国家有关财务规章制度规定的开支范围及标准,对各级财政安排的有指定项目和用途的专项资金,要专款专用、单独核算,并按规定向财政部门、人力资源社会保障部门报送专项资金使用情况。项目完成后,应报送专项资金支出决算和使用效果书面报告,接受财政部门、人力资源社会保障部门的检查、验收。

公共就业服务机构要严格执行国库集中支付制度和政府采购制度等有关规定。要依法加强各类票据管理,确保票据来源合法、内容真实、使用正确,不得使用虚假票据。

(十四)加强监督检查。各地财政部门、人力资源社会保障部门要定期对公共就业服务机构开展各项服务工作及资金使用管理等情况进行监督检查,发现问题及时纠正。公共就业服务机构要进一步完善内部监督制度和信息公开制度,定期向社会公告有关工作和资金使用管理情况,自觉接受监察、审计等部门的检查和社会监督。

(十五)各省、自治区、直辖市、计划单列市人力资源社会保障、财政厅(局)可根据本通知规定,结合本地实际制定具体实施办法,并报人力资源社会保障部、财政部备案。

(十六)本通知由人力资源社会保障部、财政部负责解释。

(十七)本通知自2013年1月1日起执行。

人力资源和社会保障部 财政部
2012年12月26日

人力资源社会保障部 中华全国工商业联合会
关于加强非公有制企业劳动争议预防调解工作的意见
人社部发〔2013〕2号

各省、自治区、直辖市及新疆生产建设兵团人力资源社会保障厅(局)、工商业联合会：

非公有制经济是社会主义市场经济的重要组成部分，是促进就业的主要渠道，是构建和谐劳动关系的重要领域。当前，非公有制企业劳动关系总体和谐稳定，但企业内部劳动争议协商解决机制不健全，劳动争议预防调解制度尚未全面建立，劳动争议仍易发、多发。为贯彻落实《中华人民共和国劳动争议调解仲裁法》及《企业劳动争议协商调解规定》，切实加强非公有制企业劳动争议预防调解工作，进一步促进劳动关系和谐，维护社会稳定，现提出如下意见：

一、加强非公有制企业劳动争议预防调解工作的指导思想和目标任务

加强非公有制企业劳动争议预防调解工作要以邓小平理论、"三个代表"重要思想和科学发展观为指导，按照"预防为主、基层为主、调解为主"的工作方针，建立健全企业内部劳动争议协商调解机制，提升企业自主预防解决争议的能力，促进建立互利共赢、和谐稳定的劳动关系，推动企业健康持续发展。

加强非公有制企业劳动争议预防调解工作的目标任务是：在大中型企业普遍依法建立劳动争议调解委员会，在小型微型民营企业设立劳动争议调解员，在商会(协会)建立劳动争议调解组织，建立健全企业内部劳动争议协商解决机制，形成企业、商会(协会)、乡镇街道调解组织与仲裁机构协调配合的劳动争议预防调解工作网络，建设一支公道正派、热心调解、具有较高专业素质的调解员队伍，逐步实现非公有制企业劳动争议预防调解工作全覆盖，努力将劳动争议化解在萌芽状态、解决在基层。

二、推动非公有制企业普遍建立劳动争议协商调解机制

指导推动大中型企业在总部设立劳动争议调解委员会，鼓励企业根据需要在分支机构设立劳动争议调解委员会，在车间、工段、班组设立调解小组，建立企业内部多层次的劳动争议调解组织，逐步形成劳动争议分类处理、分级负责、上下联动的工作机制。指导推动小型微型民营企业由劳动者与企业共同推举职工代表担任调解员，负责本企业劳动争议预防调解工作。

指导企业探索建立多种形式的劳动争议协商解决机制。充分发挥企业劳动争议调解委员会或调解员促进劳资双方沟通协商的作用，采取召开劳资恳谈会、劳资协商会以及设立意见箱、开展问卷调查等方式，就劳动条件、劳动报酬、职工福利等涉及劳动者切身利益的问题听取职工意见，及时了解掌握并认真研究解决职工的合理诉求。完善职代会、厂务公开等民主管理制度，依法保障职工的知情权、参与权、表达权、监督权。

三、充分发挥商会(协会)预防调解劳动争议的作用

指导行业性、区域性商会(协会)建立劳动争议调解组织，当前要重点推进制造、餐饮、建筑、商贸服务和民营高科技等行业商会(协会)劳动争议调解组织建设。商会(协会)要依托劳动争议调解组织，切实加强对本行业、本区域内非公有制企业劳动争议预防调解工作的指导，积极开展劳动保障法律法规政策咨询服务和劳动争议调解工作，搞好企业劳动争议预防调解培训，协助企业与当地调解仲裁机构进行沟通。

四、加强非公有制企业劳动争议调解与仲裁工作的衔接

各地劳动争议仲裁机构要大力开展非公有制企业、商会(协会)劳动争议调解组织调解协议的仲裁审查确认工作,对于争议双方当事人持生效的调解协议书向仲裁委员会提出的审查申请,要及时受理,快速立案,对程序和内容合法有效的调解协议依法出具调解书,不断提高企业、商会(协会)调解组织的社会公信力和调解协议的执行力。要积极开展劳动争议调解建议工作,对当事人未经调解直接申请仲裁的劳动争议案件,在征询双方当事人同意后,可向当事人发出调解建议书,引导其在企业、商会(协会)等劳动争议调解组织解决争议。要积极稳妥开展委托调解工作,研究制定委托调解的基本条件,完善委托程序,制定规范的委托调解文书,将适合调解的申请仲裁案件委托商会(协会)、乡镇街道劳动争议调解组织处理。

五、加强非公有制企业劳动争议预防调解工作的组织实施

各级人力资源社会保障行政部门和工商联组织要高度重视非公有制企业劳动争议预防调解工作,切实加强组织领导,共同推动这项工作深入开展。人力资源社会保障行政部门要发挥统筹协调作用,会同工商联组织制定工作计划,积极指导推动非公有制企业和商会(协会)加强劳动争议预防调解工作,建立健全集体性劳动争议协调处理机制。工商联组织要发挥职能优势,加强对非公有制企业经营者的培训,引导企业认真执行劳动保障法律法规及政策,搞好劳动争议协商调解工作,参与处理重大集体性劳动争议。

要建立非公有制企业劳动争议预防调解工作情况通报制度,及时沟通争议处理情况,共同研究解决工作中存在的困难和问题,不断完善预防调解政策措施。要建立集体性劳动争议预防预警制度,共同加强对非公有制企业劳动争议隐患的排查,对于已经发生的集体劳动争议,加强联调联控,积极稳妥处理。

人力资源社会保障部
中华全国工商业联合会
2013 年 1 月 10 日

人力资源社会保障部办公厅
关于进一步贯彻落实国务院开展厂办大集体改革工作指导意见的通知
人社厅发〔2013〕35 号

各省、自治区、直辖市及新疆生产建设兵团人力资源社会保障厅(局):

《国务院办公厅关于在全国范围内开展厂办大集体改革工作的指导意见》(国办发〔2011〕18 号,以下简称国办发 18 号文件)实施以来,各地高度重视,认真抓好厂办大集体改革中职工安置、劳动关系处理和各项社会保险关系接续等相关政策的落实,取得了积极进展。但也有部分地区反映,在相关政策理解和把握上还存在一些实际问题。为进一步贯彻落实国办发 18 号文件精神,统一把握相关政策,做好厂办大集体改革工作,现就有关问题通知如下:

一、积极开展厂办大集体职工再就业工作

各地要深入企业宣传各项就业政策,着力为下岗失业人员提供有针对性的就业服务与培训,帮助他们尽快实现再就业。对符合条件的厂办大集体下岗失业人员,要及时纳入就业扶持范围,简化工作流程,畅通政策落实渠道。对自主创业的,及时提供创业服务,落实好小额担保贷款、场地安排等优惠政策。对招用符合规定条件人员就业的企业,及时落实税收优惠、社保补贴、小额担保贷款等政策。对就业困

难人员,要加大就业援助力度,多种渠道帮助他们实现再就业,及时兑现社保补贴和岗位补贴等扶持政策。

二、妥善处理厂办大集体职工的劳动关系

各地要根据劳动合同法及国办发 18 号文件要求,加强对厂办大集体改革中劳动关系处理工作的指导,帮助厂办大集体企业制定完善职工安置方案,明确参加厂办大集体改革人员范围、民主程序、劳动关系处理和经济补偿支付办法等内容。

要指导改制、关闭或破产的厂办大集体依法妥善处理企业与在职集体职工的劳动关系。与集体职工协商解除劳动关系的,依法支付经济补偿;劳动合同继续履行的,改制前后的工作年限合并计算为改制后企业的工作年限。经济补偿金的测算和计发标准按照劳动合同法第四十七条和劳动合同法实施条例第二十七条规定执行。

要指导厂办大集体做好档案移交等工作,跟踪掌握本地区改制后企业劳动用工情况,加强对改制后的指导和服务,切实维护厂办大集体职工合法权益。

三、切实解决厂办大集体职工的养老保险等社会保险问题

厂办大集体与职工解除劳动关系后,要按规定接续各项社会保险关系,符合条件的,享受相应的社会保险待遇。

对于已按统一政策参加了企业职工基本养老保险的厂办大集体职工,要结合本地实际,采取补缴、核销等多种措施,妥善解决他们的养老保障问题。其中,依法实施关闭、破产的厂办大集体确实无法通过资产变现补缴的基本养老保险欠费,除企业缴费中应划入职工养老保险个人账户部分外,持依法关闭、破产手续报经社会保险经办机构同意后,经人力资源社会保障部门审核,财政部门复核,报省级人民政府批准后可以核销,或采取其他办法妥善解决。要严格掌握核销的范围、界定条件及核销程序,确保基金安全和应收尽收,并妥善解决弥补资金来源问题。对于未参加基本养老保险的厂办大集体职工和退休人员,要按照《人力资源社会保障部财政部关于解决未参保集体企业退休人员基本养老保障等遗留问题的意见》(人社部发〔2010〕107 号)精神,结合当地实际,及时将他们纳入基本养老保障范围。

对于厂办大集体职工的医疗保障问题,要通过促进其实现再就业,参加职工基本医疗保险;以灵活就业等形式再就业的,可以个人身份参加职工基本医疗保险,确有困难的,可以参加城镇居民基本医疗保险。

各级社会保险经办机构要认真履行职责,为厂办大集体职工参保缴费、接续关系、享受相关待遇提供便捷的服务,将厂办大集体职工参加养老保险等社会保险政策真正落实到位。

厂办大集体改革涉及面广,情况复杂,政策性强,事关厂办大集体职工的切身利益。各级人力资源社会保障部门要在当地党委、政府的领导下,加强与有关部门及企业的沟通协调。要建立应急工作预案,完善重大情况报告制度,最大限度消除矛盾隐患,确保厂办大集体改革工作顺利进行。

人力资源社会保障部办公厅
2013 年 4 月 16 日

人力资源社会保障部
关于执行《工伤保险条例》若干问题的意见
人社部发〔2013〕34 号

各省、自治区、直辖市及新疆生产建设兵团人力资源社会保障厅(局):

《国务院关于修改〈工伤保险条例〉的决

定》(国务院令第586号)已经于2011年1月1日实施。为贯彻执行新修订的《工伤保险条例》,妥善解决实际工作中的问题,更好地保障职工和用人单位的合法权益,现提出如下意见。

一、《工伤保险条例》(以下简称《条例》)第十四条第(五)项规定的"因工外出期间"的认定,应当考虑职工外出是否属于用人单位指派的因工作外出,遭受的事故伤害是否因工作原因所致。

二、《条例》第十四条第(六)项规定的"非本人主要责任"的认定,应当以有关机关出具的法律文书或者人民法院的生效裁决为依据。

三、《条例》第十六条第(一)项"故意犯罪"的认定,应当以司法机关的生效法律文书或者结论性意见为依据。

四、《条例》第十六条第(二)项"醉酒或者吸毒"的认定,应当以有关机关出具的法律文书或者人民法院的生效裁决为依据。无法获得上述证据的,可以结合相关证据认定。

五、社会保险行政部门受理工伤认定申请后,发现劳动关系存在争议且无法确认的,应告知当事人可以向劳动人事争议仲裁委员会申请仲裁。在此期间,作出工伤认定决定的时限中止,并书面通知申请工伤认定的当事人。劳动关系依法确认后,当事人应将有关法律文书送交受理工伤认定申请的社会保险行政部门,该部门自收到生效法律文书之日起恢复工伤认定程序。

六、符合《条例》第十五条第(一)项情形的,职工所在用人单位原则上应自职工死亡之日起5个工作日内向用人单位所在统筹地区社会保险行政部门报告。

七、具备用工主体资格的承包单位违反法律、法规规定,将承包业务转包、分包给不具备用工主体资格的组织或者自然人,该组织或者自然人招用的劳动者从事承包业务时因工伤亡的,由该具备用工主体资格的承包单位承担用人单位依法应承担的工伤保险责任。

八、曾经从事接触职业病危害作业、当时没有发现罹患职业病、离开工作岗位后被诊断或鉴定为职业病的符合下列条件的人员,可以自诊断、鉴定为职业病之日起一年内申请工伤认定,社会保险行政部门应当受理:

(一)办理退休手续后,未再从事接触职业病危害作业的退休人员;

(二) 劳动或聘用合同期满后或者本人提出而解除劳动或聘用合同后,未再从事接触职业病危害作业的人员。

经工伤认定和劳动能力鉴定,前款第(一)项人员符合领取一次性伤残补助金条件的,按就高原则以本人退休前12个月平均月缴费工资或者确诊职业病前12个月的月平均养老金为基数计发。前款第(二)项人员被鉴定为一级至十级伤残、按《条例》规定应以本人工资作为基数享受相关待遇的,按本人终止或者解除劳动、聘用合同前12个月平均月缴费工资计发。

九、按照本意见第八条规定被认定为工伤的职业病人员,职业病诊断证明书(或职业病诊断鉴定书)中明确的用人单位,在该职工从业期间依法为其缴纳工伤保险费的,按《条例》的规定,分别由工伤保险基金和用人单位支付工伤保险待遇;未依法为该职工缴纳工伤保险费的,由用人单位按照《条例》规定的相关项目和标准支付待遇。

十、职工在同一用人单位连续工作期间多次发生工伤,符合《条例》第三十六、第三十七条规定领取相关待遇时,按照其在同一用人单位发生工伤的最高伤残级别,计发一次性伤残就业补助金和一次性工伤医疗补助金。

十一、依据《条例》第四十二条的规定停止支付工伤保险待遇的,在停止支付待遇的情形消失后,自下月起恢复工伤保险待遇,停止支付的工伤保险待遇不予补发。

十二、《条例》第六十二条第三款规定的"新发生的费用",是指用人单位职工参加工伤保险前发生工伤的,在参加工伤保险后新发生的费用。

十三、由工伤保险基金支付的各项待遇应按《条例》相关规定支付,不得采取将长期待遇改为一次性支付的办法。

十四、核定工伤职工工伤保险待遇时,若上一年度相关数据尚未公布,可暂按前一年度的全国城镇居民人均可支配收入、统筹地区职工月平均工资核定和计发,待相关数据公布后再重新核定,社会保险经办机构或者用人单位予以补发差额部分。

本意见自发文之日起执行,此前有关规定与本意见不一致的,按本意见执行。执行中有重大问题,请及时报告我部。

人力资源社会保障部
2013 年 4 月 25 日

教育和公共卫生

教育部
关于全面提高高等教育质量的若干意见
教高〔2012〕4号

各省、自治区、直辖市教育厅（教委），新疆生产建设兵团教育局，有关部门（单位）教育司（局），部属各高等学校：

为深入贯彻落实胡锦涛总书记在庆祝清华大学建校100周年大会上的重要讲话精神和《国家中长期教育改革和发展规划纲要（2010－2020年）》，大力提升人才培养水平、增强科学研究能力、服务经济社会发展、推进文化传承创新，全面提高高等教育质量，现提出如下意见。

（一）坚持内涵式发展。牢固确立人才培养的中心地位，树立科学的高等教育发展观，坚持稳定规模、优化结构、强化特色、注重创新，走以质量提升为核心的内涵式发展道路。稳定规模，保持公办普通高校本科招生规模相对稳定，高等教育规模增量主要用于发展高等职业教育、继续教育、专业学位硕士研究生教育以及扩大民办教育和合作办学。优化结构，调整学科专业、类型、层次和区域布局结构，适应国家和区域经济社会发展需要，满足人民群众接受高等教育的多样化需求。强化特色，促进高校合理定位、各展所长，在不同层次不同领域办出特色、争创一流。注重创新，以体制机制改革为重点，鼓励地方和高校大胆探索试验，加快重要领域和关键环节改革步伐。按照内涵式发展要求，完善实施高校"十二五"改革和发展规划。

（二）促进高校办出特色。探索建立高校分类体系，制定分类管理办法，克服同质化倾向。根据办学历史、区位优势和资源条件等，确定特色鲜明的办学定位、发展规划、人才培养规格和学科专业设置。加快建设若干所世界一流大学和一批高水平大学，建设一批世界一流学科，继续实施"985工程"、"211工程"和优势学科创新平台、特色重点学科项目。加强师范、艺术、体育以及农林、水利、地矿、石油等行业高校建设，突出学科专业特色和行业特色。加强地方本科高校建设，以扶需、扶特为原则，发挥政策引导和资源配置作用，支持有特色高水平地方高校发展。加强高职学校建设，重点建设好高水平示范（骨干）高职学校。加强民办高校内涵建设，办好一批高水平民办高校。实施中西部高等教育振兴计划，推进东部高校对口支援西部高校计划。完善中央部属高校和重点建设高校战略布局。

（三）完善人才培养质量标准体系。全面实施素质教育，把促进人的全面发展和适应社会需要作为衡量人才培养水平的根本标准。建立健全符合国情的人才培养质量标准体系，落实文化知识学习和思想品德修养、创新思维和社会实践、全面发展和个性发展紧密结合的人才培养要求。会同相关部门、科研院所、行业企业，制订实施本科和高职高专专业类教学质量国家标准，制订一级学科博士、硕士学位和专业学位基本要求。鼓励行业部门依据国家标准制订相关专业人才培养评价标准。高校根据实际制订科学的人才培养方案。

（四）优化学科专业和人才培养结构。修订学科专业目录及设置管理办法，建立动态调整机制，优化学科专业结构。落实和扩大高校学科专业设置自主权，按照学科专业设置管理规定，除国家控制布点专业外，本科和高职高专专业自主设置，研究生二级学科自主设置，在有条件的学位授予单位试行自行增列博士、硕士一级学科学位授权点。开展本科和高职高专专业综合改革试点，支持优势特色专业、战略性新兴产业相关专业和农林、水利、地矿、石油等行业相关专业以及师范类专业建设。建立高校毕业生就业和重点产业人才供需年度报告制度，健全专业预警、退出机制。连续两年就业率较低的专业，除个别特殊专业外，应调减招生计划直至停招。加大应用型、复合型、技能型人才培养力度。大力发展专业学位研究生教育，逐步扩大专业学位硕士研究生招生规模，促进专业学位和学术学位协调发展。

（五）创新人才培养模式。实施基础学科拔尖学生培养试验计划，建设一批国家青年英才培养基地，探索拔尖创新人才培养模式。实施卓越工程师、卓越农林人才、卓越法律人才等教育培养计划，以提高实践能力为重点，探索与有关部门、科研院所、行业企业联合培养人才模式。推进医学教育综合改革，实施卓越医生教育培养计划，探索适应国家医疗体制改革需要的临床医学人才培养模式。实施卓越教师教育培养计划，探索中小学特别是农村中小学骨干教师培养模式。提升高职学校服务产业发展能力，探索高端技能型人才系统培养模式。鼓励因校制宜，探索科学基础、实践能力和人文素养融合发展的人才培养模式。改革教学管理，探索在教师指导下，学生自主选择专业、自主选择课程等自主学习模式。创新教育教学方法，倡导启发式、探究式、讨论式、参与式教学。促进科研与教学互动，及时把科研成果转化为教学内容，重点实验室、研究基地等向学生开放。支持本科生参与科研活动，早进课题、早进实验室、早进团队。改革考试方法，注重学习过程考查和学生能力评价。

（六）巩固本科教学基础地位。把本科教学作为高校最基础、最根本的工作，领导精力、师资力量、资源配置、经费安排和工作评价都要体现以教学为中心。高校每年召开本科教学工作会议，着力解决人才培养和教育教学中的重点难点问题。高校制订具体办法，把教授为本科生上课作为基本制度，将承担本科教学任务作为教授聘用的基本条件，让最优秀教师为本科一年级学生上课。鼓励高校开展专业核心课程教授负责制试点。倡导知名教授开设新生研讨课，激发学生专业兴趣和学习动力。完善国家、地方和高校教学名师评选表彰制度，重点表彰在教学一线做出突出贡献的优秀教师。定期开展教授为本科生授课情况的专项检查。完善国家、地方、高校三级"本科教学工程"体系，发挥建设项目在推进教学改革、加强教学建设、提高教学质量上的引领、示范、辐射作用。

（七）改革研究生培养机制。完善以科学研究和实践创新为主导的导师负责制。综合考虑导师的师德、学术和实践创新水平，健全导师遴选、考核等制度，给予导师特别是博士生导师在录取、资助等方面更多自主权。专业学位突出职业能力培养，与职业资格紧密衔接，建立健全培养、考核、评价和管理体系。学术学位研究生导师应通过科研任务，提高研究生的理论素养和实践能力。推动高校与科研院所联合培养，鼓励跨学科合作指导。专业学位研究生实行双导师制，支持在行业企业建立研究生工作站。开展专业学位硕士研究生培养综合改革试点。健全研究生考核、申诉、转学等机制，完善在课程教学、中期考核、开题报告、预答辩、学位评定等各环节的研究生分流、淘汰制度。

（八）强化实践育人环节。制定加强高校实践育人工作的办法。结合专业特点和人才培养要求,分类制订实践教学标准。增加实践教学比重,确保各类专业实践教学必要的学分(学时)。配齐配强实验室人员,提升实验教学水平。组织编写一批优秀实验教材。加强实验室、实习实训基地、实践教学共享平台建设,重点建设一批国家级实验教学示范中心、国家大学生校外实践教育基地、高职实训基地。加强实践教学管理,提高实验、实习实训、实践和毕业设计(论文)质量。支持高职学校学生参加企业技改、工艺创新等活动。把军事训练作为必修课,列入教学计划,认真组织实施。广泛开展社会调查、生产劳动、志愿服务、公益活动、科技发明、勤工助学和挂职锻炼等社会实践活动。新增生均拨款优先投入实践育人工作,新增教学经费优先用于实践教学。推动建立党政机关、城市社区、农村乡镇、企事业单位、社会服务机构等接收高校学生实践制度。

(九)加强创新创业教育和就业指导服务。把创新创业教育贯穿人才培养全过程。制订高校创新创业教育教学基本要求,开发创新创业类课程,纳入学分管理。大力开展创新创业师资培养培训,聘请企业家、专业技术人才和能工巧匠等担任兼职教师。支持学生开展创新创业训练,完善国家、地方、高校三级项目资助体系。依托高新技术产业开发区、工业园区和大学科技园等,重点建设一批高校学生科技创业实习基地。普遍建立地方和高校创新创业教育指导中心和孵化基地。加强就业指导服务,加快就业指导服务机构建设,完善职业发展和就业指导课程体系。建立健全高校毕业生就业信息服务平台,加强困难群体毕业生就业援助与帮扶。

(十)加强和改进思想政治教育。全面实施思想政治理论课课程方案,推动中国特色社会主义理论体系进教材、进课堂、进头脑。及时修订教材和教学大纲,充分反映马克思主义中国化最新成果。改进教学方法,把教材优势转化为教学优势,增强教学实效。制定思想政治理论课教师队伍建设规划,加大全员培训、骨干研修、攻读博士学位、国内外考察等工作力度。加强马克思主义理论学科建设,为思想政治理论课提供学科支撑。实施高校思想政治理论课建设标准,制定教学质量测评体系。加强形势与政策教育教学规范化、制度化建设。实施立德树人工程,提高大学生思想政治教育工作科学化水平。创新网络思想政治教育,建设一批主题教育网站、网络社区。推动高校普遍设立心理健康教育和咨询机构,开好心理健康教育课程。增强教师心理健康教育意识,关心学生心理健康。制定大学生思想政治教育工作测评体系。启动专项计划,建设一支高水平思想政治教育专家队伍,推进辅导员队伍专业化职业化。创新学生党支部设置方式,加强学生党员的教育、管理和服务,加强在学生中发展党员工作,加强组织员队伍建设。加强爱国、敬业、诚信、友善等道德规范教育,推动学雷锋活动机制化常态化。推进全员育人、全过程育人、全方位育人,引导学生自我教育、自我管理和自我服务。

(十一)健全教育质量评估制度。出台高校本科教学评估新方案,加强分类评估、分类指导,坚持管办评分离的原则,建立以高校自我评估为基础,以教学基本状态数据常态监测、院校评估、专业认证及评估、国际评估为主要内容,政府、学校、专门机构和社会多元评价相结合的教学评估制度。加强高校自我评估,健全校内质量保障体系,完善本科教学基本状态数据库,建立本科教学质量年度报告发布制度。实行分类评估,对2000年以来未参加过评估的新建本科高校实行合格评估,对参加过评估并获得通过的普通本科高校实行审核评估。开展专业认证及评估,在工程、医学等领域积极探索与国际实质等效的专业认证,鼓励有条件的高校开展学科专业的国际评估。对具有三届毕业生的高职学校开展人才培养工作评估。加强学位授权点建设和研究生培养质量监控，坚持自我评估和随机抽查相结合，每5年对博士、硕士学位授权点评估一次。加大博士学位论文抽检范围和力度，每年抽查比例不低于5%。建立健全教学合格评估与认证相结合的专业学位研究生教育质量保障制度。建设学位与研究生教育质量监控信息化平台。

（十二）推进协同创新。启动实施高等学校创新能力提升计划。按照国家急需、世界一流要求，坚持"需求导向、全面开放、深度融合、创新引领"原则，瞄准世界科技前沿，面向国家战略和区域发展重大需求，以体制机制改革为重点，以创新能力提升为突破口，通过政策和项目引导，大力推进协同创新。探索建立校校协同、校所协同、校企（行业）协同、校地（区域）协同、国际合作协同等开放、集成、高效的新模式，形成以任务为牵引的人事聘用管理制度、寓教于研的人才培养模式、以质量与贡献为依据的考评机制、以学科交叉融合为导向的资源配置方式等协同创新机制，产出一批重大标志性成果，培养一批拔尖创新人才，在国家创新体系建设中发挥重要作用。

（十三）提升高校科技创新能力。实施教育部、科技部联合行动计划。制定高校科技发展规划。依托重点学科，加快高校国家（重点）实验室、重大科技基础设施、国家工程技术（研究）中心以及教育部重点实验室、工程技术中心建设与发展。积极推进高校基础研究特区、国际联合研究中心、前沿技术联合实验室和产业技术研究院、都市发展研究院、新农村发展研究院等多种形式的改革试点，探索高校科学研究面向经济社会发展、与人才培养紧密结合、促进学科交叉融合的新模式。

（十四）繁荣发展高校哲学社会科学。实施新一轮高校哲学社会科学繁荣计划。积极参与马克思主义理论研究和建设工程，推进哲学社会科学教学科研骨干研修，做好重点教材编写和使用工作，形成全面反映马克思主义中国化最新成果的哲学社会科学学科体系和教材体系。推进高校人文社会科学重点研究基地建设，新建一批以国家重大需求为导向和新兴交叉领域的重点研究基地，构建创新平台体系。加强基础研究，强化应用对策研究，促进交叉研究，构建服务国家需要与鼓励自由探索相结合的项目体系。瞄准国家发展战略和重大国际问题，推进高校智库建设。重点建设一批社会科学专题数据库和优秀学术网站。实施高校哲学社会科学"走出去"计划，推进优秀成果和优秀人才走向世界，增强国际学术话语权和影响力。

（十五）改革高校科研管理机制。激发创新活力、提高创新质量，建立科学规范、开放合作、运行高效的现代科研管理机制。推进高校科研组织形式改革，提升高校科研管理水平，加强科研管理队伍建设，增强高校组织、参与重大项目的能力。创新高校科研人员聘用制度，建立稳定与流动相结合的科研团队。加大基本科研业务费专项资金投入力度，形成有重点的稳定支持和竞争性项目相结合的资源配置方式。改进高校科学研究评价办法，形成重在质量、崇尚创新、社会参与的评价方式，建立以科研成果创造性、实用性以及科研对人才培养贡献为导向的评价激励机制。

（十六）增强高校社会服务能力。主动服务经济发展方式转变和产业转型升级，加快高校科技成果转化和产业化，加强高校技术转移中心建设，形成比较完善的技术转移体系。支持高校参与技术创新体系建设，参与组建产学研战略联盟。开展产学研合作基地建设改革试点，引导高校和企业共建合作创新平台。瞄准经济社会发展重大理论和现实问题，加强与相关部门和地方政府合作，建设一批高水平咨询研究机构。支持高校与行业部门（协会）、龙头企业共建一批发展战略研究院,开展产业发展研究和咨询。组建一批国际问题研究中心,深入研究全球问题、热点区域问题、国别问题。

(十七)加快发展继续教育。推动建立继续教育国家制度,搭建终身学习"立交桥"。健全宽进严出的继续教育学习制度,改革和完善高等教育自学考试制度。推进高校继续教育综合改革,引导高校面向行业和区域举办高质量学历和非学历继续教育。实施本专科继续教育质量提升计划、高校继续教育资源开放计划。开展高校继续教育学习成果认证、积累和转换试点工作,鼓励社会成员通过多样化、个性化方式参与学习。深入开展和规范以同等学力申请学位工作。

(十八)推进文化传承创新。传承弘扬中华优秀传统文化,吸收借鉴世界优秀文明成果。加强对前人积累的文化成果研究,加大对文史哲等学科支持力度,实施基础研究中长期重大专项和学术文化工程,推出一批标志性成果,推动社会主义先进文化建设。发挥文化育人作用,把社会主义核心价值体系融入国民教育全过程,建设体现社会主义特点、时代特征和学校特色的大学文化。秉承办学传统,凝练办学理念,确定校训、校歌,形成优良校风、教风和学风,培育大学精神。组织实施高校校园文化创新项目。加强图书馆、校史馆、博物馆等场馆建设。面向社会开设高校名师大讲堂,开展高校理论名家社会行等活动。稳步推进孔子学院建设,促进国际汉语教育科学发展。推进海外中国学研究,鼓励高校合作建立海外中国学术研究中心。实施当代中国学术精品译丛、中华文化经典外文汇释汇校项目,建设一批国际知名的外文学术期刊、国际性研究数据库和外文学术网站。

(十九)改革考试招生制度。深入推进高考改革,成立国家教育考试指导委员会,研究制定考试改革方案,逐步形成分类考试、综合评价、多元录取的高校考试招生制度。改革考试内容和形式,推进分类考试,扩大高等职业教育分类入学考试试点和高等职业教育单独招生考试。改革考试评价方式,推进综合评价,探索形成高考与高校考核、高中学业水平考试和综合素质评价相结合的多样化评价体系。改革招生录取模式,推进多元录取,逐步扩大自主选拔录取改革试点范围,在坚持统一高考基础上,探索完善自主录取、推荐录取、定向录取、破格录取的方式,探索高等职业教育"知识+技能"录取模式。改革高考管理制度,推进"阳光工程",加快标准化考点建设,规范高校招生秩序、高考加分项目和艺术体育等特殊类型招生。实施支援中西部地区招生协作计划,扩大东部高校在中西部地区招生规模。推进硕士生招生制度改革,突出对考生创新能力、专业潜能和综合素质的考查。推进博士生招生选拔评价方式、评价标准和内容体系等改革,把科研创新能力作为博士生选拔的首要因素,完善直博生和硕博连读等长学制选拔培养制度。建立健全博士生分流淘汰与名额补偿机制。

(二十)完善研究生资助体系。加大研究生教育财政投入,对纳入招生计划的学术学位和专业学位研究生,按综合定额标准给予财政拨款。建立健全研究生教育收费与奖学助学制度。依托导师科学研究或技术创新经费,增加研究生的研究资助额度。改革奖学金评定、发放和管理办法,实行重在激励的奖学金制度。设立国家奖学金,奖励学业成绩优秀、科研成果显著、社会公益活动表现突出的研究生。设立研究生助学金,将研究生纳入国家助学体系。

(二十一)完善中国特色现代大学制度。落实和扩大高校办学自主权,明确高校办学责任,完善治理结构。发布高校章程制定办法,加强章程建设。配合有关部门制定并落实坚持和完善普通高校党委领导下的校长负责制实施办法,健全党政议事规则和决策程序,依法落实党委职责和校长职权。坚持院系党政联席会议制度。高校领导要把主要精力投入到学校管理工作中,把工作重点集中到提高教育质量上。加强学术组织建设,优化校院两级学术组织构架,制定学术委员会规则,发挥学术委员会在学科建设、学术评价、学术发展中的重要作用。推进教授治学,发挥教授在教学、学术研究和学校管理中的作用。建立校领导联系学术骨干和教授制度。加强教职工代表大会、学生代表大会建设,发挥群众团体的作用。总结推广高校理事会或董事会组建模式和经验,建立健全社会支持和监督学校发展的长效机制。

(二十二)推进试点学院改革。建立教育教学改革试验区,在部分高校设立试点学院,探索以创新人才培养体制为核心、以学院为基本实施单位的综合性改革。改革人才招录与选拔方式,实行自主招生、多元录取,选拔培养具有创新潜质、学科特长和学业优秀的学生。改革人才培养模式,实行导师制、小班教学,激发学生学习主动性、积极性和创造性,培养拔尖创新人才。改革教师遴选、考核与评价制度,实行聘用制,探索年薪制,激励教师把主要精力用于教书育人。完善学院内部治理结构,实行教授治学、民主管理,扩大学院教学、科研、管理自主权。

(二十三)建设优质教育资源共享体系。建立高校与相关部门、科研院所、行业企业的共建平台,促进合作办学、合作育人、合作发展。鼓励地方建立大学联盟,发挥部属高校优质资源辐射作用,实现区域内高校资源共享、优势互补。加强高校间开放合作,推进教师互聘、学生互换、课程互选、学分互认。加强信息化资源共享平台建设,实施国家精品开放课程项目,建设一批精品视频公开课程和精品资源共享课程,向高校和社会开放。推进高等职业教育共享型专业教学资源库建设,与行业企业联合建设专业教学资源库。

(二十四)加强省级政府统筹。加大省级统筹力度,根据国家标准,结合各地实际,合理确定各类高等教育办学定位、办学条件、教师编制、生均财政拨款基本标准,合理设置和调整高校及学科专业布局。省级政府依法审批设立实施专科学历教育的高校,审批省级政府管理本科高校学士学位授予单位,审核硕士学位授予单位的硕士学位授予点和硕士专业学位授予点。核准地方高校的章程。完善实施地方"十二五"高等教育改革和发展规划。加大对地方高校的政策倾斜力度,根据区域经济社会发展需要,重点支持一批有特色高水平地方高校。推进国家示范性高等职业院校建设计划,重点建设一批特色高职学校。

(二十五)提升国际交流与合作水平。支持中外高校间学生互换、学分互认、学位互授联授。继续实施公派研究生出国留学项目。探索建立高校学生海外志愿服务机制。推动高校制定本科生和研究生中具有海外学习经历学生比例的阶段性目标。全面实施留学中国计划,不断提高来华留学教育质量,进一步扩大外国留学生规模,使我国成为亚洲最大的留学目的地国。以实施海外名师项目和学科创新引智计划等为牵引,引进一批国际公认的高水平专家学者和团队。在部分高校开展聘请外籍人员担任"学术院系主任"、"学术校长"试点。推动高校结合实际提出聘用外籍教师比例的增长性目标。做好高校领导和骨干教师海外培训工作。支持高职学校开展跨国技术培训。支持高校境外办学。支持高校办好若干所示范性中外合作办学机构,实施一批中外合作办学项目。

(二十六)加强师德师风建设。制定高校教师职业道德规范。加强职业理想和职业道德教育,大力宣传高校师德楷模的先进事迹,引导教师潜心教书育人。健全师德考评制度,将师德表现作为教师绩效考核、聘用和奖惩的首要内容,实行师德一票否决制。在教师培训特别是新教师岗前培训中,强化师德教育特别是学术道德、学术规范教育。制定加强高校学风建设的办法,完善高校科研学术规范,建立学术不端行为惩治查处机构。对学术不端行为者,一经查实,一律予以解聘,依法撤销教师资格。

(二十七)提高教师业务水平和教学能力。推动高校普遍建立教师教学发展中心,重点支持建设一批国家级教师教学发展示范中心,有计划地开展教师培训、教学咨询等,提升中青年教师专业水平和教学能力。完善教研室、教学团队、课程组等基层教学组织,坚持集体备课,深化教学重点难点问题研究。健全老中青教师传帮带机制,实行新开课、开新课试讲制度。完善助教制度,加强助教、助研、助管工作。探索科学评价教学能力的办法。鼓励高校聘用具有实践经验的专业技术人员担任专兼职教师,支持教师获得校外工作或研究经历。加大培养和引进领军人物、优秀团队的力度,积极参与"千人计划",实施"长江学者奖励计划"和"创新团队发展计划",加强高层次人才队伍建设。选择一批高校探索建立人才发展改革试验区。实施教师教育创新平台项目。建立教授、副教授学术休假制度。

(二十八)完善教师分类管理。严格实施高校教师资格制度,全面实行新进人员公开招聘制度。完善教师分类管理和分类评价办法,明确不同类型教师的岗位职责和任职条件,制定聘用、考核、晋升、奖惩办法。基础课教师重点考核教学任务、教学质量、教研成果和学术水平等情况。实验教学教师重点考核指导学生实验实习、教学设备研发、实验项目开发等情况。改革薪酬分配办法,实施绩效工资,分配政策向教学一线教师倾斜。鼓励高校探索以教学工作量和教学效果为导向的分配办法。加强教师管理,完善教师退出机制,规范教师兼职兼薪。加强高职学校专业教师双师素质和双师结构专业教学团队建设,鼓励和支持兼职教师申请教学系列专业技术职务。依法落实民办高校教师与公办高校教师平等法律地位。

(二十九)加强高校基础条件建设。建立全国高校发展和建设规划项目储备库及管理信息系统,严格执行先规划、后建设制度。通过多种方式整合校园资源,优化办学空间,提高办学效益。完善办学条件和事业发展监测、评价及信息公开制度。加快推进教育信息化进程,加强数字校园、数据中心、现代教学环境等信息化条件建设。完善高等学历教育招生资格和红、黄牌学校审核发布制度,确保高校办学条件不低于国家基本标准。积极争取地方政府支持,缓解青年教师住房困难。

(三十)加强高校经费保障。完善高校生均财政定额拨款制度,建立动态调整机制,依法保证生均财政定额拨款逐步增长。根据经济发展状况、培养成本和群众承受能力,合理确定和调整学费标准。完善财政捐赠配比政策,调动高校吸收社会捐赠的主动性、积极性。落实和完善国家对高校的各项税收优惠政策。推动高校建立科学、有效的预算管理机制,统筹财力,发挥资金的杠杆和导向作用。优化经费支出结构,加大教学投入。建立项目经费使用公开制度,增加高校经费使用透明度,控制和降低行政运行成本。建立健全自我约束与外部监督有机结合的财务监管体系,提高资金使用效益。

教育部
2012 年 3 月 16 日

国务院
关于加强食品安全工作的决定
国发〔2012〕20号

各省、自治区、直辖市人民政府,国务院各部委、各直属机构:

食品安全是重大的民生问题,关系人民群众身体健康和生命安全,关系社会和谐稳定。党中央、国务院对此高度重视,近年来制定实施了一系列政策措施。各地区、各部门认真抓好贯彻落实,不断加大工作力度,食品安全形势总体上是稳定的。但当前我国食品安全的基础仍然薄弱,违法违规行为时有发生,制约食品安全的深层次问题尚未得到根本解决。随着生活水平的不断提高,人民群众对食品安全更为关注,食以安为先的要求更为迫切,全面提高食品安全保障水平,已成为我国经济社会发展中一项重大而紧迫的任务。为进一步加强食品安全工作,现作出如下决定。

一、明确加强食品安全工作的指导思想、总体要求和工作目标

(一)指导思想。以邓小平理论和"三个代表"重要思想为指导,深入贯彻落实科学发展观,从维护人民群众根本利益出发,进一步加强对食品安全工作的组织领导,完善食品安全监管体制机制,健全政策法规体系,强化监管手段,提高执法能力,落实企业主体责任,提升诚信守法水平,动员社会各界积极参与,促进我国食品安全形势持续稳定好转。

(二)总体要求。坚持统一协调与分工负责相结合,严格落实监管责任,强化协作配合,形成全程监管合力。坚持集中治理整顿与严格日常监管相结合,严厉惩处食品安全违法犯罪行为,规范食品生产经营秩序,强化执法力量和技术支撑,切实提高食品安全监管水平。坚持加强政府监管与落实企业主体责任相结合,强化激励约束,治理道德失范,培育诚信守法环境,提升企业管理水平,夯实食品安全基础。坚持执法监督与社会监督相结合,加强宣传教育培训,积极引导社会力量参与,充分发挥群众监督与舆论监督的作用,营造良好社会氛围。

(三)工作目标。通过不懈努力,用3年左右的时间,使我国食品安全治理整顿工作取得明显成效,违法犯罪行为得到有效遏制,突出问题得到有效解决;用5年左右的时间,使我国食品安全监管体制机制、食品安全法律法规和标准体系、检验检测和风险监测等技术支撑体系更加科学完善,生产经营者的食品安全管理水平和诚信意识普遍增强,社会各方广泛参与的食品安全工作格局基本形成,食品安全总体水平得到较大幅度提高。

二、进一步健全食品安全监管体系

(四)完善食品安全监管体制。进一步健全科学合理、职能清晰、权责一致的食品安全部门监管分工,加强综合协调,完善监管制度,优化监管方式,强化生产经营各环节监管,形成相互衔接、运转高效的食品安全监管格局。按照统筹规划、科学规范的原则,加快完善食品安全标准、风险监测评估、检验检测等的管理体制。县级以上地方政府统一负责本地区食品安全工作,要加快建立健全食品安全综合协调机构,强化食品安全保障措施,完善地方食品安全监管工作体系。结合本地区实际,细化部门职责分工,发挥监管合力,堵塞监管漏洞,着力解决监管空白、边界不清等问题。及时总结实践经验,逐步完善符合我国国情的食品安全监管体制。

(五)健全食品安全工作机制。建立健全跨部门、跨地区食品安全信息通报、联合执法、隐患排查、事故处置等协调联动机制,有效整合各类资源,提高监管效能。加强食品生产经营各环节监管执法的密切协作,发现问题迅速调查处理,及时通知上游环节查明原因、下游环

节控制危害。推动食品安全全程追溯、检验检测互认和监管执法等方面的区域合作,强化风险防范和控制的支持配合。健全行政执法与刑事司法衔接机制,依法从严惩治食品安全违法犯罪行为。规范食品安全信息报告和信息公布程序,重视舆情反映,增强分析处置能力,及时回应社会关切。加大对食品安全的督促检查和考核评价力度,完善食品安全工作奖惩约束机制。

(六)强化基层食品安全管理工作体系。推进食品安全工作重心下移、力量配置下移,强化基层食品安全管理责任。乡(镇)政府和街道办事处要将食品安全工作列为重要职责内容,主要负责人要切实负起责任,并明确专门人员具体负责,做好食品安全隐患排查、信息报告、协助执法和宣传教育等工作。乡(镇)政府、街道办事处要与各行政管理派出机构密切协作,形成分区划片、包干负责的食品安全工作责任网。在城市社区和农村建立食品安全信息员、协管员等队伍,充分发挥群众监督作用。基层政府及有关部门要加强对社区和乡村食品安全专、兼职队伍的培训和指导。

三、加大食品安全监管力度

(七)深入开展食品安全治理整顿。深化食用农产品和食品生产经营各环节的整治,重点排查和治理带有行业共性的隐患和"潜规则"问题,坚决查处食品非法添加等各类违法违规行为,防范系统性风险;进一步规范生产经营秩序,清理整顿不符合食品安全条件的生产经营单位。以日常消费的大宗食品和婴幼儿食品、保健食品等为重点,深入开展食品安全综合治理,强化全链条安全保障措施,切实解决人民群众反映强烈的突出问题。加大对食品集中交易市场、城乡结合部、中小学校园及周边等重点区域和场所的整治力度,组织经常性检查,及时发现、坚决取缔制售有毒有害食品的"黑工厂"、"黑作坊"和"黑窝点",依法查处非法食品经营单位。

(八)严厉打击食品安全违法犯罪行为。各级监管部门要切实履行法定职责,进一步改进执法手段、提高执法效率,大力排查食品安全隐患,依法从严处罚违法违规企业及有关人员。对涉嫌犯罪案件,要及时移送立案,并积极主动配合司法机关调查取证,严禁罚过放行、以罚代刑,确保对犯罪分子的刑事责任追究到位。加强案件查处监督,对食品安全违法犯罪案件未及时查处、重大案件久拖不结的,上级政府和有关部门要组织力量直接查办。各级公安机关要明确机构和人员负责打击食品安全违法犯罪,对隐蔽性强、危害大、涉嫌犯罪的案件,根据需要提前介入,依法采取相应措施。公安机关在案件查处中需要技术鉴定的,监管部门要给予支持。坚持重典治乱,始终保持严厉打击食品安全违法犯罪的高压态势,使严惩重处成为食品安全治理常态。

(九)加强食用农产品监管。完善农产品质量安全监管体系,加快推进乡镇农产品质量安全监管公共服务机构建设,开展农产品质量安全监管示范县创建,着力提高县级农产品质量安全监管执法能力。严格农业投入品生产经营管理,加强对食用农产品种植养殖活动的规范指导,督促农产品标准化生产示范园(区、场)、农民专业合作经济组织、食用农产品生产企业落实投入品使用记录制度。扩大对食用农产品的例行监测、监督抽查范围,严防不合格产品流入市场和生产加工环节。加强对农产品批发商、经纪人的管理,强化农产品运输、仓储等过程的质量安全监管。加大农产品质量安全培训和先进适用技术推广力度,建立健全农产品产地准出、市场准入制度和农产品质量安全追溯体系,强化农产品包装标识管理。健全畜禽疫病防控体系,规范畜禽屠宰管理,完善畜禽产品检验检疫制度和无害化处理补贴政策,严防病死病害畜禽进入屠宰和肉制品加工环节。加强农产品产地环境监管,加大对农产品产地环境污染治理和污染区域种植结构调整的力度。

(十)加强食品生产经营监管。严格实施食品生产经营许可制度,对食品生产经营新业态要依法及时纳入许可管理。不能持续达到食品安全条件、整改后仍不符合要求的生产经营单位,依法撤销其相关许可。强化新资源食品、食品添加剂、食品相关产品新品种的安全性评估审查。加强监督抽检、执法检查和日常巡查,完善现场检查制度,加大对食品生产经营单位的监管力度。建立健全食品退市、召回和销毁管理制度,防止过期食品等不合格食品回流食品生产经营环节。依法查处食品和保健食品虚假宣传以及在商标、包装和标签标识等方面的违法行为。严格进口食品检验检疫准入管理,加强对进出口食品生产企业、进口商、代理商的注册、备案和监管。加强食品认证机构资质管理,严厉查处伪造冒用认证证书和标志等违法行为。加快推进餐饮服务单位量化分级管理和监督检查结果公示制度,建立与餐饮服务业相适应的监督抽检快速检测筛查模式。切实加强对食品生产加工小作坊、食品摊贩、小餐饮单位、小集贸市场及农村食品加工场所等的监管。

四、落实食品生产经营单位的主体责任

(十一)强化食品生产经营单位安全管理。食品生产经营单位要依法履行食品安全主体责任,配备专、兼职食品安全管理人员,建立健全并严格落实进货查验、出厂检验、索证验票、购销台账记录等各项管理制度。规模以上生产企业和相应的经营单位要设置食品安全管理机构,明确分管负责人。食品生产经营单位要保证必要的食品安全投入,建立健全质量安全管理体系,不断改善食品安全保障条件。要严格落实食品安全事故报告制度,向社会公布本单位食品安全信息必须真实、准确、及时。进一步健全食品行业从业人员培训制度,食品行业从业人员必须先培训后上岗并由单位组织定期培训,单位负责人、关键岗位人员要统一接受培训。

(十二)落实企业负责人的责任。食品生产经营企业法定代表人或主要负责人对食品安全负首要责任,企业质量安全主管人员对食品安全负直接责任。要建立健全从业人员岗位责任制,逐级落实责任,加强全员、全过程的食品安全管理。严格落实食品交易场所开办者、食品展销会等集中交易活动举办者、网络交易平台经营者等的食品安全管理责任。对违法违规企业,依法从严追究其负责人的责任,对被吊销证照企业的有关责任人,依法实行行业禁入。

(十三)落实不符合安全标准的食品处置及经济赔偿责任。食品生产经营者要严格落实不符合食品安全标准的食品召回和下架退市制度,并及时采取补救、无害化处理、销毁等措施,处置情况要及时向监管部门报告。对未执行主动召回、下架退市制度,或未及时采取补救、无害化处理、销毁等措施的,监管部门要责令其限期执行;拒不执行的,要加大处罚力度,直至停产停业整改、吊销证照。食品经营者要建立并执行临近保质期食品的消费提示制度,严禁更换包装和日期再行销售。食品生产经营者因食品安全问题造成他人人身、财产或者其他损害的,必须依法承担赔偿责任。积极开展食品安全责任强制保险制度试点。

(十四)加快食品行业诚信体系建设。加大对道德失范、诚信缺失的治理力度,积极开展守法经营宣传教育,完善行业自律机制。食品生产经营单位要牢固树立诚信意识,打造信誉品牌,培育诚信文化。加快建立各类食品生产经营单位食品安全信用档案,完善执法检查记录,根据信用等级实施分类监管。建设食品生产经营者诚信信息数据库和信息公共服务平台,并与金融机构、证券监管等部门实现共享,

及时向社会公布食品生产经营者的信用情况，发布违法违规企业和个人"黑名单"，对失信行为予以惩戒，为诚信者创造良好发展环境。

五、加强食品安全监管能力和技术支撑体系建设

（十五）加强监管队伍建设。各地区要根据本地实际，合理配备和充实食品安全监管人员，重点强化基层监管执法力量。加强食品安全监管执法队伍的装备建设，重点增加现场快速检测和调查取证等设备的配备，提高监管执法能力。加强监管执法队伍法律法规、业务技能、工作作风等方面的教育培训，规范执法程序，提高执法水平，切实做到公正执法、文明执法。

（十六）完善食品安全标准体系。坚持公开透明、科学严谨、广泛参与的原则，进一步完善食品、食品添加剂、食品相关产品安全标准的制修订程序。加强食品安全标准制修订工作，尽快完成现行食用农产品质量安全、食品卫生、食品质量标准和食品行业标准中强制执行标准的清理整合工作，加快重点品种、领域的标准制修订工作，充实完善食品安全国家标准体系。各地区要根据监管需要，及时制定食品安全地方标准。鼓励企业制定严于国家标准的食品安全企业标准。加强对食品安全标准宣传和执行情况的跟踪评价，切实做好标准的执行工作。

（十七）健全风险监测评估体系。加强监测资源的统筹利用，进一步增设监测点，扩大监测范围、指标和样本量，提高食品安全监测水平和能力。统一制定实施国家食品安全风险监测计划，规范监测数据报送、分析和通报等工作程序，健全食品安全风险监测体系。加强食用农产品质量安全风险监测和例行监测。建立健全食源性疾病监测网络和报告体系。严格监测质量控制，完善数据报送网络，实现数据共享。加强监测数据分析判断，提高发现食品安全风险隐患的能力。完善风险评估制度，强化食品和食用农产品的风险评估，充分发挥其对食品安全监管的支撑作用。建立健全食品安全风险预警制度，加强风险预警相关基础建设，确保预警渠道畅通，努力提高预警能力，科学开展风险交流和预警。

（十八）加强检验检测能力建设。严格食品检验检测机构的资质认定和管理，科学统筹、合理布局新建检验检测机构，加大对检验检测能力薄弱地区和重点环节的支持力度，避免重复建设。支持食品检验检测设备国产化。积极稳妥推进食品检验检测机构改革，促进第三方检验检测机构发展。推进食品检验检测数据共享，逐步实现网络化查询。鼓励地方特别是基层根据实际情况开展食品检验检测资源整合试点，积极推广成功经验，逐步建立统筹协调、资源共享的检验检测体系。

（十九）加快食品安全信息化建设。按照统筹规划、分级实施、注重应用、安全可靠的原则，依托现有电子政务系统和业务系统等资源，加快建设功能完善的食品安全信息平台，实现各地区、各部门信息互联互通和资源共享，加强信息汇总、分析整理，定期向社会发布食品安全信息。积极应用现代信息技术，创新监管执法方式，提高食品安全监管的科学化、信息化水平。加快推进食品安全电子追溯系统建设，建立统一的追溯手段和技术平台，提高追溯体系的便捷性和有效性。

（二十）提高应急处置能力。健全各级食品安全事故应急预案，加强预案演练，完善应对食品安全事故的快速反应机制和程序。加强食品安全事故应急处置体系建设，提高重大食品安全事故应急指挥决策能力。加强应急队伍建设，强化应急装备和应急物资储备，提高应急风险评估、应急检验检测等技术支撑能力，提升事故响应、现场处置、医疗救治等食品安全事故应急处置水平。制定食品安全事故调查处理办法，进一步规范食品安全事故调查处理工作程序。

六、完善相关保障措施

（二十一）完善食品安全政策法规。深入贯彻实施食品安全法，完善配套法规规章和规范性文件，形成有效衔接的食品安全法律法规体系。推动完善严惩重处食品安全违法行为的相关法律依据，着力解决违法成本低的问题。各地区要积极推动地方食品安全立法工作，加强食品生产加工小作坊和食品摊贩管理等具体办法的制修订工作。定期组织开展执法情况检查，研究解决法律执行中存在的问题，不断改进和加强执法工作。大力推进种植、畜牧、渔业标准化生产。完善促进食品产业优化升级的政策措施，提高食品产业的集约化、规模化水平。提高食品行业准入门槛，加大对食品企业技术进步和技术改造的支持力度，提高食品安全保障能力。推进食品经营场所规范化、标准化建设，大力发展现代化食品物流配送服务体系。积极推进餐饮服务食品安全示范工程建设。完善支持措施，加快推进餐厨废弃物资源化利用和无害化处理试点。

（二十二）加大政府资金投入力度。各级政府要建立健全食品安全资金投入保障机制。中央财政要进一步加大投入力度，国家建设投资要给予食品安全监管能力建设更多支持，资金要注意向中西部地区和基层倾斜。地方各级政府要将食品安全监管人员经费及行政管理、风险监测、监督抽检、科普宣教等各项工作经费纳入财政预算予以保障。切实加强食品安全项目和资金的监督管理，提高资金使用效率。

（二十三）强化食品安全科技支撑。加强食品安全学科建设和科技人才培养，建设具有自主创新能力的专业化食品安全科研队伍。整合高等院校、科研机构和企业等科研资源，加大食品安全检验检测、风险监测评估、过程控制等方面的技术攻关力度，提高食品安全管理科学化水平。加强科研成果使用前的安全性评估，积极推广应用食品安全科研成果。建立食品安全专家库，为食品安全监管提供技术支持。开展食品安全领域的国际交流与合作，加快先进适用管理制度与技术的引进、消化和吸收。

七、动员全社会广泛参与

（二十四）大力推行食品安全有奖举报。地方各级政府要加快建立健全食品安全有奖举报制度，畅通投诉举报渠道，细化具体措施，完善工作机制，实现食品安全有奖举报工作的制度化、规范化。切实落实财政专项奖励资金，合理确定奖励条件，规范奖励审定、奖金管理和发放等工作程序，确保奖励资金及时兑现。严格执行举报保密制度，保护举报人合法权益。对借举报之名捏造事实的，依法追究责任。

（二十五）加强宣传和科普教育。将食品安全纳入公益性宣传范围，列入国民素质教育内容和中小学相关课程，加大宣传教育力度。充分发挥政府、企业、行业组织、社会团体、广大科技工作者和各类媒体的作用，深入开展"食品安全宣传周"等各类宣传科普活动，普及食品安全法律法规及食品安全知识，提高公众食品安全意识和科学素养，努力营造"人人关心食品安全、人人维护食品安全"的良好社会氛围。

（二十六）构建群防群控工作格局。充分调动人民群众参与食品安全治理的积极性、主动性，组织动员社会各方力量参与食品安全工作，形成强大的社会合力。支持新闻媒体积极开展舆论监督，客观及时、实事求是报道食品安全问题。各级消费者协会要发挥自身优势，提高公众食品安全自我保护能力和维权意识，支持消费者依法维权。充分发挥食品相关行业协会、农民专业合作经济组织的作用，引导和约束食品生产经营者诚信经营。

八、加强食品安全工作的组织领导

（二十七）加强组织领导。地方各级政府要把食品安全工作摆上重要议事日程，主要负责同志亲自抓，切实加强统一领导和组织协调。要认真分析评估本地区食品安全状况，加强工作指导,及时采取有针对性的措施,解决影响本地区食品安全的重点难点问题和人民群众反映的突出问题。要细化、明确各级各类食品安全监管岗位的监管职责,主动防范、及早介入,使工作真正落实到基层,力争将各类风险隐患消除在萌芽阶段,守住不发生区域性、系统性食品安全风险的底线。国务院各有关部门要认真履行职责,加强对地方的监督检查和指导。对在食品安全工作中取得显著成绩的单位和个人,要给予表彰。

(二十八)严格责任追究。建立健全食品安全责任制,上级政府要对下级政府进行年度食品安全绩效考核,并将考核结果作为地方领导班子和领导干部综合考核评价的重要内容。发生重大食品安全事故的地方在文明城市、卫生城市等评优创建活动中实行一票否决。完善食品安全责任追究制,加大行政问责力度,加快制定关于食品安全责任追究的具体规定,明确细化责任追究对象、方式、程序等,确保责任追究到位。

国务院
2012 年 6 月 23 日

国务院
关于加强教师队伍建设的意见
国发〔2012〕41 号

各省、自治区、直辖市人民政府,国务院各部委、各直属机构:

教师是教育事业发展的基础,是提高教育质量、办好人民满意教育的关键。党中央、国务院历来高度重视教师队伍建设。改革开放特别是党的十六大以来,各地区各有关部门采取一系列政策措施,大力推进教师队伍建设,取得显著成绩。同时也要看到,当前我国教师队伍整体素质有待提高,队伍结构不尽合理,教师管理体制机制有待完善,农村教师职业吸引力亟待提升。为深入实施科教兴国战略和人才强国战略,进一步加强教师队伍建设,现提出以下意见:

一、加强教师队伍建设的指导思想、总体目标和重点任务

(一)指导思想。高举中国特色社会主义伟大旗帜,以邓小平理论和"三个代表"重要思想为指导,深入贯彻科学发展观,全面贯彻党的教育方针,认真落实教育规划纲要和人才规划纲要,遵循教育规律和教师成长发展规律,把促进学生健康成长作为教师工作的出发点和落脚点,围绕促进教育公平、提高教育质量的要求,加强教师工作薄弱环节,创新教师管理体制机制,以提高师德素养和业务能力为核心,全面加强教师队伍建设,为教育事业改革发展提供有力支撑。

(二)总体目标。到 2020 年,形成一支师德高尚、业务精湛、结构合理、充满活力的高素质专业化教师队伍。专任教师数量满足各级各类教育发展需要;教师队伍整体素质大幅提高,普遍具有良好的职业道德素养、先进的教育理念、扎实的专业知识基础和较强的教育教学能力;教师队伍的年龄、学历、职务(职称)、学科结构以及学段、城乡分布结构与教育事业发展相协调;教师地位待遇不断提高,农村教师职业吸引力明显增强;教师管理制度科学规范,形成富有效率、更加开放的教师工作体制机制。

(三)重点任务。幼儿园教师队伍建设要以补足配齐为重点,切实加强幼儿园教师培养培训,严格实施幼儿园教师资格制度,依法落实幼儿园教师地位待遇;中小学教师队伍建设要以农村教师为重点,采取倾斜政策,切实增强农村教师职业吸引力,激励更多优秀人才到农村从教;职业学校教师队伍建设要以"双师型"

教师为重点,完善"双师型"教师培养培训体系,健全技能型人才到职业学校从教制度;高等学校教师队伍建设要以中青年教师和创新团队为重点,优化中青年教师成长发展、脱颖而出的制度环境,培育跨学科、跨领域的科研与教学相结合的创新团队;民族地区教师队伍建设要以提高政治素质和业务能力为重点,加强中小学和幼儿园双语教师培养培训,加快培养一批边疆民族地区紧缺教师人才;特殊教育教师队伍建设要以提升专业化水平为重点,提高特殊教育教师培养培训质量,健全特殊教育教师管理制度。

二、加强教师思想政治教育和师德建设

(四)全面提高教师思想政治素质。坚持和完善理论学习制度,创新理论学习的方式和载体,加强中国特色社会主义理论体系教育,不断提高教师的理论修养和思想政治素质。推动教师在社会实践活动中进一步了解国情、社情、民情。开辟思想政治教育新阵地,建立教师思想状况定期调查分析制度,坚持解决思想问题与解决实际困难相结合,增强思想政治工作的针对性和实效性。确保教师坚持正确政治方向,践行社会主义核心价值体系,遵守宪法和有关法律法规,坚持学术研究无禁区、课堂讲授有纪律,帮助和引领学生形成正确的世界观、人生观和价值观。

(五)构建师德建设长效机制。建立健全教育、宣传、考核、监督与奖惩相结合的师德建设工作机制。开展各种形式的师德教育,把教师职业理想、职业道德、学术规范以及心理健康教育融入职前培养、准入、职后培训和管理的全过程。加大优秀师德典型宣传力度,促进形成重德养德的良好风气。研究制定科学合理的师德考评方式,完善师德考评制度,将师德建设作为学校工作考核和办学质量评估的重要指标,把师德表现作为教师资格定期注册、业绩考核、职称评审、岗位聘用、评优奖励的首要内容,对教师实行师德表现一票否决制。完善学生、家长和社会参与的师德监督机制。完善高等学校科研学术规范,健全学术不端行为惩治查处机制。对有严重失德行为、影响恶劣者按有关规定予以严肃处理直至撤销教师资格。

三、大力提高教师专业化水平

(六)完善教师专业发展标准体系。根据各级各类教育的特点,出台幼儿园、小学、中学、职业学校、高等学校、特殊教育学校教师专业标准,作为教师培养、准入、培训、考核等工作的重要依据。制定幼儿园园长、普通中小学校长、中等职业学校校长专业标准和任职资格标准,提高校长(园长)专业化水平。制定师范类专业认证标准,开展专业认证和评估,规范师范类专业办学,建立教师培养质量评估制度。

(七)提高教师培养质量。完善师范生招生制度,科学制定招生计划,确保招生培养与教师岗位需求有效衔接,实行提前批次录取,选拔乐教适教的优秀学生攻读师范类专业。发挥教育部直属师范大学师范生免费教育的示范引领作用,鼓励支持地方结合实际实施师范生免费教育制度。探索建立招收职业学校毕业生和企业技术人员专门培养职业教育师资制度。扩大教育硕士、教育博士招生规模,培养高层次的中小学和职业学校教师。创新教师培养模式,建立高等学校与地方政府、中小学(幼儿园、职业学校)联合培养教师的新机制,发挥好行业企业在培养"双师型"教师中的作用。加强教师养成教育和教育教学能力训练,落实师范生教育实践不少于一学期制度。鼓励综合性大学毕业生从事教师职业。

(八)建立教师学习培训制度。实行五年一周期不少于360学时的教师全员培训制度,推行教师培训学分制度。采取顶岗置换研修、校本研修、远程培训等多种模式,大力开展中小学、幼儿园教师特别是农村教师培训。完善以企业实践为重点的职业学校教师培训制度。推

进高等学校中青年教师专业发展,建立高等学校中青年教师国内访学、挂职锻炼、社会实践制度。加大民族地区双语教师和音乐、体育、美术等师资紧缺学科教师培训。加强校长培训,重视辅导员和班主任培训。推动信息技术与教师教育深度融合,建设教师网络研修社区和终身学习支持服务体系,促进教师自主学习,推动教学方式变革。继续实施"幼儿园和中小学教师国家级培训计划"、"职业院校教师素质提高计划"。

(九)完善教师培养培训体系。构建以师范院校为主体、综合大学参与、开放灵活的中小学教师教育体系。依托相关高等学校和大中型企业,共建职业学校"双师型"教师培养培训体系。推动高等学校设立教师发展中心。依托现有资源,加强中小学幼儿园教师、职业学校教师、特殊教育教师、民族地区双语教师培养培训基地建设。推动各地结合实际,规范建设县(区)域教师发展平台。

(十)培养造就高端教育人才。实施中小学名师名校长培养工程。制定普通中小学、中等职业学校校长负责制实施细则,探索校长职级制。改进特级教师评选和管理工作,更好发挥特级教师的示范带动作用。坚持培养与引进兼顾,教学与科研并重,加强高等学校高层次创新型人才队伍建设。实施好"千人计划"、"长江学者奖励计划"和"创新团队发展计划"等人才项目,造就集聚一批具有国际影响的学科领军人才和高水平的教学科研创新团队。落实和扩大学校办学自主权,支持鼓励教师和校长在实践中大胆探索,创新教育思想、教育模式和教育方法,形成教学特色和办学风格,造就一批教育家,倡导教育家办学。

四、建立健全教师管理制度

(十一)加强教师资源配置管理。逐步实行城乡统一的中小学教职工编制标准,对农村边远地区实行倾斜政策。研究制定高等学校教职工编制标准。完善学校编制管理办法,健全编制动态管理机制,严禁挤占、挪用、截留教师编制。国家出台幼儿园教师配备标准,各地结合实际合理核定公办幼儿园教职工编制。建立县(区)域内义务教育学校教师校长轮岗交流机制,促进教师资源合理配置。大力推进城镇教师支持农村教育,鼓励支持退休的特级教师、高级教师到农村学校支教讲学。

(十二)严格教师资格和准入制度。修订《教师资格条例》,提高教师任职学历标准、品行和教育教学能力要求。全面实施教师资格考试和定期注册制度。完善符合职业教育特点的职业学校教师资格标准。健全新进教师公开招聘制度,探索符合不同学段、专业和岗位特点的教师招聘办法。继续实施并逐步完善农村义务教育阶段学校教师特设岗位计划,探索吸引高校毕业生到村小学、教学点任教的新机制。

(十三)加快推进教师职务(职称)制度改革。分类推进教师职务(职称)制度改革,完善符合各类教师职业特点的职务(职称)评价标准。建立统一的中小学教师职务(职称)系列,探索在职业学校设置正高级教师职务(职称)。研究完善符合村小学和教学点实际的职务(职称)评定标准,职务(职称)晋升向村小学和教学点专任教师倾斜。城镇中小学教师在评聘高级职务(职称)时,要有一年以上在农村学校或薄弱学校任教经历。支持符合条件的职业学校和高等学校兼职教师申报相应系列教师专业技术职务。

(十四)全面推行聘用制度和岗位管理制度。根据分类推进事业单位改革的总体部署,按照按需设岗、竞聘上岗、按岗聘用、合同管理的原则,完善以合同管理为基础的用人制度,实现教师职务(职称)评审与岗位聘用的有机结合,完善教师退出机制。鼓励普通高中聘请高等学校、科研院所和社会团体等机构的专业人才担任兼职教师。完善相关人事政策,鼓励职业学校和高等学校聘请企业管理人员、专业技术人员和高技能人才等担任专兼职教师。探索更加有利于促进协同创新、持续创新的高等学校人事管理办法。完善外籍教师管理办法，吸引更多世界一流的专家学者来华从事教学、科研和管理工作，有计划地引进海外高端人才和学术团队。

（十五）健全教师考核评价制度。完善重师德、重能力、重业绩、重贡献的教师考核评价标准，探索实行学校、学生、教师和社会等多方参与的评价办法，引导教师潜心教书育人。严禁简单用升学率和考试成绩评价中小学教师。根据不同类型教师的岗位职责和工作特点，完善高等学校教师分类管理和评价办法；健全大学教授为本科生上课制度，把承担本科教学任务作为教授考核评价的基本内容。加强教师管理，严禁公办、在职中小学教师从事有偿补课，规范高等学校教师兼职兼薪。

五、切实保障教师合法权益和待遇

（十六）完善教师参与治校治学机制。建立健全教职工代表大会制度，保障教职工参与学校决策的合法权利。完善中小学学校管理制度，发挥好党组织的领导核心和政治核心作用，健全校长负责制，实行校务会议等制度，完善教职工参与的科学民主决策机制。完善中国特色现代大学制度，坚持党委领导下的校长负责制，探索教授治学的有效途径，充分发挥教授在教学、学术研究以及学校管理中的作用。完善教师人事争议处理途径，依法维护教师权益。

（十七）强化教师工资保障机制。依法保证教师平均工资水平不低于或者高于国家公务员的平均工资水平，并逐步提高，保障教师工资按时足额发放。健全符合教师职业特点、体现岗位绩效的工资分配激励约束机制。进一步做好义务教育学校教师绩效工资实施工作，按照"管理以县为主、经费省级统筹、中央适当支持"的原则，确保绩效工资所需资金落实到位。对长期在农村基层和艰苦边远地区工作的教师，实行工资倾斜政策。推进非义务教育教师绩效工资实施工作。

（十八）健全教师社会保障制度。按照事业单位改革的总体部署，推进教师养老保障制度改革，按规定为教师缴纳社会保险费及住房公积金。中央在基建投资中安排资金，支持加快建设农村艰苦边远地区学校教师周转宿舍。鼓励地方政府将符合条件的农村教师住房纳入当地住房保障范围统筹予以解决。

（十九）完善教师表彰奖励制度。探索建立国家级教师荣誉制度。继续做好全国模范教师和全国教育系统先进工作者表彰工作，对在农村地区长期从教、贡献突出的教师加大表彰奖励力度。定期开展教学名师奖评选，重点奖励在教学一线作出突出贡献的优秀教师。研究完善国家级教学成果奖。鼓励各地按照国家有关规定开展教师表彰奖励工作。

（二十）保障民办学校教师权益。建立健全民办学校教师管理相关制度，依法保障和落实民办学校教师在培训、职务（职称）评审、教龄和工龄计算、表彰奖励、社会活动等方面与公办学校教师享有同等权利。民办学校应依法聘用教师，明确双方权利义务，及时兑现教师工资待遇，按规定为教师足额缴纳社会保险费和住房公积金。鼓励民办学校为教师建立补充养老保险、医疗保险。

六、确保教师队伍建设政策措施落到实处

（二十一）加强组织领导。各级人民政府要切实加强对教师工作的组织领导，把教师队伍建设列入重要议事日程抓实抓好。完善部门沟通协调机制，形成责权明确、分工协作、齐抓共管的工作格局，及时研究解决教师队伍建设中的突出矛盾和重大问题。教育行政部门要加强对教师队伍建设的统筹管理、规划和指导，制定相关政策和标准。机构编制、发展改革、财政、人力资源社会保障等有关部门要在各自职责范围内,积极推进教师队伍建设有关工作。鼓励和引导社会力量参与支持教师队伍建设。

（二十二）加强经费保障。各级人民政府要加大对教师队伍建设的投入力度,新增财政教育经费要把教师队伍建设作为投入重点之一,切实保障教师培养培训、工资待遇等方面的经费投入。教师培训经费要列入财政预算。幼儿园、中小学和中等职业学校按照年度公用经费预算总额的5%安排教师培训经费;高等学校按照不同层次和规模情况,统筹安排一定的教师培训经费。切实加强经费监管,确保专款专用,提高经费使用效益。

（二十三）加强考核督导。要把教师队伍建设情况作为各地区各有关部门政绩考核、各级各类学校办学水平评估的重要内容,作为评优评先、表彰奖励的重要依据。建立教师工作定期督导检查制度,把教师队伍建设情况作为教育督导的重要内容,并公告督导结果,推动各项政策措施落实到位。

国务院
2012年8月20日

国务院办公厅转发教育部等部门关于做好进城务工人员随迁子女接受义务教育后在当地参加升学考试工作的意见的通知

国办发〔2012〕46号

各省、自治区、直辖市人民政府,国务院各部委、各直属机构:

教育部、发展改革委、公安部、人力资源社会保障部《关于做好进城务工人员随迁子女接受义务教育后在当地参加升学考试工作的意见》已经国务院同意,现转发给你们,请认真贯彻执行。

国务院办公厅
2012年8月30日

关于做好进城务工人员随迁子女接受义务教育后在当地参加升学考试工作的意见

教育部　发展改革委　公安部
人力资源社会保障部

为贯彻落实中央有关文件精神和《国家中长期教育改革和发展规划纲要(2010—2020年)》要求,现就做好进城务工人员及其他非本地户籍就业人员随迁子女接受义务教育后在当地参加中考和高考(以下称随迁子女升学考试)工作,提出如下意见:

一、充分认识做好随迁子女升学考试工作的重要性。《国务院办公厅转发教育部等部门关于进一步做好进城务工就业农民子女义务教育工作意见的通知》(国办发〔2003〕78号)印发后,各地认真贯彻落实"以流入地政府为主,以全日制公办中小学为主"政策,进城务工人员随迁子女在当地接受义务教育的问题得到初步解决,一些地方还探索了随迁子女接受义务教育后在当地参加升学考试的办法。但随着进城务工人员规模不断扩大,随迁子女完成义务教育人数不断增多,随迁子女升学考试问题日益突出。进一步做好随迁子女升学考试工作,是坚持以人为本、保障进城务工人员随迁子女受教育权利、促进教育公平的客观要求,对于保障和改善民生、加强和创新社会管理、维护社会和谐具有重要意义。

二、做好随迁子女升学考试工作的主要原则。 坚持有利于保障进城务工人员随迁子女公平受教育权利和升学机会，坚持有利于促进人口合理有序流动，统筹考虑进城务工人员随迁子女升学考试需求和人口流入地教育资源承载能力等现实可能，积极稳妥地推进随迁子女升学考试工作。

三、因地制宜制定随迁子女升学考试具体政策。 各省、自治区、直辖市人民政府要根据城市功能定位、产业结构布局和城市资源承载能力，根据进城务工人员在当地的合法稳定职业、合法稳定住所（含租赁）和按照国家规定参加社会保险年限，以及随迁子女在当地连续就学年限等情况，确定随迁子女在当地参加升学考试的具体条件，制定具体办法。各省、自治区、直辖市有关随迁子女升学考试的方案原则上应于2012年年底前出台。北京、上海等人口流入集中的地区要进一步摸清底数，掌握非本地户籍人口变动和随迁子女就学等情况，抓紧建立健全进城务工人员管理制度，制定出台有关随迁子女升学考试的方案。

四、统筹做好随迁子女和流入地学生升学考试工作。 对符合在当地参加升学考试条件的随迁子女净流入数量较大的省份，教育部、发展改革委采取适当增加高校招生计划等措施，保障当地高考录取比例不因符合条件的随迁子女参加当地高考而受到影响。对不符合在流入地参加升学考试条件的随迁子女，流出地和流入地要积极配合，做好政策衔接，保障考生能够回流出地参加升学考试；经流出地和流入地协商，有条件的流入地可提供借考服务。各地要加强对考生报考资格的审查，严格规范、公开透明地执行随迁子女升学考试政策，防止"高考移民"。

五、加强组织领导和协调配合。 各地区、各有关部门要加强对随迁子女升学考试工作的组织领导，明确责任分工，密切协作配合，形成齐抓共管的工作格局。各地招生考试委员会要统筹做好随迁子女升学考试工作，教育部门会同有关部门依据随迁子女升学考试人数合理调配资源，做好招生计划编制、考生报名组织、考试实施以及招生录取等工作。发展改革部门要将进城务工人员随迁子女教育纳入当地经济社会发展规划。公安部门要加强对流动人口的服务管理，及时提供进城务工人员及其随迁子女的居住等相关信息。人力资源社会保障部门要及时提供进城务工人员的就业和社保信息。各地区、各有关部门要及时研究解决工作中出现的新情况新问题，认真总结和推广成功经验。要采取多种形式加强对随迁子女升学考试政策的宣传解读，做好舆论引导工作，营造良好氛围。

国务院
关于深入推进义务教育均衡发展的意见
国发〔2012〕48号

各省、自治区、直辖市人民政府，国务院各部委、各直属机构：

为贯彻落实《国家中长期教育改革和发展规划纲要(2010-2020年)》，巩固提高九年义务教育水平，深入推进义务教育均衡发展，现提出如下意见。

一、充分认识义务教育均衡发展的重要意义

1986年公布实施的义务教育法提出我国实行九年义务教育制度，2011年所有省（区、市）通过了国家"普九"验收，我国用25年全面普及了城乡免费义务教育，从根本上解决了适龄儿童少年"有学上"问题，为提高全体国民素质奠定了坚实基础。但在区域之间、城乡之间、学校之间办学水平和教育质量还存在明显差距，人民群众不断增长的高质量教育需求与供给不足的矛盾依然突出。深入推进义务教育均衡发展，着力提升农村学校和薄弱学校办学水平，全面提高义务教育质量，努力实现所有适龄儿童少年"上好学"，对于坚持以人为本、促进人的全面发展，解决义务教育深层次矛盾、推动教育事业科学发展，促进教育公平、构建社会主义和谐社会，进一步提升国民素质、建设人力资源强国，具有重大的现实意义和深远的历史意义。各级政府要充分认识推进义务教育均衡发展的重要性、长期性和艰巨性，增强责任感、使命感和紧迫感，全面落实责任，切实加大投入，完善政策措施，深入推进义务教育均衡发展，保障适龄儿童少年接受良好义务教育。

二、明确指导思想和基本目标

推进义务教育均衡发展的指导思想是：全面贯彻党的教育方针，全面实施素质教育，遵循教育规律和人才成长规律，积极推进义务教育学校标准化建设，均衡合理配置教师、设备、图书、校舍等资源，努力提高办学水平和教育质量。加强省级政府统筹，强化以县为主管理，建立健全义务教育均衡发展责任制。总体规划，统筹城乡，因地制宜，分类指导，分步实施，切实缩小校际差距，加快缩小城乡差距，努力缩小区域差距，办好每一所学校，促进每一个学生健康成长。

推进义务教育均衡发展的基本目标是：每一所学校符合国家办学标准，办学经费得到保障。教育资源满足学校教育教学需要，开齐国家规定课程。教师配置更加合理，提高教师整体素质。学校班额符合国家规定标准，消除"大班额"现象。率先在县域内实现义务教育基本均衡发展，县域内学校之间差距明显缩小。到2015年，全国义务教育巩固率达到93%，实现基本均衡的县(市、区)比例达到65%；到2020年，全国义务教育巩固率达到95%，实现基本均衡的县(市、区)比例达到95%。

三、推动优质教育资源共享

扩大优质教育资源覆盖面。发挥优质学校的辐射带动作用，鼓励建立学校联盟，探索集团化办学，提倡对口帮扶，实施学区化管理，整体提升学校办学水平。推动办学水平较高学校和优秀教师通过共同研讨备课、研修培训、学术交流、开设公共课等方式，共同实现教师专业发展和教学质量提升。大力推进教育信息化，加强学校宽带网络建设，到2015年在有条件的地方解决学校宽带接入问题，逐步为农村学校每个班级配备多媒体教学设备。开发丰富优质数字化课程教学资源，重点开发师资短缺课程资源、民族双语教学资源。帮助更多的师生拥有实名的网络空间环境，方便其开展自主学习和教学互动。要调动各方面积极性，在努力办好公办教育的同时，鼓励发展民办教育。

提高社会教育资源利用水平。博物馆、科技馆、文化馆、图书馆、展览馆、青少年校外活动场所、综合实践基地等机构要积极开展面向中小学生的公益性教育活动。公共事业管理部门和行业组织要努力创造条件，将适合开展中小学生实践教育的资源开发为社会实践基地。教育部门要统筹安排学校教育教学、社会实践和校外活动。学校要积极利用社会教育资源开展实践教育，探索学校教育与校外活动有机衔接的有效方式。

四、均衡配置办学资源

进一步深化义务教育经费保障机制改革。统筹考虑城乡经济社会发展状况和人民群众的教育需求，以促进公平和提高质量为导向，加大投入力度，完善保障内容，提高保障水平。中央财政加大对中西部地区的义务教育投入。省级政府要加强统筹，加大对农村地区、贫困地区以及薄弱环节和重点领域的支持力度。各省(区、市)可结合本地区实际情况，适当拓展基本公共教育服务范围和提高服务标准。

推进义务教育学校标准化建设。省级政府

要依据国家普通中小学校建设标准和本省（区、市）标准，为农村中小学配齐图书、教学实验仪器设备、音体美等器材，着力改善农村义务教育学校学生宿舍、食堂等生活设施，妥善解决农村寄宿制学校管理服务人员配置问题。继续实施农村义务教育薄弱学校改造计划和中西部农村初中校舍改造工程，积极推进节约型校园建设。要采取学校扩建改造和学生合理分流等措施，解决县镇"大校额"、"大班额"问题。

五、合理配置教师资源

改善教师资源的初次配置，采取各种有效措施，吸引优秀高校毕业生和志愿者到农村学校或薄弱学校任教。对长期在农村基层和艰苦边远地区工作的教师，在工资、职称等方面实行倾斜政策，在核准岗位结构比例时高级教师岗位向农村学校和薄弱学校倾斜。完善医疗、养老等社会保障制度建设，切实维护农村教师社会保障权益。

各地逐步实行城乡统一的中小学编制标准，并对村小学和教学点予以倾斜。合理配置各学科教师，配齐体育、音乐、美术等课程教师。重点为民族地区、边疆地区、贫困地区和革命老区培养和补充紧缺教师。实行教师资格证有效期制度，加强教师培训，提高培训效果，提升教师师德修养和业务能力。

实行县域内公办学校校长、教师交流制度。各地要逐步实行县级教育部门统一聘任校长，推行校长聘期制。建立和完善鼓励城镇学校校长、教师到农村学校或城市薄弱学校任职任教机制，完善促进县域内校长、教师交流的政策措施；建设农村艰苦边远地区教师周转宿舍，城镇学校教师评聘高级职称原则上要有一年以上在农村学校任教经历。

六、保障特殊群体平等接受义务教育

保障进城务工人员随迁子女平等接受义务教育。要坚持以流入地为主、以公办学校为主的"两为主"政策，将常住人口纳入区域教育发展规划，推行按照进城务工人员随迁子女在校人数拨付教育经费，适度扩大公办学校资源，尽力满足进城务工人员随迁子女在公办学校平等接受义务教育。在公办学校不能满足需要的情况下，可采取政府购买服务等方式保障进城务工人员随迁子女在依法举办的民办学校接受义务教育。

建立健全农村留守义务教育学生关爱服务体系。把关爱留守学生工作纳入社会管理创新体系之中，构建学校、家庭和社会各界广泛参与的关爱网络，创新关爱模式。统筹协调留守学生教育管理工作，实行留守学生的普查登记制度和社会结对帮扶制度。加强对留守学生心理健康教育，建立留守学生安全保护预警与应急机制。优先满足留守学生进入寄宿制学校的需求。

重视发展义务教育阶段特殊教育。各级政府要根据特殊教育学校学生实际制定学生人均公用经费标准，加大对特殊教育的投入力度，采取措施落实特殊教育教师待遇，努力办好每一所特殊教育学校。在普通学校开办特殊教育班或提供随班就读条件，接收具有接受普通教育能力的残疾儿童少年学习。保障儿童福利机构适龄残疾孤儿接受义务教育，鼓励和扶持儿童福利机构根据需要设立特殊教育班或特殊教育学校。

关心扶助需要特别照顾的学生。加大省级统筹力度，落实好城市低保家庭和农村家庭经济困难的寄宿学生生活费补助政策。实施好农村义务教育学生营养改善计划。做好对孤儿的教育工作，建立政府主导，民政、教育、公安、妇联、共青团等多部门参与的工作机制，保证城乡适龄孤儿进入寄宿生活设施完善的学校就读。加强流浪儿童救助保护，保障适龄流浪儿童重返校园。办好专门学校，教育和矫治有严重不良行为的少年。

根据国家有关规定经批准招收适龄儿童少年进行文艺、体育等专业训练的社会组织，要保障招收的适龄儿童少年接受义务教育。

七、全面提高义务教育质量

树立科学的教育质量观,以素质教育为导向,促进学生德智体美全面发展和生动活泼主动发展,培养学生的社会责任感、创新精神和实践能力。鼓励学校开展教育教学改革实验,努力办出特色、办出水平,为每位学生提供适合的教育。建立教育教学质量和学生学业质量评价体系,科学评价学校教育教学质量和办学水平,引导学校按照教育规律和人才成长规律实施教育,引导社会按照正确的教育观念评价教育和学校。

切实减轻学生过重课业负担。各地不得下达升学指标,不得单纯以升学率对地区和学校排名。建立课程安排公示制度、学生体质健康状况通报制度、家校联动制度,及时纠正加重学生课业负担的行为。学校要认真落实新修订的义务教育课程标准,不得随意提高课程难度,不得挤占体育、音乐、美术、综合实践活动及班会、少先队活动的课时,科学合理安排学生作息时间。要改革教学方式,提高教学效率,激发学生学习兴趣。要引导家长形成正确的教育观念和科学的教育方式。要加强对社会培训补习机构的管理,规范培训补习市场。

八、加强和改进学校管理

完善学生学籍管理办法。省级教育部门要尽快建立与国家基础教育信息化平台对接的电子学籍管理系统和学校管理信息系统,建立以居住地学龄人口为基准的义务教育管理和公共服务机制。县级教育部门要认真做好数据的采集和日常管理工作,为及时掌握学生流动状况提供支持。

规范招生办法。县级教育部门要按照区域内适龄儿童少年数量和学校分布情况,合理划定每所公办学校的招生范围。鼓励各地探索建立区域内小学和初中对口招生制度,让小学毕业生直接升入对口初中。支持初中与高中分设办学,推进九年一贯制学校建设。严禁在义务教育阶段设立重点校和重点班。提高优质高中招生名额分配到区域内各初中的比例。把区域内学生就近入学比率和招收择校生的比率纳入考核教育部门和学校的指标体系,切实缓解"择校热"。

规范财务管理。县级教育和财政部门要采取切实措施加强义务教育经费监督,确保经费使用安全、合规、高效。要加强对义务教育学校财务管理工作的指导,督促学校建立健全财务管理制度,规范预算编制,严格预算执行,做好财务决算,强化会计核算,加强资产管理,提高资金使用效益。

规范收费行为。各地要强化学校代收费行为监管,规范学校或教育部门接受社会组织、个人捐赠行为,禁止收取与入学升学挂钩的任何费用。禁止学校单独或与社会培训机构联合或委托举办以选拔生源为目的的各类培训班,严厉查处公办学校以任何名义和方式通过办班、竞赛、考试进行招生并收费的行为。制止公办学校以民办名义招生并收费,凡未做到独立法人、独立校园校舍、独立财务管理和独立教育教学并取得民办学校资格的改制学校,一律执行当地同类公办学校收费政策。加强教辅材料编写、出版、使用和价格管理。

九、加强组织领导和督导评估

省级政府要建立推动有力、检查到位、考核严格、奖惩分明、公开问责的义务教育均衡发展推进责任机制。把县域义务教育均衡发展作为考核地方各级政府及其主要负责人的重要内容。教育、发展改革、财政、人力资源社会保障、编制等部门要把义务教育均衡发展摆上重要议事日程,各负其责,密切配合,形成协力推进义务教育均衡发展的工作机制。

加强对义务教育均衡发展的督导评估工作,对县域内义务教育在教师、设备、图书、校舍等资源配置状况和校际在相应方面的差距进行重点评估。对地方政府在入学机会保障、投入保障、教师队伍保障以及缓解热点难点问题等方面进行综合评估。将县域公众满意度作为督导评估的重要内容。省级政府要根据国家制定的县域义务教育均衡发展督导评估办法，结合本地实际，制定本省（区、市）具体实施办法和评估标准。省级政府教育督导机构负责对所辖县级单位基本实现义务教育均衡发展情况进行督导评估，国务院教育督导委员会负责审核认定。

国务院
2012年9月5日

财政部　发展改革委　教育部
人力资源社会保障部
关于扩大中等职业教育免学费政策范围进一步完善国家助学金制度的意见
财教〔2012〕376号

各省、自治区、直辖市人民政府，国务院各部委、各直属机构：

为贯彻落实2012年《政府工作报告》和《国家中长期教育改革和发展规划纲要（2010—2020年）》有关要求，加快发展中等职业教育，促进教育公平和劳动者素质提高，经国务院同意，现就做好扩大中等职业教育免学费政策范围、进一步完善国家助学金制度的工作提出如下意见：

一、扩大中等职业教育免学费政策范围

从2012年秋季学期起，对公办中等职业学校全日制正式学籍一、二、三年级在校生中所有农村（含县镇）学生、城市涉农专业学生和家庭经济困难学生免除学费（艺术类相关表演专业学生除外）。

为保证学校正常运转，对因免除学费导致学校收入减少的部分，第一、二学年由财政按照享受免学费政策学生人数和免学费标准补助学校；第三学年原则上由学校通过校企合作和顶岗实习等方式获取的收入予以弥补，不足部分由财政按照不高于三年级享受免学费政策学生人数50%的比例和免学费标准，适当补助学校。

免学费标准按照各省（区、市）人民政府及其价格主管部门在2012年6月30日前批准的学费标准确定。

免学费补助资金由各级财政共同分担。中央财政统一按照每生每年2000元的标准与地方财政按比例分担，其中，对西部地区，不分生源，中央与地方分担比例为8:2；对中部地区，生源地为西部地区的，中央与地方分担比例为8:2，生源地为其他地区的，中央与地方分担比例为6:4；对东部地区，生源地为西部地区和中部地区的，中央与地方分担比例分别为8:2和6:4，生源地为东部地区的，中央与地方分担比例分省（市）确定。地方各级财政承担的免学费补助资金，由省级财政统筹落实。

涉农专业范围，根据教育部发布的中等职业学校专业目录及专业设置管理办法确定。中央财政按区域确定城市家庭经济困难学生比例，西部地区按在校城市学生的15%确定；中部地区按在校城市学生的10%确定；东部地区按在校城市学生的5%确定。各省级人民政府应根据实际情况，合理确定本行政区域内家庭经济困难学生的具体比例。

对在职业教育行政管理部门依法批准、符合国家标准的民办中等职业学校就读的一、二年级符合免学费政策条件的学生，按照当地同类型同专业公办中等职业学校免除学费标准给予补助。民办中等职业学校经批准的学费标准高于补助的部分，学校可以按规定继续向学生收取。

二、进一步完善中等职业教育国家助学金制度

从2012年秋季学期起,将中等职业学校国家助学金资助对象由全日制正式学籍一、二年级在校农村(含县镇)学生和城市家庭经济困难学生,逐步调整为全日制正式学籍一、二年级在校涉农专业学生和非涉农专业家庭经济困难学生。具体调整步骤如下:(1)2012年秋季学期至2013年春季学期,助学金政策覆盖一年级涉农专业学生和非涉农专业家庭经济困难学生,以及二年级农村(含县镇)学生和城市家庭经济困难学生。(2)从2013年秋季学期起,将助学金政策覆盖范围调整为一、二年级涉农专业学生和非涉农专业家庭经济困难学生。

助学金继续按每生每年1500元的标准由中央财政和地方财政按比例分担,具体分担比例与免学费补助资金的分担比例一致。

中央财政按区域确定家庭经济困难学生比例,西部地区按在校学生的20%确定,中部地区按在校学生的15%确定,东部地区按在校学生的10%确定。各省级人民政府应根据实际情况,合理确定本行政区域内家庭经济困难学生的具体比例。为切实减轻贫困地区中等职业学校学生家庭经济负担,根据《中国农村扶贫开发纲要(2011—2020年)》有关精神,将六盘山区等11个连片特困地区和西藏、四省藏区、新疆南疆三地州中等职业学校农村学生(不含县城)全部纳入享受助学金范围。

地方出台的中等职业教育免学费政策和助学金政策,范围大于或相关标准高于本意见的,可按照本地的办法继续实施。

三、配套改革措施

在扩大免学费政策范围、进一步完善国家助学金制度的同时,要大力推进中等职业教育改革创新,以服务为宗旨,以就业为导向,全面提高办学质量,满足经济社会对高素质劳动者和技能型人才的需要。

(一)健全"工学结合、校企合作、顶岗实习"的人才培养模式。坚持理论学习与技能培养、课堂教学与岗位技能培训、校内实训与校外实训相结合的原则,推进顶岗实习制度的落实。推进教产合作、校企一体化办学,促进优势互补、资源共享、合作共赢。创新教学方式和专业设置,加强教材建设,使中等职业教育面向企业、面向农村、面向市场培养技能型人才。

(二)严格执行职业资格证书和就业准入制度。坚持"先培训,后就业"、"先培训,后上岗"的原则,推进职业资格证书制度实施,加快建立适应经济社会发展和劳动力市场需要的职业资格标准体系,严格落实就业准入的法规和政策。

(三)以"双师型"教师为重点加强教师队伍建设。完善相关人事制度,聘用(聘任)具有实践经验的专业技术人员和高技能人才担任专兼职教师,提高持有专业技术资格证书和职业资格证书教师的比例。创新教师教学和综合素质考核制度,探索实行学校、学生、企业等多方参与的评价办法。

(四)建立中等职业教育生均拨款制度。在落实免学费政策的同时,各省级人民政府要根据中等职业学校国家办学条件基本标准和教育教学基本需要,结合财力可能,制定本行政区域中等职业学校生均经费拨款标准,进一步加大对中等职业教育的财政投入力度,保障中等职业学校正常运行、健康发展。

四、有关工作要求

(一)加强组织领导,完善工作机制。扩大中等职业教育免学费政策范围、进一步完善国家助学金制度涉及面广,政策性强,要按照"中央政策引导、地方统筹安排、积极稳妥推进、保持平稳过渡"的原则认真做好各项工作。各地要加强组织领导,抓紧制订实施方案,明确责任分工,建立健全责任追究制度,切实抓好各项工作的落实。国务院财政、发展改革、教育、人力资源社会保障等部门要加强督促检查，指导和协调各地认真做好扩大免学费政策范围和完善国家助学金制度工作，推进中等职业教育办学模式改革。

（二）加强学校管理，做好基础工作。各地教育、人力资源社会保障等职业教育行政管理部门要加强对中等职业学校特别是民办学校办学资质的核查，定期公布合格和不合格学校名单；要严格规范中等职业学校学生学籍管理工作，进一步完善学生信息管理系统，实行电子注册制度，加强对"一牌两校"、"联合招生"、"学籍异动"等情况的监管，坚决杜绝"双重学籍"现象，保证学生基本信息的完整和准确。教育部要会同有关部门逐步建立完善各教育阶段相通的学生信息管理系统。有关部门和中等职业学校要做好免学费和助学金资助对象的认定工作。

（三）落实经费责任，强化资金管理。各省（区、市）人民政府要统筹安排中央补助资金和地方应分担的资金，制订本行政区域内各级政府的具体分担办法，完善转移支付等制度，确保中等职业教育免学费补助资金和国家助学金落实到位。地方各级财政部门要按照财政国库管理的有关要求，及时拨付资金，确保学校正常运转和助学金按时发放。要健全中等职业学校经费预决算制度，加强资金的科学化精细化管理，确保资金使用规范、安全和有效。对发生虚报冒领、挤占、挪用、滞留国家相关补助资金的部门和学校，要予以严肃处理。

（四）严格收费审批，规范收费行为。扩大中等职业教育免学费政策范围实施后，公办中等职业学校不得因免学费而提高其他收费标准，或者擅自设立收费项目乱收费。各地要按照《中华人民共和国民办教育促进法》及其实施条例的要求，进一步规范民办中等职业学校收费管理。

（五）加大宣传力度，形成良好氛围。各地要认真学习、准确把握相关政策，通过多种形式开展政策解读和宣传工作，使这项惠民政策家喻户晓，使广大学生及时了解受资助权利，为扩大中等职业教育免学费政策范围和完善国家助学金制度创造良好的社会氛围。要做好2012年秋季学期入学新生的思想工作，确保政策平稳衔接。

财政部　发展改革委　教育部
人力资源社会保障部
2012年10月22日

教育部等5部门

关于加强义务教育阶段农村留守儿童关爱和教育工作的意见

教基一〔2013〕1号

各省、自治区、直辖市教育厅（教委）、妇联、综治办、团委、关工委，新疆生产建设兵团教育局、妇联、综治办、团委、关工委：

为贯彻落实党的十八大精神和《国家中长期教育改革和发展规划纲要（2010—2020年）》、《国务院关于深入推进义务教育均衡发展的意见》、《中国儿童发展纲要（2010—2020年）》，进一步加强义务教育阶段农村留守儿童（以下简称留守儿童）工作，促进广大留守儿童平安健康成长、不断增强其生活幸福感，提出如下意见。

一、高度重视留守儿童工作

近年来，随着我国工业化、城镇化深入发展，进城务工人员不断增多，一些夫妻同时外出务工，把孩子留在家乡，出现了大量留守儿童。党中央、国务院十分关心留守儿童，要求从民族未来、经济发展、社会和谐的高度认真做好留守儿童工作。各地教育部门大力发展农村教育事业，改善农村寄宿制学校办学条件，充分发挥了学校在留守儿童工作中的重要作用。妇联组织发挥自身优势，积极推动出台相关措施，加强关爱服务载体建设，强化家庭教育指导，优化了留守儿童的成长氛围。综治组织创新社会管理，统筹各方力量，为留守儿童创造了成长的良好社会环境。共青团组织实施并长期坚持开展志愿服务行动，促进了留守儿童的品行培养。关工委组织悉心关爱留守儿童成长，注重结对帮扶，为促进留守儿童身心健康做出了贡献。社会各界共同协作，奉献爱心，初步形成了关爱留守儿童的良好社会氛围。但是，由于留守儿童数量多，分布在广大农村，有的与父母长期分离，在亲情关怀、生活照顾、家庭教育和安全保护等方面还面临一些突出问题，必须切实加以解决，进一步做好留守儿童教育和关爱工作。

加强留守儿童工作，是贯彻落实科学发展观的生动体现，是推进城乡协调发展、加强和创新社会管理、构建社会主义和谐社会的重要措施，是解决进城务工人员后顾之忧的有效手段。加强留守儿童工作，给予广大留守儿童多方面的关爱服务，弥补亲情缺失，使其具有阳光心态和健康体魄，促进德智体美全面发展，具有重大现实意义和深远历史意义。各级综治组织、教育部门、妇联组织、共青团组织和关工委组织要进一步增强责任感和紧迫感，在党委、政府的领导下，发挥各自职能、协调相关部门、动员全社会切实把留守儿童工作抓实抓好。

二、明确留守儿童工作的基本原则

政府主导、统筹规划。强化政府主导，把留守儿童工作纳入地方经济社会发展总体规划和社会管理创新体系之中，根据地域环境特征、经济社会状况、留守儿童分布及工作进展情况，统筹规划、分类指导，积极开展探索实践，形成有效的留守儿童关爱服务模式。

家校联动、形成合力。充分发挥学校和家庭在关爱留守儿童成长中的重要作用，共同关注留守儿童在校学习期间和家庭生活中的各方面需求，及时相互沟通，对单亲家庭、特殊困难家庭留守儿童给予更多关爱，形成学校与家庭亲情接力、密切配合、有机联动、合力推进的良好局面。

社会参与、共同关爱。鼓励、动员和组织社会各部门、各界人士参与关爱留守儿童工作，营造全社会共同关爱留守儿童的良好氛围。开展多种形式的关爱活动，建立全社会立体式关爱服务网络，逐步形成长效机制，促进留守儿童健康成长。

三、切实改善留守儿童教育条件

优先满足留守儿童教育基础设施建设。留守儿童集中的地区，要通过科学规划建设农村寄宿制学校，优先满足留守儿童寄宿需求。努力实施好农村义务教育薄弱学校改造计划和初中校舍改造工程，使农村寄宿制学校的教室、宿舍、食堂、厕所、浴室等办学条件得到明显改善，有安全卫生的饮用水，确保每名寄宿生有一个标准床位。提高义务教育阶段农村寄宿制学校公用经费，加快建立农村寄宿制学校经费保障机制。为寄宿制学校配备必要的生活教师。不断健全各项管理制度，提高基础设施的利用水平。

优先改善留守儿童营养状况。集中连片特殊困难地区及其他留守儿童集中地区，在国家组织实施的农村义务教育学生营养改善计划和地方组织实施的营养改善项目中，要建立留守儿童用餐登记台账和营养状况档案，优先保障留守儿童用餐需求，合理安排膳食结构，切实改善留守儿童营养状况。还未实施营养改善计划的地区，要积极创造条件，优先解决好留守儿童在校吃饭问题。

优先保障留守儿童交通需求。留守儿童集中的地区，要充分考虑留守儿童数量和分布状况等因素，合理设置学校或教学点，优先保障留守儿童能够就近走读入学,减少上下学交通风险。对于确实难以保障就近入学的地区,要合理规划公共交通,为留守儿童上下学提供交通条件。对于公共交通难以满足的地区,要创造条件提供校车服务,加强安全管理,保障留守儿童优先乘坐。

四、不断提高留守儿童教育水平

加强留守儿童受教育全程管理。地方教育行政部门和学校在新学期学生报到时,要认真做好留守儿童入学管理工作,全面了解留守儿童学籍变动情况,将保障留守儿童按时入学作为控辍保学工作的重要内容。全面建立留守儿童档案,将父母外出务工情况和监护人变化情况逐一进行登记并及时更新,准确掌握留守儿童信息,为有针对性地开展管理服务工作提供支持。将留守儿童关爱和教育纳入教师培训内容,重点提高班主任照料留守儿童的能力。注重发挥少先队和共青团组织作用,将关爱留守儿童成长纳入各项活动。

加强留守儿童心理健康教育。学校要重视留守儿童心理健康教育,将其作为重要内容纳入教育教学计划。在举办体育、艺术、社会实践等活动时,要引导留守儿童积极参与,缓解其孤独情绪,营造关爱留守儿童的校园氛围。班主任和心理教师要密切关注留守儿童思想动向,主动回应留守儿童心理诉求,不断加强师生情感沟通交流,努力弥补留守儿童家庭温暖的缺失。对学习困难的留守儿童进行有针对性地辅导,激发其学习兴趣,不断提高自主学习能力。在学校工作的各个环节中,要注意方式方法,避免将留守儿童标签化。

加强留守儿童法制安全教育。学校要加强安全教育,组织安全演练,提高防范意识,增强留守儿童自救自护、应急避险能力,预防溺水、煤气中毒、食物中毒等意外事故对留守儿童的伤害。推进保护留守儿童的法制建设。进一步完善和深入贯彻未成年人保护法。开展法制宣传,普及法律知识,增强法制意识,及早发现和纠正个别留守儿童的不良行为,预防留守儿童违法犯罪现象发生。预防和打击侵害留守儿童人身财产权利的违法犯罪行为,保护留守儿童合法权益。加强人防、物防、技防,切实维护学校周边秩序,保障学生人身安全。

加强家校联动组织工作。留守儿童集中的学校和班级组建家长委员会时,要遴选热心留守儿童工作的家长或监护人参加。家长委员会要引导外出务工家长以各种方式关心留守儿童,协助学校加强留守儿童教育,支持、推动学校对学习和生活困难的留守儿童进行特殊帮扶,努力化解留守儿童成长中遇到的困难和烦恼。要发挥家长学校的作用,加强对留守儿童家长、监护人的家庭教育指导服务,增强其做好家庭教育的意识和能力。会同有关部门通过建立家庭责任监督制度、减少父母同时长期务工、督促父母定期回家探望等形式,强化留守儿童父母监护责任,逐步从根本上缓解留守儿童家庭环境缺失问题。

五、逐步构建社会关爱服务机制

支持做好留守儿童家庭教育工作。各级妇联组织、关工委组织要充分发挥在家庭教育指导服务工作中的独特优势,协调有关方面大力宣传家庭教育在留守儿童成长中的重要作用,促进家庭教育、学校教育和社会教育的有机衔接。综治组织、教育部门、共青团组织要协调配合妇联组织和关工委组织面向不同年龄阶段家长、不同类型家庭,围绕留守儿童健康状况监测、生活习惯养成、学习兴趣培养等方面开展富有特色的家庭教育指导服务活动。

支持做好留守儿童社区关爱服务。在留守儿童集中的社区和村组,要充分发挥妇女儿童之家、文化活动站、青少年校外活动中心、乡村少年宫、"七彩小屋"等在关爱留守儿童工作中的重要作用,完善管理制度,促进其规范运行。通过设立留守儿童之家、托管中心等形式,聘请社会工作者和社会公益人士参与,开展经常性的活动。倡导邻里互助,认真选择有意愿、负责任的家庭,采取全托管或半托管的形式照料留守儿童。避免出现个别留守儿童生病无人过问和照看的情况。建立16周岁以下学龄留守儿童登记制度,以保证将其纳入教育等基本公共服务体系。

支持做好留守儿童社会关爱活动。鼓励创新工作方式和手段,利用现代信息技术设备和网络通讯手段开展活动,方便外出务工家长和留守儿童的联系。推广"代理家长"模式,广泛动员社会力量,开展行之有效的关爱活动。有条件的地方,要利用寒暑假组织开展冬令营、夏令营等活动,创造机会让留守儿童与父母团聚。教育部门要协助中国下一代教育基金会实施好留守儿童教育帮扶公益项目。妇联组织、共青团组织要主动承担关爱留守儿童的政府公共服务项目,发挥所属基金会的作用。加大妇联组织做好留守儿童关爱服务体系试点工作的力度,探索符合当地实际的留守儿童关爱服务新机制、新模式和新途径。加大共青团关爱农民工子女志愿服务行动实施力度,深化结对机制,加强骨干志愿者队伍建设,加强阵地建设,推进工作常态化,动员更多青年以志愿服务方式关爱留守儿童。

教育部门、妇联组织、综治组织、共青团组织和关工委组织要在党委、政府领导下,进一步明确各部门责任,建立健全工作推进机制,定期开展专项督查,推广典型经验,整改突出问题,不断提升留守儿童关爱服务水平。

教育部　中华全国妇女联合会
中央社会管理综合治理委员会办公室
共青团中央
中国关心下一代工作委员会
2013年1月4日

国务院办公厅
关于建立疾病应急救助制度的指导意见
国办发〔2013〕15号

各省、自治区、直辖市人民政府,国务院各部委、各直属机构:

近年来,随着基本医保覆盖面的扩大和保障水平的提升,人民群众看病就医得到了基本保障,但仍有极少数需要急救的患者因身份不明、无能力支付医疗费用等原因,得不到及时有效的治疗,造成了不良后果。建立疾病应急救助制度,解决这部分患者的急救保障问题,是健全多层次医疗保障体系的重要内容,是解决人民群众实际困难的客观要求,是坚持以人为本、构建和谐社会的具体体现。根据《"十二五"期间深化医药卫生体制改革规划暨实施方案》,经国务院同意,现就建立疾病应急救助制度提出以下指导意见。

一、设立疾病应急救助基金

(一)分级设立疾病应急救助基金。设立疾病应急救助基金是建立疾病应急救助制度的重要内容和保障。各省(区、市)、市(地)政府组织设立本级疾病应急救助基金。省级基金主要承担募集资金、向市(地)级基金拨付应急救助资金的功能。市(地)级基金主要承担募集资金、向医疗机构支付疾病应急救治医疗费用的功能。直辖市可只设本级基金,由其承担募集资金、向医疗机构支付疾病应急救治医疗费用的功能。副省级市参照市(地)设立疾病应急救助基金。

(二)多渠道筹集资金。疾病应急救助基金通过财政投入和社会各界捐助等多渠道筹集。省(区、市)、市(地)政府要将疾病应急救助基金补助资金纳入财政预算安排,资金规模原则上参照当地人口规模、上一年度本行政区域内应急救治发生情况等因素确定。中央财政对财力困难地区给予补助,并纳入财政预算安排。鼓励社会各界向疾病应急救助基金捐赠资金。境内企业、个体工商户、自然人捐赠的资金按规定享受所得税优惠政策。

二、疾病应急救助的对象和范围

(一)救助对象。在中国境内发生急重危伤病、需要急救但身份不明确或无力支付相应费用的患者为救助对象。医疗机构对其紧急救治所发生的费用,可向疾病应急救助基金申请补助。

(二)救助基金支付范围。1.无法查明身份患者所发生的急救费用。2.身份明确但无力缴费的患者所拖欠的急救费用。先由责任人、工伤保险和基本医疗保险等各类保险、公共卫生经费,以及医疗救助基金、道路交通事故社会救助基金等渠道支付。无上述渠道或上述渠道费用支付有缺口,由疾病应急救助基金给予补助。疾病应急救助基金不得用于支付有负担能力但拒绝付费患者的急救医疗费用。

各地区应结合实际明确、细化疾病应急救助对象身份确认办法和疾病应急救助基金具体支付范围等。

三、疾病应急救助基金管理

(一)基金管理。疾病应急救助基金由当地卫生部门管理,具体由地方政府确定。基金管理遵循公开、透明、专业化、规范化的原则,管理办法由卫生部门商财政部门制定。

(二)基金监管。成立由当地政府卫生、财政部门组织,有关部门代表、人大代表、政协委员、医学专家、捐赠人、媒体人士等参加的基金监督委员会,负责审议疾病应急救助基金的管理制度及财务预决算等重大事项、监督基金运行等。基金独立核算,并进行外部审计。基金使用、救助的具体事例、费用以及审计报告等向社会公示,接受社会监督。

四、建立多方联动的工作机制

(一)部门职责。卫生部门牵头组织专家制定需紧急救治的急重危伤病的标准和急救规范;监督医疗机构及其工作人员无条件对救助对象进行急救,对拒绝、推诿或拖延救治的,要依法依规严肃处理;查处医疗机构及其工作人员虚报信息套取基金、过度医疗等违法行为。基本医保管理部门要保障参保患者按规定享受基本医疗保险待遇。民政部门要协助基金管理机构共同做好对患者有无负担能力的鉴别工作;进一步完善现行医疗救助制度,将救助关口前移,加强与医疗机构的衔接,主动按规定对符合条件的患者进行救助,做到应救尽救。公安机关要积极协助医疗机构和基金管理机构核查患者的身份。对未履行职责的,由本级政府和上级主管部门予以纠正。

(二)医疗机构职责。1.各级各类医疗机构及其工作人员必须及时、有效地对急重危伤患者施救,不得以任何理由拒绝、推诿或拖延救治。2.对救助对象急救后发生的欠费,应设法查明欠费患者身份;对已明确身份的患者,要尽责追讨欠费。3.及时将收治的无负担能力患者情况及发生的费用向相关部门报告,并请相关部门协助追讨欠费。4.公立医院要进一步完善内部控制机制,通过列支坏账准备等方式,核销救助对象发生的部分急救欠费。5.鼓励非公立医院主动核销救助对象的救治费用。6.对救助对象急救的后续治疗发生的救治费用,医疗机构应及时协助救助对象按程序向医疗救助机构等申请救助。

(三)基金管理机构职责。1.负责社会资金募集、救助资金核查与拨付,以及其他基金管理日常工作等。2.主动开展各类募捐活动,积极向社会募集资金。3.充分利用筹集资金,定期足额向医疗机构支付疾病应急救治医疗费用,对经常承担急救工作的定点医疗机构,可采取先部分预拨后结算的办法减轻医疗机构的垫资负担。

(四)建立联动机制。各有关部门、机构要按照分工落实责任,加强协作,建立责任共担、多方联动的机制。卫生、财政等部门要加强沟通协调，共同做好有关重大政策研究制定及推动落实等工作。

五、做好组织实施工作

各地区、各有关部门要充分认识建立疾病应急救助制度的重要性，结合实际，研究制定具体办法。已经开展应急救助的地区，要进一步完善现行政策，做好疾病应急救助制度与基本医疗保险制度、大病保险制度和医疗救助制度的衔接。要把握好政府引导与发展社会医疗慈善、基金管理与利用第三方专业化服务的关系，不断提高服务水平。深化公立医院改革，保障基本医疗服务需求，进一步提升服务质量。要注意总结经验，及时研究解决发现的问题，逐步完善疾病应急救助制度。

国务院办公厅
2013年2月22日

人力资源社会保障部办公厅
关于做好H7N9禽流感患者医疗保障工作的通知

人社厅明电〔2013〕3号

各省、自治区、直辖市及新疆生产建设兵团人力资源社会保障厅（局）：

当前，我国部分地区出现人感染H7N9禽流感疫情。为做好H7N9禽流感参保患者的医疗保障工作，现就有关事项通知如下：

一、高度认识预防和控制人感染H7N9禽流感工作的重要性，配合有关部门做好防控工作。 各级人力资源社会保障部门要主动参与疫情联防联控工作机制，根据地方政府的统一部署，做好保障政策的衔接，配合做好防治工作。

二、保证参保患者及时救治，减轻患者经济负担。 各地医疗保险管理部门可根据实际情况和救治的需要，在入院标准、定点医院选择等方面适当放宽条件，保证参保患者及时救治。对于因治疗需要，经基层医疗机构转诊至高级别医院的患者，可执行基层医疗机构支付比例或按地方规定适当提高支付比例。对参保患者治疗期间确需使用的不属于基本医疗保险支付范围的药品和医疗服务项目，各地可参考国家卫生和计划生育委员会组织人感染H7N9禽流感临床专家组制定的《人感染H7N9禽流感诊疗方案》，根据急救、抢救需要，予以放宽，切实减轻参保患者治疗费用负担。各地临时放宽纳入基金支付范围的药品和诊疗项目要及时上报，由各省级人力资源社会保障部门汇总报送我部医疗保险司。

三、及时结算医疗费用。 对参保患者在参保地发生的符合规定的医疗费用，各级医疗保险经办机构要实行即时结算；对于因转外就医等原因不能即时结算的，要简化结算手续、缩短结算周期，减轻参保人员垫支负担。对个人负担较重的参保患者，要做好医疗保险与医疗救助、大病医疗保险的衔接工作，具体办法由统筹地区制定。

四、各省（区、市）人力资源社会保障部门要加强信息调度，随时了解掌握本地区人感染H7N9禽流感发病和医保基金支付情况，做好预案，并按要求及时向我部报送疫情及保障工作信息。 要加强与卫生等部门的信息互通，共同做好H7N9禽流感患者的医疗保障工作。各地在H7N9禽流感防治工作中遇到的重大问题和建议，要及时向我部报告。

人力资源社会保障部办公厅
2013年4月18日

中国的生态文明建设

自上个世纪末期生态文明的概念提出以来,各领域专家——包括学者、政府官员和环保主义者——围绕该概念进行了大量系统性的研究。这些研究阐述了生态文明与中国的传统文化、现代环境道德伦理以及可持续发展模式之间的联系。中国传统文化中的天人和谐思想,即强调人与自然的关系定位在一种积极的和谐关系上,是生态文明在中国发展的重要文化渊源。

中国的决策层也在各种文件和讲话中频繁提及该概念。在2007年召开的中国共产党第十七次全国代表大会上,明确将"生态文明"列为全面建设小康社会的五大关键目标之一。2010年国务院所印发的《全国主体功能区规划》为优化全国空间发展模式,在全国所有地区建设生态文明提供了规划基础。

2012年,在中国共产党第十八次全国代表大会上,将生态文明建设与经济建设、政治建设、文化建设、社会建设并列,构成中国特色社会主义事业"五位一体"的总体布局,并写入十八大报告。目前,国家多个部门都在积极开展与生态文明建设相关的各项活动,包括生态农业、土地和水资源节约以及生态城市等领域。这些努力都取得了积极成效。到2012年底,海南、浙江和江苏省等18个省、自治区和直辖市都开展了推进生态文明建设相关的试点示范工作。国家环保部在全国371个城市、县和地区开展了国家生态文明建设试点示范活动。

中国正在致力于健全国土空间开发、资源节约、生态环境保护的体制机制,并将生态文明建设放在突出地位,融入经济建设、政治建设、文化建设、社会建设的各方面和全过程,努力建设美丽中国,实现中华民族永续发展。

(摘编自联合国开发计划署、中国社会科学院城市发展与环境研究所:
《2013中国人类发展报告:可持续与宜居城市——迈向生态文明》)

概　況

概　况

2012年中国人口发展概况

李桂芝

2012年全国人口变动调查共抽取了31个省(自治区、直辖市)的2 122个县(市、区),4 413个乡(镇、街道),4 796个村(居)委会,调查登记了140.8万人,其中常住人口112.5万人。

调查推算结果显示,2012年我国人口呈现出以下特点:人口总量继续保持低速增长;15-59岁人口出现下降趋势,老龄化进程加快;出生人口性别比和总人口性别比均呈下降态势;城镇人口比重继续稳步提高;流动人口规模不断扩大;人口婚姻、家庭状况保持稳定;人口素质稳步提高。

一、人口总量继续保持低速增长

2012年末,我国大陆总人口为135 404万人,比2011年增加了669万人。全年出生人口1 635万人,人口出生率为12.10‰,比2011年提高了0.17个千分点;死亡人口966万人,人口死亡率为7.15‰,比2011年提高了0.01个千分点。

分地区看,2012年末,我国东部地区人口规模达55 850万人,占各省(自治区、直辖市)人口合计的41.4%;中部人口规模为42 511万人,占31.6%;西部人口规模为36 428万人,占27.0%。与2011年相比,各地区人口所占比重保持不变,从人口数量上看,西部地区人口增长略快于中部地区,东部地区人口增长明显快于中西部地区。

2012年人口出生率的提高主要受生育旺盛期妇女数量增加的影响,另外,受生肖龙年影响,出生人口也会比常年略有增加。人口死亡率与上年无明显变化,受出生率提高的影响,自然增长率提高了0.16个百分点,比2011年多增加25万人。

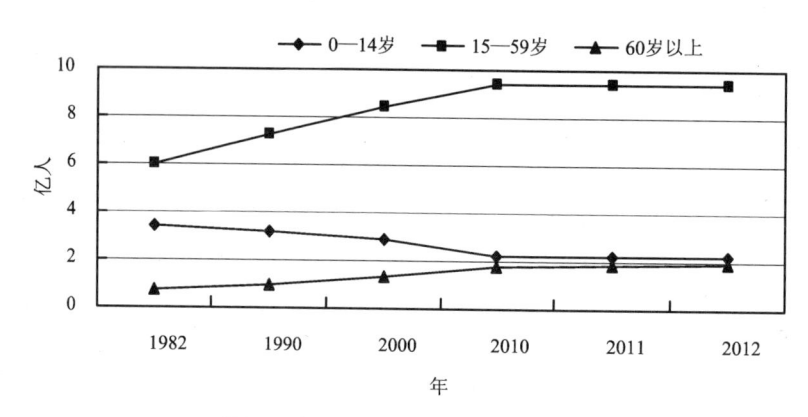

图 1 我国人口年龄结构的变化

各省(区、市)人口自然增长率呈现明显差异,辽宁省的自然增长率连续两年为负值,自然增长率最高的新疆则高达10.84‰,自然增长率低的地区主要集中在东北和东部沿海发达地区,而自然增长率高的地区多为西部欠发达地区。省际自然增长率差异主要由出生水平不同导致(2012年分地区人口变动情况见附表)。

二、15-59岁人口出现下降趋势,老龄化进程加快

2012年全国0-14岁(含不满15周岁)人口为22 287万人,占总人口的16.5%,与2011年持平;60岁及以上人口达到19 390万人,占总人口的14.3%,比2011年增加了0.59个百分点;65岁及以上人口达到12 714万人,占总人口的9.4%,增加了0.27个百分点;15-59岁(含不满60周岁)人口为93 727万人,比2011年减少了345万人,占总人口的比重为69.2%,下降了0.60个百分点。从历史数据来看,15-59岁(含不满60周岁)人口总量在相当长时期内第一次出现下降。

随着人口年龄结构的变化,少儿抚养比、老年抚养比和总抚养比也随之变化。与2011年相比,少儿抚养比略有提高,老年抚养比和总抚养比继续上升。从几次普查年份的数据来看,少儿抚养比一直处于下降趋势,下降幅度逐渐缩小,2012年为22.20%,比2011年提高了0.10个百分点;老年抚养比上升幅度增大,2012年为12.66%,提高了0.41个百分点;总抚养比为34.86%,提高了0.51个百分点。

表1 四次人口普查与2011、2012年人口抚养比

单位:%

指 标	1982	1990	2000	2010	2011	2012
总抚养比	62.60	49.84	42.55	34.17	34.35	34.86
少儿抚养比	54.62	41.49	32.63	22.27	22.10	22.20
老年抚养比	7.98	8.35	9.92	11.90	12.25	12.66

三、出生人口性别比和总人口性别比均呈下降态势

2012年我国出生人口性别比为117.70,比2011年下降了0.08,出生人口性别比自2008年以来连续四年出现下降,但仍明显高于正常的出生人口性别比(103-107),比其上限高出10.70。

近10年来,我国出生人口性别比一直高于正常范围,并且逐年提高,到2007年、2008年更是

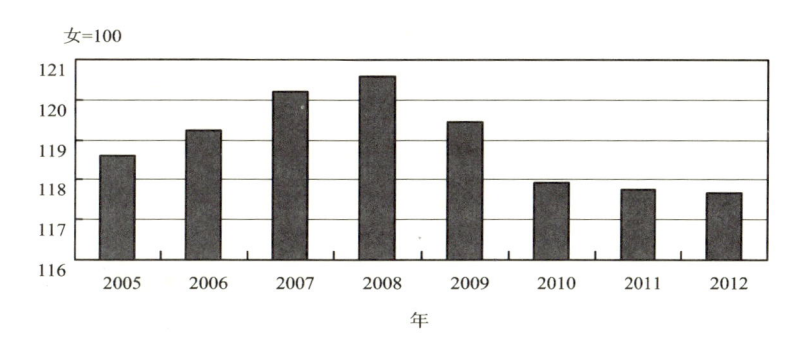

图 2　2005—2012 年我国出生人口性别比

达到 120 以上。出生人口性别比严重偏离正常范围会直接影响人口再生产和社会经济的稳定发展。从 2009 年开始,我国出生人口性别比连续下降,但仍偏离正常水平,说明当前出生人口性别比治理工作仍不能放松。

2012 年,我国男性人口 69 395 万人,占全国总人口的 51.25%,女性人口 66 009 万人,占 48.75%,总人口性别比为 105.13,受出生人口和死亡人口性别比的影响,总人口性别比自 2005 年来一直呈现下降态势。

表 2　2005－2012 年分性别人口和总人口性别比　　　　单位:万人,女性＝100

指标	2005	2006	2007	2008	2009	2010	2011	2012
男性人口	67 375	67 728	68 048	68 357	68 647	68 748	69 068	69395
女性人口	63 381	63 720	64 081	64 445	64 803	65 343	65 667	66 009
总人口性别比	106.30	106.29	106.19	106.07	105.93	105.21	105.18	105.13

四、城镇人口比重继续稳步提高

2012 年末,我国城镇人口比重达到 52.57%,与 2011 年相比,上升了 1.30 个百分点,城镇人口为 71 182 万人,增加了 2 103 万人;乡村人口 64 222 万人,减少了 1 434 万人。城镇人口比乡村人口多 6 960 万人。

近年来,我国城镇化水平不断提高,2005 年至 2012 年,我国城镇化率以平均每年 1.37 个百分点的速度发展,城镇人口平均每年增长 2 139 万人。

分地区看,中西部地区城镇化发展速度快于东部,西部又快于中部。2012 年,东部地区城镇人口比重 62.16%,中部和西部城镇人口比重分别为 48.49% 和 44.74%,与 2011 年相比,东中西分别增长 1.16、1.50 和 1.75 个百分点。中西部地区城镇化发展继续保持较快速度,但与东部地区的差距仍然较大。

五、流动人口规模不断扩大

2012 年,全国人户分离的(居住地和户口登记地所在乡镇街道不一致且离开户口登记地半年以上的)人口为 2.79 亿,比 2011 年增加 789 万人;其中,流动人口(人户分离人口中不包括市辖区内人户分离的人口)为 2.36 亿,比 2011 年增加 669 万人。

表3　2005—2012年全国城镇人口比重

年份	总人口（万人）	城镇人口数（万人）	城镇人口比重（%）	增长幅（%）
2005	130 756	56 212	42.99	—
2006	131 448	58 288	44.34	1.35
2007	132 129	60 633	45.89	1.55
2008	132 802	62 403	46.99	1.10
2009	133 450	64 512	48.34	1.35
2010	134 091	66 978	49.95	1.61
2011	134 735	69 079	51.27	1.32
2012	135 404	71 182	52.57	1.30

表4　2000、2005、2010—2012年流动人口数据　　　　单位：亿人

指标	2000年	2005年	2010年	2011年	2012年
人户分离人口	1.44	—	2.61	2.71	2.79
流动人口	1.21	1.47	2.21	2.30	2.36

六、人口婚姻、家庭状况保持稳定

2012年全国人口变动情况抽样调查显示，我国人口婚姻状况相对稳定，未婚比例低、有配偶比例高、离婚比例低等基本特征未变，在15岁及以上人口中，未婚比例为20.41%，初婚有配偶比例为71.27%，再婚有配偶比例为1.56%，离婚比例仅为1.41%，丧偶比例为5.35%。

分城乡看，我国城镇和乡村人口婚姻构成状况存在差别，城镇中未婚比例和离婚比例高于乡村，初婚有配偶、再婚有配偶比例和丧偶比例低于乡村。

表5　2012年城乡15岁及以上人口婚姻构成状况　　　　单位：%

地　区	未婚	初婚有配偶	再婚有配偶	离婚	丧偶
全国	20.41	71.27	1.56	1.41	5.35
城镇	21.88	70.87	1.42	1.67	4.17
乡村	18.65	71.75	1.73	1.10	6.76

家庭户规模继续保持平稳下降，2012年，我国平均家庭户规模为3.02人。随着家庭户规模的缩小，以父母与未婚子女组成的核心家庭为主的两代户和三人户是目前最典型的家庭户类型，其中，三人户家庭占27.58%，二代户家庭占46.65%。分城乡看，城镇平均家庭户规模不足3人，小于乡村平均家庭户规模。

七、人口素质稳步提高

2012年,我国15岁及以上人口的平均受教育年限为9.22年,比2011年提高了0.11年,人口文化程度不断提高。分城乡看,城镇人口的文化程度高于乡村,城镇15岁及以上人口的平均受教育年限为10.41年,乡村为7.80年。

15岁及以上人口文盲率为4.96%,其中,男性文盲率为2.67%,女性文盲率为7.32%,与2011年相比,我国文盲率下降了0.25个百分点,男性和女性文盲率分别降低了0.06和0.45个百分点。从各个受教育程度的人口分布来看,小学和初中文化程度的人口所占比重在缩小,而高中及以上各个文化程度人口所占比重在增加。

(作者单位:国家统计局人口和就业统计司)

附表:2012年分地区人口变动情况

2012年分地区人口变动情况

地 区	常住人口(万人)	出生率(‰)	死亡率(‰)	自然增长率(‰)	城镇人口比重(%)
北 京	2 069	9.05	4.31	4.74	86.20
天 津	1 413	8.75	6.12	2.63	81.55
河 北	7 288	12.88	6.41	6.47	46.80
山 西	3 611	10.70	5.83	4.87	51.26
内蒙古	2 490	9.17	5.52	3.65	57.74
辽 宁	4 389	6.15	6.54	-0.39	65.65
吉 林	2 750	5.73	5.37	0.36	53.70
黑龙江	3 834	7.30	6.03	1.27	56.90
上 海	2 380	9.56	5.36	4.20	89.30
江 苏	7 920	9.44	6.99	2.45	63.00
浙 江	5 477	10.12	5.52	4.60	63.20
安 徽	5 988	13.00	6.14	6.86	46.50
福 建	3 748	12.74	5.73	7.01	59.60
江 西	4 504	13.46	6.14	7.32	47.51
山 东	9 685	11.90	6.95	4.95	52.43
河 南	9 406	11.87	6.71	5.16	42.43
湖 北	5 779	11.00	6.12	4.88	53.50
湖 南	6 639	13.58	7.01	6.57	46.65

(续表)

地区	常住人口(万人)	出生率(‰)	死亡率(‰)	自然增长率(‰)	城镇人口比重(%)
广东	10 594	11.60	4.65	6.95	67.40
广西	4 682	14.20	6.31	7.89	43.53
海南	887	14.66	5.81	8.85	51.60
重庆	2 945	10.86	6.86	4.00	56.98
四川	8 076	9.89	6.92	2.97	43.53
贵州	3 484	13.27	6.96	6.31	36.41
云南	4 659	12.63	6.41	6.22	39.31
西藏	308	15.48	5.21	10.27	22.75
陕西	3 753	10.12	6.24	3.88	50.02
甘肃	2 578	12.11	6.05	6.06	38.75
青海	573	14.30	6.06	8.24	47.44
宁夏	647	13.26	4.33	8.93	50.67
新疆	2 233	15.32	4.48	10.84	43.98

注:1.本表数据根据2012年人口变动情况抽样调查数据推算,全国总人口根据抽样误差和调查误差进行了修正,分地区人口未作修正。2.全国总人口包括现役军人数,分地区数字中未包括。3.分地区年末人口数为常住人口口径。

2012年全国户籍人口和暂住人口状况

公安部治安管理局户政管理处

一、户籍人口状况

据全国公安机关治安(户政)管理部门逐级汇总统计,截至2012年12月31日24时,全国户籍总人口为135 780万人(不含香港、澳门特别行政区和台湾省的人口,以及服现役人员)。其中,男性为69 763万人,占51.38%;女性66 017万人,占48.62%。户籍登记的出生人口为1 774万人,死亡人口1 149万人。

(一)人口总量与上年基本持平。2012年全国总人口比2011年增加200万人,增长0.15%,增幅同比下降0.63个百分点。

(二)非农业人口47 971万人,占总人口比重较上年有所上升。总人口中,非农业人口47 971万人,占35.33%,比上年上升0.62个百分点;农业人口87 810万人,占64.67%。非农业人口比重较高的为上海、北京、天津、江苏和广东,分别占当地总人口的89.76%、80.13%、62.14%、55.99%和

52.17%；比重较低的是贵州、西藏、广西、河南和湖南，分别占当地总人口的16.58%、16.89%、19.18%、22.27%和22.29%。

（三）城市人口比重明显增长。截至2012年底，全国共有城市655个，其中直辖市4个，地级市284个，县级市367个。全国城市人口为64 733万人，占全国总人口的47.67%，比2011年增加478万人，比重上升0.28个百分点。其中，直辖市市区人口5 182万人，地级市市区人口34 524万人，县级市人口25 027万人。城市市区人口400万以上的城市有13个，分别为重庆（1 779万人）、上海（1 358万人）、北京（1 229万人）、武汉（827万人）、天津（816万人）、广州（678万人）、西安（573万人）、成都（554万人）、南京（553万人）、汕头（525万人）、沈阳（522万人）、哈尔滨（471万人）、杭州（445万人）。

（四）老龄人口比例持续上升。2012年全国60岁以上人口为20 819万人，占总人口的15.33%，比2011年上升0.45个百分点。老龄人口比例居全国前10位的分别是上海、北京、天津、江苏、辽宁、浙江、重庆、四川、山东和湖南，分别为25.74%、20.47%、18.83%、18.80%、18.16%、17.89%、17.74%、17.34%、16.85%和16.24%。

（五）户口迁移以省内迁移为主。2012年，全国迁移总人口为3 643万人，总迁移率为26.85%。其中省内迁移人口为2 739万人，占全国迁移人口总量的75.20%；省际迁移人口为904万人，占24.80%。

二、全国暂住人口状况

据2012年6月30日时点统计，全国公安机关登记暂住人口为16 752.3万人，比上年增加1 208.2万人，增长7.77%。暂住人口中，男性9 874.6万人，占58.78%；女性6 904.7万人，占41.22%。

（一）从事经济活动的12 927.4万人，占暂住人口总数的77.17%。其中，务工10 819.0万人，占64.58%；经商1 270.9万人，占7.59%；从事服务业837.5万人，占5.0%。

（二）来自农村的11 562.4万人，占暂住人口总数的69.02%。这些人员中，从事经济活动的有9 091.0万人，占来自农村地区暂住人口总数的78.63%。其中，务工7 753.8万人，占67.06%；经商788.6万人，占6.82%；从事服务业548.6万人，占4.74%。

（三）跨省（区、市）流动10 381.9万人，占暂住人口总数的61.97%。跨省（区、市）流动的暂住人口数量居前5位的分别是广东（2 144.1万人）、浙江（1 808.3万人）、江苏（1 099.2万人）、上海（1 006.8万人）和福建（827.7万人）。其中广东省占全国跨省（区、市）流动的暂住人口总量的20.65%。

在跨省（区、市）流动的暂住人口中，从事经济活动的8 227.6万人，占79.25%。其中，务工7 061.6万人，占68.02%；经商687.0万人，占6.62%；从事服务业479.0万人，占4.61%。

（四）暂住一个月以上的15 052.4万人，占暂住人口总数的89.85%。其中，暂住一个月至一年的9 088.1万人，占54.25%，一年以上的5 964.3万人，占35.60%。从事经济活动的人员暂住时间普遍较长，暂住一个月以上的有12 011.0万人，占暂住人口总数的71.70%。借读培训、投靠亲友的也多暂住一个月以上，分别为726.6万人和312.5万人。

（五）居住出租房屋的7 999.1万人，占暂住人口总数的47.75%。此外暂住在单位内部和工地现场的分别为3 833.6万人和1 303.3万人，分别占总数的22.88%和7.78%。

2012年中国人口和计划生育事业发展概况

国家人口和计划生育委员会办公厅研究室

2012年是迎接党的十八大胜利召开,进一步在深化全局性改革中切实加强人口计生工作的关键一年。在党中央、国务院的坚强领导下,在各级党委、政府和各相关部门的大力支持下,人口计生系统全面贯彻科学发展观,坚决落实中央决策部署,尽职履责,扎实工作,各项工作取得了积极成效。

一、加强重大问题研究。认真学习领会中央的决策部署,围绕关系经济社会发展全局和事业长远发展的重大问题,组织开展统筹解决人口问题顶层设计和人口计生大项目、大投入两个重点课题研究,理清了新形势下的重点任务,明确把稳定低生育水平作为首要任务和前提,把加强人口信息化建设和应用作为突破口和重要抓手,把完善相关法律法规和政策体系作为根本和基础依据,把建立健全人口计生公共服务体系作为重要平台和载体,把谋划大项目大投入作为重要保障和支撑,把坚持完善目标管理责任制作为重要手段和基本制度,以此为核心确立了六项重点任务,有力推动了各项工作的深入开展。

二、切实稳定低生育水平。坚持计划生育基本国策不动摇,保持人口计生政策的连续性和稳定性。完善宣传教育、依法管理、村(居)民自治、优质服务、政策推动、综合治理的长效工作机制。健全利益导向政策体系,组织实施计划生育手术并发症人员纳入特别扶助制度工作,建立并首次启动奖励扶助和特别扶助标准的动态调整机制,奖励扶助和特别扶助的标准均提高了35%左右。2012年末,全国人口出生率为12.10‰,人口自然增长率为4.95‰,顺利完成人口计划。

三、扎实做好国家免费孕前优生健康检查等科技服务。加强以县乡服务机构为重点的人口计生公共服务体系建设,继续深化优质服务先进单位创建活动,确立计划生育优质服务全覆盖的工作目标。积极做好出生缺陷预防工作,国家免费孕前优生健康检查项目实施单位由220个扩大到1 714个,圆满完成国务院确定的免费孕前优生健康检查覆盖面60%的目标,目标人群平均覆盖率达80%以上,有效减少了出生缺陷发生风险。一批人口计生科研项目纳入国家"十二五"重大科研计划。

四、加大出生人口性别比综合治理工作力度。联合相关部委开展"出生人口性别比重点治理年"活动,明确治理目标和举措。集中整治"两非"(即非医学需要的胎儿性别鉴定、非医学需要的人工终止妊娠)专项行动成效明显,全国立案1.74万余件,处理有关责任人1.29万余人。出台《关于加强人口文化建设的意见》,以新型家庭人口文化建设为突破口,大力倡导社会性别平等的先进理念。全国出生人口性别比连续四年出现下降,实现稳中有降的预期目标。

五、深化流动人口计划生育服务管理机制建设。流动人口计划生育服务管理全国"一盘棋"工作机制不断深化,人口流出地和流入地权责明晰,监测评估得到加强,工作制度进一步健全。积极推进流动人口计划生育基本公共服务均等化试点工作,49个试点城市的免费计划生育技术服务落实率达90%以上。发布《中国流动人口发展报告2012》,参与促进城镇化健康发展规划的编制,为国家重大决策提供支撑。

六、综合改革向纵深推进。加强层级推进和分类指导,在市级层面深化综合改革示范市创建工作,部分地区在创新人口服务管理理念和体制机制上取得重要突破;在省级层面加强对委省共建省份跟踪督导,搭建省级综合改革试验平台,推动人口计生综合改革融入当地经济社会发展大局,推动人口问题的统筹解决。

七、人口信息化和人口规划体系建设取得新进展。全员人口统筹管理信息系统(又称"金人工程")成功立项。"两级(中央和省两级)处理、六级(中央、省、地、县、乡、村级)应用"的体系框架基本形成,一批业务应用成效明显,省级人口信息库已涵盖人口12.8亿。开展人口信息采集机制创新试点,探索立足基层,以服务换信息,以信息促服务的工作模式和业务规范。国家科技支撑计划项目"人口与发展数学模型与综合决策支持系统"成功启动。全面实施国家人口发展"十二五"规划,出台人口计生事业发展"十二五"规划。坚持和完善人口计生目标管理责任制,协调将人口自增率、出生性别比、孕前优生健康检查指标纳入国家"十二五"规划纲要考核内容,切实推进各项重点工作和重大项目落到实处。协调出台《"十二五"时期人口和计划生育服务体系建设规划》,有力支撑人口计生公共服务体系的建设和发展。

八、国际交流与合作继续深化。坚持以国内需求为导向开展国际交流与合作,树立负责任人口大国的形象。积极参加联合国可持续发展大会,成功举办亚太应对老龄化研讨会,顺利推进联合国人口基金第七周期等国际合作项目,巩固和扩大国际人口与发展领域的合作成效。

九、党风廉政和行业作风建设进一步加强。深入开展党风廉政建设,认真落实中央关于改进工作作风、密切联系群众"八项规定",大力推进惩防体系建设,加强廉政风险防控工作。广泛开展"阳光计生行动",重点依法规范再生育审批、社会抚养费征收、节育措施落实和重点项目实施等人口计生权力行使,完善行政裁量权基准制度。组织开展治理乱收费乱罚款、基层文明执法等专项督查工作,作风建设得到进一步加强。巡视工作取得明显成效,巡视效果得到运用。深入推进政风行风建设,制定《人口计生系统基层依法行政工作规范和指南》,组织开展专项督查,推动基层依法行政、文明执法。落实行政问责制度,及时化解舆论和工作危机。加强新闻正面宣传和舆论引导工作,推出一批以姚明河同志为代表的先进典型,"最美在基层"——第一届中国人口十佳杰出人物,树立了新时期人口计生工作的新形象。

十、文明机关建设取得新成效。深化创先争优窗口建设,探索建立为民服务创先争优活动长效工作机制。扎实推进学习型党组织建设,"读讲一本书"活动被评为中央国家机关十大学习品牌,推动关爱女孩青年志愿者行动被评为"第九届中国青年志愿者优秀项目奖",宣教司党支部被评为全国创先争优基层党组织,宣传教育司党支部工作法被评为中央国家机关十大工作法。深入开展"走出机关,服务基层"工作,开展了与汶川地震灾区家庭心连心活动,各单位"一县三年帮扶计划"得到较好落实。

2012年中国社会保障事业发展概况

汪泽英

2012年,中国社会保障事业按照十七大确定的"到2020年,覆盖城乡居民的社会保障体系基本建立"战略目标要求,各地认真贯彻落实党中央、国务院的决策部署,深入贯彻实施社会保障"十二五"规划和社会保险法,加快完善社会保障体系建设,顺利实现城乡居民社会养老保险制度全覆盖。社会保障覆盖范围继续扩大,社会保险基金征缴和管理不断加强,各项社会保障待遇水平进一步提高。

一、城乡居民社会保障体系实现制度全覆盖

2009年,国务院启动新型农村社会养老保险(简称新农保)试点,2011年启动城镇居民社会养老保险(简称城居保)试点,标志覆盖城乡居民的社会保障体系基本建立,城镇职工可参加城镇职工基本养老、失业、基本医疗、工伤、生育保险制度,农民可参加新型农村社会养老保险和新型农村合作医疗制度,城镇居民可参加城镇居民社会养老保险和基本医疗制度。2012年7月,新农保和城居保制度在全国所有县级行政区全面实施,9月基本实现两项制度全覆盖,标志着覆盖城乡居民社会保障体系实现制度全覆盖。同时,军人退役养老保险关系转移接续政策、大病保险政策、医保总额控制、工伤保险辅助器具目录、事业单位参加工伤保险政策、社会保险基金社会监督试点、社会保险工作人员纪律规定等文件相继出台实施,社会保障制度法规规章更加完善。

二、覆盖面进一步扩大,基本实现人人享有社会保障

随着覆盖城乡居民的社会保障体系实现制度全覆盖,社会保障覆盖人数快速增长,待遇享受人数增加,基本实现人人享有社会保障。

养老保险覆盖人数达到7.88亿人,2.16亿人领取养老金,分别较2011年增长近1亿人和500多万人。分制度类型覆盖人数:(1)城镇职工基本养老保险。参保人数为30 427万人,比上年末增加2 036万人。其中,参保职工22 981万人,参保离退休人员7 446万人,分别比上年末增加1 416万人和619万人;(2)城乡居民养老保险。参保人数达到48 370万人,比上年末增加15 187万人。其中,60岁以下参保人数34 987万人,比上年末增加10 990万人。共有13 075万城乡居民领取了基本养老金。同时,补充保险发展迅速,年末全国有5.47万户企业建立了企业年金,比上年增加0.98万户;参加职工人数为1 847万人,比上年增加270万人。

医疗保险覆盖人数达到13.41亿,覆盖全国95%以上的人。分制度类型覆盖人数:(1)城镇基本医疗保险。参加城镇基本医疗保险人数为53 641万人。其中,参加职工基本医疗保险人数为26 486万人,比上年末增加1 258万人;参加城镇居民基本医疗保险人数为27 156万人,比上年末增加5 040万人。职工基本医疗保险享受医疗服务总人次达12.3亿人次,城镇居民基本医疗保险享受医疗服务总人次达2.3亿人次;(2)新型农村合作医疗。新型农村合作医疗,截止2012年末,全国参加新型农村合作医疗人数8.05亿人,补偿支出受益17.45亿人次。

失业保险、工伤保险、生育覆盖和待遇享受人数快速增长。年末全国参加失业保险人数为15 225万人,比上年末增加908万人;全国领取失业保险金人数为204万人,比上年末增加7万

人;全年共有72万名劳动合同期满未续订或者提前解除劳动合同的农民合同制工人领取了一次性生活补助。全国参加工伤保险人数为19 010万人,比上年末增加1 314万人;其中农民工参加工伤保险7 179万人,比上年末增加352万人;全国认定工伤人数为117.4万人,比上年减少了2.8万人;评定伤残等级人数为51.3万人,比上年增加0.3万人;全国有191万人享受了工伤保险待遇,比上年增加28万人。年末,全国参加生育保险人数为15 429万人,比上年末增加1 537万人;有353万人次享受了各项生育保险待遇,比上年增加88万人次。

城市低保巩固了动态管理下的应保尽保,农村低保稳步向应保尽保迈进。有1 114.9万户、2 143.5万城市低保对象,2 814.9万户、5 344.5万农村低保对象,享受最低生活保障。

城乡医疗救助全面实施。2012年全年累计救助城市居民2 077万人次,其中:民政部门资助参加城镇居民基本医疗保险1 387.1万人次;民政部门直接救助城市居民689.9万人次,人均医疗救助水平858.6元。2012年全年累计救助贫困农村居民5 974.2万人次,其中:民政部门资助参加新型农村合作医疗4 490.4万人次;民政部门直接救助农村居民1 483.8万人次。

三、社会保障基金规模扩大,保障水平稳步提高。

进一步健全单位、城乡居民和财政三方筹资和社会保障待遇正常增长机制,财政社会保障投入增加,社会保障基金收、支规模扩大,社会性保障结余基金增加,为提高保障水平和制度健稳运行提供资金支持。

(一)社会保险基金收、支规模扩大

2012年,社会保险(含城乡居民社会养老保险、新型农村合作医疗)基金收入合计32 779亿元,较上年增长20.5%;基金支出合计25 621亿元,较上年增长26.5%。

养老保险。全国城镇职工基本养老保险基金收入20 001亿元,比上年增加3 106亿元;基金支出15 562亿元,比上年增加2 797亿元;基金累计结存23 941亿元,比上年增加4 445亿元。年末,城乡居民养老保险基金收入1 829亿元,比上年增加719亿元;基金支出1 150亿元,比上年增加551亿元;基金累计结存2 302亿元,比上年增加1 071亿元。

医疗保险。职工基本医疗保险基金收入6 062亿元,比上年增加1 117亿元;医疗保险基金支出4 868亿元,比上年增加850亿元;年末统筹基金累计结存4 187亿元,个人账户累计结存2 697亿元。居民基本医疗保险基金收入877亿元,比上年增加283亿元;基金支出675亿元,比上年增加262亿元;年末基金累计结存760亿元,比上年增加263亿元。新型农村合作医疗筹资总额达2 484.7亿元,支出2 408.0亿元。

失业保险。2012年全国失业保险基金收入1 139亿元,比上年增加216亿元;基金支出451亿元,比上年增加18亿元;年末基金累计结存2 929亿元,比上年增加689亿元。

工伤保险。2012年全国工伤保险基金收入527亿元,比上年增加60亿元;基金支出406亿元,比上年增加120亿元;年末基金累计结存737亿元,储备金结存125亿元。

生育保险。2012年全国生育保险基金收入304亿元,比上年增加84亿元。基金支出219亿元,比上年增加80亿元。年末基金累计结存428亿元,比上年增加85亿元。

2012年末,全国城镇职工基本养老保险、居民社会养老保险、职工基本医疗保险、居民基本医疗保险、工伤保险、失业保险及生育保险基金资产总额39 835亿元。其中,各级政府财政专户存款33 401亿元,各级社会保险经办机构支出户2 100.5亿元,暂付款2 098.3亿元,债券投资259.2

亿元,委托运营918亿元,协议存款1 058亿元。

(二)财政在社会保障方面投入增加

2012年,我国财政社会保障和就业支出12 585亿元,较上年增长13.7%,其中:补贴城镇基本养老保险527亿元,比上年增长15.3%;新农保933亿元,比上年增长43.7%;基本医疗保险补助84亿元,比上年增长25.7%;城市低保资金674.3亿元,比上年增长2.2%;农村低保资金718.0亿元,比上年增长7.5%;支出城市医疗救助资金70.9亿元,比上年增长4.9%;支出农村医疗救助资金132.9亿元,比上年增长10.8%;城镇居民社会养老保险108亿元、工伤保险补助16亿元、全国社会保障基金200亿元。

(三)社会保障水平有较大幅度提高

国家连续第8年提高企业退休人员基本养老金水平,2012年全国企业退休人员月均基本养老金1 721元,较上年增长近14%左右。

新型农村合作医疗、城镇居民基本医疗保险稳步提高。2012年,城镇职工住院医疗费用中统筹基金次均支付6 522元,比上年增长6.7%,政策范围内住院医疗费用基金支付比例为81%;城镇居民住院医疗费用中基金次均支付3 081元,比上年增长6.6%,政策范围内住院医疗费用基金支付比例为64%。

城镇职工工伤、生育、失业保险和城乡低保待遇普遍提升:伤残职工月人均伤残津贴1 864元,月人均生活护理费1 024元,供养亲属月人均抚恤金868元;人均生育待遇11 287元,比上年增长22.3%;城市低保平均标准330.1元/人、月,比上年增长14.8%;全国城市低保月人均补助水平239.1元;农村低保平均标准2 067.8元/人、年,比上年提高349.4元,增长20.3%;全国农村低保月人均补助水平104.0元。

四、基层社会保障服务设施建设加强,经办管理服务能力不断提升。

2012年,适应社会保障体系从制度上覆盖全体居民,基层社会保障服务设施建设加强。基层社会保障服务设施建设试点范围进一步扩大,继续在中西部地区(含福建中央苏区和山东革命老区)266个县、1 010个乡镇(街道)开展基层服务设施试点建设。2010年试点启动两年来,已有257个县、1 300个乡镇完成试点项目建设并投入使用,有效改善了基层社会保障服务条件,提高了基层公共服务能力和办事效率。截至2012年底,全国社会保险经办机构工作人员17.2万人,比上年末增加1.0万人。

全面完成了金保工程一期建设,并顺利通过竣工验收。到2012年底,31个省份实现了部、省、市三级网络贯通。全国已通过社会保障卡发行审批注册程序的地级以上城市达到324个,实际发卡地区已达293个,实际持卡人数达到3.41亿。新农保和城居保业务系统已覆盖全国31个省份的2 605个县,占94%。社保跨地区系统建设迈出坚实步伐,养老、医保关系转移系统分别已有29个、12个省份的256个和44个地市入网,2012年全国跨统筹地区转移城镇基本医疗保障关系89.7万人次,转移个人账户基金5.4亿元;全国跨省转移城镇职工基本养老保险关系114.7万人次,转移基金178.6亿元。信息化公共服务能力进一步提升,31个省份307个地市开通12333电话咨询服务。

标准化工作迈向新台阶。印发《人力资源和社会保障标准化规划(2011-2015年)》,社会保险领域标准列为国家"十二五"期间标准化重点任务和重大工程。组织社会保险标准化理论研究,开展了《社会保险管理与服务标准体系研究》。

企业退休人员纳入社区管理工作取得新进展。截至2012年底,全国已纳入社区管理的企业退休人员达到5 328万人,占企业退休人员总数的78.3%,比上年末增加603万人。完善养老服务福利设施,以居家养老为基础,社区养老为依托,机构养老为补充的社会福利服务体系基本形成。截止2012年底,全国各类养老服务机构44 304个,比上年增加3 436个,拥有床位416.5万张,比上年增长12.8%(每千名老年人拥有养老床位21.5张,比上年增长7.5%),年末收养老年人293.6万人,比上年增长12.7%。其中社区留宿和日间照料床位19.8万张。

在肯定2012年社会保障体系建设巨大成绩的同时,我们也清醒地认识到,我国社会保障体系建设面临着城镇化、市场化、人口老龄化和经济结构升级、社会转型带来的巨大挑战,有许多体制性、制度性的重大问题亟待解决,改革和发展的任务十分艰巨。我们应坚持党的十八大报告提出全覆盖、保基本、多层次、可持续的社会保障工作方针,以增强公平性、适应流动性、保证可持续性为重点,按照中央确定的稳中求进总基调,推动2013年社会保障事业发展:(1)统筹城乡社会保险制度建设。制定实施城乡养老保险制度衔接政策;完善新农保、城居保政策,推进合并实施城乡居民社会养老保险制度;研究城镇职工基本养老保险基础养老金全国统筹办法。推进医疗保险城乡统筹,做好大病保险试点。开展工伤预防和工伤康复工作,探索建立"先康复后评残"工作机制。修订失业保险条例,研究制定失业保险预防失业、促进就业的政策措施。出台实施生育保险办法。(2)扩大社会保障覆盖面。在实现新农保和城居保制度全覆盖的基础上,引导适龄居民积极参保续保。完善城镇灵活就业人员与个体户参加城镇职工养老保险缴费政策,促进他们参保。以高风险企业和事业单位为重点扩大工伤保险覆盖面,事业单位基本实现应保尽保。将生育保险实施范围扩大到各类用人单位。(3)适度提高社会保障待遇水平。继续调整企业退休人员基本养老金,研究制定城乡居民社会养老保险基础养老金正常调整机制。稳步提高基本医疗保险待遇水平,统筹推进职工和居民医保门诊统筹。(4)加强基金监管。开展新农保和城居保基金管理使用情况检查。全面实行医疗保险总额控制,深化付费方式改革,加强对医疗服务的监管,控制医疗费用不合理增长。完善社会保险基金监管与反欺诈制度,开展社会监督试点。研究社会保险基金投资运营、保值增值问题。完善企业年金政策,加强市场监管。(5)强化社会保障管理服务。完善经办管理体制,整合经办管理资源,提高运行效率。加强基层平台建设,规范和优化社会保障管理服务流程,充实经办力量,推进标准化管理。加强信息化建设,扩大社会保障卡发卡数。

(作者单位:人力资源和社会保障部社会保障研究所)

2012年中国教育事业发展概况

教育部

2012年,在党中央国务院坚强领导下,各级党委政府大力支持,全社会共同努力,教育优先发展战略地位进一步落实,教育系统奋发进取,我国教育改革稳步推进。全国各级各类教育蓬勃发展,教育公平进一步推进,入学机会继续扩大,资源配置更趋合理,教育质量逐步提高。学前教育规模保持较大幅度增长,毛入园率继续上升;义务教育办学条件进一步改善,均衡化程度有所提升;高中阶段教育规模略有减少,普及水平稳步提高;高等教育规模适度增长,重点正转向优化结构与提高质量。

一、**学前教育**。全国共有幼儿园18.13万所,比上年增加1.45万所,在园幼儿(包括附设班)3 685.76万人,比上年增加261.32万人。幼儿园园长和教师共167.75万人,比上年增加18.15万人。学前教育毛入园率达到64.5%,比上年提高2.2个百分点。

二、**义务教育**。全国共有义务教育阶段学校28.2万所,比上年减少1.36万所。全国义务教育阶段共招生3 285.43万人;在校生14 458.96万人;九年义务教育巩固率91.8%;专任教师908.98万人。

小学

全国共有小学22.86万所,比上年减少1.27万所;招生1 714.66万人,比上年减少22.13万人;在校生9 695.90万人,比上年减少230.47万人;毕业生1 641.56万人,比上年减少21.25万人。小学学龄儿童净入学率达到99.85%;其中,男女童净入学率分别为99.84%和99.86%,女童高于男童0.02个百分点。

小学教职工553.85万人,比上年减少4.64万人;专任教师558.55万人,比上年减少1.94万人。小学专任教师学历合格率99.81%,比上年提高0.09个百分点,小学生师比17.36:1,与上年的17.71:1有所改善。

普通小学校舍建筑面积59 061.93万平方米,比上年增长2 148.8万平方米。小学体育运动场(馆)面积达标学校比例47.29%,比上年提高2个百分点;体育器械配备达标学校比例48.17%,比上年提高3个百分点;音乐器械配备达标学校比例44.78%,比上年提高2个百分点;美术器械配备达标学校比例46.28%,比上年提高4个百分点;数学自然实验仪器达标学校比例50.75%,比上年提高3个百分点。

初中

全国共有初中学校5.32万所(其中职业初中49所),比上年减少901所。招生1 570.77万人,比上年减少63.96万人;在校生4 763.06万人,比上年减少303.74万人;毕业生1 660.78万人,比上年减少75.90万人。初中阶段毛入学率102.1%,比上年提升2.0个百分点。初中毕业生升学率88.4%,与上年基本持平。

初中教职工393.91万人,比上年减少0.51万人;专任教师350.44万人,比上年减少2.02万人。初中专任教师学历合格率99.12%，比上年提高0.21个百分点。生师比13.59:1，比上年的14.38:1有所降低。

初中校舍建筑面积47 582.06万平方米，比上年增长2 035.8万平方米。初中体育运动场(馆)面积达标学校比例67.40%，比上年提高5个百分点；体育器械配备达标学校比例69.08%，比上年提高5个百分点；音乐器械配备达标学校比例64.56%，比上年提高4个百分点；美术器械配备达标学校比例65.79%，比上年提高6个百分点；理科实验仪器达标学校比例75.05%，比上年提高4个百分点。

进城务工人员随迁子女和农村留守儿童

全国义务教育阶段在校生中进城务工人员随迁子女共1 393.87万人。其中，在小学就读1 035.54万人，在初中就读358.33万人。

全国义务教育阶段在校生中农村留守儿童共2 271.07万人。其中，在小学就读1 517.88万人，在初中就读753.19万人。

三、特殊教育。全国共有特殊教育学校1 853所，比上年增加86所；特殊教育学校共有专任教师4.37万人。全国共招收特殊教育学生6.57万人，比上年增加1 613人；在校生37.88万人，比上年减少2.00万人。其中，视力残疾学生4.09万人，听力残疾学生10.11万人，智力残疾学生18.67万人，其他残疾学生5.01万人。普通小学、初中随班就读和附设特教班招收的学生3.50万人，在校生19.98万人，分别占特殊教育招生总数和在校生总数的53.30%和52.74%。特殊教育毕业生4.86万人，比上年增加0.44万人。

四、高中阶段教育。全国高中阶段教育(包括普通高中、成人高中、中等职业学校)共有学校26 868所，比上年减少770所；招生1 598.74万人，比上年减少65.90万人；在校学生4 595.28万人，比上年减少91.33万人。高中阶段毛入学率85.0%，比上年提高1.0个百分点。

普通高中

全国普通高中13 509所，比上年减少179所；招生844.61万人，比上年减少6.17万人，降低0.73%；在校生2 467.17万人，比上年增加12.35万人，增长0.50%；毕业生791.50万人，比上年增加3.76万人，增长0.48%。

普通高中教职工246.26万人，比上年增加3.52万人；专任教师159.50万人，比上年增加3.82万人，生师比15.47:1，比上年的15.77:1有所改善；专任教师学历合格率96.44%，比上年提高0.71个百分点。

普通高中共有校舍建筑面积42 246.65万平方米，比上年增长1 419.36万平方米。普通高中体育运动场(馆)面积达标学校比例83.01%，比上年提高6个百分点；体育器械配备达标学校比例83.39%，比上年提高3个百分点；音乐器械配备达标学校比例80.63%，比上年提高3个百分点；美术器械配备达标学校比例81.88%，比上年提高4个百分点；理科实验仪器达标学校比例85.81%，比上年提高4个百分点；建立校园网学校比例80.29%，比上年提高3个百分点。

成人高中

全国成人高中696所，比上年减少161所；在校生14.42万人，比上年增加12.03万人；毕业生11.63万人，比上年减少10.57万人。成人高中教职工0.73万人，比上年增加201人；专任教师0.58万人，比上年增加20人。

中等职业教育

全国中等职业教育(包括普通中等专业学校、职业高中、技工学校和成人中等专业学校)共有学校12 663所,比上年减少430所。其中,普通中等专业学校3 681所,比上年减少72所;职业高中4 517所,比上年减少285所;技工学校2 901所,比上年减少23所;成人中等专业学校1 564所,比上年减少50所。

中等职业教育招生754.13万人,比上年减少59.73万人,占高中阶段教育招生总数的47.17%。其中,普通中专招生277.36万人,比上年减少22.21万人;职业高中招生213.90万人,比上年减少32.52万人;技工学校招生213.90万人,比上年减少32.52万人;成人中专招生105.81万人,比上年增加1.85万人。

中等职业教育在校生2 113.69万人,比上年减少91.64万人,占高中阶段教育在校生总数的46.00%。其中,普通中专在校生812.56万人,比上年减少42.65万人;职业高中在校生623.05万人,比上年减少57.93万人;技工学校在校生423.81万人,比上年减少6.62万人;成人中专在校生254.27万人,比上年增加15.55万人。

中等职业教育毕业生674.89万人,比上年增加14.55万人。其中,普通中专毕业生265.31万人,比上年减少4.92万人;职业高中毕业生217.44万人,比上年减少3 610人;技工学校毕业生120.51万人,比上年增加1.29万人;成人中专毕业生71.63万人,比上年增加18.54万人。

中等职业教育学校共有教职工118.94万人,比上年减少2.18万人。其中,普通中等专业学校教职工43.06万人,比上年减少4 394人;职业高中教职工39.43万人,比上年减少1.24万人;技工学校教职工26.81万人,比上年减少0.20万人;成人中等专业学校教职工7.75万人,比上年减少0.38万人。

中等职业教育学校共有专任教师88.10万人,比上年减少976人,生师比24.19:1,比上年的25.01:1有所改善。其中,普通中等专业学校专任教师30.56万人,比上年增加1700人;职业高中专任教师31.17万人,比上年减少3 729人;技工学校专任教师19.69万人,比上年增加0.43万人;成人中等专业学校专任教师5.42万人,比上年减少985人。

四、高等教育。全国各类高等教育总规模达到3 325万人,高等教育毛入学率达到30%。全国共有普通高等学校和成人高等学校2 790所,比上年增加28所。其中,普通高等学校2 442所(含独立学院303所),比上年增加33所;成人高等学校348所,比上年减少5所。普通高校中本科院校1 145所,比上年增加16所;高职(专科)院校1 297所,比上年增加17所。全国共有培养研究生单位811个,其中高等学校534个,科研机构277个。

研究生招生58.97万人,比上年增加2.95万人,增长5.27%,其中,博士生招生6.84万人,硕士生招生52.13万人。在学研究生171.98万人,比上年增加7.40万人,增长4.50%,其中,在学博士生28.38万人,在学硕士生143.60万人。毕业研究生48.65万人,比上年增加5.65万人,增长13.13%,其中,毕业博士生5.17万人,毕业硕士生43.47万人。

普通高等教育本专科共招生688.83万人,比上年增加7.33万人,增长1.08%;在校生2 391.32万人,比上年增加82.81万人,增长3.59%;毕业生624.73万人,比上年增加16.58万人,增长2.73%。

成人高等教育本专科共招生243.96万人,比上年增加25.44万人;在校生583.11万人,比上年增加35.62万人;毕业生195.44万人,比上年增加4.77万人。

全国高等教育自学考试学历教育报考853.90万人次,取得毕业证书73.12万人;非学历教育报考871.1万人次。

普通高等学校本科、高职(专科)全日制在校生平均规模9 675人,其中,本科学校13 999人,高职(专科)学校5 858人。

普通高等学校教职工225.44万人,比上年增加4.96万人;专任教师144.03万人,比上年增加4.76万人。普通高校生师比为17.52:1。成人高等学校教职工6.56万人,比上年减少0.34万人;专任教师3.94万人,比上年减少0.15万人。

普通高等学校校舍总建筑面积81 060.42万平方米(含非产权独立使用),比上年增加2 984.28万平方米;教学科研仪器设备总值2 935.37亿元(含非产权独立使用),比上年增加380.68亿元。

五、成人培训与扫盲教育。全国接受各种非学历高等教育的学生394.84万人次,当年已结业778.53万人次;接受各种非学历中等教育的学生达4 969.81万人次,当年已结业5 537.04万人次。

全国职业技术培训机构12.38万所,比上年减少0.58万所;教职工50.66万人;专任教师28.22万人。

全国有成人小学2.7万所,在校生164.3万人,教职工5.7万人,其中专任教师3.0万人;成人初中1578所,在校生63.1万人,教职工0.9万人,其中专任教师0.8万人。

全国共扫除文盲58.57万人,比上年减少23.24万人;另有68.90万人正在参加扫盲学习,比上年减少5.98万人。扫盲教育教职工3.83万人,比上年减少1.13万人;专任教师1.78万人,比上年减少0.54万人。

六、民办教育。全国共有各级各类民办学校(教育机构)13.99万所,比上年增加0.91万所;招生1 454.03万人,比上年增加53.16万人;各类教育在校生达3 911.02万人,比上年增加197.12万人。其中:

民办幼儿园12.46万所,比上年增加9 234所;入园儿童865.62万人,比上年增加52.23万人;在园儿童1 852.74万人,比上年增加158.54万人。

民办普通小学5 213所,比上年减少27所;招生104.44万人,比上年增加3.61万人;在校生597.85万人,比上年增加30.03万人。

民办普通初中4 333所,比上年增加51所;招生157.81万人,比上年增加4.16万人;在校生451.41万人,比上年增加8.85万人。

民办普通高中2 371所,比上年减少23所;招生82.13万人,比上年减少1.41万人;在校生234.96万人,与上年基本持平。

民办中等职业学校2 649所,比上年减少207所;招生83.75万人,比上年减少11.99万人;在校生240.88万人,比上年减少28.37万人。另有非学历中等职业教育学生34.82万人。

民办高校707所(含独立学院303所),比上年增加9所;招生160.28万人,比上年增加6.55万人;在校生533.18万人,比上年增加28.11万人。其中,硕士研究生在校生155人,本科在校生341.23万人,专科在校生191.94万人;另有自考助学班学生、预科生、进修及培训学生22.04万人。民办的非学历高等教育机构823所,各类注册学生82.82万人。

另外,还有其他民办培训机构20 155所,860.64万人次接受了培训。

2012年中国人才事业发展概况

潘晨光　赵慧英

一、2012年中国人才工作要点回顾

党的十八大铸就人才强国梦。2012年10月，中国共产党第十八次全国代表大会胜利召开。党的十八大报告在党的建设、文化建设、创新社会管理等多个方面多次提到人才问题，指出要深入实施人才强国战略，坚持党管人才原则，"把各方面优秀人才集聚到党和国家事业中来。广开进贤之路，广纳天下英才，是保证党和人民事业发展的根本之举。要尊重劳动、尊重知识、尊重人才、尊重创造，加快确立人才优先发展战略布局，造就规模宏大、素质优良的人才队伍，推动我国由人才大国迈向人才强国。

营造良好的人才成长环境。营造良好的人才成长环境，有利于人才更快更好地成长、有利于人才作用的充分发挥已越来越成为政府相关部门的共识。2012年6月，第二届中国人才发展论坛在深圳举办，深入讨论创新创业人才的成长环境等问题。各级政府都在加强政策创新，努力营造良好的制度环境；加快转变政府职能，努力培育规范统一的人才市场环境；尊重人才成长规律，完善鼓励创新创业的良好工作生活环境；大力宣传普及科学人才观，努力营造良好的社会环境；继续努力推进制度创新，营造更加有利于人才成长的环境和氛围。

推动人才国际化进程。2012年6月6日召开的中央人才工作协调小组第36次会议，主要审议《高层次人才国家特殊支持计划实施办法（暂行）》《外国人在中国永久居留享有相关待遇的办法》和《关于为外籍高层次人才来华提供签证及居留便利有关问题的通知》。2012年8月17日，经党中央、国务院批准，"国家高层次人才特殊支持计划"（简称"国家特支计划"，亦称"万人计划"）正式设立。该计划的总体目标是："从2012年起，用10年左右时间，有计划、有重点地遴选支持10 000名左右自然科学、工程技术、哲学社会科学和高等教育领域的杰出人才、领军人才和青年拔尖人才，形成与引进海外高层次人才计划相互补充、相互衔接的国内高层次创新创业人才队伍开发体系"[①]。2012年10月，中共中央组织部公布了第八批"千人计划"人选的评审结果。"千人计划"是我国目前层次最高的海外人才引进计划，受到了海外留学人员的普遍欢迎和积极参与，并取得了良好的效果：攻克了一批制约产业发展的重大关键技术；取得了一批标志性的原始创新成果；打造了一批具有世界水平的创新团队；推动了一批高新技术企业的发展壮大。在此基础上，中央人才工作协调小组办公室又在广泛听取各方面意见的基础上，于2011年推出了与之相关的"青年千人计划"。

重点扶持中西部地区人才发展。2012年3月至10月，人力资源和社会保障部与河南省、宁夏自治区、湖南省、内蒙古自治区、贵州省、甘肃省等中西部省人民政府签署"人力资源和社会保障事业改革与发展备忘录"，就劳动者就业、人才培养支撑体系、人力资源和社会保障基础建设、指

---

① 新华网：http://news.xinhuanet.com/2013-06/03/c_116016531.htm

导各地社会保障体系完善、构建和谐劳动关系等问题提出了具体措施,是促进中西部各省市区人力资源开发和人才成长的重要举措。

各级政府高度重视各类人才就业问题。针对我国作为劳动力大国就业矛盾较为突出的现状,党中央、国务院高度重视就业工作。2012年2月20日,中共中央政治局就实施更加积极的就业政策进行了第32次集体学习。2012年7月17日,国务院在北京召开全国就业创业工作表彰大会。会议除表彰就业创业先进集体、先进个人外,提出了坚持就业优先战略、增强经济发展对就业的拉动作用、加大工作和政策力度解决困难群体就业、扶持中小企业发展促进创业带动就业、兴办职业教育技能培训提高劳动者素质等促进就业的基本措施。

完成全口径人才资源统计工作。人才研究包括对人才成长规律的探究、各类人才问题的探讨、人才成长条件的分析等。其中人才资源统计是人才工作和人才研究工作的一项重要基础性工作,也是国家统计工作的重要组成部分。2012年5月中旬,2010年开始的全国人才资源统计工作完成。这是2008年有关部门开展部分人才发展指标的统计之后,我国首次进行的全口径人才资源统计。统计结果显示,党的十七大以来,我国人才资源总量稳步增长。(1)全国人才资源总量达到1.2亿人,比2008年增加780万人。(2)人才素质明显提升。每万劳动力中研发人员达到33.6人年,比2008年增长8.8人年。(3)人才效能进一步提高。人力资本投资占国内生产总值比例达到12.0%,比2008年增长1.3个百分点;人才对经济增长的贡献率达到26.6%,人才对我国经济增长的促进作用进一步提升。[①]

健全人才学学科建设。为培养能够满足我国人才强国战略要求的专业人才队伍,经国家标准化管理委员会批准,自2012年3月1日起,人才学正式列为社会学下的二级学科。这使人才学及相关学科有了清晰的学科归属,扫除了学科的边缘化和碎片化的障碍,有利于提高人才学专业人才的培养层次,集聚研究力量,促进人才理论研究队伍的发展和人才理论的创新。

二、近期研究关注的几个主要问题

人才管理改革试验区发展问题。鼓励地方和行业结合自身实际建立与国际人才管理体系接轨的人才管理改革试验区,是《国家中长期人才发展规划纲要(2010-2020年)》提出的崭新理念,是对各地综合配套改革试验区建设的深化发展,也是对地方人才特区建设的规范提升,对我国人才管理体制机制改革和政策创新有着重要意义。从国际发展经验来看,在特定区域聚集高科技创新产业和创新创业人才,是推动国家增强创新驱动发展的动力源泉,尤其是以美国硅谷为代表的世界典型高科技园区的区域创新网络发展,对我国人才管理改革试验区建设具有重要的参考借鉴意义。当前,我国以北京中关村人才特区为代表的国家级人才管理改革试验区,在建设过程中先后出台了一系列鼓励创新创业的特殊政策,在吸引海内外优秀人才聚集和创新创业方面取得了初步成效。但是,当前人才管理改革试验区在我国还是一个新鲜事物,相关理论研究和实证分析都还处于起步阶段;涉及人才引进、培养、创新创业、服务以及相关财税金融等方面的政策支持力度有待加大,政策覆盖面有待拓宽,政策执行力度有待强化,同时政策资源有待集成。

人才财政投入政策问题。在人才发展与财政政策之间的互动关系问题上,财政政策能够有效引导公共资源配置,为人才发展提供强有力的政策支持和稳定持久的制度环境;人才的发展也有

---

① 新浪网:http://finance.sina.com.cn/roll/20120515/071312064671.shtml

利于促进经济增长,优化税制结构,进而增加财政收入。十年来,中国人才财政政策取得了诸多成就,用于教育的财政支出不断增加,为人才的发展奠定了基础;地方收入分配政策多元化,有利于人才的多样性发展。但是政府教育投入仍有待进一步提升,涉及人才发展的财税政策散见于各类法律法规中,政策取向缺乏系统性,部分政策的设计不科学,没有考虑到不同地区发展水平的差异,人才财政支出的绩效评价有待加强。

从基层与实践中选拔人才问题。我国自古以来就非常重视从基层与实践中选拔人才,新中国也已确立了"重实践重基层"的用人导向,基层经验在公务员的选拔录用中也被提到了历史上的新高度。从基层与实践中选拔干部,真正把基层作为"集聚人才、造就人才、输送人才"的源头和基地,有利于形成优秀人才到基层和生产一线去、党政领导机关干部从基层和生产一线来的培养链条,有利于引导更多人才、更多干部主动到基层去、到艰苦的地方去的生动局面。但是近年来,随着我国公务员热持续升温,党政人才选拔的途径主要是通过"考试"选才,因而"从家门到校门,毕业后进了机关门"的"三门"干部有增多趋势,新任职的"三门"干部普遍缺乏基层工作阅历,在机关工作中提出的意见或建议往往缺少可操作性,看起来头头是道,一拿到基层往往行不通。另外,一些领导子女轻易进入领导岗位,社会反映强烈,值得各级组织人事部门关注。

自主创新与人才引进问题。人才引进加强了我国创新型人才队伍建设,优化了我国的人才结构和素质,促进了国际一流科技人才和领军人物的培养。但在自主创新背景下仍存在一些问题:企业在引进人才中的主体地位没有充分体现;引进人才结构难以满足自主创新的需要;引进人才的行业和地区分布不平衡,与国际惯例接轨的人才引进体制有待建立和完善等。为此,要建立符合自主创新体系要求的人才引进新体制;在尊重国际人才流动规律的前提下引进我国需要的人才;要转换政府职能,提高引进人才的服务水平。

人才损失问题。腐败扼杀人才,会直接造成人才浪费,也会带来间接性人才损耗。中国在这两方面都比较严重。目前,腐败不仅存在于拥有公共权力的国家工作人员,部分高校和科研院所也屡屡曝出腐败丑闻,学术腐败、学风浮躁、作风不实、文风不正等问题尤为突出。中国经济发展所处阶段不利于腐败控制,短期内会面临一些难以克服的困难和矛盾;政府职能转变不到位增加了寻租的机会;公务员理想理念高要求与法律制度宽执行之间"间隙"过大;一些"眼皮底下"违纪违法得不到及时纠正和处罚;举报正规渠道不能满足群众强劲需求;权力公开质量与社会公众期盼有相当距离;一些基层公职人员收入较低,容易被很小的贿赂"击倒"等。因为腐败人才受到处分,直接造成人才损失,还会造成间接性人才损耗,增加社会管理成本。

国家荣誉制度问题。党的十八大报告提出"加快人才发展体制机制改革和政策创新,建立国家荣誉制度,形成激发人才创造活力、具有国际竞争力的人才制度优势,开创人人皆可成才、人人尽展其才的生动局面。"德国、俄罗斯、法国等针对国家荣誉均设有专门的勋章法。除了法律保障以外,俄罗斯和法国还设置了专门的管理机构。新中国成立后,国家荣誉制度体系开始初步建立,逐渐形成了多部门、多领域、多层次的奖励体系。问题是荣誉的权威性不够,名目繁多,管理混乱。获得一堆花环的人越来越多,却不知道大师是谁。也有人指出,评奖有"官本位"异化的趋势,诸如此类问题,值得深入研究。

三、实现人才强国梦想的思考

新旧制度交替过程中的矛盾与问题。改革开放以来,我国的干部人事管理制度已经进行了多方面改革,废除了终身制、实现了干部的"四化"、实施了公务员制度、探索了干部选拔任用的新方式等。但是,我国脱胎于计划经济时期的人事管理制度主体仍基本上延续了组织选拔、考察、晋升等路径,已经不适应社会的迅速发展。行政管理部门拥有资源过多,占有权力过大,公务员队伍相对封闭,进出机制不完善,在选人、用人、晋升、调整、激励、惩罚等过程中表现出来的机制的僵化、不灵活、不合理、不完全透明等问题,不仅饱受公众的诟病和质疑,而且成为很多社会问题产生的根源。官僚主义、权力不受有效监督、腐败寻租等现象频出、官本位意识强烈、物质利益高于一切等问题,几乎都与此有关。因此,建立能上能下、能进能出、合理流动、有效激励、有效监督、竞争择优、充满活力的用人机制,形成符合党政机关、国有企业和事业单位不同特点的、科学的分类管理体制,建立各具特色的管理制度,健全干部人事管理法规体系,创造有利于优秀人才脱颖而出、健康成长的社会环境,实现人才资源的整体开发与合理配置,仍是我们进一步深化干部人事制度改革的重要任务。但是,新制度对旧制度的代替必然意味着利益结构的重新调整,也正是由于既得利益者的阻力巨大,我国干部人事管理制度历经很长时间依然没有改革到位。迫切需要相关部门加强研究探索,突破旧制度的束缚,实现新旧制度的顺利过渡,为实现人才梦奠定科学的制度基础。

　　学风文风不尽如人意。近年来,我国很多领导干部在学风文风方面表现不佳,不积极进行独立思考、形成自己的思想和语言,讲话、写作等由别人代笔,剽窃、抄袭别人的成果,脱离实际,不能严肃谨慎对待别人甚至经典文献的观点,等等,在一定程度上反映了部分党政领导干部党风不正、学风不实、脱离群众等严重问题。基于此,习近平、李克强等领导同志提出的改变学风文风的要求,就是针对这些问题的一种解决方式。从改变文风开始,提倡领导干部注重实践、认真调研、认真思考、讲自己的语言、表达自己的思想,形成一种倒逼机制,促使领导干部通过改变文风,形成良好的习惯,进一步注重自己的学风、端正自己的作风和党风。

　　需要特别指出的是,这种学风文风问题也已经严重侵袭了我们的教学科研领域,一些学者脱离教学科研第一线,将别人的成果作为自己的成果,很多科研工作者完全不注重成果的创新性,通过抄袭、拼凑其他人的资料观点形成"自己的"成果,还有一些科研人员不注重研究内容的现实意义或理论意义,求新、求奇,热衷于玩弄概念,或"创造"一些似是而非、晦涩难懂、又毫无意义的理论或方法,致使我国形成论文发表数量多而质量不高、大量学术垃圾产生、一些科研成果受众感叹"开卷不再有益"等现象,不仅严重损害了我国人才队伍的形象,更严重浪费了我国宝贵的人才资源。这些问题的产生与我国教学科研领域的相关管理制度、成果评价制度等的不完善直接相关,更与我国的社会大环境有很大关系,因此,仅靠提倡学风文风的转变还不足以得到圆满的解决,必须从根源入手,从相关体制机制的改革、社会环境的优化着手探索解决的途径。

　　官本位、急功近利、金钱至上等思想日益突显。我国的人才队伍,尤其是教学科研等学术领域,历来被认为是一个"清高"的群体,重视精神收益多于物质利益。但近些年,尤其是近几年,拜权主义、拜金主义在这一群体中逐渐盛行,学者的很多行为大都由权位的得失、物质利益的得失来决定,导致学术腐败现象、浮躁心态严重,踏踏实实认真做研究的人越来越少了。一方面是我国收入分配、税收、社会保障的不完善不公平与物价上涨过快、房价畸高等共同造成人才生活生存压力加大,不得不把挣钱放在第一位。另一方面是我国公权力垄断资源过多且不受约束带来的不良示范效应,这个问题长期存在却一直找不到解决的途径。十八大提出的继续深化政治体制改革,继续下放行政部门的不必要的权力,改革分配制度,完善税收、社会保障制度,促进公平,促进我国经济体系的健康运转,继续探索适合不同管理领域的人才管理模式等,为解决这类问题奠定了理论基础。

缺乏科学、合理的人才使用和评价制度的问题。 正确的人才评价和使用制度,可以对人才的合理配置、人才作用的充分发挥起到积极的促进作用,对人才的健康成长起到良好的引导作用。我国很多部门的人才评价和使用都采用操作较为简单、易于管理的量化评分方法,如科研人才,甚至一些实际操作业务人才的评价主要以论文发表的数量和等级为标准,学生、工作人员的录用主要以考试分数为标准等。这些评价制度在实际应用中往往仅能反映人才某一方面的能力,在很多工作中甚至是并不重要的能力,但它对人才的成长、配置和作用发挥所起的作用是深远的。有些人有很强的实践创新能力,但由于论文发表数量或等级不够,迟迟不能获得与能力相匹配的地位和待遇甚至工作条件,导致人才的聪明才智不能得到充分发挥。它同时还引导人才在成长道路上将自己的精力、时间等资源有侧重地进行配置,结果出现论文过度生产、学习以应试为目的等中国特有现象,造成大量资源浪费和人才甚至青少年、儿童成长过程中的扭曲。为此,我们应继续探索对科技工作的科学评价方法,倡导质量第一,克服浮躁、急功近利、管理简单化等短期行为,提倡务实评价,准确评估科研成果的各项价值,营造宽松的创新环境,避免过繁过重的科技评价活动。坚决摒除人才、成果评价的"唯论文化"倾向,提倡对论文内在价值的判断,正确看待SCI、EI等数据库在科学技术评价中的作用。对科技项目实行分类评价,根据各类科技项目的不同特点,选择确定合理的评价程序、评价标准和方法,注重评价实效,坚持实事求是,实践第一的理论导向。

教育体系中的问题。 教育是人才成长的基础,良好的教育体系是建设人才强国的重要保证。我国的教育事业伴随着经济社会的不断发展取得了长足进步,各级各类学校不断涌现,各类人才不断完成学业充实到经济社会建设第一线。但是,多年以来我国的教育体系也一直残留着诸多不容忽视的弊端。教育教学管理的行政化官僚化倾向、教学只注重知识的传授而不注重学生的主体性、城乡地区之间教育的不平等、学生招录标准单一且不合理等问题一直受到公众的关注。这些弊端也造成了我国人才培育的诸多问题,学生只注重知识的记忆,不注重对知识的理解和在知识掌握基础上的创新,高分低能现象比比皆是,几十年的教育选拔不出几个世界顶尖级人才,世界奥数冠军却难以成为世界级数学家,等等。近几年,学校教育中的一些不良倾向甚至愈演愈烈,还有向学龄前儿童渗透的迹象,很多早教机构利用中国父母望子成龙的期望,提出了各种早教理念、早教方法,但他们又大多以盈利为主要目的。为了便于管理和见效迅速,往往采取学校教学的模式,向幼儿传授大量知识性内容,局限了他们的视野,忽略了他们的全面发展,忽视了孩子们的个体差异,不利于保护他们的创造性和探索性。这些问题的存在,既有我国优质教育资源不足造成的受教育者选择范围狭窄、竞争激烈导致的无奈,也与我国行政管理体制的改革不到位关系密切。因此,我们一方面需要继续加大教育投入,注重对优秀教师的培养,形成越来越多的优质教育资源,另一方面,要继续深化各级教育体制的改革、行政管理体制的改革,塑造健康、有利于人才成长、具有世界竞争力的教育体制和教育模式,为我国人才强国事业做好坚实的基础后盾。

人才队伍的合理布局问题。 不同的产业结构、地区经济结构,需要的人才结构也不尽相同。我国的人才结构长期存在几种不合理状态:(1)行业分布不合理,即我国党政群及事业单位等非物质生产部门人才分布多,而工商企业尤其是农业领域人才分布少。(2)专业结构不合理。据统计,我国教育、卫生、经济、会计等四类专业的技术人员,占了全国专业技术人员总数的70%,而微电子技术、信息技术、生物工程、新能源、新材料等新兴专业人才明显供不应求,农业专业人才则更不适应现代农业的发展需求,高素质的、职业化的高端经营管理人才、同时精通语言和专业知识的复合型管理人才极度短缺。(3)地域分布不均衡。全国专业技术人员总量的85%集中在东中部地区,西部地区人才流失严重,从城乡结构来看,大部分人才分布在大中城市,小城镇及县乡专业技术人才贫乏。[①]人才在行业间、专业间的丰富与短缺并存与我国教育体制的不完善、不成熟密切相关,难以与社会发展同步,满足经济社会发展对人才的需求;同时与我国市场经济体制的不完善也有关系,民营经济发育不足,企业及其他组织发展不良,严重挤压了人才向社会其他部门流动和发展的空间,形成人才在某些行业和专业的聚集。人才在地域上的选择则突出体现了我国用人制度、社会保障制度、人才环境等的不完善,不能促进人才流向最需要的地方,实现合理配置。因此,继续深化这些方面的改革,是实现人才强国梦想的先决条件。

结束语: 伟大时代呼唤人才,人才是铸就伟大事业的基础。人才工作的各种成就令我们欣喜,但在总结成就的同时,我们更要认真研究人才工作中遇到的新情况和新变化,着力解决阻碍人才事业发展的重点难点问题。当前,创新型人才、顶尖人才不足依然是我国人才事业的最突出问题,与之相伴随的学术不端、官本位、金钱至上等不良风气也越来越引起关注和批评。隐藏在这些问题背后的则是我国行政管理体制、人事制度、教育制度等领域存在的痼疾对人们思想、行为等造成的多种不良影响。因此,我们应着力对这些制度性、体制性问题进行深入分析和研究,找出进一步深化改革的可行性路径,继续为我国人才的健康成长和作用的充分发挥营造宽松、有利的环境,夯实人才成长的基础,以促进我国人才事业的进一步快速发展,最终实现我国的人才强国梦想。

(作者单位:潘晨光 中国社会科学院农村发展研究所;
赵慧英 中国社会科学院人口与劳动经济研究所博士后)

[①]百度网站:http://baike.baidu.com/view/3538968.htm

2012年中国卫生事业发展概况

谭相东　李乾源

2012年是深化医改承上启下的关键之年。根据医改监测数据,国务院确定的医改任务中,卫生部牵头的34项、配合的15项任务顺利完成,各项重点工作均取得明显成效。

一、深化医改重点工作全面推进

(一)做大做强新型农村合作医疗制度。2012年全国参加新农合人口8.05亿,参合率稳定在98%以上,人均筹资308.5元;人均政府补助标准达到250.1元;年度筹资2 485亿元,比上年增长21.3%;支出总额2 408亿元,比上年增长40.8%;全年累计受益17.45亿人次。自2012年起,新生儿出生即可随父母自动获得参加新农合资格并享受相应待遇。98.0%的县(市、区)开展重大疾病医疗保障试点工作,实际报销比达到60%以上,全年受益人员达到86.3万人。按病种、人头和床日付费、总额预付等支付方式改革继续推进。开展委托商业保险机构经办新农合管理试点,探索建立管理、经办和监管分离的运行新机制。

(二)巩固完善国家基本药物制度。实施范围在基层医疗卫生机构继续延伸,覆盖全国78.5%的村卫生室、20.2%的非政府办乡镇卫生院和社区卫生服务机构。研究制定2012版基本药物目录。省级药品招标采购平台普遍建立,全部政府办基层医疗卫生机构基本药物实现网上采购。全国共有30个省份和新疆生产建设兵团出台新的基本药物采购机制文件。印发《关于对用量小临床必需的基本药物品种实行定点生产试点的实施方案》、《关于进一步加强药品安全信用体系建设工作的指导意见的通知》。完成《基层医疗卫生机构用药情况调查报告》,开展基本药物临床综合评价。积极推动医疗卫生机构药品(疫苗)电子监管系统建设。

(三)不断深化公立医院改革。包括国家确定的首批311个县在内,全国已有818个县(区)共计1 486家医院开展县级公立医院综合改革试点。围绕取消"以药补医"关键环节,推进管理体制、补偿机制、人事分配、采购机制、价格机制等方面的综合改革。17个公立医院试点城市探索管办分开、政事分开等体制机制改革。预约诊疗、便民服务、即时结算等措施在全国医疗机构普遍实施,群众就医满意度明显提升。引导社会办医的政策力度明显加大,非公医疗机构持续发展,2012年非公医疗机构门诊量占门诊总量的22.8%,民营医院住院量占医院住院总量的11.0%(比2011年高出1.2个百分点),民营医院床位数占医院床位总数的14.0%(比2011年高出1.5个百分点)。

(四)积极推进相关领域改革。不断完善政策措施,推动深化农村基层医疗卫生机构和社区卫生综合改革。全国97.7%的县(市、区)基层医疗卫生机构实行全员聘用制度和岗位管理制度。加强药学人才队伍建设,开展乡镇卫生院药学人员培训项目,共培训3.05万人。加强乡村医生队伍建设,完善乡村医生补偿政策,妥善解决乡村医生养老身份问题。开展乡村医生签约服务试点工作。持续推进乡村卫生服务一体化管理工作。规范农村医疗卫生机构管理,修订《乡镇卫生院评审标准》。继续开展创建示范社区卫生服务中心活动,实施社区卫生人员服务能力建设项目。2012年投入培训资金8 267万元,对中西部地区约5万名社区医生、护士和预防保健人员进行培训。10项基本公共卫生服务覆盖面扩大,电子健康档案建档率、高血压和糖尿病规范化管理人数、人均基本公共卫生服务经费补助等年度任务顺利完成;8项中央重大公共卫生服务项目进展顺利,基本和重大公共卫生项目绩效考核得到加强。

二、医疗卫生服务能力和安全质量得到提升

2012年底,全国医疗卫生机构床位572.5万张,比上年增加56.5万张;每千人口医疗卫生机构床位数4.24张,比2011年的3.84张增加0.4张。卫生技术人员667.9万人,比上年的620.3万增加47.6万人,增长7.7%。全国医疗卫生机构总诊疗人次68.9亿人次,比上年增加6.2亿人次,增长9.9%。其中,乡镇卫生院和社区卫生服务中心(站)门诊量占门诊总量的22.8%,所占比重比上年提高0.3个百分点。2012年全国医疗卫生机构入院人数17 812万人,比上年增加2 514万人,增长16.4%。医院医师日均担负诊疗7.2人次和住院2.6床日,比上年工作量增加。

通过加强国家临床重点专科建设、城市医院医师支援农村、东部三级医院支援西部县级医院等工作,农村和西部地区服务能力快速提升。共评出国家临床重点专科建设项目309个,覆盖130家医院。继续制定部分病种临床路径,全年制定100个病种的临床路径。

继续推进"先诊疗、后结算"等改进医疗服务的系列措施,加强同级医疗机构检查检验结果互认工作。全国所有三级医院以及4 817所二级医院开展优质护理服务。深化"平安医院"建设,和谐医患关系,印发《关于切实维护医疗机构治安秩序的通知》(卫发明电[2012]5号),联合公安部印发《关于维护医疗机构秩序的通告》(卫通[2012]7号),医疗机构内部治安管理得到加强,诊疗秩序有所改善。地市级以上普遍成立医疗纠纷调解组织,调解成功率达85%,满意率达93%。

推进医疗质量控制中心建设,制定三级专科医院和医院重点科室质控指标。修订《医疗技术临床应用管理办法》和第三类医疗技术目录,印发《医疗机构手术分级管理办法(试行)》。扩大和完善"全国合理用药监测网"、"全国细菌耐药监测网"和"全国抗菌药物临床应用监测网",覆盖1 300余家医疗机构。制订《预防与控制医院感染行动计划(2012-2015年)》。组织对全国30个省(区、市,西藏除外)、新疆生产建设兵团的241家二级以上妇产、儿童、肿瘤、口腔等专科医院及地市级综合医院的"医疗质量万里行"以及抗菌药物临床应用专项整治工作情况进行检查。

印发《全国防盲治盲规划(2012-2015年)》,开展"爱眼日"宣传和全国防盲治盲管理人员培训等工作。启动"十二五"时期"百万贫困白内障患者复明工程"项目,圆满完成2012年工作任务。印发《"十二五"时期康复医疗工作指导意见》。无偿献血工作稳步推进,修订《血站设置规划指导原则》,扩大核酸检测工作,建立血站信息公开制度。印发《医疗机构临床用血管理办法》,加强临床用血管理的指导和检查。

推进大型医院巡查工作,开展医院评审工作。落实医疗质量安全事件报告制度、医疗质量安全告诫谈话制度。推进合理用药和处方集中点评工作,完善医师定期考核制度,抓好医德考评。加强人体器官移植监督管理工作,建立国家人体器官捐献工作协调机制以及科学合理的捐献救助机制。

完成2012年医师资格考试工作,继续开展乡镇执业助理医师资格考试试点工作,启动全科执业助理医师资格考试,制订《医师资格考试违规违纪处理规定》。修订《外国医师来华短期行医暂行管理办法》。实施万名护理人才培训项目,共培训3 233人,覆盖全国300多所医院。

三、重大疾病防控、卫生应急、妇幼卫生及健康教育工作取得明显成效

一年来,全国未出现重大疫情,甲乙类和新发传染病形势总体平稳。艾滋病、肺结核检测和综合干预覆盖面及治疗率大幅度提升,病死率明显降低。麻疹和疟疾防控成效显著,病例数量分别下降53%和42%。世界卫生组织确认我国重新恢复无脊灰状态。5岁以下儿童乙肝病毒表面抗原携带率降至1%以下,实现西太平洋地区乙肝控制规划目标。全国55%的县(区)开展健康生活方式行动,慢性病综合防控示范区继续扩大。100%的疾病预防控制机构、98%的县级以上医疗机构、94%的乡镇卫生院实现传染病疫情与突发公共卫生事件网络直报,及时报告率和及时审核率均超过99%。推进实有人口公共卫生服务和特殊人群管理工作,实施《重性精神疾病管理治疗工作规范(2012年版)》,完善重性精神疾病防治网络。开展纪念爱国卫生运动60周年系列活动。全国累计命名153个国家卫生城市、32个国家卫生区和456个国家卫生乡镇(县城)。

制定"十二五"期间卫生应急指挥决策系统建设方案,推进移动指挥平台建设,加强卫生应急培训演练工作。推动突发事件紧急医疗救援基地建设,紧急医学救援工作成效显著。通过4大类34支国家卫生应急队伍的建设,完成国家卫生应急处置力量的全国区域布局任务,25个省份实现应急指挥系统网络连通,疾病跟踪监测和卫生应急救援有序开展,国家重大活动得到有效卫生应急保障。稳妥处置贵州人感染高致性禽流感疫情、河北保定252医院谣传SARS等事件。

妇女儿童健康干预措施广泛实施,妇女儿童健康状况持续改善,实现消除新生儿破伤风的目标。启动地中海贫血防控试点项目和贫困地区儿童营养改善试点项目,加强项目管理。印发《卫生部贯彻2011-2020年中国妇女儿童发展纲要实施方案》。

做好健康教育工作,扎实推进控烟履约工作,巩固全国创建无烟医疗卫生系统工作,开展控烟履约宣传教育活动。配合有关部门完成《中国烟草控制规划(2012-2015年)》制订工作。

四、药品、食品安全监管和卫生监督执法全面加强

针对重点区域、重点品种、重点环节开展的药品质量安全综合治理成效明显。基本药物实现全企业、全品种、全过程电子监管,抽检合格率98.7%。启动仿制药品一致性评价。及时有效地处理铬超标胶囊等事件。

食品安全标准、风险监测计划不断完善。化学污染物和食源性致病微生物监测覆盖全国所有省和90%地市。开展近5 000项食品标准清理工作,制定公布117项食品安全国家标准,继续修订食品添加剂标准。加强食品安全标准国际合作交流。加强风险监测体系建设,实施2012年国家食品安全风险监测计划,全国设置化学污染物和食源性致病微生物监测点2 070个,覆盖县区从25%扩大到47%。开展调味品、重点食品铬含量等专项(应急)监测,处置汞异常事件、"不锈钢锅"事件、黄金大米等突发事件。印发《卫生部<食品安全法>实施办法》、《食品安全国家标准"十二五"规划》,修订《新资源食品管理办法》等法规。建立国家食品安全风险监测结果会商机制。

卫生监督执法力度显著加大。饮用水监测哨点遍及全国,重点职业病、医用辐射防护、中小学卫生监测哨点逐步增加。80%以上的县区开展卫生监督协管,监督工作更加及时有效。中央投资40.21亿元,重点加强2 400多所县级卫生监督机构房屋建设项目。印发《全国卫生监督信息化建设指导意见》,修订《全国卫生监督调查制度》。共组织卫生监督人员培训27万余人次。完成全国职业健康状况调查。开展《职业病防治法》宣传周活动,加强职业病防治机构建设,全国职业健康检查机构和职业病诊断机构分别增加到3 077家和562家,初步完成全国职业健康状况调查工

作。国家饮用水卫生监测网络设立水质监测点2.8万个,已覆盖全部省份,涵盖100%的地市和30%的县,监测水样近6万个。开展公共场所健康危害因素监测试点工作,对包括PM2.5在内的一些健康危害指标开展监测。严厉打击无证行医和非法采供血行为,查处河南省汝州市医疗市场混乱案、重庆等地非法开设脐带血库案等一批大要案。

五、中医药工作更加注重服务基层、贴近群众

发布《中医药事业发展"十二五"规划》以及中医药文化、信息化、标准化建设等相关专项规划。上海、吉林、浙江、福建等9个省市出台地方中医药事业发展规划。中央财政投入约33.46亿元,支持领域进一步扩大,重点向基层和能力建设倾斜。《全国医疗服务价格项目规范(2012年版)》将中医医疗服务价格项目由原来的124项扩大到337项。在基本公共卫生服务中探索适宜中医药服务项目、人均经费标准和服务流程。加强基本药物目录中药配备使用指导。组织实施中医药基层能力提升工程和传承制度建设。开展22个省份中药资源普查试点。中西医结合与民族医药工作扎实推进,确定12所重点民族医院和18所重点中西医结合医院建设单位。继续实施中医"治未病"健康工程,扩大试点范围。召开新中国成立以来首次全国中医药标准化工作会议。出台《促进中医药服务贸易发展的若干意见》。中医药文化科普巡讲活动惠及亿万家庭和群众。

六、大力推进科教和人才队伍建设

实施全民健康卫生人才保障工程,研究制定国家全科医生特设岗位计划。加大住院医师规范化培训工作力度,修订《关于建立住院医师规范化培训制度的指导意见》。加强以全科医生为重点的基层卫生人才队伍建设。科技重大专项顺利实施,完成"传染病专项"和"新药创制专项"的"十一五"计划课题总结验收工作。围绕行业需求,加强卫生行业科研专项的规划引导和项目实施监管。推动基层适宜技术推广。做好实验室生物安全管理,加强科研基地建设。推动转化医学中心建设。加强高新技术临床研究规范管理。充分发挥与教育部的两部医学教育宏观管理协调机制的作用,落实首批两部共建10所高校医学院工作。制订"十二五"医药卫生教材建设指导意见。

开展临床医护人员评价指标体系研究。在西藏和新疆开展卫生专业技术专项培训。组织卫生专业技术资格考试和护士执业资格考试,考生人数90.92万,较去年增长13%。护士执业资格考试考生人数70.25万,较去年增长9%。开展全国卫生系统先进集体、先进工作者及"白求恩奖章"获得者等表彰工作,追授湖北省黄冈市浠水县官塘角村乡村医生顾光球同志"人民健康好卫士"荣誉称号。加强社会组织管理工作。完成各类干部选派、推荐、安置任务。

七、卫生规划及信息化工作发挥重要支撑作用

制定《卫生事业发展"十二五"规划》,开展区域卫生规划研究。参与《国家基本公共服务体系"十二五"规划》等国家级专项规划的研究制定工作。完成"健康中国2020"战略研究报告,并在"2012中国卫生论坛"上发布。建立"十二五"期间医改重大专项项目库。制订《新型大型医用设备配置管理规定》。开展卫生行业建设标准规范制定工作。推动医疗卫生机构节能减排工作。印发《全国医疗服务价格项目规范(2012年版)》。推进药品、大型医用设备和高值耗材集中采购。开展扶贫开发与对口支援等工作,落实2012年贫困地区儿童营养改善项目。做好灾后恢复重建工作,甘肃舟曲灾区医疗卫生系统灾后恢复重建任务已全部完成。

卫生信息化建设取得积极进展。逐步发挥卫生信息化在便民服务和监管中的作用。制定《关于加强卫生信息化建设的指导意见》,印发《居民健康卡管理办法(试行)》,推动居民健康卡的发行与应用工作。在河南、内蒙古鄂尔多斯、辽宁锦州、广东佛山开展居民健康卡首批试点,在河北等10个省份陆续开展第二批试点,在武汉同济医院举行大型医疗机构发行居民健康卡启动仪式。全国普遍建立新农合信息网络,89%的统筹地区实现省内互联互通、即时结报;国家级信息平台与9个省(区、市)联通,实现跨省监管。推动医疗卫生机构药品(疫苗)电子监管系统建设,实现从药品生产、流通到使用环节的全过程电子监管,确保群众用药安全。推进卫生信息化综合试点工作,加快建设省级及市县级卫生信息平台,统筹区域内业务信息系统。

八、统筹做好政策法规、国际合作交流等各项工作

围绕深化医改重点任务,开展卫生政策研究。总结医改经验,起草"加快医药卫生事业改革发展专题研究报告";总结卫生改革发展成就,完成中国第一部医疗卫生白皮书。配合全国人大制定《精神卫生法》,报请国务院审议《传染病防治法修正案(草案送审稿)》。开展部门规章制定修订工作。推动卫生系统依法行政,切实履行行政复议应诉职责,维护管理相对人权益。开展行政审批制度改革,推进规范化建设。推动卫生标准和WTO归口管理工作。

广泛开展国际合作交流,提高我国在全球卫生事务中的影响力。利用各种国际场合,向国际社会介绍我国医改进展。扩大双边和区域卫生交流与合作。援外医疗队工作取得新进展,全年共派出援外医疗队员共432人,目前共有1 029人在49个国家工作。进一步推动与港澳台地区医务界和卫生行政部门的合作交流。

宣传党的十七大以来卫生事业取得的成就,引导广大党员干部职工以扎实的工作迎接党的十八大胜利召开。迅速组织学习,开展集中培训,深刻领会十八大精神实质。坚持以"落实医改任务,提高服务水平,改进医德医风,加强基层组织"为总的载体,医药卫生系统创先争优活动取得显著成效。组织开展社会主义核心价值观、医疗卫生职业精神大讨论活动。召开卫生系统全国文明单位表彰大会。

加强对中央补助地方重大公共卫生专项、医疗卫生服务体系建设项目等项目的督导检查。开展庆典、研讨会、论坛过多过滥问题专项治理。加强廉政风险防控,加强作风建设,做好领导干部廉洁自律教育。加大源头治理工作力度,建立健全防止利益冲突制度。做好卫生纠风工作,制定《医疗机构从业人员行为规范》。加大治理医药购销领域商业贿赂工作力度,严肃查处违法违纪案件。

(作者单位:国家卫生和计划生育委员会办公厅)

2012年社会服务事业发展概况

何珊珊

一、社会服务基本情况

截至2012年底,全国共有社会服务机构136.7万个,比上年增长5.6%,职工总数1 144.7万人(其中全国社会工作师、助理社会工作师者共计84 126人、各类社会服务职业技能人员共计89 696人),固定资产总值为6 675.4亿元,增加值为2 128.9亿元,占第三产业的比重为0.9%。

截至2012年底,全国社会服务事业费支出3 683.7亿元,比上年增长14.1%,占国家财政支出比重为3%,与上年持平。中央财政共向各地转移支付社会服务事业费为1 794.6亿元,比上年下降0.7%[①],占社会服务事业费比重为48.7%,比上年下降了7.3个百分点。社会服务事业基本建设施工项目8958个,比上年增长32.7%,全年完成投资总额234.7亿元,比上年增长7.6%。

表1 社会服务基本情况　　　　　　　　　　　　　　　　　　　　　　　单位:亿元

指标	2005年	2006年	2007年	2008年	2009年	2010年	2011年	2012年
社会服务事业费支出	718.4	915.4	1 215.5	2 146.5	2 181.9	2 697.5	3 229.1	3 683.7
基本建设投资总额	31.6	33.5	47.7	66.6	157.0	183.0	218.5	235.0
社会服务机构固定资产原值	3 097.8	4 066.7	3 973.0	4 592.8	5 198.0	6 589.3	6 676.7	6 675.4

二、社会服务

(一)提供住宿的社会服务。

截至2012年底,全国各类提供住宿的社会服务机构4.8万个(其中登记注册为事业单位机构1.1万);床位449.3万张,比上年增长10.6%;每千人口平均拥有社会服务机构床位3.3张,比上年增长9.7%;收养各类人员309.5万人,比上年增长5.5%。

表2 社会服务机构床位　　　　　　　　　　　　　　　　　　　　　　单位:万张、张

指标	2005年	2006年	2007年	2008年	2009年	2010年	2011年	2012年
床位数	180.7	204.5	269.6	300.3	326.5	349.6	396.4	449.3
每千人口床位数	1.38	1.56	2.04	2.26	2.45	2.61	2.94	3.32

1.养老服务机构。全国各类养老服务机构44 304个,比上年增加3 436个,拥有床位416.5万张,比上年增长12.8%(每千名老年人拥有养老床位21.5张,比上年增长7.5%),年末收养老年人293.6万人,比上年增长12.7%。其中社区留宿和日间照料床位19.8万张。

2.智障与精神疾病服务机构。全国民政部门管理的智障与精神疾病服务机构共有257个。其

中社会福利医院(精神病院)156个,床位数4.1万张,年末收养各类人员3.6万人;复退军人精神病院101个,床位数2.6万张,年末收养各类人员2.2万人,比上年增长10.0%。

3.儿童福利和儿童救助机构。全国共有儿童收养救助服务机构724个,拥有床位8.7万张,年末收养各类人员5.4万人。其中儿童福利机构463个,比上年增加66个,床位7.7万张,比上年增长28.3%;流浪儿童救助保护中心261个,床位1.0万张,全年救助生活无着流浪乞讨未成年人15.2万人次。

4.其他提供住宿的社会服务机构。全国共有救助管理站1 770个,床位9.0万张,全年救助城市生活无着的流浪乞讨人员276.6万人次,其中在站救助228.1万人次,不在站救助48.5万人次;军供站328个,床位3.8万张;其他收养机构695个,床位4.6万张,年末收养各类人员2.6万人。

(二)不提供住宿的社会服务。

1.老龄服务。2012年,全国60岁及以上老年人口19 390万人,占总人口的14.3%,其中65岁及以上人口12 714万人,占总人口的9.4%。截至2012年底,全国共有老龄事业单位2 583个,老年法律援助中心2.2万个,百岁老人5.6万人,比上年增长1.8%,老年维权协调组织7.8万个,老年学校5.0万个、在校学习人员625.3万人,各类老年活动室34.6万个,全年接待来信来访42.6万次。

表3 60岁以上老年人口占全国总人口比重　　　　　　　　　　　单位:万人、%

指标	2005年	2006年	2007年	2008年	2009年	2010年	2011年	2012年
60岁以上人口	14 408	14 901	15 340	15 989	16 714	17 765	18 499	19 390
比重		11.0	11.3	11.6	12	12.5	13.3	13.7	14.3

2.儿童福利。截至2012年底,全国共有孤儿57.0万人,其中,集中供养孤儿9.5万人,社会散居孤儿47.5万人;各类社会福利机构收养儿童10.4万人。2012年全国办理家庭收养登记27 278件,其中:中国公民收养登记23 157件,外国人收养登记4 121件。

表4 家庭儿童收养　　　　　　　　　　单位:人、%

指标	2005年	2006年	2007年	2008年	2009年	2010年	2011年	2012年
家庭收养儿童数	50 921	49 148	46 047	44 115	44 359	34 473	31 329	27 310
年增长率	−8.4	−3.5	−6.3	−4.2	0.6	−22.3	−9.1	−12.8

3.福利企业。截至2012年底,全国共有福利企业20 232个,比上年减少1 275个;福利企业增加值为703.4亿元,比上年下降4.7%,占第三产业的比重0.30%;吸纳残疾职工59.7万人就业;实现利润118.4亿元,比上年下降15.5%;年末固定资产1 815.1亿元,比上年下降0.2%。

4.社会救助

城市低保。2012年底,全国共有城市低保对象1 114.9万户、2 143.5万人。全年各级财政共支出城市低保资金674.3亿元,比上年增长2.2%,其中中央财政补助资金439.1亿元,占总支出的

65.1%。2012年全国城市低保平均标准330.1元/人、月,比上年增长14.8%;全国城市低保月人均补助水平239.1元。

城市"三无"救济。2012年救济城市"三无"9.9万人。

农村低保。2012年底,全国有农村低保对象2 814.9万户、5 344.5万人,比上年同期增加38.8万人,增长了0.7%。全年各级财政共支出农村低保资金718.0亿元,比上年增长7.5%,其中中央补助资金431.4亿元,占总支出的60.1%。2012年全国农村低保平均标准2 067.8元/人、年,比上年提高349.4元,增长20.3%;全国农村低保月人均补助水平104.0元。

农村五保。截至2012年底,全国有农村五保供养对象529.2万户,545.6万人,分别比上年下降0.2%和1.0%。全年各级财政共支出农村五保供养资金145.0亿元,比上年增长19.1%。其中:农村五保集中供养185.3万人,集中供养年平均标准为4 060.9元/人,比上年增长19.4%;农村五保分散供养360.3万人,分散供养年平均标准为3 008.0元/人,比上年增长21.8%。

表5 社会救助情况 单位:万人

指标	2005年	2006年	2007年	2008年	2009年	2010年	2011年	2012年
城市最低生活保障人数	2 234.2	2 240.1	2 272.1	2 334.8	2 345.6	2 310.5	2 276.8	2 143.5
农村最低生活保障人数	825.0	1 593.1	3 566.3	4 305.5	4 760.0	5 214.0	5 305.7	5 344.5
农村五保供养	300.0	503.3	531.3	548.6	553.4	556.3	551.0	545.6

农村传统救济。2012年农村传统救济79.6万人,比去年增长15.9%。

医疗救助。2012年全年累计救助城市居民2 077万人次,其中:民政部门资助参加城镇居民基本医疗保险1 387.1万人次,人均救助水平84元;民政部门直接救助城市居民689.9万人次,人均医疗救助水平858.6元。全年各级财政共支出城市医疗救助资金70.9亿元,比上年增长4.9%。

2012年全年累计救助贫困农村居民5 974.2万人次,其中:民政部门资助参加新型农村合作医疗4 490.4万人次,人均资助参合水平57.5元;民政部门直接救助农村居民1 483.8万人次,人均救助水平721.7元。全年各级财政共支出农村医疗救助资金132.9亿元,比上年增长10.8%。

2012年全年累计医疗补助优抚对象404.5万人次,人均补助水平663元,各级财政共支出优抚医疗补助资金26.8亿元。

临时救助。2012年临时救助639.8万户次,其中:按户籍性质分类城市家庭256.6万户次,农村家庭383.2万户次;按属地分类当地常驻户口617.7万户次,非当地常驻户口22.1万户次;按救助类型分类支出型临时救助518.1万户次,应急型临时救助121.7万户次。

5.防灾减灾。2012年全国各类自然灾害共造成2.9亿人(次)不同程度受灾,因灾死亡失踪1 530人,紧急转移安置1 109.6万人次;农作物受灾面积2 496.2万公顷,其中绝收面积182.6万公顷;倒塌房屋90.6万间,严重损坏145.5万间,一般损坏282.4万间;因灾直接经济损失4 185.5亿元。国家减灾委、民政部共启动11次预警响应和38次应急响应,协调派出40个救灾应急工作组赶赴灾区,财政部、民政部下拨中央救灾资金112.7亿元,民政部调拨帐篷7.7万顶、棉衣被54.8万件(床)、折叠床1.7万张等救灾物资,累计救助受灾群众7 800万人次,帮助维修和重建住

表6 因灾死亡(含失踪)人口　　　　　　　　　　　　　　　　　　　　　单位：人

指标	2005年	2006年	2007年	2008年	2009年	2010年	2011年	2012年
因灾死亡(含失踪)人口	2 475	3 186	2 325	88 928	1 528	7 844	1 126	1 530

房410万间,受灾群众基本生活得到妥善保障。

6．慈善事业。

慈善捐赠。截至2012年底,全国共建立经常性社会捐助工作站、点和慈善超市3.1万个(其中慈善超市9 053个)。全年各地直接接收社会捐赠款物578.8亿元,其中:民政部门直接接收社会各界捐款101.7亿元,捐赠物资折款6.3亿元,各类社会组织接收捐款470.8亿元。全年各地接收捐赠衣被12 538.2万件,其中棉衣被1 570.8万件。间接接收其他部门转入的社会捐款5.0亿元,衣被485.6万件,其中:棉衣被49.0万件,捐赠物资折款54 836.0万元。全年有1 325.0万人(次)困难群众受益。全年有1 293.3万人次在社会服务领域提供了3 639.6万小时的志愿服务。

福利彩票。2012年中国福利彩票年销售1 510.3亿元,比上年增加232.3亿元,同比增长18.2%。全年筹集福彩公益金449.4亿元,比上年增长17.6%。全年民政系统共支出彩票公益金159.0亿元,比上年增加31.1亿元,其中包括:资助用于抚恤5.4亿元,退役安置0.5亿元,社会福利92.2亿元,社会救助24.1亿元,自然灾害救助1.3亿元。

7．优抚安置。截至2012年底,国家抚恤、补助各类重点优抚对象944.4万人,比上年增长10.8%。其中:伤残人员84.9万人,带病回乡退伍军人132.4万人,在乡复员军人147.5万人,60岁以上农村籍退伍军人321.1万人,在乡退伍红军老战士757人,在乡西路军红军老战士164人,红军失散人员25 961人;烈士遗属27.8万人,因公牺牲、病故军人遗属13.4万人。

表7 国家抚恤、补助优抚对象　　　　　　　　　　　　　　　　单位：单位:万人、亿元、%

指标	2005年	2006年	2007年	2008年	2009年	2010年	2011年	2012年
国家抚恤、补助优抚对象	460.3	462.6	622.4	633.2	630.7	625	852.5	944.4
抚恤事业费	143.6	178.8	210.8	253.6	310.3	362.7	428.3	517
抚恤事业费年增长率	37.9	24.5	17.9	20.3	22.4	16.9	18.1	20.7

2012年各级政府共批准烈士172人。2012年底,全国共有烈士纪念设施管理机构1 306个,机构内烈士纪念设施12 584处;零散烈士纪念设施13 151处。

全年共接收军队离退休干部(含退休士官)、无军籍退休退职职工18 570人,比上年增长27.8%。全国有军休所1 851个,年末职工1.7万人;军供站(含军转站)328个,年末职工0.6万人;军队离退休人员管理中心121个,年末职工0.2万人;军队离退休人员活动中心25个,年末职工0.1万人。

8．社区服务。截至2012年底,全国共有各类社区服务机构20.0万个,社区服务机构覆盖率29.5%;其中:社区服务指导中心809个,社区服务中心15 497个,比上年增加1 106个,社区服务站87 931个,比上年增加31 775个,其他社区专项服务设施9.6万个,比上年增加0.6万个。城市社区服务中心(站)覆盖率72.5%。城镇便民、利民服务网点39.7万个。社区志愿服务组织9.3万个。

表8 社区服务机构　　　　　　　　　　　　　　　　　　　　　　单位:万个、个

指标	2005年	2006年	2007年	2008年	2009年	2010年	2011年	2012年
社区服务机构	20.3	12.5	12.9	14.6	14.6	15.3	16.0	20.0
社区服务中心	8 479	8 565	9 319	9 873	10 003	12 720	14 391	16 306
社区服务站			50 116	30 021	53 170	44 237	56 156	87 931
便民、利民网点	66.5	45.8	89.3	74.9	69.3	53.9	45.3	39.7

三、成员组织和其他社会服务

(一)成员组织。

1.社会组织。截至2012年底,全国共有社会组织49.9万个,比上年增长8.1%;吸纳社会各类人员就业613.3万人,比上年增加2.3%;形成固定资产1 425.4亿元;社会组织增加值为525.6亿元,比上年减少20.4%,占第三产业增加值比重为0.23%;接收社会捐赠470.8亿元;全年共查处社会组织违法违规案件1 293起,其中取缔非法社会组织23起,行政处罚1 270起。

全国共有社会团体27.1万个,比上年增长6.3%。其中:工商服务业类27 056个,科技研究类18 486个,教育类11 654个,卫生类10 440个,社会服务类38 381个,文化类25 036个,体育类15 060个,生态环境类6 816个,法律类3 191个,宗教类4 693个,农业及农村发展类55 383个,职业及从业组织类18 611个,国际及其他涉外组织类499个,其他35 825个。全年查处社会团体违法违规案件836起,其中取缔非法社会团体2起,行政处罚834起。

全国共有基金会3 029个,比上年增加415个,增长15.9%,其中:公募基金会1 316个,非公募基金会1 686个,涉外基金会8个,境外基金会代表机构19个。民政部登记的基金会199个。公募基金会和非公募基金会共接收社会各界捐赠305.7亿元。全年对基金会作出行政处罚7起。

全国共有民办非企业单位22.5万个,比上年增长10.1%。其中:科技服务类11 126个,生态环境类1 065个,教育类117 015个,卫生类20 979个,社会服务类35 956个,文化类10 590个,体育类8 490个,商务服务类8 717个,宗教类132个,国际及其他涉外组织类49个,其他10 989个。全年查处民办非企业单位违法违规案件450起,其中取缔非法民办非企业单位21起,行政处罚429起。

2.自治组织。

2012年底,基层群众自治组织共计68.0万个,其中:村委会58.8万个,降低0.2%,村民小组469.4万个,村委会成员232.3万人,比上年增加0.4万人;居委会91 153个,增长了1.9%,居民小组133.5万个,比上年减少0.5万个,居委会成员46.9万人,比上年增长3.3%。全年共有10.9万个村(居)委会完成选举,参与选举的村(居)民登记数为1.6亿人,参与投票人数为1.1亿人。

(二)其他社会服务。

1.婚姻服务。2012年全国共有事业单位性质的婚姻登记机构1 926个。各级民政部门和婚姻

登记机构共依法办理结婚登记 1 323.6 万对,比上年增长 1.6%。其中:内地居民登记结婚 1 318.3 万对,涉外及华侨、港澳台居民登记结婚 5.3 万对。粗结婚率为 9.8‰,比上年上升 0.1 个千分点。2012 年 20-24 岁办理结婚登记的公民占结婚总人口比重最多,占 35.5%,但呈逐年下降趋势,比上年降低 1.1 个百分点;而 25-29 岁办理结婚登记的公民呈逐年上升趋势,占 34.2%,比上年提高 0.8 个百分点。

2012 年共依法办理离婚手续的有 310.4 万对,增长 8.0%,粗离婚率为 2.3‰,比上年增加 0.2 个千分点。其中:民政部门登记离婚 242.3 万对,法院办理离婚 68.1 万对。

2.殡葬服务。截至 2012 年底,全国共有殡葬服务机构 4 357 个,比上年增加 254 个,其中殡仪馆 1 782 个,殡葬管理机构 978 个。民政部门管理的公墓 1 597 个,比上年增加 191 个。殡仪服务机构职工共有 7.7 万人,其中殡仪馆职工 4.5 万人。火化炉 5 539 台,火化遗体 477.7 万具。火化率 49.5%,比上年增加 0.7 个百分点。

(作者单位:民政部规划财务司)

专 论

- 专文
- 学术研究综述
- 文摘

专　论

- 专文
- 学术研究综述
- 文摘

·专文

中国必须通过的减速关

蔡　昉

人口红利消失后,中国要经过一个减速关,似乎看上去不那么乐观。因此,给大家介绍一下我们为什么会减速,以及为什么说减速是个重要的关口就显得十分必要。我们究竟是不想让它减,人为的把经济增长速度刺激起来,还是正视减速的趋势,坦然接受它,同时考虑采取什么样的政策来应对？这是本文意图回答的问题,也是经济学家、决策者和社会公众所关心的问题,所以,对于政策制定来说,当前的确是一个"差之毫厘、失之千里"的时刻。答案应该建立在科学分析的基础上,不能人云亦云,也不能拍脑袋、想当然。

一、"狼来了"并不可怕

党的十八大提出,在 2010 年的基础上,到 2020 年国内生产总值翻一番。而党的十七大时提出的是,在 2000 年的基础上,到 2020 年人均 GDP 翻两番。前十年我们已经超额完成了任务目标。现在还剩下十年时间,如果再强调人均 GDP 翻番,就意味着要求更高的发展速度。因此,这次提出国内生产总值总量再翻一番。在 2010 的基础上,我们在 2011 年增长了 9.2%,2012 年再增长 7.8%。再往后看，其实不需要 7%的年均 GDP 增长速度就可以翻番。这个目标是很宏伟的，但是并不要求很高的经济增长速度，这意味着我们可能留出余地来加快经济发展方式的转变。过去三十余年，我们一直保持接近 10%的增长速度，"十一五"期间更是高达 11.2%。所以大家感觉如果降到 10%以下，甚至到 8%以下，显然是减速了。

在整个 2012 年，大家听到的都是经济增长速度在下降。历来国际上也总有人在唱衰中国，不断讲中国崩溃论。国内也有很多人经常在担心。以前喊了很多次狼来了，狼一直都没有来，但是，2012 年 GDP 增长率降到了 8%以下，狼好像终于来了。从 2006 年到现在，即使经历了金融危机，GDP 增长速度也从来没有跌到这个水平。看上去终于被说中了，中国经济要减速了，那些喊"狼来了"的孩子们顿时欢欣鼓舞。但是，从以前人们所担心的问题看，狼来了以后好像也没那么可怕。

中国政府一直坚持增长速度不能跌到 8%以下，即使遭受金融危机也要保 8%，因为担心不能满足就业的需要，没有足够的就业岗位，居民的收入就会下降，就会产生社会问题。然而，2012 年真的跌到了 8%以下，我们看到的劳动力市场却十分平静：新增就业超额完成年初确定的目标，城镇登记失业率是 4.1%，和往年相比没有什么变化。同时我们也看到，全国有 23 个省、区、市提高了最低工资标准，平均增幅很高。提工资意味着劳动力还是不足的，招工难胜过就业难。因此从劳动力市场状况看，形势并没有像以前认为的降到 8%以下我们就承受不起了。

图 1 显示的是，作为公共就业服务机构的劳务市场上，要招工的和要找工作的数据。即用岗位数做分子，用找工作的人数做分母，很显然，比值大于 1 的话，就是岗位多于求职人数。如果小于 1，很多人就找不到工作。2012 年全年保持大于 1，最后是 108，高于上一年，岗位还是比想要

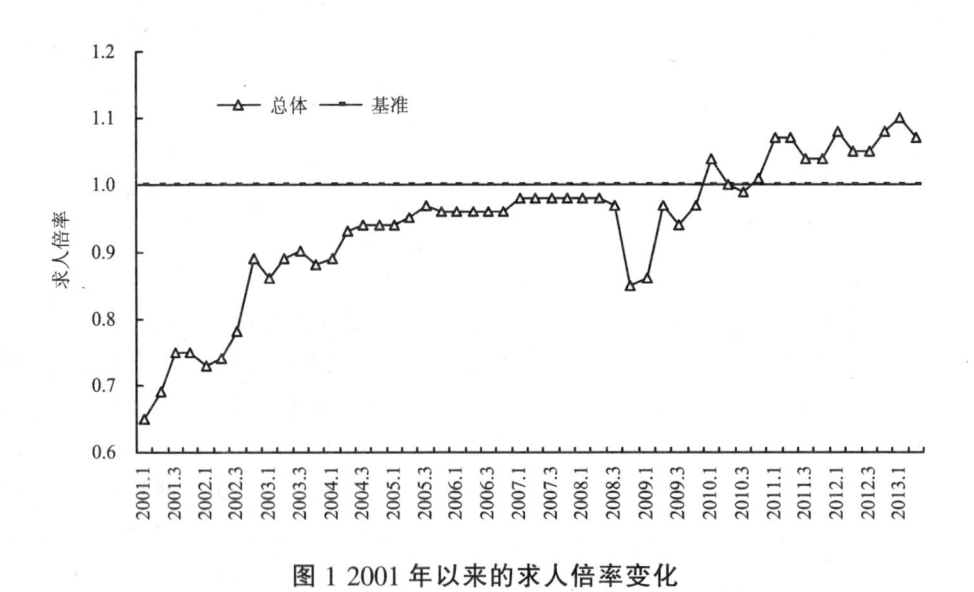

图 1 2001 年以来的求人倍率变化

资料来源：http://www.chinajob.gov.cn/DataAnalysis/content/2013-01/15/content_765088.htm

找工作的人多。当然其中的结构是不一样的，比如大学生想找的工作就没有那么多。

为什么我们一直怕狼来了，但狼真的来了以后，却没有显示出它的凶恶本性？我们的就业并

没有受冲击,并不是说以前我们错了,而是说今天的劳动力市场格局跟过去不一样了。基本的原因就是,如果实际增长速度没有低于潜在增长率,就不会出现周期性失业,就不会产生对就业的冲击。潜在增长率,就是根据现有的生产要素(劳动力、资本、土地等)和全要素生产率提高水平决定的正常增长速度。潜在增长率有一个前提,即假设所有的生产要素充分就业,如果实际增长速度不低于潜在增长率,在这种情况下肯定是充分就业,甚至还可能出现招工难。2012年年初召开"两会"的时候,温总理宣布预计GDP增长是7.5%,最终实际增长率仍然高于目标值,也高于我们估算的"十二五"期间的潜在增长率7.2%以及2012年的潜在增长率7.5%。很显然就不会造成对劳动力市场上大的冲击。

再从更长期的因素来看。人们都在说,经济增长速度越快越好,没有人说越慢越好。其实,快当然好,但是不应该说越快越好。首先,经济增长速度并不是说哪个越发达,它的增长速度就越快。高速经济增长实际上是一种赶超现象,你落在别人后头,只有快于别人的增长速度才可能赶超别人。

图2最左边是世界的平均增长速度。随后是几个代表性的穷国,它们的增长速度都很快,大概都在6%-8%的水平上。再以后是所谓的金砖国家,总体上发展也是比较快的,其中有的更快一些,有的稍慢一些。再往后是发达国家中经济比较健康的,像德国和美国。发达国家里头比较差的日本和希腊都是负增长。正常和健康的国家也一定是最有竞争力的,笔者选了澳大利亚、奥地利、加拿大,它们是正的增长速度,但是慢于赶超国家。赶超国家处在比较低的发展水平,可能缺资本,技术差距大,但是,如果条件具备了,能够有投资的增长,再多借鉴一些其他国家的技术,赶超

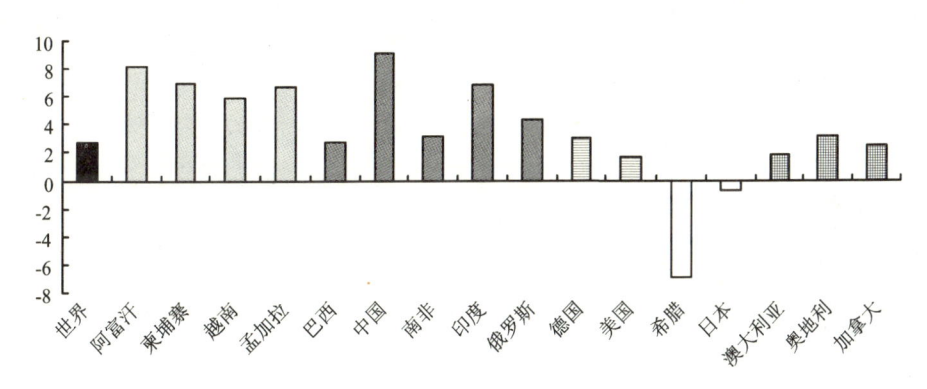

图2 高速增长是一种赶超现象

资料来源:世界银行数据库

速度就会快一些。实际上,越是发达的经济体越不可能实现超常的经济高速增长。

为什么比较落后的经济体在赶超的过程中,可以实现更快的经济增长速度,有很多的解释。一般来说,解释经济增长重要的一条是制度。一旦战乱、政治腐败或者实行高度集中的计划经济等等这些因素都解决了,或者假如大家都在相同的背景下,其他条件不变,技术差距反而是一个后发优势。有没有人口红利也很重要。罗伯特·索罗是所谓的新古典增长理论的创始人,他假设劳动力是短缺的,不断投入其它要素比如资本,就会出现报酬递减的现象,经济增长速度就不会太

快。经济增长的源泉来自于生产率提高和技术进步,或者说全要素生产率的提高。全要素生产率表现超乎于其它的国家,经济增长速度就更快一些。

在这个假设之下,克鲁格曼在上世纪90年代就批评亚洲四小龙,认为这些国家和地区只有生产要素的投入,就是说只投入劳动和资本,但是没有技术进步,没有生产率的提高,特别是全要素生产率的表现不好。因此他预期这些国家和地区的经济增长是不可持续的,和苏联模式一样,最终都要停滞下来。虽然经历了东南亚金融危机,但是金融冲击并没有伤害这些国家和地区的长期增长,亚洲四小龙无一例外进入高收入的行列。克鲁格曼预测不准的原因在哪里呢?原因在于新古典增长理论中的一个根本缺陷,就是它没有看到在发展中国家,特别是在当代的发展中国家,存在着人口红利,存在着二元经济结构,劳动力不断从低生产率的部门转到高生产率的部门,构成全要素生产率的重要组成部分。所以这些经济体可以不断地靠投入得以增长。可见,有没有人口红利决定了有没有赶超的机会。中国增长过程就是在改革开放大背景之下,充分利用人口红利所实现的。

二、人口红利已经消失

人口红利简单地说,是劳动年龄人口增长比较快,比重比较高,绝对数量比较大。因此,不用担心劳动力会短缺,永远不会构成经济增长的瓶颈。如果把劳动年龄人口当作分母,把其他年龄组即依赖性人口比如年幼、年老者当作分子,会得到不断下降的人口抚养比,这可以帮助实现高储蓄率。因此简单的说,劳动年龄人口增长和抚养比下降,就可以带来人口红利的窗口。迄今为止,我们的劳动年龄人口不断增长,被抚养的少年儿童数量在减少,老年人口虽然也增长,相比于劳动年龄人口会慢一些,绝对数量没有那么高,抚养比是在下降的。所以,这一段时期我们得到了人口红利。

一般讲人口红利是劳动力多、储蓄率高,其实还可以从更多的角度看。过去的30余年,几乎在所有的增长源泉中都可以看到人口红利的因素。对此我们做了一些分解并把它们合并在图3中。过去30多年,我们是每年平均接近于10%的经济增长速度,最大的贡献来自于资本投入,就是这个资本投入也是充满了人口红利。有两点大家需要理解,第一点是抚养比低,人口负担轻,生产出来的剩余可以储蓄起来,可以实现高储蓄率从而资本积累,就有资本可以投入了。还有一个更重要的是,按照新古典增长理论的假设,劳动力是短缺的,持续不断投入资本,就会出现报酬递减现象。表现为劳动力无限供给的人口红利,意味着打破了新古典假设的约束,因此不会遇到报

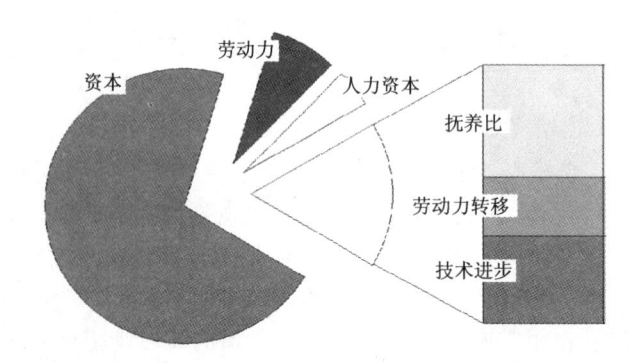

图3 过往高速增长靠的是人口红利

酬递减现象,靠投资取得经济增长也就是可行的。

说到全要素生产率的来源,一般人们可以无限地列举,比如推进改革、改善管理、技术进步、资源重新配置等等。大体上它主要是来自两个部分,一个是技术进步,还有一个资源重新配置。你把劳动力、资本从生产率低的部门配置到生产率高的部门,生产率自然就改善了。全要素生产率的两个部分与人口红利有什么关系呢?我们又做了一个分解,也反映在图3里面。跟前面不是一个模型,但是意思差不多。专门看全要素生产率这一块,这里全要素生产率是17%,其中8个百分点是从低生产率部门转移到生产率更高部门的劳动力转移创造的,所占份额接近全要素生产率进步的一半。由此看来,中国30多年的经济高速增长基本上来自于人口红利。

当然,这并不是说体制因素不重要。上世纪60年代中期我国人口红利就开始下降。只有改革开放以后,伴随着对传统体制的改革,以及中国加入WTO,融入了全球化经济,我们才开始大幅度获得了人口红利。中国的经济高速增长主要来自于人口红利,人口红利渗透于所有的经济增长源泉,是在制度条件已经存在的前提下,解释为什么我们可以实现高于其他国家的增长速度的重要因素。

因此,符合逻辑的结论是,如果人口因素发生了变化,特别是人口结构发生了根本性的变化,人口红利没有了,中国经济增长的所有源泉都会发生逆转性的变化。人口红利消失和经济增长减速是什么样的关系,迄今为止还没有讨论清楚,原因是过多的肤浅研究在干扰人们深入地认识这个问题。有一个好消息就是,当人们还在争论人口红利是什么东西,或者争论人口红利什么时候消失时,我们发现人口红利已经消失了,已经没有必要争了。

最近的人口普查是2010年。根据这次普查的数据,可以清楚地预测到,15到59岁的劳动年龄段人口2010年之后是绝对的减少(国家统计局的数据认为,这个劳动年龄人口的绝对减少发生在2012年)。不是说在减速,而是绝对的减少,劳动力供给是负增长。以15到59岁人口做分母,15岁以前的人口和60岁以后的人口做分子,就是人口抚养比,2010年之后开始提高,而不再是下降了。按照我们前面说的,看劳动年龄人口和抚养比,就是人口红利的代理指标。这些指标发生了一个根本性的转折,一个是从正到负,一个是从负到正。根本性转折很自然地意味着,从2010年开始,人口红利已经消失。当然说它还会有一些潜力可以挖掘,但总的趋势发生了根本性的变化。人口红利消失以后,人口这一个因素会影响经济增长的源泉。

如图4显示,劳动力的增长率2010年以后是负的,即今后它是负贡献。投资的增长率过去非常高,我们假设它今后一定会下降,因为将来储蓄率也不会有那么高了。至于全要素生产率的增长速度,我们没有说它一定会大幅度的下降,也不知道它会不会大幅度的提高,按照趋势描画了一下,假设趋势不变。

论述至此,大家可能会问两个问题。一是人们通常是把15岁到64岁的人口作为劳动年龄人口,我们为什么提出15岁到59岁?按照以前的研究,笔者曾经预计到2013年人口红利消失,也是依据15-64岁劳动年龄人口做出的判断。为什么突然转换了概念?一个原因是根据中国的退休制度,男60岁退休,女55岁退休,有一些工种女职工50岁就退休了。退休了以后,通常人们就离开了工作岗位。第二个原因是和受教育程度有关。

如图5所示,横坐标是15岁到64岁的人口,纵坐标是受教育的年限,不管受哪一级的教育都加在一起。其中美国不仅受教育程度在每一个年龄段都比我们高,他们在各个年龄段受教育程

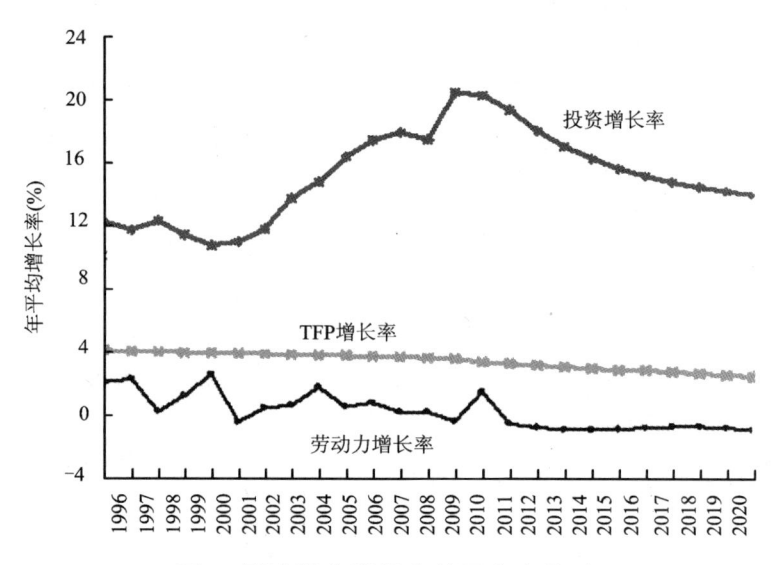

图 4 影响潜在增长率的因素变化

资料来源：陆旸《中国的潜在产出增长率及其预测》，载蔡昉主编《中国人口与劳动问题报告 No.13——人口转变与中国经济再平衡》，社会科学文献出版社，2012 年。

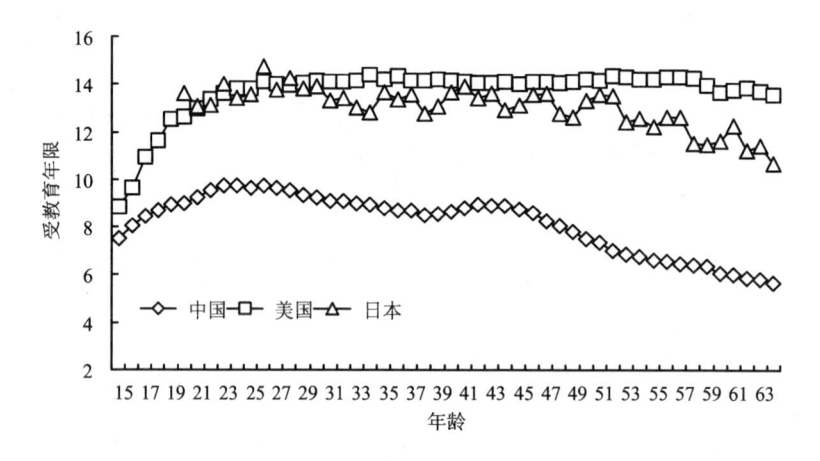

图 5 劳动年龄人口的受教育程度国际比较

资料来源：王广州、牛建林《我国教育总量结构现状、问题及发展预测》，载蔡昉主编《中国人口与劳动问题绿皮书 No.9》，社会科学文献出版社，2009 年。

度是一样的。也就是说假如我们挑一个24岁的美国人，问他受了几年的教育，他会告诉你14年。如果再挑一个64岁的美国人，他也说是14年，没有根本性的不同。这意味着在美国，假如劳动力短缺，找不到24岁、34岁、44岁的人，甚至连54岁的人找不到了，那你仍可以雇一个64岁的人，除非要求重体力劳动，他的技能可以是一样的。日本情况也差不多。但是，中国不仅在每一个年龄段受教育程度低，更重要的是年龄越大受教育程度越低。到了50或60岁的人，基本没办法掌握劳动力市场所要求的技能。从这两个理由看，年过60岁的中国普通劳动者很难成为现实的劳动力供给，把他列入劳动力供给指标没有什么意义。因此我们采用了15岁到59岁做劳动年龄人口。

第二个问题是为什么要假设投资增长速度不能像过去那么快。因为我们已经超越了二元经济发展阶段，至少已经离它稍微远一点了，离新古典经济增长阶段更近一点了，这意味着新古典理论所提醒的报酬递减现象已经开始发生了。资本的边际回报率一直在下降，过去几年的下降幅度格外快(图6)。如果没有政府补贴，你会愿意在报酬大幅度下降的情况下再继续投资吗？换句话说就算你愿意，你能够保证得到盈利吗，实际上这是不可能的。因此，在没有人为干预的正常情况下，投资增长的速度一定会放慢。这样的假设还是合理的，在这个假设之下，我们可以估算中国的潜在增长率是怎样的趋势。

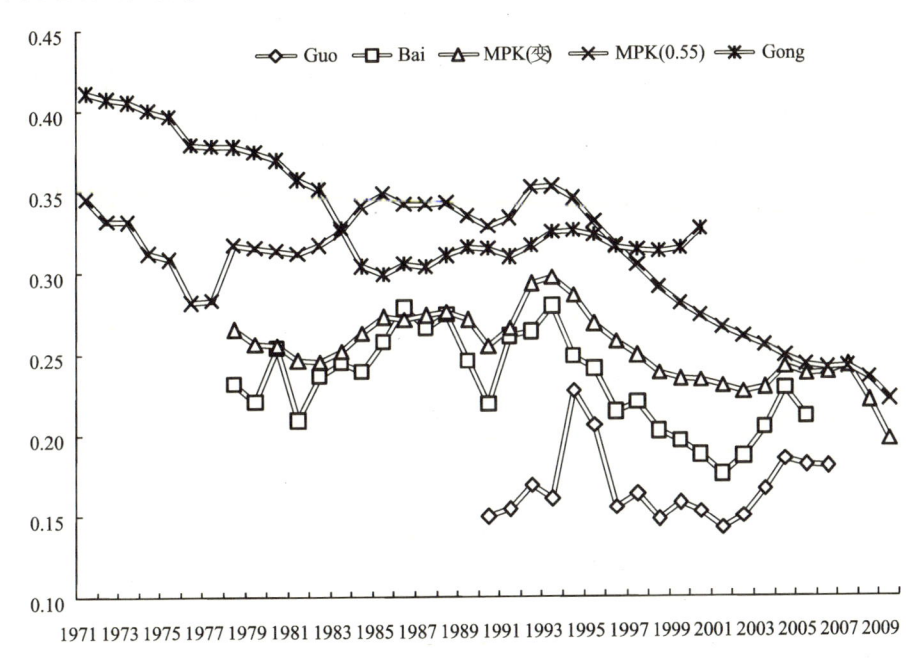

图6 不同研究显示的资本边际报酬下降

资料来源：Cai Fang and Zhao Wen (2012) When Demographic Dividend Disappears: Growth Sustainability of China, in Masahiko Aoki and Jinglian Wu (eds) The Chinese Economy: A New Transition, Basingstoke: Palgrave Macmillan, forthcoming.

三、潜在增长率下降的政策含义

按照上述假设进行估计，1978年至1995年期间，中国的潜在增长率是10.3%。1995年至2009年期间，估算的潜在增长率是9.8%，跟现实都差不了太多。在"十二五"期间，即2011年至2015年期间潜在增长率降到了只有7.2%。到了"十三五"期间，即2016年至2020年，平均GDP的潜在增长率每年将只有6.1%。尽管无论是7.2%还是6.1%，拿到世界上大家也会说是很好的速度(印度实现了6%、7%的增长，就被称为"印度奇迹")。但是如果说这是中国，人们便觉得不够快，都认为中国应该更快些。我们"十一五"期间大概是10.5%的潜在增长率，到"十二五"期间一下子降了下来,这个起伏似乎很大。其实原因也很简单。划分"十一五"和"十二五"的就是2010年,正是劳动年龄人口增长从正到负,人口抚养比从下降到上升的关键点,因此它就是一个转折点,人口红利消失了,潜在增长率出现比较剧烈的下跌也是必然的。我们面临着潜在增长率的下降,要看我们应该怎么认识它,能不能在心理上和政策上做好足够的准备。

我们目前的潜在增长率是一个更平衡、更协调和更可持续的增长率。十八大没有要求7%以上的增长,但是,今后如果每年能达到7.2%的经济增长速度,到2020年人均GDP也可以翻番。2012年经济增长速度显得很慢,最后结果显示出7.8%,其间我们听到企业的哭声,听到投资者的抱怨、投行经济学家的呼声,听到外国人希望我们能刺激经济增长的劝告声。都说如果能像2009年实施几个万亿的投资计划,经济增长速度马上会起来,企业会高兴,解决了外需不足的问题;外国人更高兴,因为你对他的需求更大了。

潜在增长率7.2%是我们的能力,是能够保证充分就业的,因此我们不用刺激出额外的需求。根据国家统计局数据,我们可以知道一段时间中每年经济增长速度中有多大的部分或多少个百分点来自消费需求、投资需求和出口的需求。近10年平均消费需求对GDP的拉动作用是4.5个百分点。内需中的投资需求拉动是5.4个百分点,外需即出口需求是0.56个百分点。未来我们指望不上出口,姑且假设它的贡献将来为零。以往我们对国内投资的依赖程度也太过分了,希望将来能够缓下来,姑且也把它减掉一半,只剩2.7个百分点。这2.7个百分点加消费需求的4.5个,正好是7.2个百分点。就是说合理的需求拉动作用和潜在增长率是完全可以匹配的,我们不需要人为地加大投资以增加需求。人为刺激出的需求也许能把经济增长速度拉上去,但是超越了潜在增长率则有可能产生不好的结果。

第一个结论,潜在增长率不应该被超越。当我们说中国经济要减速,或者更学术化一些讲潜在增长率下降的时候,学者跟政府官员往往在一点上可以说是一拍即合。即学者就新的经济增长

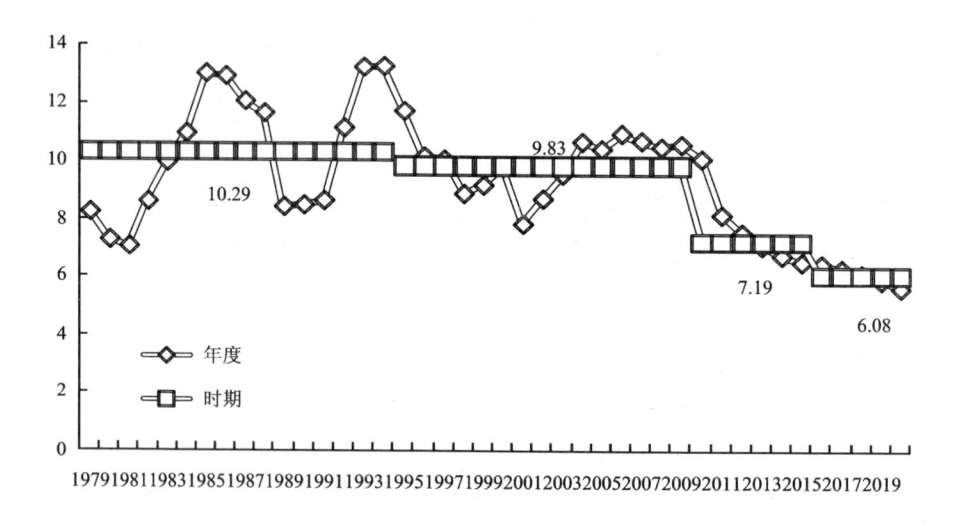

图7 估计的各个时期GDP潜在增长率

资料来源:陆旸《中国的潜在产出增长率及其预测》,载蔡昉主编《中国人口与劳动问题报告No.13——人口转变与中国经济再平衡》,社会科学文献出版社,2012年。

点提出很多建议,如加快城市化速度可以产生巨大的投资需求,从而搞很多的建设,中西部发展仍然需要对基础设施的投入,在中西部"铁公机"的建设是有需求的。政府也觉得,就学者们提的这些新增长点而言,都有驾轻就熟的手段、有实施的抓手,而且过去干得也很成功。

但是大家不要忘记一点,过去搞区域发展战略,如西部大开发战略,目的是为了达到区域间均衡发展。而现在在学者的鼓动下,这个政策一旦变成意图超越潜在增长率的手段,味道就变了。过去我们尝试着去占领一些战略性的新兴产业,摸索动态比较优势,出台了很多产业政策。对这些新兴产业给补贴,给更多优惠政策,刺激这些产业的投资,政府参与在一定程度上是合理的,但是现在这些都变成了超越潜在生产率的手段。遭遇金融危机,政府出台4万亿的刺激计划,现在我们发现这个政策也能刺激经济增长,超越潜在增长率。政府熟知这些政策,跟学者提出来的经济增长点建议也正好合拍。在市场显示出资本报酬已经下降的情况下,过度的产业政策,给钱给补贴给土地,给其它的优惠政策,最后的结果是造成包括产能过剩在内的一系列扭曲。

在图8中,上面这条横线是中国工业的平均产能利用率。图中显示出,有一些产业的产能利用率明显要低于平均值,产能严重过剩。而这些恰恰是过去受到产业政策鼓励,给予优先发展的产业,比如钢铁、汽车、装备制造业、石油化工、有色金属等等。显然,我们的产业政策过度使用倾

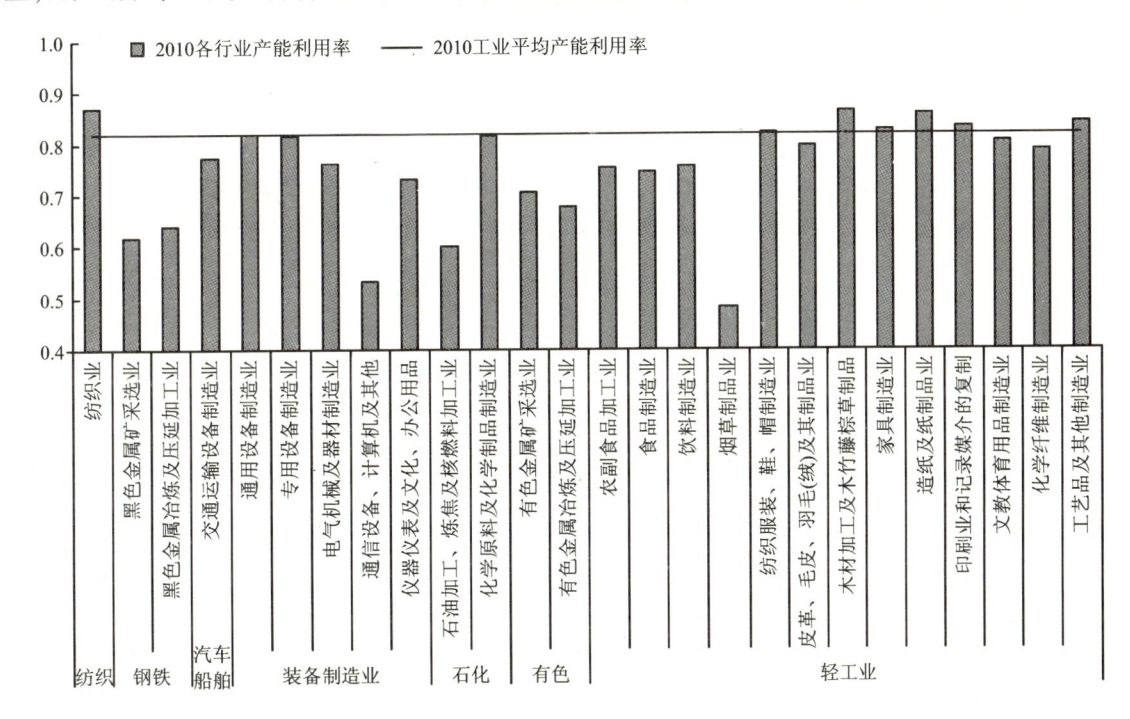

图8 受到鼓励的产业产能过剩更加严重

资料来源:曲玥《大规模投资维持的增长速度——产能过剩研究》,载蔡昉主编《中国人口与劳动问题报告 No.13——人口转变与中国经济再平衡》,社会科学文献出版社,2012年。

向需要进行调整。

还有一个例子,说明过度实施的区域政策可能导致产业结构偏离比较优势。用政府引导的方

式,把大量的资本投到中西部地区建设重化工业,必然造成产业的过度资本密集。我们用资本劳动比指标来衡量这一点,即资本作为分子,劳动作为分母。这个比率的提高,就意味着产业的资本密集度提高。比较发现,目前中部和西部地区制造业的资本劳动比已经大大高于东部地区(图9)。这些发达程度较低的地区资本密集度高于沿海地区,说明其已经偏离自身比较优势。本来,区域发展战略应该着眼于促进区域协调发展和减贫,过度使用这种战略,就会造成实际增长率超越潜在增长率的不良结果。

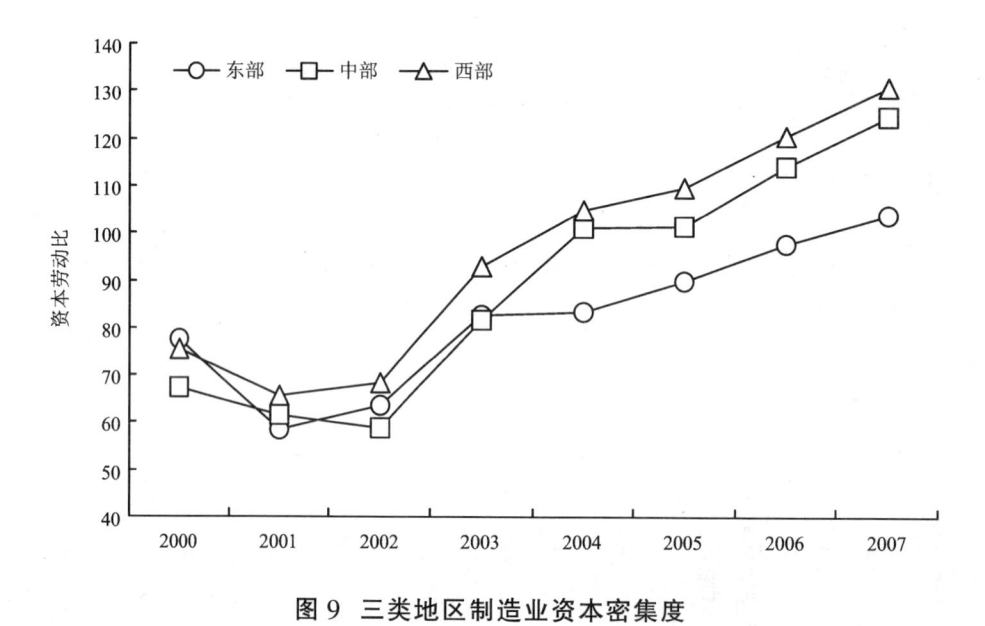

图9 三类地区制造业资本密集度

资料来源:蔡昉、王美艳、曲玥《中国工业重新配置与劳动力流动趋势》,《中国工业经济》,2009年第8期。

上述这些都是已经出现的苗头。假如学者告诉政府决策者,"十二五"期间潜在经济增长率是7.2%,"十三五"期间只有6.1%,而政府不喜欢这样,就会用原来熟知的办法去刺激经济增长,超越潜在增长率,眼前的这些端倪就会变成未来现实中的错误。在出现减速趋势的情况下,我们距离犯错误的目标就越来越近了,不正确的认识和政策倾向伤害中国经济长期可持续发展的可能也就加大,离我们想纠正经济发展中不平衡、不协调、不可持续的意愿也就越来越远了。

日本是一个最好的反面教员。图10中的曲线部分是日本的人口抚养比。它在下降的过程中,意味着有充足的人口红利可以获得。在它下降的20多年间,日本实现了9.2%的高速经济增长。最后降到最低点,又持续了20年左右处于低点。它的潜在增长率就大幅度跌下来。对此日本民间不甘心,政府也不甘心,就开始用各种各样的刺激手段,货币政策始终宽松,财政政策保持扩张性。日本跟我们很像,不遗余力地实施过区域发展政策、产业政策和宏观经济的刺激方案。我们最熟知的就是它刺激房地产发展,结果造成了严重的泡沫经济。到了上世纪80年代末90年代初,这个泡沫终于破灭了,然后,随着人口抚养比上升即人口红利消失,日本经济就陷入到长达20年的零增长。

图10中显示出日本在1990年以后每年的增长率是0.85%,是加上了通货膨胀率的调整,因

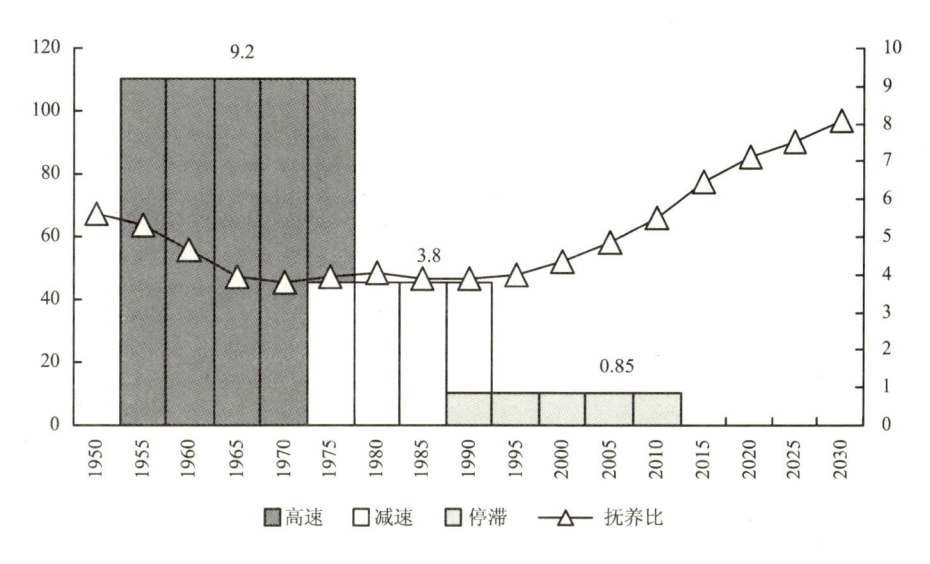

图 10　人口红利消失之后日本经济的衰落

资料来源：人口数据来自联合国，GDP 增长率来自世界银行和 Takeo Hoshi and Anil Kashyap, Why Did Japan Stop Growing? report prepared for the National Institute for Research Advancement (NIRA). http://www.nira.or.jp/pdf/1002english_report.pdf, 2011.

为它的通货膨胀率这 20 年是负的。如果不用调整，它只有 0.24% 的增长率，基本上就是零增长。所以说日本在两个意义上是完美的例子：第一个是说它的经济增长和人口红利是密切相关的；第二个是说它努力尝试去超越潜在增长率，但是最后的结果是欲速则不达，不仅没有真正实现长期的经济增长，反而陷入了长达 20 年的停滞。

刚才是一个结论，结论就是潜在增长率是不应该超越的。人们都说经济学是一个阴郁的科学，它不仅表现在经济学关心的这些事都比较枯燥，还表现在总是告诉我们一些坏消息。不管怎么样，人们还是喜欢高速增长，中国经济再来十年，最多二十年的 9% 或者 10% 的增长速度，就理直气壮地进入到发达国家的行列了。潜在增长率的估算结果却没有告诉我们这个好消息。现在我们的潜在增长率是 7.2%，几年以后又会变成 6.1%，我们对这个趋势有没有办法呢？这便引出第二个结论：潜在增长率是可以改变的。

四、如何提高潜在增长率

当人们在说，未来二十年中国还可以有高速经济增长的时候，我们需要问两个问题。第一个问题，你所指的高速经济增长是指多少？在世界范围内说 7% 甚至 6% 也可以是高速增长，不一定是指 8%、9% 或者 10%。第二个问题，你想要的高速增长是用什么办法达到的？用刺激需求的办法达到更高的增长速度的办法，我认为是不可持续的，是必然伤害中国经济的。也就是说，当我们说"潜在增长率是可以改变的"，也包括潜在增长率还可能因为错误的政策伤害了生产要素的供给或者生产率的提高而降低。如果像日本一样失去 20 年，我们就成了典型的中等收入陷阱国家。

如果政策得力，提高了潜在增长率会怎样？这就是要探讨的问题。这是正确的选项，但是怎么提高它呢？要回答这一问题，首先要搞清什么是潜在增长率。形象地说，潜在增长率就是运动员的体能和人类的极限,是科学所定义的运动员应该跑的速度。运动员的速度受到他(她)的身体能力和人类身体极限制约。而他(她)想超越潜在速度的压力是巨大的,来自于广告商、主管部门、外行的社会大众。结果如何呢?也许可以超越一时,但是受伤的概率一定会高,现在我们已经知道他们受伤的频率到底有多高了。这就是潜在增长率。

因此,就潜在增长率的含义来说,我们关心的就是劳动力供给如何,资本供给如何,生产率能有多快的提高。如果你改变了这些东西,还有可能让它更好一些。比如说我们从某某近邻国家,引进一亿个跟中国农民工一样素质、一样工资水平的劳动力,我们就重新又回到人口红利了,那么回到10%的增长速度是完全有可能的。但是事情并没有这么简单。因此,我们做了一点假设和模拟。

图11显示的是不同劳动参与率下的潜在增长率,实线表示的是在前边做的那些假设下,所具有的潜在增长率。劳动力是负增长,即前面说的15到59岁能够作为劳动力的人口在下降,但是,如果提高劳动参与率,则可以抵消这个下降的效果。因此我们模拟了一下,假设从2011年开始到2020年期间,劳动参与率每年增加一个百分点,GDP的潜在增长率就变成实线所表示的那样了,也就是说可以提高大约0.88个百分点。只是这一个因素,即可以改变潜在增长率。

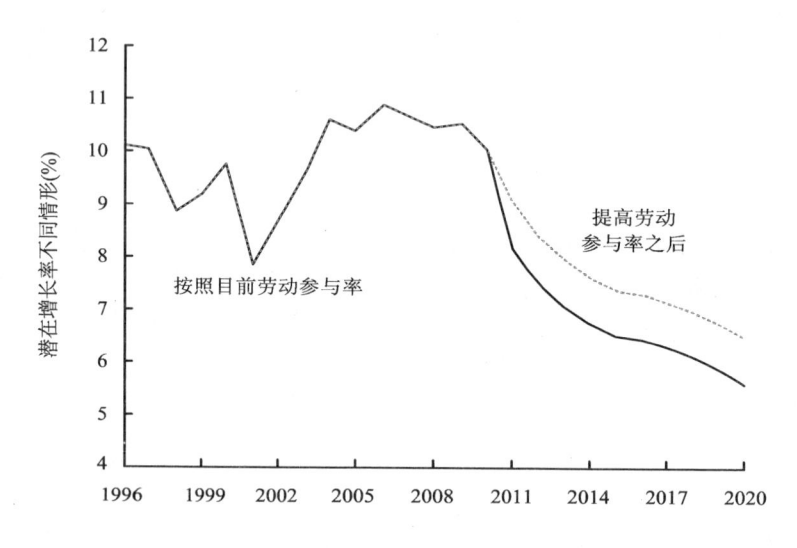

图11 提高劳动参与率的增长效应

资料来源:陆旸《中国的潜在产出增长率及其预测》,载蔡昉主编《中国人口与劳动问题报告No.13——人口转变与中国经济再平衡》,社会科学文献出版社,2012年。

劳动参与率怎么提高?最经常提到而且有关部门也在酝酿的办法是延长退休年龄。比如本来应该60岁退休,如果延迟到63岁退休,当然就会提高劳动参与率,增加劳动力供给。但是如前所述,我国的劳动年龄人口到60岁上下的时候,受教育程度大幅度下降。这意味着人力资本也好,学习新技术、新技能的能力也好,在这个年龄上都大幅度下降,实际上已不能继续工作,因为没有人愿意雇他。强行从法律上把退休年龄向后延,意味着这部分人失业的可能性非常大。所以,劳动参与率实际上并没有提高。因此,目前这条路对中国来说走不通。

还有一个理论上提高劳动参与率的好办法,即降低失业率。不过,我们现在的城镇登记失业率只有4.1%,已经很低了。根据估算,这4.1%其实就是自然失业率。自然失业率是很难再下降的,因为在结构上和摩擦系数上总要有一些失业,所以也没有特别大的降低余地。真正提高劳动参与率的空间在于户籍制度改革,即推进农民工劳动力供给的稳定化和充分化。目前,官方用常住人口定义的城市化率是51%。而用非农业户口人口比例定义的中国特色的另一种城市化率,则只有35%,中间有16个百分点的差距,就意味着有1.6亿农民工被统计为城市人口,但是没有得到城市的户口从而没有均等地享受到基本公共服务。

由于这些人没有得到充分的社会保障,因此他们就不可能一直干到60岁或者五十几岁。因为家里有老人和孩子要照顾,他们可能40岁上下就退休回家了。他们也不享受失业保险和最低生活保障等等,因此他们的劳动力供给是不稳定的。2009年春节期间,中国经济遭遇到金融危机的冲击,许多农民工就返乡了,因为一有风吹草动他们就是最早承受冲击的群体。因此,在现行的户籍制度下,这些劳动力的供给是不稳定的,他们的劳动参与率是比较低的。虽然他们回去还要劳动,但是对于非农产业的劳动参与是很低的。所以,通过户籍制度改革解决这个问题,可以产生一石三鸟、立竿见影的增长效果。

在党的十八大报告中,第一次提到要有序推进农业转移人口的市民化。户籍制度改革以后,农民工变市民了,他们很自然就可以成为稳定的劳动力,该什么时候退休就什么时候退休。因此就改变了劳动力供给的这条线,进而改变了所有经济增长的要素条件,潜在增长率直接就可以得到提高。这也就意味着,公共政策可以起到替企业家来加大农业劳动力转移力度的作用,而不是完全靠工资上涨。目前大家为了争取雇到农民工就只好涨工资,每年农民工工资以12%的速度增长,2011年更高达21%,再涨下去企业家也受不了。农民工转移得到了户口,意味着政府在制度上给它更好的激励,市民化还会加大转移力度,带来的是资源重新配置效率,可以提高全要素生产率。全要素生产率改进以后,也可以提高潜在增长率。

此外,农民工得到基本公共服务,有了社会保障,解除了后顾之忧,他们就可以像城市居民一样来消费。过去他们是一个消费的例外群体,人在城市生活,工资也在不断涨,甚至跟很多城市居民挣得差不多,但他们绝不会像市民那样消费,而是把钱攒起来带回老家。如果他们能像市民一样消费,内需中的消费需求会有大幅度提高,我们的经济增长就变得更平衡、更协调、更可持续了。

很多人要问,既然刘易斯转折点已经过去了,人口红利也消失了,还有多大的农业劳动力转移潜力呢?看上去好像没有那么大的潜力了,其实不然。所谓刘易斯转折点,就是指你用不变的工资雇不到人了。2004年以前,所有的老板都是用几十年不变的工资招农民工,都有人来干。但是从2004年以后,你再拿六百块钱、八百块钱招工就没有人干了。但是它绝不意味着说没有劳动力了。我们做了一个比较,从目前算起直到2020年,中国处在中等偏上收入向高收入门槛跨越的阶段上,人均GDP应该在6 000美元到12 000美元。我们把处在这个阶段上的国家挑出来,它们农业劳动力的比重比我们要低很多,平均要低10个到20个百分点。即按照官方统计,我们现在还有35%的劳动力在务农。我们的研究发现官方是高估了,我们给它降了10个百分点。即使按照我们的估算值,我们也仍然比这些处在6 000-12 000美元人均GDP的国家高10个百分点,这意味着今后10年每年降一个百分点,差不多就有800万的农业劳动力还要转出来。因此,户籍制度改革可以继续挖掘人口红利,延长过去的人口红利,提高劳动参与水平。

我们还做了一个模拟,全要素生产率的提高以后会有什么结果。假设未来全要素生产率的年增长率比以前的假设高一个百分点(图12)。即到2020年之前,我们原来的趋势是全要素增长率每年增长3%,如果把它变成4%,经济增长速度也会明显上升,潜在增长率会增加接近1个百分点,会在7.2%的水平或者6.1%的水平上再加一个百分点。这是非常现实的假设,是提高潜在增长率的一条重要途径,非常值得我们去做努力。经济学理论和其他国家经验显示,有一些我们过去认识到的或者没有认识到的途径,可以提高全要素生产率。

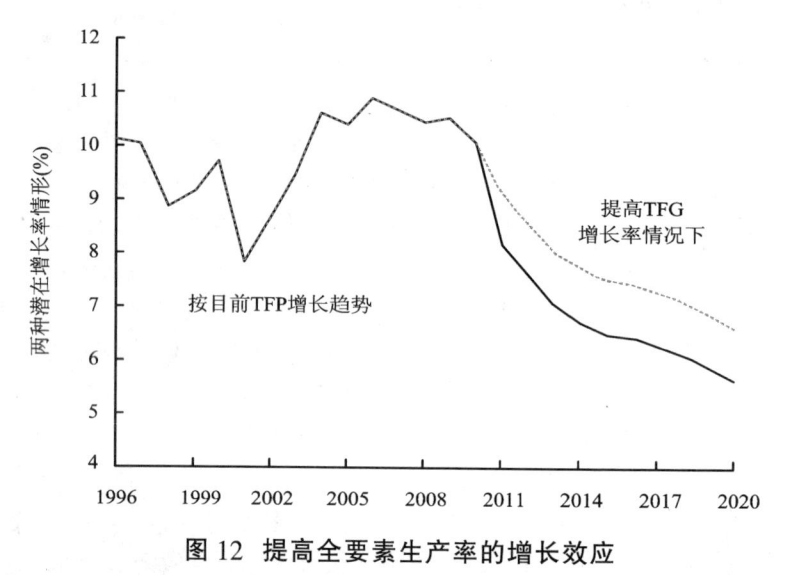

图12 提高全要素生产率的增长效应

资料来源:陆旸《中国的潜在产出增长率及其预测》,载蔡昉主编《中国人口与劳动问题报告No.13——人口转变与中国经济再平衡》,社会科学文献出版社,2012年。

我们看到的全要素生产率通常有两条提高途径,一是技术进步,对中国来说有很多捷径可走。我们在技术上是和发达国家有差距的,这给我们带来一个后发优势,我们不用在所有的领域都去自主创新,有所为有所不为。当然,这不代表我们不可以独立自主进行科技创新,而是说我们可以借鉴很多现成的技术。

如图13所示,瑞士代表的是科技最高水平,由此可以看出我们和国际上的科学技术前沿有多大的差距。这个指标是一个国家发表论文被引用的数量做分子,分母是这个国家发表的全部论文数,反映发表的论文是不是科学的,是不是高水平的。如果你发表的不是在技术前沿上,就没有人会引用,这个比值就是零。世界上最高水平依次是瑞士、美国、英国等等,中国是在较低的水平,相当于瑞士水平的1/5。也就是说虽然我们发表科学论文的总量上来了,但是它的质量并不高,这意味着我们尚未处于科技创新的前沿。这个差距我们当然要赶上,目前存在的这个差距也可以说是后发优势。发达国家在每一个点上都得自主创新,而我们可以利用别人研究出来的成果,掌握起来就要简单得多,成本低得多。这种赶超过程中的技术进步,可以算是一条捷径。

还有一条途径就是资源的重新配置效应。图14显示有三种方式获得资源重新配置效率。我们以往熟知的资源重新配置效率,是从农业把资源特别是劳动力转到第二产业和第三产业,整体经济的生产率就提高了。但是,随着剩余劳动力的减少,劳动力转移速度减慢,从这个过程获得的

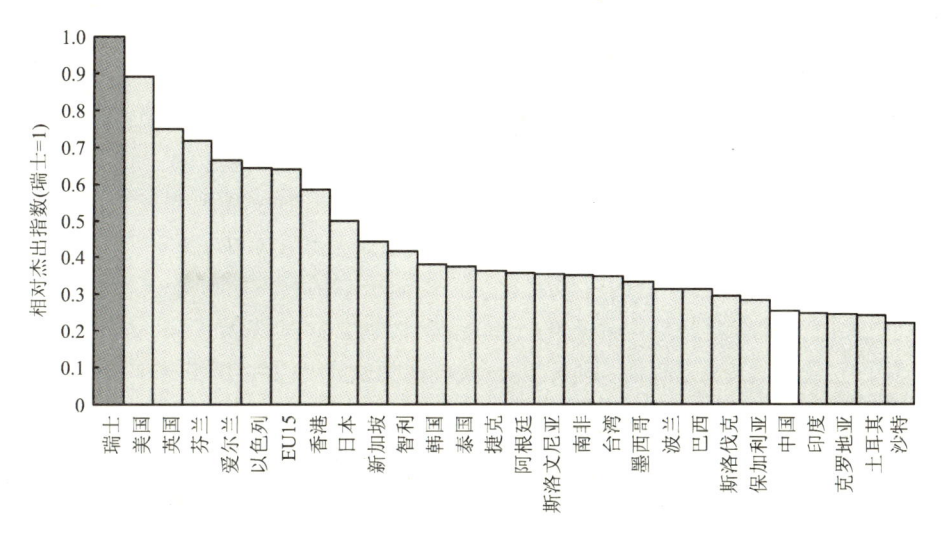

图 13　中国科技与世界前沿的差距

资料来源：Sachi Hatakenaka, The Role of Higher Education in High Technology Industrial Development: What Can International Experience Tell Us? In Justin Yifu Lin and Boris Pleskovic (eds) People, Politics, and Globalization, The World Bank, Washington D.C., p. 240

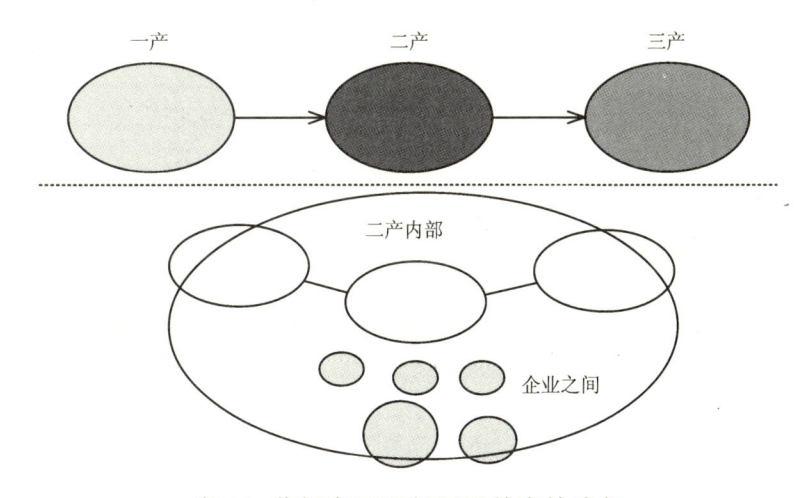

图 14　获得资源重新配置效率的途径

全要素生产率相对会越来越少。接下来便会发现在第二产业内部，每个行业之间还是有生产率差别的。如果你能把生产要素从生产率低的行业转移到生产率更高的行业，还能带来资源重新配置效应。更进一步，在一个行业中，企业之间的效率也是存在差异的，有的企业在全要素生产率上持续进步，有些企业则是靠政府补贴才能苟延残喘，近似僵尸。在这种情况下，你让僵尸企业死掉，让有生产率进步的企业去得到更多的资源，甚至兼并其它的企业扩大自身规模，最后的结果整体经济的效率则会更高。

全要素生产率提高的潜力我们远远没有开发殆尽。一项研究表明中国企业之间的生产率的差距非常大。比如,我们行业内企业间的生产率差距,用不同的指标表达都比美国高。如果同一个行业中,企业之间生产率差距非常大,这就意味着你没有把生产率低的企业淘汰掉,也没有让生产率高的部门把其它的企业资源拿来扩大它的自身规模。因此就很自然的说,如果我们达到更好的配置,比如说达到美国的水平,我们的全要素生产率可以提高30%-50%。还有一项研究,是以美国为代表进行的。在成熟的市场经济国家,企业之间进入和退出、成长和死亡,这种创造性毁灭过程,所能带来的全要素生产率的进步,占到全部生产率进步的1/3到一半。

上述两个不相关的研究,得出的可以通过全要素生产率的数量级却是一样的,结果这么巧合与一致,说明我们还没有把这个全要素生产率提高途径的机会加以利用。最乐观的一种思维方式,就是看到我们哪个地方差,就说明那个地方我们有巨大的潜力。因此未来让企业生生死死成长消亡,可以期待获得巨大的全要素生产率的来源。为此我们需要改革。为什么现在我们的企业该死的不死,该壮大的不能壮大,因为是有各种各样的歧视和准入壁垒。我并不只是说歧视非公有经济,更多的是歧视小企业,歧视新成长企业,甚至地方政府会人为的挑选赢家,官员们总是觉得政府能判断谁有发展潜力。

但是市场怎么会由你来决定呢?但是,政府是承受不起失败的,因此就要保护落后。最后的结果只能是各种各样的歧视仍然存在,企业不能自由进入,甚至有的时候也不能自由退出,有能力的企业不一定有机会壮大自己,濒临死亡的企业还在打着吊针维持。这种状态就会使我们损失30%-50%的全要素生产率的进步。清除制度障碍,必然会带来新的全要素生产率的源泉。

结论是我们要创造一个创造性破坏的制度环境。我们会把重点放在国有企业改革上,但是我不倾向于一定要针对国有企业改革。国有企业有该退出的地方,也有该进入的地方。你把呼吁的重点放在国有企业改革上,其实效果并不一定好。现存没有效率的国有企业可能仍然有话语权,甚至可能有强大的既得利益在支撑,因此有些改革很难推进。我们是说所有形式的不平等的竞争环境都要把它改掉,这种改革不仅仅为了解决今天的问题,它是更有一般意义的改革,是更长期的制度性建设。总之一句话,我们以更大的政治决心推进改革,就可以带来全要素生产率的明显改进,提高潜在增长率。

(作者单位:中国社会科学院人口与劳动经济研究所)

2012：中国人口学研究的回顾与评述*

陆杰华　李月

2012年是我国经济社会发展进程中具有关键意义的一年。党的十八大在2012年胜利召开，这是在全面建成小康社会关键时期和深化改革开放、加快转变经济发展方式攻坚时期召开的一次十分重要的大会，标志着我国经济社会发展进入了一个新的时期。2012年，我国人口形势也发生了潜移默化的变化，有关人口问题的讨论也层出不穷，人口学研究展现出积极活跃的面貌，并取得了诸多代表性的成果。整体来看，2012年我国人口学研究集中在生育、人口与经济、人口老龄化、流动人口、家庭发展、人口与环境和其他专题，其中前四个专题仍是学界关注的重点。值得关注的是，在延续以往研究领域的基础上，也涌现了家庭发展专题研究这样的新领域，从一个侧面展现了人口学紧贴社会发展形势的鲜明特点。

一、生育专题研究

2012年对于生育问题的专题研究显得尤为令人瞩目，对生育政策和生育水平、出生性别比、生育分析方法等方面的研究都涌现出很多有代表性的成果。

（一）生育政策和生育水平

对生育政策的讨论仍然是人口学的一个热点问题。伴随着计划生育政策调整相关信息的出现，对生育政策的讨论成为学界关注的话题。迄今，多数学者已基本达成共识，即生育政策已经到了迫切需要调整的窗口期。对此，学者们从多个角度阐述了自己的观点，王桂新指出当前我国已经出现深刻的人口危机，集中表现为少子化、老龄化以及由此带来的一系列经济危机和社会危机[1]。王金营等从公共政策视角分析认为，计划生育政策在长期严格执行40多年后已逐渐显现出一系列不良后果，对其他公共政策需求压力增大，带来一系列较高的执行成本[2]。梁建章和李建新则是结合各国的经验和中国发展的特点，论证了中国人口发展政策已经走到了十字路口，只有尽快放开生育政策，中国的发展才能持续[3]。此外，王广州还研究了不同政策下"单独"育龄妇女的未来变动趋势，对生育政策的调整也具有重大的参考价值[4]。然而该如何调整？调整力度应多大？学界对此尚未形成共识。计划生育政策的调整需要考虑到众多相关因素，人民群众的生育意愿便是其中尤为重要的一点，学界对此进行了一些颇有参考价值的研究。孙新华研究了江西省T村2000年来大量涌现的"小二胎"，发现农民自身生育意愿是导致这一现象的核心，基层计生环境放松是诱因，家庭经济条件改善为此提供了基础[5]。韦艳对"农村二孩"试点之一的山西省翼城的生育政策实施效果进行了分析，也表明翼城现有生育行为和生育意愿更多是政策干预的结果，而非由于社会经济发展导致低生育意愿的内生性转变[6]。不过，李建新等对于江苏省六县市的研究则显示，这些地区不受政策约束的育龄妇女整体来看实际生育水平并未能达到理想或意愿生

---

* 本文主要对2012年国内学界几个主要人口学核心期刊作了文献检索，包括《人口研究》、《中国人口科学》、《人口与经济》、《人口学刊》、《人口与发展》、《西北人口》、《南方人口》，以及人大复印资料《人口学》等。

育水平,初育年龄推迟、教育水平提升、工作压力等都对实际生育水平产生了显著的抑制作用[7]。由此可见,当前我国分地区、分城乡的生育意愿还有很大差别,一些地区尤其是农村地区生育意愿仍较强,全国性的生育政策调整和完善需要结合当地实际来逐步推进。较高的生育意愿与养儿防老等传统生育观念有很大关系,有学者的研究表明,当前儿女双全并没有提高老年人的生活质量以及老年母亲的家庭地位,养儿防老等生育文化影响在逐渐减弱[8]。这对于我国稳定低生育水平、调整生育政策都是一个利好的消息。

对于我国真实生育水平到底为多少一直是学界热议的问题。随着2010年第六次人口普查数据的深入分析,一些学者据此对我国生育水平进行了推算。朱勤对我国生育水平进行的模拟推算得到2000-2009年历年加总的总和生育率平均值为1.48[9]。李汉东等基于"六普"数据,对我国2000-2010年的平均生育水平进行的估算也认为我国历年公布的总和生育率明显偏低,作者估计得到2000年以来的平均总和生育率为1.57左右[10]。巫锡炜利用1997和2001年两次全国性调查得到的妇女生育史数据,从生育推迟角度分析了我国1990年代中期以来低生育率的出现,并指出少生和晚育是导致这一现象的两大人口学机制[11]。综合学者们的研究,可以看到我国已经处于持续的低生育水平。

(二)出生性别比

出生性别比的影响因素仍是学者们较为关注的话题,胡耀岭等基于空间数据,应用空间计量技术实证,研究了各因素对出生性别比偏高的影响[12]。除对原有热点问题的关注外,2012年出生性别比领域在研究视角方面有了很大拓展。黄润龙基于全国345个地(市)及2869个县(市、区)的数据,采用定性和定量相结合的分析方法,探讨了出生性别比与社会经济文化之间的多元相互关系[13]。宋健等注意到当前我国出现性别偏好内容多元化的特点,且存在性别偏好会显著提升家庭生育数量[14]。对于人口学界普遍将107作为判断出生性别比高低的做法,有学者提出了质疑,他们从双生子的出生性别比这一新途径对这一问题进行了再分析[15]。值得欣慰的是,王钦池和陈友华均对我国出生性别比的发展趋势做出了判断,对把握未来出生性别比走势具有重要的参考价值。陈友华等认为伴随着我国经济增长和社会变迁,歧视性性别偏好失去赖以存在的土壤,而促使出生性别比恢复正常的社会经济基础已逐渐具备,意味着我国出生性别比由上升转而下降的转折点已经或将要来临[16]。王钦池也指出我国出生人口性别比的"拐点"已经出现,在继续加强治理的条件下,我国出生人口性别比将进入下降过程[17]。

(三)生育分析方法

去进度效应总和生育率是近年来关注度十分高的一种生育分析指标,它是基于总和生育率容易受到平均生育年龄影响的缺点而提出的,自提出以来,这一指标就引起了学术界的广泛争议、讨论和各种新的尝试。例如,有学者对去进度效应总和生育率的分析表明该指标核心调整公式的前提假设在现实中难以满足,在实际应用中可能出现计算结果产生的误差较大、调整指标出现错误的几率增高等现象[18]。但作为对于常规时期指标的改进,这一方法仍有其重要的应用价值,郭志刚梳理了近年来国际和国内学者们在这一研究上的理论争论,介绍了在此方法方面取得的重要进展,还特别介绍了Bongaarts和Sobotka的最新进展[19]。此外,高文力等详细论述了TFR、CFR和政策生育率之间的关系与区别,这一研究解答了一些学者所认为的我国总和生育率低于政策生育率是不正常现象的错误认识,使我们能够更深入地审视当前我国的生育水平[20]。

二、人口与经济专题研究

我国人口正面临着一系列重大的转折,人口空间布局、人口年龄结构变动、劳动供给与就业等都对经济发展产生着深刻的影响。

(一)人口变化与经济发展

首先,蔡昉评述了当前我国的人口形势,认为中国面临的挑战不仅是人口问题,更是保持经济增长可持续性问题。作者依据相关国际经验和教训,提出开发第二次人口红利、提高养老能力和未来储蓄率的可持续性等政策建议[21]。我国幅员辽阔,区域发展差异巨大,刘晶和王婷等关注了我国人力资本的空间分布差异及其影响。前者从人力资本的存量、结构和投资三个角度,对我国东、中、西部地区人力资本差异进行了系统的分析和比较[22]。后者对我国区域间人口红利进行了测度和分解,结果表明东部地区人口红利实现总效率明显高于中西部地区[23]。二者的研究都表明我国人力资本空间分布的差异进一步强化了区域经济发展差异,如何协调人力资源分配,缩小地区发展差异,这仍然是我国面临的一个重大难题。逯进等则以中国省域社会福利和经济增长水平的变迁特征为切入点,比较系统地论述了中国区域发展的差异,结果也表明中国社会福利和经济增长的区域差异明显,且各区域均存在福利的拐点[24]。

人口转变伴随着我国人口特征的巨大变化,学者们重点关注了这些变化与经济发展之间的关系。范叙春等基于我国省际平衡面板数据,实证分析了预期寿命增长和年龄结构改变对我国国民储蓄率的影响[25]。朱超等应用亚洲数据分析了人口年龄结构对储蓄率、投资率及经常账户的效应[26]。魏下海则从代际和年龄角度定量分析了中国居民劳动收入变动模式[27]。这些研究向我们展示了人口特征变动是如何通过储蓄率、国际收支以及劳动收入变动等途径对经济发展产生影响的,对于我们应对人口转变给经济发展带来的冲击具有借鉴意义。我国的人口发展历程与日本、韩国有一定的差异,但也有很多相同之处,三个国家之间有许多可以相互借鉴的地方。王桥等就对三个国家所面临的少子高龄化对于经济社会发展各方面的影响以及应对策略,从各种角度进行了深入剖析和比较研究[28]。

(二)劳动供给与就业

当前社会各界对我国劳动力供给问题有很多讨论,这一问题也成为学界关注的焦点,展开了众多卓有成效的探讨。尹文耀等对当代分性别劳动力参与水平和模式变动趋势的分析发现,当代男性和女性劳动力参与率整体呈下降趋势[29]。沈可等从家庭这一视角研究发现,当前多代同堂家庭模式的淡化成为女性劳动参与的一种重要不利因素[30]。宋健等对于青年就业群体的研究则表明,职业变动已经成为当今青年的普遍现象,总体上20-34岁的青年正处于从职业不稳定向职业稳定过度阶段[31]。还有学者探讨了健康因素对已婚男女时间分配所产生的影响[32]。综合来看,当前多种因素影响着劳动力市场的供给,未来我国劳动供给可能面临着一系列严峻的挑战。但黄祖辉等的研究可能会提供一些乐观的信号,他们的研究表明随着农业现代化、集约化发展,会使山东等种粮大省的农户家庭释放出更多的劳动力,可能成为中国未来经济发展的劳动力供给"蓄水池"[33]。也有学者从宏观视角对我国劳动力市场发展进行了探讨,张车伟等认为我国无限劳动供给时代已经结束,我国劳动力市场形势并不乐观,实际失业率水平仍较高,同时就业的结构性矛盾越来越突出[34]。蔡昉指出,中国就业的非农化趋势快于雇员化,这意味着有相当数量的农村转移劳动力在城市中只能从事自雇就业[35]。从上述的分析可以看到,劳动力的结构性矛盾将会是未来我国劳动力市场所面临的主要挑战。

退休模式的改革对于劳动力市场具有深远意义,廖少宏研究发现,提前退休模式与行为存在显著的性别差异,且随着劳动力市场的新变化,未来提前退休的可能性越来越小[36]。此外,杨俊等研究了环境污染对劳动生产率的影响,证明了环境污染对当期的劳动生产率有显著的正效应,但其对滞后一期的劳动生产率则有显著负效应[37]。对于人力资本的研究显得十分冷落,仅有王美艳等研究了1990年以来各民族人口教育发展状况,并分析了7-16岁儿童在校率的影响因素[38]。

三、人口老龄化专题研究

2012年,学界对人口老龄化专题的研究延续了以往的研究热点,仍主要集中在养老模式、老年生活状况、人口老龄化与经济增长等重点领域。

(一)养老模式

首先,邬沧萍和杜鹏等从宏观视角出发,集中论述了如何建立和完善我国现行的有关老年人生存和发展的法律、法规、制度和政策体系,并详细论述了政府、企业、社会组织等各个养老助老主体的社会责任[39]。此外,学者们选取多个角度对养老模式问题展开研究。陈友华重点关注了居家养老服务,论述了政府、市场、社会与家庭在居民养老服务中的责任定位,并指出居家养老和机构养老各有其优缺点和适用范围,不存在孰轻孰重的问题[40]。吴翠萍从居住方式的选择为视角研究认为,未来依靠社会化养老或自我服务可能会成为城市居民安度晚年的主流形式[41]。无论养老方式如何,子女对于养老的潜在支持才更为关键。张航空研究了儿子和女儿在代际支持中的性别差异,结果表明儿子和女儿在代际支持过程中存在分工效应和替代效应[42]。高建新等通过研究农村家庭子女养老行为的示范作用,发现子女之间存在高度的效仿关系[43]。对于养老支持,宗教参与近年来引起了学者们的关注,赵立新等研究认为当前我国宗教参与已经具备了较好的社会基础,同时宗教参与有其无法比拟的优势,因此,在我国社会转型时期宗教参与养老具有可行性[44]。青年"啃老"是近年来一个社会热点问题。宋健等人的研究表明,中国已婚青年确实存在较普遍的"啃老"行为,但主要在住房资源维度,独生子女更倾向于"啃老",而流动会降低"啃老"风险[45]。对独生子女家庭养老研究也取得了一定的进展。徐俊等探讨了我国独生子女家庭养老面临的风险和困境,并提出了独生子女家庭养老责任共担机制的基本思路及具体措施[46]。丁仁船研究了已婚独生子女家庭居住安排与非独生子女的差异性,结果表明已婚独生子女与父母的居住方式依然以从夫居为主,但也出现了很多新的居住安排形式[47]。

对于养老保障的研究在2012年虽然相对较少,但取得了很多有价值的研究结论。刘柏惠等利用国际上较为通用的集中指数(CI)方法测量和分解了中国老年人在社会照料和医疗服务使用中的非均等性,并研究了造成这种不均等的主要因素[48]。薛伟玲等的研究表明当前医疗保险尚且不能满足我国老年人群医疗健康需求,老年人医疗健康需求处于被压抑状态[49]。

(二)老年生活状况

2012年在老年人生活状况领域涌现了一些有代表性的研究,学者们采用多种分析方法和模型对我国老年问题进行了深入研究。贾云竹等对我国人口老龄化过程中的女性化趋势进行了再探讨,指出我国在相当长一段时间内老龄人口中的女性比例低于世界多数国家的水平,但在未来我国老年人口的女性化程度将逐步加深[50]。个人老化率的研究成为老龄化研究的新兴领域,黄匡时等通过计算虚弱指数随着年龄的变化率来估算老人个体老化率,结果发现我国高龄老年人个体的老化率高度收敛于其平均值,无论早期变量还是当前变量对老化率的解释力度都不高[51]。还有学者对老年人口的健康问题进行了颇有深度的研究,顾和军等测度了中国老人健康不平等程度,重点考察了收入、婚姻状况、居住安排等因素对健康不平等的贡献[52]。而杨胜慧等和王萍等针对老年人口健康的研究则可能表明我国的养老压力并没有想象中那么严峻。前者的研究表明我国老年人口自理预期寿命提高幅度高于预期寿命,未来对老年人口照料的压力将有一定程度的减轻[53]。后者采用个体增长模型,考察了在子女迁移背景下中国代际支持对农村老人生理健康的纵向影响,结果表明代际支持对老人生理健康的发展具有重要影响,传统的老人应"享清福"的观念需要再思考[54]。以往对老年人长期照护的研究较少涉及对失智者的照护需求,尹尚菁等对此提出质疑,他们认为应将照护需求评估建立在对失能老人和失智老人分析的基础之上[55]。除此之外,朱荟等还考察了宗教参与对高龄老人死亡风险的影响机制,结果表明宗教参与对死亡风险存在一定程度的影响,但控制其他因素则会削弱这种影响[56]。

(三)人口老龄化与经济增长

人口老龄化与经济增长继续成为研究热点,其研究内容不断扩展和深化。胡鞍钢等构造了人口老龄化和人口增长影响经济增长的实证模型,证实了人口老龄化和人口增长对经济增长均产生不利影响[57]。毛毅[58]和杨胜利[59]关注了人口老龄化对社会保障支出的影响,二者研究结果表明我国人口老龄化将会使负担系数上升、社会保障财政支出增加,而人均养老保障支出会降低。可以看到,学者们对于老龄化的经济社会后果更多的是持较为担忧的态度。但也有学者的研究表明,尽管随着老龄化程度的加深,劳动力供给下降趋势不可逆转,但劳动力质量的提升会弱化或延缓这一趋势,预计2027年中国真实劳动力供给才会出现明显的"拐点",滞后于以劳动力数量衡量的名义劳动力供给下降起始期12年[60]。对于老龄化可能会带给经济的具体影响,李洪心比较全面地分析了人口老龄化趋势下经济增长方式的转变,研究了人口老龄化与现代服务业发展之间的关系[61]。还有学者注意到了随着老年人口的增多,老年人的经济活动会对整个市场产生重要影响,并选取健康冲击对老年家庭资产组合的影响这一视角进行了研究[62]。

四、流动人口专题研究

2012年流动人口专题仍然是学界关注的一个重点领域,针对流动人口在生存、生活和发展中所面临的一系列问题[63],学者们展开了深刻且富有成效的讨论,主要集中在社会融合、人口城镇化、人口流动行为与效应、流动人口婚育医疗及生活状况等方面。

(一)流动人口社会融合

对社会融合问题的探讨在2012年的流动人口研究中显得尤为引人注目,这也突出了当前人们对流动人口生活质量的高度关注。首先,流动人口社会融合现状仍是学者们研究的重点。学者们发现当前我国青年乡-城流动人口的经济社会地位和相对融入水平都是最低的,处于三重弱势地位[64];当前已有超过一半的流动人口实现了身份认同,但流动人口的内心认同要远低于认同愿望[65];本地市民、外来市民和农民工三个群体在养老保险和工伤保险参与的可能性存在明显差异[66];宋月萍等的研究更是明确指出了城市居民对流动人口所持的矛盾态度:城市居民对流动人口整体价值持较为一致的认可和接纳意愿,但从微观层面来看,城市居民对流动人口在日常交往中仍持疏离甚至排斥的态度[67]。这些研究表明当前我国流动人口的社会融合仍面临着巨大的挑战,流动人口市民化仍有很长的一段路程要走。其次,对于流动人口社会融入的路径,学者们认为农民工对城市福利的获取是决定其融入程度的重要因素[68];未来仍需提高促进流动人口社会融入的工作力度[69]。还有学者研究了流动人口身份跃迁问题,表明当前的户籍制度、教育程度、婚姻与性别等因素都对身份的跃迁起着重要作用[70]。国际合作的项目就人口流动迁移与区域发展、人口迁徙与包容性社会、人口变化与公共服务政策进行的深入讨论与交流也从更多元化的视角考察了我国流动人口的社会融合问题[71]。此外,对社会融合在研究视角上也有所突破。针对流动人口的身份认同问题,张广利等认为主流的"制度建构"研究范式在城市外来人口身份认同问题上渐现偏颇与不足,提出相关研究应向"文化实践场域"范式转换[72]。许涛认为以往研究忽视了在本地工作的外地人与外地人之间的社会距离[73]。流动人口社会融合的测量问题并不是一个新的话题,但周皓在国内外相关研究的基础上,检讨并重构了个体层次的社会融合测量指标体系,讨论了当前研究中的几个重要理论问题[74]。

流动儿童的社会融合问题是2012年流动人口研究一个新的热点。刘杨等基于问卷调查探讨了流动儿童歧视、社会身份冲突、城市适应三者的关系[75]。周皓从流动儿童社会融合的代际传承角度进行的分析显示,社会融合在代际间具有传承性,学校效应对于社会融合也有显著作用,因此必须更加重视家庭环境建设与家庭教育方式的改进[76]。韩世强指出保障农民工子女市民化过程中的基本权利,促进他们的社会融合,是我国转型期突显的重大民生问题之一[77]。

与此同时,刘传江等还特别关注了农民工群体性事件,发现农民工参与群体性事件的意愿和行动存在着不一致性,政府行为选择对其行为有显著影响[78]。尹德挺考察了国际上人口有序管理的成功经验,以及在植入我国人口管理时存在的四大体制性障碍,提出建立"双核心"人口管理信息系统等建议[79],对于提高我国流动人口管理水平有一定参考价值。

(二)人口城镇化

根据国家统计局公布数据,2011年末中国大陆总人口中城镇人口首次超过农村人口,城镇化率达到51.27%。这对于我国城镇化发展历程具有里程碑式意义,因而城镇化也成为2012年人口学界研究的焦点。

众多学者对我国当前的城镇化进行了深刻的思考,辜胜阻等反思了我国城镇化进程和城市发展中存在的五大偏向问题,认为当我们在为中国城镇化"跨越式"发展而欣慰的同时,也应关注中国城镇化发展是否可持续[80]。王桂新和蔡秀云等也分别从我国以户籍制度为基础的二元社会体制[81]和公共服务角度[82]探讨了我国城镇化过程中可能会面临的一系列问题和挑战。当然,对于城镇化率的真实水平学界也一直存在不同的声音,段成荣等研究认为,我国城镇化数据存在虚高问题,经过重新评估得到我国真实城镇化水平约为41.6%[83]。但朱宇却认为我国现行城镇人口的统计口径基本符合目前国际上通行的城乡划分原则和标准,并不存在高估我国城镇化水平的现象,且他还认为我国现行城镇化数据反而存在着未能涵盖大量"准城镇人口"的现象,从而存在低估实际城镇化进程的广度和深度的问题[84]。可见,当我们在庆贺取得成绩的同时,也要客观看待发展中存在的问题,着力提升城镇化的质量。对于城镇化的发展机制,王伟进等通过探索性空间分析,发现中国各地级市间城市化水平存在明显的空间依赖,且城市化的各主要社会经济因素也存在空间依赖,可能构成城市化水平空间聚集的内在要素[85]。张车伟等对中国城镇化格局变动及人口合理分布进行了研究,指出目前中国城市人口的分布正在向合理化方向发展,但大城市人口规模仍显不足[86]。

户籍制度是流动人口问题研究必然涉及的话题。中国政府在2012年年初正式公布了《国务院办公厅关于积极稳妥推进户籍管理制度改革的通知》。这是近年来国务院专门发布的一个有关户籍制度改革的文件,它对未来一段时间我国户籍制度改革的方向有很大指导意义,针对《通知》的发布,《人口与发展》编辑部开展了"户籍制度改革:进程中的困境"的讨论[87],邀请多位专家学者对我国户籍改革发表意见。李建民认为此次改革"并不彻底"[88],张车伟认为取消户籍制度并非是好的选择,我国户籍制度改革需要差别化的政策[89],朱宇则认为我国的户籍改革往往忽视了愿意保持流动状态和向流出地回流的农民工在户籍制度改革上的政策需求[90]。也有学者对户籍改革持比较激进的态度,如王放认为现阶段中国大城市的人口增长有其合理性,是市场经济规律作用的结果,建议彻底改革户籍管理制度,实现完全的城镇化[91]。围绕我国户籍制度改革的研究已进行了多年,但学者们仍存在很多争论,我国户籍改革将走向何方仍期待更多深入细致的探讨。

(三)人口流动行为与效应

我国的人口流向大体上仍保持着其原有的趋势。王桂新等利用五普和六普数据的比较分析发现,20世纪90年代以来中国省际人口迁移的区域模式具有相当的稳定性,但也出现了一些明显的局部性变化[92]。于涛方也基于这两次普查的数据研究得到我国东部地区和其他重要经济中心城市保持着极强的人口集聚能力,城市人口流动存在明显的地域差异,城市所能提供的"综合机会"对人口流动有很大影响[93]。当前流动人口出现了家庭化迁移的趋势,因而人口流迁效应分析更加注重从家庭的角度进行。王志理等界定了流动人口家庭化迁移的带眷系数概念,并分析了劳动年龄流动人口的人口学因素、流动居住因素、在居住地的收入消费等因素对流动人口带眷系数的影响[94]。

2012年对于流动人口的研究开始将视角从流动人口自身转移到流出地,研究探讨流动人口与流出地之间的互动关系。杨云彦等构建了新生代外出务工劳动力和户主子女的回流决策两个计量模型来论证农村家庭禀赋与外出务工劳动力回流之间的关系[95]。牛建林使用多层多项logit模型研究发现农村地区同龄人外出务工现象对义务教育阶段在校生辍学具有吸引和示范作用,而家人外出则有助于降低农村中小学生辍学的风险[96]。张文娟综合考察流入地和流出地信息,对迁移所带来的成年子女对父母的经济支持行为变化进行了分析[97]。

(四)流动人口婚育及生存状况

2012年流动人口研究更加关注流动人口自身的生活状况。杜本峰等分析了青年流动人口这一群体的就医流向选择的影响因素[98];齐亚强等的研究表明,我国人口流动存在着较为明显的"健康移民"和"三文鱼偏误"选择效应[99];和红等则从社会支持状况角度进行了分析,结果表明新生代流动人口在社会支持的各维度上都显著低于当地同龄人口[100]。可见,流动人口的生存状况仍处于较为不利的情况,应进一步引起人们的重视。此外,陈婷婷描述了当代已婚流动妇女的性生活状况,研究得到已婚流动妇女性生活的影响因素[101]。

流动人口的婚育观一直是学界关注的话题,当前流动人口的婚育观呈现了一些新特点。有学者提出了针对新生代流动人口的生育期望的理论假设[102]。也有研究发现新生代农民工的婚育行为出现很多不同于老一代流动人口的新特征[103],流动人口同城市人口在生育数量偏好上已不存在明显差距,但性别偏好上仍有显著差异[104]。

五、家庭发展专题研究

家庭是人类社会的基本单位,家庭功能的正常发挥是社会发展的重要前提。当前,我国的家庭在发生着深刻的变迁,家庭发展专题引起了众多学者的关注。

对我国家庭发展政策的讨论格外令人瞩目,整体来看,学者们普遍认为当前我国处于家庭急剧变迁的背景下,传统家庭功能趋于弱化,而我国的家庭政策存在一定的不足,因此应及时调整我国的家庭政策,建立完善的政策体系。多位学者对我国家庭政策的调整进行了深入且颇有价值的探讨。吴帆等和胡湛等研究认为,我国政府应重点构建以提升家庭发展能力为导向的家庭政策体系[105],家庭政策体系应实现向明确性和发展型转变[106]。乔晓春则主张,我国政府成立一个"人口和家庭发展委员会"这样的将所有管"人"的部门整合而成的政府体制以应对新时期我国人口问题[107]。西方国家的家庭政策发展历史悠久,体系完善,可能对我国家庭政策体系的改进有一定启示,盛亦男等在借鉴西方国家家庭政策经验的基础上,认为我国家庭政策体系可以采取"保基本、广覆盖、福利与调控人口并重"的政策路线[108]。而陈卫民却认为我国家庭政策的发展经历了与欧美国家完全不同的道路,因此我国家庭发展方向与发达国家"去家庭化"方向相反,而应该是"家庭化"[109]。

此外,还有一些针对家庭发展的具体问题探究。包蕾萍从家国关系的视角对我国的独生子女群体的生命历程进行了研究[110];王芳等研究了家庭因素对中国儿童健康的影响[111];林川等对近年来中国大陆离婚原因研究中存在的问题及其解决对策进行了讨论[112]。

六、人口与环境专题研究

人口与环境专题的研究仍延续了过去两年的热点态势,吸引了众多学者的关注,且学者们更多的集中于对碳排放的影响因素的探讨。李国志等研究了人口数量和居民消费对我国CO_2排放的动态影响[113],王芳等基于跨国面板数据探究了人口年龄结构、城镇化与碳排放之间的关系[114]。前者发现二者对CO_2排放均有显著影响;后者的研究则表明人口年龄结构,尤其是人口的老龄化程度对碳排放量的影响具有正U形的特点。也有的学者认为人口与碳排放之间的关系并不呈现简单的线性关系,肖周燕验证了在短时期内,人口增长对CO_2排放的影响不可忽视,但从长远来看,经济增长对CO_2排放影响更为重要[115]。杨文芳等发现从长期来看,人口总量对CO_2排放的影响最大,短期来看,能源强度和人均GDP影响较大[116]。除聚焦在碳排放的影响因素探究外,米红等从多个角度探讨了我国气候变化与人口安全的问题[117],为我们分析环境问题带来更多有益的思考。

将家庭因素引入人口与环境的研究是2012年环境专题研究的一个亮点。刘玉萍等从影响因素实证研究、区域差异与动态变化两个角度探究了人口数量、家庭规模等四项人口因素与CO_2排放量之间的关系,发现家庭小型化对CO_2排放量的影响因省而异[118],在东、中、西部不同区域CO_2排放的主要人口影响因素有很大差异,且在不同阶段,导致这些差异的人口因素也在发生变化[119]。曲如晓等的研究表明家庭户规模对CO_2排放有显著负向影响[120]。肖周燕重点关注了家庭动态变化对CO_2排放的影响,指出相对于人口总量,以家庭化为视角来研究人口因素对CO_2排放的影响更为重要[121]。当前我国家庭处于深刻变化的时期,未来应更多的从家庭视角展开对环境资源问题的研究。

七、其他专题研究

(一)人口转变理论再审视

当前我国处于人口转型的关键时期,体现出许多自身独有的特点,因而多位学者对人口转变理论进行了再审视。马力等从人口均衡发展的角度对人口转变理论进行了研究,指出中国人口转变经历了超前经济发展的"人口转变"和与经济互动发展的"后人口转变"两个阶段[122]。"第二次人口转变"理论伴随着我国人口转变的新特点而逐渐流行,石人炳却认为"第二次人口转变"和"第三次人口转变"描述的仅仅是新的人口现象或人口变化,并不赞成他们将自己的研究内容冠以"人口转变"[123]。对于这一理论,刘爽也阐述了自己的看法,主张人口转变是一个多维的动态历史过程,蕴含着婚姻、生育、家庭、健康、人口调控等系列转变[124]。西方人口转变理论是人口学十分重要的理论,但在应用时必须要结合我国国情,杨凡等人的研究就指出中国的人口转变道路是在特殊时代不断探索出的道路,是我国特殊国情的具体体现[125]。马瀛通也认为西方人口转变理论在应用于我国时存在不足,指出当前大多研究仅以持续升高的人口抚养比与老年人口比例断言我国人口年龄结构日趋不合理是不妥的,作者基于实际情况论证了我国人口年龄结构转化的日趋合理性[126]。

(二)人口基本公共服务

公共服务均等化问题继续受到了学者们的瞩目。翟振武等回顾了六十多年中国人口发展历史,描绘了人口变迁所折射的民生改善进程,客观再现了新中国成立以来人口变迁和民生发展的历史进程[127]。学者们还选取了多个角度探讨了我国公共服务发展进程。王军平关注了我国分省份人口计生基本公共服务均等化问题[128]。张晓岚等在DEA-Tobit两阶段分析框架下研究了人口因素对我国区域公共医疗服务效率的动态影响[129]。李湘君等则实证研究了中国农村地区乡镇卫生院的服务效率差异[130]。陆杰华等重点关注了深圳市存在的看病就医困难和公共卫生服务供给公平度欠佳等现实问题,并进行了详细的问题制度成因分析[131]。此外,学者们还探讨了中国农村儿童健康不平等程度[132]、我国主要的残疾预防政策行动[133]、失地对农村居民健康风险的影响[134]等贴近民生且十分具有现实意义的问题。

(三)性别失衡下的婚姻问题

对于性别失衡问题所产生的大龄未婚男性群体,学者们给予了高度的关注。李树苗等以"紧张—应对"理论为基础,分析了性别失衡背景下应对资源对面临婚姻挤压的未婚男性农民工心理失范的影响及其内在机制[135];吴彩霞等从借贷网络视角考察了农村大龄未婚男性的社会资本状况[136]。其实,不仅是大龄未婚男性,韦艳的研究指出在性别失衡背景下所有相关利益者的利益均会不同程度受到损害[137]。

此外,学者们也对其他一些问题进行了深入且很有意义的研究。对性问题的探讨在2012年取得了一些突破,王思琦对70后和80后的性观念进行了比较,研究发现70后和80后这两个年龄阶段群体的性观念开放程度并不存在显著的差异[138]。富晓星等对于男男性服务者这一近年来地下性产业中的新兴群体的研究[139]也丰富了学界的探索空间。关于1959-1961年中国大陆人口死亡规模一直存在争议,李若建认为人们缺乏对计算死亡规模的原始数据的准确程度的分析,作者认为对这一时期人口死亡规模的估计,应该更多地从人口学专业的角度出发,对当年的基础数据重新评估[140]。叶文振等探讨了中国人口科学国际化水平及其影响因素,对于促进我国人口学科的国际化发展大有裨益[141]。

八、总结

纵观2012年人口学研究,主要有以下几个鲜明的特点。一是更加贴近民生问题的研究。从对生育政策的热烈讨论,到对老年人生活状况的关注,以及对流动人口问题多维度的研究等,都十分贴近当前社会高度关注的民生问题,展现出我国人口学界高度的社会责任感。二是更加关注我国人口发展与经济社会发展之间关系的探讨。近年来我国人口形势不断发生着深刻变化,准确把握这些变化并研究其经济社会影响无疑具有重要价值。在2012年,对于人口老龄化与经济增长、劳动力供给问题、家庭因素对经济社会的影响等研究人口变迁与经济社会发展之间关系的领域都成为人口学界关注的重点。三是研究视角有一定扩展。2012年人口学界在出生性别比、流动人口社会融合、人口城镇化以及我国人口转变等许多传统领域的研究视野都有所扩展,促进了我国人口学研究水平的不断提升。但在看到成就的同时,也要认识到我国人口学研究也存在很多不足,如国际视野不够广阔,对国际人口学研究的关注相对较少;跨学科、综合性的研究仍然较少等。

当前,我国处于人口转型的关键时期,生育政策即将进行调整,劳动年龄人口达到峰值并开始逐渐下降,老年人口出现第一次增长高峰,家庭结构发生重大变化,这些转变必将对我国产生重大且深远的影响。着眼未来,人口学面临着一个发展的重大机遇期,但同时也是肩负重要挑战的时期,只有不断提高学科水平,提升研究创新能力,才能为我国未来发展做出更大的贡献。展望未来人口学的发展,对于生育水平、人口红利、人口老龄化、人口流动问题以及从家庭视角对人口问题的研究等有可能会成为未来一段时间内人口学关注和研究的重点领域。

参考文献：

[1] 王桂新:《我国"潜在"的人口危机及其应对之策》,《人口学》2012年第6期。

[2] 王金营、赵贝宁:《论计划生育政策的完善与调整——基于公共政策视角》,《人口学刊》2012年第4期。

[3] 梁建章、李建新:《中国人太多了吗？》,社会科学文献出版社,2012年。

[4] 王广州:《"单独"育龄妇女总量、结构及变动趋势研究》,《中国人口科学》2012年第3期。

[5] 孙新华:《"小二胎"：内涵、特征、成因及启示——基于江西省T村的实证分析》,《南方人口》2012年第1期。

[6] 韦艳、张力:《"发展型"或"政策型"生育率下降——基于翼城"农村二孩"试点的分析》,《人口研究》2012年第6期。

[7] 李建新、彭云亮:《我国实际低生育水平的影响因素分析——邦戈茨低生育率模型应用》,《人口与经济》2012年第4期。

[8] 尹银:《养儿防老和母以子贵:是儿子还是儿女双全》,《人口研究》2012年第6期。

[9] 朱勤:《2000~2010年中国生育水平推算——基于"六普"数据的初步研究》,《中国人口科学》2012年第4期。

[10] 李汉东、李流:《中国2000年以来生育水平估计》,《中国人口科学》2012年第5期。

[11] 巫锡炜著:《中国步入低生育率(1980-2000)》,社会科学文献出版社,2012年。

[12] 胡耀岭、原新:《基于空间数据的出生性别比偏高影响因素研究》,《人口学刊》2012年第5期。

[13] 黄润龙著:《我国出生性别比偏高因素研究及其治理建议》,人民出版社,2012年。

[14] 宋健、陶椰:《性别偏好如何影响家庭生育数量？——来自中国城市家庭的实证研究》,《人口学刊》2012年第5期。

[15] 干建平等:《中国双生子出生性别比研究》,《人口学刊》2012年第2期。

[16] 陈友华、胡小武:《社会变迁与出生性别比转折点来临》,《人口与发展》2012年第1期。

[17] 王钦池:《出生人口性别比周期性波动研究——兼论中国出生人口性别比的变化趋势》,《人口学刊》2012年第3期。

[18] 郝娟、邱长溶:《对去进度效应总和生育率的检验与讨论》,《人口研究》2012年第3期。

[19] 郭志刚:《常规时期生育率失真问题及调整方法的新进展》,《人口研究》2012年第5期。

[20] 高文力、梁颖:《试论时期总和生育率、终身生育率与政策生育率的关系》,《人口学刊》2012年第1期。

[21] 蔡昉:《未富先老与中国经济增长的可持续性》,《人口学》2012年第3期。

[22] 刘晶:《中国人力资本空间分布差异的实证分析》,《西北人口》2012年第3期。

[23] 王婷、吕昭河:《中国区域间人口红利差异分解及解释——基于数据包络分析模型》,《中国人口科学》2012年第4期。

[24] 逯进等:《社会福利、经济增长与区域发展差异——基于中国省域数据的耦合实证分析》,《中国人口科学》2012年第3期。

[25] 范叙春、朱保华:《预期寿命增长、年龄结构改变与我国国民储蓄率》,《人口研究》2012年第4期。

[26] 朱超等:《储蓄投资行为及外部均衡中的人口结构效应:来自亚洲的经验证据》,《中国人口科学》2012年第1期。

[27] 魏下海等:《人口年龄分布与中国居民劳动收入变动研究》,《中国人口科学》2012年第3期。

[28] 王桥主编:《东亚—人口少子高龄化与经济社会可持续发展(中国日本韩国比较研究)》,社会科学文献出版社,2012年。

[29] 尹文耀、白玥:《当代劳动力参与水平和模式变动研究》,《中国人口科学》2012年第1期。

[30] 沈可等:《中国女性劳动参与率下降的新解释:家庭结构变迁的视角》,《人口研究》2012年第5期。

[31] 宋健、白之羽:《城市青年的职业稳定性及其影响因素——基于职业生涯发展阶段理论的实证研究》,《人口研究》2012年第6期。

[32] 郭晓杰:《健康对家庭时间分配的影响》,《南方人口》2012年第5期。

[33] 黄祖辉:《中国农户家庭的劳动供给演变:人口、土地和工资》,《中国人口科学》2012年第6期。

[34] 张车伟、蔡翼飞:《中国劳动供求态势变化、问题与对策》,《人口与经济》2012年第4期。

[35] 蔡昉主编:《中国人口与劳动问题报告No.13—人口转变与中国经济再平衡》,社会科学文献出版社,2012年。

[36] 廖少宏:《提前退休模式与行为及其影响因素——基于中国综合社会调查数据的分析》,《中国人口科学》2012年第3期。

[37] 杨俊、盛鹏飞:《环境污染对劳动生产率的影响研究》,《中国人口科学》2012年第5期。

[38] 王美艳、Emily Hannum:《1990年以来中国各民族人口教育发展研究——来自人口普查和人口抽样调查数据的分析》,《人口学刊》2012年第3期。

[39] 邬沧萍主编:《老龄社会与和谐社会》,中国人口出版社,2012年。

[40] 陈友华:《居家养老及其相关的几个问题》,《人口学刊》2012年第4期。

[41] 吴翠萍:《城市居民的居住期望及其对养老方式选择的影响》,《人口与发展》2012年第1期。

[42] 张航空:《儿子、女儿与代际支持》,《人口与发展》2012年第5期。

[43] 高建新、李树茁:《农村家庭子女养老行为的示范作用研究》,《人口学刊》2012年第1期。

[44] 赵立新、赵慧:《转型社会宗教参与养老的基础和优势研究》,《人口学刊》2012年第5期。

[45] 宋健、戚晶晶:《"啃老":事实还是偏见——基于中国4城市青年调查数据的实证分析》,《人口学》2012年第1期。

[46] 徐俊、风笑天:《独生子女家庭养老责任与风险研究》,《人口与发展》2012年第5期。

[47] 丁仁船、吴瑞君:《已婚独生子女家庭人口与居住安排关系研究》,《人口与发展》2012年第5期。

[48] 刘柏惠等:《老年人社会照料和医疗服务使用的不均等性分析》,《中国人口科学》2012年第3期。

[49] 薛伟玲、陆杰华:《基于医疗保险视角的老年人医疗费用研究》,《人口学刊》2012年第1期。

[50] 贾云竹、谭琳:《我国人口老龄化过程中的女性化趋势研究》,《人口与经济》2012年第3期。

[51] 黄匡时等:《中国高龄老人的老化率及其影响因素研究》,《人口研究》2012年第4期。

[52] 顾和军、刘云平:《与收入相关的老人健康不平等及其分解——基于中国城镇和农村的经验研究》,《人口学》2012年第1期。

[53] 杨胜慧等:《中国老年人口的自理预期寿命变动——社会性别视角下的差异分析》,《南方人口》2012年第6期。

[54] 王萍、李树茁:《子女迁移背景下代际支持对农村老人生理健康的影响》,《人口与发展》2012年第2期。

[55] 尹尚菁、杜鹏:《老年人长期照护需求现状及趋势研究》,《人口学刊》2012年第2期。

[56] 朱荟、陆杰华:《宗教参与对我国高龄老人死亡风险的影响分析》,《人口研究》2012年第1期。

[57] 胡鞍钢等:《人口老龄化、人口增长与经济增长——来自中国省际面板数据的实证证据》,《人口研究》2012年第3期。

[58] 毛毅:《老龄化对储蓄和社会养老保障的影响研究》,《人口与经济》2012年第3期。

[59] 杨胜利、高向东:《人口老龄化对社会保障财政支出的影响研究》,《西北人口》2012年第3期。

[60] 王立军、马文秀:《人口老龄化与中国劳动力供给变迁》,《中国人口科学》2012年第6期。

[61] 李洪心著:《人口老龄化与现代服务业发展关系研究》,北京师范大学出版社,2012年。

[62] 解垩、孙桂茹:《健康冲击对中国老年家庭资产组合选择的影响》,《人口与发展》2012年第4期。

[63] 国家人口计生委流动人口服务管理司:《中国流动人口发展报告2012》,中国人口出版社,2012年。

[64] 杨菊华:《社会排斥与青年乡—城流动人口经济融入的三重弱势》,《人口研究》2012年第5期。

[65] 李荣彬、张丽艳:《流动人口身份认同的现状及影响因素研究——基于我国106个城市的调查数据》,《人口与经济》2012年第4期。

[66] 郭菲、张展新:《流动人口在城市劳动力市场中的地位:三群体研究》,《人口研究》2012年第1期。

[67] 宋月萍、陶椰:《融入与接纳:互动视角下的流动人口社会融合实证研究》,《人口研究》2012年第3期。

[68] 郭秀云:《农民工的城市融入:财政压力—政策响应模型的构建》,《西北人口》2012年第1期。

[69] 陈旭峰、钱民辉:《社会融入状况对社区文化参与的影响研究——两代农民工的比较》,《人口与发展》2012年第1期。

[70] 齐嘉楠:《流动中的身份跃迁——基于五城市流动人口调查实证》,《人口与经济》2012年第6期。

[71] 国家人口和计划生育委员会流动人口管理司:《对话—人口挑战与社会融合》,中国人口出版社,2012年。

[72] 张广利、张瑞华:《城市外来人口"身份—认同"研究的范式转换——从"制度建构"范式到"文化场域实践"范式》,《人口学》2012年第4期。

[73] 许涛:《我国公民与外来人口社会距离的实证研究》,《人口学刊》2012年第4期。

[74] 周皓:《流动人口社会融合的测量及理论思考》,《人口研究》2012年第3期。

[75] 刘杨等:《流动儿童歧视、社会身份冲突与城市适应的关系》,《人口与发展》2012年第1期。
[76] 周皓:《流动儿童社会融合的代际传承》,《中国人口科学》2012年第1期。
[77] 韩世强:《农民工随迁子女的权利保障研究》,法律出版社,2012年。
[78] 刘传江等:《不一致的意愿与行动:农民工群体性事件参与探悉》,《中国人口科学》2012年第2期。
[79] 尹德挺:《人口有序管理的国际经验与中国实践——基于流动人口服务管理的视角》,《人口与经济》2012年第2期。
[80] 辜胜阻、杨威:《反思当前城镇化发展中的五种偏向》,《中国人口科学》2012年第3期。
[81] 王桂新:《我国城市化发展的几点思考》,《人口研究》2012年第2期。
[82] 蔡秀云:《公共服务与人口城市化发展关系研究》,《中国人口科学》2012年第6期。
[83] 段成荣、邹湘江:《城镇人口过半的挑战与应对》,《人口研究》2012年第2期。
[84] 朱宇:《51.27%的城镇化率是否高估了中国城镇化水平:国际背景下的思考》,《人口研究》2012年第2期。
[85] 王伟进、陆杰华:《城市化水平的空间依赖研究》,《中国人口科学》2012年第5期。
[86] 张车伟、蔡翼飞:《中国城镇化格局变动与人口合理分布》,《中国人口科学》2012年第6期。
[87] 乔晓春等:《户籍制度改革:进程中的困境》,《人口与发展》2012年第2期。
[88] 李建民:《破冰之难——评中国的户籍改革"新政"》,《人口与发展》2012年第2期。
[89] 张车伟:《户籍制度改革需要差别化的政策》,《人口与发展》2012年第2期。
[90] 朱宇:《尊重农民工的多样性需求,推进户籍制度的根本性改革》,《人口与发展》2012年第2期。
[91] 王放:《彻底改革户籍管理制度,实现完全的城镇化》,《人口与发展》2012年第2期。
[92] 王桂新等:《中国省际人口迁移区域模式变化及其影响因素——基于2000和2010年人口普查资料的分析》,《中国人口科学》2012年第5期。
[93] 于涛方:《中国城市人口流动增长的空间类型及影响因素》,《中国人口科学》2012年第4期。
[94] 王志理、王如松:《中国流动人口带眷系数及其影响因素》,《人口学》2012年第2期。
[95] 杨云彦、石智雷:《中国农村地区的家庭禀赋与外出务工劳动力回流》,《人口研究》2012年第4期。
[96] 牛建林:《农村地区外出务工潮对义务教育阶段辍学的影响》,《中国人口科学》2012年第4期。
[97] 张文娟:《成年子女的流动对其经济支持行为的影响分析》,《人口研究》2012年第3期。
[98] 杜本峰、苗锋:《青年流动人口就医流向选择的影响因素与测度分析——基于北京、上海和深圳调查》,《人口研究》2012年第6期。
[99] 齐亚强等:《我国人口流动中的健康选择机制研究》,《人口研究》2012年第1期。
[100] 和红、智欣:《新生代流动人口社会支持状况的社会人口学特征分析》,《人口研究》2012年第5期。
[101] 陈婷婷:《已婚流动妇女的性生活及其影响因素实证研究》,《人口学刊》2012年第2期。
[102] 曹锐:《新生代流动人口的生育期望及其影响因素》,《西北人口》2012年第2期。
[103] 宋月萍等:《传统、冲击与嬗变——新生代农民工婚育行为探析》,《人口与经济》2012年第6期。
[104] 廖庆忠等:《流动人口生育意愿、性别偏好及其决定因素——来自全国四个主要城市化地区12城市大样本调查的证据》,《人口与发展》2012年第1期。
[105] 吴帆、李建民:《家庭发展能力建设的政策路径分析》,《人口研究》2012年第4期。
[106] 胡湛、彭希哲:《家庭变迁背景下的中国家庭政策》,《人口研究》2012年第2期。
[107] 乔晓春:《"大人口"管理体制的构建》,《人口与发展》2012年第2期。

[108] 盛亦男、杨文庄：《西方发达国家的家庭政策及对我国的启示》，《人口研究》2012年第4期。

[109] 陈卫民：《我国家庭政策的发展路径与目标选择》，《人口研究》2012年第4期。

[110] 包蕾萍：《中国独生子女生命历程：家国视野下的一种制度化选择》，《人口学》2012年第4期。

[111] 王芳、周兴：《家庭因素对中国儿童健康的影响分析》，《人口研究》2012年第2期。

[112] 林川、常青松：《1997-2012年中国大陆"离婚原因"研究述评》，《人口与发展》2012年第6期。

[113] 李国志、周明：《人口与消费对二氧化碳排放的动态影响——基于变参数模型的实证分析》，《人口研究》2012年第1期。

[114] 王芳、周兴：《人口结构、城镇化与碳排放——基于跨国面板数据的实证研究》，《中国人口科学》2012年第2期。

[115] 肖周燕：《我国人口—经济—二氧化碳排放的关联研究》，《人口与经济》2012年第1期。

[116] 杨文芳、王唯薇：《人口增长、城市化对环境的影响——以 CO_2 排放为例》，《西北人口》2012年第4期。

[117] 米红等：《气候变化与人口安全》，中国社会科学出版社，2012年。

[118] 刘玉萍等：《人口因素对 CO_2 排放的影响——基于面板分位数回归的实证研究》，《人口与经济》2012年第3期。

[119] 刘玉萍等：《人口因素对 CO_2 排放的影响：区域差异与动态变化》，《西北人口》2012年第2期。

[120] 曲如晓、江铨：《人口规模、结构对区域碳排放的影响研究——基于中国省级面板数据的经验分析》，《人口与经济》2012年第2期。

[121] 肖周燕：《我国家庭动态变化对二氧化碳排放的影响分析》，《人口研究》2012年第1期。

[122] 马力、桂江丰：《中国特色的人口转变》，《人口研究》2012年第1期。

[123] 石人炳：《人口转变：一个可以无限拓展的概念？》，《人口研究》2012年第2期。

[124] 刘爽等：《从一次人口转变到二次人口转变——现代人口转变及其启示》，《人口研究》2012年第1期。

[125] 杨凡、翟振武：《中国人口转变道路的探索和选择》，《人口研究》2012年第1期。

[126] 马瀛通：《中国人口年龄结构合理转化问题研究》，《中国人口科学》2012年第1期。

[127] 翟振武主编：《从人口变迁看民生发展》，中国人口出版社，2012年。

[128] 王军平：《人口计生基本公共服务均等化研究》，《人口学刊》2012年第1期。

[129] 张晓岚等：《人口因素对公共医疗服务效率的影响——区域差异与动态变化》，《南方人口》2012年第3期。

[130] 李湘君等：《中国农村乡镇卫生院服务效率的实证分析——基于省际面板数据的DEA—Tobit估计》，《人口与发展》2012年第2期。

[131] 陆杰华等主编：《深圳人口与健康发展报告（2012）》，社会科学文献出版社，2012年。

[132] 顾和军、刘云平：《中国农村儿童健康不平等及其影响因素研究——基于CHNS数据的经验研究》，《南方人口》2012年第1期。

[133] 崔斌等：《中国残疾预防的转折机会和预期分析》，《人口与发展》2012年第1期。

[134] 秦立建、蒋中一：《失地对中国农村居民健康风险的影响分析》，《中国人口科学》2012年第1期。

[135] 李树苗、李卫东：《性别失衡背景下应对资源与未婚男性农民工的心理失范》，《人口与发展》2012年第4期。

[136] 吴彩霞等：《农村大龄未婚男性社会资本研究——基于借贷网络的视角》，《人口与经济》2012年第1期。

[137] 韦艳等：《性别失衡下相关利益者的微观失范研究》，《人口与发展》2012年第5期。

[138] 王思琦:《性观念:70后和80后的比较——基于CGSS2005数据的分析》,《西北人口》2012年第2期。
[139] 富晓星等:《男男性服务群体的性、性网络、艾滋风险——以东北地区为例》,《人口研究》2012年第4期。
[140] 李若建:《20世纪50-60年代中国人口统计数据存在的问题探讨》,《人口与发展》2012年第2期。
[141] 叶文振、李静雅:《中国人口学科国际化水平及其影响因素》,《人口研究》2012年第2期。

(作者单位:北京大学社会学系)

中国农村劳动力外出就业的新变化

张恒春　邓志喜

进入新世纪以来,伴随着国民经济的持续快速发展,我国农村劳动力转移就业的规模也是逐年扩大,据国家统计局统计,2012年我国农民工总量达到2.6亿人,这就意味着我国50%以上的农村劳动力已经实现了由农业向非农就业的转换,农民就业领域的转换带来了生产生活方式的改变以及身份的转换,这对于我国这样一个以农业人口为主的国家来说无疑具有重要的意义。当前,国家全力推进城镇化建设,农村转移劳动力尤其是在城镇就业的外出劳动力无疑将是最大受益群体,本文利用全国农村固定观察点系统的调研数据,力求全面分析近年来我国农村劳动力外出就业的新变化和新特点。

一、当前我国农村外出劳动力的构成

(一)农村外出劳动力以男性为主

当前,我国农村外出劳动力中,男性仍是主体,占总体的64.9%,女性只占35.1%。分年龄组来看,各个年龄组均是男性比例高于女性,但越是低年龄组别,男女比例差异越小,其中16-20岁的外出劳动力中女性比例达到44.7%,只比男性低10个百分点左右;而随着年龄的增加,女性婚后重心逐步转向家庭,更多的是留在家中而非外出,因此男女的比例差异也逐步拉大,50-60岁年龄组中,男性所占比重达到74.9%,比女性高近50个百分点。

表1　外出劳动力的性别构成

年龄组	16-20岁	21-30岁	31-40岁	41-50岁	50-60岁	总体
男性	55.3%	61.4%	65.7%	67.8%	74.9%	64.9%
女性	44.7%	38.6%	34.3%	32.2%	25.1%	35.1%

(二)中青年是农村外出劳动力的主力军

外出劳动力的平均年龄为35岁,从年龄构成上看,20-50岁的外出劳动力占到总体的84.5%。其中21-30岁的比重最高,达到38.5%,明显高于其他各个组别,其次是31-40岁,比重达到25.3%,41-50岁的占20.8%,50-60岁的占10.6%,20岁以下的占4.9%。分地区看,东中西部地区外出劳动力的年龄构成与总体差异不大,地区内不同年龄组人口的比例排序也全部一致,西部地区16-20岁外出劳动力的比重要高于东中部。

(三)外出劳动力整体文化程度不高

2012年,外出劳动力的平均受教育年限为8.5年,总体相当于初中文化水平。其中,有初中文化程度的比例最高,达到60.6%,其次是小学及以下文化程度的,占19.6%,高中和大专及以上文化程度的分别占14.2%和5.7%。分性别看,男女间的文化程度差异不大,其中小学及以下文化程度的男性比重比女性低4.9个百分点,初中文化程度的男性比女性高4.3个百分点,高中和大专

表2 外出劳动力的年龄构成

年龄组	东部	中部	西部	总体
16-20岁	3.3%	5.0%	6.5%	4.9%
21-30岁	40.6%	38.6%	36.2%	38.5%
31-40岁	26.0%	24.8%	25.3%	25.3%
41-50岁	18.9%	20.6%	22.8%	20.8%
50-60岁	11.2%	11.0%	9.2%	10.6%

表3 外出劳动力的文化程度构成

	总体	地区			性别	
		东部	中部	西部	男性	女性
小学及以下	19.60%	15.70%	19.30%	23.70%	17.9%	22.8%
初中	60.60%	59.70%	62.60%	58.40%	62.1%	57.8%
高中	14.20%	16.70%	13.10%	13.50%	14.8%	13.1%
大专及以上	5.70%	7.80%	5.00%	4.40%	5.3%	6.3%

及以上文化程度的彼此差距不大。分地区看,东部地区外出劳动力的文化程度要显著高于中西部地区,其高中文化程度的分别比中西部高3.6和3.2个百分点,大专及以上的分别比中西部高2.8和3.4个百分点,而小学及以下的要分别比中西部低3.6和8.0个百分点。

具体来看,文化程度在不同年龄组的外出劳动力中有较大差异。小学及以下文化程度的比重随组别的年轻化逐步降低,16-20岁的劳动力中小学及以下文化程度的只有6.6%,而在50-60岁组别,这一比重高达45.0%。所有年龄组中,初中文化程度的比重都是最高的,其中,在31-40岁年龄组中所占比重达到70.4%,显著高于其他年龄组。高中文化程度的比重总体上随年龄组的降低而提高,16-20岁组别的高中所占比重最高,达到27.5%,21-30岁组别的高中比重也达到20.7%,显著高于其他三个年龄组。大专及以上文化程度的在21-30岁年龄组比重最大,达到12.6%,16-20岁年龄组本身就决定了这个组别中大专及以上的比重不会太高。通过比较可以看出,80后、90后受教育程度显著高于其他三个年龄组,尽管当前外出劳动力总体文化程度偏低,但今后随着新生代农村劳动力外出规模的不断扩大,未来我国农村外出劳动力的文化程度将会不断提高。

外出劳动力接受过培训教育的比例也不高。接受过职业教育和培训的只有15.7%,其中,接受过非农职业教育或培训的占11.5%,接受过农业职业教育和培训的占6%。有专业技术职称的占7.1%。

(四)农村外出劳动力来自中部的居多

农村外出劳动力中,来自中部的最多,占总体比重的43.3%,东部和西部所占比重相当,分别占28.0%和28.7%。高学历组中,东中部所占比重显著高于西部地区,其中大专及以上学历组中,来自东中部的均占38.8%;而低学历组中,中西部所占比重又显著高于东部,其中小学及以下学历

表4 各年龄组的文化程度构成

	16—20岁	21—30岁	31—40岁	41—50岁	50—60岁
小学及以下	6.6%	8.2%	18.1%	32.8%	45.0%
初中	63.3%	58.5%	70.4%	59.1%	45.7%
高中	27.5%	20.7%	9.2%	7.6%	9.3%
大专及以上	2.6%	12.6%	2.3%	0.5%	0.0%

表5 外出劳动力的来源构成

	总体	性别		学历			
		男性	女性	小学及以下	初中	高中	大专及以上
东部	28.0%	27.8%	28.3%	22.5%	27.6%	32.9%	38.8%
中部	43.3%	43.1%	43.7%	42.8%	44.8%	39.9%	38.8%
西部	28.7%	29.1%	28.0%	34.7%	27.6%	27.2%	22.4%

中,来自中西部分别占42.8%和34.7%。可以看出,西部地区外出劳动力的文化程度明显低于东部地区。

二、农村劳动力外出就业的基本特征

(一)农村劳动力外出就业偏向于东部地区

2012年,56.5%的农村外出劳动力在东部地区就业,中西部地区就业的分别只占到23.8%和19.7%。分输入地看,各地区农村劳动力都是更偏好于在本地区内就业,其中东部地区农村劳动力在本地区内就业的比重高达98.2%,中西部这一比例也分别达到52.5%和66.6%。总体来看,农村劳动力外出就业更偏向于东部地区。其中,农村劳动力就业比重最高的省份依次是广东、浙江、江苏,到这三个省就业农村劳动力分别占外出总体的19.5%、7.2%和5.3%。

表6 农村外出劳动力的就业地点分布

	东部	中部	西部	总体
东部就业	98.2%	46.1%	31.0%	56.5%
中部就业	1.1%	52.5%	2.4%	23.8%
西部就业	0.7%	1.4%	66.6%	19.7%

其中,40岁以下人群到东部地区就业的比重要显著高于40岁以上群体,21-30岁的外出劳动力中在东部地区就业的比重最高,达到62.3%,16-20岁和31-40岁劳动力中这一比例分别为59.8%和58.4%,均比40岁以上外出劳动力高10个百分点以上。40岁以下劳动力到东部就业的比重较高也反映了他们自身年轻、有闯劲等特点,他们不再把增加收入作为外出的唯一目的,到

表7 各年龄组外出劳动力的就业地点分布

	16-20岁	21-30岁	31-40岁	41-50岁	50-60岁	总体
东部	59.8%	62.3%	58.4%	47.4%	47.2%	56.5%
中部	21.4%	20.3%	22.2%	28.5%	32.3%	23.8%
西部	18.8%	17.4%	19.4%	24.1%	20.5%	19.7%

发达地区增长见识、提升能力已成为他们外出就业的重要因素。

从农村劳动力流动地域看,跨省就业所占比重最高,达到37.7%,其次是乡外县内就业的占30.9%,县外省内就业的占30.5%,还有0.9%的到境外就业。分地区看,中西部地区跨省就业的比重均是最高,分别为50.5%和39.2%,乡外县内就业的比重均排在第二位,县外省内就业的比重排第三,但两者差距不大。东部地区县外省内和乡外县内就业的最多,分别占42.1%和40.8%,跨省就业的仅有16.1%。

表8 农村劳动力外出地域

	东部	中部	西部	总体
乡外县内	40.8%	24.8%	30.7%	30.9%
县外省内	42.1%	23.4%	29.9%	30.5%
跨省	16.1%	50.5%	39.2%	37.7%
境外	1.0%	1.3%	0.2%	0.9%

(二)外出就业行业主要是第二、第三产业

2012年,农村外出劳动力在第一、二、三产业就业的比重分别为1.8%、49.0%和49.2%,其中在制造业就业的比重最高,达到25.3%,其次是建筑业,为19.8%,其余行业比重均未超过10%。分性别看,男性就业最为集中的三个行业分别是建筑业26.2%、制造业22.5%、交通运输、仓储、邮政业8.4%;女性就业最为集中的三个行业分别是制造业30.6%、住宿和餐饮业12.4%、建筑业7.8%。建筑业、制造业男女的就业比重差异较为明显,这种行业分布差异也准确的反映了男女的性别差异。

不同年龄段的农村外出劳动力就业的行业选择也有较大差异。各年龄段外出从事农业的劳动力比重表现出明显的随年龄增加而下降的特点,表明新生代农村劳动力对外出从事农业的兴趣不大,30岁以下的外出劳动力就业行业中,农林牧渔业排在末位。制造业和建筑业是所有不同年龄段劳动力就业比重最高的两个行业,这两个行业对农村劳动力表现出明显的就业偏好,但在制造业就业的比重随年龄的增加逐步下降,而在建筑业就业的比重随年龄的增加逐步提高。这种明显的就业行业分布差异一方面与企业用工需求密切相关,制造业企业更偏好年龄在30岁以下的年轻劳动力,另一方面也与劳动力自身条件有关,建筑业虽然收入较高、但工作条件较为艰苦,这更能吸引那些以外出就业赚钱养家为主要目标的中老年外出劳动力,而年轻人更偏好那些工

表9 农村劳动力外出就业行业

	男性	女性	总体
农林牧渔业	1.8%	2.0%	1.8%
采矿业	3.1%	1.6%	2.6%
制造业	22.5%	30.6%	25.3%
电力、燃气及水的生产、供应业	1.8%	0.5%	1.4%
建筑业	26.2%	7.8%	19.8%
交通运输、仓储、邮政业	8.4%	1.7%	6.0%
批发和零售业	3.3%	6.7%	4.5%
住宿和餐饮业	6.2%	12.4%	8.4%
租赁和商业服务业	2.3%	4.1%	2.9%
居民服务业	6.5%	11.1%	8.1%
其他	17.9%	21.5%	19.2%

作环境好、劳动强度低的行业,如制造业、餐饮服务业等。

文化水平对外出劳动力的就业行业选择也有明显影响。农林牧渔业中,随着文化程度的提高,从事农林牧渔业的比重逐渐下降,从3.2%下降到0.7%。与此类似的还有建筑业,拥有小学及以下的劳动力中,在建筑业就业的比重高达26.0%,而随着文化程度的提高,拥有大专及以上学历的劳动力中,这一比重仅有5.5%。另一个变化趋势明显的行业是制造业,随着文化程度的提高,就

表10 各年龄段农村劳动力外出就业行业

	16-20岁	21-30岁	31-40岁	41-50岁	50-60岁
农林牧渔业	0.6%	0.8%	1.4%	3.0%	5.2%
采矿业	2.6%	2.1%	2.5%	3.6%	2.3%
制造业	33.5%	30.0%	26.8%	19.7%	11.7%
电力、燃气及水的生产、供应业	1.2%	1.6%	1.3%	1.0%	1.3%
建筑业	11.3%	11.4%	19.9%	31.5%	31.4%
交通运输、仓储、邮政业	1.5%	5.5%	8.1%	6.5%	4.4%
批发和零售业	5.0%	4.8%	4.6%	4.1%	3.7%
住宿和餐饮业	12.5%	9.5%	7.9%	7.2%	5.8%
租赁和商业服务业	4.3%	4.3%	2.0%	1.8%	1.6%
居民服务业	10.9%	8.8%	7.6%	6.2%	9.6%
其他	16.6%	21.2%	17.9%	15.4%	23.0%

表 11　各学历农村劳动力外出就业行业

	小学及以下	初中	高中	大专及以上
农林牧渔业	3.2%	1.6%	1.3%	0.7%
采矿业	2.8%	2.3%	3.2%	2.3%
制造业	20.3%	25.5%	29.5%	31.4%
电力、燃气及水的生产、供应业	0.8%	1.4%	1.6%	2.5%
建筑业	26.0%	21.1%	11.2%	5.5%
交通运输、仓储、邮政业	4.5%	6.8%	5.8%	3.6%
批发和零售业	2.9%	4.4%	6.7%	5.5%
住宿和餐饮业	8.1%	9.1%	7.7%	4.0%
租赁和商业服务业	1.8%	2.5%	5.1%	6.3%
居民服务业	7.9%	7.9%	8.9%	9.5%
其他	21.7%	17.4%	18.8%	28.7%

业比重从小学及以下的20.3%逐步提高至31.4%,与此变动趋势类似的还有电力、燃气及水的生产、供应业,租赁和商业服务业等,这些行业的共同特点是对劳动技能有一定要求,因此高学历的农村劳动力更容易在这些行业实现就业。

(三)农村劳动力外出稳定就业的比重较高

2012年,农村外出劳动力从事自主经营的占9.3%,受雇稳定工作的占62.5%,打零工为主的占23.9%,其他就业类型的占4.3%,如果把自主经营和受雇稳定工作作为稳定就业,那么稳定就业的比重达到71.8%。女性就业的稳定性略高于男性,女性自主经营的占9.1%,受雇稳定工作的占66.6%,稳定就业的比重合计为75.7%,比男性高5.9个百分点。分地区比较,东部和中部就业的稳定性要高于西部,西部外出劳动力打零工为主的比例要明显高于东部和中部地区,原因可能是西部地区就业信息渠道不畅,部分劳动力外出时盲目性较高,外出后却又发现难以找到稳定的工作;再就是就业观念以及劳动技能对稳定就业也会产生影响。

分年龄来看,40岁以下组外出劳动力就业的稳定性要显著高于40岁以上组的劳动力,其中

表 12　外出劳动力的就业类型

	总体	性别		来源地区		
		男性	女性	东部	中部	西部
自主经营	9.3%	9.5%	9.1%	7.4%	10.2%	9.9%
受雇稳定工作	62.5%	60.3%	66.6%	66.5%	62.8%	58.3%
打零工	23.9%	25.7%	20.4%	20.6%	22.9%	28.5%
其他	4.3%	4.5%	3.9%	5.5%	4.1%	3.3%

21—30岁年龄组就业的稳定性最高,达到76.6%,其中受雇稳定工作的为70.6%,是各年龄组里比重最高的;40岁以上组外出劳动力受雇稳定工作的比重显著低于40岁以下各年龄组,幅度至少也在10个百分点以上,这也在一定程度上反映了中老年外出劳动力就业的脆弱性。30岁以下劳动力从事自主经营的比重显著低于30岁以上各组,一个可能的原因是从事自主经营既需要有一定的经验又需要一定的资金,而年轻人在这两方面的积累都不足,因此自主创业或从事个体经营的比重较低。

表13 各年龄段外出劳动力的就业类型

	16—20岁	21—30岁	31—40岁	41—50岁	50—60岁
自主经营	4.3%	6.0%	11.9%	13.1%	10.6%
受雇稳定工作	68.6%	70.6%	62.8%	51.9%	50.0%
打零工	23.2%	19.6%	20.8%	30.7%	34.1%
其他	3.9%	3.8%	4.5%	4.3%	5.3%

文化层次的提升有助于提高就业的稳定性。比较来看,小学及以下稳定就业的比重仅有64%,是所有学历组里最低的,随着文化程度的提高,就业的稳定性也是逐级增强,大专及以上组稳定就业的比重达到了82.1%,比小学及以下的高18.1个百分点,其中受雇稳定工作的更是高出了24.2个百分点。打零工为主的表现出明显的随学历提高比重下降。因此,要想提高农村外出劳动力就业的稳定性,加强对农村劳动力的学历和职业教育十分必要。

表14 不同文化水平外出劳动力的就业类型

	小学及以下	初中	高中	大专及以上
自主经营	10.9%	9.7%	7.3%	4.8%
受雇稳定工作	53.1%	62.6%	69.8%	77.3%
打零工	31.3%	23.8%	17.4%	13.5%
其他	4.7%	3.9%	5.5%	4.4%

(四)农村外出劳动力平均外出时间近9个月

2012年,农村外出劳动力的平均外出时间为269天,外出时间在9个月以上的占61.7%,6—9个月的占27.0%,3—6个月的仅有11.3%。分性别看,男性平均外出时间为266天,女性外出时间略长,达到274天。外出时间在6个月以下的男女性所占比重差别不大,女性长期外出的比重则要明显高于男性。

不同年龄段的劳动力外出就业时间也有所不同,总体来看,随年龄的增长,农村劳动力外出时间呈倒U型变化。外出时间最长的是21—30岁的劳动力,外出时间为279天,其次是31—40岁的劳动力,外出时间为275天,16—20岁的平均外出时间为264天,50—60岁的平均外出时间最短,为241天。按外出时间分组后,区别更加明显。21—30岁组的外出9个月以上的比重最高达到68.3%,比最低的50—60岁组高22个百分点,而外出时间在3—6个月的仅有7.9%,比50—60岁的

表 15　外出劳动力的就业时间

	男性	女性	总体
3–6 个月	11.5%	11.0%	11.3%
6–9 个月	29.2%	22.8%	27.0%
9–12 个月	59.3%	66.2%	61.7%

表 16　不同年龄组的就业时间

	16–20 岁	21–30 岁	31–40 岁	41–50 岁	50–60 岁
3–6 个月	12.6%	7.9%	8.7%	15.0%	22.1%
6–9 个月	30.0%	23.8%	26.4%	30.5%	31.4%
9–12 个月	57.4%	68.3%	64.9%	54.5%	46.5%

低 14.2 个百分点。

文化程度差异对农村劳动力外出时间也有一定影响。越是高学历的外出劳动力，其外出时间也越长，大专及以上的平均外出时间达到 294 天，比小学及以下的多出 40 天，比初中和高中文化程度的也分别多出 26 天和 13 天。对外出时间分组后，可以看出，外出时间为 3-6 个月和 6-9 个月在不同学历组里占的比重随文化程度的提高显著下降，而 9 个月以上的比重随学历的提高显著上升，这就表明文化程度高有助于提高农村劳动力外出就业的时间，从而可以提高外出就业的稳定性。

表 17　不同文化程度劳动力的就业时间

	小学及以下	初中	高中	大专及以上
3–6 个月	17.2%	10.8%	7.8%	5.0%
6–9 个月	30.0%	27.9%	22.7%	15.3%
9–12 个月	52.8%	61.3%	69.5%	79.7%

(五)外出劳动力月收入约为 2 237 元

男性收入水平要显著高于女性，2012 年男性月收入 2 466 元，女性月收入 1 825 元，男性收入水平比女性高 35.1%。文化程度对劳动力的收入水平有一定影响，但不同文化程度劳动力的收入差距正在缩小，大专及以上文化程度的月收入为 2 365 元，仅比小学及以下的高 12.8%。地域间收入差距正在缩小，境外就业的月收入为 3 996 元，乡外县内、县外省内和跨省就业的月收入分别为 2 199 元、2 294 元和 2 186 元，省内就业的收入水平已经高于跨省就业劳动力的收入水平，可以预计，未来本地就业的劳动力规模还将持续扩大。

不同行业间的收入差距较为显著。收入最高的三个行业分别是交通运输仓储邮政业、建筑业和批发零售业，月收入分别达到 2 952 元、2 650 元和 2 595 元，收入最低的三个行业分别是居民服务业、餐饮住宿业和农业，月收入分别为 1 948 元、2 007 元和 2 044 元。自主经营的外出劳动力收入水平明显高于受雇劳动力,2012年,自主经营的外出劳动力月收入达到3 067元,比受雇稳定工作和打零工为主的分别高出40.5%和45.0%。

(六)就业渠道仍以熟人介绍为主

目前,农村劳动力外出就业的渠道仍主要依赖熟人介绍,2012年通过亲属或老乡介绍就业的占到57.3%,自己到劳务市场寻找工作的占32.2%,政府部门帮助联系的占1.4%,社会中介组织介绍的占2.0%,学校介绍的占2.1%。不同年龄组的外出劳动力就业的主要途径基本一致,80%的都是通过熟人介绍或自己去劳务市场找的,社会中介和学校在16-20岁和21-30岁的外出劳动力就业中发挥的作用相对显著,但通过这两个途径找到工作的仍不到年龄组的10%。

表18 不同年龄劳动力的就业途径

	16-20岁	21-30岁	31-40岁	41-50岁	50-60岁	总体
亲属或老乡介绍	60.9%	52.9%	56.9%	64.0%	66.7%	57.3%
自己在劳务市场找	25.7%	34.9%	34.0%	27.7%	23.8%	32.2%
政府帮助联系	0.7%	1.6%	1.3%	1.2%	1.1%	1.4%
社会中介介绍	2.5%	2.1%	2.0%	1.6%	1.7%	2.0%
学校介绍	6.5%	3.5%	1.0%	0.1%	0.2%	2.1%
其他	3.7%	5.0%	4.8%	5.4%	6.5%	5.0%

三、五年来我国农村劳动力外出就业的新变化

(一)规模持续增加,但增速有逐步放缓趋势

2008年以来,我国农村外出劳动力数量继续保持逐年增长的态势,到2012年,外出劳动力总量达到16 408万人,比2008年增长了2 655万人,年均增幅4.5%,增速比之前五年放缓了1.5个百分点。新世纪前十年,是我国农村劳动力外出就业规模快速扩大的时期,即使在2009年金融危机导致部分外出劳动力提前返乡,2010年农村劳动力外出就业的势头就迅速得以恢复,当年外出增速就达到6.8%,是2003年以来最快的一年。之后三年,我国农村劳动力外出就业出现逐步放缓的趋势,2010年、2011年和2012年,农村外出就业劳动力的规模增速分别降为5.2%、3.8%和2.3%,三年间外出劳动力的增速就下降了4.5个百分点。

劳动力外出就业规模增速的放缓受多方因素的影响。从需求层面看,金融危机后国际经济形势持续低迷,我国的外贸出口受到很大影响,经济增长速度开始放缓,虽然期间国家采取的经济刺激政策一度使得增速恢复到10%以上的增长,但随着欧债危机的持续发酵,欧美等发达国家的经济复苏困难重重,在全球经济一体化的大背景下,我国出口导向型经济要持续较快增长自然难以为继。经济增长的放缓使得企业对劳动力的需求增速下降,未来几年,要想使农村劳动力外出增速恢复至危机前年均5%以上的增速已不太可能。从供给层面看,"十二五"期间的劳动力供给已经达到顶峰。根据2000年全国人口普查数据推算,我国15-64周岁的劳动年龄人口2011年达到顶峰后开始缓慢下降,到2015年,15-64周岁的劳动年龄人口将减少至98 890万人。将各年龄人口乘以相应的劳动参与率推算,同期我国劳动力人口将由78 574万人减少至78 072万人,标

志着劳动力供给数量在2013年以后趋于下降。随着我国人口红利期的结束,农村劳动力资源这个蓄水池的总量也将开始下降,因此,在技术进步不能快速实现的情况下,未来可供转移的农村劳动力资源将越来越少。可以预期今后几年内,农村劳动力的转移会受到供求两方面的制约,转移速度放缓将成为常态。

(二)新生代外出群体正在成为外出劳动力的主体

新生代普遍是指出生于1980年后的人口,随着时间的推移,越来越多的新生代人口进入劳动力市场,使得他们正在成为我国农村外出劳动力的主体。2011年我国新生代农村外出劳动力的比重达到49.3%。与上一代外出劳动力相比,新生代表现出以下主要特点。

一是文化素质相对较高,对职业技能素质教育更为重视。同上代农民工相比,新生代外出就业农民工的文化素质相对较高。2010年,新生代农民工的平均受教育年限为9.2年,比上代农民工的受教育年限高1.6年,其中有高中及以上文化程度的比重接近30%,显著高于上代农民工。同时,新生代外出就业农民工对职业技能教育更为看重,他们当中接受过职业培训的人员比例达到36.9%,高出上代农民工14个百分点。这就表明新生代农民工已经不再满足于苦力型的简单劳动,而是渴望走技能型发展道路。他们学习的主动性较强,调查显示近半数的人会利用业余时间读书或是参加在职培训,并且如果有免费的学习机会,绝大多数人都愿意主动参加;即使是自费学习,如果确实有需要,80%以上的人也明确表示愿意。

二是独生子女比重相对较高,首次外出年龄有低龄化趋势。新生代外出就业农民工中独生子女的比重相对较高,已占到12.5%,显著高于上代农民工,并且越是低年龄组比重越高,90后独生子女的比重比80后高近2个百分点。这种代际变化的直接影响就是新生代农民工从小受到父母更多的关爱,成长环境更为优越。调查显示,他们中会干农活的比重不足40%,相当一部分人尤其是90后从未下过地、务过农。成长环境的优越使得多数新生代外出就业农民工没有赚钱养家的压力,职业选择更为自由,他们不再像上代农民工那样进城后从事脏活累活,而是看重有发展前途、工作环境好的工作。新生代农民工中在建筑业就业的比重下降就很好的说明了这一点。由于新生代农民工大多不会务农,因此越来越多的新生代农民工从学校毕业后直接选择进城务工,这就表现为他们首次外出就业年龄趋于低龄化。输入地调查显示,80后首次外出年龄平均为21.6岁,90后首次外出年龄平均为18.3岁,可以说,从校门到城市已较为普遍。

三是对城市生活有较高的认同感,外出动机多元化。研究表明,外出赚钱是多数上代农民工外出就业的唯一目的。对新生代外出就业农民工而言,赚钱虽然重要,但已不再是唯一目标,虽然有50%以上的人表示增加收入是他们外出就业的主要动因,但仍有30%以上的人表示,外出就业是为了长见识、学技术,还有10%以上的人是不愿在家务农而外出。这就表明新生代农民工外出就业的动机已经多元化。这种动机多元化的背后实际上是他们对城市生活的认同与向往。上代外出农民工大多有浓厚的乡土情结,城市只是工作的地方,家乡才是他们的归宿。而新生代农民工有很大不同,超过1/3的人外出前就有过城市生活的经历,部分人就是生在城市长在城市,现代教育让他们对城市生活有了更多的了解,正是这种认同感促使着他们进城,并且渴望融入城市。

四是多数人未婚,已婚者更倾向于举家外出。新生代外出就业农民工中,已婚的比重在30%左右,多数人还是未婚,这主要是因为他们相对年轻,平均年龄在25岁,还有相当部分的人未到法定结婚年龄。同上代农民工相比,已婚新生代农民工更注重家庭,传统的一方外出、一方留守的做法不再为多数人所接受,他们更倾向双方共同外出就业。根据输入地调查,已婚新生代农民工中夫妻一起外出就业的比重接近70%,双方共同外出有助于增进夫妻感情,这已经成为新生代农民工在外就业的稳定器。尽管仍有近60%的新生代农民工子女是留守儿童,但从被动留守到主动举家外出已成为新生代农民工外出就业的重要形式,调查显示,夫妻共同外出者中有2/3的人把孩子带在身边。

(三)外出就业地域逐步从省外转向省内

金融危机前,农村外出劳动力就业地域的选择是省外(含境外)就业的比重逐年提高,2008年省外就业的比重达到45.4%,2009年,跨省流动的比重出现跳水式下降,比前一年下降了5.9个百分点,之后虽然有小幅回升,2012年再次出现下降,降至十年来的最低点,省外就业的比重不足40%。同期,乡外县内和县外省内就业的比重呈小幅回升的态势,并且近年来这种趋势越来越明显。外出劳动力的就业地域选择正在由省外逐步转向省内,就地就近就业正在成为一种趋势。一方面,近年来随着我国产业转型升级,部分制造业企业由东部沿海地区向中西部地区迁移,这就给中西部地区创造了大量的就业机会,促进了农村劳动力的本地就业。另一方面,返乡创业的外出劳动力越来越多。随着外出就业劳动力资本积累的增加,越来越多的外出劳动力渴望回到家乡就业,各级地方政府也相继出台了税收、用地等一系列优惠政策措施,鼓励农民工返乡创业。根据我们的调查,在中西部从事个体经营的外出劳动力要比东部地区高2个百分点以上。此外,省内就业机会增多和工资水平的提高对于促进农村外出劳动力回流本地就业也起到了重要作用。

表19 农村劳动力就业地域的变化

	乡外县内	县外省内	跨省流动(含境外)
2008年	25.9	28.7	45.4
2009年	30.0	30.5	39.5
2010年	29.8	29.3	40.9
2011年	29.3	28.5	42.2
2012年	30.5	30.5	39

(四)外出就业月收入水平持续快速提高

五年来,伴随着我国农村外出劳动力规模的不断扩大,外出劳动力的月收入水平也是持续快速提高。据调查,2012年的月收入比2008年翻了近一番,年均名义增长速度达到18.0%,可以说是历史上增长速度最快的时期。外出劳动力收入水平的大幅提升,主要原因有以下几点。一是劳动力供求形势的总体偏紧。2007年以来,我国东部沿海地区开始出现"民工荒"现象,之后几年,局部地区也时有发生,尤其是在金融危机导致农民工大量返乡后,"民工荒"现象在东部地区更为普遍。一个深层次的原因就是当前我国农村外出劳动力的供求结构失衡,企业偏好于雇佣年纪轻、文化程度高的劳动力,而新生代劳动力的供给总量却有限,并且近年来有缓慢下降的趋势。虽然当前我国农村尚有几千万的剩余劳动力,但他们大多年龄偏大,文化程度偏低。因此,数量上的剩余与需求结构上的不匹配使得这些剩余劳动力难以进入劳动力市场,自然也就难以形成有效供给,在这种情况下,提高工资和福利待遇水平就成为企业吸引劳动力的重要途径。二是各地大幅提高最低工资标准。2008年以来,各地相继提高了最低工资标准,以东部沿海省份为例,2008年,最低工资标准普遍在700-900元,2012年,最低工资标准已经提高至1 200-1 500元。调研发现,许多在企业就业的农民工的工资标准都是紧贴最低工资标准线,因此,最低工资标准的提高就相当于调高了农民工的工资标准。三是《新劳动法》的出台保障了农民工的合法权益。2008年,我国实施了《新劳动合同法》,该法立法宗旨非常明确,就是保护劳动者的权益,对于农民工经常遭遇的无劳动合同以及拖欠农民工工资等问题都有明确的规定,一定程度上增强了农民工与企业谈判的能力。

四、促进农村劳动力外出就业需要关注的几个问题

(一)剩余劳动力结构问题

近年来,我国农村劳动力外出就业的规模逐步放缓。一方面是由于我国剩余劳动力的总量已开始下降。根据多方测算,当前我国农村剩余劳动力在5000-8000万左右,而且大部分剩余劳动力是以剩余劳动时间的形式存在的。另一方面,从群体结构来看,农村剩余劳动力年龄偏大、文化素质偏低的问题日益突出,制约了劳动力市场对低年龄、高素质农村劳动力的需求。根据全国农村固定观察点系统调查,2012年我国农业就业劳动力的平均年龄是45.2岁,平均受教育年限是6.9年,他们当中40岁以上的比重达到72%,并且60%为女性。2007年以来各地频繁发生的用工短缺现象,主要表现就是年轻工人和技术工人供给不足。在农村劳动力剩余总量依然较大的情况下,供求结构的不对称已经逐步显现出来,劳动力市场供求格局悄然发生深刻变化。总量和结构问题叠加在一起,使得农村剩余劳动力转移就业难度进一步加大。今后一个时期的转移就业工作,需要把提高劳动者素质作为重点,加快发展农村基础教育和职业教育,提高农村劳动力文化和技能水平;要健全培训体系,加大就业培训和转岗培训力度,增强农村劳动力的就业能力;要强化就业服务,完善就业政策和创业扶持政策,为农村劳动力转移提供支持和帮助。

(二)农民工市民化问题

一直以来,我国的农村外出劳动力处于"半城镇化"状态。他们已经完成从农民向工人的职业转变,但并没有完成从农民工向市民的身份转变,还在进行"候鸟式"的流动。这种流动状态不仅降低了他们就业的稳定性,也延缓了就业结构的转变。要结束农民工的"半城镇化"状态,关键就是要深化户籍制度改革。长期以来,我国实行以户籍管理制度为基础的城乡分割体制,户籍制度不仅是一种身份,其背后更联系着一系列公共服务和福利待遇。这些制度增加了农民工在城市工作和生活的成本,并由此决定了他们"候鸟式"的长期存在,这不仅不利于农民工的长期稳定发展,而且还会制约城市发展的活力。在当前城镇化快速推进阶段,只有从根本上改革户籍制度,给予农民工市民化待遇,才能从根本上解决"半城镇化"问题,增强城镇化的活力。

(三)农民工社会保障问题

农村劳动力要想在城镇安家落户,除了市民身份,还要有完善的社会保障为后盾,只有这样才能确保他们在失去劳动能力的时候可以不再回到家乡依靠土地养老。虽然我国《新劳动法》的实施对于推动农民工加入社保体系起到了积极的作用,但从目前来看,有社会保障的农民工仍是极少数。据人保部统计,2012年底,全国农民工参加基本养老、基本医疗、失业、工伤保险人数分别为4 543万人、4 996万人、2 702万人、7 173万人,以2012年国家统计局公布的26 261万人计

算,全国农民工参加基本养老、医疗、事业和工伤保险的比例分别只有17.3%、19.0%、10.3%和27.3%,远低于同期城镇户籍职工社会保障的覆盖率。虽然也有部分农民工参加了新农保和新农合,但如果这两类保险不能与城镇社会保障体系接轨,即使是农村社会保障体系实现全覆盖,在当前较低水平的保障条件下也难以阻止农民工的返乡养老。

(四)留守子女和老人问题

农村劳动力的大规模转移使得农村留守问题尤为凸显。其中最严重的当属留守儿童和留守老人问题。据调查,中国农村留守儿童数量超过了5 800万人。他们正处于成长发育的关键时期,成长中缺少了父母情感上的关心和呵护,使得他们无法享受到父母在思想认识及价值观念上的引导和帮助,极易产生认识、价值观上的偏离和个性、心理发展的异常,一些人甚至会因此而走上犯罪道路。近年来农村学生上大学的比率下降就是一个很好的写照。留守老人问题同样突出。本来是颐养天年的他们,因为子女的进城务工,承担起了农业生产和照顾下一代的重任,有调查显示,我国80.9%的农村留守老人的生活水平普遍只能维持在贫困层次,其中许多失伴的"孤家寡人",生活尤其困难。如果不能从根本上解决好留守儿童和老人的问题,农村劳动力的"候鸟式"迁徙就难以避免。

(作者单位:农业部农业经济研究中心)

中国人口城镇化率统计与推算方法探讨

武洁　权少伟

人口城镇化率是反映城镇化发展的重要指标,对国民经济有重要的参考作用,在现代化和工业化发展进程中越来越受到关注。科学准确地统计我国的城镇化率,对党和政府进行宏观决策,有着重要的参考作用。如何有效地利用现有的统计方法和数据资源,对城镇化率做出准确的统计与推算,是我们面临的一项重要课题。本文将对我国城镇化率统计以及推算评估方法做出探讨。

一、城镇化率的定义与标准

人口城镇化率是指城镇人口占总人口的比重。而总人口的统计在我国通常有两种口径,即常住人口和户籍人口。在这两种口径人口的属性分类上,常住人口口径使用城镇人口和乡村人口分类;户籍人口使用农业人口和非农业人口分类。城镇化率的计算使用常住人口的概念,城镇人口就是指居住在城镇范围内的全部常住人口。

我国的常住人口和城乡划分标准随着时间推移和时代的发展,也有些变化。常住人口主要按照居住地和时间标准进行划分。1990年第四次全国人口普查,将常住人口的空间和时间标准分别定为,县(市、区)级和一年。2000年第五次全国人口普查中,为了更加准确的反映人口的迁移流动情况,常住人口的空间标准从县(市、区)缩小到乡、镇、街道,时间标准从一年缩短为半年。目前常住人口包括以下类型人口:居住在本乡、镇、街道,户口在本乡、镇、街道;居住在本乡、镇、街道,户口在外乡、镇、街道,离开户口登记地半年以上;原住本乡、镇、街道,现在国外工作学习。

我国城乡划分标准由国家统计局制定。随着经济的发展和行政区划的不断变化,城乡的划分标准也进行过调整。1996年,国家统计局发布了《关于统计上划分城乡的规定(试行)》,对城乡划分标准进行了统一规定;2006年,国家统计局发布了《关于统计上划分城乡的暂行规定》,对城乡划分标准做出了调整;2008年,国务院国函[2008]60号批复《统计上划分城乡的规定》,再次对城乡划分标准做出了调整。目前的城乡划分标准是:城镇包括城区和镇区,其中城区是指在市辖区和不设区的市、区、市政府驻地的实际建设连接到的居民委员会和其他区域。镇区是指城区以外的县人民政府驻地和其他镇,政府驻地的实际建设连接到的居民委员会和其他区域。与政府驻地的实际建设不连接,且常住人口在3 000人以上的独立的工矿区、开发区、科研单位、大专院校等特殊区域及农场、林场的场部驻地视为镇区。

公安部门每年编制人口统计年报,主要是基于户籍制度,发布分市镇县户籍人口及非农业、农业人口。户籍人口统计中的市指经国务院批准设立市建制的市(不包括市辖县);镇指经省级人民政府批准设置的建制镇。与国家统计局发布的城镇口径是两个不同的概念。

二、我国人口城镇化率与非农业人口比重状况

我国城镇化水平稳步提高。1990年我国城镇化率为26.41%,2012年达到52.57%,22年城镇化率提高了26.43个百分点,平均每年提高1.20个百分点。2012年我国城镇人口71 182万人,比2011年增加2 103万人。

表1　1990–2012年我国人口城镇化率　　　　单位:%

年份	城镇化率	年份	城镇化率
1990	26.41	2002	39.09
1991	26.94	2003	40.53
1992	27.46	2004	41.76
1993	27.99	2005	42.99
1994	28.51	2006	44.34
1995	29.04	2007	45.89
1996	30.48	2008	46.99
1997	31.91	2009	48.34
1998	33.35	2010	49.95
1999	34.78	2011	51.27
2000	36.22	2012	52.57
2001	37.66		

城镇化率与非农业人口比重是两个不同的指标,两者之间差异较大。1990年我国城镇化率为26.41%,非农业人口比重为20.86%;2000年城镇化率为36.22%,非农人口比重为26.08%;2010年城镇化为49.95%,非农人口比重为34.17%;2012年城镇化率达到52.57%,非农人口比重为35.29%。从2010年普查数据来看,城镇中非农业人口占城镇总人口的53.49%,农业人口占46.51%;乡村中非农业人口占乡村总人口的4.32%,农业人口占95.68%。由此可以看出,我国城镇化率的快速增长,主要是乡村人口向城镇人口的迁移造成的,由于大量农村富余劳动力进入城镇,从而使城镇化的步伐加快了。

三、城镇化率统计方法

目前我国人口统计主要包括人口普查、1%人口调查和年度人口变动情况抽样调查。每十年进行一次人口普查,即逢"0"年份进行一次人口普查;逢"5"年份进行一次1%人口抽样调查;每年进行1‰的人口变动情况抽样调查。这样就形成了以周期性的人口普查为基础,以经常性的抽样调查为主体,以重点调查和公安户籍的人口行政记录数据作为补充的一套办法体系来收集主要人口数据。人口城镇化率的统计在普查年份可以得到各级的城镇化率数据,在非普查年份以年度人口变动抽样调查为基础进行推算。

(一)城镇化率的数据来源

影响城镇人口变化因素有三个,一是城镇人口的自然增长;二是城镇人口的机械增长,即从乡村流动到城镇的常住人口;三是由于城乡的行政区划和属性变动,使乡村变为城镇,即城镇地域扩张的影响导致城镇人口增加。因此,在非普查年份就要以人口调查和行政区划以及城乡属性等数据为基础,同时借助推算评估技术手段来得到全国和各地的人口城镇化率数据。推算人口城镇化率所需人口数据,主要来源包括人口统计数据、城乡划分行政区划数据,以及作为补充的公安部门的人口行政记录数据。

全国人口变动情况抽样调查是一项常规的调查制度,是获取非普查年份全国和各地人口数据的主要渠道。2011年我们对2011-2014年全国人口变动调查进行了周期性的整体设计,利用人口普查数据建立了统一的抽样框,每年以全国为总体,各省(自治区、直辖市)为子总体,按照多阶段、分层、整群、概率比例的方法进行抽样设计、样本轮换,以调查小区为最终样本单位。全国约调查4 800个调查小区,约120万人。两年之间村级样本轮换50%,重叠小区2 400个,重叠样本约60万人。国家统计局每年对全部村级地址码的城乡属性数据进行更新,利用现有的人口调查数据体系以及城乡区划数据,直接推算或利用数学模型间接对城镇化率数据进行推算,成为目前推算城镇化率的一个重要手段。近年来,我国各省对城镇化率数据的重视程度越来越高,目前越来越多的省份相继在统计公报中发布城镇化率数据。

(二)主要推算评估方法

基于人口普查和年度人口变动抽样调查以及行政区划数据推算城镇化率的方法主要是区划法和数学模型预测,对历史发布数据利用国内外常用的数学模型方法进行估计推算的方法主要有线性插值法、增长曲线法、经济因素相关分析法等。

1.区划法直接计算城镇化率。此方法可以直接计算城镇化率。城镇化率的增长隐含着三个因素:城镇区域扩张;人口由乡村向城镇迁移;城镇人口自然增长。根据人口普查、人口调查数据和区划数据,可以推算由城镇区域扩张导致的城镇化率增长情况、由人口迁移和人口自然增长导致的城镇化率增长情况及由三种因素共同导致的城镇化率增长情况。普查年份可以利用国家统计局城乡划分数据和人口普查数据,计算城镇区域常住人口数和乡村区域常住人口数,得到城镇化率。非普查年份的人口变动调查两年之间有60万人的重叠样本,结合城乡划分数据,可以测算人口迁移和人口自然变动以及三个因素叠加对城镇化率的影响,计算城镇化率的变化情况。

一是区域扩张导致的城镇化率增长。从2005年至2010年区划变动来看,街道和镇的个数增加了659个,占2005年街道和镇总数的2.6%;乡的个数减少了1 380个,占2005年乡总数的8.7%。可见城镇区域扩张的步伐很快,对城镇化率增长贡献较大。具体来讲,分别使用两年行政区划,与人口普查区划村级编码进行匹配,对匹配上的两组结果利用人口普查区常住人口数计算城镇化率,可以得到城镇区域扩张导致的城镇化率增长。

该方法能估计出普查临近年份城镇区域扩张导致的城镇化率增长情况,但无法估计城镇人口迁移对城镇化率的影响。且随着普查区人口变动的增加,距普查年份越久,精度越难以把握。

二是乡村人口向城镇迁移和城镇人口自然增长。多年以来,我国乡村人口向城镇的聚集不断加快。同时,每年也存在一定程度的回流及在城镇之间的流动。可以使用重叠法测算这两个因素对城镇化率的影响。对两次人口调查的小区码进行匹配,匹配上的调查小区使用相同的区划标准计算城镇化率,差值即为城镇人口自然增长和城乡人口迁移对城镇化率增长的影响。

三是区域扩张重叠法。该方法综合了以上两种方法,可以测算区域扩张、人口迁移和人口自然变动三种因素对城镇化率增长的影响。对两次人口调查的小区码进行匹配,匹配上的调查小区分别使用各自年份的区划标准计算城镇化率,差值即为综合考虑三个因素对城镇化率增长的影响。

第2、3两种方法能估计出人口自然变动和城乡人口迁移对城镇化率增长的影响和三种因素共同的影响。但由于样本量较小,普查年份与调查年份之间的匹配样本量约4 800个调查小区,120万人,两次调查年份之间的匹配样本量约为2 400个调查小区,60万人,这两种方法对省级以下城镇化率推算代表性不足。

2.线性插值法。线性插值法的主要用途是用历年公布数据作为插值点,对两次普查或任意两个年份确定的数据,对其间的数据进行插值调整,并利用原发布数据,通过直线外推推算其后年份的数据,建立插值点,对其后年份的数据进行预测。例如利用2005年和2010年城镇化率,对2006-2009年城镇化率运用线性插值方法进行调整和预测2011年城镇化率数据为例,其计算过程是:

第一步,利用2007-2009年三年发布数据的平均增长直线外推得到2010年和2011年年底推算数据,将这两个数据和2006-2009年公布数据作为插值点;

第二步,使用2005年和2010年的发布数据,运用线性插值方法对2006-2012年年底数据进行插值。推算公式如下:

$$\Delta y_i = \frac{y'_{10} - y_5}{x'_{10} - x_5}(x_{i+1} - x_i), (i = 5,6,7,8,9,10,11)$$
$$y_{i+1} = y_i + \Delta y_i, (i = 5,6,7,8,9,10,11)$$

其中,$x_i(i=5,6,7,8,9)$为2005-2009年发布数据,x'_{10}、x_{10}为使用2007-2009年三年数据的平均增长直线外推得到的2010年普查时点数据和2010年底数据,x_{11}、x_{12}为使用前三年数据平均增长直线外推得到的2011、2012年底数据;$y_i(i=6,7,8,9)$为2006-2009年的调整后数据,y_5、y'_{10}分别为2005年年底和2010年普查时点已发布数据,y_{10}、y_{11}、y_{12}为2010-2012年底推算数据。

插值法的优点是能综合考虑普查和年度调查的城镇化率数据,将两次普查或调查之间的城镇化率增长合理推算到各年度。缺点是插值点的推算难以保证精度。

3.增长曲线预测。一是联合国模型。该模型使用直接的方法进行城市人口比例的预测,其基本原理是根据已知的人口普查年份的城镇人口和乡村人口,求得城乡人口增长率差;再假设城乡人口增长率差在预测期保持不变,则外推可求得预测期末的城镇人口占总人口的比重。优点是比较符合城镇化过程的S型曲线的原理。其计算公式为:

$$URGD = (\ln\frac{PU(2)/[1-PU(2)]}{PU(1)/[1-PU(1)]})/n$$

$$\frac{PU(t)}{1-PU(t)} = \frac{PU(1)}{1-PU(1)} * e^{URGD \times t}$$

其中:URGD为城乡人口增长率差,PU为城镇化率,n为两次人口调查年之间的年数,t为距第一次人口调查的年数。

二是线性回归法。该方法主要使用已公布的普查数据或者调查数据,线性回归一年或数年的城镇化比率。公式如下:

$$y_t = a_0 + a_1 * t。$$

利用历年城镇化率数据使用最小二乘法做回归操作,得到参数a_0和a_1,以预测下一年或数年的城镇化率数据。

线性回归法的优点是能将预测误差最小化,但由于城镇化率增长不是一个线性的增长,跨越时间越长,线性回归误差越大,难以得到理想的预测结果。

三是逻辑斯蒂(Logistic)模型。城镇化率通常符合 Logistic 曲线的分布规律,常用的公式如下:

$$L(t) = \frac{L_{max}}{1 + (L_{max}/L_0 - 1)e^{-kt}}$$

其中 t=年份−初始年份,$L(t)$ 为 t 时的城镇化水平,L_0 为城镇化水平的初始值;L_{max} 为城镇化水平的最大值或承载量参数;k 为内生增长率。发达国家的城镇化可以采用这种曲线友好地描述。但是,并非所有国家和地区的城镇化水平都服从 Logistic 增长规律。发展中国家的城镇化曲线通常比较陡峭,无法用 Logistic 模型有效拟合。对我国城镇化率的预测,需要结合我国实际,进行分段研究。

以上三种方法是常用的几种曲线预测法,此外与经济因素相关分析法、多状态模型法也是有些学者研究使用的方法。基于城镇化率历史数据进行曲线拟合,或利用经济数据建立数学模型,都只是一种预测方法,难以保证城镇化率数据的准确性。而基于普查数据、人口变动调查和村级区划城乡属性的方法,是一个相对可靠的统计方法,在普查临近年份能做到短期推算,但随着人口迁移流动的频繁,精确度也难以掌握。另外,目前,河北、江苏、河南、湖北等地建立了到村一级的城乡人口报表制度,来监测人口城镇化的发展变化。

建立科学有效的城镇化率监测制度,是当前统计制度改革中面临的一项重要课题,需要在监测制度、机构、人员等方面进行全面设计。扎实做好区域划分的界定和标识工作是保证城镇化率数据准确可靠的基础之一,必须引起高度重视。

参考文献:

1.陈功、曹桂英等:《北京市未来人口发展趋势预测——利用多状态模型对未来人口、人力资本和城镇化水平的预测分析》,《市场与人口分析》2006 年第 4 期。

2.郭志仪、丁刚:《城镇化水平预测方法研究——以 BP 神经网络模型的应用为例》,《人口与经济》2006 年第 6 期。

3.王金营:《经济发展中人口城镇化与经济增长相关分析比较研究》,《中国人口·资源与环境》2003 年第 5 期。

(作者单位:国家统计局人口和就业统计司)

中国劳动争议的状况及影响因素

王美艳

一、劳动争议的基本状况

根据2008年《中华人民共和国劳动争议调解仲裁法》，劳动争议通常有以下几种解决方式：协商、调解、仲裁和诉讼。根据现有的公开出版的统计资料，无法得到通过全部这四类方式解决的劳动争议的完整数据，仅能得到各级劳动人事争议调解组织和仲裁机构受理的劳动人事争议案件信息。数据显示，通过调解和仲裁方式解决的劳动人事争议案件数在逐年提高。2010年案件数为128.7万件，2011年为131.5万件，2012年增长到140.3万件（人力资源和社会保障部，2013）。

但是，通过调解和仲裁方式解决的案件仅有最近三年的数据，之前年份的数据无法得到。我们希望观察更长时间范围内劳动争议的变化。《中国劳动统计年鉴》中提供两类劳动争议案件的数据：一类是全国各级劳动争议仲裁机构受理案件，一类是仲裁机构案外调解案件。这些数据使得我们能够对劳动争议状况，做一个较长时间范围的梳理和描述。

过去十多年间，各级劳动争议仲裁机构受理和案外调解的案件数以2008年为界，呈现先上升然后下降的态势。1999年，全国劳动争议案件数为16.9万件。此后一直到2007年，劳动争议案件数平稳增加。2008年，劳动争议案件数骤增至93.1万件，几乎为2007年的两倍。2009年，劳动争议案件数为87万件，与2008年相比略有下降。2010年，劳动争议案件数继续下降。2011年，劳动争议案件数与2010年相比略有上升，但两个年份基本相差不大。即使呈现下降态势，但最近几年劳动争议案件数仍大大高于2008年之前年份的案件数（图1）。

2008年劳动争议案件数的跳跃式增长，应该与《劳动合同法》和《劳动争议调解仲裁法》的实施有密切的关系。《劳动合同法》扩大了劳动者的权益保护范围，提高了劳动者的权益保护力度。例如，其中有关"无固定期限劳动合同"等规定，甚至被很多学者认为对劳动者产生了过分保护。而《劳动争议调解仲裁法》则产生了降低劳动者的维权成本，延长劳动者的申诉时效等效果。例如，该法中规定，"劳动争议仲裁不收费"。根据1995年《劳动法》，劳动争议申请仲裁的时效期间为六十日，而《劳动争议调解仲裁法》规定，"劳动争议申请仲裁的时效期间为一年。"这些因素可能都会造成劳动争议增多。

劳动争议案件发生率与劳动争议案件数的变动趋势基本一致。2008年之前，劳动争议案件发生率逐年提高。2008年，劳动争议案件发生率有了一个跳跃式的增长，从2007年的0.16%，激增至0.29%。之后，劳动争议案件发生率又开始逐步下降，但仍然大大高于2008年之前年份的发生率。

分地区看，东部地区的劳动争议案件数与全国状况类似，以2008年为界，呈现先上升然后下降的态势。2008年，东部地区的劳动争议案件数有一个飞跃式增长，几乎为2007年的两倍。之后，劳动争议案件数呈现下降趋势。中部地区的状况有所不同，劳动争议案件数一直呈现增加趋势，2008年也有一个大幅度增长。西部地区的劳动争议案件数在2008年有一个骤增后，之后年份继续呈现增加趋势（图2）。

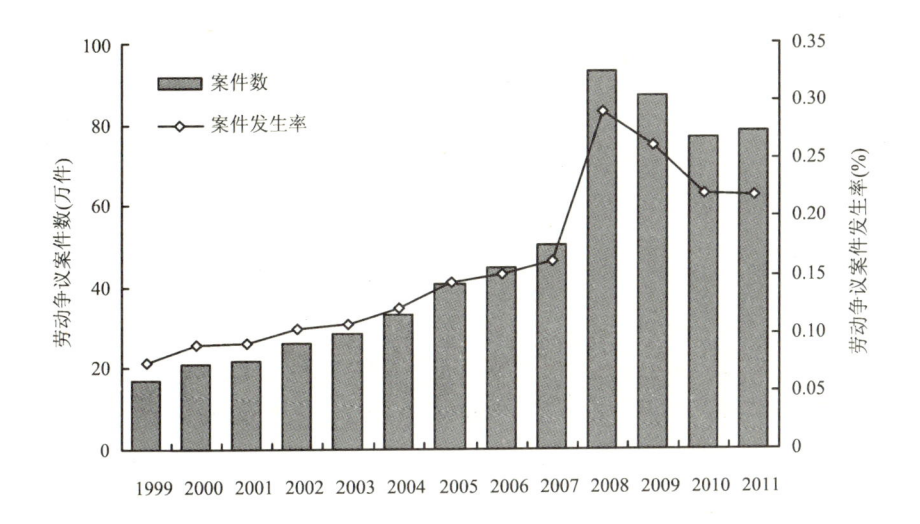

图 1　历年劳动争议案件数和案件发生率

注：(1)此处的劳动争议是指全国各级劳动争议仲裁机构受理案件和仲裁机构案外调解案件；

(2)劳动争议案件发生率为劳动争议案件数占城镇就业人员数量的比例。

资料来源：根据国家统计局人口和就业统计司、人力资源和社会保障部规划财务司《中国劳动统计年鉴》(历年)数据计算得到。

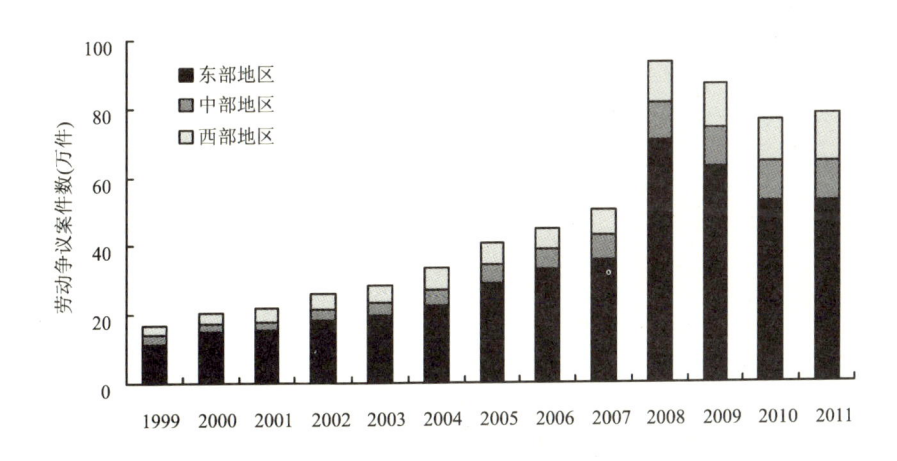

图 2　历年分地区劳动争议案件数

注：(1)东部地区包括辽宁省、北京市、天津市、河北省、山东省、江苏省、上海市、浙江省、福建省、广东省和海南省；中部地区包括黑龙江省、吉林省、山西省、河南省、湖北省、湖南省、安徽省和江西省；西部地区包括内蒙古自治区、陕西省、甘肃省、青海省、宁夏回族自治区、新疆维吾尔自治区、重庆市、四川省、贵州省、云南省和广西壮族自治区。

(2)西藏自治区由于数据不全，分析中未包括。

资料来源：根据国家统计局人口和就业统计司、人力资源和社会保障部规划财务司，《中国劳动统计年鉴》(历年)数据计算得到。

东部地区劳动争议案件数占全国的比例,一直在70%上下波动(图3)。换句话说,全国大部分劳动争议发生在东部地区。2008年之后,东部地区劳动争议案件数占全国的比例开始较为稳定的下降。中部地区劳动争议案件数占全国的比例处于波动状态。西部地区劳动争议案件数占全国的比例在2008年达到一个低点,此后处于持续上升态势。西部地区案件数占全国的比例高于中部地区(只有个别年份例外)。

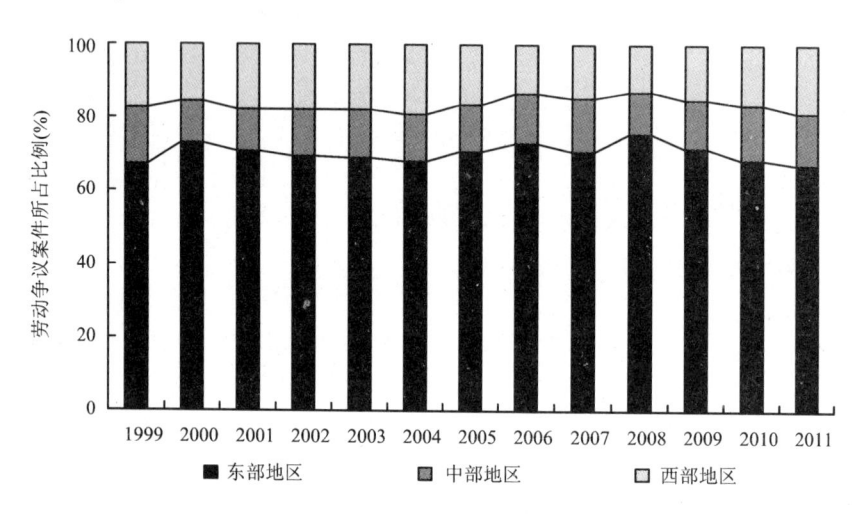

图3 分地区劳动争议案件数占全国比例

资料来源:根据国家统计局人口和就业统计司、人力资源和社会保障部规划财务司,《中国劳动统计年鉴》(历年)数据计算得到。

劳动争议的原因,大体上分为劳动报酬、社会保险、劳动保护、职业培训、变更劳动合同、解除劳动合同和终止劳动合同等类别。由于《中国劳动统计年鉴》中给出的不同年份的劳动争议原因分类不尽相同,而且有些年份的某些数据缺失,此处将劳动争议原因进行了整理和归纳,列出了若干年份中,因为劳动报酬、社会保险和解除或终止劳动合同提起的劳动争议案件数占全部案件数的比例(图4)。

劳动报酬是提起劳动争议的最主要原因。因为劳动报酬提起的劳动争议案件数占全部案件数的比例,一直在20%以上,2009年和2010年甚至接近30%。社会保险是提起劳动争议的一个重要原因。因为社会保险提起的劳动争议案件数占全部案件数的比例,2003年之前一直在15%上下,2007年和2011年接近20%。解除或终止劳动合同是引起劳动争议的另一个重要原因。因为该原因提起的劳动争议案件数占全部案件数的比例,2003年之前一直略高于社会保险引起的劳动争议数比例。之后,这一比例呈现下降趋势,2009年和2010年分别仅为5%和4.2%。但2011年这一比例又上升至15.1%。

劳动争议案件的处理方式分为三种:仲裁调解、仲裁裁决和其他方式。在过去十多年中,采取仲裁裁决方式处理的案件所占比例基本未发生大的变化,大致保持在40%多一些;采取仲裁调解方式处理的案件所占比例呈现上升趋势,2010年提高至39%,2011年更是大幅度提高至47%;采取其他方式处理的案件比例则不断下降,1999年这一比例为39%,2011年下降到12%(图5)。

劳动争议案件的处理结果分为三种:用人单位胜诉、劳动者胜诉和双方部分胜诉。在过去十

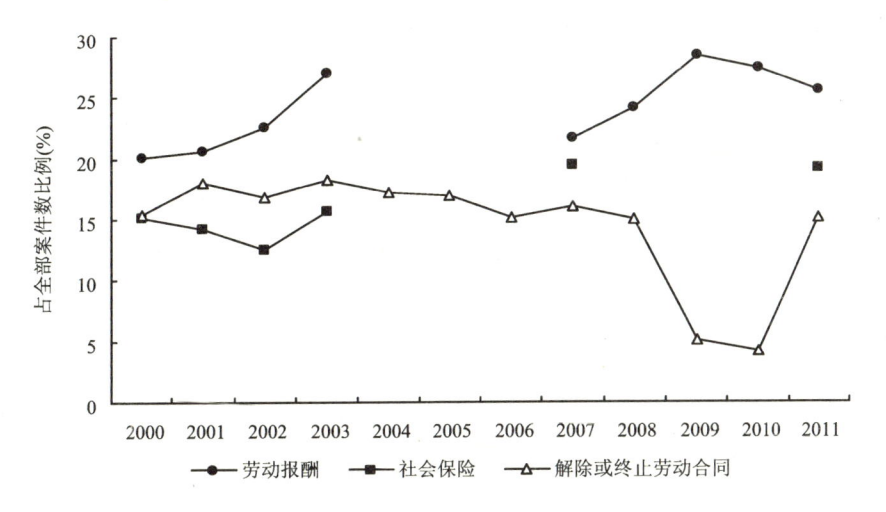

图 4 劳动争议原因

资料来源:根据国家统计局人口和就业统计司、人力资源和社会保障部规划财务司,《中国劳动统计年鉴》(历年)数据计算得到。

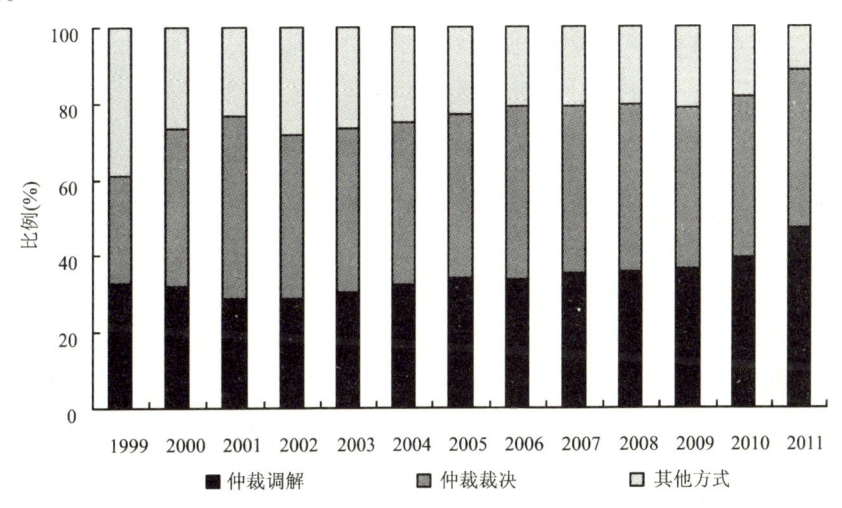

图 5 劳动争议案件处理方式

资料来源:根据国家统计局人口和就业统计司、人力资源和社会保障部规划财务司,《中国劳动统计年鉴》(历年)数据计算得到。

多年中,用人单位胜诉的案件所占比例基本未发生大的变化,大致保持在13%-14%左右;劳动者胜诉的案件所占比例逐步下降,从1999年的54%,下降到2011年的33%;用人单位和劳动者双方部分胜诉的案件比例则不断提高,从1999年的32%,提高到2011年的54%(图6)。

以上所分析的《中国劳动统计年鉴》中提供的有关劳动争议的数据,仅包括全国各级劳动争议仲裁机构受理案件和案外调解案件,通过协商、调解和诉讼等方式处理的劳动争议的信息是缺乏的。因此,通过宏观数据无法掌握较为全面的劳动争议的信息。下面我们将利用六城市劳动力调查数据,分析和讨论外来劳动力与城市本地劳动力这两个群体提起劳动争议的基本状况,以及

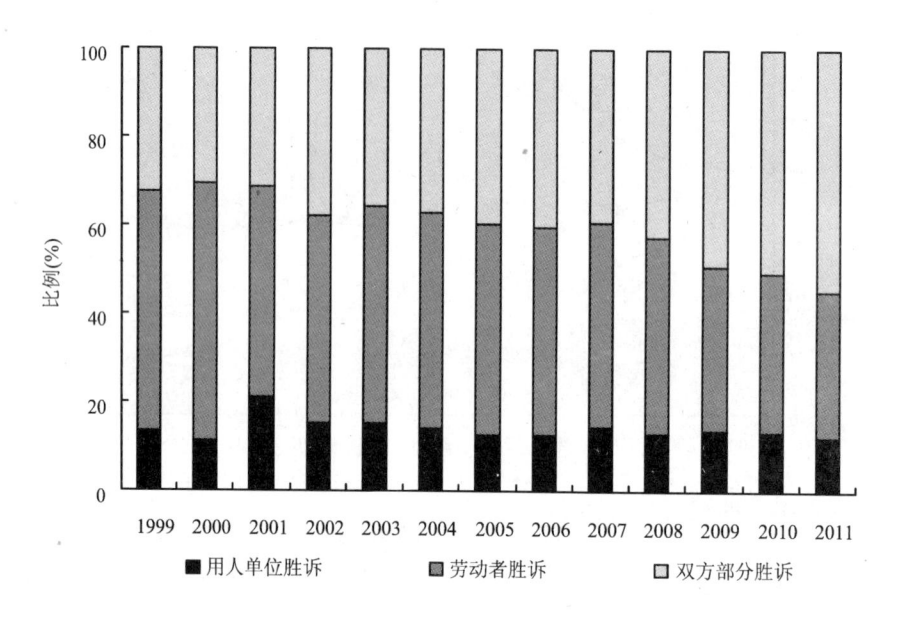

图 6 劳动争议案件处理结果

资料来源：根据国家统计局人口和就业统计司、人力资源和社会保障部规划财务司，《中国劳动统计年鉴》（历年）数据计算得到。

提起劳动争议的影响因素。

二、劳动争议状况及影响因素

在六城市劳动力调查数据中，关于劳动争议提问的第一个问题是："您是否提起过劳动争议？"，在外来劳动力中，回答曾经提起过劳动争议的劳动力比例为0.8%，城市本地劳动力的这一比例为0.9%。外来劳动力中曾经提起过劳动争议的劳动力比例，略低于城市本地劳动力。

对那些曾经提起过劳动争议的劳动力，调查接下来询问了其最近一次提起劳动争议的年份。从全国宏观数据看，2008年《劳动合同法》实施后，劳动争议案件数有一个跳跃性的增长。从城市劳动力微观调查数据看，对外来劳动力而言，36%的劳动争议发生在2008年以后；对城市本地劳动力而言，53%的劳动争议发生在2008年以后（图7）。

然后，调查接着询问最近一次提起劳动争议的主要原因。不论外来劳动力还是城市本地劳动力，选择"工资待遇"为提起劳动争议主要原因的比例，在各类原因中是最高的，外来劳动力中，这一原因占48.6%，城市本地劳动力占43%（表1）。对外来劳动力而言，除了"工资待遇"外，选择"劳动安全"和"其他"为提起劳动争议主要原因的劳动力比例也较高，分别为14.8%和34.4%。调查中要求选择"其他"为提起劳动争议主要原因的，要注明具体是何种原因。通过对这项数据的整理发现，外来劳动力选择"其他"为提起劳动争议主要原因的，全部注明为"工资拖欠"。对城市本地劳动力而言，除了"工资待遇"外，选择"工作时间"和"终止劳动合同"为提起劳动争议主要原因的劳动力比例也较高，分别为17.1%和17.9%。

外来劳动力和城市本地劳动力中，在最近一次提起劳动争议时，寻求了解决措施的比例分别为75%和59%，外来劳动力寻求解决的比例更高。从劳动争议解决的最终结果看，在寻求了解决

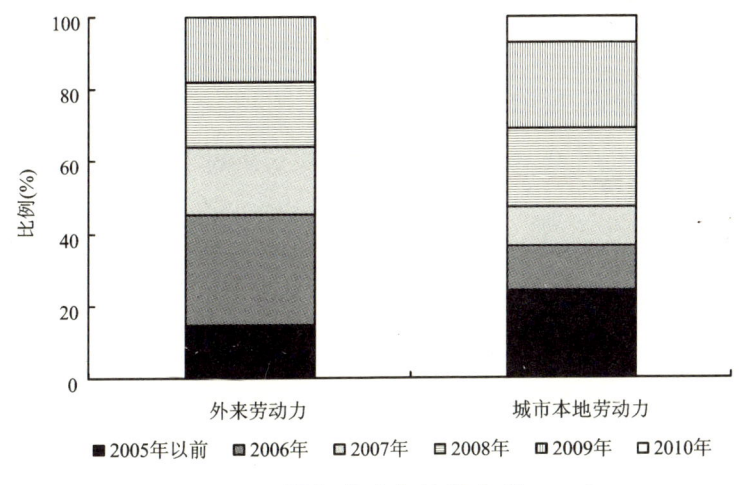

图7 提起劳动争议的年份

注：由于六城市劳动力调查在2010年初进行，因此，调查中发生在2010年的劳动争议很少。
资料来源：根据六城市劳动力调查数据计算得到。

表1　提起劳动争议的主要原因

	外来劳动力(%)	城市本地劳动力(%)
工资待遇	48.6	43.0
社会福利	1.7	2.6
工作时间	0.0	17.1
劳动安全	14.8	7.0
变更劳动合同	0.0	3.8
终止劳动合同	0.6	17.9
其他	34.4	8.5
合计	100	100

资料来源：根据六城市劳动力调查数据计算得到。

措施的外来劳动力中，67%的劳动力称劳动争议"完全解决"，另有24.8%称劳动争议"部分解决"。也就是说，超过90%的外来劳动力称劳动争议"完全解决"或"部分解决"。在寻求了解决措施的城市本地劳动力中，超过一半(56.5%)的劳动力称劳动争议"没有解决"(表2)。

在外来劳动力中，17.7%的劳动力称对劳动争议的解决结果"非常满意"，53.9%的劳动力称对劳动争议的解决结果"满意"(表3)。在城市本地劳动力中，23%的劳动力称对劳动争议的解决结果"不太满意"，40.4%的劳动力称对劳动争议的解决结果"非常不满意"。外来劳动力的满意程度得分为2.2，城市本地劳动力为2.9。总体而言，外来劳动力对劳动争议解决结果的满意程度更高。

在曾经提起过劳动争议而且寻求了解决措施，并对劳动争议解决结果"不太满意"或"非常不满意"的外来劳动力中，将近60%的劳动力称，不满意的最重要原因是"花了太多时间"。在城市本地劳动力中，43.2%的劳动力称不满意的最重要原因是"花了太多时间"，23.1%的劳动力称不满意的最重要原因是"仲裁过程不公平"。总体而言，对外来劳动力和城市本地劳动力来说，"花了太多时间"都是不满意的最重要原因。

表 5 列出了提起过与未提起过劳动争议的劳动力的一些基本特征。从外来劳动力的情况看,提起过劳动争议的劳动力的女性比例,与未提起过劳动争议的劳动力几乎没有差别;提起过劳动争议的劳动力中,处于较低年龄段的劳动力比例,高于未提起过的劳动力;提起过劳动争议的劳动力中,具有较高受教育水平的劳动力比例,高于未提起过的劳动力。城市本地劳动力的状况与外来劳动力非常类似。

从这些结果看,提起过劳动争议的劳动力的年龄和受教育水平等基本特征,与未提起过劳动争议的劳动力存在一些差别。换句话说,劳动力是否提起过劳动争议,表面上看似乎与其基本特征有关。但是,仅仅这些描述性的分析,尚不能做此推断。考察劳动力是否提起过劳动争议与哪些因素相关,必须借助于更深入的计量分析。

为此,我们估计了 Probit 模型,讨论影响劳动力提起劳动争议的因素。模型的因变量为劳动力是否提起过劳动争议虚拟变量(提起过=1,未提起过=0),自变量包括劳动力的个人特征变量(包括性别、年龄和受教育水平)和工作特征变量(包括是否签订劳动合同、工作所有制、工作行业、单位规模),以及城市变量。模型的估计式如下:

$$dispute = \beta_0 + \beta_1 female + \beta_2 age + \beta_3 edu + \beta_4 contract + \beta_5 ownership + \beta_6 sector + \beta_7 firmsize + \beta_8 city + \varepsilon$$

其中,$dispute$ 为是否提起过劳动争议,$female$ 为女性虚拟变量,age 为一组年龄虚拟变量,edu 为一组受教育水平虚拟变量,$contract$ 为签订劳动劳动虚拟变量,$ownership$ 为一组所有制虚拟变量,$sector$ 为一组行业虚拟变量,$firmsize$ 为一组单位规模虚拟变量,$city$ 为一组城市虚拟变量,ε 为随机误差项。

模型估计结果见表 7。对本地劳动力和外来劳动力,我们分别估计了两个模型。第(1)个模型中只加入劳动力的个人特征,第(2)个模型中在加入劳动力的个人特征的基础上,又加入劳动力的工作特征变量。表中给出的是边际影响。

表 2 劳动争议解决的最终结果

	外来劳动力(%)	城市本地劳动力(%)
完全解决	67.0	15.4
部分解决	24.8	11.7
解决但未执行	1.0	12.4
没有解决	7.2	56.5
其他	0.0	4.1
合计	100	100

资料来源:根据六城市劳动力调查数据计算得到。

表 3 对劳动争议解决结果的满意程度

	外来劳动力(%)	城市本地劳动力(%)
非常满意	17.7	15.4
满意	53.9	21.3
不太满意	21.9	23.0
非常不满意	6.5	40.4
满意程度得分	2.2	2.9
合计	100	100

注:满意程度得分按照以下方式计算:将"非常满意"赋值为1,"满意"赋值为2,"不太满意"赋值为3,"非常不满意"赋值为4,计算均值。

资料来源:根据六城市劳动力调查数据计算得到。

表5　提起过与未提起过劳动争议的劳动力基本特征比较

变量	外来劳动力(%) 未提起过劳动争议	外来劳动力(%) 提起过劳动争议	城市本地劳动力(%) 未提起过劳动争议	城市本地劳动力(%) 提起过劳动争议
性别				
女性	50.56	51.00	48.01	52.57
年龄				
16－30岁	49.91	39.14	23.59	12.28
31－40岁	32.96	34.89	21.33	21.27
41－50岁	10.26	19.38	30.84	31.01
51－60岁	6.87	6.58	24.24	35.43
受教育水平				
小学及以下	0.00	10.86	0.00	7.39
初中	33.19	42.49	13.69	28.80
高中或中专	31.76	27.03	43.88	38.23
大专及以上	35.05	19.62	42.43	25.59

资料来源:根据六城市劳动力调查数据计算得到。

对外来劳动力和城市本地劳动力而言,自变量只包括劳动力个人特征的模型(1)的估计结果,与自变量同时包括劳动力个人特征与工作特征的模型(2)的估计结果非常类似。同时,自变量对劳动力是否提起过劳动争议的影响,在外来劳动力和城市本地劳动力之间非常类似。不论外来劳动力还是城市本地劳动力,性别对是否提起过劳动争议没有影响;与16-30岁劳动力相比,51-60岁劳动力提起过劳动争议的概率更低。有关工作特征的变量,总体来看对劳动力是否提起过劳动争议没有显著影响。

受教育水平对是否提起劳动争议,具有显著的影响,是此处讨论的重点。对外来劳动力而言,受教育水平越高,提起劳动争议的概率越高。在模型(1)中,具有初中教育水平的外来劳动力提起劳动争议的概率比小学及以下教育的劳动力高出27%,具有高中或中专教育水平的劳动力提起劳动争议的概率高出50%,具有大专及以上教育水平的劳动力则高出66%。在模型(2)中,这三个概率分别为32%、65%和80%。对城市本地劳动力而言,与受过小学及以下教育的劳动力相比,受过初中教育的劳动力提起过劳动争议的概率最高,其次是大专及以上劳动力,最后是高中或中专劳动力。

三、主要结论与政策建议

本文利用宏观数据,描述了近年来中国劳动争议的基本状况。利用城市劳动力微观调查数据,分析了外来劳动力与城市本地劳动力提起劳动争议的状况,并考察了劳动力是否提起劳动争议的影响因素。本部分将归纳和总结文章的主要分析结果,并对其进行讨论,尝试提出一些政策建议。

表6 模型中使用的变量解释

变量名称	变量类型	变量定义
因变量		
是否提起过劳动争议	虚拟变量	提起过=1 未提起过=0
自变量		
女性	虚拟变量	女性=1 男性=0
31–40岁	虚拟变量	31–40岁=1 16–30岁=0
41–50岁	虚拟变量	41–50岁=1 16–30岁=0
51–60岁	虚拟变量	51–60岁=1 16–30岁=0
初中	虚拟变量	初中=1 小学及以下=0
高中或中专	虚拟变量	高中或中专=1 小学及以下=0
大专及以上	虚拟变量	大专及以上=1 小学及以下=0
签订劳动合同	虚拟变量	签订劳动合同=1 未签订劳动合同=0
国有企业	虚拟变量	国有企业=1 机关事业单位=0
私营企业和个体	虚拟变量	私营企业和个体=1 机关事业单位=0
外资合资企业	虚拟变量	外资合资企业=1 机关事业单位=0
其他二产	虚拟变量	其他二产=1 制造业=0
批发零售住宿餐饮业	虚拟变量	批发零售住宿餐饮业=1 制造业=0
租赁商务居民服务及其他服务业	虚拟变量	租赁商务居民服务及其他服务业=1 制造业=0
其他三产	虚拟变量	其他三产=1 制造业=0
单位规模2–7人	虚拟变量	单位规模2–7人=1 单位规模1人=0
单位规模8–19人	虚拟变量	单位规模8–19人=1 单位规模1人=0
单位规模20人以上	虚拟变量	单位规模20人以上=1 单位规模1人=0
武汉	虚拟变量	武汉=1 上海=0
沈阳	虚拟变量	沈阳=1 上海=0
福州	虚拟变量	福州=1 上海=0
西安	虚拟变量	西安=1 上海=0
广州	虚拟变量	广州=1 上海=0

注：其他二产是指除制造业以外的其他第二产业，包括采矿业、电力、燃气及水的生产和供应业和建筑业；其他三产是指除批发和零售业、住宿和餐饮业、租赁和商务服务业和居民服务以及其他服务业以外的其他第三产业，包括交通运输、仓储和邮政业、信息传输、计算机服务和软件业、金融业、房地产业、科学研究、技术服务和地质勘查业、水利、环境和公共设施管理业、教育、卫生、社会保障和社会福利业、文化、体育和娱乐业、公共管理与社会组织和国际组织。

分析表明，最近几年，中国的劳动争议案件数大幅度增加。随着劳动力市场形势由无限供给向有限剩余的变化，劳动者的就业选择空间越来越大。当他们对企业提供的工资和其他福利待遇，以及其他方面的条件不满意时，他们或许会选择离开现在的企业，重新寻找其他工作，也或许

表7 Probit模型估计结果(是否提起过劳动争议)

	外来劳动力		城市本地劳动力	
	(1)	(2)	(1)	(2)
	边际影响	边际影响	边际影响	边际影响
男性				
女性	0.0003	0.0002	-0.0021	-0.0015
16-30岁				
31-40岁	-0.0002	-0.0002	-0.0030	-0.0016
41-50岁	-0.0006	-0.0004	-0.0052	-0.0029
51-60岁	-0.0016*	-0.0008*	-0.0062**	-0.0041**
小学及以下				
初中	0.2687***	0.3211***	0.7206***	0.8037***
高中或中专	0.5023***	0.6453***	0.4845***	0.5639***
大专及以上	0.6583***	0.8046***	0.5114***	0.5968***
未签订劳动合同				
签订劳动合同		-0.0008		-0.0026
机关事业单位				
国有企业		-0.0002		-0.0036
私营企业和个体		-0.0012		0.0043
外资合资企业		0.0001		0.0074
制造业				
其他二产		0.0011		0.0000
批发零售住宿餐饮业		-0.0007		-0.0046***
租赁商务居民服务及其他服务业		0.0025		0.0013
其他三产		-0.0007		0.0007
单位规模1人				
单位规模2-7人		-0.0007		0.0046
单位规模8-19人		-0.0002		0.0103
单位规模20人以上		-0.0014		0.0034
城市虚拟变量	省略	省略	省略	省略
观察值个数	4171	4171	3104	3104
Pseudo R^2	0.078	0.173	0.038	0.088

注：(1)边际影响是指在控制了其他因素之后,自变量的变化对是否提起过劳动争议的影响概率；
(2)为简便起见,城市虚拟变量的估计结果在此省略；
(3) ***表示在1%水平上显著；**表示在5%水平上显著；*表示在1%水平上显著。

会跟企业提起劳动争议。随着一些劳动法规如2008年《劳动合同法》和《劳动争议调解仲裁法》的出台,更是唤醒了劳动者的维权意识。当他们认为其权益没有得到保护,或者受到侵害时,很有可能会提起劳动争议,寻求保护自己的合法权益。

宏观数据表明,劳动报酬是提起劳动争议的最主要原因,因为劳动报酬提起的劳动争议案件数占全部案件数的比例,一直在20%以上,2009年和2010年甚至接近30%。城市劳动力微观调查数据表明,外来劳动力中,选择"工资待遇"为提起劳动争议主要原因的比例达到48.6%,选择"工资拖欠"的比例也高达34.4%。两者合起来,与工资有关的劳动争议比例达到83%。城市本地劳动力中,选择"工资待遇"为提起劳动争议主要原因的比例为43%。

由此可看,工资待遇是劳动者关注的重中之重。在目前中国的就业环境下,劳动者对其得到的工资待遇高低和是否能够及时领取到工资,仍然是最为关注的。尽管《劳动合同法》的颁布实施,更加强调了劳动者的社会保险、工作时间和劳动保护等方面的权益,但是,很多企业不严格执行《劳动合同法》,劳动者对这些方面的维权意识也还不够,工资待遇仍是劳动者关注的重点。当劳动者认为其得到的工资待遇不合理时,一些人会提起劳动争议。

一些外来劳动力因为工资被拖欠而提起劳动争议,这一点是值得加以思考和关注的。外来劳动力的工资拖欠,是一个由来已久的问题(王美艳,2006)。近些年,解决和遏制农民工工资拖欠的一系列政策措施,取得明显成效。被雇主或单位拖欠工资的外出农民工比例逐年下降,2008年-2011年分别为4.1%、1.8%、1.4%和0.8%(国家统计局,2012)。尽管比例很低,但由于农民工总量庞大,因此,被拖欠工资的农民工仍然是一个很大的数字。以2011年为例,外出农民工总量为15 863万,按此比例推算,被拖欠工资的农民工接近127万人。农民工的工资拖欠,仍是政府应该加以重视并着力解决的问题。

城市劳动力微观调查数据表明,对外来劳动力和城市本地劳动力来说,"花了太多时间"是他们对劳动争议解决结果不满意的最重要原因。根据《劳动争议调解仲裁法》,"劳动争议仲裁不收费,劳动争议仲裁委员会的经费由财政予以保障。"解决劳动争议花费太多的不是金钱,而是时间。花费太多时间会耽误劳动力的工作,也可能会造成一些劳动力因为手续过于繁琐而失去耐心,继而放弃争取自己的权益。在解决劳动争议时,如何完善现行的劳动争议处理机制,充分发挥协商、调解、仲裁和诉讼这几种手段各自的优势,更快速和有效地解决劳动争议,需要政府部门认真进行总结和思考。

计量分析表明,对外来劳动力而言,与受过小学及以下教育的劳动力相比,受教育水平越高,提起过劳动争议的概率越高。对城市本地劳动力而言,与受过小学及以下教育的劳动力相比,受过初中教育的劳动力提起过劳动争议的概率最高,其次是大专及以上劳动力,最后是高中或中专劳动力。这个分析结果表明,具有较高受教育水平的劳动力尤其是外来劳动力,由于他们可能对劳动力市场各方面的制度和法规更加了解,维权意识也更强,当其合法权益受到侵害时,他们更倾向于会提起劳动争议。

这种状况具有较大的启示意义。随着农民工年龄结构的变化,青年农民工比重不断提高。2011年,外出农民工中,16-20岁农民工占6.3%,21-30岁占32.7%,31-40岁占22.7%,41-50岁占24.0%,50岁以上的农民工占14.3%(国家统计局,2012)。16-30岁以下青年农民工所占比重达到39%,数量达到6 187万。青年农民工的受教育水平,明显高于外出农民工的平均水平。在青年农民工中,具有初中及以上受教育水平的比重达到93.8%,全部外出农民工的这一比重为88.4%。在青年农民工中,具有高中或中专及以上受教育水平的比重达到34%,全部外出农民工的这一比重为25.5%。

与年龄较大的农民工相比,青年农民工这个群体对各项法规和政策认识和了解得更加清楚,对工资待遇和工作条件等方面的期待也更高。因此,青年农民工更容易提起劳动争议,也在情理之中。近几年发生的群体性事件,基本上是以青年农民工为主力。农民工的受教育水平将会继续提高,其视野会更加开阔,维权意识会更强,因此,对未来劳动力市场上可能会愈加频繁发生的劳动争议和群体性事件,政府要有充分的预见和认识,并不断探索更加有效的解决机制,努力构建和谐劳动关系。

参考文献:

1.Hirschman, Albert (1970), Exit, Voice, and Loyalty: Responses to Decline in Firms, Organizations, and States, Cambridge, MA: Harvard University Press.

2.程延园、王甫希:《变革中的劳动关系研究:中国劳动争议的特点与趋向》,《经济理论与经济管理》2012年第8期。

3.方浩:《劳动者保护与政府行为——基于劳动争议的面板数据分析》,《经济与管理研究》2011年第3期。

4.高宏艳:《经济转型时期我国劳动争议增长的影响因素实证研究》,《税务与经济》2012年第3期。

5.国家统计局:《2011年我国农民工调查监测报告》,2012年。http://www.stats.gov.cn/was40/gjtjj_detail.jsp?channelid=5705&record=124。

6.罗燕、林秋兰:《集体劳动争议的实证分析——基于全国31个省区市的数据》,《中国劳动关系学院学报》2011年第2期。

7.人力资源和社会保障部:《人力资源和社会保障事业发展统计公报》(历年),http://www.mohrss.gov.cn/SYrlzyhshbzb/zwgk/szrs/。

8.王甫希:《集体劳动争议的发展特点》,《中国劳动关系学院学报》2010年第6期。

9.王美艳:《农民工工资拖欠状况研究—利用劳动力调查数据进行的实证分析》,《中国农村观察》2006年第6期。

10.杨强:《从权利到利益:我国劳动争议的新特点及其应对》,《中国劳动关系学院学报》2010年第6期。

11.于米、佟安琪:《工会化程度、劳动争议与经济增长——基于2000~2008年的面板数据》,《经济问题》2012年第1期。

12.张绍平:《劳动争议影响因素的经济学分析》,《中国劳动关系学院学报》2012年第3期。

(作者单位:中国社会科学院人口与劳动经济研究所)

中国居民营养状况调查与监测

马冠生 赵丽云

营养调查是全面了解人群膳食结构和营养状况的重要手段,可对人们在不同经济发展时期的膳食组成和营养状况进行全面的了解,为研究各个时期人群膳食结构和营养状况的变化提供基础资料,也为食物生产、加工及政策干预和大众的消费引导提供依据。营养监测是指长期动态监测人群的营养状况,同时收集影响人群营养状况的有关社会经济方面的资料,探讨从政策上、社会措施上改善营养状况的途径。联合国粮农组织(FAO)、联合国儿童基金会(UNICEF)及世界卫生组织(WHO)对营养监测的定义是:"对营养进行监测,以便做出改善居民营养的决定"。充足的食物是人类获得合理营养的物质保证,在营养监测中大多同时收集与食物生产、食物消费、食物分配有关的信息,因此营养监测又称食物营养监测。

世界上大多数发展中国家都在有计划地开展国民营养调查工作。我国曾于1959年、1982年、1992年和2002年分别进行了四次全国性的营养调查,调查结果与数据信息对于了解我国城乡居民膳食结构和营养水平及其相关慢性病的流行病学特点及变化规律;评价城乡居民的营养与健康水平;制定相关政策和疾病防治措施发挥了积极的作用。2010年卫生部疾控局将10年一次的中国居民营养与健康状况调查改为了常规性的营养监测,每4-5年完成一个周期约150个监测点的全国性的营养与健康监测,为及时收集国民营养与健康状况信息,及时反映国家或地区的经济与社会发展、卫生保健水平、人口素质和公共卫生及疾病预防工作提供信息基础。

一、营养调查的目的

1、了解不同地区、不同年龄组人群的膳食结构和营养状况。

2、了解与食物不足和过度消费有关的营养问题。

3、发现与膳食营养素有关的营养问题,为进一步监测或进行原因探讨提供依据。

4、评价居民膳食结构和营养状况的现状,并预测今后的发展趋势。

5、为某些与营养有关的综合性或专题研究课题提供基础资料。

6、为国家制定政策和社会发展规划提供信息。

二、营养调查的内容

全面的营养调查工作,一般包括膳食调查、体格测量、营养缺乏病的临床检查和营养状况的实验室检测等四部分。

膳食调查是调查被调查对象一定时间内通过膳食所摄取的能量和各种营养素的数量和质量,以此来评定该调查对象正常营养需要能得到满足的程度。膳食调查通常采用的方法有称重法、记帐法、询问法、食物频度法和化学分析法等。

体格测量是通过体格测量得到的数据,评价群体或个体的营养状况,特别是学龄前儿童的体测结果,常被用来评价一个地区人群的营养状况。体格测量常采用的指标包括身高(身长)、体重、上臂围、腰围、臀围及皮褶厚度等。

临床检查主要检查营养缺乏或过剩引起的症状、体征。根据症状和体征检查营养不足和缺乏症是一种营养失调的临床检查，检查者运用自己的感官或借助于传统的检查器具来了解机体营养以及健康状况的一组最基本的检查方法，其目的是观察被检查者是否有与营养状况有关的症状、体征等，从而做出营养正常或失调的临床诊断。营养缺乏的症状和体征比较复杂，轻度缺乏或不足时症状轻微，体征不典型，而且有的症状和体征并不特异，须与其他疾病鉴别。

营养状况的实验室检测：营养缺乏病在出现症状以前，往往先有生理和生物化学改变，应用适当的生理、生化等实验室检查方法可以早期查出营养缺乏或过剩的情况。包括测定血液中营养成分的浓度，测定尿排出的营养成分或代谢产物，测定血或尿中异常代谢产物；测头发中微量元素，如锌、铜、铁等；测与营养素摄入有关的血液成分或酶；进行负荷、饱和实验，如水溶性维生素B1、B2或C等的负荷、饱和实验、放射性核素实验和暗适应、应激等生理功能实验等等。经专门人员测定，将结果与正常值比较，进行评价。

营养评价就是从这四方面内容入手进行全面评价的，分别采用不同的方法指标对调查结果进行分析总结，发现人群中的营养问题，并提出解决措施。综合对营养调查的这些内容，对被调查者个体进行营养状况的综合判定，以及对人群营养条件、问题、改进措施进行研究分析，将为我国的卫生和农业等相关政策提供十分有价值的参考依据。

三、1959年全国营养调查

1959年是新中国成立后开展的第一次全国营养调查。为了适应当时工农业发展的需要，全面了解我国居民营养状况，为制定我国居民营养供给量标准和国家食物生产计划，提供依据，国家医学科学规划确定于1959年提前开展原定于1967年的全国营养调查工作。受卫生部委托，由中国医学科学院劳动卫生环境卫生营养卫生研究所组织，采用全国大协作的办法，按照统一规划各地同时进行调查。1959年全国营养调查规模大，涉及范围广，调查内容较全面，是我国营养学界的一大创举。

1959年全国营养调查范围涉及20个省、4个自治区及北京和上海2个市。调查的人群有大中城市的工人、学生、幼儿、机关干部和街道居民及广大农村的农民。每个省都选定了2-3个城市点和4-5个农村点进行调查，每个城市有选择具有代表性的工厂、学校、托幼机构、机关及街道作为调查点。城市人口在<20万、20-50万、50-100万、100万以上者及200万以上者分别调查居民50-75户、75-100户、100-150户、150-200户和300户。集体单位选择重工业、轻工业、机关、大学、中学、小学及托幼机构。每类集体单位调查600-1 500人。

1959年全国营养调查的地区涵盖了平原、高原、山区、沙漠地带以及渔、牧、林、矿等，调查地点包括66个大中城市，110个农村，5个矿区，4个牧区，3个渔区及2个林区。总样本量为膳食调查1 497 778人次，体格检查184 059人次，血红蛋白11 192人份，血清总蛋白22 930人份等。

调查内容包括膳食调查、体格检查和生化检查三个方面。膳食调查采用称量记帐法，全年共进行四次膳食调查，每个季度进行一次，每次调查5-7天，其中集体单位的调查期为5天，散居居民的调查为7天。

在参加膳食调查的人群中抽取10-20%的人进行体格检查。体格检查除包括一般体检项目外，着重于各种营养缺乏病的检查，在春季和秋季进行两次体检；同时对部分接受体检的人进行暗适应和血尿生化检查。血液检查的项目包括血红蛋白、血清蛋白及4岁以下儿童的血清碱性磷酸酶。尿液的生化检验包括维生素 B1、B2、C 负荷试验。

通过 1959 年全国营养调查,基本上掌握了各地居民的饮食特点,各类食物的进食量、营养素的摄入量、营养缺乏病的流行特点。

四、1982 年全国营养调查

我国的第一次全国性营养调查是在 1959 年。当时正值严重的自然灾害,情况异常,调查结果未予发表。时隔 23 年,于 1982 年进行了第二次全国营养调查。

1982 年 3 月 16 日卫生部(82)卫科字第 14 号文下达了"1982 年全国营养调查列为当年医药卫生科研重点课题"的任务,并指定中国医学科学院卫生研究所为负责单位。由各省(区)市卫生厅(局)组织本地区的营养调查队。全国执行营养调查的单位为各省(区)的卫生防疫站,唯有天津由医学院完成。各调查队的骨干人员经卫生研究所统一调查方法的培训和实习后,于秋季开始本地区的营养调查。全国共有 27 个省、自治区、直辖市参加了这次调查,参加此项调查的工作人员约 3 000 人。于 1982 年底完成了调查任务。

居民家庭调查的抽样采用双阶分层整群随机抽样的方法,第一阶段抽样是基于 1979 年卫生部在全国范围内组织的结核病流行病学调查的 888 个随机调查点,在此基础上进行二次抽样,得出第二阶段的调查样本。共抽选出 178 个调查点,实际调查 172 个调查点(城市为居民委员会,农村为生产大队)。在每个点内再由省(区)市营养调查队随机抽取 50 户作为调查对象。有的省(区)市从本地区考虑又增加了一些调查点,全国共增加 84 个点。但在进行全国统计计算时,仍只取用原统一抽样选定的调查点的调查资料,以符合随机抽样的原则。

1982 年全国营养调查分为居民家庭调查和不同类型人群的调查两部分。居民家庭调查是了解城乡居民家庭的膳食和其营养状况,家庭成员包括不同年龄和不同职业的成员。不同类型的人群调查包括轻、重工业工厂职工,机关团体职工,大、中、小学学生和托儿所幼儿园的儿童。目的是了解从事不同职业和不同年龄人群的膳食及其营养状况。被调查的对象皆是各省(区)市营养调查队选择本地区具有代表性的单位。

调查内容包括膳食调查、体格检查和生化检验三部分,调查人数分别为 24 万、5 万和 1.7 万(其中 5 万和 1.7 万包含在 24 万之内)。

膳食调查采用称重记帐法,共调查五天。调查人员每日逐户访问,按照调查表的内容逐项登记,调查后再进行计算。

体格检查包括身体测量、临床体检和营养缺乏病体征检查三个部分。身体测量,主要是测量身长、体重、皮下脂肪厚度、上臂围等项指标,检查身体发育情况,从而评价体格营养状况。临床体检,主要是检查有无影响体格营养状况的其它疾病;营养缺乏病体征检查,主要是检查有无营养缺乏病。

生化检验,收集尿液和空腹血液,测定尿液和血液中的营养素 N'-甲基尼克酰胺及抗坏血酸的含量,来评价人体营养状况。

早晨吃食物前,用毛细管在耳垂或手指上取血,用火漆封口,在封口时注意不要让装血毛细管靠近火焰,因温度过高会使血中抗坏血酸破坏。离心(3 000 转/分)10 分钟,然后分出血清。(二)样品保存:没有离心的血清可以在室温中保存几小时,在 4℃可保存 24-48 小时,分离出的血清在室温中可放置 2-4 小时,但在 38℃放置 1 小时对某些成份(如维生素 C)会破坏。

五、1992年全国营养调查

随着我国改革开放政策的不断深入和社会的发展,人民的生活水平不断提高,膳食组成有了很大变化,为了及时了解我国各类人群膳食营养状况发展趋势,针对存在的问题,对食物生产、加工进行政策干预和食物消费引导提供依据,于1992年组织了全国第三次营养调查。

第三次全国营养调查是卫生部下达的"八五"期间重点工作。卫生部、农业部、公安部和国家统计局联合下发了"关于进行第三次全国营养调查的通知",并由上述四部、局成立了领导小组。日常工作由卫生部主持,技术指导工作由"第三次全国营养调查技术指导组"担任,办公地点设在中国预防医学科学院营养与食品卫生研究所。各地的调查工作由各省、自治区、直辖市卫生厅(局)组织实施,农业、公安和统计厅(局)共同参与,按照统一要求组织了领导机构,建立了专业调查队伍,组织制定了本地区的营养调查工作计划,于1992年秋冬季完成了现场调查工作。

第三次全国营养调查距1982年相隔十年之久,由于有关学科在概念及技术上的飞速发展,以前的营养调查方法已不能适应新的形势,因此本次调查采用了营养调查的新方法,并增加了调查内容。

本次调查为全国性家庭抽样调查。抽样采用分层多级整群随机抽样。各省、市、自治区分别为一总体,参照国家统计局城乡调查队抽样系统,按城乡分层,城市层按大、中、小和镇分为四个子层,农村层按经济状况分为若干子层,选用四级抽样方案;原则上每一个省抽8个一级单位(市、县),16个二级单位(区、乡),32个三级单位(街道居委会、村),每个三级单位抽30户为调查对象。样本原则上为省、市、自治区32个,三级调查点,960户,共约28 000户,城市住户约为三分之一,农村约为三分之二,实际调查25 033户,100 201人。

调查内容包括住户状况调查、膳食调查、体格测量、血红蛋白测定及社区情况调查。住户状况调查通过住户成员登记表和住户基本情况的调查,了解住户的经济状况、饮食行为、人口构成、家庭财产等指标,与人体营养状况、体格发育等进行相关分析。

膳食调查采用称重法和记帐法相结合调查食物的消费情况,收集3天内住户详细的食物消费数据。采用24小时回忆法对所有家庭成员进行连续3天个人食物摄入量调查,记录下每人所摄入的食物量,在家及在外就餐均包括在内,得出每人每日营养素摄入量。

体格测量使用统一校正过的测量器具,由经过专门培训的测量人员进行,对每个住户成员的身高(长)、体重和上臂围进行测量。

血红蛋白测定,对住户所有成员采用氰化高铁法并在标准试验室测试,试剂、取样品和标准化均由中国预防医学科学院统一分配。血压、脉率为生理指标,各省自行安排测量或不测量。

社区调查,收集有关人口、地理、自然资源、食品生产、市场价格、社区医疗保健等方面的信息,与本地各类人群的营养状况进行相关分析。

六、2002年中国居民营养与健康状况调查

1992年-2002年,是我国社会经济快速发展、急剧变化的时期,也是居民膳食结构、营养状况和疾病模式发生重大改变的时期。社会与经济的发展一方面为消除营养缺乏提供了经济基础,另一方面也导致了生活方式、膳食模式及疾病谱的转变。慢性非传染性疾病死亡已占我国人口死亡总数的80%以上。国内外研究表明,膳食营养与肥胖、高血压、糖尿病等慢性疾病有着密切的关系,不合理膳食是肥胖、高血压、糖尿病、血脂异常发生的主要危险因素;同时,肥胖、高血压、糖尿

病等慢性疾病也互为影响。

为了及时发现和掌握不断变化的社会经济发展与居民营养、健康状况相互作用,居民膳食结构、营养和健康状况变化的内在规律及与膳食相关慢性病之间的关系,为国家宏观计划、科技发展、农业生产、食品加工、疾病控制及卫生保健等工作提供科学依据,2002年8-12月,在卫生部、科技部和国家统计局的领导下,各省、自治区、直辖市相关部门负责组织,在全国范围内开展了"中国居民营养与健康状况调查"。

我国于1959年、1982年和1992年进行过三次全国营养调查,于1959年、1979-1980年和1991年开展过三次全国高血压流行病学调查,于1984年和1995年开展过两次全国糖尿病抽样调查。这些调查对于掌握我国城乡居民膳食结构、营养水平及其变化,主要慢性疾病的流行病学特点及其变化规律,评价城乡居民健康水平,制定国民营养政策和慢性病防治措施发挥了积极作用。但由于这些调查都是独立进行的,存在着重复投入、资源信息不能共享等问题,若将营养与健康状况结合起来调查,可达到节省人力、财力、信息共享的目的。

2002年中国居民营养与健康状况调查第一次将营养调查与高血压、糖尿病、肥胖等慢性疾病流行病学调查有机结合,统一组织、统一设计、统一实施。采用多阶段分层整群随机抽样方法,覆盖全国31个省、自治区、直辖市,具有良好代表性。膳食营养调查与慢性疾病流行病学调查的整合,不仅减少了调查组织工作和经费、调查内容和指标的重复,更重要的是确立了膳食营养与高血压、糖尿病、肥胖等慢性疾病的因果联系,设计更为科学,内容更为丰富,充分体现了多部门、多学科的合作,为开展慢性病防治奠定了良好的基础。本次调查正值我国全面建设小康社会的重要时期,所得结果对提高国民健康素质、促进社会的可持续发展,具有非常重要的意义。

中国居民营养与健康状况调查对象是全国31个省、自治区、直辖市(不含台湾、香港、澳门)抽中样本住户的常住人口,包括居住并生活在一起(时间在半年以上)的家庭成员和非家庭成员(如亲戚、保姆等其他人),如果单身居住也作为一个住户调查。

中国居民营养与健康状况调查采用多阶段分层整群随机抽样方法,通过样本估计总体。样本县(市、区)的抽取是按经济发展水平及类型将全国各县/区划分为大城市、中小城市、一类农村、二类农村、三类农村、四类农村共6类地区。其中:大城市的定义为4个直辖市和14个计划单列市,其余的城市为中小城市;农村四类地区的划分以国家统计局《中国农村分区域综合经济实力研究报告》为依据。一类农村地区主要分布在长江三角洲、环渤海经济区以及南部沿海农村经济区。二类农村地区主要分布在华北平原、四川盆地、东南丘陵以及豫皖鄂赣长江中游农村经济区。三类农村地区主要集中在汾渭谷地、太行山、大别山农村经济区。四类农村地区主要集中在湘鄂川黔及秦岭大巴山、黔桂川滇高原、黄土高原农村经济区。

第一阶段利用系统抽样方法,按等容量抽样,从每一类地区中随机抽取22个县(市区)。6类地区中共抽取132个样本县/区。第二阶段按等容量从每个样本县/区中随机抽取3个乡镇/街道;第三阶段按等容量从每个乡镇/街道中随机抽取2个村/居委会;第四阶段从每个村/居委会中随机抽取90户家庭。膳食调查户抽样是在第四阶段抽取的90户中再随机抽取30户家庭。全国共调查71 971户,243 479人。

中国居民营养与健康状况调查由询问调查、医学体检、实验室检测和膳食调查四个部分组成。询问调查内容包括两个方面的询问内容:一是派调查员按调查表的要求,通过查阅资料、走访当地统计、卫生等部门,抄录和询问调查样本地区人口、经济、社会及医疗卫生保健方面的基本信息;二是派培训合格的调查员进入调查住户,开展家庭询问调查。

家庭询问调查的内容包括家庭成员基本情况、经济收入、调查对象一般情况(年龄、民族、婚姻状况、教育、职业等);主要慢性疾病的现患状况及家族史;吸烟、饮酒、体力活动等情况;营养及慢性病的有关知识、饮食习惯;婴幼儿喂养方式及辅食添加情况、孕妇及乳母营养与健康状况等。

医学体检以调查村/居委会为单位集中进行,测量所有调查对象的身高和体重,3岁及以下调查对象的头围,15岁及以上调查对象的腰围和血压。

实验室检测:在医学体检的同时,采集所有参加体检对象的血液样品,测定血红蛋白。同时采集所有参加膳食调查对象及3-12岁儿童补充人群的血液样品,分别测定空腹血糖(3岁及以上)、血脂(3岁及以上)、血浆维生素A。血红蛋白及空腹血糖由调查队按统一方法于调查当日在现场实验室进行检测,血脂、血清维生素A由国家中心实验室统一进行检测。

为减少糖尿病的漏诊率,对于空腹血糖检测结果在5.5 mmol/L及以上的调查对象,再进行糖耐量检测(测量早晨空腹口服75克葡萄糖后2小时的血糖)。

膳食调查采用24小时回顾法对全部膳调户2岁及以上家庭成员进行连续3天个人食物摄入量调查,包括在外就餐,获得个体每日食物和营养素摄入量,用食物频率法收集15岁及以上调查对象过去1年内各种食物消费频率及消费量,以获得个体食物消费模式等信息。对所有农村膳调户及四个城市调查点(上海市黄浦区、福建省龙岩市、北京市海淀区、辽宁省丹东市)的膳调户采用称重法,收集住户3天内详细的食物及调味品消费数据,同时记录用餐人次数,获得平均标准人日食物和营养素摄入量。其它城市调查点膳调户采用称重法收集三天内住户的调味品消费量数据。

七、2010-2013年中国居民营养与健康监测

近十年来,我国社会经济得到了快速发展,由于居民的营养和健康状况正处于快速变迁时期,每隔10年开展一次的全国营养调查所提供的信息,难以及时反映居民的营养与健康问题,难以及时采取有效的措施扼制慢性疾病的大幅上升势头。同时,营养调查时间间隔过长也不利于全国疾病预防控制机构从事营养工作的队伍的稳定发展。为此通过多方面专家对营养与健康调查方式和方法的系统论证,一致认为应该缩短调查的时间间隔,才能更好地反映我国居民在膳食模式变迁与疾病谱改变关键时期的营养与健康状况变化。卫生部疾控局决定将10年开展一次的中国居民营养与健康状况调查的方式变换为常规性营养监测,每5年完成一个周期的全国营养与健康监测工作,在5年期间按监测计划完成抽样人群的监测任务,5年形成一个完整的、具有全国代表性的营养监测报告。

按照我国原有的全国营养调查年度表,2012年应该完成一轮营养调查。因此,本轮营养监测计划在3年内完成,2012年后营养监测计划将按5年一个周期的时间表进行。2010-2012年的总体方案设计为,2010年在全国的31个省、自治区、直辖市中开展34个大城市点和16个中小城市点居民营养与健康状况监测,2011年开展25个中小城市点、45个农村点和30个贫困农村点居民营养与健康状况监测,2012年开展40个婴幼儿乳母点的专项监测工作,最后形成一个约20万样本人群的、具有全国代表性的膳食营养与健康数据库。

抽样设计:全国按照代表性原则设计为150个监测点(区/县),每个监测点的样本人群设计为1 000人以上,150个监测点的样本人群总数为16-18万,加上婴幼儿童和乳母专项监测,样本总体约为18-20万人。将城乡分为4层,分别是大城市、中小城市、农村和贫困农村。监测点分配为大城市34个、中小城市41个、农村45个和贫困农村30个。

每个监测点(区/县)中抽取6个居委会(村),每个居委会(村)抽取75户家庭(按2009年监测结果每户人口2.6人计算)。每个被抽中家庭中所有常住家庭成员在签署"知情同意书"后确认为调查对象。

为保证孕妇和儿童青少年的调查人数,以满足各年龄组样本量的要求,在样本点地区适当补充上述人群的调查人数。以监测点为单位,当所调查450户中孕妇人数不足30人,从所在区/县的妇幼保健院补足。另外,6-17岁每个年龄组儿童青少年不足20人,从附近的中小学校补充。

婴幼儿童及乳母专项营养监测全国共有40个监测点,城市婴幼儿童年龄范围为0-6岁,农村为0-7岁。每个监测点样本人群为600名儿童及其2岁以内婴幼儿的乳母至少100名。计划监测婴幼儿童约24 000人,乳母4 000-5 000人。

调查内容包括询问调查、医学体检、实验室检测和膳食调查四个部分。每个监测点应完成450户,至少1 000人调查对象以及6-17岁儿童青少年和孕妇最低人数要求。

询问调查包括家庭询问调查和社区基本信息收集两方面内容。家庭询问调查问卷包括家庭基本情况登记表、个人健康情况问卷、身体活动调查问卷。家庭基本情况调查内容包括家庭成员基本情况、经济收入、调查对象一般情况(年龄、民族、婚姻状况、教育、职业等)。个人健康状况问卷内容包括主要慢性疾病的现患状况及家族史,吸烟、饮酒及孕妇营养与健康状况等。身体活动调查问卷主要询问体力活动情况。询问调查采用问卷调查的方法,由培训合格的调查员入户开展面对面询问调查。

每个调查县/区完成一份社区基本信息调查表,收集内容包括本区/县所辖区内人口、经济、社会及医疗卫生保健等方面的基本信息,由调查员按照要求,通过查阅资料、走访当地统计、卫生等部门,进行询问和记录。

医学体检对抽样人群中所有6岁及以上家庭成员及6-17岁儿童青少年和孕妇补充人群测量身高、体重、腰围和血压。婴幼儿专项调查中另外测量3岁及以下调查对象的头围和2岁及以下调查对象的身长。

实验室检测分为样品采集和样品测定两部分。样品采集:采集所有参加体检对象的血液样品。6岁及以上采集静脉血测定血红蛋白、空腹血糖、血脂、血清维生素A、血浆维生素D及血脂。所有18岁及以上调查对象(孕妇和已确诊糖尿病患者除外)进行糖耐量检测(测量早晨空腹口服75克葡萄糖后2小时的血糖)。

膳食调查:每个居委会抽取的75个家庭户分成A、B、C三组,A组30户进行连续3天24小时膳食询问和家庭调味品称重调查;B组25户进行食物频率法问卷调查;C组20户进行即食食品问卷调查。膳食调查由经过培训的调查员进行入户访问调查。

连续3天24小时膳食询问调查:对调查户2岁及以上家庭成员采用询问调查的方式,让被调查者回忆调查前24小时内的进食情况,记录在家和在外吃的所有食物,连续3天入户询问进食情况,同时记录营养素补充剂的消费情况。12岁以下儿童可由家长或主要看护人协助完成。

家庭调味品称重调查:采用称重记录法调查家庭三天各种食用油、盐、味精等主要调味品的消费量。

食物频率法问卷调查:利用统一的食物频率调查问卷,收集调查户中6岁及以上调查对象在过去1年内各种食物消费频率及消费量。

即食食品问卷调查：利用统一的调查问卷，收集调查户中 2 岁及以上调查对象各种即食食品、零食等的消费情况。

八、小结

至今为止，我国已开展和正在开展的全国性居民营养与健康状况调查共有五次，1959 年、1982 年、1992 年、2002 年分别做了四次横断面的调查，2010-2013 年以周期性分层抽样调查的方式完成第五次全人群的营养与健康监测。

从样本量上看，五次调查均注重了样本的全国代表性。但五次的调查点数量和样本量不同：1959 年 26 个省 190 个点，18 万人次；1982 年 27 个省 172 个点，5 万人次；1992 年 30 个省 213 个点，7 万人次；2002 年 31 个省 132 个点，19 万人次；2010-2013 年为 31 省 150 个点，20 万人次。

从调查内容上，从膳食调查、医学体检和实验室检测三个部分进行了调查。但采用的方法有所不同：在膳食调查中，1959 年、1982 年和 1992 年仅用称重记帐法，2002 年以后的调查在进行连续三天 24 小时膳食回顾及调味品称重调查的基础上结合了食物频率法，既了解居民连续三天的膳食摄入情况，也收集了过去一年里常见食物的摄入频度与每次摄入的估计量。

医学体检在 1959 年、1982 年和 1992 年仅对身高、体重等指标进行了测量，2002 年及以后的调查又加入了 6 岁及以上人群腰围和血压的测定。实验室指标从 1959 年到 2012 年也是逐步增加，由 1959 年、1982 年到 1992 年单一的血红蛋白测定到 2002 年血糖、血脂、维生素 A 的测定到 2010-2013 年增加的维生素 D 及 C-反应蛋白、糖化血红蛋白等指标的检测。除 1959 年、1982 年以外，其余的几次调查都增加了询问调查，以了解家庭一般情况和调查社区的基本情况。从调查的频度来看，除 1959 年分别在四季各做了一次膳食调查、春秋两季进行两次体检外，其余几次调查均为一次，并都在夏秋季进行。

从调查设计来看，从 1959 年至今，全国营养调查在方法与内容上体现了与时俱进的发展变化规律，1992 年以前，我国经济基础比较差，居民的营养与健康状况处于较低水平，蛋白质和能量缺乏导致的营养不良及微量元素缺乏病成为了当时居民主要的营养问题。90 年代以后，随着改革开放及社会经济水平的逐步提高，居民的膳食结构和疾病谱发生了较大的改变，因此营养调查的内容也实现了从单一的人群营养状况扩大到营养与健康状况，调查的内容和指标也随之增加。膳食调查包括了食物频率、三天 24 小时回顾调查，生化指标也增加到血红蛋白、空腹血糖、血脂、血清维生素 A、血浆维生素 D、血脂和糖化血红蛋白及 C 反应蛋白的测定，以便更加科学地分析人体营养状况。虽然我们在全国居民营养调查领域做了大量的工作，取得了一些成绩，但是在研究方法和指标等方面和西方发达国家相比还有差距。

参考文献：

1. 沈治平等：《科学技术研究报告(1959 年全国营养调查)》1964 年 6 月
2. 中国预防医学中心卫生研究所：《1982 年全国营养调查总结》1985 年 11 月
3. 葛可佑主编：《90 年代中国人群的膳食与营养状况(1992 年全国营养调查)》，人民卫生出版社，1996 年 2 月
4. 王陇德主编：《中国居民营养与健康状况调查报告之一 2002：综合报告》，人民卫生出版社，2005 年 6 月

（中国疾病预防控制中心营养与食品安全研究所 供稿）

·学术研究综述

人口红利理论研究新进展

唐代盛 邓力源

一、国外人口红利理论文献研究

由人口转变所引致的人口红利问题发端于"人口变化如何影响经济增长"这一命题,对人口红利(Demographic dividend)的研究始于日本人口学家黑田俊夫1984年提出的著名命题"黄金年龄结构"。"人口红利"概念最先由 David E. Bloom and Jeffery G. Williamson(1998)提出:"社会追加的人口生产性为经济增长贡献一个具有促进作用的人口红利",David E. Bloom、David Canning and Jaypee Sevilla 于2002年正式使用人口红利一词。

科布·道格拉斯生产函数、哈罗德—多玛模型、新古典增长理论、新剑桥增长模型、结构主义增长模型、跨时期增长模型等均不同程度刻画了人口增长与经济增长的关系。在索洛—斯旺模型的基础上,对经济增长模型修正的新古典经济增长模型将人口作为经济增长的内生因素,这符合主流经济学由外生变量向内生变量的理论演绎方向,由此也成为研究人口增长与经济增长关系的经典模型。基于这一经典模型,对人口红利形成了不同的分析范式,主要包括单部门模型(Pitchford,1974;McNicoll,1984;Simon,1986;Arrow,1962)、二元结构模型 (Lewis,1954;Fei 等,1964;Jorgenson,1961;Kelly,1974)、多部门模型(Sanderson,1980)和近年来广泛应用的增长—趋同模型(Barro 等,1995)。

长期以来,对人口红利问题的研究集中于人口总量变化或人口增长速度变化对经济增长的影响,较大程度忽略了人口结构性变化对经济增长的影响。而进一步探讨人口结构极具生产性的人口红利是近年研究的新进展。Bloom等学者指出,人口红利通过劳动力供应、储蓄率和人力资本三个重要方面对经济增长产生促进作用。其他文献研究也表明,人口年龄结构变动影响劳动力市场参与、储蓄与投资、资本流动、收入分配等变量,进而影响到经济发展和国民收入的增长(Fair and Dominguez,1991;Lindh,1999;Batini et al.,2006)。

总体而言,现有国外人口红利理论文献因其侧重点的不同可以划分为两条主线:一条主线是从供给的视角展开,人口年龄结构变化从而由劳动力供给增加所带来的"人口红利"(Mason and Lee,2004),这称之为人口红利的"结构效应";一条主线是从需求的视角展开,人口年龄结构改变对总消费、储蓄、投资、进出口以及国际资本流动的影响,从而引发"第二人口红利"(Lee and Mason,2006、2007),这称之为人口红利的"行为效应"。

(一)人口红利与劳动力供给和人力资本积累

人口红利的显著标志是劳动力数量和比例,这种显著性提高了人口年龄结构的生产性,有利于经济增长。人口年龄结构变动对劳动力的影响体现在两个方面:一是对劳动力供给数量和劳动力市场参与的影响;二是对人力资本积累的影响。

1.年龄结构变动与劳动力供给、市场参与。人口年龄结构变动对劳动力供给和市场参与的影响,主要通过总抚养比、少儿抚养比和老年赡养比等指标的变化来体现。国外学者在研究人口年龄结构转变对经济增长的领域方面,大量采用了这组指标,如 Leff(1969)、Masson et al.(1996)、Horioka(1997)、Hussain(2002)、Golley and Tyers(2006)、Li et al.(2007)、Canning(2007)、Ruggeri and Zou(2007)等等。在人口年龄结构对劳动力供给和市场参与影响的理论研究方面,Lindh and Malmberg(1999)的研究表明,劳动力负担降低可以促使更多的劳动力从家庭非生产性活动转移到市场上的生产性经济活动之中。Bailey(2006)的研究发现,低生育率往往与较高的女性劳动力市场参与联系在一起。Canning(2007)认为降低生育率,能够缩小家庭规模、减轻少儿抚养负担,可以增加劳动力的市场参与率,尤其是女性劳动力的参与率。Bloom and Williamson(1998)认为,人口年龄结构变动使得"人均劳动时间投入"(labor hours input per person,H/P)增加从而促进经济增长,并将这种影响细分为三个方面,即劳动年龄人口占总人口的比例增加(EAP/P)、劳动年龄人口的参与率增加(L/EAP)和工作时间增加(H/L),且存在 H/P =(L/EAP)(H/L)(H/P)。不过,也有研究发现,短期内少儿抚养负担下降增加劳动力供给,长期来看并不存在固定的反向线性关系(Chong-Bum and Seung-Hoon,2006)。在一定时期内,少儿抚养负担的减轻可以增加劳动力的市场参与,但长期而言,少儿抚养负担下降意味着未来具备生产性的劳动力人口会减少,少儿抚养负担与劳动力供给之间存在"倒 U 型"关系。

进一步地,一些研究就人口年龄结构变动因素对经济增长的影响进行实证分析,以此阐释劳动力供给和市场参与增加所带来的经济效应。Kelly(1995)认为,分析人口转变过程对经济增长的影响一般有三种方法:简单相关分析、生产函数分析和增长回归分析。Barro(1995)在利用 100 多个国家的面板数据,分析 1960—1985 年的经济增长时,对生育率的影响进行了考察。在 Barro(1995)的研究基础上,Kelley and Schmidt(1995)使用截面和时间序列混合的数据考察了粗出生率、粗死亡率变动对经济增长的影响;Andersson(2001)利用时间序列数据分析年龄结构变化对丹麦、挪威、瑞典等国家经济增长的影响,其研究结果发现,劳动年龄人口比重上升对经济增长有显著的正向影响。Barro(2002)利用跨国数据对经济增长质量的决定因素进行了研究,认为健康水平、人口出生率、收入分配、政治体制、犯罪行为以及宗教信仰等因素与经济增长的质量存在密切关系。美国经济学家Andrew Mason和人口学家Wang Feng(2004)曾对中国人口转变过程中劳动力增加带来的人口红利进行过实证研究,其研究发现,人口红利解释了1982年到2000年期间中国经济增长15%这一现象。Golley and Tyers(2006)的研究同样认为,人口转变所带来的劳动力供给充裕吸引世界范围内的储蓄流入中国,扩张投资并获得高额投资回报率是中国经济快速增长的重要原因。

2.年龄结构变动与人力资本积累。新经济增长理论认为,促进经济增长最重要的机制在于人力资本的积累。Finlay(2005)在扩展Chakraborty(2004)研究结果的基础上,认为经济增长由人力资本的积累推动,人力资本通过受教育年限积累,并且教育投资是一国摆脱贫困陷阱的必要条件。人口红利期的人口年龄结构变化对人力资本的投资有着显著的促进作用。由于少儿数量的下降,平均到每个少儿身上的教育资源也在增加,整个社会的劳动生产力会得到提高,从而提高收入水平和生活水平。人们倾向于更晚些进入劳动力市场,因为他们要接受更长时间的教育,但是一旦他们进入劳动力市场,他们的生产力将处于更高的水平(International Labor office,1996;Bloom,Canning and Sevilla,2003)。Bloom、Canning and Sevilla(2004)把人力资本作为一种投入要素引入生产函数,采用预期寿命、平均受教育年限以及工作经验等指标度量人力资本,研究了健康、教育及工作经验与经济增长的关系。他们发现健康对经济增长有显著的正面影响,预期寿命增加1年能够促使产出增长4%;预期寿命和平均受教育年限的差异能够解释各国间收入差异的相当大一部分,而工作经验在解释收入差异方面作用不大。

就一个人的一生而言,不同阶段的劳动生产率有所差别,劳动生产率的年龄分布呈"峰形"分布(Faruqee,et al.,2003)。从家庭层面来看,少儿抚养负担的下降使家庭生育目标从"数量导向"转向"质量导向",促使家庭资产用于子女健康和教育投资,以储备人力资本(Joshi and schultz,2007)。基于贝克尔人力资本理论,Andersson(2001)提出"年龄结构—人力资本—经济增长"假说。该假说认为,除生命周期传导机制外,年龄结构还通过人力资本渠道影响经济增长。人力资本的积累在劳动力年龄阶段达到高峰,因此一个国家或地区的人力资本存量依赖于这个国家的劳动力资源变化。Fougere and Merette(1999)阐释了人口转变引起的年龄结构变化对人力资本积累的作用机制。David,Lindh and Malmberg(2009)指出,抚养负担加重会制约劳动生产率的提高。

(二)人口红利与储蓄、投资

以储蓄率体现的"人口红利",实质上是人口年龄结构变动对储蓄率及其由此带来的投资有何影响的问题,西方学者已做过较多相关研究。其主要理论依据是莫迪利亚尼生命周期储蓄假说(Modigliani,1954)和抚养负担假说。基于微观行为经济学视角的生命周期理论(LCH)认为,个人消费行为和储蓄行为是其自身年龄的函数。一般而言,劳动年龄人口是净储蓄群体,少儿人口是净"借贷"群体,而老年人口消耗的是在劳动年龄阶段积累的财富(Ando and Modigliani,1963)。Coale and Hoover(1958)的宏观视角的抚养比假说(Dependency Hypothesis,DH)则是基于一个简单却强有力的直觉:由死亡率下降和生育率提高所引起的人口迅速增长使少年抚养人口比重膨胀,年龄结构的这种变化会提高消费需求,削弱储蓄能力。人口年龄结构变动通过储蓄机制和投资机制作用于经济增长(Lindh and Malmberg,1998),从而产生人口红利。

1.年龄结构变动的储蓄效应。以往研究往往将人口年龄结构变动与经济增长的关系假设为单调关系,而Futagami and Nakajima(2001)在其研究中建构引入生命周期的内生增长模型,得出人口年龄结构变动与经济增长的关系并不是简单的相关关系。这归因于储蓄率与经济增长之间的相互作用。

(1)"可变增长率效应"模型。在生育率快速下降时,人口增长率的下降和人口年龄结构的变化所带来的储蓄率上升、消费水平提高等人口红利在近10年来引起了广泛关注。人口年龄结构变化对居民消费具有显著的"生命周期效应"(Heien,1972；Fair and Dominguez,1991；Attfield and Cannon,2003；Erlandsen and Nymoen,2008)。20世纪80年代,在"抚养负担假说"和生命周期理论的基础上,Maxwell Fry and Andrew Mason(1982)、Andrew Mason(1988)构建了抚养负担与国民储蓄率关系的"可变增长率效应"模型(variable Rate of growth effect model)。该模型的假设前提是少儿抚养负担的下降可以改变生命周期消费的配置,在子女抚养阶段,家庭消费会增加；而在非子女抚养阶段,储蓄会随收入的增长而增长。也就是说,储蓄率依赖于少儿抚养比与国民收入增长率的乘积,即少儿抚养负担变化的"增长倾斜效应"(Growth-tilt effect),以及收入增长变化的水平效应(Level-effect)两种情形。

此后,"可变增长率效应"模型得到证实和运用,一些研究从实证角度验证了"储蓄率是劳动力负担的减函数"这一结论及生命周期理论的普适性。Mason(1988)在控制抚养负担与收入增长的交互作用下,利用50个国家的截面数据分析得出少儿抚养负担与储蓄率之间呈反向变动关系。Collins(1991)利用10个发展中国家的数据,美国(Lewis,1983)、英国(Williamson,1990)、加拿大(McLean,1991)等国家的学者利用本国数据,其研究同样发现类似的结论。Thornton(2001)利用协整技术探讨1956—1995年美国人口年龄结构变化与储蓄率的关系,其研究发现,少儿抚养负担和老年赡养负担对储蓄率均有显著的负向作用。Chong-Burn and Seung-Hoon(2006)利用25个OECD国家41年(1960—2000)的数据,提出了人口年龄结构经济效应的"倒U型"假说。他们研究发现,人均GDP增长率与老年赡养负担之间呈现出"倒U型"关系,即起初老年赡养负担的上升加快了经济增长,但在达到一定程度后经济增长因老年赡养负担的加重而趋于下降,同时还发现,人均GDP增长率随着少儿抚养负担的下降先增加后下降。Erlandsen and Nymoen(2008)从消费效应的视角进行了反向验证。他们以挪威为对象进行研究得出,人口年龄结构分布的变化对总消费具有显著的生命周期效应。储蓄性劳动力人口(50—66岁)具有持续的收入,而与此同时他们的消费比例低于少儿人口。他们会将大量储蓄用于保障退休后的生活质量。因此,消费随年龄结构中的储蓄人口(prime-savers)数量的增加而下降。此外,相关研究还包括Attfield et al.(2003)、Bloom,Canning and Graham(2003)等等。

近年来,一些西方学者对中国人口红利问题展开研究。Kraay(2000)发现,中国过高的国民储蓄率部分可以由高增长来解释,部分可以由人口因素的变化来解释。Modigliani and Cao(2004)通过对人口结构和收入增长这两个变量的分析,解释了1952—2000中国的居民储蓄率的变化,验证了生命周期理论的正确性。但他们使用的是总量储蓄率和人口结构数据,而没有考虑不同省份的不同的情况,其结论并不能十分令人信服。Harbaugh(2003)逐一分析了可能导致中国高储蓄现象的诸多因素,包括文化因素、保险市场不发达、流动性约束、历史体验、转型因素、人口因素、资本短缺国家的高储蓄回报、生存性消费、习惯性坚持、相对消费等。Wakabayashi and MacKellar(1999)的分析结果表明,储蓄率和老年人口抚养比率以及少儿人口抚养比率存在反向变动的关系,但是储蓄率和老年人口抚养比率的负相关性更强。

总体而言,在 Fry and Mason 提出的"可变增长率效应"模型的支持下,"抚养负担假说"经过改进后已经演变为正式的经济模型,并很好地解释了各国在宏观时间序列中跨国储蓄的差异。但该理论仍然存在不足,与生命周期理论一样,该理论分析的是抚养负担与储蓄率的静态均衡关系,而实际上,无论在发达国家还是东亚地区,人口转变过程带来的抚养负担动态变化都要求模型能够在非静态均衡方面加以改进,需引入新的变量对传统生命周期模型作出修正以及采用更为合适的实证方法建立模型。

(2)"变量与增长率效应"模型。Higgins and Williamson(1996)提出"变量与增长率效应模型",他们的研究显示投资需求与年轻人口部分紧密相关(通过与劳动力供给增加关联),而储蓄供给与成熟的成年人口部分紧密相关(通过与退休需求有关)。对一个金融开放的经济来说,人口向着年轻年龄结构的偏移会因为加重的抚养负担而导致储蓄下降。当年龄分布向中位偏移时,储蓄供给将会增加。但对一个封闭经济而言,更年轻的人口分布"引力重心"与储蓄率之间会呈现正相关的关系,因为过高的投资需求只能借助于储蓄率的提高来满足。该模型虽然代表了已有的关于储蓄与人口关系的宏观经济模型的一般特征,但仍然存在几个局限:由于父母被看作不存在遗产动机,模型忽略了财富代际转移的人口效应。在该模型中,生育率被认为是外生的,因此模型忽略了经济发展过程中抚育孩子的成本和收益;投资是由社会管理费用、住房支出以及商业资本的需求所驱动。这样的模型过度简化,仅强调了投资与劳动力供给增长之间的关系。

进一步地,Bloom and Williamson(1998)、Mason(2001)、Birdsall 等学者(2001)将生育率与储蓄率之间的关系纳入模型中,认为生育率的迅速下降将导致该时期的储蓄率大幅度上升。Kelly and Schmidt(1996)通过对 20 世纪 60 至 80 年代 89 个国家的数据分析,发现储蓄率与少儿人口比例、老年人口比例在 20 世纪 80 年代负相关,在 20 世纪 60 年代和 70 年代没有显著关系。David E. Bloom and effrey G. Williamson(1997)在"Demographic Transitions and Economic Miracles in Emerging Asia"一文中,通过对 1954—1992 年亚洲国家的人口、储蓄、投资和经济增长率数据的回归分析,得出如下结论:在人口变动的早期阶段,受高比例的少儿抚养人口和低比例的劳动年龄人口限制,人均收入增长缓慢,储蓄率相对较低。在转型过程中,受少儿抚养人口减少和劳动年龄人口比例提高的影响,人均收入增长将会得到提升,因为有了更多的工人和储蓄者,储蓄率和投资率提高推动了经济发展。早期的非劳动人口负担成为潜在的礼物——一个不相称的大比例的工作年龄成年人口。

Hurd(1998)、Bloom(2002)则分别从微观和宏观两个层面验证了人口预期寿命的延长能够提高储蓄率,Bloom 认为预期寿命延长能够增加各个年龄段人口的储蓄倾向。Deaton and Paxson(2000)通过人口结构的变化解释台湾近半个世纪储蓄率的变化,发现这个因素仅仅能解释一小部分储蓄率,很大程度上,居民储蓄率的变动是由预期寿命的提高造成的。这一实证研究进一步验证了预期寿命这个变量在解释发展中国家储蓄率剧烈变动中的重要作用。Lee(2000)用模拟方法得到,在给定退休年龄的情况下,中国台湾地区人口寿命的延长能够解释储蓄率上升这一现象。这些结论在一定程度上对 Hurd(1998)、Bloom(2002)的理论做出了有力的支持。Bloom et al. (2007)建立了一个包含预期寿命延长的生命周期模型,并且通过 82 个国家的面板数据分析,得出了预期寿命延长对储蓄率有很强的正向影响。这说明,预期寿命这一因素是在研究发展中国家储蓄率中不可或缺的一个变量。

(3)叠代增长模型。与宏观视角出发验证了生命周期理论普适性不一致的是,一些研究则从家庭调查的微观角度入手,发现人口年龄结构变化与储蓄、消费之间不存在显著关系,相关研究如 Bosworth et al.(1991)、Parer(1999)等。这引发了广泛的探讨。Weil(1994)将原因归结为代际之间的遗赠行为。如果遗赠是一个不能忽视的因素,那么上述两种视角得出的结论将无法一致。Miles(1999)认为,从家庭调查角度进行研究容易使储蓄率中包含过高的养老资产,从而高估家庭储蓄率。Deaton and Paxson(2000)从调查技术上强调,家庭调查数据容易受到样本选择偏差的影响。即使是来源于微观家庭调查的数据,得出的结论也往往不同。Lee 等人(2000)认为,之所以得到截然相反的结论在于忽略了一个极为重要的因素:预期寿命。预期寿命的上升提升了筹集退休后收入来源的动机,因此与工作年限的延长联系在一起。Li 等人(2007)得出与 Lee 等一致的结论。预期寿命的延长影响到了每个人的储蓄计划和劳动力市场参与计划。一方面,预期寿命的延长增加了未来老年阶段的生活风险,促使更多的动力去储蓄;另一方面,当人口逐渐老龄化的时候,由于更多的老年人口消耗储蓄,储蓄消耗的速度超过储蓄积累。因此,在讨论老年抚养负担对储蓄率的影响时,必须将其与预期寿命一起纳入分析。他们构建了叠代增长模型(growth model with overlapping generation),以此分析 1996—2004 年 200 个国家的数据,证实在引入预期寿命变量的情况下,抚养负担对储蓄、投资和经济增长仍具有负向作用。Fougere and Merette(1999)运用人力资本和物质资本积累机制叠代增长模型,分析加拿大、法国、意大利、日本、瑞士、英国和美国等 7 个国家的人口年龄结构变动对经济增长的影响。他们假设:年轻阶段积累人力资本、劳动力阶段积累物质资本、老年阶段退休并且消耗储蓄。结果发现,人口年龄结构变动带来的老龄化的长期经济效应非常显著。

2.年龄结构变动的投资效应。开放经济条件下,年龄结构变动与资本流动的探讨成为人口年龄结构宏观经济效应的一个新的研究领域。对它的研究始于 20 世纪 90 年代中期。Taylor and Williamson(1994)在探索 19 世纪后期资本从人口年龄结构相对老化的欧洲流向人口年龄结构相对年轻的周边地区时,发现人口年龄结构变化在资本流动中发挥着重要作用。储蓄为经济增长提供资本积累的来源(Krugman,1994;Young,1994,1995;Asian Development Bank,1997;Higgins,1998;Kelly and Schmidt,1995,1996;Luhrmann,2003),成为西方学者关注的重点。

(1)"双缺口"模型。人口年龄结构变动通过影响储蓄和投资进而影响经常项目差额(current account balance)变化。Coale and Hoover(1958)提出的"抚养负担假说"认为,高抚养负担导致低储蓄率,进而影响经常项目差额变动以及资本流动。伴随着人口年龄结构变动,少儿抚养负担快速下降,家庭抚养性消费支出减少,从而使储蓄增加,带来经常项目逆差减少或顺差增加。Taylor and Williamson(1994)从年龄结构视角出发分析了公共和私人储蓄行为,对 Coale and Hoover 提出的假说进行验证。研究结果发现,高劳动力抚养负担的国家储蓄率比较低,经常账户倾向于产生更大的赤字。在此基础上,Herbertsson and Zoega(1999)进一步建立"双缺口"模型(Twin-deficit Model),以解释劳动力抚养负担通过储蓄作用于经常项目的机制和程度。其研究认为,高抚养负担带来经常账户赤字或低抚养负担带来经常账户盈余的原因在于,劳动力会为退休而储蓄,而少儿人口和老年人口则消耗过去或未来的储蓄,并通过实证得出,10%的劳动年龄人口变动会造成 4%的经常账户变动,改进后的模型中储蓄能够解释经常账户 31%的变动。高抚养负担与低经常项目盈余(或高经常项目赤字)之间存在相关关系,而储蓄是二者之间的重要作用通道(Chin and

Prasad,2003)。

(2)基于储蓄供给和投资需求的双重作用机制模型。传统解释过于强调人口年龄结构变动的储蓄效应,而较大程度忽略了人口年龄结构变动对投资需求的作用。Higgins and Williamson(1997)构建基于储蓄供给和投资需求的双重作用机制模型,由此突破了传统研究。其研究认为,高少儿抚养负担的国家导致经常项目赤字,储蓄会随抚养负担的增加而减少,如 1980—1989 年的孟加拉国、1975—1989 年的巴基斯坦等南亚国家。当一个经济体劳动力比重占优势时,储蓄供给大大增加,而投资需求相对不足,导致经常项目走向盈余,如日本、韩国。Higgins(1998)确认了世界范围内的人口年龄结构变动与经常项目差额的关系。他分析了抚养负担对储蓄供给与投资需求的双向作用,认为抚养负担的加重会通过影响二者之差进而影响经常项目差额变化,并且发现抚养负担对经常账户平衡 CAB 所产生的影响超过了 GDP 对其的影响的 6%。

(3)扩展模型。Higgins and Williamson(1996)将"人口世代交叠模型"引入到"可变增长率效应模型"中,得到动态均衡状态下的扩展模型。该扩展模型中,生命周期因素依然是储蓄的重要动机,而投资需求由劳动力的增长需求来驱动。在一个开放经济环境下,储蓄供给与投资需求之间的缺口可以反映经常项目差额变化或净资本流动。他们的研究得出,高少儿抚养负担更多的抑制储蓄而非投资,从而更容易驱使资本净流入;高老年赡养负担更多的抑制投资而非储蓄,从而更容易驱使资本净流出。Higgins and Williamson(1997)通过研究亚洲人口年龄结构变动与外资依赖之间的关系验证 Coale and Hoover 的抚养负担假说的适用性。他们的研究得出,少儿抚养负担的大幅度下降能够解释亚洲自 1960 年代开始的储蓄率上升,这使得亚洲摆脱了外资依赖。东亚和南亚的外资依赖差别也可以由少儿抚养负担的变化(下降或不变)来解释。随着亚洲少儿抚养负担的继续降低,亚洲国家和地区将逐渐从资本净流入转向资本净流出。Higgins(1998)在扩展模型的基础上,进一步提出了人口年龄结构变动的"引力中心"(centre of gravity)理论。该理论认为,储蓄供给和投资需求是人口年龄结构变动影响资本流动的两大"引力中心"。投资需求与少儿人口比重紧密相连,因为少儿人口变化预示着未来的劳动力增长;储蓄供给与劳动年龄人口的相关性更强,因为他们与未来的退休需求相关。人口年龄结构变动通过这两大引力影响开放经济下的资本流动。

(三)人口红利与发展政策

长期以来,不同的人口增长与经济增长关系理论模型和研究结论支配着学者和政策制定者对人口增长的看法,从而导致不同的政策取向。综观在这个问题上的研究结果,可以得出这样的结论:人口因素是经济增长的一个不可否认的源泉,但是,第一,它对经济增长的影响方向是不确定的;第二,它的影响不是独立的,往往与其他增长条件一道发挥作用,产生一种或正面或负面的增强效果(Kelley,1988)。如果一个国家或地区恰好处于人口年龄结构最富生产性的阶段上,并且能够对这种人口红利加以恰到好处的利用,经济增长就可以获得一个额外的源泉,创造经济增长奇迹。但是,需要特别指出的是,人口红利并不能脱离人口转变所处的政策环境而独立存在,进入有利于经济增长的人口年龄结构阶段,或者处在这样的阶段而实际利用人口红利促进经济增长,都不是自然而然的,而需要具备和创造一系列条件,如对资本积累具有促进作用的养老保险筹资模式、人力资本水平的提高、灵活的劳动力市场和高效的金融市场,以及有助于对外开放和提高储蓄水平的经济政策(Bloom,Canning et al.,2002)。

国外学者在对"东亚奇迹"的考察过程中,大多关注东亚各国和地区的经济发展政策和战略,这也成为当前人口红利理论研究的最新前沿问题。John Page(1994)将"东亚奇迹"归结为宏观经济管理政策、教育制度、出口导向战略以及工业支持等四种发展政策的结果。Stiglitz and Uy(1996)认为,东亚奇迹的关键在于东亚各国政府灵活应变的金融引导政策,这种政策使东亚的高储蓄转化为投资扩张和经济增长。World Bank(1993)、stiglitz(1996)对东亚奇迹进行了多维透析,将东亚奇迹发生归结于"一揽子政策":刺激储蓄、投资人力资本、鼓励工业和投资、实施出口导向战略、贸易开放、市场竞争机制与政府选择性干预、宏观经济环境稳定等。Andrew Mason(2002)分析和总结了东亚诸国在兑现人口红利方面有利的政策和制度环境:较好的人力资源基础、劳动力市场对新增劳动力的充分吸收和劳动生产率的高速增长、高储蓄率和有效率的投资环境。Mason同样认为,东亚国家之所以能够充分利用人口红利加快经济增长,就在于东亚国家采取了合适的经济发展政策,大力地投资教育,从而创造了大量的就业机会,实现了劳动力的充分就业,有效地利用了人口转变所带来的机遇(Mason,2006)。事实上,拉丁美洲的高通货膨胀、政治不稳定、对抗性的劳动关系、进口导向的贸易政策等使拉丁美洲国家丧失了开发宝贵的"人口视窗"机会(Canning,2007)。

二、国内人口红利理论文献研究

20世纪60年代开始,国外学者就已经开始对人口年龄结构变动的经济效应进行研究,并在20世纪90年代形成研究高潮。国内的研究起步要晚,总体而言,21世纪初期国内学者的相关研究才逐渐增多,尤其是近些年来对人口红利给予了前所未有的重视。就国内人口红利理论研究而言,目前取得了如下进展:

(一)人口红利概念的界定和有效时期判断

1.人口红利概念的界定。国内学者对人口红利概念的界定归纳起来有"结构论"、"期限论"、"因素论"等三种主要视角:

(1)因素论。主要以蔡昉、王德文、都阳、彭希哲、朱楚珠等学者为代表,他们认为,人口红利是一个经济概念,是指人口转变过程中社会形成了比较丰富的劳动力资源。在这个时期中,少儿人口比重下降,老年人口比重尚未达到很高,社会的总抚养成本较低。在劳动年龄人口比重高的情况下,社会储蓄较高,这种有利于经济增长的人口因素为人口红利。彭希哲(2005)同样认为:"人口红利是将人口转变过程所形成的人口年龄结构优势转变为经济增长的源泉并由此获得超出稳态经济增长之外的额外经济成果"。

(2)"结构论"。以田雪原为代表的学者从人口变化的阶段进行界定,老年和少儿被抚养人口之和所占比例下降到50%以下,标志着人口年龄结构变动步入对经济和社会发展十分有利的"黄金时代",或称之为"人口盈利"、"人口红利"期(田雪原,2006)。人口红利是人口转型过程中出现的人口年龄结构优势导致的高劳动力参与率对一国经济增长的积极效应(汪小勤等,2007;彭希哲,2005)。

(3)"期限论"。期限论将能够带来劳动力增加、储蓄和投资增长、人力投资增加和就业机会增加、对社会经济发展有利的人口年龄结构时期视为"人口机会窗口"、"黄金人口年龄结构期"和"人口红利时期"(于学军,2003;陈友华,2005)。

厉以宁等经济学家(2012)对经典人口红利概念进一步修正完善,在考虑人口红利概念人口学属性的基础上,突出人口红利的经济属性,并拓展了人口红利的内涵,形成了新人口红利的界定。唐代盛、邓力源等学者(2012)指出:"人口红利是指在人口转变过程中,少儿人口和老年人口之和占劳动年龄人口的比重等于或者低于50%,由劳动年龄人口数量充分供给带来的生产性(称之为数量型人口红利)以及人口年龄结构变化带来的人力资本提升(质量型人口红利),城乡结构变化带来的人口就业结构由低效的第一产业向高效的第二、三产业转移(就业结构型人口红利),由此获得的超出稳态经济增长之外的额外经济成果。"尽管学者基于不同视角对人口红利进行了不同的界定,但在人口红利是人口年龄结构变动过程中所带来的宝贵机遇方面形成了共识,即人口红利外在表征的年龄结构表现为一种健康资本,人口红利当属经济学或劳动经济学范畴的概念。目前,人口红利概念已有了比较明确的数量边界或相对数量边界,为进一步研究中国人口红利问题乃至改革红利问题提供了较为清晰的基本范畴。

2.人口红利时效性判断。学者在中国存在人口红利且正处于人口视窗期的看法几乎一致。中国人口年龄结构正经历少儿人口比重下降,劳动年龄人口比重上升的时期,在这一时期,人口老龄化程度尚不严重,年龄结构的生产性特征明显(蔡昉,2004;于学军,2003;王德文等,2004;汪小勤等,2007)。但在人口红利的起止时间存在不同的认识,主要有两种判断:其一,于学军(2001)、陈友华(2005)、马瀛通(2007)、田雪原(2007)等学者认为,中国的人口机会窗口1990年开始到2030年结束,前后持续40年。其中,2010年是人口负担系数最低的一年,2010年以后,由于人口老龄化速度加快,人口负担系数将逐步停止下降并转而开始上升,2030年前后,人口负担系数会重返到1990年前后的水平,此时人口视窗关闭;其二,蔡昉(2006)、王丰等(2006)、王德文等(2007)学者认为,1982—2000年期间人口红利对中国经济增长的贡献可观,但2000年中国开始进入人口老龄化社会,人口红利作用开始降低。蔡昉(2012)提出,2012年是人口红利的最后一年,2013年人口红利就将结束,到2013年,中国的劳动年龄人口将不再增长,是零增长,之后就是负增长。2013年将是一个极具标志性的转折点,人口老龄化加速将使人口年龄结构变动对经济增长的贡献由人口红利转为人口负债。

与上述两种传统人口红利时效性判断不同,基于人口红利内涵的拓展,目前中国人口红利问题有了新的解读。中共中央政治局常委、国务院副总理李克强2012年在主持全国综合配套改革试点工作座谈会的重要讲话中,就不完全赞成人口红利已经消失的说法。他指出,到2030年,中国的劳动力还有9亿人,并提出改革开放"是中国发展的最大红利",明确了中国人口红利实现的方向和道路。著名经济学家厉以宁教授(2012)在第十二届中国经济论坛会上也反驳了目前比较流行的两个观点,即中国的人口红利、资源红利、改革红利已经没有了所谓的"中等收入陷阱"。厉以宁认为,新人口红利、新资源红利和新改革红利正在替代旧的人口红利。他进一步指出,新的人口红利正在产生,中国正在从"技工时代"转向"高级技工时代",同时科学技术方面的投资也在产生新的资源红利,新的改革会给经济发展提供新的机遇从而释放新的人口红利。

(二)人口年龄结构与劳动力供给、人力资本积累

蔡昉(2004)运用因素分解法对中国改革开放以来的经济高速增长进行探讨,认为26.18%是人口红利的作用,王丰、安德鲁·梅森(2006)发现15%可归功于人口红利,陈友华建立人口红利对经济增长影响的数学模型,并以其为基础定量地计算出人口红利对中国经济增长的影响:进入21世纪后中国GDP中有超过10%是由于人口红利因素所创造的。尽管上述研究结论有所不同,但

可以肯定的是,人口红利是东亚奇迹和中国经济快速发展的重要因素。人口红利所带来的庞大劳动力数量作用于经济增长的途径主要有三个:一是劳动力规模和分工效应。王德文、蔡昉等学者(2004)认为由于劳动分工能够带来规模效应,劳动力供给数量上升将增强分工效应。劳动力比例和规模增大会带来总产出的增加和人均收入水平的提高;二是劳动力参与率。汪小勤、汪红梅认为,人口转型过程中出现的人口年龄结构优势导致的高劳动参与率,会促进储蓄率和投资率的提高,进而对一国经济增长发挥积极效应;三是劳动力质量。钟水映、李魁(2009)认为提高劳动力质量可以提高劳动生产率,从而增加经济产出。正如 Becker、Mincer、Lucas、schultz 等所言,人力资本投资能够提高整个社会的产出水平。实际上,以上三个因素在影响经济增长过程中是相互渗透的。

(二)人口年龄结构与储蓄率、投资

1.人口年龄结构与储蓄率。近些年来,国内对人口年龄结构与储蓄率之间关系的研究逐渐增多,主要是运用国外的相关研究成果对中国人口年龄结构与储蓄率之间的关系进行实证研究,以此验证以储蓄率体现的人口红利。袁志刚和宋铮(2000)通过一个纳入中国养老保险制度基本特征的叠代模型研究人口年龄结构与储蓄率之间的关系,其研究发现,中国居民高储蓄是人口年龄结构变动下个体的理性选择,中国计划生育政策引发的人口老龄化,提高了中国城镇居民储蓄倾向并激励了用以养老的储蓄行为。王德文、蔡昉和张学辉(2004)利用 1982—2003 年分省面板数据,运用最小二乘法和广义最小二乘法对人口抚养比与储蓄率之间的关系进行研究,其研究结论表明,少儿人口和老年人口比例与储蓄率具有显著的负相关关系。贺菊煌(2006)构建一个含中青年人对幼年人抚养和对老年人赡养的世代交叠模型,得出结论是,少儿抚养负担下降对储蓄率没有多大影响,"老年—中青年人口比率"变动对储蓄率的影响要大得多。Modigliani and Cao(2004)利用中国 1953—2000 年时间序列数据对中国居民储蓄率的决定因素进行研究,结果表明:中国居民储蓄率上升的一个重要原因是少儿抚养系数的持续下降。Horica and Wan(2006)利用中国 1995—2004 年分城乡面板数据的研究发现,人口年龄结构是中国城乡居民储蓄率的一个主要决定因素,少儿抚养比与储蓄率之间呈显著的负向关系,老年抚养比与储蓄率之间的正向关系在统计上不显著。汪伟(2009)利用 1989—2006 年省际面板数据,考虑经济增长与人口结构变化的交互作用对储蓄率的影响,认为经济高速增长与抚养系数的下降是导致中国储蓄率上升的重要因素,经济增长对储蓄率上升的贡献随着适龄劳动人口数量的增加而被强化,但会随着人口老龄化程度的加深而被弱化。王金营、杨磊(2010)通过城乡居民储蓄存款对数的影响因子分析,发现中国储蓄水平的不断上升与人口年龄结构变动具有显著相关性,储蓄水平与劳动总负担、少儿负担比和老年负担比均呈负相关关系。姚林华(2012);郭华、刁晓林(2013)等也做了类似研究。

2.人口红利与经常项目差额。国外从人口红利角度分析经常项目差额的变化始于 20 世纪 90 年代,而国内相关研究明显滞后,也没有对人口年龄结构变化与经常项目差额的关系给予足够重视。仅有很少学者对此进行了关注。王仁言(2003)对中国人口年龄结构与经常账户差额做了关联性分析,通过观察国际上 103 个国家和地区 2000 年的人口赡养率与经常项目差额的关系,发现赡养率与经常项目差额占 GDP 的比重呈现负相关关系,且亚洲 17 个国家的负相关关系更为明显。通过对中国 1989—2002 年的数据分析,他发现人口赡养率与经常项目差额同样呈现负相关关系。

3.人口红利促进公共投资。人口年龄结构变动也会影响到公共投资的规模和方向。少儿人口是需要在健康和教育方面密集投资的群体,老年人口是在健康和生活方面需要照料和供养的群体。如果少儿抚养负担重,国民收入中用于子女养护、教育等的公共投资增加;如果老年抚养负担重,国民收入中用于非生产性消费支出增加(周祝平,2007;王德文等,2004)。如果被抚养人口负担不重,那么无论是公共部门的投资还是私人部门的投资,都会倾向于生产性投资,从而提高社会的总产出水平。相反,如果抚养负担加重,国民收入中的更大部分将不得不用于教育、医疗等公共投资。陈友华(2008)认为,如果老年人口比重大,国民收入中用于非生产性消费支出如养老、老人的护理、医疗等会大幅度上升,用于生产性投资的公共投资比例会下降,私人储蓄和公共投资减少导致总产出和人均国民收入增长速度随之减缓。总体而言,从这一视角进行分析的研究很少。应该来说,分析人口红利与公共投资是一个值得进一步深入研究的领域。

(四)人口红利理论问题的模型研究

为考察人口转变对经济增长的影响效果,国内学者借鉴运用了国外相关研究范式,并加入若干参数,对人口红利经济价值进行实证研究,其中测量模型主要有三类:一是王德文—蔡昉人口红利经济价值测量模型;二是都阳的固定效应模型(FEM);三是贺菊煌(2006)采用一个含中青年人对幼年人抚养和对老年人赡养的世代交叠模型分析人口变动对储蓄率的影响,证实以储蓄率体现的"人口红利"。

1.王德文—蔡昉人口红利经济价值测量模型。王德文、蔡昉等学者利用Leff(1969)模型,来检验改革以来中国人口抚养比对储蓄的影响。这一人口红利经济价值测量模型运用省际时间序列资料,考虑地区间政策差异,在模型中尝试性引入年份虚拟变量和地区虚拟变量。

2.都阳固定效应模型(FEM)。为考察中国人口转变过程对经济增长的影响效果,都阳(2004)利用分省的时间序列数据考察二者之间的关系。与Kelley and Schmidt(1995)的跨国研究类似,他主要利用固定效应模型(fixed effect mode,FEM)进行回归分析。通过使用固定效应模型,可以控制不可观测、但不随时间变动的因素对经济增长造成的影响。由于都阳使用的资料包含中国28个省(市、自治区),占中国省级单位的绝大多数,因此,他认为固定效应模型是分析人口转变对经济增长影响的基本方法。

3.贺菊煌世代交叠模型。贺菊煌(2006)采用一个含中青年人对幼年人抚养和对老年人赡养的世代交叠模型分析人口变动对储蓄率的影响,证实以储蓄率体现的"人口红利"。该模型假定个人生命经历幼年期、青年期、中年期和老年期,建立了一个包含青年妇女生育率、技术进步率、产出的资本弹性、时间偏好率、消费的边际效用弹性、折旧率、退休金率、赡养参数的含抚养和赡养关系的世代交叠模型。该模型具有索洛增长模型的稳态性质,即模型内生的一些速率变量和比率变量的稳态值可以表达为模型参数的函数。得到的结论支持人口老龄化将导致储蓄率下降的观点,而幼年—中青年人口比率变动对储蓄率的影响力比老年—中青年人口比率变动对储蓄率的影响力小得多,快速的生育率下降会引起经济增长率下降,人口转变没有正的"增长效应",但快速的生育率下降也会引起人均消费永久性提高,这是人口红利的最终体现。

4.其他学者的研究模型。王金营、杨磊(2010)利用柯布—道格拉斯生产函数,在考虑劳动就业人员和资本存量两个因素的基础上,引入劳动负担比,建立双对数回归模型。得到的结论是,中国劳动负担比与经济增长呈现出明显的负相关,劳动负担比每下降1个百分点,经济增长将提高

1.06个百分点,在过去的30年里劳动负担降低累计带来的经济增长占总增长的27.23%,通过计量检验证明人口年龄结构变动所产生的促进经济增长的人口红利的存在。汪伟(2009)在使用不同的识别方法和计量技术,并对可能影响储蓄率的其他潜在变量进行控制后,将人口结构变化、储蓄率和经济增长结合起来进行研究。王承强(2008)、王丰(2004)等学者,采用柯布—道格拉斯生产函数构造变形函数形式等模型对人口红利经济价值进行测量,得出了一些有益的结论。

三、拓展研究及理论述评

(一)拓展的人口红利理论

对人口年龄结构变动宏观经济效应的最新研究,是将发达国家和发展中国家一并纳入跨国面板进行研究。在研究方法上,将人口年龄结构通过人力资本要素嵌入到经济增长模型中,由此得到一些新的研究成果。Prskawetz et al.(2007)利用1960—1995年97个发展中国家和发达国家的面板数据,分析了抚养负担对经济增长(劳均产出增长率)的影响,此外,他们借鉴Bloom and Williamson(1998)的研究方法,通过劳动年龄人口增长率和总人口增长率来验证结果的可靠性。其研究结果发现,老年抚养负担对经济增长的影响并不显著,而少儿抚养负担对经济增长具有显著的负向影响,劳动年龄人口增长率对经济增长具有显著的正向作用。Bloom(2007)等学者认为,劳动年龄人口比例的增加产生人口红利并加快经济增长。他们利用1960—1980年的跨国数据来预测1980—2000的经济增长。结果发现,引入年龄结构变量能够显著改善预测结果。Lindh and Malmberg(2007)的研究表明,人口年龄结构变动以及带来的人口红利会在一定程度上减轻全球贫困。David等学者(2009)建构了"人口红利模型",他们利用111个国家1961—1996年的数据考察了人口年龄结构变动对长期人均收入增长的影响,其研究结果表明,人口年龄结构变动是长期经济增长的一个核心决定变量。

此外,还有研究分析了人口年龄结构通过收入分配、房屋需求等对经济增长产生影响。Gomez and Foot(2003)就分析了人口年龄结构通过收入分配机制影响到政治参与、犯罪、努力程度、流动性变化、技术创新等,进而影响经济增长的传导机理。他认为,高少儿抚养负担往往带来高收入不平等,从而导致政治参与低下、犯罪机会增大、努力水平降低、人力资本投资减少、技术创新动机缺乏等,进而对经济增长形成不利。

(二)对人口红利理论研究的评述

人口年龄结构因素作为一个动态变量已经成为经济学家研究人口红利问题时一个着重考虑的对象。国内外研究通过实证检验了人口年龄结构变动在发达国家的人口老龄化转变过程以及发展中国家的出生率降低过程中所引起的宏观经济变量变化,证明了人口年龄结构体现的人口红利的客观存在。不过,在理论框架、研究样本和技术方法等方面仍然存在诸多不足,一些研究领域仍然没有确切结论,未来研究仍有很大的拓展空间。

1.开拓供给和需求相结合的综合型模型。现有研究缺乏关于人口结构变化对经济增长影响的综合的、全面的理论架构,开拓供给与需求相结合这种新颖的视角正是综合型模型巨大潜力的反映。在经典人口经济增长模型下,未来研究的重点应在经典人口经济增长模型中纳入储蓄、劳动力供给、人力资本等由人口年龄结构变动所带来的人口变量对经济增长的影响,同时也应纳入制度和政策环境等变量,比如中国的计划生育政策等,由此建立综合型人口红利经济价值理论模型。

2.现有研究在分析人口年龄结构变动与宏观经济变量之间的关系方面已经取得一些突破,但在理论构架上仍然缺乏富有说服力的支撑,如人口年龄结构对居民部门储蓄行为影响方面的研究多以生命周期假说为基础,但生命周期假说对于中国现实的适用性值得考虑。此外,关于人口年龄结构对经济增长影响的机制和途径通常来自于对经验分析结果的归纳和总结,缺乏严密的数理论证,也缺乏一个普适性的分析框架。因此,在借鉴经典人口经济模型以构架人口红利模型方面还有待推进,尤其在传导机制和过程上仍需进一步深入探讨。

3.现有研究样本基本围绕发达国家进行,对于这样的研究结论是否在发展中国家具有解释力仍存疑问。发达国家经历的老龄化与发展中国家正在经历或尚未经历的生育率下降的人口年龄结构变动背景不同,使得人口年龄结构所体现出的人口红利的相关研究在发展中国家的适用性受到挑战。进一步地,现有研究主要集中在人口年龄结构变化对经济整体贡献大小的研究上,缺乏对人口红利自身的相关影响因素(如人力资本、劳力错位、固定投资、经济结构)的研究,因此对人口红利影响因子的贡献大小和排序进行定量研究尚需进一步深入。

4.现有研究主要关注人口年龄结构变动的经济效应研究,但经济增长是否会反向作用于人口年龄结构变动?例如,经济增长带来的收入水平提高,是否会通过生育率等变量进而影响到人口年龄结构变动?因此,人口年龄结构变动与经济增长之间的双向因果关系需要进一步探讨。

就中国而言,人口年龄结构变动带来的人口红利不是永久性的增长源泉。它随着人口年龄结构变动的进行终将消失,如何利用和挖掘尚余的人口红利显得极为迫切和重要,同时如何应对即将到来的人口负债也是亟需研究的重要课题。

参考文献:

1.Bloom,D.E.and J.G Williamson. Demographic Transitions and Economic Miracles in Emerging Asia,World Bank Economic Review,1998,12(13).

2.David E. Bloom,David Canning,Jay Sevilla. The Demographic Dividend-A New Perspective on the Economic Consequences of Population Change,RAND,2002.

3.Lindh,T. and Malmberg,B. Age Structure Effects and Growth in OECD: 1950-1990,Journal of Population Economics,1999,12(3).

4.Bailey,M.J. More Power to the Pill: the Impact of Contraceptive Freedom on Women's Life-cycle Labor Supply,Quarterly Journal of Economics,2006,121(1).

5.David Canning. The Impact of Aging on Asian Development,Seminar on Aging Asia,A New Challenge for the Region,Kyoto,2007,Japan,May7.

6.David E. Bloom and Jeffrey G. Williamson. Demographic Transitions and Economic Miracles in Emerging Asia,World Bank Economic Review,1998,12(3).

7.Chong-Bum An and Seung-Hoon Jeon. Demographic Change and Economic Growth: An Inverted-U Shape Relationship,Economics Letters,2006,92.

8.Allen C. Kelley,Robert M. Schmidt. Saving, Dependency and Development,Journal of Population Economics,1996,9(4).

9.Wang Feng,Andrew Mason. The Demographic Factor in Chinese Transition,Chinese Economic Transition: Origins, Mechanism and Consequences, Pittsburgh, 2004.

10. D. E. Bloom, D. Canning, B. Graham. Longevity and life cycle savings, the Scandinavian Journal of Economics, 2003, 105 (3).

11. Bloom, David E., David Canning and Jaypee Sevilla. "Economic Growth and the Demographic Transition", the NBER Working Paper.

12. Joshi, S. and Schultz, P. Family Planning as Investment in Development: Evaluation of a Program's Consequences in Matlab, Bangladesh, Economic Growth Center Working Paper, 2007, Vol. 951.

13. Andersson, B. Sandinavian Evidence on Growth and Age Structure, Regional Studies, 2001, 4.

14. David de la Croix, Thomas Lindh and Bo Malmberg. Demographic Change and Economic Growth in Sweden: 1750-2050, Journal of Macroeconomics, 2009, 31

15. Modigliani, F. and Brumburg, R. Utility Analyses and the Consumption Function, Chapter15, in Post Keynesian Economics, K. K. Kurihara (ed). New Brunswick, NJ:Rutgers University Press, 1954.

16. Ando, A. and F. Mondigliani. The "Life Cycle" Hypothesis of Saving: Aggregate Implications and Tests, American Economic Review, 1963, 53(1), P22-84.

17. Coale Ansley J. and Edgar M. Hoover. Population Growth and Economics Development in Low-Income countries. Princeton: Princeton University Press, N.J., 1958.

18. Heien, D.M. Demographic Effects and the Multiperiod Consumption Function, Journal of Political Economy, 1972, 80(1); Fair, R.C. and Dominguez, K.M. Effects of the Changing US Age Distribution on Macroeconomic Equations, American Economic Review, 1991, 81; Attfield, C.L.F. and E. Cannon. The Impact of Age Distribution Variables on the Long Run Consumption Function, University of Bristol, Discussion Paper, 2003, 03/546; Solveig Erlandsen and Ragnar Nymoen. Consumption and Population Age Structure, Journal of Population Economic, 2008, 21(3).

19. Maxwell Fry and Andrew Mason. The Variable Rate-of growth Effect in the Life-cycle Saving Model: Children, Capital Inflows, Interest and Growth in a new Specification of the Life-cycle Model Applied to Seven Asian Development Countries, Economic Inquiry, 1982, 20; Mason, Andrew, Saving. Economic Growth and Demographic Change, Population and Development Review, 1988, 14(l).

20. Mason, Andrew, Saving. Economic Growth and Demographic Change, Population and Development Review, 1988, 14(l).

21. Solveig Erlandsen and Ragnar Nymoen. Consumption and Population Age structure, Journal of Population Economic, 2008, 21(3).

22. Kraay, A. "Household Saving in China", World Bank Economic Review, 2000, 14(3).

23. Modigliani, F. and Cao, S.L. The Chinese Saving Puzzle and the Life-cycle Hypothesis, Journal of Economic Literature, 2004, 42(l).

24. Harbaugh, Rick. China's High Saving Rates .the Meeting of the Rise of China Revisited: Perception and Reality, 2003.

25. Masayo Wakabayashi, Landis MacKellar. "Demographic Trends and Household Saving in China", IIA SA Intern Report, IR-99-057/November.

26. Higgins, M. and Williamson, J.G.. Asian Demography and Foreign Capital Dependence, NBER Working paper

No.5560, Cambridge, MA: National Bureau of Economic Research, 1996.

27. David E. Bloom and Jeffrey G. Williamson. Demographic Transitions and Economic Miracles in Emerging Asia, World Bank Economic Review, 1998, 12(3); Andrew Mason. Population Change and Economic Development in East Asia: Challenges Met, Opportunities Seized, Stanford, Stanford University Press, 2001; Birdsall, N., Kelley, A.C. and Sinding, S.W. Population Matters, Oxford University Press, 2001.

28. Kelley, A and R. Schmidt. "Saving, Dependency and Development", Journal of Population Economics, 1996, 9(4).

29. David E. Bloom and Jeffrey G. Williamson. Demographic Transitions and Economic Miracles in Emerging Asia, World Bank Economic Review, 1998, 12(3).

30. Lee, Ronald & Mason, Andrew & Miller, Timothy. From Transfers to Individual Responsibility: Implications for Savings and Capital Accumulation in Taiwan and the United States, Institute for Future Studies, 2000:3.

31. Weil, D.N. The Saving of the Elderly in Micro and Macro Data, Quarterly Journal of Economics, 1994, 109.

32. Miles, D. Modelling the Impact of Demographic Change upon the Economy, Economic Journal, 1999, 109.

33. Deaton, A. and Paxson, C. Growth and Saving among Individuals and Households, Review of Economics and Statistics, 2000, 82(2).

34. Maxime Fougere and Marcel Merette. Population Ageing and Economic Growth in Seven OECD Countries, Economic Modelling, 1999, 16.

35. Taylor, A. and Williamson, J.G. Capital Flows to the New World as an Intergenerational Transfer, Journal of Political Economy, 1994, 102(2).

36. Coale Ansley J. and Edgar M. Hoover. Population Growth and Economics Development in Low-Income countries. Princeton: Princeton University Press, N.J., 1958.

37. Herbertsson, T. and Zoega, G. Trade Surpluses and Life-cycle Saving Behavior, Economies Letters, 1999, 6.

38. Higgins, M. and Williamson, J.G. Age Structure Dynamics in Asia and Dependence on Foreign Capital, Population and Development Review, 1997, 23(2).

39. Higgins Matthew. Demography, National Savings and International Capital Flows, International Economic Review, 1998, 39.

40. Higgins, M. and Williamson, J.G. Asian Demography and Foreign Capital Dependence, NBER Working paper No.5560, Cambridge, MA: National Bureau of Economic Research, 1996.

41. Bloom D. E., D. Canning, et al. The Demographic Dividend: A New Perspective on the Economic Consequences of Population Change, Santa Monica, CA, RAND, 2002.

42. David Canning. The Impact of Aging on Asian Development, Seminar on Aging Asia, A New Challenge for the Region, Kyoto, 2007, Japan, May7.

43. 彭希哲:《我国人口红利的实现条件及路径选择》,《中国人口报》2005年3月4日第3版。

44. 唐代盛、邓力源:《以新型人口红利破解中等收入陷阱》,《人民日报》2012年10月31日第23版。

45. 蔡昉:《人口转变、人口红利与经济增长可持续性——兼论充分就业如何促进经济增长》,《人口研究》2004年第2期。

46. 王丰、安德鲁·梅森:《中国经济转型过程中的人口因素》,《中国人口科学》2006年第3期。

47.陈友华:《人口红利与中国的经济增长》,《江苏行政学院学报》2008年第4期。

48.王德文、蔡昉、张学辉:《人口转变的储蓄效应和增长效应——论中国增长可持续性的人口因素》,《人口研究》2004年第5期。

49.汪小勤、汪红梅:《"人口红利"效应与中国经济增长》,《经济学家》2007年第1期。

50.钟水映、李魁:《人口红利与经济增长关系综述》,《人口与经济》2009年第2期。

51.袁志刚、宋铮:《人口年龄结构、养老保险制度与最优储蓄率》,《经济研究》2000年第11期。

52.Modigliani, F. and Cao, S.L. The Chinese saving Puzzle and the Life-cycle Hypothesis, Journal of Economic Literature, 2004, 42(l).

53.汪伟:《经济增长、人口结构变化与中国高储蓄》,《经济学》(季刊),2009年第1期。

54.王金营、杨磊:《中国人口转变、人口红利与经济增长的实证》,《人口学刊》2010年第5期。

55.王仁言:《人口年龄结构、贸易差额与中国汇率政策的调整》,《世界经济》2003年第9期。

56.都阳:《人口转变的经济效应及其对中国经济增长持续性的影响》,《中国人口科学》2004年第5期。

57.贺菊煌:《人口红利有多大》,《数量经济技术经济研究》2006年第7期。

58.Prskawetz, A., Kogel, T., Sanderson, W.C. and Scherbov, S. The Effects of Age Structure on Economic Growth: An Application of Probabilistic Forecasting to India, International Journal of Forecasting, 2007, 23.

59.David E. Bloom, David Canning, Gurther Fink and Jocelyn E. Finlay. Does Age Structure Forecast Economic Growth? International Journal of Forecasting, 2007, 23.

60.Tomas Lindh and Bo Malmberg. Demographically Based Global Income Forecasts up to the Year 2050, International Journal of Forecasting, 2007, 23(4).

61.David de la Croix, Thomas Lindh and Bo Malmberg. Demographic Change and Economic Growth in Sweden: 1750-2050, Journal of Macroeconomics, 2009, 31.

62.Gomez, R. and Foot, D.K. Age Structure, Income Distribution and Economic Growth, Canadian Public Policy, Vol.XX1, 2003.

(作者单位:唐代盛,西南财经大学公共管理学院;
邓力源,西南财经大学中国西部研究中心)

中国农村居民收入地区差异研究述评*

郭叶波　魏后凯

自改革开放以来,中国各地区农村居民收入都实现了较快增长,人民生活水平大幅改善。然而,在全国经济持续快速增长的宏观背景中,中国农村居民收入地区差异在持续扩大,而且相对城镇居民收入地区差异而言,其差异程度更大,波动幅度也更为显著(Hussain、Lanjouw和Stern,1994;魏后凯、刘楷、周民良等,1997;Lee,2000;陈宗胜、周云波,2002;高连水,2009)。地区差异问题一直是国内外学术界研究的热点问题,这方面的学术专著、论文和研究报告十分丰富。但以农村居民收入为衡量指标,专门研究中国农村地区差异的文献并不很多。直到20世纪90年代初期,中国农村居民收入地区差异问题才开始受到应有的关注。特别是近年来随着"三农问题"日益突出,越来越多的学者开始涉足这一领域。现有文献主要从中国农村居民收入地区差异的变化趋势、形成原因以及社会经济影响等方面进行研究,并得出了不少有价值的结论。但至今仍缺乏对不同空间尺度的系统研究,在研究方法上也有待进一步完善。

一、中国农村居民收入地区差异变迁

地区差异,按衡量方法可分为绝对差异、相对差异和综合差异(魏后凯,1990);按空间尺度可分为大区域、省级、地级、县级、乡镇级和村级地区间差异。现有文献大多只研究大区域或省际差异。由于所选择的衡量方法、空间尺度、时间尺度、不平等指数以及数据处理方法等不同,不同学者所得出的结论往往不尽相同。但综合现有研究看,一般认为自改革开放以来中国农村居民收入地区差异总体上在扩大,近年可能出现转机。

对于大区域间的农村居民收入差异,一般认为绝对差异在持续扩大,相对差异先扩大后缩小。白志礼、王青和来国超(1993)用各省农业人口和农民人均纯收入进行加权平均计算东、中、西三大地带和南、北两大区域的农民人均纯收入,通过测算绝对差、相对变动指数等发现1980-1990年大区域间绝对差异主要表现为东西差异,这期间绝对差异扩大程度排序为:东西差异>东中差异>南北差异>中西差异。唐平(1995)采用1980-1993年数据,同样认为东部与西部地带间的绝对差异在扩大。魏后凯、刘楷、周民良等(1997)将相关数据折算为1980年价格水平从而剔除价格因素影响,结果仍发现1980-1995年的绝对差异主要表现为东西差异,并且绝对极差持续扩大。李晓西等(2010)用1988-2008年的当年价数据,仍然显示东部地带农村居民收入水平最高,西部地带最低,并且绝对差异逐年扩大。与按三大地带划分结果相似,魏后凯等(2011)按四大区域划分也发现2005-2008年东部与中西部地区农村居民收入的绝对差异仍在不断扩大。至于大区域间的相对差异,一般认为总体趋势在扩大,但呈阶段性变化。魏后凯、刘楷、周民良等(1997)通过计

---

* 本文系国家社科基金重点项目"科学发展观视角下促进区域协调发展研究"(项目号:07AJL010)和国家社科基金重大项目"走中国特色的新型城镇化道路研究"(项目号:08& ZD044)的阶段性成果。原文发表于《经济学动态》2012年第6期,根据最新研究进展补充了相关中英文文献。

算三大地带的收入比,发现1980-1995年东部、中部与西部地带的相对差异不断扩大(个别年份除外)。赵人伟、李实(1997)基于中国社会科学院经济研究所中国住户收入分配项目(以下简称CHIP)数据,印证了这一结论。但1996年、2006年可能是转折点。李晓西等(2010)认为,1996年以来三大地带间的农村居民收入相对差异变动幅度保持在较小范围。魏后凯等(2011)按四大区域划分的结果则表明,2006年以来东部与中、西部地区间农村居民收入相对差异在减小,尽管这种态势可能还不稳定。

对于省际农村居民收入差异,一般认为绝对差异和相对差异持续扩大,综合差异变动呈现阶段性特征。很明显,自改革开放以来,中国省际农村居民收入绝对差异一直在扩大。无论用当年价或可比价数据计算的结果都显示,1978-2008年中国农村居民收入最高省份与最低省份的绝对差异不断扩大(唐平,1995;魏后凯、刘楷、周民良等,1997;李晓西等,2010)。省际农村居民收入相对差异也不断扩大,但近年来保持稳定。1978-1995年最高收入省份与最低收入省份的相对极差迅速扩大(唐平,1995;魏后凯、刘楷、周民良等,1997);而1996-2008年相对差异比较稳定(李晓西等,2010)。对于省际农村居民收入综合差异,不同学者由于采用的测度指数、数据来源及处理方法不一致所得结论不尽相同。张平(1992)和Yao(1997)通过测算基尼系数分别发现1980-1990年、1986-1992年(1990年例外)中国省际农村居民收入综合差异不断扩大。魏后凯(1996)通过测算泰尔系数也发现1985-1995年(1994年例外)中国省际农村居民收入综合差异在迅速扩大。基于CHIP数据,Gustafsson和Li(2002)、Khan和Riskin(1998)分别计算了省际泰尔系数和变异系数,也都发现1988-1995年中国农村居民收入省际综合差异迅速扩大。改革开放初期至1990年代中期,中国省际农村居民收入综合差异总体趋势在扩大,这已成为共识;但对其阶段性波动特征的判断却存有较大争议。万广华(1998)将收入数据缩减为1981年不变价后重新测算了1984-1996年的基尼系数,其结果明显小于张平(1992)的测算值,也发现1984-1996年的省际综合差异总体上在扩大,但在1984-1985年、1989-1990年、1995-1996年还出现过三次短暂的差异缩小。刘慧(2008)测算了1980-2005年的基尼系数,指出综合差异总体上升,但在1984-1985年、1989-1990年、1996-1998年、2003-2005年出现了四次短暂下降。邹薇、张芬(2006)测算了1995-2003年对数收入的变异系数、泰尔系数等指数,发现此期间中国省际农村居民收入综合差异总体上扩大,在1990年代中期出现过减弱趋势,但自1990年代末又开始上升。高连水、周云波和武鹏(2010)通过测算GE指数和基尼系数,认为1997-2000年综合差异缩小,2001-2005年又开始扩大。李晓西等(2010)用威廉逊系数测算的结果则显示,1988-2002年综合差异扩大,2002年后综合差异缩小;但用基尼系数测算的结果表明1996年出现了拐点,其中2000-2008年省际综合差异稳定。魏后凯(2011)测算变异系数后,则认为1978-2010年中国农村居民收入省际综合差异呈"M"型变化。

对于地、县级及以下空间尺度的农村居民收入差异,极少有文献涉及过。据笔者所知,目前尚无文献以中国全体地级地区或县级地区为对象,系统地研究农村居民收入地区差异。以部分地区为样本容量的研究,也不多见。较为全面的研究是,Gustafsson和Li(2002)基于CHIP数据,测算了中国18个省的县级地区间泰尔系数。其结果发现1988-1995年中国县际农村居民收入差异迅速扩大。Scott(1994)基于对江苏省64个县的村庄调查数据,则发现1983-1989年农村居民收入的县际差异、乡际差异和村际差异都在上升。Cheng(1996)使用中国农业部关于广东、吉林、山东、四川、江西五省1 000个家庭收入数据,测算过各省1994年的县际泰尔熵指数,但缺乏纵向比较分析,不能看出趋势性特征。

综上所述,绝大多数研究都承认自改革开放以来,中国农村居民收入地区差异不断扩大。但对于中国农村居民收入地区差异的严重性以及未来趋势走向的判断却存在一些争议。争议焦点集中体现为两个问题:一是中国农村居民收入地区差异已经很严重了吗?二是中国农村居民收入地区差异与人均收入水平之间存在倒"U"型关系吗?

对于第一个问题,多数学者认为中国农村居民收入地区差异已经很大。正如Benjamin、Brandt和Giles(2004)严肃指出,1990年代后半期中国农村居民收入分布状况在恶化,最底层的绝对收入水平甚至在下降。但也有少数学者认为尽管地区差异在扩大,但不用太担心。Zhang、Huang和Mi(2006)采用农业部农村固定观察点办公室1987-2002年对10个省18 632个家庭的调查数据,认为由于收入最低的25%的群体转向更高收入群体的流动性不断增强,收入不平等问题并不像现有文献描述的那样严重。Benjamin、Brandt和Giles(2002)基于农业部农村经济研究中心对9个省100多个村庄的调查数据,认为如果用持久收入替代暂时收入,那么1986-1999年中国农村地区差异将显著缩小。张立冬(2010)利用1988-2005年中国健康与营养调查(以下简称CHNS)数据,也支持上述观点。况且,考虑价格水平的时空差异后,实际收入的地区差异并没有名义上的那么大。未经消涨处理的测算会夸大地区差异(Hussain、Lanjouw和Stern,1994)。Wan(2001)的研究发现,如果不考虑地区间通货膨胀和价格水平的不同,地区差异将被高估30%。Ravallion和Chen(1999)甚至认为,当按市场价值估算农民自产自销产品价格并考虑生活成本的空间差异时,用传统方法测度的1985-1990年的不平等程度有2/3都将消失。李实、罗楚亮(2007)也发现调整收入口径和价格指数后,中国农村基尼系数将缩小。

对第二个问题的争议由来已久。自威廉逊(Williamson,1965)提出关于地区收入差异的倒"U"型假说以来,该问题就引起了广泛争议。具体到中国农村居民收入地区差异问题,还存在倒"U"型关系吗?张平(1992)认为,在经济发展初期较难预测倒"U"曲线的拐点,因为收入水平并不是决定收入分配的唯一变量。但张平(1998)基于中国1988年28个省的基尼系数与农民人均纯收入的关系,推断人均纯收入达到1 500-2 000元人民币(1988年价格)时才有望缩小农户间、区域间收入差异。这显然默认了倒"U"型曲线的存在。王辉(2011)基于SVAR模型分析了中国农村基尼系数的脉冲反应函数,发现农村收入增长对收入差距扩大存在自动制衡效应。这在一定程度上意味着,在中国农村可能存在着倒"U"型曲线。王小鲁、樊纲(2005)和Wang(2006)则进一步确认1996-2002年中国分省农村基尼系数与其人均GDP存在非对称形态的倒"U"型关系。但Khan、Griffin、Riskin和Zhao(1992)基于CHIP数据,认为基尼系数变化和收入水平之间没有确定性的关系。Kung和Lee(2001)也认为,中国农村居民收入水平与其基尼系数的倒"U"型关系不显著。

二、中国农村居民收入地区差异成因

现有文献一般从收入结构、地区构成、增长因素、制度和政策等不同层面分析中国农村地区差异的成因。为了定量化分析,需对变异系数及其平方、泰尔系数、基尼系数及其变化等不平等指数进行分解,具体方法参见Fei等(1978)、shorrocks(1980,1982,1999)、Adams(1994)、万广华(1998)、张平(1998)等文献。绝大多数文献只探讨了省际差异的成因,而对地级、县级乃至村庄差异的成因研究甚少。

首先,从收入结构看,大多数学者认为,工资性收入或非农收入是导致中国农村地区差异扩大的主要原因,而农业收入有利于缩小地区差异。魏后凯(1997)将农村居民人均纯收入分解为乡镇企业工资性收入和非工资性收入,结果发现1978-1995年东部与中西部地带间的绝对差异大约有40%~50%来源于乡镇企业工资性收入的差异。中国农村居民收入省际综合差异扩大也主要来源于非农产业特别是乡镇企业的工资性收入差异(张平,1992;Khan、Griffin、Riskin和Zhao,1992;Hussain、Lanjouw和Stern,1994;Yao,1997;Benjamin、Brandt和Giles,2004;汪本学、张海天,2012;Chen和Zhang);其他收入来源(仅农业收入除外)也会扩大地区差异(Khan和Riskin,1998;Scott,1994;Chen,2005;Fang和Rizzo,2011)。同时,工资性收入对中国农村居民收入地区差异的贡献份额不断上升,但不同学者的测算结果差异较大:1988-1995年从34%上升到55%(赵人伟、李实、卡尔·李思勤,1999);1995-2003年从69%上升至80%(邹薇、张芬,2006);1996-2008年贡献份额在60%以上(刘纯彬、陈冲,2010);1988-1992年工资性及其他收入对家庭层面长期收入不平等的贡献为68%,而1999-2005年上升为73%(张立冬,2010)。当然,也有学者提出不同看法。唐平(2006)采用中国农村住户抽样调查资料,发现家庭经营性收入才是农村居民收入差异的主要诱因,2005年其对基尼系数的贡献高达50.7%,而工资性收入贡献仅占40.9%。张平(1998)则认为1995年发达省份与落后省份的差距主要是由非农收入引起的,而中等收入省份与落后省份的差距则是由农业收入引起。Kung和Lee(2001)也指出,只有在收入水平较高的地区,非农收入才是对基尼系数的最大贡献者;而在收入水平较低的地区,则是农业收入对基尼系数贡献最多。Zhu和Luo(2006)采用世界银行《中国生活水平调查1995/1997》中关于河北和辽宁31个村庄的数据,研究发现非农活动因其提高贫困家庭收入的程度大于提高富裕家庭收入的程度,从而有利于降低收入不平等。

其次,从地区构成看,不同学者的结论不尽相同。按省级地区分组,Yao(1997)认为1986-1992年地带内省际差异占75%以上,而地带间差异贡献份额不足25%;而Gustafsson和Li(2002)的测算表明1988年地带内差异还略小于地带间差异,至1995年地带内差异才显著大于地带间差异。陈冲(2010)则认为,1996-2007年地带间差异显著大于地带内差异,地带间差异的贡献份额在65%以上。李晓西等(2010)的研究也得出相似结论,但他们认为地带间差异的贡献在75%以上。基于微观数据的分组结果也大不相同。同样基于CHIP数据,Gustafsson和Li(2002)发现1988年中国农村居民收入省际差异大于省内差异,省际差异是主要的;而Hussain、Lanjouw和Stern(1994)在调整空间价格后却发现,1988年中国农村居民收入差异主要由省内差异引起,省内差异是主要的。

再次,从增长因素看,不同学者之间,甚至同一学者在不同文献所得的结果差异较大。沿着Oaxaca(1973)和Blinder(1973)的技术路径,不少学者(Field和Yoo,2000;Morduch和Sicular,2002;Wan,2004等)不断完善基于回归方程的分解技术,并取得一些新进展。特别是Wan(2004)将Shorrocks(1999)创立的夏普里值分解技术与回归模型结合起来,构建了一个更实用的基于回归方程的分解框架。其优点是可对任何不平等指数按增长因素进行分解,缺点是该方法高度依赖回归方程,函数误设和数据问题都会引致分解偏差,并且对解释变量和影响因素关系的处理往往缺乏坚实的理论基础(魏后凯,2011)。正因为如此,不同文献对中国农村居民收入地区差异分解的结果相差很大。有学者认为,地理因素(区位)是影响中国农村居民收入地区差异的主要因素

（Morduch 和 Sicular, 2002; Wan 和 Zhou, 2005; 万广华, 2006; 万广华、张藕香, 2006; 万广华、张藕香和伏润民, 2008），但其贡献不断减小，例如对1996-2002年广东、河北、云南村庄总体不平等（基尼系数）的贡献从50%下降到40%（Wan 和 Zhou, 2005），对1985-2002年中国省际农村收入差异（基尼系数）的贡献从78%下降到44%（万广华, 2006）。然而，Benjamin、Brandt 和 Giles（2004）却否定地理因素的重要性，认为超过50%的不平等源于村庄内部邻居间的差异，而非富裕地区与贫困地区之间的差异。高连水、周云波、武鹏（2010）则认为，1998-2005年农村地区工资性收入是构成总体差异的首要原因，其贡献份额为54%~60%；地理位置的贡献仅占第二位，并且从19%下降到12.5%。至于资本对地区差异的贡献，1992-1995年从10.6%上升到17.6%（万广华, 2004），1985-2002年则从15%上升到25%（万广华, 2006）。教育和工业化对地区差异有一定贡献，但份额在不断下降。万广华（2006）认为，1985-2002年教育和工业化对中国农村地区差异的贡献分别从19%、15%下降到11%、9.5%；万广华、张藕香（2006）也认为，此期间教育对农村地区差异的贡献从29.3%下降到12.4%。社会网络（也称社会关系、社会资本）对于中国农民居民收入地区差异也有一定贡献。国际上有学者认为，社会关系是倾向于"穷人的资本"，有助于缩小收入差异（Grootaert, 1999; Woolcock 和 Narayan, 2000）；但也有学者认为由于穷人对社会网络的存量欠缺和回报欠缺，因而社会关系不总是"穷人的资本"（Lin, 2001; 周晔馨, 2012）。基于复旦大学中国经济研究中心和就业与社会保障研究中心的2004年中国农村调查数据库，赵剑治、陆铭（2010）发现社会网络对中国农村居民收入地区差异起着扩大作用，其贡献仅次于村庄哑变量、非农就业和教育。李群峰（2013）基于中国综合社会调查的2008年22个省份1 076户农村家庭数据，也发现社会关系网络有助于扩大收入差异。Zhou 和 Hu（2012）基于CHIP项目2002年数据，也发现低收入地区的社会资本（社会关系）更少，社会资本的回报率更低，因而社会资本起扩大农村收入差异的作用。至于人均耕地和人口负担率对农村地区差异的影响，多数学者发现其贡献很小，贡献率合计不到3%（万广华, 2006; 赵剑治、陆铭, 2010），至多也不足5%（万广华、张藕香, 2006）。然而土地细碎化作用却是"差异促减"的，尽管其对收入不平等的贡献还比较小（许庆、田士超等, 2008）。适龄劳动人口占家庭人口比重（人口负担率）在1997-2006年期间对中国农户间收入基尼系数的直接贡献也较小，但对基尼系数变动的贡献却高达19.6%~21.9%（Zhong, 2011）。

最后，从制度和政策层面看，存在多种观点解释中国农村居民收入地区差异。一是人口流动管理制度影响论，即认为中国刚性的流动制度阻碍了地区间农村居民收入的均等化。中国台湾在经济起飞时期，由于劳动力、资本等要素可向高工资、高回报的地方自由流动，其农村地区间的收入分配状况随着经济增长而趋向均等化（Kuznets, 1979; Kuo、Ranis 和 Fei, 1981; Scott, 1994）。日本在第二次世界大战之后的情况亦是如此（Misawa, 1969）。相比之下，中国大陆严格的户籍管理制度至今仍然是中国农村劳动力流动的最大制度障碍（Mai 和 Penguin, 2011）。而农村居民收入与国内外市场的可进入性正相关（Hou, 2012）。此外，低收入群体遇到的流动性障碍可能更大，而劳动力流动发生在某个低收入层次会缩小收入差异，否则可能扩大差异（展进涛等, 2012）。因此，中国农村地区差异的急剧扩大可能与流动障碍有关（Scott, 1994）。二是国家区域发展战略影响论，即认为国家对不同地区发展的倾斜政策会影响农村地区差异。例如，沿海开放战略使沿海农村地区外向型经济和乡镇企业率先发展，从而加剧地区差异扩大趋势（魏后凯、刘楷、周民良等, 1997）；而西部大开发战略的实施，促使2003年以来农村居民收入地区差异趋于缩小（刘慧, 2008）。三是价格政策影响论,即认为由于发达地区工业比重高而落后地区农业比重高,工农产品价格剪刀差的扩大会导致地区差异的扩大。唐平、阎裕民等(1989)发现,1979-1983年农民从农产品涨价多得的每1元收入,仅仅会被工业品及服务性价格上涨抵消0.12~0.83元;而1984-1988年则会被抵消1.2元左右。因此,价格剪刀差在1979-1983年的作用是缩小地区差异,而在1984-1988年则是扩大差异。1988-1993年全国两度发生大幅度物价上涨,农产品收购价格涨幅较小,因而农村地区差异扩大;而1994年农产品收购价格上涨相对更快,农村地区差异也因此缩小(魏后凯、刘楷、周民良等,1997)。自1995年以来,中国部分农村居民生活水准暴跌则是由农业收入下降引起的,而这在很大程度上又源于农产品价格过低(Benjamin、Brandt和Giles,2004)。四是货币政策影响论。当国家放松银根时(例如1980年代后半期、1992-1994年)农村地区差异扩大较快;而采取紧缩政策时差异扩大较慢,甚至可能缩小(魏后凯、刘楷、周民良等,1997)。万广华(1998)认为,1984-1985年、1989-1990年、1995-1996年的农村地区差异缩小与当时的银根紧缩政策相关。刘慧(2008)也承认1984-1985年、1989-1990年的农村地区差异缩小与货币紧缩政策有关。五是财税政策影响论。Khan和Riskin(1998)认为,中国农村财税政策的累退性质,实际上阻碍了减贫努力并加速了收入两极分化。Luo和Sicular(2011)则认为,取消具有累退性质的农村税费会降低收入分配的不平等程度。实证研究的结果表明,这种观点是符合中国农村的客观现实的。Alm和Liu(2013)采用二重差分方法发现,中国农村税费改革是减少村庄收入差异的一种有效方法,农村税费改革的这种效应在东部沿海地区或发达地区表现得尤为突出。

三、中国农村居民收入地区差异的社会经济影响

综合来看,中国农村居民收入地区差异并不是越小越好,也不是越大越好。地区差异过小或过大,都可能对社会经济发展产生不利影响。在计划经济时代,地区收入差距被人为控制、压低。"吃大锅饭"、搞"大平均"的负向激励机制使得各地区普遍缺乏发展动力,造成各地区农民收入增长缓慢。改革开放以来,特别是随着市场经济体制的建立和完善,各地区发展经济的积极性大大提高。尽管中国农村居民收入地区差异逐步扩大,但各地区农民收入均有大幅增长,彻底走出了"共同贫穷"的困境。这表明,中国农村居民收入地区差异的适当扩大是各地区农村经济自主性发展的结果(魏后凯、刘楷、周民良等,1997)。然而,如果农村居民收入地区差异过大,也会产生不利影响。

根据多数学者的判断,中国目前的农村地区差异已经很大。这将会对收入增长、居民消费、居民健康、人口流动、社会稳定等产生不利影响。第一,农村地区差异过大,会阻碍农户收入增长,并加剧农村贫困问题。Jalan和Ravallion(2001)采用国家统计局农户调查数据,发现1984年以来的收入不平等阻碍了平均收入增长,最大影响可达到4%-7%。Benjamin、Brandt和Giles(2011)采用农业部农村经济研究中心1987-2002年的农户调查数据,发现村庄不平等程度越高,农村居民收入增长越慢,尽管这种影响至2002年逐渐消退。Ravallion和Chen(2007)也发现在省域层面,收入差异越大,其收入增长就越慢。Zhang和Wan(2006)则直接指出,收入分配不均恶化是1990年代后半期农村贫困增加的重要原因。第二,农村地区差异过大,会影响居民消费,并造成内需不振。一般来说,不同收入群体有着不同的消费倾向和消费结构(刘灵芝、陈正飞,2012),因此收入的差异会影响消费的差异。在微观层面,Ravallion(1998)采用中国南方4省131县6 651个农民家庭1985-1990年的面板数据,发现农村收入不平等会对居民消费造成严重的负面影响。然而Sun和

Wang(2013)采用农业部农村经济研究中心调查(RCRE)2003-2006年1.5-2万个家庭户收入的面板数据,却发现消费倾向(消费与持久收入的比率)与收入差异呈正相关关系。在宏观层面,地区差异的扩大抑制了中西部地区的消费需求,造成主要耐用消费品库存增加与消费不足并存的结构性矛盾(魏后凯、刘楷、周民良等,1997)。多数研究表明,收入地区差异过大会对农村消费产生负面影响(韩立岩、杜春越,2012)。第三,农村地区差异过大,会影响居民健康。Li和Zhu(2006)利用1991年和1993年CHNS的微观数据,在控制其他变量后,发现中国社区间收入差异与居民自评健康存在倒"U"型关系,即当基尼系数超过临界点(约为0.35)之后,收入差异的扩大会降低整体上的居民健康水平。封进、余央央(2007)利用1993年、1997年和2000年的CHNS数据也得到相似结论:中国农村县级地区收入差异与其居民健康水平呈倒"U"型关系,考虑滞后效应后基尼系数的临界点约为0.35。实际上,通过影响公共卫生设施的供给、强化收入效应、侵蚀社会资本、影响低收入群体的社会心理等机制,收入差异过大会对社会平均健康水平造成负向影响,特别是对低收入群体的健康更为不利。第四,农村地区差异过大,会加剧农村剩余劳动力的大规模流动。而大规模人口流动会加剧跨区域交通运输紧张状况,并增加城市交通、住房、环保治安和管理等方面的压力(魏后凯、刘楷、周民良等,1997)。第五,农村地区差异过大,不利于民族团结和社会稳定。收入不平等会造成社会不满,社会不满则是社会不稳定的一个潜在来源(Knight,2013)。而社会不稳定则又会反过来影响中国的持续快速增长(Knight和Ding,2012)。大多数民族地区分布在农村,如果农村居民收入差异过大,民族团结和社会稳定就失去了物质基础。可见,缩小农村居民收入地区差异,对于促进民族地区的团结稳定,对于构建社会主义和谐社会具有重要意义。

四、现有研究不足及改进方向

综上所述,近年来国内外学术界对中国农村居民收入地区差异的研究取得了较大进展,得出了一些有价值的结论,但在空间尺度、研究方法、模型构建、数据处理等方面仍存有不足,不少地方值得改进。

首先,在空间尺度方面,亟需加强对地县级等较小空间尺度的研究。现有研究所选择的空间尺度较大、覆盖范围不完整。绝大多数学者仅研究了三大地带、四大区域或省际差异,而对地级、县级地区等空间尺度研究严重不足。至今为止,尚未发现以中国全部地级和县级地区作为对象进行系统研究。惟有Gustafsson和Li(2002)较全面地考察了地带、省级、县级等空间尺度的地区差异,但也只涉及中国18个省103个县,并非全覆盖的。即便在研究省际差异时,不少文献也未将海南、重庆、西藏等纳入研究范围。实际上,中国国土面积辽阔、人口众多,不少省份的面积和人口规模足以和一个中等国家相比,因而各省份内部的地区差异还很大。必须高度重视这一客观事实,加强较小空间尺度的地区差异研究。如果仅仅停留于对大空间尺度的研究,则不能揭示中国农村地区差异的全部真相,可能会误判情势,甚至会误导国家决策。世界银行就曾明确指出,三大地带地域范围太大,不适宜做政策分析(World Bank,1995)。为进一步夯实区域政策的科学基础,增强其针对性和有效性,今后必须加强对地级、县级地区等较小空间尺度的研究。

其次,在研究方法方面,需要考虑多种方法的综合运用及其创新。如前所述,地区差异的实证分析主要涉及地区差异的测度和分解两个方面。一方面,需要综合运用多种方法测度地区差异,并不断进行测度方法创新。对地区差异的测度,不少文献只简单使用单一指数。实际上,测度绝对差异有极值差幅、极均值差幅、极分位数差幅等指数;测度相对差异有极值差率、极均值差率、相对差距系数、极分位数差率等指数;测度综合差异有相对平均离差、加权平均离差、变异系数、加权变异系数、对数变异系数、基尼系数、泰尔系数、广义熵指数、阿特金森指数等(魏后凯,1990;魏后凯,2011;万广华,2008)。但不同的测度指数对应不同的社会福利函数,隐含了对厌恶不平等的不同参数(Dagum,1990;万广华,2008)。例如,基尼系数对高收入群体的变化较敏感,泰尔系数对低收入群体的变化较敏感,而变异系数则对这两者收入变化均较敏感(梁进社、孔健,1998;魏后凯,2011)。况且,某些指数本身就存在局限性,难以准确反映地区差异变化。例如,同一基尼系数可能对应两条相互交叉的洛伦兹曲线,即对应两种不同的收入分配方式(Perkins等,2001)。因此有必要选用多个指数进行综合判断。此外,还应进行测度方法创新。随着现代计量经济学的发展,今后可用非参数核密度估计等方法来模拟收入分布函数,为精确分析中国农村地区差异变迁提供更丰富的信息。另一方面,需要综合运用多种方法分解地区差异,并不断完善分解技术。为了定量解释地区差异,需对不平等指数按收入来源、地区构成、增长因素等进行分解。但传统的分解方法面临四个缺陷(Shorrocks,1999):①指派给某特定因素的贡献值并不总是可以得到合乎情理的直观解释;②适合分解的不平等指数受到限制;[①]③对多重变量属性分解时难以确定相关的贡献值;④没有将各种分解技术整合成一个统一框架。传统的基于回归方程的分解方法也面临一些困难:①分解结果严重依赖于函数设定形式以及变量选择(魏后凯,2011);②基于同一回归方程,对不同指数分解的结果也可能相差较大(Morduch 和 Sicular,2002);③通常忽略了常数项和残差项的贡献,导致无论回归模型与实际数据的拟合度有多低,模型的确定性部分总能解释整个收入的不平等(万广华,2004)。为弥补上述缺陷,Shorrocks(1999)基于夏普里值(shapley value)分解原理,建立了一个收入分布分解程序的统一框架,可以对任何不平等指数进行分解;而 Wan(2004)进一步将夏普里值分解技术与回归模型结合起来,构建了一个更实用的分解框架。这些新的方法是未来研究中的有力工具。此外,现代计量经济学中的非参数计量、半参数计量以及空间计量等新方法和工具也可引入到地区差异分析中。

再次,在回归模型设定方面,不可忽视一些基本事实。最近基于回归方程的分解技术虽然取得不少进展,但在模型设定、变量选择以及数据处理等方面仍需小心谨慎。例如,部分文献基于省级数据,在控制了劳动力投入和人口负担率等变量后,仍然得出人均收入水平与人均土地面积呈负相关关系的"结论"。对此,有学者简单地解释为"主要由于农村征收的各种税费,土地对纯收入的边际影响为负"(万广华,2004);或者解释为"单纯的种植业不利于农民增收"(高连水、周云波、武鹏,2010)。实际上,负相关现象不很符合"理论逻辑"的,关键是因为在模型设定时忽视了中国省级空间尺度的土地质量差异很大这个基本事实。根据国土资源部(2009)的数据,全国优等地主要集中在湖北、广东、湖南等 3 省(占优等地总面积的 91%),而劣等地主要分布在内蒙古、甘肃、山西、黑龙江、河北、陕西、贵州等 7 省(占劣等地面积的 89%)。在土地质量等级相同或相差不大

[①] 在传统方法中,适合分解的不平等指数必须满足以下几个条件(Shorrocks,1980):一是 Dalton-Pigou 转移原则,即当收入从高收入者向低收入者转移但不至于改变相对位序时,不平等指数应减小;二是人口规模独立性(也称人口规模齐次性),即各组样本容量同时扩大相同倍数但保持各组收入分配结构不变,不平等指数不变;三是收入规模齐次性(也称收入均值独立性),即全部个体的收入规模均乘以相同倍数时,不平等指数不变;四是可加分解性,不平等指数可表示为分组后差异的加权平均值。

的前提下，人均收入水平理应与人均土地面积呈正相关关系。这可以在较小空间尺度上得到验证。基于村庄数据的回归表明，在控制其他变量之后，人均收入水平与人均土地面积呈正向线性关系(Kung和Lee，2001；Morduch和Sicular，2002；Wan和Zhou，2005)或者呈二次曲线关系，但一次方系数为正(Zhu和Luo，2006；赵剑治、陆铭，2010)。此外，在回归模型中，如何确定各省市区农村资本存量这个解释变量也是一个难题。至今为止，尚未发现官方公布过关于各省市区农村资本存量的数据，也尚未发现有学者对此进行过专门估计。而分省的农村资本存量是构建收入决定方程的重要变量。因此，使用永续盘存法等方法对各省市区农村资本存量进行估计，也是今后进一步深入研究的一项基础工作。

最后，在数据处理方面，仍有不少工作需要改进。①大多数文献未能消除价格水平时空差异。由于同一地区不同年份的物价水平相差较大，直接使用当年价数据会导致缺乏纵向可比性。例如，绝对差异受物价水平影响，并且与地区发展基数密切相关(魏后凯、刘楷、周民良等，1997)。同一绝对差距值在人民生活水平很低和很高时，意义不尽相同，甚至完全不可同日而语(杨开忠，1994)。不仅如此，同一年份不同地区的价格水平也是不同的。Ram(1995)以美国为例，发现高收入地区的物价水平和生活成本比低收入地区更高。实际上，中国也存在价格水平的空间差异(江小涓、李辉，2005；李实、罗楚亮，2011)。如果不消除价格的空间差异会高估地区差异(Benjamin、Brandt和Giles，2004；Wan，2001)。有学者测算当消除掉生活成本差异之后，中国名义上的地区差异将减少25%左右(Li和Gibson，2013)。②绝大多数学者未注意到农村消费价格指数的特殊性。官方统计农村CPI仅仅是基于现金形式的支出，而没有考虑农民自产自销形式(即内部支出)产品的价格水平(Benjamin、Brandt和Giles，2004；Brandt和Holz，2006)，或者严重低估了内部支出的价格水平(Ravallion和Chen，1999)。但在中国农村，特别是在市场经济不发达的地区，内部支出仍然占有相当比重。如果不对现行各省农村CPI进行修正，会夸大真实的地区差异(Hussain、Lanjouw和Stern，1994；Ravallion和Chen，1999)。③部分研究由于缺乏对计算方法的必要说明，容易引起误解。例如，在测算基尼系数时，使用人口加权和不使用人口加权的含义就不太相同，当然所计算出来的结果也不相同。④数据来源方面，亟需大量微观数据做支撑。现在官方公布的基本上是加总数据，在研究地区差异时，只能"以平均对平均"研究区际差异，从而忽视了地区内部差异。要深入探讨地区差异的微观机理，必须要有大量微观数据。微观数据主要有两个来源：一是抽样调查数据。主要有国家统计局农村家庭调查(RSH)、农业部农村经济研究中心调查(RCRE)、中国社会科学院的住户收入调查项目(CHIP)、北卡罗莱纳大学和中国疾病控制和预防中心的中国健康营养调查(CHNS)和中国预防医学科学院(CAPM)的调查数据以及其他数据(Chen和Zhang，2009)。二是人工合成的微观数据。例如Chotikapanich、Rao和Tang(2007)通过最大似然估计，用广义β分布(beta-2分布和韦伯分布)模拟中国居民收入分布的结果显示，用beta-2分布模拟城镇居民收入分布的效果较好，而用韦伯分布模拟农村居民收入分布的效果较好。Shorrocks和Wan(2008)则用二次函数、β分布、广义β分布、Singh-Madalla分布、对数正态分布等模拟中国农村居民收入分布，发现后三者模拟效果较好。He(2012)将Dagum分布应用于模拟1985-2010年中国农村家庭数据，分别采用迭代方法Ⅰ和最大似然估计，发现后者的模拟效果更好。通过模拟收入分布函数，就可以采用一定手段将加总数据转换为成千上万的微观数据。有了大量的微观数据之后，就能够做更精确的计算和测度。

参考文献：

1. Adams, R. H. Jr. (1994), "Non-farm income and inequality in rural Pakistan: A decomposition analysis", Journal of Development Studies 31(1): 110–113.
2. Alm, J., & Liu, Y. (2013), "China's Tax-for-Fee Reform and Village Inequality", Tulane University, Tulane Economics Working Paper Series No.1304.
3. Benjamin, D., Brandt, L., & Giles, J. (2002), "Income Persistence and the Evolution of Inequality in Rural China", paper presented at the WDI/CEPR Meetings, Riga.
4. Benjamin, D., Brandt, L., & Giles, J. (2004), "The Evolution of Income Inequality in Rural China", William Davidson Institute, Working Paper No.654.
5. Benjamin, D., Brandt, L., & Giles, J. (2011), "Did Higher Inequality Impede Growth in Rural China?", Economic Journal 121(557): 1281–1309.
6. Blinder, A. S. (1973), "Wage discrimination: Reduced form and structural estimates", Journal of Human Resources 8(4): 436–455.
7. Brandt, L., & Holz, C. A. (2006), "Spatial price differences in China: Estimates and implications", Economic Development and Cultural Change 55(1): 43–86.
8. Chen, Y. (2005). "The Impact of Agricultural and Industrial Development on Income Inequality in Rural China", Unpublished Doctoral Dissertation, Boston College, Boston.
9. Chen, J., & Zhang, W. (2012), "Analysis for Regional Differences and Influence Factor of Rural Income in China", Modern Economy, 3: 578–583.
10. Chen, X., & Zhang, X. (2009), "The Distribution of Income and Well-Being in Rural China: A Survey of Panel Data Sets, Studies and New Directions", MPRA Paper No.20587.
11. Cheng, Y. S. (1996), "A decomposition analysis of income inequality of Chinese rural households", China Economic Review 7(2): 155–167.
12. Chotikapanich, D., Rao, D. S., & Tang, K. K. (2007), "Estimating income inequality in China using grouped data and the generalized beta distribution", Review of Income and Wealth 53(1): 127–147.
13. Dagum, C. (1990), "On the relationship between income inequality measures and social welfare functions", Journal of Econometrics 43(1–2): 91–102.
14. Fang, H., & Rizzo, J. (2011), "Income inequality dynamics in rural China from 1991 to 2006: the role of alternative income sources", Applied Economics Letters 18(14): 1307–1310.
15. Fei, J. C. H., Ranis, G., & Kuo, S. W. Y. (1978), "Growth and the family distribution of income by factor components", The Quarterly Journal of Economics 92(1): 17–53.
16. Fields, G. S., & Yoo, G. (2000), "Falling labor income inequality in Korea's economic growth: patterns and underlying causes", Review of Income and Wealth 46(2): 139–159.
17. Grootaert, C. (1999), "Social Capital, Household Welfare and Poverty in Indonesia", World Bank, Policy Research Working Paper No. 2148.
18. Gustafsson, B., & Li S. (2002), "Income inequality within and across counties in rural China 1988 and 1995",

Journal of Development Economics 69(1): 179-204.

19. He, Y. (2012), "Recent Development of Personal Income Distribution Models: Application on the Case of Rural China", 経済論究(143): 1-16.

20. Hou, Z. (2012), "Access to Markets, Poverty, and Inequality: Evidence from Rural China", National University of Singapore, Working paper No.120301.

21. Hussain, A., Lanjouw, P., & Stern, N. (1994), "Income inequalities in China: Evidence from household survey data", World Development 22(12): 1947-1957, 1994.

22. Jalan, J., & Ravallion, M. (2001), "Household income dynamics in rural China", World Bank, Policy Research Working Paper No.2706.

23. Khan, A. R., & Riskin, C. (1998), "Income and inequality in China: Composition, distribution and growth of household income, 1988 to 1995", China Quarterly 154, 221-253.

24. Khan, A. R., Griffin, K., Riskin, C., & Zhao, R. (1992), "Household income and its distribution in China", The China Quarterly 132: 1029-1061.

25. Knight, J. (2013), "Inequality in China: an overview", World Bank, Policy Research Working Paper No.6482: 1-35.

26. Knight, J. & Ding, S. (2012), "China's remarkable economic growth", Oxford: Oxford University Press.

27. Kung, J. K. S., & Lee Y. (2001), "So what if there is income inequality? The distributive consequence of non-farm employment in rural China", Economic Development and Cultural Change 50(1): 19-46.

28. Kuo, S. W. Y., Ranis, G., & Fei, J. C. H. (1981), "The Taiwan Success Story: Rapid Growth with Improved Income Distribution in the Republic of China", Boulder, Colo: Westview Press.

29. Kuznets, S. (1979), "Growth and structural shifts", In: Galenson. W (Ed.), Economic growth and structural change in Taiwan: the postwar experience of the Republic of China, New York: Cornell University Press.

30. Lee, J. (2000), "Changes in the source of China's regional inequality", China Economic Review 11(3): 232-245.

31. Li, C., & Gibson, J. (2013), "Spatial Price Differences and Inequality in China: Housing Market Evidence", Economics Department University of Waikato, Working Paper in Economics 06/13.

32. Li, H., & Zhu, Y. (2006), "Income, income inequality, and health: Evidence from China", Journal of Comparative Economics 34(4): 668-693.

33. Lin, N.(2001), "A theory of social structure and action", Cambridge University Press.

Luo, C., & Sicular, T. (2011), "Inequality and Poverty in Rural China", CIBC Centre for Human Capital and Productivity, University of Western Ontario, Working Paper No.201114.

34. Mai, Y., & Peng, X. (2011), "Labour Market Reform, Rural Migration and Income Inequality in China--A Dynamic General Equilibrium Analysis", Monash University, working paper No.221.

35. McCulloch, N., & Calandrino, M. (2003), "Vulnerability and chronic poverty in rural sichuan", World Development 31(3): 611-628.

36. Misawa, T. (1969), "An analysis of part-time farming in the postwar period", In: K. Okhawa, B.F. Johnston, & H. Kaneda (Eds.), Agriculture and Economic Growth: Janpan's Experience, Tokyo: University of Toyo Press.

37. Morduch, J., & Sicular, T. (2002), "Rethinking inequality decomposition: With evidence from rural China", The

Economic Journal 112(476): 93-106.

38.Oaxaca, R. L. (1973), "Male-female wage differentials in urban labor markets", International Economic Review, 14(3): 693-709.

39.Perkins, D. H., Radelet, S., Snodgrass, D. R., Gillis, M., & Roemer, M., Eds., (2001), "Economics of Development", New York: W.W. Norton & Company.

40.Ram, R. (1995), "'Nominal' and 'real' interstate income inequality in the United States: Some additional evidence", Review of Income and Wealth 41(4): 399-404.

41.Ravallion, M. (1998), "Does aggregation hide the harmful effects of inequality on growth?", Economics Letters 61(1): 73-77.

42.Ravallion, M., & Chen, S. (1999), "When economic reform is faster then statistical reform: Measuring and explaining income inequality in rural China", Oxford Bulletin of Economics and Statistics 61(1): 33-56.

43.Ravallion, M., & Chen, S.(2007), "China's (Uneven) progress against Poverty", Journal of Development Economics 82(1): 1-42.

44.Scott, R. (1994), "Rural industrialization and increasing inequality: Emerging patterns in China's reforming economy", Journal of Comparative Economics 19(3): 362-391.

45.Shorrocks, A. F. (1980), "The class of additively decomposable inequality measures", Econometrica 48(3): 613-625.

46.Shorrocks, A. F. (1982), "Inequality decomposition by factor components", Econometrica 50(1): 193-212.

47.Shorrocks, A. F. (1999), "Decomposition Procedures for Distributional Analysis: A Unified Framework Based on the Shapley Value", Unpublished manuscript, Department of Economics, University of Essex.

48.Shorrocks, A., & Wan, G. (2008), "Ungrouping income distributions: Synthesizing samples for inequality and poverty analysis", UNU-Wilder Research Paper No.2008/16.

49.Sun, W., & Wang, X. (2013), "Do Relative Income and Income Inequality Affect Consumption? Evidence from the Villages of Rural China", The Journal of Development Studies 49(4): 533-546.

50.Wan, G. H. (2001), "Changes in regional inequality in rural China: decomposing the Gini index by income sources", Australian Journal of Agricultural and Resource Economics 45(3): 361-381.

51.Wan, G.H. (2004), "Accounting for income inequality in rural China: a regression-based approach", Journal of Comparative Economics 32(2): 348-363.

52.Wan, G.H., & Zhou, Z. (2005), "Income inequality in rural China: Regression-based decomposition using household data", Review of Development Economics 9(1): 107-120.

53.Wang, X. (2006), "Income Inequality in China and its Influencing Factors", UNU-Wilder Research Paper No. 2006/126.

54.Williamson, J. G. (1965), "Regional inequality and the process of national development: A description of the patterns", Economic Development and Cultural Change 13(4): 1-84.

55.Woolcock, M. & Naryan, D. (2000), "Scocial capital: implications for development theory, research and policy", World Bank Research Observer, 15(2): 225-250.

56.World Bank (1995), "China:Regional Disparities", World Bank Report No.14496-CHA.

57. Yao, S. (1997). "Industrialization and spatial income inequality in rural China,1986-92", Economics of Transition 5(1): 97-112.

58. Zhang, Q., Huang, J., & Mi, J. (2006), "Income Inequality and Economic Mobility in Rural China: Who Can Move Up the Ladder of Success?", Northwestern University Working Paper(preliminary draft).

59. Zhang, Y., & Wan, G. (2006), "The impact of growth and inequality on rural poverty in China", Journal of Comparative Economics 34(4): 694-712.

60. Zhong, H. (2011), "The impact of population aging on income inequality in developing countries: Evidence from rural China", China Economic Review 22(1): 98-107.

61. Zhou, Y., & Hu, B. (2012). "Income Disparities in China Rural Areas: From a Perspective of Social Capital". Presented at Russian-China Conference, the Theme of Reducing Regional Difference and Sustainable Development. Retrieved from https://urfu.ru/fileadmin/user_upload/gsem/Yexin_Zhou__Biliang_Hu.pdf

62. Zhu, N., & Luo, X. (2006), "Nonfarm activity and rural income inequality: A case study of two provinces in China", World Bank, Policy Research Working Paper No.3811.

63. 白志礼、王青、来国超:《我国地区间农村居民收入差异变动趋势与因素分析》,《农业经济问题》1993年第10期。

64. 陈宗胜、周云波:《再论改革与发展中的收入分配》,中国经济出版社,2002年。

65. 封进、余央央:《中国农村的收入差距与健康》,《经济研究》2007年第1期。

66. 高连水:《我国地区收入差距变动的特征及应对》,《人民日报》2009年10月30日。

67. 高连水、周云波、武鹏:《中国农村地区收入差距解释:1997-2005》,《当代经济科学》2010年第3期。

68. 国土资源部:《中国耕地质量等级调查与评定》,《国土资源部报告》2009年12月。

69. 韩立岩、杜春越:《收入差距、借贷水平与居民消费的地区及城乡差异》,《经济研究》2012年第1期。

70. 江小涓、李辉:《我国地区之间实际收入差距小于名义收入差距——加入地区间价格差异后的一项研究》,《经济研究》2005年第9期。

71. 李群峰:《社会关系网络、市场化与收入差距——基于中国农户微观数据的分析》,《云南财经大学学报》2013年第3期。

72. 李实、罗楚亮:《中国城乡居民收入差距的重新估计》,《北京大学学报》(哲学社会科学版)2007年第2期。

73. 李实、罗楚亮:《中国收入差距究竟有多大?——对修正样本结构偏差的尝试》,《经济研究》2011年第4期。

74. 李晓西等:《中国地区间居民收入分配差距研究》,人民出版社2010年。

75. 梁进社、孔健:《基尼系数和变差系数对区域不平衡性度量的差异》,《北京师范大学学报》(自然科学版),1998年第3期。

76. 刘纯彬、陈冲:《我国省级间农民收入差距的地区分解与结构分解:1996-2008》,《中央财经大学学报》2010年第12期。

77. 刘慧:《中国农村居民收入区域差异变化的因子解析》,《地理学报》2008年第8期。

78. 刘灵芝、陈正飞:《收入差异对中国农村居民消费结构的影响》,《统计与决策》2012年第1期。

79. 唐平:《我国农村居民收入水平及差异研析》,《管理世界》1995年第2期。

80. 唐平、阎裕民、谭文平、刘长翠:《价格变动对农民收入影响初步分析》,《经济研究》1989年第9期。

81. 唐平:《农村居民收入差距的变动及影响因素分析》,《管理世界》2006年第5期。

82. 万广华：《中国农村区域间居民收入差异及其变化的实证分析》，《经济研究》1998年第5期。

83. 万广华：《解释中国农村区域间的收入不平等：一种基于回归方程的分解方法》，《经济研究》2004年第8期。

84. 万广华：《经济发展与收入不均等：方法和证据》，上海三联书店、上海人民出版社2006年。

85. 万广华：《不平等的度量与分解》，《经济学》(季刊)2008年第1期。

86. 万广华、张藕香：《人力资本与我国农村地区收入差距：研究方法和实证分析》，《农业技术经济》2006年第5期。

87. 万广华、张藕香、伏润民：《1985~2002年中国农村地区收入不平等：趋势、起因和政策含义》，《中国农村经济》2008年第3期。

88. 汪本学、张海天：《基于GE指数的农村居民收入差距分析》，《统计与决策》2012年第20期。

89. 王辉：《中国农村收入不平等与经济增长——基于SVAR模型的实证研究》，《南京师大学报》(社会科学版)，2011年第3期。

90. 王小鲁、樊纲：《中国收入差距的走势和影响因素分析》，《经济研究》2005年第10期。

91. 魏后凯：《论我国经济发展中的区域收入差异》，《经济科学》1990年第2期。

92. 魏后凯：《中国地区间居民收入差异及其分解》，《经济研究》1996年第11期。

93. 魏后凯：《中国乡镇企业发展与区域差异》，《中国农村经济》1997年第5期。

94. 魏后凯：《现代区域经济学》(修订版)，经济管理出版社2011年。

95. 魏后凯、刘楷、周民良等：《中国地区发展——经济增长、制度变迁与地区差异》，经济管理出版社1997年。

96. 魏后凯等：《中国区域政策——评价与展望》，经济管理出版社2011年。

97. 许庆、田士超、徐志刚、邵挺：《农地制度、土地细碎化与农民收入不平等》，《经济研究》2008年第2期。

98. 杨开忠：《中国区域经济差异变动研究》，《经济研究》1994年第12期。

99. 展进涛、巫建华、陈超：《劳动力流动、收入梯度与农户家庭收入差距——基于江苏省金湖县1089个农户样本的微观分析》，《农业经济问题》2012年第12期。

100. 张立冬：《中国农村居民的长期收入不平等：基于微观综列数据的分析》，《中央财经大学学报》2010年第9期。

101. 张平：《中国农村区域间居民的收入分配》，《经济研究》1992年第2期。

102. 张平：《中国农村居民区域间收入不平等与非农就业》，《经济研究》1998年第8期。

103. 赵剑治、陆铭：《关系对农村收入差距的贡献及其地区差异——一项基于回归的分解分析》，《经济学》(季刊)，2010年第1期。

104. 赵人伟、李实：《中国居民收入差距的扩大及其原因》，《经济研究》1997年第9期。

105. 赵人伟、李实、卡尔·李思勤：《中国居民收入分配再研究》，中国财政经济出版社1999年。

106. 邹薇、张芬：《农村地区收入差异与人力资本积累》，《中国社会科学》2006年第2期。

107. 周晔馨：《社会资本是穷人的资本吗？——基于中国农户收入的经验证据》，《管理世界》2012年第7期。

(作者单位：郭叶波，国家发展改革委国防动员研究发展中心；
魏后凯，中国社会科学院城市发展与环境研究所)

·文摘

《"90后"大学生就业能力结构模型研究》 首都经济贸易大学劳动经济学院杨旭华在《人口与经济》(北京)2012年第2期撰文,对"90后"大学生群体的就业能力的结构进行探讨和分析。作者指出,就业能力是大学生成功就业的核心影响因素,而"90后"大学生作为未来劳动力市场上的主力受到了广泛的关注。有鉴于此,对大学生就业能力的研究就显得十分必要。文章在调查的基础上,运用因子分析和结构方程模型的分析方法,构建"90后"大学生劳动能力的四因子模型并最终形成"90后"大学生就业能力调查量表。该量表由内在品格素质、基本工作能力、情绪管控能力、规划自省能力四个维度构成。此项研究对于学生个体、高等院校和用人单位三方面都有一定的指导意义和应用价值。

《"单独"育龄妇女总量、结构及变动趋势研究》 中国社会科学院人口与劳动经济研究所王广州在《中国人口科学》(北京)2012年第3期撰文,试图从"单独"育龄妇女出发,定量分析不同生育政策条件下,"单独"育龄妇女总量、结构和变动趋势。作者利用随机微观人口仿真模型,把研究视角从宏观转向微观,从个体转向家庭,从简单转向复杂。作为生育政策调整定量研究的一部分,文章通过小样本随机微观人口仿真分析得到如下结论:①计算机仿真结构与现有调查数据的宏观随机仿真模型比较具有高度的一致性和可靠性,并可以获得比宏观模型更加丰富的研究信息;②"单独"育龄妇女总量在未来三四十年内持续快速增长的趋势不可逆转;③预计到2050年,"单独"育龄妇女总量将是现在的2.8倍以上,占育龄妇女的比例也将达到30%以上;④"单独"育龄妇女的年龄构成将实现从目前的30岁及以下占绝对优势向30岁以上为主的结构转变,而不同的生育政策对实现这一转变的影响是不同的。

《"老龄健康"的经济学研究》 中央财经大学王俊等在《经济研究》(北京)2012年第1期撰文,从宏观和微观两个层面讨论"老龄健康"的经济学意义。作者认为,老龄健康的经济学研究与卫生经济学针对老龄健康的研究,既有联系又有区别。从跨学科的角度看,卫生经济学更多与卫生、医疗等学科相关,而老龄健康的经济学研究可能不仅局限于此,心理学、管理学、社会学、政治学甚至生物学都是经济学家在研究老龄健康时可能涉足的一些学科领域。因此,老年健康的经济学研究应该说是一个非常新型的研究领域,对现实和理论研究都具有重大的意义。同时作者指出,就目前国内的研究现状而言,关注该领域的基础研究还十分缺乏,如何以有限的资源保障和改善广大老龄人口的健康福利水平,优化与老龄健康问题密切相关的政策和制度成为老龄化背景下党和政府亟需解决的重大问题。

《"十二五"时期我国劳动关系发展走势与应对之策》 中华全国总工会劳动关系中心中国工运研究所课题组吕国泉等在《现代财经》(天津)2012年第10期撰文,研判了"十二五"时期我国劳动关系的发展趋势,分析了劳动关系领域可能出现的问题,并提出了相应的政策建议。研究表明,我国劳动关系的建立机制、运行机制、监督机制以及劳动争议调处机制都在不断完善的过程中。总体而言,当前我国劳动关系处于局部矛盾加剧但可控的态势,与市场经济体制相适应的新型劳动关系正逐步形成。在政策上,文章建议要大力开展构建和谐劳动关系活动,将其纳入各级党政部门相关规划和政绩考核体系;要从顶层设计着手,建立协调劳动关系专门机构及相关制度;要督促企业依法规范用工,加强民主管理建设和企业文化建设;要赋予工会相应的资源和手段,发挥其在发展和谐劳动关系中的重要作用。

《51.27%的城镇化率是否高估了中国城镇化水平:国际背景下的思考》 福建师范大学人口与发展研究中心朱宇在《人口研究》(北京)2012年第2期撰文,就目前我国城镇化率是否被高估的问题发表了自己的看法。文章认为,从目前国际上通行的传统城乡人口划分标准,以及当今城乡界限淡化背景下城乡人口划分和统计大演变趋势两个方面看,中国大陆51.27%的城镇化率是合理的,并没有被高估,不能因为城镇化进程中某些问题的存在而否定中国的城镇化水平。作者认为,中国城镇化水平不仅没有被高估,反而存在着未能涵盖大量具有相当城镇特性、但仍未被纳入常规市镇人口统计的"准城镇人口",从而低估实际城镇化进程的广度和深度,这是需要我们在今后的工作中进一步改进的。

《变革中的劳动关系研究:中国劳动争议的特点与趋向》 中国人民大学劳动人事学院程延园等在《经济理论与经济管理》(北京)2012年第8期撰文,分析了中国持续增长的劳动争议的内容、范围、主要原因以及他们与所有制形式、企业规模和经济发展的关系,研究了目前中国劳动争议发展变化的新趋势、新特点。文章指出,随着我国所有制形式的多样化,非公有制部门就业人数的持续上升,灵活就业人员大幅增加,劳动关系也日趋多元化、复杂化且难以规范。契约化和市场化已经成为包括国有单位在内的所有劳动者与雇主关系的主要特点,在可预见的未来,劳资矛盾将仍是中国社会最主要的矛盾之一,且呈现增长趋势。

《城镇化要从"要素驱动"走向"创新驱动"》 武汉大学经济与管理学院辜胜阻、刘日江在《人口研究》(北京)2012年第6期撰文认为,过去30多年来,我国城镇化的高速度主要来源于廉价的土地、劳动力等要素的巨大贡献,依赖"土地红利"发展起来的城镇化不仅容易导致城市资源配置效率低下,而且会对城镇化过程中的居民生活和城镇化可持续发展等多方面产生负面影响;而过度依赖廉价劳动力带来的"人口红利"也因为人口结构的变化变得不可持续。因此作者认为,当前城镇化必须由过度依赖廉价土地、劳动力的"要素驱动"和大量投资形成的"投资驱动"发展阶段向"创新驱动"发展阶段转变,通过推动城镇产业升级,城镇化、工业化和信息化的深度融合等手段,从重数量的外延式扩张转向重品质的内涵式发展,进而实现以创新为驱动力的城镇化发展模式。

《城镇劳动力市场雇佣关系的演化及影响因素》 中山大学港澳珠三角研究中心李小瑛在《经济研究》(北京)2012年第9期撰文,分析了我国城镇地区雇佣关系在经济转型时期从单一固定工向多元灵活雇佣关系转变的过程。研究发现,从1988年开始,我国的雇佣关系构成中灵活雇佣比重开始逐步上升。从1995年到2002年,短期雇佣、无合同雇佣等灵活雇佣形式的比重达到一个较高水平。其中,放松管制、深化市场机制等制度转变是导致雇佣结构变化的最重要原因。从2002年到2007年,稳定的雇佣关系比重略有回升,放松管制和市场深化的效应逐渐释放殆尽,制度因素的作用略有降低,禀赋效应对提高雇佣稳定性的作用开始显现。

《从"民工荒"看我国"刘易斯转折点"与农民就业转型》 天津农学院人文社会科学系刘洪银在《人口与经济》(北京)2012年第1期撰文,从"民工荒"现象入手,分析我国刘易斯转折点与农民就业转型之间的关系。文章认为,"民工荒"的出现既有劳动年龄人口减少的真实原因,也有农民工因工资待遇偏低而退出城市劳动力市场进行人力资本投资或回流到农业的虚拟原因。从农村劳动力供求作用力运动看,我国"刘易斯转折点"的到来具有不确定性。农村劳动力数量正从有限剩余向短缺转变,劳动力供求有逼近"刘易斯转折点"的趋势,但在这个过程中我国不存在一个真正刘易斯意义上的拐点。作者认为,"刘易斯转折点"这种"延展性"既表明中国农民就业转型任重道远,同时也为农民就业转型提供了一个缓冲期。而且,"刘易斯转折点"的延展性与农民就业转型有助于提高人口红利的经济增长效应。作者还试图建立一个以农村职业教育为核心,以工资增长、劳动权益保障和市民化为基点的农民就业转型机制。

《到底能生多少孩子?——中国人的政策生育潜力估计》 中国社会科学院人口与劳动经济研究所王广州、中国社会科学院社会学研究所张丽萍在《社会学研究》(北京)2012年第5期撰文,利用1990年人口普查原始数据、2005年1%人口抽样调查数据,采用随机微观人口仿真模型方法研究育龄妇女的曾生或现存子女结构,分析育龄妇女的医院生育潜力和政策生育潜力。结果显示,目前中国育龄妇女的生育意愿低于更替水平,二孩生育目标占绝大优势,潜在二孩生育的比例不超过50%。通过随机微观人口仿真模型,研究放开"单独"二孩政策和全面放开二孩政策对出生人口规模的影响后,作者认为,放开"单独"二孩政策不会引起很多的出生人口堆积。

《二元转型及其动态演进下的刘易斯转折点讨论》 辽宁大学经济学院张桂文在《中国人口科学》(北京)2012年第4期撰文认为,中国学术界之所以对刘易斯转折点是否到来难以达成共识,其主要原因在于忽略了对二元经济转型基本理论问题的探讨及对中国二元经济转型特殊性的认识。根据马克思主义政治经济学的基本理论,结合中国二元经济转型的特殊性,从二元经济转型动态演进的角度考察刘易斯转折点,才有可能正确认识刘易斯转折点对中国经济发展的意义。文章指出,刘易斯转折点的来临只是农业劳动边际生产率低于制度工资的剩余劳动力全部转移到城市现代部门的标志,它既不意味着一个国家或地区工农业劳动生产率从此会完全相等,更不能表明劳动力从此由过剩进入短缺。刘易斯转折点的到来只是意味着工业和农业两大部门的劳动边际生产率在生存工资这一点上取得了瞬时平衡,它的政治经济学涵义的核心是进入这一转折点,社会生产力发展水平可以使人们能够摆脱贫困恶性循环,进入中等收入阶段。"短缺点"

和"商业化点"的间隔节点为刘易斯转折区间,参照中国工业化、城市化、农业现代化与市场化大发展进程,即使不用严格的数理统计与计量检验,也可以断定中国已经进入刘易斯转折区间。

《发达地区人口、土地与经济城镇化协调发展研究》 南京师范大学地理科学学院曹文莉等在《中国人口·资源与环境》(济南)2012年第2期撰文,以江苏省为例,对不同时空城市在人口、土地和产业三方面协调发展的状态进行研究。江苏省作为中国东部沿海地区省份的典型代表,正处于城镇化加速发展的关键时期。作者通过对江苏省13个市人口城镇化、土地城镇化和经济城镇化的研究分析后发现,从时间演变看,人口、土地和经济在不同时期辨析出不同的发展势头,居于不同的地位:1998-2001年和2006-2007年间人口城镇化居于主导地位;2002-2005年经济城镇化居于主导地位;而2008-2009年则是土地城镇化居于主导地位。从空间上看,虽然江苏城镇化总体水平较高,但仍存在发展不均衡,需要根据不同情况,进一步加以协调发展,促进三者之间的耦合互动。苏南、苏中、苏北三个地区几乎代表中国处于三种发展状态的地区,因此该文的研究结构对指导其他地区的发展具有一定的借鉴意义。

《反思当前城镇化发展中的五种偏向》 武汉大学战略管理研究院辜胜阻,武汉大学经济与管理学院杨威在《中国人口科学》(北京)2012年第3期撰文,认为我国当前城镇化发展中存在着五种偏向,即"城市政府过度依赖'土地红利','土地财政'使过高地价推高房价,城市房地产形成高度'泡沫'态势;城镇化过度依赖超级城市、特大城市而不是大都市圈,人口过度集中于特大城市,造成'大城市病'集中爆发;过度依赖人口非家庭式迁移和异地迁移,大量'钟摆式'和'候鸟式'人口流动造成'留守儿童、留守老人、留守妇女'的巨大社会代价;过度依赖'人口红利'和农民工不彻底转移的'半城市化'发展模式,造成农民工权益缺失;在城市化进程和城市竞争过程中,过度重视GDP等硬实力和高楼广场等硬环境,忽视软实力和软环境,城市间形成GDP恶性竞争局面。"作者指出,实现中国城镇化可持续发展需要实施均衡城镇化发展模式,解决城市政府对土地财政的过度依赖问题,鼓励农民工家庭式和就近迁移,推进农民工与城市居民的平权,改变各城市间在GDP上的恶性竞争局面。

《非农就业、社会保障与农户土地转出——基于30镇49村476个农民的实证分析》 南京农业大学公共管理学院赵光、李放在《中国人口·资源与环境》(济南)2012年第10期撰文,利用江苏省沭阳县476个农户的调查资料,实证检验土地的就业价值、社会保障价值等对农民土地转出意愿的影响,并运用计量模型进一步考察农民的劳动就业情况、社会保障参与情况等对其土地转出行为与转出面积的影响。验证性因子分析显示了土地直接经济价值、预期价值、就业价值、社会保障价值和农民土地转出意愿五个因子的有效性。研究结果表明,农村非农就业与社会保障有利于农民土地流转的积极性,而土地流转对于促进土地规模经营、实现农业现代化具有重要意义。基于此作者建议大力发展非农产业,拓展农村二、三产业领域,加速农业劳动力转移,实现农民与土地的分离。

《非正规就业劳动关系的调整机制——基于对城市农民工群体的调查》 成都信息工程学院管理学院陈静等在《农村经济》(成都)2012年第12期撰文,探索了城市农民工群体非正规就业劳动关系的特点,包括:文化层次低、工作不稳定、劳动合同签约率低、呈现短期化态势、缺少技能培训及职业晋升的机会、缺乏劳权保障以及劳动标准恶化、工会组织缺失、维权不到位、劳动争议处理机制建设不完善、劳资纠纷难以及时化解等。文章建议,要健全劳动法律法规体系及制度建设,加强对企业的监督检查,建立以劳动合同为依据的劳动关系调整形式,改革职业培训制度,建立三方协商机制,促进非正规就业组织与工会组织的融合发展,逐步完善劳动争议处理机制与强化部门之间的协调。

《个人特征、家庭特征对农村非农就业影响的实证》 同济大学经济与管理学院程名望、潘烜在《中国人口·资源与环境》(济南)2012年第2期撰文,利用2003-2006年全国农村固定观察点的数据,建立Probit模型实证分析农民个体特征以及农户的家庭特征对农村非农就业的影响。研究结果显示,农民个体特征和农户家庭特征对农村非农就业有一定的影响。就样本个人特征而言,户主或家庭主要经营者、男性、文化程度较高、身体健康的农民从事农村非农就业的意愿更强,职业教育或培训对农村非农就业有明显的促进作用,而是否农业户口对农村非农就业的影响并不明显。就样本家庭特征而言,家庭类型会影响农民在农村的就业倾向,而乡村干部从事非农产业的倾向性更强,少数民族和信教户从事非农产业的倾向性较弱,是否党员户或是否国家干部职工户对农村非农就业的影响则不显著。因此,重视农民的个人特征和家庭特征的差异,大力发展农村非农产业,对于促进我国农业剩余劳动力的转移具有重要意义。

《工会建设与外来工劳动权益保护》 华东理工大学社会与公共管理学院孙中伟在《管理世界》(北京)2012年第12期撰文,利用2010年对珠三角和长三角19个城市外来工进行的问卷调查数据,分析了中国工会的建设情况以及工会对外来工劳动权益的影响。研究发现,工会对外来工的最低工资符合率、强迫劳动、社会保险等劳动权益具有显著的保障作用,但对工资增长无显著作用。同时,中国工会具有正向溢出效应,不仅保障会员的权益,也保障非会员的权益。但是,中国工会只能保障劳动者的"底线型权益",无法保障劳动者的"增长型权益"。在作用机制上,中国工会影响劳动权益的不是劳工垄断、集体谈判和集体合同,而是一种类似田间"稻草人"的机制。

《公共支出结构与农村减贫——基于省级面板数据的证据》 华中科技大学管理学院王娟、张克中在《中国农村经济》(北京)2012年第1期撰文,利用1994-2004年中国省级面板数据,对公共支出结构与农村减贫之间的关系进行了分析。文章将公共支出划分为一般服务性公共支出、转移性公共支出、生产性公共支出和农业性公共支出四类,并尝试分析各项公共支出的减贫效应,为政府减贫政策的制定提供分析依据。分析结果表明,社会救济支出、基本建设支出和农业性公共支出对减贫存在显著效应,各项公共支出的减贫效应由大到小排序为:农业性公共支出>社会救济支出>基本建设支出。当人均GDP达到一定水平后,GDP增长的减贫效应有随着人均GDP水平的上升而不断下降的趋势。这表明,在中国的减贫实践中,通过促进GDP增长的方式来实现减贫的模式已逐渐式微,这也意味着未来的减贫政策势必强调其他政策手段的重要性。

《环境污染对劳动生产率的影响研究》 重庆大学经济与工商管理学院杨俊、盛鹏飞在《中国人口科学》(北京)2012年第5期撰文,从中国环境污染的客观现实出发,探讨其对劳动生产率的实际影响。作者将环境作为一种生产要素来建立局部均衡模型,利用中国1991-2010年省级面板数据进行实证研究。结果表明,环境污染对劳动生产率的影响可分为两个部分,一方面作为生产要素,环境污染对生产有促进效应,但这种正面效应随着污染规模的增加不断下降;另一方面,由于环境污染会对劳动者的消费活动和健康水平产生损害,从而改变劳动者的劳动支付决策,其对劳动生产率产生显著的负影响。结合中国环境污染的实际情况,在大多数的省份,环境污染对劳动生产率的影响显著为负,并且东部发达地区尤其为甚。

《基于SYS-GMM的中国人口结构变化与经济增长关系研究》 南京财经大学李杏、上海财经大学M.W.Luke Chan(客座教授)在《统计研究》(北京)2012年第4期撰文,利用中国29个省1985-2005年的面板数据,采用系统广义矩估计(SYS-GMM)方法,比较全面地分析了开放条件下人口结构指标与储蓄、投资和经济增长率的关系,而且注意到老龄化率的内生性问题。研究结果显示,老年抚养率与储蓄、投资和经济增长率有着显著地正相关,人口增长率与储蓄投资负相关而与经济增长率无关;劳动人口增长率与储蓄率负相关,与投资率和经济增长率正相关,但系数不显著。作者认为,为了实现中国经济的可持续发展,随着老龄化社会的到来,要重点考虑如何保证以后的劳动力供给问题,而如何提高人口素质问题则比盲目提高劳动人口供给更为重要。

《集体谈判的影响因素分析——基于一家合资企业集体谈判历史变迁的实证研究》 北京师范大学哲学与社会学学院赵炜在《马克思主义与现实》(北京)2012年第2期撰文,对一家合资企业25年来集体谈判历史变迁进行实证分析,文章指出集体谈判在两方面受到了冲击。其一是,工会对现代管理方式应对不足,无法解决人力资源管理带来的问题。其二是,工人内部分化,由于用工的灵活性增强以及大量移民工人的进入,导致了工人的异质性和利益诉求的多元化,降低了工人的团结和工人对于通过集体谈判维护利益的兴趣。

《集体协商与"国家主导"下的劳动关系治理——指标管理的策略与实践》 中国人民大学劳动人事学院吴清军在《社会学研究》(北京)2012年第3期撰文,认为中国政府在推行集体协商制度时,过于强调目标管理,而对现实目标的过程与途径未加重视。因此导致了一个矛盾现象,即一方面集体协商工作越来越受到政府和工会的重视,而另一方面集体协商形式化问题依然严重。出现这样的问题,主要是基于政府和工会两方面的担忧,其一是,推动劳资双方博弈势必会提高企业用工成本,影响投资环境;其二是,劳资双方博弈可能会带来无法预知的后果,即一旦谈判破裂可能会导致基层产业秩序更为混乱。要解决这一问题,根源还是在于国家治理技术的改进。

《技术创新对就业的影响:创造还是毁灭工作岗位——以福建省为例》 福州大学管理学院方建国、交通银行福建分行授信管理部尹丽波在《中国人口科学》(北京)2012年第6期撰文,对技术创新与扩大就业之间的关系进行了研究,文章选取东部沿海地区的福建省制造业为样本,应用向量回归模型,根据其预测相关时间序列系统和随机扰动对系统的动态影响的特征,来观察技术进步的变化对劳动就业的影响。对回归结果进行分析后作者认为,对于"技术是创造还是毁灭了工作岗位"这个问题不能一概而论。从长期来看,技术进步对就业总量的影响并不显著,只有当大规模技术变革引发产业结构性变动时,才会在局部和短期出现因技术替代劳动力而带来的失业现象。对于目前中国的产业结构调整来说,在发展劳动力节约型的高新技术产业的同时,集中发展"劳动密集型技术"产业和"劳动力吸纳型"制度,即形成以劳动力节约型高新产业为"龙头",以"劳动密集型技术"产业和"劳动力吸纳型"产业为基础的产业发展模式是最为合理的。

《技术进步、资本深化、产业升级与大学生就业——2001-2010年中国省级面板数据分析》 山东社会科学院人口学研究所周德禄在《中国人口科学》(北京)2012年第2期撰文,通过梳理科技进步、资本深化及产业升级三个经济效率变量与大学生就业的关联关系,构架一个能够描述促进大学生就业的逻辑模型,并运用全国省级面板数据对理论假设进行验证和分析。分析结果显示这样几个特点:首先就总体而言,大学生就业比重与技术进步、资本深化及产业升级之间存在正向关联性;其次,技术进步对大学生就业的拉动效应在时间轴的表现强于省级截面轴;第三,大学生就业对提高资本深化产出效率意义重大,但资本深化拉动大学生就业的时间效果不显著;最后,产业升级带动大学生就业不能独立于技术进步和资本深化,并且与区域生产效率正相关。

《健康、劳动参与及中国农村老年贫困》 中国社会科学院数量经济技术研究所刘生龙、李军在《中国农村经济》(北京)2012年第1期撰文,利用中国健康与营养调查数据库(CHNS)数据,运用定量分析的方法,对健康——这一重要的人力资本因素对中国农村老年人口劳动参与和贫困发生的影响进行研究。结果显示,健康对居民的劳动参与和贫困发生具有显著地影响,随着健康状况的改善,居民的劳动参与显著增加,贫困发生显著下降。相对于城镇居民和青壮年居民,健康对农村老年居民劳动参与和贫困发生的影响加大;健康状况对中国农村老年居民的福利比率有着显著地影响,健康状况的改善是提高农村老年居民福利比率的重要手段之一。

《经济增长、收入差距与农村贫困》 北京师范大学经济与工商管理学院罗楚亮在《经济研究》(北京)2012年第2期撰文,对不同时期农村居民收入增长、收入差距变化对于贫困变动的影响进行了分析。作者利用微观住户调查数据,不仅根据Datt-Ravallion分解和Shapley分解,估计了不同年份之间贫困变动的经济增长效应和收入分配效应,还根据各年1个百分点对贫困变动的影响,并将其定义为增长弹性和分配弹性。结果表明,不同年份的贫困减缓的经济增长弹性在逐步下降,而分配弹性在逐步上升。在各分项收入中,农业纯收入的贡献份额虽然都是最高的,但相对贡献份额却有明显的下降趋势。分项收入分布不均等性对贫困减缓的不利影响在逐渐上升,而且贫困标准越低,分项收入弹性越高,这意味着收入不均等性增强不利于低收入人群的贫困减缓。

《经济增长与不平等对农村贫困的影响》 南开大学经济研究所沈扬扬在《数量经济技术经济研究》(北京)2012年第8期撰文,利用历年中国农村住户调查数据,采用贫困指数分解方法,对21世纪以来经济发展与收入分配对我国农村贫困状况的影响,分析不同时期哪种或哪几种FGT指数对贫困状况的影响程度更大。结果发现,2001-2010年除了贫困发生率持续降低,其余几类贫困测度指标均呈升降交替的不规则变动态势,且综合贫困状况有所恶化;经济增长起到了缓解贫困状况的作用,收入差距的拉大则恶化了贫困状况。作者认为,经济增长惠及的群体主要集中于较"富裕"的穷人。

《空间依赖、碳排放与人均收入的空间计量研究》 海南大学经济与管理学院许海平在《中国人口·资源与环境》(济南)2012年第9期撰文,利用官方统计数据,采用较为前沿的空间计量方法,对我国29个省区2000-2008年人均碳排放与人均收入之间的关系进行研究。结果显示,我国人均碳排放和人均收入均表现出明显的空间集群特征;人均碳排放与人均收入呈"倒U"型曲线关系,拐点为人均收入16 953元,各地区人均碳排放拐点在时间路径上存在明显差异性;城市化水平、就业人员比重和技术进步是导致我国人均碳排放量增长的主要因素,而对外贸易则在一定程度上减少了人均碳排放。

《劳动保护、工作福利、社会保障与农民工城镇就业》 同济大学经济与管理学院程名望等在《统计研究》(北京)2012年第10期撰文,基于上海1 446名农民工调查样本,采用有序Probit计量模型方法,分析劳动保护、工作福利、社会保障和权益保障等因素对农民工在城镇就业的影响。作者从城镇拉力的视角,特别是农民工城镇生存状态、就业环境及就业条件的角度分析发现,工资收入、工作福利、社会保障、个性特征对农民工城镇就业有显著影响,而劳动保护、权益侵犯的影响并不显著。这表明农民工目前对工作的要求还停留在较低的层次上。因此近年来出现的"民工荒"可能是企业受到成本约束而不能很好地满足农民工的物质需求所致。

《劳动关系氛围和员工工作满意度:组织承诺的调节作用》 南开大学商学院人力资源管理系崔勋等在《南开管理评论》(天津)2012年第2期撰文,基于60家企业1 607名员工的问卷调查,探讨了劳资双赢、劳资对立和员工参与三种劳动关系氛围对员工内外在满意度的直接影响,以及员工组织承诺在上述关系中的作用。研究发现,劳资双赢氛围显著地提升员工的内外在满意度,劳资对立显著降低员工的内外在满意度,员工参与仅能显著提升员工的内在满意度。

《劳动力市场"去管制化"与"知识失业"》 扬州大学商学院时磊;华东政法大学政治学与管理学院田艳芳在《中国人口科学》(北京)2012年第1期撰文,从劳动力市场"去管制化"出发,提出中国"知识失业"现象的解释。作者利用劳动力市场分割理论中经典的二元劳动力市场模型,对"知识失业"与劳动力市场"去管制化"之间的关系进行了研究。研究结果表明,随着劳动力市场"去管制化"程度的不断加深,提高受教育程度进入好的劳动力市场的期望收益会增加,会实现迅速的教育发展,与之相伴则是"知识失业"的出现和增加。劳动力市场进一步"去管制化","知识失业"增加到一定程度后会开始下降。而实证部分的研究则证实了这一理论推测。据此作者提出,在"知识失业"现象愈演愈烈的背景下,谨慎地选择劳动力市场改革的节奏可能是比较合理的,而工资制度改革对"知识失业"加剧效应已经消失意味着进一步工资制度改革可能有利于缓解当前的"知识失业"问题。

《劳动力自由迁移为何如此重要?——基于代际收入流动的视角》 对外经济贸易大学国际经济贸易学院孙三百等在《经济研究》(北京)2012年第5期撰文,对人口迁移与代际收入弹性时间的关系进行研究,并试图解答劳动力自由迁移障碍对不同人群代际收入流动的影响及其福利变化。通过考察人口迁移对代际收入弹性的影响,作者发现,只有教育和父亲户籍对本人收入产生显著影响,这表明迁移强化了教育对个人收入的影响。因此从影响代际收入流动的路径来看,长期调整的策略在于教育;中期调整策略在于医疗健康问题;而短期调整策略在于人口流动。作者认为,在我国收入差距巨大的背景下,调节收入分配的重要手段在于使低收入群体摆脱"低收入传承陷阱"。具体而言即首先是排除妨碍劳动力自由迁移的不利因素,其次是推动城市化进程。

《劳动契约、员工参与与相互投资型劳动关系》 华侨大学工商管理学院郑文智等在《管理科学》(哈尔滨)2012年第6期撰文,通过对中国28个省754名员工的问卷调查,研究劳动契约、员工参与、纵向信任与劳资相互投入的直接效应和中介效应,结果表明,劳动契约对员工的超额付出有积极作用,员工参与对企业的额外投入有积极作用。中国民营企业还没有形成相互投资型劳动关系,而采用准契约型劳动关系。文章提出了三点建议,第一,劳动契约与员工参与双管齐下,实现相互投资型的和谐劳动关系;第二,要建立相互信任和相互投入的劳资关系,需要提升劳方的职业职责认知和职业操守;第三,通过员工参与等制度化管理策略,固化企业与员工之间的关系。

《粮食补贴政策与农户非农就业行为研究》 浙江农业大学经济管理学院吴连翠、山东交通学院工程机械系柳同音在《中国人口·资源与环境》(济南)2012年第2期撰文,利用我国粮食主产区之一安徽省农户的实地调查数据,通过构建嵌入粮食补贴政策的农户劳动分配决策行为模型和Tobit模型分析了粮食补贴政策对农户非农就业行为及农户非农劳动时间供给的影响。研究结果显示,现行粮食补贴政策对农户非农劳动供给具有显著的负面效应,表明政府粮食直接补贴政策在一定程度上能够调动农民从事农业和粮食生产的积极性。但是这一政策因素诱发的农户劳动就业行为变化对家庭经济收入的负面影响将超过当前的转移支付水平。因此作者指出,如果粮食补贴政策预期目标是通过转移支付稳定或增加农民收入,那么粮食补贴对非农劳动供给的负面效应将使这一政策目标出现背离,当前的补贴政策就需要进行根本性调整。

《流动儿童歧视、社会身份冲突与城市适应的关系》 北京航空航天大学心理与行为研究所刘扬、北京师范大学发展心理研究所方晓义等在《人口与发展》(北京)2012年第1期撰文,采用实证研究的范式对我国流动儿童领域歧视、社会身份冲突、城市适应三个核心变量的关系进行探讨。作者采取整群抽样法,对北京城区一所打工子弟学校、两所公立学校小学五年级至初中二年级的415名流动儿童进行问卷调查并运用SPSS软件对数据进行分析。结果显示,歧视会负向影响流动儿童城市适应状况的同时,会正向影响社会身份冲突,而社会身份冲突又会反过来负向影响流动儿童城市适应状况。社会身份冲突在歧视与城市适应中的心理适应维度之间起中介作用。

《流动儿童社会融合的代际传承》 北京大学社会学系周皓在《中国人口科学》(北京)2012年第1期撰文,利用"人口迁移与儿童发展的跟踪调查研究"数据,讨论流动儿童社会融合的影响因素和代际传承问题。作者从状态和变化两个角度检验了家长的社会融合、亲子交流和就读学校类型,以及家庭因素对流动儿童社会融合状况的影响程度。结果显示,社会融合在家庭内部具有传承性;充分的亲子交流有助于流动儿童的社会融合;流动儿童的社会融合受学校因素的影响,即存在学校效应。文章认为,社会融合不仅具有代际的传承性,而且具有一定的可塑性。强调家庭教育的作用可能更有利于流动儿童的社会融合。虽然学校因素对流动儿童社会融合有影响,但是这并不表示就读于公立学校就一定会改善或促进流动儿童的社会融合。因此深入分析与正确理解几个方面的关系,搞清因果关系,才能有助于政策的制定,进而真正改善和促进流动儿童的发展。

《流动人口在城市劳动力市场中的地位:三群体研究》 澳大利亚麦考瑞大学(Macquarie University)郭菲、中国社会科学院人口与劳动经济研究所张展新在《人口研究》(北京)2012年第1期撰文,利用2008年在北京、上海、天津和广州获取的调查数据,考察和比较农民工、外来市民、本地居民三群体在城市劳动力市场中的相对地位。作者在文中引入外来市民这样一个曾经被忽略的人口社会群体,他们与农民工一样,都没有获得流入地户口,同属于城市的"外来者"。实证分析结果显示,在工资决定因素上,本市市民、外来市民和农民工之间并不存在明显差异。工资收入主要是劳动力市场决定,户籍身份已经不起明显作用。但是户籍依然是影响保险参与的重要因素。户口身份已经不是一个简单的城乡户籍身份差别所能概括的,中国"财政联邦主义"的分权模式,以及居高不下的区域间差异,支撑了地方的排他性制度安排,表现为本地/非本地户籍的权益差异,而不是过去那种城乡户口权益差异,流动人口与本地居民的劳动力市场不平等已经形成新的"边界"和规则。

《论我国罢工立法与罢工转型的关系》 上海财经大学法学院的王全兴等在《现代法学》(重庆)2012年第4期撰文,文章指出,我国现实型罢工具有劳资性罢工与政治性罢工混合、权利争议罢工与利益争议罢工混合、群体性罢工、谈判性罢工、非法罢工等特点。针对现实型罢工的预防工作,应当积极推动现实型罢工转向目标型罢工,且同时引导罢工立法。其中的策略要点包括:罢工立法的样本以目标型罢工为主;灵活处理集体合同立法与罢工立法的关系;妥当安排集体劳动争议调解、仲裁立法与罢工立法的关系;坚持罢工保障与罢工规制并重。

《农民对新型农村合作医疗的福利认同及其影响因素》 石河子大学商学院于长永在《中国农村经济》(北京)2012年第4期撰文,实证分析了农民对新型农村合作医疗的福利认同及其影响因素。作者基于中国中部四省12个县的调查数据,利用ordinal Logistic模型分析研究发现,自2003年开始实施到2009年底,新农合的覆盖面达94%,其福利性得到大多数农民的认同,取得很不错的建设成效。同时也发现,农民对新农合的福利认同受多丛因素的影响。平原地区的农民倾向于较高程度认同新农合的福利性,而山区或丘陵地区的农民则倾向于较低程度认同新农合的福利性。文章认为,医药费报销比例太低、报销范围太窄、报销限制太多等问题是影响新农合建设质量的重要因素。

《农民工城镇化的分层路径:基于意愿与能力匹配的研究》 南京农业大学公共管理学院周蕾等在《中国农村经济》(北京)2012年第9期撰文,从农村劳动力城镇化的实现能力、实现状况和实现障碍三个层面,分析农民工的分层城镇化问题。作者认为,农民工城镇化的实现至少要求两个条件,一是具有城镇化意愿,二是具有城镇化能力,而城镇化实现的路径应当是分层的。农民工城镇化呈现强意愿与低预期的对立,且城镇化层次越高,实现预期越低。当前制约农民工城镇化实现的主要因素是长久的生活能力与城镇住房消费能力，这种能力的不足导致农民工的城镇化预期随着城镇层级的上升而递减。进一步分析发现，城镇化预期低于城镇化意愿的原因在于农民工在城镇长久生活能力的不足。针对劳动力在城市定居能力的普遍不足，一个可行方法是走分层城镇化道路。

《农民工的劳动合同状况及其影响因素研究》 南京农业大学公共管理学院谢勇、丁群晏在《人口与发展》（北京）2012年第1期撰文，利用"江苏省农民工劳动关系专题调研"数据，分别采用计量检验中经常使用的Probit模型和负二项回归模型，从是否签订劳动合同金额、劳动合同年限两个方面考察了农民工的劳动合同状况及其影响因素。结果发现，调查地区农民工劳动合同的签订率只有24%，而且劳动合同的年限普遍较短。同时，个体特征对农民工劳动合同状况的影响相对有限，而人力资本状况对农民工的劳动合同状况存在着重要的影响。作者还发现，与不了解《劳动法》和《劳动合同法》的受访者相比，基本了解和非常了解以上两部法律的农民工签订劳动合同的概率上升12.2%和19.7%，合同年限也相应增加1.423年和1.449年。因此，在加大劳动合同的执法检查力度的同时，提高农民工的受教育水平，加大对相关劳动法律、法规的宣传力度，对于维护农民工劳动权益具有重要意义。

《农民工人力资本与工资关系的性别差异及户籍地差异》 浙江大学管理学院钱文荣、卢海阳在《中国农村经济》（北京）2012年第8期撰文，在对人力资本与工资关系进行理论分析的基础上，利用浙江省7个地级市在城农民工的调查资料，同时对比"中国家庭收入调查"数据，对农民工人力资本与工资关系的性别差异及户籍地差异进行实证分析。结果显示，农民工人力资本对其工资水平有显著的正向影响，农民工工资与其年龄及工龄呈"倒U型"曲线关系，只有在较高受教育水平上，教育收益率才会呈现出显著的性别差异，但并未显示出显著的户籍地差异，家庭规模、城市环境、行业性质等因素也是影响农民工工资的重要因素。

《企业劳动关系和谐度实证研究：基于大连地区的企业调查》 辽宁师范大学管理学院班晓娜在《中国劳动关系学院学报》（北京）2012年第1期撰文，通过对大连市企业员工进行问卷调查和对部分管理者访谈，对影响企业和谐劳动关系的七个方面进行分析，包括劳动关系建立的规范性、劳动者组织的功能、劳动者权利安排、劳动保护、劳动者参与管理权、劳动纠纷的解决途径和劳动关系和谐程度相关性，分析表明休息假期、工资拖欠、建议权、工资水平、解决纠纷的方式、工会的作用、企业决策、工资集体协商制度等问题对劳动关系和谐度有显著影响。为了解决这些问题，需要规范企业用工问题、加强劳资合作、完善工资集体协商制度和完善劳动法律法规。

《人口承载力研究的演进、问题与展望》 首都经济贸易大学劳动经济学院童玉芬在《人口研究》（北京）2012年第5期撰文，在对人口承载力从概念出现、理论演变到现状研究的回顾与分析基础上，指出了当前国际社会关于人口承载力研究的主要困惑和争论，进一步分析了产生这些困惑的原因，最后提出了未来研究的发展设想与思路。作者认为，目前人口承载力研究中存在的困难主要表现在这样几个方面：一是由于研究理论假设的局限性导致人口承载力定量模型难以得到实证检验；二是人口承载力影响因素的复杂性导致承载力结果难以测定；三是概念的不精确导致可操作性差及研究范式的局限。要克服这些困难需要研究者的不懈努力,进一步摆脱生物承载力的研究模式,从一种固定不变的环境和生活模式中解脱出来,从动态的变化的角度来研究人口承载力。

《人口红利、结构红利与区域经济增长》 华中科技大学经济学院张辽在《中国人口·资源与环境》(济南)2012年第9期撰文,通过在模型中同时引入人口红利和结构红利增长效应的代理变量,对我国四大经济板块进行误差修正分析。作者认为,以往的研究忽略了人口红利与机构红利之间的内在联系,缺乏对人口红利和结构红利增长效应内在相互性的考虑。研究结果显示,人口红利和结构红利的经济增长效应在东北、东部、中部和西部四大区域板块呈现明显的差异。人口红利的产出效应在西部地区和中部地区对经济增长产生抑制作用;资本积累效应在各地区均不显著;结构转型过程中的劳动力流动带来的增长效应只在中部和东北地区效果明显。东部地区土地要素的形态(用途)转移对地区经济增长产生了负向作用,而在中部、西部和东北地区却呈现巨大的促进作用。由此可见,人口红利和结构红利对各地经济高速增长的影响逐渐降低。

《人口红利:理论辨析、现实困境与理性选择》 西南财经大学中国西部经济研究中心廖海亚在《经济学动态》(北京)2012年第1期撰文,从人口红利的最初含义入手,对目前学术界对人口红利概念内涵的某些误读进行正误。作者指出,从人口红利的本意来看,人口红利的期限和人口结构转变紧密相连,人口红利只是促进经济增长的众多因素之一,收获人口红利成果需要一定条件,不同条件的国家或地区人口红利带来的实际增长效果自然不同。"第二人口红利"的提法本身不科学,值得质疑。作者认为,对于人口红利期后的人口老龄化没有恐慌的必要,中国人口政策需要调整,但并不仅为应对老龄化的需要。最后作者指出,尽管兑现人口红利的成果面临困难,但是抓住人口红利这个机会是可能的。作为一个机会窗口,我们需要的是充分利用机会,创造条件实现全民享有发展成果,只有这样人口红利才具真正的价值。

《人口结构、城镇化与碳排放》 南开大学经济学院王芳、周兴在《中国人口科学》(北京)2012年第2期撰文,根据美国、中国、印度、埃及等9国50年(1961—2010年)的相关资料整理出各国二氧化碳排放量、人口规模、GDP、能源消费总量及人口结构变化等方面的数据,利用KAYA恒等式为基础的计量模型,对影响各国碳排放量的各宏观经济、人口因素进行实证分析。结果表明,与其他因素相比,人口因素对碳排放的影响最大,其中人口规模与碳排放正向线性相关,而人口年龄结构与区域结构则与碳排放非线性相关。城市化初期会增加碳排放,而持续的城市化则会因规模效应和技术进步最终减少碳排放总量。因此,作者建议政府从调整产业结构、以低碳模式实现人口城市化等几个方面入手制定相应政策。

《人口老龄化的区域经济效应分析——基于新古典经济增长模型》 山东师范大学经济学院包玉香在《人口与经济》(北京)2012年第1期撰文,应用扩展的新古典经济增长模式,从理论上验证人口老龄化对区域经济发展的双重效应,并就人口老龄化程度加深对区域经济发展的动态影响进行分析。研究结果发现,人口老龄化对区域经济发展具有双重效应,人口老龄化的区域经济综合效应是正效应和负效应之和。此外,不同区域人口老龄化程度不同,人口再生产发展阶段不同,人口老龄化对区域经济发展的影响程度,即正效应和负效应之和也不尽相同。基本规律是人口老龄化程度越高,其负效应越大,对区域经济发展的减速效应也就越明显。

《人口流动、财政支出结构与城乡收入差距》 北京大学经济学院张义博、刘文忻在《中国农村经济》(北京)2012年第1期撰文,采用宏观省级面板数据和微观CHIP数据相结合的实证研究方法在细分两种城乡人口流动模式的基础上,建立理论分析框架,将城乡人口流动和财政支出两大因素综合纳入城乡收入差距的分析之中,系统分析了城乡收入差距的形成与演化。研究结果显示,从总体上看,城乡收入差距日趋扩大,具有明显的时间趋势,城市化率和城镇单位使用的农村劳动力数量占农村人口的比例对城乡收入差距影响不显著;政府在科教文卫事业费和转移性支付等财政支出上具有明显的城市倾向。作者认为,中国城市化率的提高和更多的农村劳动力进城务工并不一定会缩小城乡收入差距。但是这并不意味着城市化和农村劳动力进城务工不是缩小城乡收入差距的基本途径。恰恰相反,在缩小城乡收入差距的过程中,城市化和农村劳动力进城务工的作用非常重要,只是由于近年来各种原因,尤其是制度性障碍使其作用没有得到充分发挥。

《人力资本、劳动力市场分割与性别收入差距》 北京大学教育学院教育经济研究所邓峰、丁小浩在《社会学研究》(北京)2012年第5期撰文,应用"中国家庭动态跟踪调查"2010年数据,使用多层线形交互分配模型来综合考察个体人力资本差异和劳动力市场分割如何对性别收入差距产生影响。研究结果显示,女性劳动者大量分布在农业产业和非正式劳动力市场是导致性别收入差异的重要原因。而女性受教育水平较低阻止了她们向高收入的非农产业以及正式劳动力市场进行转移。此外,女性在择业时对部门和行业的选择具有一定的偏好,这意味着男女之间就业平等并不等于男女的就业分布应该完全相同。为此,政府应当加强劳动力市场的规范,保障女性可以根据自身的比较优势对就业岗位做出最优选择,禁止用人单位在招聘和职位晋升等方面的性别歧视。

《失地对中国农村居民健康风险的影响分析》 安徽财经大学公共管理学院秦立建、农业部农村经济研究中心蒋中一在《中国人口科学》(北京)2012年第1期撰文,分析失地对农村居民健康风险的影响。作者使用农业部固定观察点2003-2007年的观测数据,利用Probit二元选择模型考察失地对农村居民健康的影响。通过对农村居民健康状况影响因素的计量回归分析,作者发现,中国城市化过程中的征地行为加大了农村居民的健康风险,失地农民的健康水平普遍低于有地农民的健康水平。造成这种现象的主要原因在于征用农村土地补偿政策的不合理。因此只有完善现行征地补偿政策,提高补偿标准,增强失地农民的收入获取能力,才能有效提高失地农民的健康水平。

《双重角色定位下的工会跨界职能履行及作用效果分析》 中山大学管理学院王永丽、郑婉玉在《管理世界》(北京)2012年第10期撰文,中国工会对工人维权和政府维稳的双重定位意味着要嵌入到与不同主体的沟通与互动之中,文章以跨界理论为基础探索工会跨界的现状及其在各关系网络中的嵌入程度,分别从企业和员工的角度出发,研究客观和主观层面,即工会跨界职能履行对企业绩效和员工态度的影响,自变量(工会跨界的四项职能维度:维权、建设、参与和教育)与因变量(企业绩效、员工满意度和情感承诺)回归分析的结果表明,工会跨界职能履行对企业绩效、员工情感承诺、工作满意度有显著的正向影响,这也证明了工会维权和维稳的双重身份。为了最大限度的发挥工会跨界职能,需要细心挑选具备领导力的工会主席、完善工会团队、建立相关主体决策网络。

《体面劳动背景下我国集体谈判制度的构建》 华南师范大学经济与管理学院罗燕、宋小川在《经济社会体制比较》(北京)2012年第5期撰文,文章认为全球劳工组织提出的"体面劳动"的实现需要加强社会对话,而劳资集体谈判是其最主要的途径,因为集体谈判通过平等对话的市场机制,可以克服劳资内在不平衡,产生双方合作治理机制,以共同利益协调分歧,形成产业民主的氛围。根据 A. Lindbeek 和 J. Snower 提出的"内部人-外部人模型",文章将劳动者分成包括高级管理、中层管理、技术人员、一般职员和非合同人员在内的五层,并分析了他们在集体谈判中不同的地位和需求。为了实现社会对话,我国需要加强并完善集体谈判制度的立法和执法,培育工会谈判主体地位,建立雇主组织并明确管理者范围,限制政府的直接参与,重视谈判过程和执行。

《我国劳动关系协调机制整体推进论纲》 上海财经大学王全兴、福建警官学院谢天长在《法商研究》(武汉)2012年第3期撰文,文章认为企业的本质和劳动关系的外部性决定了劳动关系协调机制具有多维性,这包括个体协调、政府干预、集体协调和企业社会责任运动,这四种机制的相互关系表明其所依托的是一种涉及公法、私法和多个法律部门的法律结构,从整体法律体系框架角度考虑,我国现行劳动关系协调机制不成熟,这表现在整体结构不足,过度强调政府干预和个体调整,劳动基准法不完备且执法不严,宏观调控和公共产品供给对民生重视不够,集体谈判和集体行动立法缺失,职工民主管理不健全,企业社会责任运动不足,个体劳动关系协调存在空缺。为此,我国应该由"强资本与弱劳动+强政府与弱社会"向"强资本与弱劳动+有限政府与强社会"转变,加强劳动基准制度建设,改善民营企业财政环境,加快农民市民化,提高集体谈判层次和加强主体培育。

《我国劳动密集型小企业劳动关系问题研究》 人力资源和社会保障部劳动工资研究所苏海南、胡宗万在《华中师范大学学报(人文社会科学版)》(武汉)2012年第2期撰文,文章认为劳动密集型小企业具有数量大、分布广、生命周期短、产值利润低和综合贡献大的特点。与大中型企业相比,这些小企业在生产力、生产关系基础、主体构成、课题内容规范、权益保障水平、劳动关系维持和相关方心理认可程度等方面呈现出特殊性,因此其劳动关系变动性大、用工形式和劳资关系更加复杂、劳动报酬水平低、工作和休息时间规定不明确、劳动条件和保护较差、社会保障不健全、劳动关系冲突更为直接,造成这些问题的直接原因包括劳资双方主体不成熟、劳资沟通协调机制不健全、组织建设不完善、政府工作力度不足;而间接原因则包括小企业经济效益差,低端劳动力市场供过于求。解决这些问题的方法包括建立分层次、有弹性、求平衡、稳过渡、切合实际的劳动关系协调机制,维护广大劳动者合法权益,促进小企业健康可持续发展,形成劳资互利共赢的格局。

《我国企业劳动关系和谐度的评价与建议:基于问卷调查的实证分析》 四川大学经济学院张衔、兰亭集序科技有限公司在《当代经济研究》(长春)2012年第1期撰文,文章采用"模糊综合评判"的方法对我国劳动关系和谐度进行评估,通过对国内外文献的综述总结,根据二层模糊综合评判模型,构建了六个一级和十八个二级企业劳动关系和谐度评价指标,并利用分层分析法(AHP)确定权重。分析结果表明,我国目前劳动关系和谐度总体状况一般,私营企业得分最低,收入分配满意度、劳动合同签订情况和员工参与企业治理均为较差是这一结果的主要原因,因此这三方面也是影响我国劳动关系和谐度的主要因素。文章最后提出要完善最低工资标准,加快工资集体协商制度,发挥收入再分配作用,形成收入分配共享机制,强化劳动合同制度约束,吸收员工参与企业治理,从而提高我国劳动关系的和谐度。

《我国企业劳动关系和谐指数评价指标之研究》 山西警官高等专科学校白春雨、中国劳动关系学院公共管理系胡晓东在《中国劳动关系学院学报》(北京)2012年第3期撰文,文章讨论了以主客观指标来衡量和谐劳动关系的问题,在总结国内外劳动关系指标基础上,根据SMART原则,分别针对政府、企业和员工的不同特点设定评价指标,并根据多因素统计法和实践经验法加以权重,这一指标体系的建立有助于政府监测劳动关系状况、制定政策、排除不和谐因素和解决员工诉求。

《预期寿命与中国家庭储蓄》 中国社会科学院数量经济与技术经济研究所刘生龙,清华大学国情研究中心胡鞍钢、郎晓娟在《经济研究》(北京)2012年第8期撰文,试图通过实证研究来论证预期寿命对中国家庭储蓄的影响。文章在对收集的中国1990-2009年31个省份的省级面板数据,在一个生命周期的基础上引入预期寿命,并建立实证模型。结果显示,人口预期寿命对中国家庭储蓄率产生了显著的正向影响,样本期间内由人口平均预期寿命增加导致的中国家庭储蓄率增加供给4.2个百分点,对中国家庭储蓄率增长的贡献度达到了42.9%。作者还认为,虽然生命周期理论认为人口扶养比增加会导致储蓄率降低,但这个过程不是必然的,短时期内中国的储蓄率仍将维持在较高的水平上。

《增长、就业与社会支出——关于社会政策的"常识"与反"常识"》 西南财经大学保险学院刘军强在《社会学研究》(北京)2012年第2期撰文,通过梳理国内外的理论和经验研究来改变我们对社会政策过分负面的认识,同时回应学界中主流讨论和现实的重大议题,进而对经济、社会的协调发展提供一些新的思路。作者从社会政策与经济发展的关系,福利是否损害了就业?社会支出是否不可控制三个方面来反思各种有关社会政策"常识"的合理性。作者认为,长期以来,社会政策汲取的税收会扭曲市场激励机制,而且通过提供慷慨的保障弱化了劳动者的工作动机,进而对就业产生负面影响已成主流观点,并几乎成为"常识"。但是无论从微观还是宏观,社会政策与经济发展的关系并非如"常识"所言。相反,社会政策还有诸多正面外部性,因此发展社会保障绝非短视国策,而社会保护影响就业和社会支出无法控制的看法也有待商榷。我们需要采取新的"方差思维",即关注收入的分配差异,只有通过系统的社会保护体系建设,"患不均"的问题才能得到解决。

《浙江非公企业劳资矛盾与工会调节作用研究:基于农民工租住地工会的实证研究》 金华职业技术学院徐建丽在《浙江社会科学》(杭州)2012年第3期撰文,文章探讨了工会在非公企业中调节劳动关系的新动态,非公经济组织的发展是我国经济改革的重要措施和增长动力,但近年来劳资矛盾加剧影响了其发展,同时大量农民工的集聚也为社会管理带来了难题。文章以社会资本理论为视角,以农民工租住地工会作为研究对象和样本。为了解决农民工带来的社会治理困境,村委会在上级政府和工会的支持下成立了工会,通过向企业发布公函、个别协商和集体协商的方式与资方进行市场化谈判。这种工会在组织建立、工会选举、情感沟通和归属感上有传统企业工会没有的优势,通过吸纳农民工精英进入管理层,动员农民工参与社区的公共生活,使农民工管理由社会被动防控与管理型向主动引导、服务、建设型转变,为转型期创新社会管理提供有益探索。

《中国城镇化"推进模式"研究》 清华大学社会学系李强等在《中国社会科学》(北京) 2012 年第 7 期撰文,基于中国经验和国际比较,提出城镇化"推进模式"这一概念,试图从一个特殊的角度研究中国城镇化是通过何种运作机制实现的。作者认为,我国的城镇化与欧美国家相比,存在很大差异;根据城镇化推进的动力机制和空间模式,可以归纳为建立开发区、建设新区和新城、城市扩展、旧城改造、建设中央商务区、乡镇产业化和村庄产业化七类。我国城市化推进的重要特色就是政府主导,这种推进模式充分体现了中国的制度创新和制度灵活性。但同时应当看到,城镇化应当尊重基本经济规律、因地制宜,必须有效地发挥市场的作用,在土地利用方面应科学规划合理布局、提高土地使用效率,在推进方式上应创新社会力量参与机制,促进政府与民众良性互动。

《中国城镇化格局变动与人口合理分布》 中国社会科学院人口与劳动经济研究所张车伟、蔡翼飞在《中国人口科学》(北京)2012 年第 6 期撰文,从城和镇、区域间、城市群等方面考察城镇化格局的变动特征及其规律,并对城市人口合理分布问题进行了初步探讨。作者利用不同的数据来源研究发现,中国城镇化格局变化主要表现为 20 世纪 90 年代以来"镇"人口扩张对城镇化的作用不断加强。2000 年以前"镇化"作用增强更多的是建制镇数量增加所致,而 2000 年之后的影响则主要表现在镇区聚集人口功能的增加。改革开放以来,东部地区人口规模扩张对中国城镇化的贡献最大,且这一格局至今未发生显著变化,城市群日益成为带动城镇人口扩张的重要载体。2000 年后人口向大城市集中的趋势突出,规模越大的城市,人口比重提高的幅度越大,说明中国城市人口增长呈现显著的规模正相关特征。目前中国人口的分布正在向合理的方向发展,但大城市人口规模仍显不足。因此,要扶持大城市的发展。另外,鉴于华中地区的大城市、华南地区的中小城市发育不足,国家应实施差别化区域城镇发展政策。

《中国劳动力市场的户籍分割效应及其变迁——工资差异与机会差异双重视角下的实证研究》 北京工商大学经济学院余向华、中国社会科学院经济研究所陈雪娟在《经济研究》(北京)2012 年第 12 期撰文,基于 CHNS 微观统计数据,利用条件分位数回归和分解的结构分析方法,从机会歧视和工资歧视的双重视角出发,考察市场变化下不同时期户籍对中国劳动力市场的分割效应问题。研究结果显示,农村户籍者向城镇劳动力市场的大规模流动对于提高人力资源配置效率、增加农民收入、减缓城乡差距拉大速度、弥合城乡二元结构有着基础性作用。但是户籍制度的分割系统地抑制了上述作用的发挥,造成了城乡户籍者在就业机会和工资收益等方面的显著差异,而且这些差异呈现异质性和隐蔽性的特点。因此作者认为,因尽快消除各种导致户籍机会歧视的制度根源,当前尤其需要切断户籍与部门进入、岗位进入决定的联系,以消除户籍在这些方面的直接壁垒作用。

《中国流动人口人力资本回报与社会融合》 中国人民大学社会学系谢桂华在《中国社会科学》(北京)2012年第4期撰文,根据户籍性质和流动状况,将关注的对象分为四大类,考察户籍制度与流动状况对收入的影响,然后从流动人口的自我选择性与人力资本转换理论出发,比较不同群体的人力资本回报状况,以及流动时长与收入增长之间的关系,进而探讨不同劳动力群体在城市劳动力市场中的融合性。研究发现,人力资本的回报率根据户籍性质、流动状况和流动时长的不同而不同。总体上看,外来工人的人力资本回报率最高,之后是本地工人和本地农民。不同劳动力群体在城市劳动力市场中的融合性呈现出以下特点:一是迁移人口在城镇劳动力市场上的融合速度与其人力资本密切相关,人力资本越高,融入的速度越快。二是外来工人和外来农民工在城镇劳动力市场上的融合道路非常不同。前者与本地劳动力之间在劳动力市场上不存在融合障碍,而后者在城镇劳动力市场的融合因人力资本的高低而不同。三是城镇劳动力市场中存在着对外来农民工的身份歧视,但并非是整齐划一的,歧视的程度(甚至歧视与否)取决于外来农民工的技能水平,抑或其他的人口和社会经济特征。

《中国农民养老生命周期补偿理论及补偿水平研究》 辽宁大学穆怀中、辽宁大学人口研究所沈毅在《中国人口科学》(北京)2012年第2期撰文,试图借鉴在已有文献研究基础上,从工农二元福利差的角度,探讨中国农民养老生命周期的福利补偿问题。文章选取"均衡与偏斜务农收入差异"为核心指标,构建中国工农二元经济结构条件下的"二元农业福利差"数理模型。作者认为,二元农业福利差是以"劳动公平"为原则,以"均衡状态"为经济分配标准的农业福利差距。依据生命周期理论将二元农业福利差补偿到农民老年消费中,是农村建立"普惠式"养老保险制度模式的合理性依据。而二元农业福利差的补偿对象应是计划经济和二元经济结构运行时期,农业福利未达到"均衡状态"标准的农业劳动者。补偿标准的设定则要综合考虑二元农业福利差的数量及农民的养老消费需求。

《中国区域间人口红利差异分解及解释——基于数据包络分析模型》 云南大学发展研究院王婷、吕昭和在《中国人口科学》2012年第4期撰文认为,劳动力资源作为经济发展的关键要素,其配置效率差异加剧了中国区域间经济发展的失衡。文章通过计算2006-2010年中国31个省份的劳动年龄人口比重和人均GDP指标,构建相应的面板数据集,并采用数据包络分析模型进行测度,进而解释各地区间人口红利实现的技术效率和规模效率差异。测度结果显示,2006-2010年,从全国各地区人口红利实现的效率来看,相对于技术效率而言,人口红利实现的规模效率平均水平较低,其地区间的差异较大,这充分说明劳动力投入与其他生产要素投入并未达到最优比例关系。进一步的模型分析显示,显著影响中国地区间人口红利实现规模效率的因素包括教育水平及集聚效应、物质资本形成效应、资本积累的产业环境等。人口红利取决于劳动年龄人口比重与人均经济产出间的投入产出关系。中国东部地区人口红利实现效率明显高于中西部地区。

《中国人口年龄结构合理转化问题研究》 中国人口与发展研究中心马瀛通在《中国人口科学》(北京)2012年第1期撰文,将欧洲发达国家与中国经历的人口实践进行比较,探讨西方人口转变理论的不足,进而提出人口转变的方向及完成与否的判别标准。文章认为,中国人口老龄化过程的作用和后果与人口相对适宜的发达国家人口老龄化过程的作用和后果完全不同。从中国人口的实际状况看,抚养比上升是在相对过剩人口条件下,相对过剩劳动年龄人口导致的就业压力初步得以缓解的反映,而不是劳动年龄人口缺乏的反映。至于那种认为所谓"人口红利"在中国即将消失也是背离相对人口过剩先提下的误论。

《中国省际人口迁移区域模式变化及其影响因素——基于2000年和2010年人口普查资料的分析》 复旦大学人口研究所王桂新等在《中国人口科学》(北京)2012年第5期撰文,根据2000年和2010年两次人口普查数据及相关资料,采用省际人口迁移区域模式分析方法,建立省际人口迁移区域模式影响因素分析模型,以考察20世纪90年代以来中国省际人口迁移模式的变化及其主要影响因素。作者通过对两次人口普查数据的比较分析发现,20世纪90年代以来,中国省际人口迁移的区域模式是相当稳定的,但是也出现了明显的局部变化。迁出与迁入人口都呈现出过度的集中趋势,但相对于人口迁入,人口迁出的分布表现得"多极化"。而一些重要迁出地和迁入地的人口迁出迁入则表现出"前者恒强,强者更强"的特点。随着人口迁入重心的北移,长三角都市圈取代珠三角都市圈成为人口迁入的主要地区。

《中国细分行业的就业创造研究》 浙江工业大学经贸管理学院郭东杰在《中国人口科学》(北京)2012年第3期撰文,利用就业乘数原理研究细分行业的就业创造能力,并试图提出合理的结构调整策略。文章采用2002、2005和2007年中国投入产出表,利用投入产出局部闭模型计算细分行业的就业乘数。研究结果表明,中国经济增长的就业效应越来越弱,整个经济的就业创造能力呈下降趋势,过多的行政管制导致生产要素配置扭曲,全要素生产率不断下降;在三次产业中,工业的就业创造能力下降最快,服务业次之,农业最慢;扶持劳动密集型产业对就业创造非常有利,但从全球化的角度看,中国却会因此落入比较优势的陷阱;在服务业部门生产性服务业的就业创造能力相对较高。因此作者认为,应优先发展服务业,大力发展技术密集型行业和知识密集型行业,适当发展、改造劳动密集型行业,同时适当限制资源密集型行业、低技术资本密集型行业的发展。

《中国行业工资集体协商效果的实证分析:以武汉餐饮行业为例》 湖南大学工商管理学院谢玉华、陈佳、陈培培、肖巧玲在《经济社会体制比较》(北京)2012年第5期撰写,文章通过访谈和问卷的方法对武汉市餐饮行业的集体工资协商的形式和效果进行分析,与同期其他企业集体协商结果的横向对比和武汉餐饮行业抽样结果与前期的纵向对比都表明,工资集体合同能够提高职工工资,保险、福利、工作时间等内容总体落实良好,但由于成本和人员结构等问题,在小微企业中这两项规定都执行较差,而且武汉的集体协商在员工内认知度高,这是企业进行宣传的结果。总的来看,武汉这种由政府和总工会自上而下推动的工资集体协商形式起到了积极作用,但是工人主体地位的缺失和资方的强势地位是进一步发展集体协商需要克服的问题。

《中国制造业部门劳动报酬比重下降及其动因分析》 中国人民大学中国经济改革与发展研究院张杰、南京大学商学院卜茂亮、中国人民大学经济学院陈志远在《中国工业经济》(北京)2012年第5期撰文,使用2001-2007年间中国制造业企业的微观大样本数据,以中国制造业部门的微观企业作为研究对象,通过对制造业企业劳动报酬比重的影响因素的系统性研究,揭示造成中国制造业部门中劳动收入份额过低的动因。研究结果显示,相对于其他所有制类型企业,民营企业中的劳动报酬比重更低,这是造成我国制造业劳动报酬比重偏低的重要因素。市场竞争程度的提高、地区劳动者保护程度的强化,以及员工工资的提高对我国制造业劳动报酬起到正面促进作用。企业规模和年龄与企业劳动报酬比重之间的正相关关系表明,企业成长会朝着有利于劳动者利益的方向发展。

《转型社会的劳资关系:特征与走向》 南京大学社会学院刘林平、中山大学社会学与人类学学院崔凤国在《中山大学学报(社会科学版)》(广州)2012年第3期撰文,文章归纳了计划经济时期劳资关系的体制基础和主要特点,这包括单一公有制与软预算约束、行政主导再分配体制、固化分割的用工体制和制度依赖下的新传统主义;系统分析了市场经济条件下的体制转轨和劳资关系变迁,这表现在产权多元化使劳资关系日益复杂化,不断扩散与缺乏规制的市场成为主导劳资关系的核心力量,农民进城冲破了固化分割的城市劳动力市场,劳动者从主人翁落为打工者,多种因素的结果是形成了散乱型的劳资关系。文章总结了珠三角地区劳动关系的基本格局,港澳台投资主体的产权结构催生了"市场专制主义"的盛行,农民工成为劳动关系主体,政府放任推动了"市场型"劳资关系的扩张,劳资冲突加剧。长期来看,在转型期的中国,劳动关系会受到混合体制的制约,所以需要政府通过正式立法规制市场,允许社会力量在激荡中建立规则,限制"市场专制主义"的扩展。

《宗教参与对我国高龄老人死亡风险的影响分析》 北京大学社会学系朱荟、陆杰华在《人口研究》(北京)2012年第1期撰文,尝试以中国的调查数据来探讨宗教行为与健康状况之间的关系及作用机制。文章利用中国高龄老人健康长寿跟踪调查(CLHLS)数据,采用Cox比例风险模型对中国高龄老人死亡风险进行历时性研究。通过深入考察多种外在因素在宗教参与对死亡风险关系机制中的作用,进一步检验了西方文献中4种理论模式在中国的适用性,并分析了宗教参与对中国高龄老人健康生活的现实意义,对这一研究领域进行了拓展。研究结果显示,宗教参与对中国高龄老人的"直接性机制"是由"替代性"、"间接性"和选择性这3种机制共同实现的,其中"替代性机制"发挥了至关重要的作用。

《最低工资标准提升的劳动力供给效应——基于回归间断设计的经验研究》 吉林大学数量经济研究中心贾朋、张车伟在《中国人口科学》(北京)2012年第2期撰文,文章以中国健康与营养调查1997-2009年的微观数据和相应省份历年最低工资标准的调整数据为基础,应用就业方程和工作时间方程控制个体的异质性,运用回归间断设计方法分析了最低工资标准提升对低收入群体劳动供给的影响。研究结果表明,最低工资标准提升对男性就业和工作时间均未产生显著影响;对女性的工作时间虽未产生显著影响,但却对女性就业产生了显著的消极影响,导致女性劳动供给明显下降。随着相对工资水平的上升,最低工资标准提升幅度的加大,其对男性就业、男性和女性工作时间的消极影响将逐渐显露出来。因此,政府应逐渐适度提高最低工资标准,在保证低收入群体劳动供给不受较大消极影响的同时,渐进地提高低收入人群的工资水平。

大事记

· 2012年中国
  人口活动大事记

大事记

2012年中国人口活动大事记

1月

4日

● 新华社报道，国家发展和改革委员会、教育部、财政部联合印发《幼儿园收费管理暂行办法》。该办法规定，幼儿园收费统一为保育教育费、住宿费。严禁幼儿园以任何名义向入园幼儿家长收取赞助费、捐资助学费、建校费、教育成本补偿费等与入园挂钩的费用，严禁以开办实验班、特色班、兴趣班、课后培训班和亲子班等特色教育为名向家长另行收费。

● 国家人口计生委发布了2012年流动人口春节返乡意愿电话调查情况，结果表明，65.4%的农村户籍的劳动年龄流动人口已经或打算返乡过春节。城市（非农）户籍的流动人口计划返回户籍地过春节的比例为62.6%。不打算在春节期间返乡的流动人口超过1/3（农村户籍的34.6%，非农户籍的37.4%），绝大部分人表示将在现居住地过春节（打算去其他地方的比例不足3‰）。

13日

● 新华社报道，《专用校车安全技术条件》《专用校车座椅系统及其车辆固定件的强度》两项国家强制性标准通过审查。两项标准涵盖了3周岁以上学龄前幼儿及九年制义务教育阶段在校学生，提出了幼儿专用校车、小学生专用校车和中小学生专用校车的安全技术要求以及幼儿、小学生和中小学生专用校车座椅的尺寸和强度等安全技术要求。

16日

● 中国互联网络信息中心（CNNIC）发表的数据显示，截止到2011年12月，中国总体网民规模突破5亿，互联网普及率达到38.3%。

17日

● 国家人口计生委印发《关于加强人口文化建设的意见》。《意见》指出：建设先进的人口文化是促进社会和谐的重要基础，是全面做好人口工作的必然要求。《意见》要求，要推进人口文化理论研究与实践探索；要大力发展公益性人口文化事业和人口文化产业，推进人口文化基本公共服务体系建设；要增强人口文化传播能力。《意见》最后指出，要深化文化体制改革，加强资源整合和队伍建设，加强组织领导和投入保障，充分发挥人民群众的主体作用，加强理论研究和实践创新，为人口文化建设提供体制机制保障。

● 国家统计局发布数据，2011年末，中国大陆城镇人口占总人口比重达到51.27%，城镇人口数量首次超过农村。从年龄构成看，2011年大陆60岁及以上人口占总人口的13.7%，比上年末提高0.47个百分点。

2月

2日

● 北京市首次明确食品保质期临界时间。北京市工商局的《临近保质期限食品销售专区制度》对食品保质期临界时间进行了明确，根据保质期不同，分为6种情况，商场和超市应在规定的期限前将这些食品在专区内集中陈列和销售。

● 卫生部发布《居民健康卡管理办法（试行）》。根据规定，各地可将居民健康卡与市民卡等其他公共服务卡"多卡合一"，各医疗卫生机构发行的医疗卡将逐步过渡为居民健康卡。卫生部表示，今年全国将加快推进居民健康卡建设工作，启动各省份试点工作，以点带面，逐步推开，实现标准统一、全国通用，方便居民看病就医和进行个人健康管理。争取"十二五"末居民健康卡持有率与居民电子健康档案建档率同步达到80%。

5日

● 国务院办公厅转发了国家人口计生委与国务院扶贫办联合起草的《关于进一步做好人口计生与扶贫开发相结合工作的若干意见》，《意见》要求进一步做好新形势下人口计生与扶贫开发相结合工作，统筹解决贫困地区人口与发展问题，推动人口与经济、社会、资源、环境的协调和可持续发展。各地要根据本《意见》，进一步健全人口计生与扶贫开发相结合工作机制，加强组织领导，强化部门配合，共享信息资源，推进改革创新，结合实际进一步明确人口计生与扶贫开发相结合的政策措施。

7日

● 全国创建幸福家庭活动指导委员会第一次全体会议在京召开。第十届全国政协副主席、中国人口福利基金会会长王忠禹、国家人口计生委主任王侠讲话，国家人口计生委副主任崔丽主持，中央宣传部副部长申维辰、中国计划生育协会常务副会长杨玉学，中国人口福利基金会理事长赵炳礼出席。会议听取了中国人口福利基金会《关于创建幸福家庭活动有关情况的报告》，与会人员就创建幸福家庭活动提出了意见和建议，并为研究部署2012年工作任务建言献策。

8日

● 卫生部发布《母婴健康素养——基本知识与技能》，阐明了女性怀孕、分娩、哺乳的特殊生理时期应该掌握的基本知识和技能,并针对近年来剖宫产率高、巨大儿出生率高、不适当的婴幼儿喂养等突出问题提出相关健康指导。

10 日

● 全国人口和计划生育工作座谈会在京召开。会议强调要按照"稳中求进"的总基调,认真贯彻落实中央关于全面做好人口工作的一系列决策部署和胡锦涛总书记在中共中央政治局第二十八次集体学习时的重要讲话精神,突出工作重点,注重分类指导,加强统筹协调,推动任务落实,扎实做好2012年的各项工作,努力开创人口计生工作新局面,以优异成绩迎接党的十八大胜利召开。

12 日

● 婚恋网站世纪佳缘发布了《2011—2012年中国男女婚恋观调查报告》。报告有效样本75 185份,通过民意调研及2011年的婚恋热点话题,深入剖析了中国男女的婚恋价值观。调查显示,在新的法律、文化等背景下,国人的婚恋观正在改变,其中,"郎财女貌"仍是男女的择偶标准。

13 日

● 国家人口计生委召开2012年巡视工作会议,传达学习中央领导关于加强和做好巡视工作的讲话精神,总结2011年委巡视工作情况,研究部署2012年委巡视工作任务。会议要求,2012年是实施"十二五"规划承上启下的重要一年,是进一步在深化全局性改革中切实加强人口计生工作的关键一年,要进一步提高巡视工作的科学化水平,促进各项重点工作更好发展。要紧紧围绕党的十八大做好巡视工作,切实加强巡视工作的组织领导,着力加强自身建设,提高巡视工作质量和水平,促进全委各项重点工作更好发展。

● 《国家药品安全"十二五"规划》公布,这是我国第一个关于药品安全的独立规划。规划要求,制订实施执业药师业务规范,严格执业药师准入,特别要加大执业药师配备使用力度。

● 中国国家人口计生委副主任崔丽率团出席在肯尼亚首都内罗毕召开的人口与发展南南合作伙伴组织第二十届执委会会议。会议主要就伙伴组织的机构管理、2012年度工作计划和预算以及新招聘执行主任等事项进行了审议和批准。中国作为副主席国,崔丽主持了相关议程并对伙伴组织未来发展提出了建设性的意见。

15 日

● 零点研究咨询集团公布"2011中国城市老年人生活形态及消费行为调查"结果:在北京、上海、广州、武汉、西安、成都及沈阳七大城市调查访问的1 125名60岁以上老年人中,半数以上家庭老人对子女有"经济再哺"现象,三成左右的子女在购房时获得父母经济支持;老年人对子女花钱多为资助型,子女在购房、买车及其他急需方面都能获得老人的一定经济支持。

22 日

● 国务院总理温家宝主持召开国务院常务会议,研究部署"十二五"期间深化医药卫生体制改革工作。会议指出,"十二五"期间,要以建设符合我国国情的基本医疗卫生制度为核心,在三个方面重点突破,包括加快健全全民医保体系、巩固完善基本药物制度和基层医疗卫生机构运行新机制,为基层医疗卫生机构培养15万名以上全科医生,积极推进公立医院改革,破除"以药养医"机制。

23日

● 由全国妇联宣传部、中国家庭文化研究会等单位联合举办的第七届中国女性消费高层论坛在京举行。论坛主题为"提升女性生活质量，促进家庭健康消费"。本次论坛发布了《2011年中国家庭消费状况及2012消费预期》、《家庭消费中突出的问题及改善家庭环境的对策建议》及《第六次中国城市女性生活质量调查》。

● 中国政府网消息，国务院办公厅发布关于积极稳妥推进户籍管理制度改革的通知。通知要求，要分类明确户口迁移政策，要依法保障农民土地权益，禁止借户籍管理制度改革或者擅自通过"村改居"等方式，非经法定征收程序将农民集体所有土地转为国有土地。要着力解决农民工实际问题，今后出台有关就业、义务教育、技能培训等政策措施，不要与户口性质挂钩。

27日

● 在"三八"国际劳动妇女节来临前夕，全国妇联决定授予在我国经济建设和社会发展中作出突出贡献的挺身接住坠楼儿童的"最美妈妈"吴菊萍、青蒿素的研发者屠呦呦等10位优秀女性全国三八红旗手标兵荣誉称号。同时还授予339人全国三八红旗手荣誉称号，授予202个单位全国三八红旗集体荣誉称号。

● 我国第一部老龄事业发展蓝皮书——《中国老龄事业发展报告(2013)》在京发布。蓝皮书指出，截至2012年底，我国老年人口数量达到1.94亿，比上年增加891万，占总人口的14.3%。2013年，老年人口数量将突破2亿大关，达到2.02亿，老龄化水平将达到14.8%，社会总抚养比将从2012年的44.62%上升到2013年的45.94%。

28日

● 全国人口计生宣传工作会议在湖北省武汉市召开。会议深入学习贯彻党的十七届六中全会和全国人口计生工作座谈会精神，总结2011年全国人口计生宣传工作取得的进展，研究如何在新形势下大力开展全面做好人口工作的宣传倡导，进一步加强新闻宣传和舆论引导，进一步加大综合治理出生人口性别比工作的力度，为迎接党的十八大胜利召开营造良好的舆论氛围和社会环境。国家人口计生委副主任崔丽出席会议并讲话，湖北省政协副主席涂勇致辞。

● 由全国妇联、国家广播电影电视总局支持，中国儿童少年基金会主办、广西梧州中恒集团股份有限公司协办的"弘扬雷锋精神——儿童少年读书实践活动"、"传播科技文化——爱心电视进万家公益行动"在北京人民大会堂启动。

● 中共中央办公厅印发《关于深入开展学雷锋活动的意见》，期望通过推动学雷锋活动常态化，大力弘扬雷锋精神。教育部网站公布了《教育系统深入开展学雷锋活动实施方案》。

29日

● 全国人口和计划生育形势分析会在贵州省贵阳市召开，主要任务是贯彻落实2月10日召开的全国人口和计划生育工作座谈会精神，分析研判当前人口形势，科学把握人口发展的内在规律与变动趋势，并研究部署发展规划与信息工作。贵州省副省长刘晓凯致辞，国家人口计生委副主任陈立出席并讲话。

● 国务院办公厅印发《中国遏制与防治艾滋病"十二五"行动计划》，计划提出，到2015年底，要使重点地区和重点人群艾滋病疫情快速上升的势头得到基本遏制，艾滋病新发感染数比2010年减少25%，艾滋病病死率下降

30%,存活的感染者和病人数控制在120万左右;要进一步提高公众知晓率,15岁-60岁城镇居民艾滋病综合防治知识知晓率达到85%以上,农村居民达到80%以上,出入境人群、流动人口和15岁-49岁妇女达到85%以上。

●国务院总理温家宝2月29日主持召开国务院常务会议,同意发布新修订的《环境空气质量标准》。新标准增加了细颗粒物和臭氧8小时浓度限值监测指标。会议要求2012年在京津冀、长三角、珠三角等重点区域以及直辖市和省会城市开展细颗粒物与臭氧等项目监测,2013年在113个环境保护重点城市和国家环境保护模范城市开展监测,2015年覆盖所有地级以上城市。

3月

1日

21世纪教育研究院发布教育蓝皮书《中国教育发展报告(2012)》,报告指出,由于学龄人口大幅减少,政府教育投入大幅增加,教育的供求关系正在得到明显改善;全国义务教育在校生持续减少,学前教育和高中教育入园率、入学率均得到了提高;随着母亲文化程度的提高,青少年会有更高的心理健康水平和更少的抑郁问题。

3日

●第十三次全国"爱耳日",今年的主题是:"减少噪声,保护听力"。

5日

●十一届全国人大五次会议在北京人民大会堂隆重开幕。国务院总理温家宝向大会作《政府工作报告》。温家宝总理强调,要全面做好人口和计划生育工作。继续稳定低生育水平,综合治理出生人口性别比偏高问题,提高出生人口质量。加快实现计划生育优质服务全覆盖,将免费孕前优生健康检查试点范围扩大到60%的县(市、区)。提高农村部分计划生育家庭奖励扶助、特殊扶助标准。加强流动人口计划生育服务管理。做好妇女儿童工作,扩大农村妇女宫颈癌、乳腺癌免费检查覆盖面,提高妇女儿童发展和权益保障水平。进一步完善残疾人社会保障体系和服务体系。积极发展老龄事业,加快建设社会养老服务体系,努力让城乡老年人都老有所养,幸福安度晚年。

●受国务院委托,国家发展和改革委员会向十一届全国人大五次会议提交了《关于2011年国民经济和社会发展计划执行情况与2012年国民经济和社会发展计划草案的报告》,提出2012年人口自然增长率控制在6.5‰以内的工作目标,并提出要继续推进人口和计划生育服务体系建设,扩大农村妇女宫颈癌、乳腺癌免费检查覆盖面,将免费孕前优生健康检查试点范围扩大到60%的县(市、区)。

6日

●全国妇联在北京举行了《关于指导推进家庭教育的五年规划(2011—2015年)》新闻发布会。《规划》由全国妇联、教育部、中央文明办、民政部、卫生部、国家人口计生委、中国关工委7部委联合制定。《规划》的编制以科学发展观为指导,贯彻了"三个坚持",遵循了"三个原则"。

11日

●中央文明办、全国绿化委员会、国家林业局、全国总工会、共青团中央、全国妇联联合下发通知,在全国部署开展"关爱自然、义务植树"志愿服务行动。通知要求各地组织开展植树植绿志愿服务活动,结合生态工程建设和"保护母亲河行动"、"三八绿色工程"等活动,建设"志愿者林",积极参与公园绿地、旅游景区、水资源地、道路两侧的绿化美化。

13 日

● 为贯彻落实国务院食品安全委员会第四次全体会议精神和《国务院办公厅关于印发2012年食品安全重点工作安排的通知》(国办发〔2012〕16号)要求,进一步明确餐饮服务食品安全监管重点任务,狠抓责任落实,国家食品药品监督管理局制定印发了《2012年餐饮服务食品安全重点工作安排》。

14 日

● 首期由中国关心下一代工作委员会拟订的,"中华大家园"创业家园援助民族地区青少年就业培训活动开学典礼在浙江省湖州市吴兴区织里镇举行。

15 日

● 中国社会科学院举行2012年《生态城市绿皮书》新闻发布会,并发布《中国生态城市建设发展报告(2012)》。绿皮书认为,生态城市是中国城镇化发展的必然之路,并首次提出了"法于人体"的生态城市建设管理思想,提出了组织自调节理论以及信息的管理职能等创新理论。

19 日

● 国家人口计生委流动人口服务管理司向国家人口计生委流动人口计划生育工作领导小组成员单位通报了全国流动人口计划生育服务管理"一盘棋""三年三步走"工作进展,领导小组各成员单位交流了2011年相关工作情况,并就做好2012年流动人口计生工作提出相关建议。

● 国家人口计生委召开专家座谈会。国家人口计生委主任王侠讲话,国家人口计生委副主任陈立出席座谈会,邬沧萍、蔡昉、翟振武、郑虎、段恩奎等13名专家参加了座谈。各位专家就分析研判人口形势、认识把握人口发展重点热点问题、提高科技支撑能力及做好今后人口计生工作,提出了针对性的意见和建议。

21 日

● 旨在贯彻落实国务院"中国儿童发展纲要"精神,资助特困少年儿童、孤儿和残疾儿童接受良好教育的国内首个中国少年儿童文化艺术基金会奖学基金在京成立。

22 日

● 国家人口计生委在福建省福州市召开国家免费孕前优生项目全面推进工作会议。会议的主要任务是,贯彻落实国务院的要求,专题部署国家免费孕前优生健康检查项目扩大试点工作,交流经验,研究问题,凝心聚力,确保完成国务院交办的任务,为明年实现全国全覆盖奠定坚实的基础。国家人口计生委主任王侠出席会议并讲话,福建省副省长陈桦致辞,国家人口计生委副主任陈立主持,国家免费孕前优生项目指导组副组长江帆出席会议。

24 日

● 第17个"世界防治结核病日",今年我国的宣传主题是"你我共同参与,消除结核危害"。

26 日

● 台湾行政机构主计部门的调查指出,台湾赋闲人口在2012年2月升至77.5万人,创历年新高,赋闲人口里高达90%是45至64岁的中壮年人口。

26 日—27 日

● 中法家庭发展政策研讨会在北京举行。国家人口计生委副主任崔丽、法国驻华大使馆公使丁合复以及联合国人口基金驻华代表何安瑞等出席开幕式并致辞。来自中法两国政府部门和学术机构的代表，联合国人口基金、联合国儿童基金、德国国际合作机构等相关机构驻华代表处的代表共计40余人参加了此次研讨会。

28日

● 国家人口计生委召开2012年全国人口计生系统反腐倡廉工作视频会议，总结2011年反腐倡廉工作，部署2012年反腐倡廉工作任务。国家人口计生委主任王侠出席会议并讲话，国家人口计生委纪检组组长勾清明作题为《认真贯彻落实中央反腐倡廉工作部署，全面推进人口计生系统反腐倡廉建设》的工作报告，副主任王培安、陈立，中国计划生育协会常务副会长杨玉学出席会议，副主任崔丽主持会议。

30日

● 国家人口计生委、中国计划生育协会、中国人口福利基金会召开创建幸福家庭活动试点推进工作座谈会，深入学习贯彻全国"两会"和国家人口计生委2012年工作要点精神，总结交流情况，分析研究问题，重点部署创建幸福家庭活动试点推进工作。中国人口福利基金会会长王忠禹，国家人口计生委主任王侠出席会议并讲话。国家人口计生委副主任崔丽，中国计生协党组书记、常务副会长杨玉学出席会议。中国人口福利基金会理事长赵炳礼主持会议。

31日

● 国家人口计生委在湖南省长沙市召开全国人口计生利益导向工作会议。会议要求，抓紧部署落实特别扶助制度；提高"两项制度"标准，主动协调财政部门落实配套资金；认真贯彻国务院办公厅转发国家人口计生委、国务院扶贫办《关于进一步做好人口计生与扶贫开发相结合工作的若干意见》的通知精神，积极参与连片特困地区区域发展与扶贫攻坚规划编制工作；进一步做好人口计生政策与新型农村和城镇居民社会养老保险制度衔接工作。

4月

5日

● 科技部公布《国家科学技术普及"十二五"专项规划》，明确指出，到2015年，实现我国公民具备基本科学素质的比例超过5%，达到世界主要发达国家上世纪90年代中期的水平。《规划》要求，形成以政府投入为主的多渠道科普投入体系，到2015年实现人均科普专项经费达到3元/年，发达地区和城市达到5元/年以上。

6日

● 中国残疾人福利基金会2012年"集善"助残行动启动。目前我国60岁以上老年人中，约7 000万老年人需要康复服务。"集善"助残行动将在5年内由三星集团捐赠5 000万元用于支持中国残疾人福利基金会开展白内障复明、脑瘫儿童康复、聋儿语言训练等公益项目。

● 2012年全国麻风病防治工作年会在杭州召开。中国承诺到2020年消除麻风病危害，成为世界上第一个提出消除麻风病危害的国家。

7日

● 据中国新闻网报道，"双非"（父母均非香港人）问题直接冲击香港的医疗，以至未来的社会福利和教育体系。据特区政府统计处早前公布的2011年人口普查简要结果显示，去年全年在港出生的"双非"婴儿人数再创新高，达35 736名,较前年增幅高达近10%。

9日

● 世界银行发布题为《中国农村老年人口及其养老保障:挑战与前景》的报告称,由于人口转变和年轻人不断流入城市,中国的人口老龄化问题农村较城镇更为严重。预计到2030年,中国农村老年人抚养比会达到34.4%,而城镇则仅为21.1%。

10日

● 中国第一本非传统安全蓝皮书——《中国非传统安全研究报告(2011-2012)》发布会暨研讨会在京举办。报告指出:人口膨胀给资源安全和环境安全带来沉重的压力;人口安全、气候变化和环境安全问题,已经威胁到人类自身的生存;人口城市化、工业化是传统农业社会向现代工业社会转变的过程;环境安全既是国家安全的重要组成部分,又是国家政治安全、经济安全的重要基础。

● 国务院印发了《国家人口发展"十二五"规划》。《规划》提出了"十二五"时期国家人口发展的主要任务,一是坚持计划生育基本国策,稳定低生育水平。二是完善人口政策,促进人口长期均衡发展。三是着力提高人口素质,加快人口大国向人力资源强国转变。四是引导人口有序流动,促进人口合理布局。五是健全养老保障和服务体系,积极应对人口老龄化。六是综合治理出生人口性别比偏高问题,促进社会性别平等。七是提高家庭发展能力,促进家庭和谐幸福。八是健全残疾人保障和服务体系,支持残疾人事业发展。

11日

● 在福州举行的全国卫生统计信息工作会议传出信息,从今年起,卫生部将组织开展居民健康水平影响因素测量方法及标准研究,推动建立人口死亡登记制度,逐步建立人口死亡登记信息库。

● 中国青少年研究中心公布的《中日韩美高中生比较研究报告》显示,比起美国、日本、韩国的高中生,中国高中生有着最强的国家意识和最为务实的人生观,79.4%的中国高中生认为国家发展与个人发展息息相关,80.7%的中国高中生表示"若国家遇到危机,愿为国家做任何事"。

● 卫生部、保监会、财政部和国务院医改办联合印发了《关于商业保险机构参与新型农村合作医疗经办服务的指导意见》,未来我国将鼓励更多商业保险机构参与新型农村合作医疗经办服务。这种由政府出资购买服务的形式,将不断完善新农合业务管理和服务流程,缩短结报时限。

● 由国家人口计生委、全国工商联、中国光彩事业促进会联合举办的"同心·西藏和四省藏区幸福家庭工程——新农村新家庭计划"启动仪式在北京人民大会堂举行。全国工商联主席黄孟复等出席启动仪式。该项目重点围绕藏区新生儿、孕产妇家庭和提供公共服务的基层服务人员,为他们提供"关爱新生儿健康大礼包"、"汉藏双语文化包"、"全家福"等宣传品和宣传平台,开展"幸福家庭行动藏区行"等巡回宣传服务和针对基层项目人员的培训服务。

13日

● 为贯彻落实"两会"精神,巩固全国流动人口计划生育"一盘棋"机制建设成果,进一步加强流动人口计划生育服务和管理,国家人口计生委在江西省南昌市召开全国流动人口计划生育工作会议。国家人口计生委主任王侠出席会议并讲话。

15日-21日

● 第十八届全国肿瘤防治宣传周。今年的

宣传主题是"科学抗癌，关爱生命——饮食与癌症"。据介绍，我国每年新发肿瘤病人约250万，每死亡5人中就有1人死于癌症。专家表示，通过健康饮食预防癌症是非常有效的措施。

18日

● 国务院办公厅发布关于《深化医药卫生体制改革2012年主要工作安排》。2012年将以县级医院为重点，选择在300个左右县（市）开展县级医院综合改革试点。其中，取消药品加成政策，提高诊疗费、手术费、护理费等医疗技术服务价格，成为关注焦点。

23日

● 国家发改委相关负责人称，从今年秋季学期开始，对中小学生使用的主要教辅材料实行政府指导价管理。按照此次拟定的指导价水平，大部分教辅材料价格比目前市场价降低近40%至50%。

23—26日

● 为提高基层人口计生行政执法人员的依法行政意识和文明执法工作水平，国家人口计生委举办第一期县级人口计生委主任依法行政培训班。此次培训邀请了国家人口计生委相关司领导、中国政法大学相关专家以及国家信访局相关领导进行授课。国家人口计生委副主任王培安在培训班上作《当前人口和计划生育形势与依法行政总体任务》的报告。

24日—26日

● 全国省市级计划生育药具管理干部第二期培训班在湖南省长沙市举办。回顾总结"十一五"期间全国计生药具管理工作，分析当前全国计生药具管理工作形势，部署当前及今后一段时间全国计生药具管理工作。来自全国北方片的17个省市、部分南方省市及所属地市级管理机构负责人共270余人参加培训。

25日

● 水利部部长陈雷受国务院委托向全国人大常委会作报告时指出，加快实施农村饮水安全工程"十二五"规划，到2013年解决原规划内农村饮水安全问题，到2015年全面解决农村饮水安全问题。

28日

● 中国人口学会召开"人口理论与实践创新座谈会"。国家人口计生委主任王侠出席会议并讲话，她要求深化人口科学理论研究，加强人口理论创新，注重发挥人口理论对于做好新时期人口计生工作、促进人口长期均衡发展的重要指导作用。座谈会由中国人口学会会长张维庆主持。中国人口学会常务副会长王培安出席会议。

5月

3日

● 人口挑战与社会融合国际研讨会在北京召开。此次会议是中德人口挑战与社会融合合作项目的重要活动之一。中国国家人口计生委副主任崔丽、德国驻华大使馆公使贝雅德和中国商务部国际司商务参赞尧文良出席开幕式并致辞。与会代表围绕人口流动迁移与区域发展、人口迁移与包容性社会、人口变化与公共服务政策等三个专题进行了深入的交流和讨论。

7日

● 人保部和财政部召开全国新农保和城居保制度全覆盖工作动员视频会议，宣布从7月1日起在全国范围内启动城乡居民养老保险全覆盖工作，计划年底前完成。

● 团中央、教育部、财政部、人力资源和社会保障部四部门联合下发2012年西部计划实施方案。方案中规定，将志愿者基础生活补贴调至每月1 000元，同时继续享受国家艰苦边远地区津贴，综合保障险保费标准提高为350元，其中人身意外伤害、身故(含疾病身故)保险责任，保额30万元，住院医疗保险责任，保额30万元，疾病门诊责任，保额1万元。

9日-12日

● 国家人口计生委流动人口服务管理司、人事司在南京人口国际培训中心举办第一期流动人口服务管理培训班。来自新疆生产建设兵团人口计生部门和国家人口计生委直属机关有关单位的相关人员参加了培训。

13日

● 旨在反对家庭暴力，倡导和谐生活的全球性反家暴行动"大声说出来——反对家庭暴力，构建和谐家园"项目中国区活动在北京启动。

● 西南财经大学和人民银行共同发布全国首份《中国家庭金融调查报告》称，中国自有住房拥有率高达89.68%，远超世界60%左右的水平。而2011年中国城市户均拥有住房为1.22套，这一数值比2010年中金公司发布的数据0.74套住房相比有大幅提高。

14日

● 中国人口福利基金会、中国人民大学社会与人口学院、中国人口报社联合在北京举办了"健全家庭发展政策，促进家庭和谐幸福——'国际家庭日'中国行动"。会议围绕新时期家庭发展遇到的问题和挑战进行了研讨发言。中国人口福利基金会理事长赵炳礼出席，中国人民大学社会与人口学院院长翟振武主持。

● 全国人口计生系统纠风工作座谈会暨阳光计生行动经验交流会在河南省郑州市举行。会议传达贯彻全国纠风工作电视电话会议精神，总结部署人口计生系统纠风工作，交流开展阳光计生行动的经验。国家人口计生委纪检组组长勾清明讲话，河南省纪委书记尹晋华出席开幕式并致辞。

15日

● 计划生育生殖健康研究会成立暨第一次会员代表大会在北京人民大会堂召开。全国人大常委会副委员长桑国卫、国家人口计生委主任王侠讲话，民政部副部长姜力宣读关于研究会筹备成立的批复，国家人口计生委副主任陈立主持成立大会。大会选举了研究会会长、常务副会长、副会长、秘书长和理事、常务理事。桑国卫任名誉会长，国家人口计生委原副主任江帆任会长。

● 中日韩应对人口老龄化问题国际研讨会在京举办，会议提出，人口老龄化是人类社会面临的新问题、新挑战，中日韩三国应携起手来，共同探索独具东方文化特色的敬老养老模式。

16日

● "全国大学生创业就业网络促进平台高飞网启动发布会"在北京举行。"高飞网"将通过网络平台的各种策划和活动，促进社会资源和社会力量的有序整合，配合政府部门开展宣传、引导、服务工作，积极开拓大学生创业就业的新模式、新方法。

17日

● 总政治部、总后勤部下发《关于建立军队独生子女父母退休奖励费制度的通知》，从2012年起，军队独生子女父母在退休时，可一次性领取每人3 000元的"军队独生子女父母退休奖励费"。

● 民政部副部长窦玉沛表示,我国已有 15 个省份建立了 80 岁以上高龄老年人补贴制度,14 个省份建立了养老服务补贴制度。

18 日

● 中国计生协在江苏省扬州市举办了书画社成立揭牌仪式,并拉开了全国计生协首届书画作品展览序幕。中国计生协常务副会长杨玉学为书画社揭牌并讲话。仪式后,中国计生协以"关怀计生群众,促进幸福家庭,喜迎党的十八大"为主题的全国首届书画展览活动随即展开。

19 日

● 全国社会保障基金发布年报显示,截至 2011 年底,基金的资产总额达 8 688.2 亿元,相比十年前的 805.09 亿元,增长十倍多。

21 日

● 据零点研究咨询集团针对农村留守儿童的调查显示:1/8 留守儿童常年不见父母,近两成(18.0%)一年只见父母一次,四成左右(37.6%)每年见 2-3 次,一年见父母不超过 3 次的留守儿童累计达七成(67.1%);四成留守儿童出现问题症状,主要是学习差、情绪躁;随迁子女仅占农民工子女的两成。

22 日

● 浙江省人口计生委、浙江大学、浙江省马寅初人口福利基金会在杭州联合举行浙江省纪念马寅初先生诞辰 130 周年大会暨《马寅初年谱长编》和《马寅初题字墨迹》首发仪式。浙江省副省长郑继伟出席会议并讲话。浙江省人口计生委主任王文娟代表省人口计生委发言。

24 日

● 全国综合治理出生人口性别比偏高暨重点治理年工作会议在海南省海口市召开。为确保实现出生人口性别比进一步下降,为实现"十二五"出生人口性别比下降至 115 以下的目标奠定扎实基础,会议深入贯彻落实中央决策部署,总结经验,分析形势,明确任务,全面部署 2012 年的重点治理工作。国家人口计生委主任王侠出席会议并讲话。

25 日

● 全国社会保障基金理事会理事长戴相龙在"养老金投资国际研讨会"上表示,全国社会保障基金的现有规模,与应对养老基金收支缺口的需要相差甚远,与中国经济总规模不匹配。要实现中国养老基金中长期收支平衡,需要解决三个问题:急需明确"社会统筹和个人账户相结合"制度的具体要求;认真测算养老保险基金中长期收支缺口;促进养老金投资运营,实现养老基金保值增值。

28 日

● 中国计生协、湖北省计生协和武汉市政府联合举行了庆祝中国计生协成立 32 周年、国际计生联成立 60 周年暨第十四个"5·29 会员活动日"活动。活动宣读了中国计生协会长王刚致全国各级计划生育协会理事、会员和工作者的信,慰问了困难计生家庭,并聘请著名演员张凯丽女士为"生育关怀·创建幸福家庭——防治寄生虫,促进健康行动"爱心大使。

29 日

● 人力资源和社会保障部发布,2011 年末,全国参加失业保险人数为 1.4 亿人,比上年末增加 940 多万人。

30 日

● 中国市长协会在广州发布的《中国城市发展报告 2011》显示，中国城镇化率在 2011 年底已达到 51.3%，将中国城镇化推入了一个新的历史阶段，但同时面临质量不高且同质化严重的现象。

31 日

● 卫生部首次公布《中国 0-6 岁儿童营养发展报告（2012）》。卫生部负责人指出：一，儿童营养状况存在显著的城乡和地区差异，农村地区，特别是贫困地区农村儿童营养问题更为突出。二，农村地区儿童营养改善基础尚不稳定，呈现脆弱性，容易受到经济条件和突发事件的影响。三，2 岁以下儿童贫血问题突出。四，流动、留守儿童营养状况亟待改善。五，超重和肥胖问题逐步显现，不仅城市地区儿童肥胖问题日益突出，农村地区也逐渐呈现。

● "世界无烟日"，今年的主题是"警惕烟草业干扰控烟"。

6 月

7 日

● 为进一步加大计划生育优质服务创建工作力度，确保实现"十二五"时期全覆盖的目标，不断开创人口计生工作新局面，全国计划生育优质服务创建工作经验交流会在安徽省合肥市召开，国家人口计生委主任王侠讲话，安徽省长李斌致辞，国家人口计生委副主任陈立主持。

11 日

● 由国家人口计生委主办，中国人口宣传教育中心承办、中央财经大学协办的关爱女孩青年志愿者行动 2011 年总结表彰暨 2012 年暑期社会实践调研工作启动会在北京召开。会议总结了 2011 年关爱女孩青年志愿者行动，表彰了在 2011 年关爱女孩青年志愿者行动中获奖的个人和集体，并宣布 2012 年关爱女孩青年志愿者暑期调研行动启动。

● 麦可思研究院发布就业蓝皮书《2012 年中国大学生就业报告》指出，2011 届大学毕业生毕业半年后就业率为 90.2%，比 2010 届的 89.6% 略有上升；月收入达 2 766 元，比 2010 届增长 287 元。

11-15 日

● 国家人口计生委在北京举办 2012 年第二期县级人口计生委主任培训班。国家人口计生委副主任崔丽出席培训班并授课。来自全国各地的新任县级人口计生委主任和国家人口计生委直属机关单位的相关人员参加了培训。

15 日

● 中国国家人口计生委主任王侠在委机关会见新加坡共和国驻华大使罗家良先生。双方表示将进一步加强沟通，着力在家庭发展政策、人力资源开发、公共管理与服务以及应对人口老龄化等方面推进两国之间的交流与合作。

● 第十四届中国人口文化奖（文学美术摄影类）评选工作圆满结束。本次活动评出一等奖 6 个，二等奖 18 个，三等奖 30 个，优秀奖 76 个，组织工作奖 18 个。

18 日

● 中国生殖健康药品企业走向国际战略研讨会在北京开幕。国家人口计生委副主任崔丽、概念基金首席执行官彼得·霍尔、世界卫生组织日内瓦总部高级技术官米兰·斯密德出席开幕式并致辞。会议围绕世界卫生组织资格预审的基本要求、常见问题以及技术难点进行研讨、培训和经验交流。

●国家发改委副主任杜鹰在巴西里约热内卢出席中国减贫专题边会致辞时强调,中国是第一个实现联合国千年发展目标使贫困人口比例减半的国家,为全球减贫事业作出了重大贡献。

19日

●巴西里约热内卢当地时间下午,在联合国可持续发展大会期间,国家人口计生委在中国角举办了"关注人口远景 促进可持续发展——中国人口与发展及国际人口预测软件(PADIS-INT)"边会,介绍并演示了中国在联合国人口司技术支持下研发的国际人口预测软件。联合国副秘书长沙祖康,国家人口计生委副主任陈立,人口与发展南南合作伙伴组织执行主任托马斯,世界家庭组织主席库萨卓在内的50余人参加了此次边会。

21日

●民政部发布2011年社会服务发展统计公报显示,2011年救助生活无着流浪乞讨未成年人17.9万人次。

●国家人口计生委、中国人口学会、北京大学在北京人民大会堂隆重举行纪念马寅初先生诞辰130周年座谈会。全国人大常委会副委员长周铁农,全国政协副主席罗富和,中国人口学会名誉会长彭珮云和国家人口计生委主任王侠,中国人口学会会长张维庆,国家人口计生委副主任王培安,北京大学校长周其凤出席座谈会。

29日

●全国人口计生系统窗口单位为民服务创先争优活动经验交流视频会召开,会议的主要任务是深入学习贯彻中央领导同志在全国创先争优表彰大会上的重要讲话精神,总结交流各地开展为民服务创先争优活动的经验,推动人口计生系统创先争优活动不断深入,为人口计生事业科学发展作出新的贡献,以优异成绩迎接党的十八大胜利召开。

7月

1日

●人力资源和社会保障部在西柏坡启动了全国城乡居民社会养老保险制度全覆盖,养老保险从制度上将覆盖每一个中国百姓。过去近3年时间,全国城乡参保总人数超过3.8亿,其中有1亿多老年人按月领取国家发放的基础养老金,亿万城乡居民的养老有了制度性的保障。

●新《生活饮用水卫生标准》正式实施。标准内容在此前35项水质指标的基础上大幅扩展到106项,总体上与世卫组织的水质标准接轨。

2日

●"2012·中国留守儿童健康人格研讨会"在北京举行。国务院农民工办、全国妇联、国家人口计生委、中国计生协等相关领导以及从事留守儿童健康人格研究的专家学者、留守儿童代表等出席会议,会上发布了《2012·中国留守儿童健康人格报告》。

3日

●国家人口计生委作出《关于在全国人口计生系统开展向姚明河同志学习活动的决定》。《决定》指出,姚明河同志具有强烈的公仆意识、敬业精神和奉献精神,是心系群众的好干部,真情服务群众的好典型,广大干部学习的好榜样。全国广大人口计生工作者要结合深入开展创先争优活动,大力弘扬姚明河同志的崇高精神和优秀品质。

3日-4日

●发展中国家非政府组织人口与生殖健

康能力建设国际研讨会在吉林省长春市举行。国家人口计生委副主任崔丽出席闭幕式并致辞。来自东亚和东南亚的非政府组织代表,国际计划生育联合会、国际人口方案管理委员会、人口与发展南南合作伙伴组织、联合国人口基金等国际组织的高级官员,部分国家负责人口和计划生育/生殖健康事务的政府官员和专家学者出席了本次研讨会。

5 日

● 国家人口计生委和联合国亚太经社会联合主办的亚洲构建可持续老龄化社会研讨会在吉林省长春市举行。国家人口计生委副主任崔丽,吉林省常务副省长马俊清,韩国保健福祉部副部长崔喜周,马来西亚妇女、家庭和社区发展部副部长王赛芝,联合国亚太经社会东亚和东北亚次区域代表处主任凯拉帕提·拉马克什纳,人口与发展南南合作伙伴组织执行主任乔·托马斯,联合国人口基金驻华代表处代表何安瑞等出席会议并在开幕式上致辞。

● "全国职工基本职业素质培训"在京启动。根据全国职工素质建设工程5年规划安排,今年全国将有200万职工接受培训,未来两三年,广大企业职工培训将实现全覆盖。

6 日

● 国家人口计生委审议通过《2011年全国人口和计划生育事业发展公报》并发布。《公报》显示,中国出生人口性别比连续三年下降,2011年全国出生人口性别比为117.78,比上年下降0.16。此前2008年、2009年和2010年,全国出生人口性别比分别为120.56、119.45和117.94。

9 日

● 企业和社会组织向中国人口福利基金会创建幸福家庭活动捐赠善款物资的仪式在北京人民大会堂举行。联想控股有限公司、龙湖地产有限公司、老牛基金会分别向中国人口福利基金会、上海美特斯邦威服饰股份有限公司、珠海市新依科医疗科技有限公司捐赠款物。中国人口福利基金会与广东、广西、重庆、陕西、甘肃等省(区、市)人口计生委代表签署了接受捐赠意向书。

● 卫生部新闻发布,我国目前确诊的慢性病患者已超过2.6亿人,因慢性病死亡占我国居民总死亡的构成已上升至85%。

10 日

● 全国老龄工作委员会发布《2010年中国城乡老年人口状况追踪调查主要数据报告》。报告显示,社会养老保障的覆盖率,城镇达到84.7%,月均退休金1 527元;农村34.6%,月均养老金74元。城镇平均年收入17 892元,农村平均年收入4 756元。扣除物价上涨因素,10年来城镇老年人平均收入仅增加1.1倍,农村增长了1.5倍。

● 中国老龄科学研究中心发布《2010年中国城乡老年人追踪调查报告》,报告指出,老年人存在着保障和收入水平较低,抵御风险能力弱;护理照料需求增长明显,照料服务资源短缺;健康风险因素多,医药负担沉重;居住安排更倾向于独立居住,家庭"空巢化"日趋严重等问题和挑战。

11 日

● "世界人口日"纪念活动在京举行。联合国人口基金将主题确定为:"普及生殖健康服务"。国家人口计生委将中国宣传活动主题确定为:"让家庭健康、和谐"。

12 日

● 新华社报道,国务院办公厅印发了《国

家食品安全监管体系"十二五"规划》。规划提出,在"十二五"期间,全面推进法规标准、监测评估等10大体系建设;食品污染物和有害因素监测覆盖全部县级行政区域,监测点由344个扩大到2 870个;食源性疾病监测网络哨点医院由312个扩大到3 120个;食品生产经营者安全信用档案全面建立等。

16日—21日

●人口领域社会工作专业人才队伍建设高级研修班在湖南省长沙市成功举办。本期研修班由人力资源社会保障部资助,国家人口计生委主办。各省级人口计生委人事处承担职业化建设的负责人、全国人口相关行业领域高级专业技术人员和管理人员共80多人参加了研修学习。

18日

●中国乡村儿童大病医保公益基金项目(简称大病医保)在北京启动,旨在通过向中国乡村儿童免费提供一份医疗保险,确保让乡村儿童在身患大病时,能病有所医。

19日

●2012年全国人口和计划生育半年工作会议在北京召开。会议的主要任务是,贯彻落实中央关于全面做好新时期人口计生工作的一系列部署,围绕全面实施"十二五"人口发展规划和人口计生事业发展规划,总结工作成绩,分析当前形势,深化发展思路,明确重点任务,进一步解放思想,深化改革,坚定信心,推动人口计生事业持续健康发展。国家人口计生委主任王侠作半年工作报告。

20日

●国家人口计生委召开《国家人口发展"十二五"规划》专题会。国家人口计生委副主任陈立作报告,就《国家人口发展"十二五"规划》进行了全面解读,对"十二五"时期人口发展主要任务进行了再动员、再部署。

21日

●由西北大学、社科文献出版社联合发布的2012年西部蓝皮书《中国西部发展报告2012》称,西部地区约9 000万18岁以下儿童中,有留守儿童约1 883万,占西部儿童总量的21%,占全国留守儿童总量的32%。

23日

●台湾"经建会"公布最新的人口推估,受到龙年生子潮影响,2012年的总和生育率可望上升至1.24,原预期于2017年进入高龄社会,也因此再递延一年至2018年,另原估计人口将于2022年开始出现负增长,将往后推延至2025年。

24日

●民政部宣布,已初步建立中央级婚姻登记数据中心,全国31个省(自治区、直辖市)均已建立省级婚姻登记工作网络平台和数据中心,实现了在线婚姻登记和婚姻登记信息全国联网审查。

26日

●香港特区政府统计处宣布,香港男女比例失衡情况持续,2011年香港性别比例是每1 000名女性有939名男性。而去年全港15岁及以上从未结婚的男女有近200万,占人口比例32.1%,当中1 000 500人、即50.5%为女性。

27日

●中国科学院在京发布《中国科学发展报告2012》,这标志着我国在世界上首次完成"中国GDP质量指数"测算并公布2011年中国内地各地区GDP质量指数排名,其中北京GDP质量指数位居全国第一,上海、浙江位居其后。

28日

●由北京理工大学能源与环境政策研究中心课题组完成的《中国能源报告(能源安全研究)》正式发布:我国依赖传统生物质能生活的人口约有4.23亿,构成了我国能源贫困人群的主体。报告显示,各省份农村家庭炊事能源消费结构差异较大;各省份能源消费的不公平性很显著。

29日

●据国家统计局公布的数据,上半年,城镇居民人均总收入13 679元。其中,城镇居民人均可支配收入12 509元,同比增长13.3%。各省区市统计局数据显示,上海、浙江、北京、广东、江苏、福建、天津等7个地区人均可支配收入超过全国平均水平。其中上海人均可支配收入为20 689元,全国最高。

31日

●人力资源和社会保障部副部长信长星在昆明举行的"2012年高校毕业生就业服务月活动启动仪式"上说,对于离校没有就业的高校毕业生,人社部门将进行实名登记,服务到人,多措并举促进高校毕业生就业。

8月

5日

●北京大学中国社会科学调查中心完成的《中国民生发展报告》显示:全国家庭人均收入9 983元;家庭人均住房面积为36平方米。全国62.3%的16岁以上人口处于在婚状态;13.2%的家庭为"空巢家庭";丁克家庭为1.4%;2代户家庭占比最高,四世同堂家庭仅

占1.9%。全国有6.1%的青少年儿童肥胖;随着年龄增长,青少年儿童的视力逐渐下降。全国家庭用于孩子教育的支出均值为1 803.9元。

6日

●国家人口计生委发布《中国流动人口发展报告2012》。报告指出,2011年,我国流动人口总量已接近2.3亿,占全国总人口的17%,流动人口规模达到历史新高。流动人口的平均年龄约为28岁,"80后"新生代农民已占劳动年龄流动人口的近一半。

7日

●中国计划生育协会生育关怀——计划生育特殊家庭帮扶模式探索项目研讨会在北京召开。会议通报了计划生育特殊家庭养老帮扶基线调查情况,汇总了项目进展,交流了工作经验,并安排部署了下阶段工作。中国计生协常务副会长杨玉学出席会议并讲话。

9日

●国家统计局根据第六次全国人口普查详细汇总资料计算,2010年我国人口平均预期寿命达到74.83岁,比10年前提高了3.43岁。

14日

●中国社会科学院城市发展与环境研究所发布城市蓝皮书《中国城市发展报告(2012)》。蓝皮书指出,今后20年内,中国将有近5亿农民需要实现市民化,为此至少需要40万亿元-50万亿元的成本;2011年,中国城镇人口达到6.91亿,城镇化率达到51.27%,城镇常住人口超过了农村常住人口。

15日

●中国计生协剪纸社揭牌仪式暨全国计

生协首届剪纸作品展览开幕式在山西太原举行。社址设在山西省计生协。中国计生协常务副会长杨玉学、山西省计生协会长卢功勋出席仪式并为剪纸社揭牌,太原市各级计生协会员和志愿者代表200多人参加活动。

16日

●"中国家庭教育知识传播激励计划"新闻发布会在京举行,该计划由教育部基础教育一司指导,中国教育学会主办,旨在倡导科学的家庭教育理念,推广成功的家庭教育经验,提高家长教育素质和家庭教育水平,促进未成年人健康成长。

17日

●中国人口福利基金会举办成立25周年媒体见面会。30余家国内知名媒体代表应邀出席。

21日

●由共青团中央志愿者工作部、中国青年报社等联合主办的"中国青年志愿者公益圆梦行动"正式启动。"公益圆梦基金"总额为100万元,凡通过评委会评定的公益项目,将获得1万元至5万元不等的资金支持。

29日

●国务院总理温家宝主持召开国务院常务会议。会议指出,要将推进均衡发展、保障适龄儿童少年接受良好教育作为今后一个时期的主要任务,努力使每一所学校符合国家办学标准,县域内学校之间差距明显缩小。会议讨论通过《关于深入推进义务教育均衡发展的意见》,确定了推动优质资源共享、均衡配置办学资源、均衡配置教师资源等政策措施。

30日

●2012年度泛长三角流动人口计划生育区域协作会议在河南省洛阳市召开,会议总结了泛长三角流动人口计划生育区域协作进展情况,部分省辖市交流了区域协作工作经验。会议代表就各省贯彻落实国家人口计生委主任王侠在4月召开的全国流动人口计划生育工作会议和7月召开的2012年全国人口计生半年工作会议上的讲话精神,以及下一阶段重点任务进行了讨论。

●国家发展改革委、卫生部、财政部等相关部门正式公布《关于开展城乡居民大病保险工作的指导意见》。意见指出,大病保险主要在参保(合)人患大病发生高额医疗费用的情况下,对城镇居民医保、新农合补偿后需个人负担的合规医疗费用给予保障,要合理确定大病保险补偿政策,实际支付比例不低于50%。

31日

●中国政府网公布国务院文件,在因地制宜的方针指导下,各省、自治区、直辖市有关随迁子女升学考试的方案原则上应于2012年底前出台。对符合在当地参加升学考试条件的随迁子女净流入数量较大的省份,教育部、国家发展改革委采取适当增加高校招生计划等措施,保障当地高考录取比例不因符合条件的随迁子女参加当地高考而受到影响。

9月

3日

●全国计划生育协会基层组织建设座谈会在广西召开。中国计划生育协会会长王刚出席会议并讲话。国家人口计生委主任王侠、广西壮族自治区党委书记郭声琨出席会议,中国计生协常务副会长杨玉学主持。会议期间,还举行了中国计生协摄影社揭牌仪式,与会领导和会议代表参观了中国计生协首届会员艺作品展。

5日

●全国老龄委办公室副主任朱勇在第二届人口老龄化长寿化国际研讨会上表示,与发达国家相比,中国在人口老龄化进程中面临着实现经济社会可持续发展和保障亿万老年人福祉的双重压力。数据显示,截至2011年底,中国60岁及以上老年人口已达1.85亿人,占总人口的13.7%。预计到2013年底,中国老年人口总数将超过2亿,到2025年,老年人口总数将超过3亿,2033年超过4亿,平均每年增加1 000万老年人口。

6日

●国际人口老龄化长寿化专家委员会(缩写IECPAL)在海南成立,参加第二届人口老龄化长寿化国际研讨会的全体与会代表审议通过国际人口老龄化长寿化专家委员会章程。该会秘书处运行的初级阶段由中国社会经济系统分析研究会人口专业委员会以及日本、韩国及其他国家的合作机构进行资金支持。秘书处设在北京。

10日

●第十个"世界预防自杀日"。自杀已成为全球日益严重的公共卫生问题。来自世界卫生组织的最新统计表明,全球每天平均有3 000人自杀。有数据表明,自杀已成为我国人群第5位死因,是15岁-34岁年轻人群的第一大死因。

11日

●由国家人口计生委、国务院机关事务管理局、国务院办公厅、中央国家机关工委、最高人民检察院、国土资源部、民政部、国务院法制办、国家信访局、宋庆龄基金会、中国民用航空总局、中国残联组成的中央国家机关计划生育第九协作组,前往重庆市酉阳土家族苗族自治县酉水河镇中心小学开展以"温暖成长路"为主题的"三下乡"暨"幸福工程·捐赠救助"活动。

12日

●卫生部发布的《中国出生缺陷防治报告(2012)》显示,我国出生缺陷发生率约为5.6%,每年新增出生缺陷数约90万例,出生缺陷在全国婴儿死因中的构成比顺位由2000年的第4位上升至2011年的第2位,达到19.1%。

14日

●北京国际城市发展研究院发布首部《社会管理蓝皮书》,书中指出,我国人口突破13亿将带来流动人口增长、老龄化比例持续增长等五方面增长效应。2020年城市将有近4.5亿人的流动人口。

●中国生殖健康产业协会第二届一次会员代表大会在北京召开。国家人口计生委主任王侠讲话,中国生殖健康产业协会会长张维庆代表第一届理事会作工作报告。会议审议通过了《中国生殖健康产业协会章程》修改草案,选举产生了第二届理事会,并选举产生了会长、副会长、秘书长及常务理事会,张维庆当选第二届中国生殖健康产业协会会长。

17日

●国家人口计生委在内蒙古自治区包头市召开民族地区人口和计划生育工作座谈会,交流民族地区人口计生工作经验,分析民族地区人口发展形势,研究新形势下进一步做好民族地区人口计生工作的思路和举措。国家人口计生委主任王侠出席会议并讲话,副主任王培安出席会议。

- 《中国留学发展报告(2012)》在北京发布，报告显示，1978—2011年，中国共送出了224.51万留学生，成为全球最大留学生输出国。同期留学回国人员总数达到81.84万人，回归率为36.5%。
- 国务院新闻办举行的新闻发布会透露，2011年，城乡居民参加职工医保、城镇居民医保、新农合人数超13亿，覆盖率达95%以上，我国建立起世界上最大的医疗保障网。特别是覆盖8.3亿农民的新型合作医疗形成了很好的制度。国家支持8 000多个公共卫生服务机构建设，免费向全体城乡居民提供10类41项基本公共卫生服务项目。

20日

- 国家人口计生委副主任崔丽在北京会见由加纳国家人口委员会主席安德鲁·阿库图率领的加纳政府代表团一行11人。国家人口计生委科技司和宣教司负责人就中国人口和计划生育及生殖健康的技术服务和宣传教育情况作了专题介绍。宾主双方还就普及计划生育和生殖健康服务、提高宣传教育有效性，以及开展双边合作等事宜交换了意见。
- 国家人口计生委副主任崔丽在北京会见来华访问的欧盟委员会就业、社会事务与包容总司总司长库斯·雷切尔率领的欧盟委员会代表团一行6人。双方一致同意将进一步加强沟通，着力在流动人口社会融合、家庭发展能力建设以及应对人口老龄化等方面推进双边交流与合作，促进共同发展。

21日

- 据《法制晚报》报道，预计到2020年，我国新增劳动力平均受教育年限从12.4年提高到13.5年，主要劳动年龄人口平均受教育年限将从9.5年提高到11.2年，其中受过高等教育的比例达到20%。

26日

- 国家人口计生委在上海召开国家人口发展"十二五"规划实施研讨会，国家人口计生委主任王侠强调，进一步增强规划意识，树立规划的权威性和严肃性，进一步细化目标和举措，加大督促检查力度，确保规划各项目标任务落到实处。上海市副市长赵雯致辞，国家人口计生委副主任陈立主持会议并作主题报告。
- "探索中国青少年性健康教育正确方向"国际研讨会在京召开。会上，专家就如何正确有效地在中国开展青少年性健康教育、引导中国青少年树立正确科学的性观念发表了看法。

28日

- 台湾内务部门公布统计数据，去年台湾两性平均寿命79.15岁，以台北市82.7岁最长寿。

10月

6日

- 新华网报道，"三支一扶"计划实施以来，全国已有14万余名高校毕业生到农村基层进行支教、支农、支医和扶贫服务。

10日

- 从中央人才工作协调小组办公室获悉，2009年以来全国各省区市共引进海外人才2万余人，形成了海外人才回国(来华)创新创业的新一轮热潮。

12日

- 《中国人口报》报道，人力资源和社会保障部、国家人口和计划生育委员会作出《关于表彰全国人口和计划生育系统先进集体和先进工作者的决定》。授予北京市朝阳区人口和计划生育委员会等单位"全国人口和计划生育系统先进集体"荣誉称号;授予于淑华等同志"全国人口和计划生育系统先进工作者"荣誉称号。被授予"全国人口和计划生育系统先进工作者"荣誉称号的人员享受省部级先进工作者和劳动模范待遇。

18 日

● 全国老龄委等 16 个相关单位于重阳节前夕共同发布的《关于进一步加强老年文化建设的意见》。《意见》倡导全社会树立积极老龄化理念,以积极的态度、积极的政策、积极的行动应对人口老龄化,提出全社会要正确对待和接纳老年人,尊重老年人的社会价值,扩大老年人社会参与,营造敬老爱老助老的良好社会氛围。

23 日

● 中国人口文化促进会、中国民间文艺家协会联合下发《关于做好第十四届中国人口文化奖(民间艺术品类)评选组织工作的通知》。该奖项是经中宣部批准的全国性综合类文艺奖项,四年为一届,每年评一类,2013 年将对民间艺术品类作品进行评选。

25 日

● 国家人口计生委与河南省人民政府在北京签署在中原经济区共建人口均衡型社会试验区合作协议。省长郭庚茂会见国家人口计生委主任王侠并共同出席签约仪式。按照合作协议,双方将建设人口均衡型社会纳入中原经济区发展规划,共同探索建立人口均衡发展的指标和政策体系、人口均衡型社会的人口计生公共服务网络体系和领导保障体系,合作共建河南省人口计生服务体系、中部人口信息中心、人口计生创新基地等。

26 日

● 第九届"你在他乡还好吗"服务流动人口关注男性健康大型公益宣传活动在北京西站北广场举行。国家人口计生委副主任王培安出席活动。今年活动的主题为"服务流动人口,关注男性健康,促进服务均等,构建家庭幸福,喜迎党的十八大胜利召开"。同时,"你在他乡还好吗"中央国家机关青年摄影展也在现场启动。

27 日

● "知识中国"年度人物颁奖典礼在北京中国科技馆举行。广东省人口计生委原主任、中国性学会副理事长张枫因在传播性科学知识方面的突出贡献而成功当选。

29 日

● 全国智能化养老实验基地建设启动仪式在京举行。基地位于北京市怀柔区庙城镇,突出以人为本、整体智能化平台、管家式服务、医疗联动绿色通道等特点,全力打造满足各类老年人群需要的首善养老服务示范社区。

● 民政部公布《城市公益性公墓建设标准》(征求意见稿),要求城市公益性公墓的建设用地面积,应满足服务覆盖区常住人口 20 年的骨灰安置需求,在公益性公墓中,独立墓穴的单位占地面积不得超过 $0.5m^2$,合葬墓穴的单位占地面积不得超过 $0.8m^2$。并禁止建超大面积的公墓。

30 日

● 中国首份儿童慈善需求报告《中国儿童慈善需求研究报告(2012)》在京发布。报告提出,儿童慈善需求可分为儿童综合性需求体系和单项目体系,即纵向和横向两个维度。纵向需求分别为基础慈善需求、特殊权益保护需求和发展需求三个层次,包括儿童成长过程中所需要的物质、情感、技能、发展等各个方面,三者必须有机融合。在横向需求体系上,包含满足每一个单项目体系上应该遵循专业技术、服务模式和文化理念三个基本原则。

11月

6日

● 为支持各地统筹安排预算资金,做好2013年公共卫生工作,近日中央财政提前下达2013年公共卫生专项补助资金272.6亿元,主要用于支持各地继续开展基本公共卫生服务,实施艾滋病等重大传染病防治以及农村孕产妇住院分娩、农村妇女孕前和孕早期补服叶酸、农村妇女宫颈癌乳腺癌检查、改水改厕、贫困白内障患者复明、农村订单定向医学生免费培养等重大公共卫生项目。

● 由世界卫生组织与中、美两国疾控中心合作开展的"全球成人烟草调查"显示,中国育龄妇女在工作场所经常吸二手烟人数超过二分之一。在家中,近四分之三的农村女性、半数以上的城市女性被动吸烟。数据还显示,包括中国、巴西、印度等14个发展中国家中,中国15岁至49岁女性的被动吸烟率最高。

8日

● 中国共产党第十八次全国代表大会在人民大会堂开幕。胡锦涛代表第十七届中央委员会向大会作了题为《坚定不移沿着中国特色社会主义道路前进,为全面建成小康社会而奋斗》的报告。

15日

● 中国共产党第十八届中央委员会第一次全体会议在北京举行。党的十八届一中全会产生中央领导机构,习近平任中共中央总书记中央军委主席,习近平、李克强、张德江、俞正声、刘云山、王岐山、张高丽任中央政治局常委。习近平同志主持会议并作重要讲话。

● 老年政策亚太地区国际论坛在江苏省南京市举行。论坛旨在分享亚太地区各国和地区的经验,探讨如何通过系统、综合的国家战略、政策和规划的制定积极应对老龄化,努力构建一个不分年龄、人人共享的社会。国家人口计生委副主任崔丽、马尔代夫性别和家庭及人权部副部长迈哈迈德·萨伊德等出席开幕式并致辞。

16日

● 由新探健康发展研究中心、世界卫生组织和全球道路交通安全合作伙伴发起的11·18世界道路交通事故受害者纪念日活动在京举行。专家介绍,道路交通伤害已经成为中国伤害死亡的第一位原因。疲劳驾驶、超速、超载、违法占用对向车道、安全监管漏洞等,是造成交通事故的主要原因。

25日

● 中国扶贫开发协会"支持贫困村大学生村官成长工程"第四期培训班近日在北京举行开班仪式,来自山西、重庆、陕西、云南等14个省(区、市)的500名贫困村大学生村官接受了为期11天的主题培训。本次培训旨在使贫困村大学生村官坚定理想信念,增强在贫困地区干事创业的信心和能力。

30日

● 第25个世界艾滋病日前夕,国务院总理温家宝在中南海与艾滋病感染者、艾滋病致孤儿童、上访人员、医务人员、科研人员、志愿者和有关国际组织代表座谈。温家宝认真听取了大家介绍的情况和提出的建议,并就下一步艾滋病防治工作讲了意见。

12月

2日

● 中国首个"全国交通安全日"确立。今年的主题是"遵守交通信号,安全文明出行"。

3日

● 为进一步解决群众反映办证难的突出问题,国家人口计生委专门下发通知,明确要求进一步精简群众办理计划生育相关证件时所需材料,对办理证件所需信息全部进行公开。流动育龄夫妻双方户籍所在地、现居住地乡(镇)、街道均有责任为其办理第一个子女生育服务证(登记),并实行首接责任制,不得相互推诿。

5日

● 全国老龄委办公室副主任阎青春在参加由中华慈善总会主办的"全国老人院院长论坛"时阐述他的观点,我国农村养老院闲置床位多达47.5万张,利用率只有78%,没有发挥养老中心的作用。同时,农村养老形势严峻,老年人的养老生活不如过去。在农村3万余家敬老院中只有1.1万家身份合法,高达三分之二的敬老院是"黑户"。调查显示,农村的空巢家庭已达到45%。

● 中国计划生育协会在北京召开第七届常务理事会第三次全体会议。中国计生协常务副会长杨玉学向常务理事报告了2012年工作。中国计生协副会长潘贵玉、赵炳礼、张世平、汪鸿雁等领导同志出席会议。会议审议通过了《中国计生协七届三次常务理事会工作报告》、《中国计生协七届三次全国理事会关于2012年预算执行情况和2013年预算草案报告》、《中国计生协第七届全国理事会理事、常务理事调整的建议》、《中国计生协关于"十二五"时期加强基层计划生育协会组织建设的指导意见》。

● 农业部与卫生部联合发布食品安全国家标准《食品中农药最大残留限量》。作为我国监管食品中农药残留的唯一强制性国家标准,新标准制定了322种农药在10大类农产品和食品中的2 293个残留限量,基本涵盖了我国居民日常消费的主要农产品。新标准于2013年3月1日起实施。

7日

● 全国人口计生信息化建设工作会议在山西太原召开。会议的主要任务是认真学习贯彻十八大精神,总结交流各地人口计生信息化建设新经验,研究加快全国全员人口信息化进程,推动新时期人口计生事业创新发展。国家人口计生委主任王侠出席会议并讲话,山西省副省长张建欣致辞,国家人口计生委副主任陈立主持会议。

15日

● 中央经济工作会议在北京举行。习近平、温家宝、李克强作重要讲话。张德江、俞正声、刘云山、王岐山、张高丽出席会议。会议强调,做好明年经济工作,要深入学习和全面贯彻落实党的十八大精神,坚持以邓小平理论、"三个代表"重要思想、科学发展观为指导,紧紧围绕主题主线,以提高经济增长质量和效益为中心,稳中求进,开拓创新,扎实开局,进一步深化改革开放,进一步强化创新驱动,加强和改善宏观调控,积极扩大国内需求,加大经济结构战略性调整力度,着力保障和改善民生,增强经济发展的内生活力和动力,保持物价总水平基本稳定,实现经济持续健康发展和社会和谐稳定。

21日

● 全国人口文化建设经验交流会在广州市召开。中国人口文化促进会会长李金华,国家人口计生委副主任崔丽等出席会议。会议旨在深入贯彻落实党的十八大作出的关于促进人口长期均衡发展的战略部署,扎实推进社会主义文化强国建设,落实国家人口计生委关于加强人口文化建设的意见,总结交流各地开展人口文化工作的经验,安排部署当前和今后一个时期人口文化建设重点任务,推动人口文化事业发展繁荣。

22日

● 首届中国(广东)人口与发展高峰论坛在广州举行。论坛主题为"转型期人口与经济社会发展",旨在学习贯彻党的十八大精神,解放思想,创新思维,面向全国,立足广东,以大人口研究视野分析经济社会转型期中国及广东人口发展的重大问题,探讨人口问题对经济社会发展的基础性作用和战略影响。与会学者围绕"跨越中等收入陷阱与人力资本战略"、"维护社会公平正义与人口均衡发展"两个专题,对当前经济建设和社会建设所面临的战略性和全局性问题,进行了研讨。

教育质量:国际学生评估项目的结果

国际合作与开发组织的国际学生评估项目(PISA)通过收集学生受教育程度方面的国际可比性数据,对学生的平均学习成绩、表现较差的学校比例和高质量教学的连续性进行国际比较。

2009年在63个国家和地区进行的最近一次国际学生评估项目中,许多国家均展现出不俗的学习成果。在所有63个国家或地区中,来自中国上海的学生在阅读、数学和科学三个科目的成绩均为最优。阅读成绩排在中国之后依次是韩国、芬兰和中国香港(特别行政区);数学成绩排在中国之后依次是新加坡、中国香港(特别行政区)和韩国;科学成绩排在中国之后的依次是芬兰、中国香港(特别行政区)和新加坡。美国学生的数学成绩低于平均水平,与爱尔兰和葡萄牙并列第29名;科学成绩略高于平均水平,排在第21名;阅读成绩高于平均水平,与爱尔兰和波兰并列第15名。巴西、智利、印度尼西亚和秘鲁等国均取得了显著进步,并从非常低的成绩赶了上来。在这样一个知识推动作用更强的全球化世界,一些国家为提高教育质量而进行的投资可能会影响未来世界格局。

(摘编自联合国开发计划署:《2013年人类发展报告》)

附 录

- 会议综述
- 会议动态

附录

- 会议综述
- 会议动态

·会议综述

"中国城市化的反思与创新"学术研讨会综述

李玉柱

由中国社会科学院人口与劳动经济研究所《中国人口科学》杂志社和复旦大学人口研究所共同主办的"中国城市化的反思与创新学术研讨会"于2012年5月19日在上海召开,会议收到相关学术论文60余篇。来自北京大学、清华大学、中国人民大学、浙江大学、武汉大学、社科院系统的130多名专家学者出席了会议。会议主要议题如下。

一、中国城镇化的进程、意义与可能遭遇的"陷阱"

根据国家统计局发布的数据,2011年中国的城镇人口6.9亿人,超过农村人口的6.5亿人,城镇人口比重首次超过50%,达到51.27%。2000年以来,中国的城镇化率以年均1.35个百分点的速度增长,预计2020年以前中国的城镇化率将超过60%。与其他发达国家相比,中国的城镇化表现为高速增长的特点。在快速城镇化的背景下,与会专家探讨了中国城镇化的发展历程、战略意义与可能遭遇的"陷阱"。

(一)中国城镇化的发展历程与战略意义

新中国成立以来中国城市化的发展历程可分为4个阶段:1949-1965年为起步阶段,城镇化率年均增长0.46个百分点;1966-1978年为停滞阶段,城镇化进程基本停滞,12年间城镇化率反而降低了0.43个百分点;1979-1995年为稳步提高阶段,城镇化率年均增长0.62个百分点,1996年以来为快速推进阶段,城镇化率年均增长1.39个百分点,年均新增城镇人口2 000万人以上。从城镇化的区域格局看,中国的城镇化越来越表现为向东部地区和大城市集中的特点。张车伟指出,20世纪90年代以来,东部地区对城市化率的贡献高达47.62%,而中西部地区仅分别为25.03%和22.68%。与此同时,人口表现出向超过100万人口规模城市集中的趋势,1993-2009年增长最快的是100万-500万人的大城市,占总人口的比重增加了4.8个百分点,而10万-50万的城市人口比重则降低了1.7个百分点。于涛方分析了2000-2010年中国城市人口流动变化,将中国城市划分成净流入活跃区、净流入非活跃区、净流出活跃区、净流出非活跃区4种类型,发现2000年以来城市人口净流入增长变化空间特征是净流入地区的人口流入和净流出地区人口流出都在加快。黄荣清也发现,近10年人口增速最高的地区集中到城市最大、城市化程度最高的三大直辖市。2000-2010年,中国各地区人口增长比例最高的5个省份从高到低依次为北京(44.54%)、上海(40.29%)、天津(31.37%)、广东(22.41%)和浙江(18.50%)。造成这一现象的原因,可以由"推拉"理论予以部分的解释,一方面,城市发展机会不平等现象突出,区域政治中心(首都、省会)的话语权、决策权更大,资源分配具有更大的优势,因此对周边地区形成较强的"吸力";另一方面,小城镇暴露出许多问题,面临着诸如发展无序、企业布局分散、吸纳就业能力下降等"瓶颈",对农业人口的吸纳能力明显减弱。

目前中国的城市化已步入深度发展阶段,对中国未来经济的发展影响更加显著。辜胜阻认为,中国的城镇化在扩大内需、实现经济可持续发展中具有重大战略意义,如果说工业化创造供给,城镇化则创造需求。具体来看,城镇化创造的需求主要包括:(1)引发消费需求,培育高消费群体;(2)刺激投资需求,扩大民间投资;(3)实现结构转型,推动经济服务化;(4)实现安居乐业市民梦,培育创业者和新型农民。李善同认为,城市化对中国经济发展的重要作用主要体现在以下几方面:(1)实现资源的优化配置,提高全社会劳动生产率水平;(2)提升消费水平和结构,拉动投资需求,加速产业结构升级;(3)转变人们的生活方式和消费结构;(4)促进城市文明不断发展并向农村渗透和传播;(5)不断提高人的整体素质。

中国作为一个人口大国,单纯发展外向型经济,把经济增长的基础建立在国外市场上显然是不可取的。当前中国的外贸依存度较高,遭遇贸易保护主义和国际性金融危机的风险与日俱增。在此背景下,充分发挥城镇化在转变消费观念、提高消费层次方面的积极作用,有效地将工业化创造的供给与城镇化产生的需求有机结合起来,无疑是未来若干年中国保持快速经济增长,提高人民生活水平的必然选择。

(二)中国城镇化可能遭遇的"陷阱"

与会专家普遍认为,城镇化速度并非越快越好,而是要与当前的经济发展、工业化、现代化、信息化水平相适应,否则将可能遭遇到"城市化陷阱"。具体而言,中国在未来的城市化进程中可能遭遇的"陷阱"主要包括"产业空心化"、"经济虚拟化"、"房地产泡沫化",以及拉美国家所遭遇的"中等收入陷阱"。

从国际上看,无论是2008年的国际金融危机,还是之后的"欧债危机",其背后的原因都离不开实体经济与虚拟经济的失衡。从具体数字看,美国虚拟经济是实体经济总量的5.4倍、欧元区是5.2倍、日本是6.5倍,"产业空心化"和"经济虚拟化"的表现明显。从中国的现实情况看,2010年中国制造业占世界制造业产出比例达到19.8%,超过美国的19.4%成为世界制造业第一大国。但是,中国却不是一个制造业强国,在拥有世界领先的自主创新能力、具有核心竞争力世界500强工业企业、先进高端装备制造能力、具有现代制造业体系等方面,中国与美国仍有较大差距。旧的产业持续萎缩,而新的产业一时难以建立,温州一些地区已经表现出一定的"产业空心化"现象。许庆明也指出,过分追求人口的城市化,忽视产业结构的转型升级、经济增长方式的转变和区域经济竞争力的提升,有陷入拉美国家曾遭遇的"中等收入陷阱"的风险。与欧美发达国家相比,江苏、浙江、广东等沿海三省在收入水平相等时(2000-3000美元),城市化水平并不滞后,但第三产业比重则相对偏低。作为反例,拉美国家在城市化水平方面大大超出了欧美发达国家的平均水平,社会保障的缺失和服务业的大大滞后造成了"贫民窟"泛滥,长时间无法摆脱"中等收入陷阱"的恶果。

二、中国城市化面临的困境和失衡

作为对中国城市化率过半的反思,简新华提出了病态城市化和健康城市化的概念,认为病态的城市化不但引发了城市的各种问题,同时也会产生农村衰败、土地抛荒、环境恶化等"农村病"。中国目前的城市化进程总体虽然还比较健康,但也存在"半城镇化"、"被城镇化"、"贵族化"城市化和部分地区的"大跃进"城市化等不健康的因素。张桂文认为,当前中国城市化面临的问题的深层次根源是长久以来的城乡二元体制,提出深化城乡二元体制改革、加快农民工市民化过程和统筹城乡发展是解决"城市病"与"农村病"的关键。除此之外,与会专家从多个方面具体探讨了当前中国城市化所面临的困境和失衡问题及其成因,主要包括以下几个方面。

(一)对土地财政的高度依赖引发房地产"泡沫"

中国社会科学院发布的《2009中国城市发展报告》显示,2001-2007年,地级以上城市市辖区建成区面积增长70.1%,但人口增长只有30%。2010年,全国城市人均建设用地高达133平方米,大大超过发达国家人均82.4平方米和发展中国家人均83.3平方米的水平。辜胜阻和夏海勇均认为,这些数据表明中国的土地的城市化已远远超过了人口的城市化,其背后是城市政府对土地财政的高度依赖,并造成对土地资源的粗放利用。土地资源粗放利用的根源在于地方政府过分依赖土地财政。财政部数据显示,2011年地方政府性基金本级收入38 233.7亿元,同比增长13.8%。其中,国有土地使用权出让收入33 166.24亿元,这意味着地方政府对土地财政的依赖度高达86.75%。

王红霞分析了这一现象背后的微观、中观和宏观土地制度体系。首先,微观上农地征用制度设计不平衡,缺乏监管导致政府的"征地冲动",而征地补偿制度的不合理则加剧了这一冲动。其次,从中观上看,地方政府之间的GDP增长率竞争和"招商引资"竞争,以及歧视性的土地利用制度——工业用地和商业用地之间土地出让金的巨大利益差都在客观上加剧了对土地的粗放利用,现行中央和地方税收分成制度导致地方政府收支失衡,是其"土地财政依赖"的根本原因之一。最后,宏观上土地治理关系错综复杂,土地的审批部门和监管部门重叠,而国土资源部的垂直管理与地方政府的横向管理存在冲突也影响到土地治理的绩效。

(二)超级城市畸形发展造成"大城市病"

在近20年的快速城镇化进程中,特大城市和超级城市开始涌现。1 000万人口以上的城市从无到有,2009年上海、北京两市的人口规模已经占全部城市人口的5.8%和总人口的2.9%。当前中国城市资源环境承载力和城市化发展规模的矛盾日益突出,造成了包括交通拥堵、空气污染、垃圾围城、水资源紧缺、城市贫困在内的诸多大城市病的具体"病症"。对于大城市病的"病因",辜胜阻认为,市场短期行为造成的市场"失灵"、决策者认识的局限造成的政府"失灵"及城市空间结构缺乏科学和长远的规划是其根本原因。夏海勇提出了三点反思:中国目前的城市化是土地的城市化还是人的城市化?是官员的城市化还是百姓的城市化?是政府的城市化还是市场的城市化?黄荣清则从城市发展机会不平等、城市定位过多过杂等角度系统的分析了大城市人口膨胀的根本原因。

(三)劳动力的不完全转移造成城市化率"虚高"

翟振武认为,由于农民工市民化的显著滞后,中国的城市化不同于真正意义上的城市化,是"注水城市化"。2000年,全国城市化水平为36.22%,但减去半年及以上流动人口后城市化水平仅为25.51%;2010年,统计公布的城市化水平为49.68%,但去除流动人口影响后为33.77%。目前统计的6亿城镇人口中,至少有2亿人并没有享受到市民的权利,拖累了中国城市化的质量,中国目前的城市化可以说是"半城镇化"、"浅城镇化"甚至"伪城镇化"。目前农民工参加养老保险、医疗保险、工伤保险和失业保险的比例仅分别为18.2%、29.8%、38.4%和11.3%,公共服务不均等成为制约农民工市民化的最重要因素。朱宝树认为,当前城市中大量来自农村的流动人口没有保障的现象与其说是农村人口的城市化,不如说是城市人口"农村化"。

(四)城市建设过分重视"硬环境"而忽视"软环境"

中国近年来快速城市化中所反映出来的城市建设问题也矛盾重重,过度依赖城市"硬环境"、"硬实力"和过度恶性竞争GDP造成城市记忆消失(重攀高比新,轻传统特色)、城市建设失调(重建设规模,轻整体协调)、城市精神衰落(重表面文章,轻实际效果)等多种问题。夏海勇认为,中国目前的城市化还没有把实现人的全面发展作为出发点和归宿,城市的"软环境"建设,包括城市社会服务和公民道德修养的缺失,造成城市化只有漂亮的外表却没有内涵,居民的幸福感不升反降。总的来看,要达到联合国人居组织1996年发布的《伊斯坦布尔宣言》中所强调的"我们的城市必须成为人类能够过上有尊严的、健康、安全、幸福和充满希望的美满生活的地方",中国的城市化之路尚任重而道远。

三、主要应对措施

全面反思中国城市化进程中所面临的各种突出矛盾、问题,以及需要极力避免的陷阱之后,与会者提出以下政策建议。

第一,深化财税体制的改革,改变地方政府对土地财政的过度依赖。20世纪90年代实行分税制以来,中央政府的财政支出收入比明显下降,而地方政府的财政支出负担明显加重。而按照现行财政税收制度规定,建筑税、房地产业税、土地出让金收入、土地增值税,以及与土地有关的一些税费均归地方政府收缴管理,而其他税收几乎都要与中央政府全部分成或者部分分成。在地方财政入不敷出的背景下,通过土地征用有偿出让所产生的收益,就自然成为弥补地方政府财政赤字的一个重要途径。可以说,这一财税体制不改革,地方政府的征地"冲动"就不会停止,而改变地方政府对土地财政的过度依赖,从根本上挤压房地产"泡沫"也只能成为空谈。

第二,构建多层次的住房供应体系,使房地产"去泡沫化"。除了土地的原因,要实现中国房地产的"去泡沫化",还需要从加大供给的角度予以根本解决。辜胜阻认为,德国的例子很值得我们借鉴。首先,德国政府在思想上就坚决否认房地产是"支柱产业",而是将其视为社会福利的重要环节。其次,德国构建了多元化的住宅供应体系,财政鼓励自建房、合作建房,打破开发商对房屋供应的垄断,数据显示,德国的自建房比例高达61%、开发商建房仅占38%。再次,德国建设了繁荣的租房市场,2006年德国的自有住房率仅为41.6%,租赁住房率达58%。在法律上,对于房客一边倒的利益保障打消了租房的后顾之忧。此外,德国还拥有独立的房价评估机制,各类地产价格不是由房地产商或政府说了算,而是由独立的地产评估师来评估认定。最后,德国还有专门的法律手段对房价涨幅进行管制,房价超过合理价的20%,出售者将被罚款;超过50%,出售者则可能获刑。

第三,充分发挥社会主义市场经济优势,控制大城市规模。黄荣清认为,政治上的集权,经济上的分权是中国控制特大城市,特别是北京这样的首都城市人口规模的重要不利因素,在此大背景下,完全按设想来控制人口规模恐怕难以实现。然而,充分发挥"集权"和"市场"在"控制"方面的积极作用,至少在减缓大城市膨胀的速度方面,还是可以"有所为"的。其核心措施主要包括:(1)在思想上,明确城市定位,转变"高大全"的发展思路,改变多中心重叠的局面。(2)在组织上,成立中央和地方政府组成的权威机构,协调中央、部门、地方的利益,制定政策,调动各方面的力量。(3)在调控方法上,通过转移不必要的城市功能实现人口的疏解,以北京为例,"首钢"的搬迁是一个良好的尝试,而各大高校、研究院所也应考虑学习日本建设筑波科学城的经验,尝试改变北京市科研教育中心的地位。(4)在具体的人口控制手段上,要将调控对象由"人"转变为"单位",根据不同行业,实行总量控制,资质准入。宁越敏认为,借鉴国外大都市的经验,制定长期发展规划是解决大城市病的重要手段。城市规划需要在理念上有所创新,利用空间结构的转型缓解大城市的交通压力,并借鉴法国巴黎在空间结构上的远期规划,提出了上海大都市市区空间结构规划的构想。

第四,采取均衡的城市发展模式,促进中小城市与大都市圈协调共进。减小大城市的"拉力"和改善大都市的空间结构都是解决大城市病的重要手段,而采取均衡的城市发展模式,促进中小城市与大都市圈协调共进,增加中小城市对外来人口的吸引力才是解决大城市病的根本之道。在大城市周边,应实行组团式的城市结构,通过大都市的辐射能力,直接把周边的小城镇纳入块状的城市圈;同时,对于中西部地区,应通过据点式城镇化,把县城建成具有一定规模效应和集聚效应的中小城市。

此外,与会专家还就劳动力流动与社会保险权益维护、渔业、渔民和渔村在城市化进程中面临的困境等其他热点问题进行了讨论和交流。

(作者单位:中国社会科学院人口与劳动经济研究所。
本文原载《中国人口科学》2012年第3期)

实现"人人老有所养"：构建覆盖城乡的中国特色社会养老保障体系
——"2012养老保障国际论坛"会议综述

孟颖颖

由武汉大学社会保障研究中心与中国社会科学院人口与劳动经济研究所《中国人口科学》杂志社联合举办的"2012年养老保障国际学术论坛"于2012年10月21日至22日在湖北省武汉市召开。论坛共收到论文136篇。来自美国养老金政策中心、英国约克大学、芬兰赫尔辛基大学、比利时安特卫普大学、北京大学、清华大学、复旦大学、浙江大学、中国人民大学、武汉大学等国内外40余所高校，以及人力资源和社会保障部、中华全国总工会、中国社会科学院等多家机构的130余名专家、学者出席论坛，围绕养老保险统筹层次与城乡养老保险制度一体化、养老保险基金投资与偿付能力管理、养老保险体制创新与管理、金融债务危机与养老保障、养老保障国际比较、老年保障与养老产业、全球养老保险制度改革与发展趋势等问题，基于"城镇养老保障"、"农村养老保障"、"养老服务和养老产业"、"养老保障国际比较"4个主题进行了讨论与交流，现将其中主要观点综述如下。

一、关于养老金缺口的问题

2012年6月发布的研究报告《化解国家资产负债中长期风险》中对中国养老金缺口2013年将达到18.3万亿元的预测，使中国养老金制度的基金缺口问题备受关注。与会代表一致认为，目前导致中国养老金缺口的原因有很多，短期内制度顶层设计引致的转制成本的增加、中长期内人口老龄化速度的加快等都是其中主要的因素，就中国城镇企业职工养老金制度而言，隐性债务是一定存在的，但债务规模未必像外界预计的如此之大。养老金缺口不是中国特有的问题，许多国家都曾经历或正在面临这一问题。比如，近年来英国政府雇员的社会基本养老金缺口呈现出持续大幅增加的态势。杨良初认为，中国养老金缺口主要是由部分省份养老金缺口较大造成的，根据《2011年度人力资源和社会保障事业发展统计公报》公布的数据来看，截至2011年末，中国企业职工养老金目前结余1.9万亿元，从全国层面看，养老金缺口问题并不突出，未来全国养老保险基金能够做到长期收支平衡。郑秉文认为，目前中国各地基金积累情况很不平衡，支付能力差异显著，发达省份的基金收支情况较好。如广东省目前积累基金高达3 500亿元，但还有14个省份的基金当期已经收不抵支。刘钊运用系统动力学仿真实验方法对辽宁省企业职工基本养老保险基金的预测验证了这一观点，其测算结果显示，在现行政策不变条件下，辽宁省城镇企业职工基本养老保险基金累计余额将从2018年开始逐年降低，到2024年出现负值，2035年的基金缺口预计将达到24 930.88亿元。

从中国城镇企业基本养老保险制度建立以来，地区间的负担差异便一直处于严重分化状态，这种长期失衡的城镇企业职工基本养老保险负担差异，不仅影响到地区间的协调发展与社会公平，还阻碍了劳动力的自由流动，给中国养老保险制度的完善和社会经济的发展带来了阻力。对于应对养老金缺口的解决方案，学者们发表了各自的看法，其中，加强政府在养老保险制度中的财政责任成为共识。有学者们认为，完善公共财政体制，调整财政支出结构、增加社会保障制度，建立社会保障预算，开发多渠道的养老金筹资模式，提高养老保险基金运营效率，调整基金投资收益率或延迟退休年龄,深化机关事业单位人事制度改革,加快机关事业单位养老保险制度改革都是消减基金缺口压力的应对举措。芬兰赫尔辛基大学欧盟专家 Heikki 基于联合国 2010 年对中国人口结构的预测数据,通过仿真模型模拟了中国社会养老保障制度的发展前景,其研究结果表明,中国城镇养老保障体系欠缺可持续性,即使未来将所有人群的退休年龄都提高 5 岁左右,但由于中国城市移居人口比例的不断增加,有限的财政支持能力仍不足以负担养老金的支出,他建议中国可以将建立名义账户制度(NDC)作为新的改革方向。

对于养老基金的保值、增值问题,郑秉文指出,未来中国社会保险基金的规模及投资压力将仅次于外汇储备,在当前中国城镇基本养老保险基金规模增长迅速、但投资体制十分落后、收益率低下的背景下,如果不对社会保险基金投资体制进行改革,其利率损失将是天文数字。但是,鉴于目前养老保险统筹层次较低,基金流和资金池被分散在全国 2 000 多个县级单位,难以建立法人治理结构,不能分散进入资本市场进行投资的实际情况,可以考虑委托给社保基金理事会或建立全国独立的法人机构进行投资运营。对养老保险基金的投资方向,有学者认为,虽然股票市场的波动可能会使养老基金投资遭受损失,但从长期来看,股票资产具有良好的收益回报,应该是养老基金的理性投资工具。基金若将股票市场作为投资渠道之一,就需要各级政府与社保基金管理部门加强对证券市场的监管,为投资主体提供良好的投资环境。

虽然扩大养老保险制度覆盖面也是减小养老金缺口的重要途径,但从中国目前的实际情况来看,企业不愿参保、不遵守社保缴费的现象普遍存在,究其原因,学者们普遍认为与中国现行的基本养老保险费率水平有着直接关系。当前由于法定费率相对于法定基础养老金的替代率(即社会平均工资的 20%)而言显得太高,制度为了内置再分配功能又弱化了多缴多得的对等原则,企业和职工的缴费积极性受挫,加之部分企业自身经营困难、效益不高,使得逃费、断保等事件时有发生。以中国制造业企业为例,在其他因素相同时,规模较大、对人力资本要求较高、外向型程度较低的企业实际缴费率及参保程度更高,国有企业的实际缴费率和参保程度较高,而私营、外资和港台企业参保程度较低;根据不同城市政策规定的缴费率差异,区分高、中、低三类缴费率地区,低人力资本结构、外向型程度在低缴费率地区对企业参保程度影响不明显,而在中缴费率和高缴费率地区有明显的负向影响,因此,降低当前政策规定的基准缴费率,可以增加企业的参与激励,并可增加社会保险基金收入。

企业基本养老保险缴费是企业劳动力成本的重要组成部分,会对企业的经营状况和劳动力需求产生重要影响。如果单独看目前城镇职工养老保险制度对参保企业劳动力需求的影响,它仅仅使当前参保企业的劳动力需求减少了不到 1%(约为 0.78%);如果考虑遵缴率和覆盖面因素,它对所有企业的劳动力需求的影响将被大幅度缩小。然而,如果把城镇职工基本养老保险制度与其他社会保险制度和住房公积金制度放在一起考量,对企业劳动力需求的总的负面影响十分显著。为了控制这种不利影响,有必要采取一些改革措施,例如,重置企业和个人养老保险缴费率,扩大养老保险覆盖范围和完善养老保险征缴机制,多管齐下缓解制度的财务压力。

二、对延迟退休年龄的争论

延迟退休年龄是大多数国家为应对人口老龄化、减少养老金支付压力所采取的措施。目前,认识误区是导致国内各界对延迟退休年龄存在争议的重要原因之一,其实,"退休年龄"和"养老金领取开始年龄"是两个完全不同的概念,"养老金领取开始年龄"是国家立法定的领取年龄;而

"退休年龄"是不受政府干扰,应该由各个行业或各单位根据自身情况决定,是一个市场化的概念。但在中国经常出现两个概念相互混用、替换的现象。中国现行的退休年龄制度是计划经济体制下借鉴前苏联的做法而建立的,在人口老龄化加速、城镇职工基本养老保险基金缺口增大的背景下,有必要延迟"养老金领取开始年龄",否则,制度本身将会面临严峻挑战。中国延迟退休年龄可以起到基金增收与减支的双重效果,但考虑到各方面的影响,应采取小步推进、逐渐提高的办法。

阳义南基于精算理论模型模拟了当前中国现行基本养老保险制度框架,采用数值仿真技术研究发现,当前基本养老保险制度实际上具有激励职工提前退休的隐性作用,因而整体上难以匹配延迟领取基本养老金年龄的改革措施,但这种退休—收益激励结构对退休决策的影响在不同参保年龄具有非均衡性,在不同性别也具有群体性差异,因而可以实行基于不同参保年龄的"阶梯式"退休和群体性差异政策。刘钊基于辽宁省的仿真实验计算结果也认为,延迟退休年龄在短期内可以缓解养老保险基金的亏损压力,根据性别差异实行男女有别的退休年龄延迟方案,并提高基金投资收益率的政策组合能够实现基金的收支平衡与良性运营。

对于延迟退休年龄是否已成为大势所趋,学者们所持观点不同。吕学静认为,虽然据测算在中国退休年龄每延迟1年,养老统筹基金可增长40亿元,减少开支160亿元,减缓基金缺口200亿元,但这与中国目前至少上万亿元的养老金缺口相比,其作用并不十分明显。林毓铭通过对近年来西方各国频频发生的社会骚乱事件原因的考察认为,延迟退休年龄对青年就业无疑是"雪上加霜",极易引发社会动荡。鉴于中国目前所存在的青年人受教育年限延长、老年人"退而不休"的"双高"现象,体力劳动者与低收入工作者反对延迟退休年龄等复杂的群体特征与利益诉求等现实问题,应该设计一种缜密的弹性延退休计划。钟仁耀也指出,延迟"养老金领取开始年龄"势必会增大青年就业压力,要避免"一刀切"的办法,根据各地区的实际情况灵活掌握,上海市柔性申领养老金的做法值得借鉴。杨一凡认为,当前中国公共养老金的财务危机主要来源于制度内过高的赡养比率和代际之间的"过度"转移,延迟退休年龄并非化解"危机"的唯一对策。仅通过提高法定退休年龄的做法应对人口老龄化危机的作用比较单一,应鼓励劳动者个人保持良好的健康习惯、积极进取的工作态度,合理地安排生命周期内的工作与退休时间。同时,政府应弱化顶层设计中对"退休年龄"本身的关注,更多关注劳动力市场供给的变化,着眼于保持公共养老金财务平衡,注重与宏观环境的良性互动,设计出健康、可持续发展的多支柱养老保障体系。英国约克大学Stefan Kühner用定量分析方法比较了世界多个国家养老金的支出与收益,结果显示,自2000年以来,世界范围内兴起的公共养老金制度改革影响到各国养老金制度的建设。他认为一个国家养老保障制度的运行受到多种潜在因素的影响,是否应通过提高退休年龄减轻制度给付压力的问题,各国应视具体情况而定,不能一概而论。

三、关于特殊群体的养老保障的改革问题

在当前社会转型时期,特殊群体的利益平衡已成为目前城镇养老保险制度改革中最难攻克的任务之一。当前事业单位养老保险制度改革试点工作进展缓慢,阻力较大。事业单位人员与企业职工养老保险制度和机关退休养老制度的衔接、事业单位改革的推进力度和承受能力的协调性、改革后基金收支缺口与地方财政负担、试点地区与非试点地区人员待遇调整,以及相关制度改革综合配套的协同性等问题是现阶段中国事业单位养老保险制度改革工作的难点与重点。从节省管理成本的角度出发,事业单位养老保险制度应与行政机关养老保险制度统一管理、同步实施改革;同时,要适当提高事业单位退休职工基础养老金的发放比例,并通过建立职业年金来提高机关事业单位职工养老保险体系的多层次性。

失地农民作为一个特殊群体,其养老保障制度存在制度定位不清、个人缴费负担过重、各地区养老待遇差距较大,以致失地农民参保积极性不高的情况。另外,目前失地农民所获得的征地补偿标准与现行农村最低生活保障标准、农村人均生活消费支出及农村人均月收入水平相比普遍较低,甚至不能满足其基本的生活消费支出。未来在对被征地农民进行补偿的过程中,除了提高土地补偿标准,保证农民获得土地产值的补偿外,还应使农民在其土地被征收后仍然能够依靠自己的土地而获得收益,在补偿方式的选择上,应建立以社会保险补偿为主,货币补偿为辅的补偿机制,征地补偿标准应当综合考量。将失地农民纳入统筹城乡的社会养老保障体系应成为今后解决这一特殊群体养老保障问题的制度方向。

虽然中国传统的军人退役养老保险制度自建立以来,为解除军人后顾之忧、维护军队稳定发展发挥了重要作用,但现行的军人退役养老保险一次性补贴的做法已经越来越不能满足现实的需要,凸显出制度过于强调过渡性、保障范围有限、保障待遇水平较低、军地保险衔接不畅等各种现实问题。在未来的改革中应重点关注。

总之,根据目前中国城乡养老保险制度的发展现状,构建城乡一体化养老保险制度,首先应逐步将各地区城乡居民的社会养老保险纳入统一的制度范围内,并将公务员、事业单位职工、失地农民、农民工城镇灵活就业人员、现役军人等特殊群体包括在内。

四、关于"新农保"制度可持续性的讨论

"新农保"制度是中国政府继取消农业税、农业直补、新型农村合作医疗等政策后实行的又一重大惠农政策,它与家庭养老、土地保障、社会救助等其他社会保障政策措施相配套,对保障农村居民的老年基本生活起到了重要作用。"新农保"制度的实施有利于提高农民土地流转的积极性,而土地流转对于促进土地规模经营、实现农业现代化具有重要意义。然而,"新农保"制度能否长期可持续发展,关键在于长期保障水平与保障能力是否能承受人口老龄化给社会经济发展带来的压力,有学者的测算结果显示,未来30年左右"新农保"基金将会收不抵支。如果通过调整基金收支约束变量来缓解基金缺口会与养老金的福利刚性发生冲突。在"新农保"制度的进一步"扩面"过程中,农村居民的制度满意度也是影响"新农保"筹资可持续性的重要因素。有学者在实地调研中发现,中青年参保农民的制度满意度较低,制度规定中的"捆绑参保"政策降低了制度的惠民性,制度宣传渠道单一,导致广大农村居民对政策认知有限。基于"新农保"制度存在的上述问题,政府一方面有责任不断完善"新农保"的基金运营及经办管理、提高运行效率、确保其稳定可持续推行,增加农村居民对制度前景的信任度,进而提升农民参保积极性。另一方面应继续加大财政补助力度,进一步提高"新农保"的待遇水平,落实"长缴多补"政策,鼓励农民多缴费。地方政府还应加大对农村贫困人群的倾斜力度,减免缴费困难群体的保费。

五、养老服务和养老产业的供需现状

近10年来中国老龄人口迅速上升,65岁以上老年人口增长达31%,占总人口比重增长近2个百分点,按照这样的增长速度,世界银行预测到2050年,中国65岁以上人口将超过20.72%。而长期以来,我们将养老责任过多地推置于家庭,不重视发挥社会养老的作用,养老服务供给不足,种类单一且层次较低,无法满足老年人的各方面需求,使老年人安全感及幸福指数降低。有学者根据

"六普"数据的预测结果显示,2010—2050年中国需要护理的65岁以上老年人口将由4 312万人增加到11 531万人,其中,女性需要护理的人数多于男性,老年护理服务需要量巨大。然而,目前中国各地区尚未形成功能齐全、效用明显的养老服务体系,政府和社会所提供的老年服务极为有限。

针对中国养老服务与养老产业发展过程中存在着养老服务设施供给不足、缺口大;服务种类不多且层次较低;资金来源单一、政府投入有限;管理混乱无序、缺乏规制;服务人员数量过少、素质较低;税收优惠不足、补贴过少等问题,以及养老服务与产业发展城乡二元分割突出等现象,有学者建议政府对养老服务实行需方补贴和政府购买养老服务的政策,将机构养老事业的公益性直接体现在对经过身体条件评估和收入评估的特定弱势老年人群体的需方补贴上;同时,应严格规范公办养老机构的入住资格审查制度,优先收养低收入失能老人。此外,应逐步减少对公办养老机构的财政补贴,同时提高收费标准,逐步实现成本价运营,严格控制公办机构的建设规模和建设标准,对超出一定建设标准的和长期亏损的现有公办养老机构要逐步转为民营养老机构。

另外,社区居家养老服务可以弥补家庭养老、机构养老的不足,是解决中国老龄化危机的有效举措。但是,目前中国针对老年人的社区服务和社区照顾还处于初级阶段,社区居家养老运行的内在矛盾表现为居家养老服务供给不足与服务需求巨大的差距,服务实际供给与老年人真正服务需求存在差距。此外,服务经费不足,基础设施缺乏;服务人员队伍不稳定,尤其缺乏专业护理人员;缺乏居家养老评估机制,服务质量参差不齐等问题比较突出。

为了实现"老有所养"这一最基本目标,应整合各类社会资源,借助多种力量建立"以家庭养老为基础、社区养老为依托、机构养老为支撑"的现代养老服务体系。社区养老具有家庭养老和机构养老的双重优势,既能增强老年人的归属感,又能提供专业化的护理服务,提高整个社会的养老效率。将社区养老和家庭养老有效结合,有助于弥补家庭弱化的功能,减少子女负担,充分利用原有的家庭资源并促进社区关系的和谐发展。

目前农村居家养老服务体系建设明显落后于城市社区的发展水平,成为养老服务社会化的发展"短板",事实上,农村社区(村)居家养老服务的社会化发展是全面推进居家养老服务,实现城乡养老服务均等化的关键,亟需重点发展。

六、国际经验的借鉴与启示

根据社会保障资金尤其是养老资金的筹集与运作方式,各国社会保障制度类型可以分为社会保险型、国家福利型、国家—单位保障型、个人储蓄型4种模式,20世纪70—80年代以来,随着全球化趋势愈演愈烈,4种不同的社会保障模式也进入了相互比较、相互竞争、相互影响的时代,各国必须顺应全球化的大趋势,通盘考虑,平衡并兼顾世界市场与本国经济、全球化与在地化、经济发展与社会保障、资本收益与劳动者权益,微调与改革本国的社会保障制度,"打组合拳",推进"多支柱"的社会保障体系建设。

美国养老金政策中心主任John Turner介绍了养老保障在全球范围内的最新发展趋势,他指出延迟退休年龄、减少养老金给付数额、倡导养老金的私有化运作、提高制度覆盖率、对中低收入者减免缴费是东欧及部分亚洲国家20世纪80年代以来的通常做法。最近几年,私有化现象有所衰退、个人账户缴费比例逐渐减少,建立费率自动调整机制,提高社会保障的财政投入成为瑞典、日本等国的最新举措,这些国家的改革趋势都应该为中国所借鉴。比利时安特卫普大学Jacques Vanneste介绍了金融危机影响下欧盟应对老龄化危机的相关举措,他指出在人口预期寿命不断延长的趋势下,推迟退休年龄、提高补充养老金的安全性、发挥国家调控作用、减少公共养老金负债、建立可持续的养老保障体系、为老年人提供一个舒适的生活和工作环境等都成为欧盟各国正在推行的政策。

俄罗斯和中亚等国作为转型国家的代表与中国有着极为相似的社会背景,都脱胎于社会主义制度,并正进行市场经济建设,并面临人口老龄化问题,这些国家养老保障制度的改革经验与教训值得我们借鉴。比如,俄罗斯养老金制度中的保费仅由企业缴付,给企业造成了很大负担,导致企业强烈反对并致使制度难以顺利推行,其制度赡养比率过高也严重阻碍了新制度的运行;哈萨克斯坦占总人口40%以上的农村人口大部分没有加入到养老金制度中,过分偏重私有积累的养老金制度模式,导致了养老金领取者间贫富差距的扩大,另外,长期国债的发行受到抑制,使养老基金公司缺少可投资的对象,基金支付压力过大等教训是给予我们的警示。

七、构建养老保障体系机遇与挑战并存

与会专家充分肯定了中国养老保障体系近年来所取得的成绩。人力资源和社会保障部农村社会保险司董英申认为,盘点10年来中国养老保障发展取得的成绩,呈现出推进速度不断加快、保障水平不断提高、基金规模不断扩大等特点,但同时还存在制度结构不平衡、人群覆盖面有漏洞、统筹层次过低、保障层次有限等问题,机遇与挑战并存是中国构建覆盖城乡的社会养老保障体系的主要特点。

目前阻碍城乡养老保险制度一体化的因素是多个方面的,改革完善城乡一体化的养老保险制度不能一蹴而就。有学者认为,合理的统账结合模式应该能够实现代际再分配功能与激励功能的结合,体现社会互济和个人责任相结合的原则,但由于我们在改革过程中对转轨成本和隐形债务所需资金没有明确的制度设计,实际执行中社会统筹账户大量借支个人账户基金,导致个人账户"空账运行",这种状况与改革前的现收现付制没有实质性的区别,"统账结合"只是一种支付方式的制度设计,已退休者养老金的来源仍然是在职者的养老保险缴费,是事实上的现收现付制,背离了制度设计的初始目标。同时,现行制度的设计中还存在不利于制度统一、不利于提高统筹层次的弊端。

有学者建议,应基于公平与效率原则,构建三层次的社会养老保障的理想模式。第一层:均一费率的基本养老金(基础养老保险+个人账户);第二层:与职业、地区相关的补充与附加养老金(地方附加养老金+职业年金);第三层:政策诱导与激励相结合的私人养老储蓄(个人储蓄养老金+私人商业养老保险)。具体来说,养老保险制度理想模式的实现途径是由双轨多层走向统一融合:首先,实现各项社会养老保险制度全覆盖,将全体国民纳入"基础养老金+个人账户养老金"的国家基本养老保险体系;其次,基于职业特征和区域因素建立职业年金和地方附加养老金,构成国民强制补充养老金;最后,大力发展自愿储蓄性养老金计划和私人商业养老保险,建立国民自愿补充养老金。

总之,要建立中国特色的养老保障体制,必须基于前瞻性、系统性、可行性的原则,从全局的高度出发,对制度进行顶层再设计,以城乡制度相统一、多支柱、兼顾公平与效率和适度保障为原则,分阶段逐步实施,促进中国养老保障制度的不断完善。

(作者单位:武汉大学社会保障研究中心。本文原载《中国人口科学》2012年第6期)

·会议动态

【国家人口计生委2011年度工作总结大会】 2012年1月17日,国家人口计生委召开2011年度工作总结大会,总结2011年全委各项改革发展成果,谋划2012年全面做好人口工作的思路。王侠在讲话中表示,2011年各项工作取得了新的进展。人口计生工作继续保持良好的发展势头,统筹解决人口问题迈出新步伐。一是全力贯彻落实中央关于全面做好人口工作的决策部署。二是坚持真抓实干,各项重点工作取得积极进展。三是加强统筹协调,创新发展能力不断提高。四是创先争优活动深入开展,机关建设取得新成效。五是继续提升文明机关建设水平。会议表彰了2011年度先进集体和优秀个人。国家人口计生委部分老领导、机关全体公务员和各直属联系单位领导班子成员出席了会议。

【中国社会保障30人论坛年会(2012)】 2012年2月11—12日,由中国社会保障30人论坛、中国人民大学中国社会保障研究中心共同主办,人民网、太平人寿保险有限公司协办的"中国社会保障30人论坛年会(2012)"在中国人民大学隆重举行。

"中国社会保障30人论坛"是中国社会保障界一批知名专家学者于2009年共同发起的一个高层学术群体,论坛成员都是来自国内著名学术机构并长期从事社会保障理论与政策研究的知名专家学者。中国社会保障30人论坛的年会,是中国社会保障界最重要的年度学术会议,也是社会保障界知名专家学者与相关政策层面重要官员进行直接交流对话的高级平台,每届年会均对我国年度社会保障学术与政策发展有直接的推动作用。本届年会是中国社会保障30人论坛举行的第三届年会。

本届年会的主题为"城乡统筹:走向公平的社会保障"。本届年会分设"社会保障综合"、"医疗保险"、"养老保险"、"老年人福利"、"儿童、残疾福利与慈善"、"社保基金与老年服务"六个分论坛。

与会者认为,我国社会保障体系建设已经进入了快车道,近几年无论是社会保障制度建设的速度,还是公共投入的力度、惠及民生的广度,均前所未有。一个具有中国特色并覆盖城乡居民的新型社会保障体系已经形成,并开始从长期试验性状态走向定型、稳定发展的新阶段。中国社会保障体系建设取得的重大的、实质的进展,充分体现了党和政府以人为本、民生为重的政策取向,也是国家发展进步的重要方面。与会者呼吁,在即将实现社会保障制度普惠全民的目标的背景下,国家宜更加注重社会保障制度的公平性,要从城乡统筹的视角促进相关制度的整合与协调,缩小不同群体之间的社会保障待遇差距,并依靠公平的社会保障体系来促进整个社会的公平,真正实现让全体人民共享国家改革与发展成果。在这方面,与会者还提出了许多有益的政策建议。

【制定家庭暴力防治法可行性研讨会】2012年2月15日由中国社会科学院妇女/性别研究中心主办的"制定家庭暴力防治法可行性"研讨会在中国社会科学院学术报告厅召开。来自全国妇联、全国人大法工委、中国政法大学、中国人民大学、中国社会科学院、中国法学会反对家庭暴力网络等部门与机构的专家学者约50人参加会议,就预防、制止家庭暴力立法的必要性和可行性展开研讨。据悉,此次研讨会是中国社会科学院妇女/性别研究中心的"我国相关法律法规的回顾研究与社会性别分析"课题的阶段性成果交流会。该课题以探究法律的性别分析理论框架、定义和标准为主要内容,结合当前社会热点问题和立法机关立法规划,提出适合中国国情的反对性别歧视、推动性别平等的对策建议。

【全国人口和计划生育形势分析会】2012年2月29日,全国人口和计划生育形势分析会在贵州省贵阳市召开,主要任务是贯彻落实2月10日召开的全国人口和计划生育工作座谈会精神,分析研判当前人口形势,科学把握人口发展的内在规律与变动趋势,并研究部署发展规划与信息工作。会议指出,根据新形势、新目标和新任务,各级人口计生系统发展规划与信息部门要围绕中心工作,切实履行职责,加强战略研究、政策统筹、工作协调和任务落实,当好参谋助手,强化科学指导,提高工作质量,加强能力建设,推动人口计生事业持续健康发展。

【国家免费孕前优生项目全面推进工作会议】2012年3月22日,国家人口计生委在福建省福州市召开国家免费孕前优生项目全面推进工作会议。会议的主要任务是,贯彻落实国务院的要求,专题部署国家免费孕前优生健康检查项目扩大试点工作,交流经验,研究问题,凝心聚力,确保完成国务院交办的任务,为2013年实现全国全覆盖奠定坚实的基础。开展免费孕前优生健康检查项目,是提高出生人口素质、促进家庭和谐幸福的一项重大民生工程,已连续三年写入温家宝总理的《政府工作报告》。2010年4月,国家人口计生委和财政部在18个省(区、市)的100个县启动国家免费孕前优生项目第一批试点,免费为农村符合生育政策、计划怀孕的夫妇(含流动人口)提供健康教育、优生检查、风险评估、咨询指导等孕前优生指导服务,努力降低出生缺陷发生风险,提高出生人口素质。所需经费由中央和地方财政按比例分级负担。西部、中部和东部试点县,中央财政分别负担80%、50%和20%,其余部分由地方财政负担。2011年2月,试点实施区域扩大至全国31个省(区、市)的220个县。至2011年底,项目已为251万名计划怀孕夫妇提供免费孕前优生健康检查服务,目标人群覆盖率平均达到86%,计划怀孕夫妇优生知识知晓率达92%,实现了优生科学知识大普及,群众优生意识显著增强,筛查出的风险人群全部获得针对性咨询指导和治疗、转诊等服务,出生缺陷发生风险降低的趋势开始显现。

【中法家庭发展政策研讨会】2012年3月26日至27日,中法家庭发展政策研讨会在北京举行。来自中法两国政府部门和学术机构的代表，联合国人口基金、联合国儿童基金、德国国际合作机构等相关机构驻华代表处的代表共计40余人参加了此次研讨会。与会代表围绕家庭发展主题，从"中法家庭演变和家庭政策的现状和发展趋势"、"家庭政策框架下的养老"、"儿童早期发展与留守儿童问题"三个方面，对中法两国家庭相关政策的理论和实践经验进行了深入交流，讨论了应对未来家庭发展面临挑战的对策，并探讨了中法在家庭发展领域的双边合作机制。

【中国城镇化战略研讨会】 2012年3月30日，由国家发改委、亚洲开发银行共同主办，中国城市和小城镇改革发展中心承办的"中国城镇化战略研讨会"在北京举行。此次研讨会主要是就中国城市和小城镇改革发展中心完成的"中国城镇化战略选择政策研究"课题进行陈述与研讨。这项课题是国家发改委与亚洲开发银行的招标课题，由中国城市和小城镇改革发展中心主持，联合国土部土地整理中心、中国社会科学院、中国交通运输协会、清华大学、中国人民大学等有关单位的专家共同完成。中国城镇化已进入质量与速度并重发展的新阶段，其基本态势是城镇化仍将处于较快发展阶段；城镇化发展模式亟待转型；城镇化转型发展条件日趋成熟。未来应该走公平共享、集约高效、可持续的城镇化道路，优化城镇化布局和形态，推进基本公共服务均等化，提高城镇可持续发展能力。中国未来城镇化道路的政策选择问题关系重大，需要认真研究对待。中国城市和小城镇改革发展中心主任李铁在研讨会上就"中国城镇化战略选择政策研究"课题进行报告陈述。

【全国人口计生利益导向工作会议】 2012年3月31日，国家人口计生委在湖南省长沙市召开了全国人口计生利益导向工作会议。利益导向政策既是全面做好人口计生工作的重要手段，也是注重保障和改善民生的重要内容。目前，我国已基本建立了以"三项制度"和法定奖励政策为基础，以相关民生政策对计划生育家庭予以优先优待为重要内容，以广泛开展社会关怀活动为重要补充的利益导向政策体系。去年以来，又将符合条件的"半边户"，即一方为城镇居民、一方为农村居民的夫妇中的农村居民纳入了农村计划生育家庭奖励扶助制度范围，完善了特别扶助制度，建立了奖励扶助金动态调整机制，完善了人口计生与扶贫开发相结合的政策。利益导向政策体系建设使广大计划生育家庭得到了更多实惠，密切了党群干群关系，促进了低生育水平稳定，提高了计划生育家庭福利水平，推动了民生改善与社会和谐。

【第二届中国世界城市史论坛】 2012年4月6日，第二届中国世界城市史论坛召开。来自中国社科院、浙江大学、南京大学、厦门大学、吉林大学、华东师范大学、香港城市大学、英国莱斯特大学、沃里克大学、巴黎高等研究院、美国乔治亚州立大学、俄克拉荷马大学、杭州师范大学、杭州国际城市学研究中心等国内外多家高校、科研机构60余名学者聚集杭州桐庐，共同探讨城市化问题。在城市化浪潮中，如何彰显城市特色、提升城市核心竞争力，是每一位城市研究者、管理者都必须面对的问题。本届论坛以世界城市史为主线，以"比较视野中的城市化"为主题开展研讨，对破解这一难题具有重大的理论和现实意义。

【人口挑战与社会融合国际研讨会】 2012年5月3日至4日，人口挑战与社会融合国际研讨会在北京召开。会议由中国国家人口和计划生育委员会、德国联邦经济合作与发展部主办,德国国际合作机构协办。此次会议是中德人口挑战与社会融合合作项目的重要活动之一。中德人口挑战与社会融合合作项目是中德公共政策对话基金项目下的一个重要子项目,重点关注人口变化、城镇化、流动人口和社会融合等问题,目的是深化中德两国战略合作伙伴关系,促进中德双方在人口发展和社会政策领域的对话与交流。在中德双方的共同努力下,人口挑战与社会融合合作项目在过去两年中顺利实施,开展了实地考察、专家研讨、合作研究等活动,取得了显著成效。此次会议主要目的是交流中德双方移民和流动人口服务管理经验,集中展示中德人口挑战与社会融合合作项目的成果,研讨应对人口变化的经济社会发展及公共服务的政策措施。与会代表围绕人口流动迁移与区域发展、人口迁移与包容性社会、人口变化与公共服务政策等三个专题进行了深入的交流和讨论,并探讨了下一步合作的计划。

【第六届"亚洲女性论坛"】 2012年5月10日—12日,第六届"亚洲女性论坛"在武汉隆重举办。论坛由北京大学中外妇女问题研究中心和亚洲女性发展协会联合主办。来自中国大陆和香港、澳门地区,以及韩国、日本、印度、美国等国家的近300位学者及嘉宾齐聚一堂,共同围绕"家庭婚姻、社会变革、性别文化"这一主题进行了深入而热烈的研讨和交流。本届论坛设有大会发言、学者论坛和嘉宾对话等不同环节。论坛组织者进行了广泛的主题征文,得到了学者和实际工作者的积极响应,共收到来自中国大陆18个省区市和香港、澳门地区,以及韩国、日本、印度、美国等国家的43所高等院校或研究机构的学者的相关论文85篇。其中,有40多名学者应邀在学者论坛上发言。来自不同领域不同地域的学者们就妇女与法律、婚姻与家庭、性别与劳动就业、性别与教育、女性与历史、女性文学与文化、传媒与女性以及社会性别理论等问题作了精彩的发言,并展开热烈的讨论。

【中日韩应对人口老龄化问题国际研讨会】 2012年5月15日,由国务院参事室同韩国总统直属未来企划委员会、日本早稻田大学联合主办的"中日韩应对人口老龄化问题国际研讨会"在北京成功举办。研讨会的主题为"加强国际合作,应对人口老龄化挑战",约90人出席。与会代表在会上就发言内容进行了讨论交流。三方一致表示,愿就人口老龄化议题继续加强交流与合作。

【"中国城市化的反思与创新"学术研讨会】 2012年5月21日,"中国城市化的反思与创新"学术研讨会在上海举行。来自人口学界、社会学界和经济学界的专家,共同探讨如何推进城市化进程的创新,应对城市化带来的挑战。全国人大常委会委员、民建中央副主席辜胜阻表示,城市化进程中应该高度重视五种失衡,即:过度依赖"土地红利";过度依赖超级城市的发展;过度依赖人口异地转移;过度依赖"人口红利"和"半城镇化"推动;过度重视硬实力,忽视软实力和软环境。要采取综合措施,推动城市化持续健康发展。本次研讨会由中国社会科学院人口与劳动经济研究所《中国人口科学》杂志社、复旦大学人口研究所、城市与区域发展研究中心共同举办。

【全国综合治理出生人口性别比偏高暨重点治理年工作会议】 2012年5月24日,全国综合治理出生人口性别比偏高暨重点治理年工作会议在海南省海口市召开。为确保实现出生人口性别比进一步下降,为实现"十二五"出生人口性别比下降至115以下的目标奠定扎实基础,会议深入贯彻落实中央决策部署,总结经验,分析形势,明确任务,全面部署2012年的重点治理工作。近年来,在各级党委、政府的领导下,人口计生部门与相关部门密切合作,认真贯彻落实中央的决策部署,坚持标本兼治、综合治理,积极探索行之有效的工作措施和运行机制,取得了重要阶段性成效。一是出生人口性别比持续偏高势头得到初步遏制,全国出生人口性别比连续三年实现下降。二是探索建立了宣传教育、利益导向、全程服务、严惩"两非"、考核评估"五位一体"的工作机制,积极推广了村规民约修订、出生实名登记等行之有效的办法。三是形成了部门齐抓共管的工作格局。四是建立健全了考核评估机制,制定下发了考核评估办法,明确了出生人口性别比偏高省份的下降指标,建立了省级目标责任制。会上通报了集中整治"两非"专项行动的情况,相关部门、部分省的有关专家作了发言。

【两岸人力资源开发与交流研讨会】 2012年5月31日,由中华海峡两岸人才交流协会、台湾发展研究院主办,中国人民大学劳动人事学院承办的"两岸人力资源开发与交流研讨会"在中国人民大学举行。来自两岸三方的与会嘉宾围绕"人才引进与人才交流"、"人才培养与人力资源开发"、"劳动力市场、职业教育与培训"和"人才猎头、创新人才的引进"等四个专题进行了深入的交流和探讨。与会代表认为人力资源开发与管理是当前的热点问题,加强两岸人力资源开发与交流功在当代、利在千秋,应该继续深化合作与交流,推动两岸人力资源领域学术交流的制度化和品牌化。

【积极应对人口老龄化战略研讨会】 2012年6月1日,由中国老龄协会主办的"积极应对人口老龄化战略研讨会"在北京举行。研讨会共分为经济发展、社会保障、公共服务及社会发展等四个单元,20余名专家、学者围绕中国人口老龄化态势、人口老龄化与家庭结构及代际关系、人口老龄化与经济可持续发展、人口老龄化与养老保险制度可持续发展的关键战略问题等方面进行了探讨。

【新型农村合作医疗改革与发展战略论坛】 2012年6月16日,由中国社会科学院法学研究所举办的新型农村合作医疗改革与发展战略论坛在京召开。来自全国人大法工委、国务院法制办、人力资源与社会保障部办公厅、卫生部卫生发展研究中心、中央政策研究室、全国总工会以及中国社会科学院、北京大学、清华大学、中国政法大学、对外经济贸易大学、石油大学、北京外国语大学、中华女子学院、武汉大学、上海财经大学、山西大学、聊城大学等政府部门、研究机构、高校的40余名领导、专家、学者参加了此次会议。会议围绕新型农村合作医疗的性质定位、管理体制、得失评价和未来发展等重大问题展开了深入而富有建设性的研讨,以期为新型农村合作医疗的可持续发展建言献策。

【残疾人保障国际论坛(2012)】 2012年6月30日到7月1日,在全国首家高校残疾人事业发展研究机构——中国人民大学残疾人事业发展研究院成立五周年之际,由其联合北京市残疾人联合会、德国艾伯特基金会共同举办的"残疾人保障国际论坛(2012)"在北京友谊宾馆和中国人民大学隆重举行。在主旨报告会后,本次论坛分设"残疾人事业发展的国际经验"、"中国残疾人事业发展的地方经验"、"残疾人就业"、"残疾人服务"、"残疾人康复"、"残疾人权利保障"、"特殊残疾人群体"、"残疾人事业发展"和"残疾人社会保障"九大专题展开深入研讨。每年6月举行的"残障与发展论坛",是中国人民大学残疾人事业发展研究院着力搭建的专题论坛,迄今已经成功地举办了五届。通过这一论坛的举办,吸引了越来越多的专家学者投入到残疾人问题研究中来,也提升了公众对残疾人事业的关注度。

【"城市化:动态、问题与治理"国际学术会议】 2012年6月30日至7月1日,由中国地理学会城市地理专业委员会和华东师范大学中国现代城市研究中心主办、华东师范大学中国现代城市研究中心承办的"城市化:动态、问题与治理"国际学术会议在华东师范大学举行,此次会议也是2012年城市地理专业委员会的学术年会。来自英国、法国、荷兰、日本、美国、加拿大、墨西哥以及中国大陆与香港、台湾地区的80所高校和研究机构共两百多名专家、学者和学生参加了此次会议,其中正式代表近160人,海外代表30多人。大会与会人员分别就"国际城市化的经验"、"全球城市—区域的研究"、"城市网络与生产网络研究"、"中国城市化特征及道路研究"、"城市问题治理"、"城市—乡村协调发展"等议题进行广泛深入的探讨与交流,期间共有93位代表做了学术报告。本次国际会议的召开传递了国内外城市地理学相关研究的最新进展,为我国城市研究提供了良好的国际交流平台,对推进城市地理学研究者的交流与友好合作、推动城市地理学学科发展产生了积极影响,也为国内中青年城市地理学者创造了一个良好的学术成长环境与交流学习平台。此外,会议的成功举办在推动中国城市研究的同时,充分显示了中国现代城市研究中心作为教育部人文社会科学重点研究基地在城市研究领域的国际影响力。

【亚洲构建可持续老龄化社会研讨会】 2012年7月5日至6日,国家人口计生委和联合国亚太经社联合主办的亚洲构建可持续老龄化社会研讨会在吉林省长春市举行。研讨会上,各国政府官员、国际组织和学术界代表围绕老龄化相关议题进行了深入的交流和讨论。会议一致认为,当前人口老龄化问题史无前例,多数国家面临严峻挑战,积极应对人口老龄化已成为国际人口与发展领域的一个重要议题。人口老龄化影响深刻:在经济领域,人口老龄化将对经济增长、储蓄、投资与消费、劳动力市场、养老保险等方面产生冲击;在社会层面,人口老龄化对于卫生保健、医疗照顾、家庭发展、人口流动和社会融合等也将产生重要的影响。为积极应对人口老龄化,构建可持续老龄化社会,推动国际上有关老龄问题研究的进程,各国应重视老年人的权利和福利,建立社会保障制度,实施全民保障,大力发展社区服务,实行居家养老,大力发展社区服务,重视社区长期照护体系的建设,关注老年人口中的弱势群体,将高龄女性和贫困老人群体作为政策关注和服务的重点。鼓励老年人社会参与,开发老年人资源,鼓励和支持发展银色产业。各国政府和国际社会应采取更加积极有效的战略措施,努力推动老龄事业与经济社会协调发展,促进人人共享经济社会发展成果。本次研讨会旨在推动东北亚和东南亚区域各国间就构建可持续老龄化社会加强交流与合作,呼应国际社会对《马德里老龄问题国际行动计划》进行的审议与评估,研讨构建可持续老龄化社会的长期战略。来自亚洲东北亚和东南亚国家的政府高级官员、相关国际组织和非政府组织的负责人、国内外有关学术机构的专家学者共100余人出席会议。

【首届中美婚姻家庭治疗国际研讨会】 2012年8月13日至14日,"首届中美婚姻家庭治疗国际研讨会"在北京师范大学举办。研讨会由北京师范大学发展心理研究所、美国杨百翰大学家庭研究系、美国诺瓦东南大学人文与社会科学学院联合主办。会议旨在更好地总结婚姻家庭治疗在我国的发展现状及趋势,提高我国婚姻家庭治疗的专业化程度,提升我国婚姻家庭治疗的国际影响力,促进国内外婚姻家庭治疗领域的深入交流与合作。近年来,婚姻家庭治疗在我国发展迅速,受到社会各界的广泛关注。数十名国内相关专业人士参会。他们共同就业内备受关注的热点问题进行深入探讨和交流,包括"婚姻家庭治疗在中国的历史、现状和未来"、"中国婚姻家庭问题,以及中国对婚姻家庭治疗的需求"、"婚姻家庭治疗理论在中国的文化适应性"、"中国婚姻家庭治疗临床训练的现状和问题"、"中国夫妻家庭治疗的过程和效果研究"、"美国婚姻家庭治疗训练"、"美国婚姻家庭治疗专业要求"、"美国婚姻家庭治疗发展趋势"等。这次会议是在中国大陆召开的最大规模的婚姻家庭治疗国际会议,对促进婚姻家庭治疗研究及实践工作在中国的深入发展具有重要而深远的意义。

【2012广州论坛·新型城市化发展高峰论坛】 2012年8月31日由国务院参事室、中国社会科学院、中共广州市委、中山大学共同主办的"2012广州论坛·新型城市化发展高峰论坛"在广州举行。广东省委常委、广州市委书记万庆良致开幕词并作总结讲话,广州市委副书记、市长陈建华主持论坛。中国社会科学院常务副院长王伟光、国务院参事室副主任王卫民、中山大学党委书记郑德涛、校长许宁生出席论坛。来自哈佛大学、新加坡国立大学、澳门城市大学、国务院参事室、中国社会科学院、北京大学、清华大学、复旦大学、中山大学等海内外著名教育和研究机构的专家学者以及广州市相关领导、部门实际工作者,共同为广州的城市发展把脉,共商推进广州新型城市化发展。论坛上午举行开幕式和主题演讲,下午举行分论坛和总结大会。在下午的分论坛中,海内外专家学者围绕"新型城市化发展"这一论坛主题,就城乡一体与生态城市建设、创新发展与智慧城市建设、城市治理与幸福广州建设、文化引领与世界文化名城培育等课题进行深入研讨交流。本届论坛突出新型城市化发展这条主线,紧扣当前世界先进城市发展潮流,紧扣国家和广东省关于落实科学发展观、促进转型升级、发展民生幸福的战略部署,紧扣广州经济社会改革发展的客观实际,以开阔视野广纳全球智慧,为广州新型城市化发展开方把脉、建言献策。

【第二届城市社会论坛】 2012年9月13日至15日由华东师范大学与上海市社会主义学院共同主办的第二届城市社会论坛召开。本届论坛的主题为"城市文化遗产与城市文化产业",来自文化部与国内高校的知名专家学者以及文化创意产业界人士共50余人参加了此次论坛。会议期间,来自全国各高校的专家学者以及创意文化产业界人士分四个讨论小组,围绕城市文化遗产与城市精神、城市文化产业开发、都市特定群体及其生活文化以及上海市(民俗)文化观念的解析等议题展开讨论。

【首届全国社会保障教学研讨会】 2012年9月22日,首届全国社会保障教学研讨会在南京大学中美文化研究中心匡亚明报告厅举行。此次研讨会由中国社会保障30人论坛、南京大学政府管理学院主办,南京大学社会保障系承办,中国人力资源和社会保障出版集团协办。大会收到参会论文96篇,分别设立了"培养方案与教学体系"、"教学方法与学生实习"、"人才培养和教学方法"、"社会保障30人教学研讨"、"社会保障青年论坛"等9个分论坛,来自国内高等院校、科研院所的130多位社会保障专业的专家、学者汇聚南京大学,就社会保障专业的教学科研与人才培养的现状、热点、难点以及未来前景进行了富有成效的交流与探讨。

【《国家人口发展"十二五"规划》实施研讨会】 2012年9月底,国家人口计生委在上海召开《国家人口发展"十二五"规划》实施研讨会,国家人口计生委主任王侠强调,进一步增强规划意识,树立规划的权威性和严肃性,进一步细化目标和举措,加大督促检查力度,确保规划各项目标任务落到实处。《国家人口发展"十二五"规划》是国务院制定的指导"十二五"时期我国人口发展的纲领性文件,是各级政府和相关部门全面做好人口工作的重要依据,是政府合理配置公共资源、有序实施社会管理、有效提供基本公共服务的前提和基础,要进一步增强规划意识,树立规划的权威性和严肃性。人口计生部门作为规划的牵头实施部门,要按照法定职能,找准定位和切入点,进一步细化目标和举措,推进规划的全面实施。要采取有效措施,确保人口发展指标顺利完成;加强统筹协调,强化人口规划的基础性地位和作用;抓好服务体系建设,提升人口计生服务管理水平;完善利益导向政策体系,促进计划生育家庭民生改善;强化人口信息综合和服务,加快建立全国统一的全员人口基础信息平台。

王侠强调,加大督促检查力度,加强对规划实施情况的动态监测和跟踪分析,确保规划各项目标任务落到实处。要坚持和完善人口计生目标管理责任制,改革考核内容,改进考核方式,并做好与《国民经济和社会发展"十二五"规划纲要》考核评价办法的有效衔接,逐步将人口发展规划的核心指标和重点任务、人口发展相关政策协调、人口信息化建设等纳入目标管理责任制。要抓紧研究提出开展《国家人口发展"十二五"规划》实施情况中期评估的方案,并做好相关准备工作。各级人口计生部门要以贯彻落实《国家人口发展"十二五"规划》为契机,加强对重大问题的调查研究,当好参谋助手,提升能力水平,推动工作落实,为人口计生事业科学发展作出新的更大贡献。国家发展改革委有关部门负责人、黑龙江省黑河市爱辉区委书记和有关专家分别就《国民经济和社会发展"十二五"规划纲要》及主体功能区配套人口政策、统筹人口工作的探索与实践、人口管理创新等作了专题发言。与会代表就学习领会和贯彻落实王侠主任讲话精神,做好"十二五"时期人口发展规划的实施工作,进行了深入的交流和讨论。

【人口研究方法与应用:健康老龄的生物人口学与多状态事件史分析国际研讨会】 2012年10月15日,由北京大学健康老龄与发展研究中心、中国人口与发展研究中心、浙江大学人口与发展研究所联合主办的"人口研究方法与应用:健康老龄的生物人口学与多状态事件史分析国际研讨会"在北京开幕。研讨会为期六天,分为三场,分别在中国人口与发展研究中心、北京大学、浙江大学等三地举行。研讨会有来自英国剑桥大学、美国杜克大学、德国马普研究院人口研究所、荷兰跨学科人口研究所、奥地利国际应用系统分析研究所、澳大利亚国立大学、瑞典斯德哥尔摩大学、丹麦哥本哈根大学等,以及北京大学、中国人民大学、中国社会科学院等20多个国内外学术组织的40多位知名专家进行主题演讲,100多位与会学者围绕全球人口与老龄化发展趋势及应对措施、健康老龄的生物人口学、多状态分析方法、老龄人口潜力发掘、老龄照料和养老保险等问题展开研讨。

【中国劳动学会劳动科学教育分会2012年年会】 2012年10月20日,中国劳动学会劳动科学教育分会2012年年会在北京举行。本届年会以"劳动力市场转型与事业单位改革"为主题，会议共举办了"社会保障"、"劳动经济"、"人力资源"、"事业单位改革"等7组专题讨论会，与会代表就我国劳动力市场转型、事业单位改革、人力资源管理、社会保险一体化等一系列问题进行了深入研讨。会议还就我国当前劳动科学领域的热点问题邀请国内知名的专家举办了两场主题报告，并以"学科建设与人才队伍培养"为主题召开了院长论坛。

【"新生代农民工家庭的社会融入"研讨会】 2012年11月16日，以"新生代农民工家庭的社会融入"为主题的学术研讨会在北大博雅国际酒店开幕。此次研讨会由中国青年政治学院和香港青年发展基金联合举办。本次会议主要探讨了我国改革开放以来，新一代农民工的社会融入及国际上新移民或国际移民的社会融入问题。在为期一天的研讨会中，来自美国、加拿大、中国台湾地区、香港地区及北京等地的10余位专家学者分别就可持续的家庭及社区发展、政策行动研究在农民工家庭社会融入中的角色与实践、社会融入的跨地域经验、社会融入的理论与实践等主题进行深入的研讨。

【国家社会福利制度发展战略研讨会】 2012年12月15日至16日，由社会转型与社会管理协同创新中心、中国人民大学中国社会保障研究中心联合举办的"国家社会福利制度发展战略研讨会"在中国人民大学明德楼举行。20多所高校与中国残联、中国社会福利协会、中国老龄产业协会等机构约80余人出席了会议。会议围绕国家社会福利制度发展战略设立了"总体规划与国外借鉴"、"老年人福利制度发展战略"、"残疾人福利制度发展战略"等专题研讨会场，围绕主题与专题分别进行了深入研讨。在为期两天的研讨会上，与会专家、学者还对我国社会保障体系建设中的问题、现行福利制度的缺陷以及当前理论学术界与公众的一些认识误区进行了深入讨论，认为学者应当具有学术良知与责任担当精神，应当为国家社会保障体系建设与福利制度发展提出具有战略性、前瞻性与建设性的理论成果。

【全国人口和计划生育综合改革工作会议】 2012年12月19日，全国人口和计划生育综合改革工作会议在江苏省南京市召开。会议旨在深入学习贯彻党的十八大精神和中央经济工作会议精神，总结交流经验，分析研判形势，谋划进一步深化综合改革的方向和思路，推动人口服务管理体制机制创新，为全面做好新时期人口计生工作、促进人口长期均衡发展奠定坚实基础。会议全面总结了人口计生综合改革工作经验，深入分析了当前人口发展的转型性变化，要求围绕国家人口计生委确定的"抓好稳定低生育水平的各项工作，加大人口信息化建设和应用力度，推动完善相关法律法规和政策体系，建立健全人口计生公共服务体系，研究谋划促进事业发展的大项目、大投入，坚持和完善目标管理责任制"等六项核心任务，重点做好五个方面的改革工作。一是推动人口计生部门统筹解决人口问题的职能落实到位。二是加强对涉及人口发展重大战略问题的研究，加大统筹协调力度。三是坚持以人为本、服务为先，真心实意为群众搞好服务。四是立足基层先行先试，允许摸着石头过河。五是加强自身建设，不断提高统筹人口与发展的能力和水平。

数据

数　据

说　明

1.本栏目数据均来自国家有关部委。其中主要人口和社会经济数据源于国家统计局,其他则为公安部、国家人口和计划生育委员会、卫生部、民政部、教育部等相关部门进行的常规统计和专项调查所获得的数据。由于统计口径和统计时点的不同,可能会在比较时产生偏差,请在使用时注意,并以国家统计局正式公布的数据为准。

2.除特殊注明外,本栏目统计数据均不含中国人民解放军、中国人民武装警察部队现役军人数和台湾省、香港特别行政区、澳门特别行政区人口数。

3.国家统计局每年在全国各省、自治区、直辖市进行的抽样调查,以及各相关部委进行的专项调查的汇总数据,除特殊注明外,均未推算总体,请在使用时加以注意。

4.每张数据表下均有数据出处。有些数据表下有与该表内容相关的注释,请在使用时注意。

5."世界人口数据"部分的数据分别来源于联合国儿童基金编《世界儿童状况 2013》(UNICEF: *The State of The World's Children 2013*)、世界卫生组织编《世界卫生统计 2013》(WHO: *World Health Statistics 2013*)。

6.各个国家和地区的统计范围、定义和方法都存在差异。因此,在使用这一部分数据进行直接比较时应谨慎从事,建议认真对比原文后再使用。

7.本栏目数据表中"—"表示无数据或数据不适用。

数据类目

——行政区划

——人口数和户数、人口自然变动

——人口构成

——非农业、农业人口

——计划生育

——劳动就业

——社会保障与社会服务

——社会保险

——人民生活水平

——公共卫生与健康

——教育状况

——台湾省

——香港特别行政区

——澳门特别行政区

——世界人口数据

行政区划

1. 2012年全国行政区划

单位:个

地区	地级区划数 合计	地级区划数 地级市	县级区划数 合计	县级区划数 市辖区	县级区划数 县级市	县级区划数 县	县级区划数 自治县	乡镇级区划数 合计	乡镇级区划数 镇	乡镇级区划数 乡	乡镇级区划数 街道办事处
全国	333	285	2852	860	368	1 453	117	40 446	19 881	13 281	7 282
北京市	—	—	16	14	—	2	—	325	144	38	143
天津市	—	—	16	13	—	3	—	245	123	11	111
河北省	11	11	172	37	22	107	6	2 234	1 019	940	274
山西省	11	11	119	23	11	85	—	1 397	564	632	201
内蒙古自治区	12	9	101	21	11	17	—	1 010	490	277	243
辽宁省	14	14	100	56	17	19	8	1 515	615	270	630
吉林省	9	8	60	20	20	17	3	895	429	189	277
黑龙江省	13	12	128	64	18	45	1	1 278	485	409	384
上海市	—	—	17	16	—	1	—	208	108	2	98
江苏省	13	13	102	55	23	24	—	1 281	836	96	349
浙江省	11	11	90	32	22	35	1	1 341	650	279	412
安徽省	16	16	105	43	6	56	—	1 509	923	334	252
福建省	9	9	85	26	14	45	—	1 104	609	320	175
江西省	11	11	100	19	11	70	—	1 540	802	596	142
山东省	17	17	138	48	30	60	—	1 824	1 094	113	617
河南省	17	17	159	50	21	88	—	2 399	1 014	827	558
湖北省	13	12	103	38	24	38	2	1 232	746	188	298
湖南省	14	13	122	35	16	64	7	2 388	1 131	952	305
广东省	21	21	121	56	23	39	3	1 586	1 131	11	444
广西壮族自治区	14	14	109	34	7	56	12	1 243	715	411	117
海南省	3	3	20	4	6	4	6	222	183	21	18
重庆市	—	—	38	19	—	15	4	1 012	604	220	188
四川省	21	18	181	45	14	118	4	4 660	1 831	2 549	280
贵州省	9	6	88	13	7	56	11	1 518	729	710	79
云南省	16	8	129	13	11	76	29	1 365	659	584	122
西藏自治区	7	1	74	1	1	72	—	693	140	543	10
陕西省	10	10	107	24	3	80	—	1 418	1 136	80	202
甘肃省	14	12	86	17	4	58	7	1 345	470	758	117
青海省	8	1	43	4	2	30	7	396	138	228	30
宁夏回族自治区	5	5	22	9	2	11	—	237	101	92	44
新疆维吾尔自治区	14	2	101	11	22	62	6	1 026	262	601	162
香港特别行政区	—	—	—	—	—	—	—	—	—	—	—
澳门特别行政区	—	—	—	—	—	—	—	—	—	—	—
台湾省	—	—	—	—	—	—	—	—	—	—	—

数据来源:国家统计局。

2.2012年全国民族自治地方行政区划和人口

单位:个,万人,%

地区	地级区划数 合计	地级区划数 地级市	地级区划数 自治州	县级区划数 合计	县级区划数 县级市	县级区划数 自治县(旗)	总人口 合计	总人口 少数民族人口	少数民族人口占自治地方总人口比重
全国	77	31	30	702	68	120	18 762.34	9 003.47	47.99
河北	—	—	—	6	—	6	207.62	124.10	59.77
内蒙古	12	9	—	101	11	3	2 489.85	542.24	21.78
辽宁	—	—	—	8	—	8	332.33	167.35	50.36
吉林	1	—	1	11	6	3	333.29	114.20	34.27
黑龙江	—	—	—	1	—	1	25.22	5.25	20.82
浙江	—	—	—	1	—	1	17.31	1.91	11.06
湖北	1	—	1	10	2	2	464.22	264.16	56.90
湖南	1	—	1	15	1	7	520.65	401.09	77.04
广东	—	—	—	3	—	3	49.56	18.25	36.82
广西	14	14	—	109	7	12	5 240.00	1 988.00	37.94
海南	—	—	—	6	—	6	179.36	91.51	51.02
重庆	—	—	—	4	—	4	273.79	194.52	71.05
四川	3	—	3	51	1	4	759.54	460.50	60.63
贵州	3	—	3	46	4	11	1 712.86	1 008.02	58.85
云南	8	—	8	78	7	29	2 249.73	1 272.70	56.57
西藏	7	1	—	74	1	—	308.00	282.84	91.83
甘肃	2	—	2	21	2	7	352.29	207.81	58.99
青海	6	—	6	35	2	7	366.53	238.50	65.07
宁夏	5	5	—	21	2	—	647.19	235.03	36.32
新疆	14	2	5	101	22	6	2 233.00	1 385.49	62.05

注:民族自治地方是指5个民族自治区、30个民族自治州和120个民族自治县(旗)的全部民族自治范围,不重复计算。
数据来源:国家统计局。

人口数和户数、人口自然变动

3. 2012年各省、自治区、直辖市人口数及人口自然变动情况

单位：‰，万人

地区	出生率	死亡率	自然增长率	年末总人口
全 国	12.10	7.15	4.95	135 404
北 京	9.05	4.31	4.74	2 069
天 津	8.75	6.12	2.63	1 413
河 北	12.88	6.41	6.47	7 288
山 西	10.70	5.83	4.87	3 611
内蒙古	9.17	5.52	3.65	2 490
辽 宁	6.15	6.54	-0.39	4 389
吉 林	5.73	5.37	0.36	2 750
黑龙江	7.30	6.03	1.27	3 834
上 海	9.56	5.36	4.20	2 380
江 苏	9.44	6.99	2.45	7 920
浙 江	10.12	5.52	4.60	5 477
安 徽	13.00	6.14	6.86	5 988
福 建	12.74	5.73	7.01	3 748
江 西	13.46	6.14	7.32	4 504
山 东	11.90	6.95	4.95	9 685
河 南	11.87	6.71	5.16	9 406
湖 北	11.00	6.12	4.88	5 779
湖 南	13.58	7.01	6.57	6 639
广 东	11.60	4.65	6.95	10 594
广 西	14.20	6.31	7.89	4 682
海 南	14.66	5.81	8.85	887
重 庆	10.86	6.86	4.00	2 945
四 川	9.89	6.92	2.97	8 076
贵 州	13.27	6.96	6.31	3 484
云 南	12.63	6.41	6.22	4 659
西 藏	15.48	5.21	10.27	308
陕 西	10.12	6.24	3.88	3 753
甘 肃	12.11	6.05	6.06	2 578
青 海	14.30	6.06	8.24	573
宁 夏	13.26	4.33	8.93	647
新 疆	15.32	4.48	10.84	2 233

注：1. 本表数据根据2011年人口变动情况抽样调查数据推算。
　　2. 全国总人口包括现役军人数，分地区数字中未包括；全国总人口未包括香港、澳门特别行政区和台湾省的人口数据。
　　3. 全国总人口根据2011年人口变动情况抽样误差和调查误差进行了修正，分地区人口未做修正。
数据来源：国家统计局人口和就业统计司。

4. 2012年各省、自治区、直辖市户数、人口数

单位：户,人

地区	总户数	总人口 合计	总人口 男	总人口 女	平均每户人数	性别比（女=100）
全国	433 088 571	1 357 802 804	697 629 811	660 172 993	3.14	105.67
北京市	5 092 092	13 000 706	6 528 880	6 471 826	2.55	100.88
天津市	3 512 480	9 963 754	5 003 421	4 960 333	2.84	100.87
河北省	22 948 028	74 165 619	37 784 686	36 380 933	3.23	103.86
山西省	12 823 971	35 006 264	17 909 753	17 096 511	2.73	104.76
内蒙古自治区	9 220 928	24 599 026	12 540 253	12 058 773	2.67	103.99
辽宁省	15 088 157	42 447 600	21 365 062	21 082 538	2.81	101.34
吉林省	9 781 266	27 015 022	13 633 945	13 381 077	2.76	101.89
黑龙江省	14 490 547	38 111 028	19 248 212	18 862 816	2.63	102.04
上海市	5 243 139	14 269 319	7 096 212	7 173 107	2.72	98.93
江苏省	24 162 724	75 534 825	38 325 594	37 209 231	3.13	103.00
浙江省	16 162 491	47 993 436	24 336 830	23 656 606	2.97	102.88
安徽省	21 422 970	69 122 725	35 868 796	33 253 929	3.23	107.86
福建省	10 333 125	35 792 773	18 427 334	17 365 439	3.46	106.11
江西省	14 896 725	48 035 399	25 150 928	22 884 471	3.22	109.90
山东省	30 455 399	95 797 152	48 677 926	47 119 226	3.15	103.31
河南省	31 100 392	109 316 131	56 569 823	52 746 308	3.51	107.25
湖北省	20 435 215	61 653 701	31 939 217	29 714 484	3.02	107.49
湖南省	22 714 495	71 316 190	37 004 038	34 312 152	3.14	107.85
广东省	23 251 254	86 358 893	44 484 510	41 874 383	3.71	106.23
广西壮族自治区	15 498 072	53 781 730	28 321 946	25 459 784	3.47	111.24
海南省	2 579 091	9 019 305	4 717 449	4 301 856	3.50	109.66
重庆市	12 206 448	33 434 444	17 258 722	16 175 722	2.74	106.70
四川省	31 673 597	90 973 542	46 849 413	44 124 129	2.87	106.18
贵州省	12 001 214	41 342 574	21 578 269	19 764 305	3.44	109.18
云南省	14 092 744	45 757 438	23 592 978	22 164 460	3.25	106.45
西藏自治区	793 521	3 095 791	1 552 250	1 543 541	3.90	100.56
陕西省	12 444 602	39 262 183	20 310 078	18 952 105	3.15	107.17
甘肃省	8 052 602	27 129 996	14 003 084	13 126 912	3.37	106.67
青海省	1 692 588	5 655 530	2 868 356	2 787 174	3.34	102.91
宁夏回族自治区	2 167 023	6 590 258	3 346 752	3 243 506	3.04	103.18
新疆维吾尔自治区	6 751 671	22 260 450	11 335 094	10 925 356	3.30	103.75

数据来源：公安部治安管理局户政管理处。

5. 2012年各省、自治区、直辖市市户数、人口数

单位：户，人

地区	总户数	总人口 合计	总人口 男	总人口 女	平均每户人数	性别比（女=100）
全国	213 851 384	647 327 034	329 240 008	318 087 026	3.03	103.51
北京市	4 749 508	12 290 820	6 171 940	6 118 880	2.59	100.87
天津市	2 913 159	8 156 153	4 083 510	4 072 643	2.80	100.27
河北省	8 373 002	27 162 239	13 720 273	13 441 966	3.24	102.07
山西省	4 889 705	13 907 596	7 081 507	6 826 089	2.84	103.74
内蒙古自治区	3 222 147	8 884 569	4 470 932	4 413 637	2.76	101.30
辽宁省	11 039 382	30 459 447	15 236 810	15 222 637	2.76	100.09
吉林省	6 857 877	18 617 409	9 357 167	9 260 242	2.71	101.05
黑龙江省	8 916 442	22 829 329	11 473 683	11 355 646	2.56	101.04
上海市	4 942 418	13 583 878	6 759 559	6 824 319	2.75	99.05
江苏省	17 062 416	51 252 241	25 776 037	25 476 204	3.00	101.18
浙江省	10 963 012	32 310 260	16 267 212	16 043 048	2.95	101.40
安徽省	7 971 592	24 853 363	12 783 683	12 069 680	3.12	105.92
福建省	5 357 682	18 355 587	9 358 673	8 996 914	3.43	104.02
江西省	5 116 860	16 048 071	8 363 848	7 684 223	3.14	108.84
山东省	17 881 506	54 540 518	27 514 220	27 026 298	3.05	101.81
河南省	10 957 704	37 572 496	19 228 747	18 343 749	3.43	104.82
湖北省	13 067 591	38 816 160	19 998 110	18 818 050	2.97	106.27
湖南省	8 413 517	25 138 535	12 899 055	12 239 480	2.99	105.39
广东省	16 302 488	58 912 777	30 295 044	28 617 733	3.61	105.86
广西壮族自治区	5 619 906	19 221 131	10 050 985	9 170 146	3.42	109.61
海南省	1 577 299	5 504 732	2 863 266	2 641 466	3.49	108.40
重庆市	6 816 121	17 791 211	9 073 208	8 718 003	2.61	104.07
四川省	12 379 665	33 900 233	17 220 900	16 679 333	2.74	103.25
贵州省	2 922 324	9 782 167	5 025 399	4 756 768	3.35	105.65
云南省	3 593 434	10 614 711	5 399 622	5 215 089	2.95	103.54
西藏自治区	129 217	307 872	154 400	153 472	2.38	100.60
陕西省	4 545 560	14 435 831	7 361 726	7 074 105	3.18	104.07
甘肃省	2 783 240	8 737 860	4 477 459	4 260 401	3.14	105.09
青海省	369 194	1 122 253	559 031	563 222	3.04	99.26
宁夏回族自治区	1 143 927	3 241 997	1 631 929	1 610 068	2.83	101.36
新疆维吾尔自治区	2 973 489	8 975 588	4 582 073	4 393 515	3.02	104.29

数据来源：公安部治安管理局户政管理处。

6. 2012年各省、自治区、直辖市县户数、人口数

单位：户,人

地区	总户数	总人口 合计	总人口 男	总人口 女	平均每户人数	性别比（女=100）
全国	219 237 187	710 475 770	368 389 803	342 085 967	3.24	107.69
北京市	342 584	709 886	356 940	352 946	2.07	101.13
天津市	599 321	1 807 601	919 911	887 690	3.02	103.63
河北省	14 575 026	47 003 380	24 064 413	22 938 967	3.22	104.91
山西省	7 934 266	21 098 668	10 828 246	10 270 422	2.66	105.43
内蒙古自治区	5 998 781	15 714 457	8 069 321	7 645 136	2.62	105.55
辽宁省	4 048 775	11 988 153	6 128 252	5 859 901	2.96	104.58
吉林省	2 923 389	8 397 613	4 276 778	4 120 835	2.87	103.78
黑龙江省	5 574 105	15 281 699	7 774 529	7 507 170	2.74	103.56
上海市	300 721	685 441	336 653	348 788	2.28	96.52
江苏省	7 100 308	24 282 584	12 549 557	11 733 027	3.42	106.96
浙江省	5 199 479	15 683 176	8 069 618	7 613 558	3.02	105.99
安徽省	13 451 378	44 269 362	23 085 113	21 184 249	3.29	108.97
福建省	4 975 443	17 437 186	9 068 661	8 368 525	3.50	108.37
江西省	9 779 865	31 987 328	16 787 080	15 200 248	3.27	110.44
山东省	12 573 893	41 256 634	21 163 706	20 092 928	3.28	105.33
河南省	20 142 688	71 743 635	37 341 076	34 402 559	3.56	108.54
湖北省	7 367 624	22 837 541	11 941 107	10 896 434	3.10	109.59
湖南省	14 300 978	46 177 655	24 104 983	22 072 672	3.23	109.21
广东省	6 948 766	27 446 116	14 189 466	13 256 650	3.95	107.04
广西壮族自治区	9 878 166	34 560 599	18 270 961	16 289 638	3.50	112.16
海南省	1 001 792	3 514 573	1 854 183	1 660 390	3.51	111.67
重庆市	5 390 327	15 643 233	8 185 514	7 457 719	2.90	109.76
四川省	19 293 932	57 073 309	29 628 513	27 444 796	2.96	107.96
贵州省	9 078 890	31 560 407	16 552 870	15 007 537	3.48	110.30
云南省	10 499 310	35 142 727	18 193 356	16 949 371	3.35	107.34
西藏自治区	664 304	2 787 919	1 397 850	1 390 069	4.20	100.56
陕西省	7 899 042	24 826 352	12 948 352	11 878 000	3.14	109.01
甘肃省	5 269 362	18 392 136	9 525 625	8 866 511	3.49	107.43
青海省	1 323 394	4 533 277	2 309 325	2 223 952	3.43	103.84
宁夏回族自治区	1 023 096	3 348 261	1 714 823	1 633 438	3.27	104.98
新疆维吾尔自治区	3 778 182	13 284 862	6 753 021	6 531 841	3.52	103.39

数据来源：公安部治安管理局户政管理处。

7. 2012年全国分年龄、性别的人口数

单位:人,%

年龄(岁)	人口数 合计	男	女	占总人口百分比 合计	男	女	性别比(女=100)
总计	1 124 661	576 354	548 307	100.00	51.25	48.75	105.12
0~4	63 981	34 694	29 287	5.69	3.08	2.60	118.46
0	12 312	6 687	5 625	1.09	0.59	0.50	118.87
1	10 683	5 707	4 976	0.95	0.51	0.44	114.69
2	12 925	7 066	5 859	1.15	0.63	0.52	120.60
3	13 797	7 524	6 273	1.23	0.67	0.56	119.95
4	14 264	7 710	6 554	1.27	0.69	0.58	117.65
5~9	61 309	33 252	28 057	5.45	2.96	2.49	118.52
5	12 816	6 857	5 959	1.14	0.61	0.53	115.07
6	12 907	7 013	5 893	1.15	0.62	0.52	119.00
7	12 287	6 675	5 612	1.09	0.59	0.50	118.93
8	12 307	6 741	5 566	1.09	0.60	0.49	121.10
9	10 993	5 967	5 026	0.98	0.53	0.45	118.71
10~14	59 845	32 370	27 475	5.32	2.88	2.44	117.82
10	11 280	6 045	5 235	1.00	0.54	0.47	115.46
11	12 034	6 456	5 578	1.07	0.57	0.50	115.74
12	12 143	6 662	5 481	1.08	0.59	0.49	121.55
13	11 640	6 403	5 237	1.03	0.57	0.47	122.27
14	12 748	6 804	5 944	1.13	0.61	0.53	114.47
15~19	73 914	38 909	35 005	6.57	3.46	3.11	111.15
15	13 466	7 057	6 409	1.20	0.63	0.57	110.13
16	14 955	7 872	7 083	1.33	0.70	0.63	111.14
17	15 872	8 465	7 407	1.41	0.75	0.66	114.29
18	14 430	7 632	6 798	1.28	0.68	0.60	112.26
19	15 190	7 882	7 308	1.35	0.70	0.65	107.86
20~24	101 742	52 033	49 709	9.05	4.63	4.42	104.68
20	17 480	9 271	8 210	1.55	0.82	0.73	112.92
21	18 453	9 428	9 025	1.64	0.84	0.80	104.47
22	23 079	11 611	11 468	2.05	1.03	1.02	101.25
23	21 820	11 080	10 740	1.94	0.99	0.95	103.17
24	20 909	10 643	10 266	1.86	0.95	0.91	103.67
25~29	89 936	45 257	44 679	8.00	4.02	3.97	101.29
25	21 057	10 619	10 438	1.87	0.94	0.93	101.73
26	18 903	9 444	9 459	1.68	0.84	0.84	99.85
27	16 675	8 415	8 260	1.48	0.75	0.73	101.88
28	16 682	8 460	8 222	1.48	0.75	0.73	102.89
29	16 618	8 318	8 300	1.48	0.74	0.74	100.22
30~34	83 586	42 539	41 047	7.43	3.78	3.65	103.64
30	18 547	9 348	9 199	1.65	0.83	0.82	101.62
31	16 502	8 366	8 136	1.47	0.74	0.72	102.82
32	15 684	8 020	7 663	1.39	0.71	0.68	104.66
33	16 487	8 445	8 042	1.47	0.75	0.72	105.01
34	16 366	8 360	8 006	1.46	0.74	0.71	104.43

注:由于各地区数据采用加权汇总的方法,全国人口变动情况抽样调查样本数据合计与各分项相加略有误差(以下表同)。
数据来源:国家统计局人口和就业统计司。

7. 2012年全国分年龄、性别的人口数

(续1)

年龄(岁)	人口数 合计	男	女	占总人口百分比 合计	男	女	性别比(女=100)
35~39	89 054	45 524	43 530	7.92	4.05	3.87	104.58
35	15 232	7 729	7 503	1.35	0.69	0.67	103.01
36	16 955	8 665	8 290	1.51	0.77	0.74	104.53
37	17 469	8 947	8 522	1.55	0.80	0.76	104.99
38	19 184	9 837	9 347	1.71	0.87	0.83	105.24
39	20 214	10 346	9 869	1.80	0.92	0.88	104.83
40~44	107 532	54 913	52 620	9.56	4.88	4.68	104.36
40	20 673	10 576	10 098	1.84	0.94	0.90	104.73
41	20 834	10 700	10 135	1.85	0.95	0.90	105.57
42	22 667	11 530	11 137	2.02	1.03	0.99	103.53
43	20 767	10 590	10 177	1.85	0.94	0.90	104.05
44	22 591	11 518	11 073	2.01	1.02	0.98	104.02
45~49	99 312	50 563	48 748	8.83	4.50	4.33	103.72
45	17 550	8 932	8 618	1.56	0.79	0.77	103.65
46	19 813	10 116	9 697	1.76	0.90	0.86	104.33
47	20 066	10 263	9 803	1.78	0.91	0.87	104.70
48	19 391	9 767	9 623	1.72	0.87	0.86	101.50
49	22 492	11 484	11 008	2.00	1.02	0.98	104.33
50~54	61 916	31 554	30 362	5.51	2.81	2.70	103.93
50	16 364	8 344	8 021	1.46	0.74	0.71	104.03
51	9 197	4 570	4 627	0.82	0.41	0.41	98.77
52	11 690	5 932	5 758	1.04	0.53	0.51	103.03
53	10 844	5 507	5 337	0.96	0.49	0.47	103.18
54	13 821	7 201	6 620	1.23	0.64	0.59	108.78
55~59	71 403	36 136	35 267	6.35	3.21	3.14	102.46
55	15 186	7 762	7 424	1.35	0.69	0.66	104.56
56	14 087	7 194	6 893	1.25	0.64	0.61	104.36
57	14 392	7 290	7 102	1.28	0.65	0.63	102.64
58	14 487	7 283	7 204	1.29	0.65	0.64	101.11
59	13 252	6 607	6 645	1.18	0.59	0.59	99.43
60~64	55 427	27 928	27 499	4.93	2.48	2.45	101.56
60	13 259	6 612	6 646	1.18	0.59	0.59	99.49
61	11 246	5 520	5 726	1.00	0.49	0.51	96.40
62	11 015	5 679	5 336	0.98	0.50	0.47	106.42
63	10 675	5 445	5 230	0.95	0.48	0.46	104.12
64	9 232	4 672	4 561	0.82	0.42	0.41	102.42
65~69	37 579	18 728	18 851	3.34	1.67	1.68	99.35
65	8 807	4 370	4 437	0.78	0.39	0.39	98.48
66	8 220	4 025	4 195	0.73	0.36	0.37	95.93
67	7 354	3 714	3 641	0.65	0.33	0.32	102.01
68	6 958	3 521	3 437	0.62	0.31	0.31	102.46
69	6 241	3 099	3 141	0.55	0.28	0.28	98.66

7. 2012年全国分年龄、性别的人口数

(续完)

年龄(岁)	人口数 合计	男	女	占总人口百分比 合计	男	女	性别比(女=100)
70~74	28 225	13 991	14 234	2.51	1.24	1.27	98.30
70	6 199	3 156	3 043	0.55	0.28	0.27	103.71
71	6 166	3 028	3 137	0.55	0.27	0.28	96.53
72	5 702	2 838	2 864	0.51	0.25	0.25	99.08
73	4 809	2 355	2 454	0.43	0.21	0.22	95.99
74	5 349	2 614	2 736	0.48	0.23	0.24	95.55
75~79	21 250	10 125	11 126	1.89	0.90	0.99	91.00
75	4 823	2 364	2 460	0.43	0.21	0.22	96.10
76	4 641	2 223	2 418	0.41	0.20	0.21	91.95
77	4 209	1 961	2 247	0.37	0.17	0.20	87.27
78	3 856	1 823	2 033	0.34	0.16	0.18	89.67
79	3 722	1 754	1 968	0.33	0.16	0.17	89.11
80~84	12 147	5 428	6 719	1.08	0.48	0.60	80.79
80	3 130	1 415	1 715	0.28	0.13	0.15	82.49
81	2 611	1 247	1 363	0.23	0.11	0.12	91.48
82	2 637	1 155	1 482	0.23	0.10	0.13	77.93
83	1 941	816	1 125	0.17	0.07	0.10	72.54
84	1 828	795	1 033	0.16	0.07	0.09	76.97
85~89	4 780	1 859	2 921	0.42	0.17	0.26	63.64
85	1 376	571	805	0.12	0.05	0.07	70.94
86	1 146	451	696	0.10	0.04	0.06	64.78
87	972	363	609	0.09	0.03	0.05	59.72
88	728	284	444	0.06	0.03	0.04	63.87
89	558	190	368	0.05	0.02	0.03	51.75
90~94	1 439	484	955	0.13	0.04	0.08	50.63
90	471	168	303	0.04	0.01	0.03	55.41
91	365	123	242	0.03	0.01	0.02	50.68
92	308	96	212	0.03	0.01	0.02	45.37
93	155	59	96	0.01	0.01	0.01	61.86
94	140	38	103	0.01	0.00	0.01	36.76
95+	283	66	217	0.03	0.01	0.02	30.12

8. 2012年全国城市分年龄、性别的人口数

单位：人，%

年龄（岁）	人口数 合计	男	女	占总人口百分比 合计	男	女	性别比（女=100）
总计	346 473	176 022	170 451	100.00	50.80	49.20	103.27
0～4	15 132	8 081	7 051	4.37	2.33	2.04	114.60
0	2 833	1 550	1 283	0.82	0.45	0.37	120.80
1	2 679	1 370	1 309	0.77	0.40	0.38	104.70
2	3 140	1 638	1 501	0.91	0.47	0.43	109.11
3	3 168	1 725	1 443	0.91	0.50	0.42	119.53
4	3 313	1 798	1 515	0.96	0.52	0.44	118.66
5～9	14 131	7 545	6 585	4.08	2.18	1.90	114.58
5	3 049	1 623	1 426	0.88	0.47	0.41	113.83
6	2 836	1 502	1 333	0.82	0.43	0.38	112.68
7	2 876	1 521	1 355	0.83	0.44	0.39	112.26
8	2 851	1 538	1 313	0.82	0.44	0.38	117.15
9	2 519	1 361	1 158	0.73	0.39	0.33	117.47
10～14	14 212	7 672	6 540	4.10	2.21	1.89	117.31
10	2 693	1 458	1 234	0.78	0.42	0.36	118.16
11	2 840	1 503	1 337	0.82	0.43	0.39	112.38
12	2 890	1 590	1 299	0.83	0.46	0.38	122.40
13	2 784	1 527	1 257	0.80	0.44	0.36	121.50
14	3 006	1 593	1 412	0.87	0.46	0.41	112.81
15～19	21 941	11 339	10 602	6.33	3.27	3.06	106.94
15	3 422	1 747	1 675	0.99	0.50	0.48	104.28
16	4 093	2 073	2 020	1.18	0.60	0.58	102.60
17	4 811	2 544	2 266	1.39	0.73	0.65	112.28
18	4 337	2 274	2 063	1.25	0.66	0.60	110.19
19	5 279	2 701	2 578	1.52	0.78	0.74	104.79
20～24	36 356	18 393	17 962	10.49	5.31	5.18	102.40
20	6 477	3 364	3 112	1.87	0.97	0.90	108.10
21	6 874	3 319	3 555	1.98	0.96	1.03	93.35
22	8 164	4 057	4 106	2.36	1.17	1.19	98.81
23	7 646	3 946	3 701	2.21	1.14	1.07	106.62
24	7 195	3 707	3 487	2.08	1.07	1.01	106.31
25～29	33 198	16 527	16 672	9.58	4.77	4.81	99.13
25	7 365	3 680	3 685	2.13	1.06	1.06	99.88
26	6 846	3 398	3 448	1.98	0.98	1.00	98.53
27	6 106	3 056	3 050	1.76	0.88	0.88	100.20
28	6 408	3 195	3 213	1.85	0.92	0.93	99.46
29	6 473	3 197	3 276	1.87	0.92	0.95	97.60
30～34	32 242	16 289	15 954	9.31	4.70	4.60	102.10
30	7 485	3 693	3 792	2.16	1.07	1.09	97.39
31	6 312	3 196	3 117	1.82	0.92	0.90	102.54
32	6 020	3 072	2 948	1.74	0.89	0.85	104.23
33	6 429	3 283	3 146	1.86	0.95	0.91	104.35
34	5 996	3 045	2 951	1.73	0.88	0.85	103.17

数据来源：国家统计局人口和就业统计司。

8. 2012年全国城市分年龄、性别的人口数

(续1)

年龄(岁)	人口数 合计	男	女	占总人口百分比 合计	男	女	性别比(女=100)
35～39	31 222	15 905	15 317	9.01	4.59	4.42	103.84
35	5 649	2 805	2 844	1.63	0.81	0.82	98.60
36	5 916	2 975	2 941	1.71	0.86	0.85	101.14
37	6 028	3 052	2 977	1.74	0.88	0.86	102.52
38	6 519	3 397	3 122	1.88	0.98	0.90	108.79
39	7 110	3 677	3 433	2.05	1.06	0.99	107.12
40～44	34 842	17 886	16 956	10.06	5.16	4.89	105.48
40	7 092	3 737	3 356	2.05	1.08	0.97	111.36
41	6 863	3 499	3 364	1.98	1.01	0.97	104.03
42	7 463	3 782	3 681	2.15	1.09	1.06	102.74
43	6 612	3 361	3 251	1.91	0.97	0.94	103.37
44	6 811	3 507	3 305	1.97	1.01	0.95	106.12
45～49	29 891	15 458	14 432	8.63	4.46	4.17	107.11
45	5 058	2 665	2 392	1.46	0.77	0.69	111.41
46	5 620	2 855	2 766	1.62	0.82	0.80	103.22
47	6 022	3 142	2 880	1.74	0.91	0.83	109.09
48	6 078	3 127	2 951	1.75	0.90	0.85	105.99
49	7 112	3 669	3 443	2.05	1.06	0.99	106.56
50～54	19 483	9 958	9 525	5.62	2.87	2.75	104.54
50	4 839	2 526	2 312	1.40	0.73	0.67	109.27
51	2 912	1 433	1 479	0.84	0.41	0.43	96.88
52	3 853	1 984	1 869	1.11	0.57	0.54	106.15
53	3 558	1 814	1 744	1.03	0.52	0.50	104.03
54	4 322	2 201	2 121	1.25	0.64	0.61	103.76
55～59	20 930	10 502	10 427	6.04	3.03	3.01	100.72
55	4 735	2 408	2 327	1.37	0.69	0.67	103.45
56	4 162	2 110	2 052	1.20	0.61	0.59	102.85
57	4 187	2 108	2 079	1.21	0.61	0.60	101.35
58	4 172	2 081	2 090	1.20	0.60	0.60	99.59
59	3 674	1 795	1 879	1.06	0.52	0.54	95.55
60～64	14 703	7 246	7 458	4.24	2.09	2.15	97.16
60	3 556	1 727	1 829	1.03	0.50	0.53	94.42
61	2 927	1 386	1 541	0.84	0.40	0.44	89.94
62	2 952	1 519	1 433	0.85	0.44	0.41	105.98
63	2 813	1 381	1 432	0.81	0.40	0.41	96.40
64	2 455	1 233	1 222	0.71	0.36	0.35	100.90
65～69	9 633	4 546	5 087	2.78	1.31	1.47	89.37
65	2 301	1 087	1 214	0.66	0.31	0.35	89.53
66	2 115	1 017	1 098	0.61	0.29	0.32	92.67
67	1 875	912	963	0.54	0.26	0.28	94.71
68	1 742	810	932	0.50	0.23	0.27	86.92
69	1 601	720	881	0.46	0.21	0.25	81.77

8. 2012年全国城市分年龄、性别的人口数

(续完)

年龄(岁)	人口数 合计	男	女	占总人口百分比 合计	男	女	性别比(女=100)
70~74	7 681	3 682	3 999	2.22	1.06	1.15	92.07
70	1 649	811	838	0.48	0.23	0.24	96.83
71	1 658	795	863	0.48	0.23	0.25	92.06
72	1 598	743	856	0.46	0.21	0.25	86.80
73	1 328	634	693	0.38	0.18	0.20	91.51
74	1 447	698	749	0.42	0.20	0.22	93.29
75~79	5 911	2 774	3 137	1.71	0.80	0.91	88.42
75	1 316	646	670	0.38	0.19	0.19	96.41
76	1 269	558	710	0.37	0.16	0.21	78.60
77	1 208	556	652	0.35	0.16	0.19	85.37
78	1 088	530	558	0.31	0.15	0.16	94.84
79	1 030	483	546	0.30	0.14	0.16	88.48
80~84	3 255	1 528	1 727	0.94	0.44	0.50	88.46
80	828	398	430	0.24	0.11	0.12	92.49
81	710	343	367	0.20	0.10	0.11	93.69
82	698	316	382	0.20	0.09	0.11	82.74
83	550	244	307	0.16	0.07	0.09	79.51
84	469	227	242	0.14	0.07	0.07	93.71
85~89	1 298	540	758	0.37	0.16	0.22	71.23
85	365	155	210	0.11	0.04	0.06	73.58
86	330	133	197	0.10	0.04	0.06	67.76
87	248	93	155	0.07	0.03	0.04	59.92
88	212	103	109	0.06	0.03	0.03	94.95
89	142	55	86	0.04	0.02	0.02	63.85
90~94	344	127	217	0.10	0.04	0.06	58.64
90	112	42	70	0.03	0.01	0.02	59.62
91	89	32	58	0.03	0.01	0.02	55.08
92	69	22	47	0.02	0.01	0.01	47.90
93	36	18	18	0.01	0.01	0.01	95.94
94	38	14	24	0.01	0.00	0.01	56.77
95+	69	25	44	0.02	0.01	0.01	56.75

9. 2012年全国镇分年龄、性别的人口数

单位：人，%

年龄（岁）	人口数 合计	男	女	占总人口百分比 合计	男	女	性别比（女=100）
总计	251 190	129 052	122 138	100.00	51.38	48.62	105.66
0~4	14 151	7 725	6 426	5.63	3.08	2.56	120.22
0	2 586	1 365	1 221	1.03	0.54	0.49	111.74
1	2 313	1 288	1 024	0.92	0.51	0.41	125.82
2	2 862	1 582	1 280	1.14	0.63	0.51	123.57
3	3 130	1 720	1 410	1.25	0.68	0.56	121.93
4	3 260	1 770	1 490	1.30	0.70	0.59	118.84
5~9	14 120	7 711	6 409	5.62	3.07	2.55	120.32
5	2 916	1 564	1 352	1.16	0.62	0.54	115.66
6	3 005	1 641	1 364	1.20	0.65	0.54	120.35
7	2 817	1 562	1 254	1.12	0.62	0.50	124.55
8	2 834	1 566	1 269	1.13	0.62	0.51	123.38
9	2 547	1 378	1 169	1.01	0.55	0.47	117.83
10~14	13 947	7 585	6 363	5.55	3.02	2.53	119.21
10	2 613	1 401	1 213	1.04	0.56	0.48	115.51
11	2 853	1 531	1 322	1.14	0.61	0.53	115.82
12	2 789	1 536	1 253	1.11	0.61	0.50	122.64
13	2 730	1 505	1 225	1.09	0.60	0.49	122.81
14	2 963	1 612	1 350	1.18	0.64	0.54	119.41
15~19	18 575	10 213	8 362	7.39	4.07	3.33	122.14
15	3 367	1 824	1 543	1.34	0.73	0.61	118.15
16	3 881	2 154	1 727	1.55	0.86	0.69	124.76
17	4 294	2 426	1 868	1.71	0.97	0.74	129.91
18	3 758	2 040	1 718	1.50	0.81	0.68	118.79
19	3 276	1 769	1 507	1.30	0.70	0.60	117.38
20~24	21 630	11 215	10 415	8.61	4.46	4.15	107.67
20	3 595	1 958	1 637	1.43	0.78	0.65	119.63
21	3 846	2 049	1 797	1.53	0.82	0.72	114.02
22	4 901	2 534	2 368	1.95	1.01	0.94	107.01
23	4 662	2 373	2 290	1.86	0.94	0.91	103.62
24	4 626	2 302	2 325	1.84	0.92	0.93	99.01
25~29	19 684	9 716	9 968	7.84	3.87	3.97	97.47
25	4 588	2 286	2 302	1.83	0.91	0.92	99.32
26	4 190	2 050	2 140	1.67	0.82	0.85	95.77
27	3 668	1 832	1 836	1.46	0.73	0.73	99.81
28	3 623	1 784	1 839	1.44	0.71	0.73	96.99
29	3 615	1 764	1 851	1.44	0.70	0.74	95.29
30~34	18 953	9 524	9 430	7.55	3.79	3.75	101.00
30	4 011	2 039	1 971	1.60	0.81	0.78	103.44
31	3 739	1 835	1 904	1.49	0.73	0.76	96.40
32	3 565	1 791	1 774	1.42	0.71	0.71	100.98
33	3 800	1 887	1 913	1.51	0.75	0.76	98.68
34	3 839	1 971	1 868	1.53	0.78	0.74	105.49

数据来源：国家统计局人口和就业统计司。

9. 2012年全国镇分年龄、性别的人口数

(续1)

年龄(岁)	人口数 合计	男	女	占总人口百分比 合计	男	女	性别比(女=100)
35~39	21 090	10 691	10 399	8.40	4.26	4.14	102.81
35	3 579	1 826	1 753	1.42	0.73	0.70	104.15
36	4 094	2 094	2 000	1.63	0.83	0.80	104.74
37	4 205	2 119	2 086	1.67	0.84	0.83	101.61
38	4 545	2 277	2 268	1.81	0.91	0.90	100.38
39	4 667	2 375	2 292	1.86	0.95	0.91	103.60
40~44	25 168	12 823	12 346	10.02	5.10	4.91	103.86
40	4 913	2 501	2 412	1.96	1.00	0.96	103.68
41	4 883	2 512	2 372	1.94	1.00	0.94	105.90
42	5 334	2 729	2 605	2.12	1.09	1.04	104.75
43	4 734	2 412	2 322	1.88	0.96	0.92	103.90
44	5 304	2 669	2 635	2.11	1.06	1.05	101.27
45~49	22 267	11 298	10 969	8.86	4.50	4.37	103.00
45	4 056	1 999	2 057	1.61	0.80	0.82	97.21
46	4 474	2 344	2 130	1.78	0.93	0.85	110.06
47	4 485	2 332	2 153	1.79	0.93	0.86	108.35
48	4 377	2 190	2 187	1.74	0.87	0.87	100.12
49	4 876	2 433	2 443	1.94	0.97	0.97	99.59
50~54	13 425	6 857	6 569	5.34	2.73	2.62	104.38
50	3 642	1 812	1 830	1.45	0.72	0.73	99.00
51	2 033	1 031	1 002	0.81	0.41	0.40	102.83
52	2 544	1 286	1 258	1.01	0.51	0.50	102.18
53	2 273	1 186	1 086	0.90	0.47	0.43	109.24
54	2 934	1 542	1 392	1.17	0.61	0.55	110.77
55~59	15 037	7 542	7 494	5.99	3.00	2.98	100.64
55	3 151	1 582	1 569	1.25	0.63	0.62	100.85
56	3 043	1 509	1 534	1.21	0.60	0.61	98.37
57	3 036	1 546	1 491	1.21	0.62	0.59	103.68
58	3 034	1 521	1 514	1.21	0.61	0.60	100.46
59	2 772	1 385	1 387	1.10	0.55	0.55	99.86
60~64	11 513	5 779	5 733	4.58	2.30	2.28	100.81
60	2 847	1 444	1 404	1.13	0.57	0.56	102.85
61	2 354	1 111	1 243	0.94	0.44	0.50	89.32
62	2 218	1 136	1 082	0.88	0.45	0.43	105.04
63	2 179	1 143	1 036	0.87	0.46	0.41	110.32
64	1 914	946	968	0.76	0.38	0.39	97.70
65~69	7 641	3 784	3 858	3.04	1.51	1.54	98.09
65	1 835	869	966	0.73	0.35	0.38	89.97
66	1 677	802	875	0.67	0.32	0.35	91.67
67	1 513	782	731	0.60	0.31	0.29	107.05
68	1 419	719	700	0.56	0.29	0.28	102.75
69	1 198	612	586	0.48	0.24	0.23	104.33

9. 2012 年全国镇分年龄、性别的人口数

（续完）

年龄（岁）	人口数 合计	男	女	占总人口百分比 合计	男	女	性别比（女=100）
70~74	5 723	2 814	2 910	2.28	1.12	1.16	96.71
70	1 274	639	635	0.51	0.25	0.25	100.60
71	1 233	598	635	0.49	0.24	0.25	94.18
72	1 171	582	589	0.47	0.23	0.23	98.74
73	990	498	492	0.39	0.20	0.20	101.13
74	1 056	498	558	0.42	0.20	0.22	89.11
75~79	4 402	2 108	2 294	1.75	0.84	0.91	91.88
75	1 027	503	524	0.41	0.20	0.21	95.90
76	919	447	472	0.37	0.18	0.19	94.61
77	913	441	472	0.36	0.18	0.19	93.34
78	800	369	431	0.32	0.15	0.17	85.65
79	743	348	394	0.30	0.14	0.16	88.31
80~84	2 468	1 136	1 332	0.98	0.45	0.53	85.29
80	632	296	336	0.25	0.12	0.13	88.10
81	505	243	262	0.20	0.10	0.10	93.00
82	561	260	301	0.22	0.10	0.12	86.23
83	395	169	226	0.16	0.07	0.09	74.85
84	375	168	207	0.15	0.07	0.08	81.02
85~89	999	411	589	0.40	0.16	0.23	69.75
85	275	120	155	0.11	0.05	0.06	77.01
86	231	107	124	0.09	0.04	0.05	86.06
87	198	87	111	0.08	0.03	0.04	78.09
88	157	49	108	0.06	0.02	0.04	45.86
89	138	48	90	0.06	0.02	0.04	53.11
90~94	326	104	221	0.13	0.04	0.09	47.13
90	98	29	68	0.04	0.01	0.03	42.96
91	83	27	55	0.03	0.01	0.02	49.29
92	78	25	54	0.03	0.01	0.02	45.93
93	40	14	26	0.02	0.01	0.01	52.93
94	27	9	18	0.01	0.00	0.01	51.52
95+	68	16	52	0.03	0.01	0.02	31.51

10. 2012 年全国乡村分年龄、性别的人口数

单位：人，%

年龄（岁）	人口数 合计	男	女	占总人口百分比 合计	男	女	性别比（女=100）
总计	526 998	271 280	255 718	100.00	51.48	48.52	106.09
0~4	34 698	18 888	15 810	6.58	3.58	3.00	119.47
0	6 893	3 772	3 121	1.31	0.72	0.59	120.88
1	5 692	3 048	2 643	1.08	0.58	0.50	115.32
2	6 923	3 845	3 077	1.31	0.73	0.58	124.97
3	7 500	4 080	3 420	1.42	0.77	0.65	119.30
4	7 690	4 142	3 549	1.46	0.79	0.67	116.71
5~9	33 059	17 996	15 063	6.27	3.41	2.86	119.47
5	6 850	3 670	3 181	1.30	0.70	0.60	115.37
6	7 066	3 869	3 196	1.34	0.73	0.61	121.07
7	6 593	3 591	3 003	1.25	0.68	0.57	119.60
8	6 621	3 637	2 984	1.26	0.69	0.57	121.88
9	5 928	3 229	2 699	1.12	0.61	0.51	119.63
10~14	31 686	17 114	14 572	6.01	3.25	2.77	117.44
10	5 974	3 186	2 789	1.13	0.60	0.53	114.25
11	6 340	3 422	2 918	1.20	0.65	0.55	117.25
12	6 465	3 536	2 929	1.23	0.67	0.56	120.71
13	6 126	3 371	2 755	1.16	0.64	0.52	122.38
14	6 780	3 599	3 181	1.29	0.68	0.60	113.12
15~19	33 398	17 358	16 040	6.34	3.29	3.04	108.21
15	6 677	3 487	3 190	1.27	0.66	0.61	109.31
16	6 981	3 645	3 336	1.32	0.69	0.63	109.26
17	6 768	3 495	3 273	1.28	0.66	0.62	106.77
18	6 335	3 318	3 017	1.20	0.63	0.57	109.97
19	6 636	3 412	3 224	1.26	0.65	0.61	105.86
20~24	43 756	22 425	21 331	8.30	4.26	4.05	105.13
20	7 409	3 948	3 461	1.41	0.75	0.66	114.09
21	7 733	4 060	3 673	1.47	0.77	0.70	110.55
22	10 014	5 020	4 994	1.90	0.95	0.95	100.52
23	9 512	4 762	4 750	1.80	0.90	0.90	100.27
24	9 089	4 634	4 454	1.72	0.88	0.85	104.04
25~29	37 054	19 014	18 039	7.03	3.61	3.42	105.41
25	9 105	4 653	4 452	1.73	0.88	0.84	104.52
26	7 867	3 997	3 870	1.49	0.76	0.73	103.27
27	6 901	3 527	3 374	1.31	0.67	0.64	104.53
28	6 651	3 481	3 170	1.26	0.66	0.60	109.80
29	6 530	3 357	3 173	1.24	0.64	0.60	105.80
30~34	32 390	16 727	15 663	6.15	3.17	2.97	106.79
30	7 051	3 616	3 436	1.34	0.69	0.65	105.24
31	6 451	3 335	3 116	1.22	0.63	0.59	107.03
32	6 099	3 157	2 942	1.16	0.60	0.56	107.31
33	6 258	3 275	2 983	1.19	0.62	0.57	109.77
34	6 532	3 345	3 187	1.24	0.63	0.60	104.97

数据来源：国家统计局人口和就业统计司。

10. 2012年全国乡村分年龄、性别的人口数

(续1)

年龄 (岁)	人口数 合计	男	女	占总人口百分比 合计	男	女	性别比 (女=100)
35~39	36 742	18 928	17 814	6.97	3.59	3.38	106.25
35	6 004	3 099	2 906	1.14	0.59	0.55	106.64
36	6 945	3 596	3 349	1.32	0.68	0.64	107.38
37	7 236	3 776	3 459	1.37	0.72	0.66	109.15
38	8 119	4 163	3 956	1.54	0.79	0.75	105.23
39	8 437	4 294	4 144	1.60	0.81	0.79	103.61
40~44	47 522	24 205	23 318	9.02	4.59	4.42	103.80
40	8 668	4 338	4 330	1.64	0.82	0.82	100.18
41	9 088	4 689	4 399	1.72	0.89	0.83	106.58
42	9 870	5 019	4 851	1.87	0.95	0.92	103.47
43	9 421	4 816	4 604	1.79	0.91	0.87	104.61
44	10 475	5 342	5 133	1.99	1.01	0.97	104.08
45~49	47 154	23 807	23 347	8.95	4.52	4.43	101.97
45	8 437	4 268	4 169	1.60	0.81	0.79	102.37
46	9 719	4 918	4 801	1.84	0.93	0.91	102.42
47	9 558	4 789	4 770	1.81	0.91	0.91	100.40
48	8 936	4 450	4 486	1.70	0.84	0.85	99.21
49	10 503	5 382	5 121	1.99	1.02	0.97	105.09
50~54	29 007	14 739	14 268	5.50	2.80	2.71	103.30
50	7 883	4 005	3 878	1.50	0.76	0.74	103.28
51	4 252	2 106	2 145	0.81	0.40	0.41	98.19
52	5 293	2 663	2 631	1.00	0.51	0.50	101.21
53	5 014	2 507	2 507	0.95	0.48	0.48	99.97
54	6 565	3 458	3 107	1.25	0.66	0.59	111.33
55~59	35 437	18 091	17 345	6.72	3.43	3.29	104.30
55	7 300	3 772	3 528	1.39	0.72	0.67	106.94
56	6 882	3 574	3 307	1.31	0.68	0.63	108.07
57	7 168	3 636	3 532	1.36	0.69	0.67	102.97
58	7 281	3 681	3 600	1.38	0.70	0.68	102.26
59	6 806	3 427	3 379	1.29	0.65	0.64	101.41
60~64	29 212	14 903	14 308	5.54	2.83	2.72	104.16
60	6 855	3 442	3 414	1.30	0.65	0.65	100.82
61	5 965	3 023	2 942	1.13	0.57	0.56	102.79
62	5 845	3 024	2 821	1.11	0.57	0.54	107.18
63	5 683	2 921	2 761	1.08	0.55	0.52	105.81
64	4 864	2 493	2 371	0.92	0.47	0.45	105.14
65~69	20 305	10 398	9 906	3.85	1.97	1.88	104.96
65	4 671	2 414	2 257	0.89	0.46	0.43	106.94
66	4 428	2 205	2 223	0.84	0.42	0.42	99.21
67	3 966	2 019	1 947	0.75	0.38	0.37	103.72
68	3 797	1 992	1 805	0.72	0.38	0.34	110.36
69	3 442	1 768	1 674	0.65	0.34	0.32	105.57

10. 2012年全国乡村分年龄、性别的人口数

（续完）

年龄（岁）	人口数 合计	男	女	占总人口百分比 合计	男	女	性别比（女=100）
70~74	14 822	7 496	7 326	2.81	1.42	1.39	102.33
70	3 277	1 706	1 570	0.62	0.32	0.30	108.64
71	3 275	1 636	1 639	0.62	0.31	0.31	99.79
72	2 933	1 513	1 419	0.56	0.29	0.27	106.64
73	2 491	1 223	1 268	0.47	0.23	0.24	96.44
74	2 846	1 418	1 429	0.54	0.27	0.27	99.24
75~79	10 937	5 243	5 694	2.08	0.99	1.08	92.07
75	2 480	1 215	1 265	0.47	0.23	0.24	96.01
76	2 453	1 218	1 235	0.47	0.23	0.23	98.62
77	2 087	964	1 123	0.40	0.18	0.21	85.82
78	1 968	924	1 043	0.37	0.18	0.20	88.56
79	1 949	922	1 027	0.37	0.17	0.19	89.76
80~84	6 424	2 764	3 660	1.22	0.52	0.69	75.54
80	1 670	721	949	0.32	0.14	0.18	75.97
81	1 395	660	735	0.26	0.13	0.14	89.83
82	1 379	580	799	0.26	0.11	0.15	72.51
83	996	403	593	0.19	0.08	0.11	68.05
84	983	400	583	0.19	0.08	0.11	68.57
85~89	2 483	908	1 574	0.47	0.17	0.30	57.71
85	736	296	439	0.14	0.06	0.08	67.52
86	585	210	374	0.11	0.04	0.07	56.15
87	526	184	342	0.10	0.03	0.06	53.68
88	358	131	228	0.07	0.02	0.04	57.53
89	278	87	191	0.05	0.02	0.04	45.63
90~94	769	252	517	0.15	0.05	0.10	48.78
90	262	97	165	0.05	0.02	0.03	58.79
91	193	64	129	0.04	0.01	0.02	49.32
92	161	49	111	0.03	0.01	0.02	44.05
93	79	28	51	0.02	0.01	0.01	54.24
94	75	15	60	0.01	0.00	0.01	24.29
95+	146	24	122	0.03	0.00	0.02	19.92

11. 1978–2012年全国人口出生率、死亡率和自然增长率

单位:‰

年 份	出生率	死亡率	自然增长率
1978	18.25	6.25	12.00
1980	18.21	6.34	11.87
1981	20.91	6.36	14.55
1982	22.28	6.60	15.68
1983	20.19	6.90	13.29
1984	19.90	6.82	13.08
1985	21.04	6.78	14.26
1986	22.43	6.86	15.57
1987	23.33	6.72	16.61
1988	22.37	6.64	15.73
1989	21.58	6.54	15.04
1990	21.06	6.67	14.39
1991	19.68	6.70	12.98
1992	18.24	6.64	11.60
1993	18.09	6.64	11.45
1994	17.70	6.49	11.21
1995	17.12	6.57	10.55
1996	16.98	6.56	10.42
1997	16.57	6.51	10.06
1998	15.64	6.50	9.14
1999	14.64	6.46	8.18
2000	14.03	6.45	7.58
2001	13.38	6.43	6.95
2002	12.86	6.41	6.45
2003	12.41	6.40	6.01
2004	12.29	6.42	5.87
2005	12.40	6.51	5.89
2006	12.09	6.81	5.28
2007	12.10	6.93	5.17
2008	12.14	7.06	5.08
2009	11.95	7.08	4.87
2010	11.90	7.11	4.79
2011	11.93	7.14	4.79
2012	12.10	7.15	4.95

数据来源:国家统计局人口和就业统计司。

12. 2012年各省、自治区、直辖市户数、人口数、性别比和平均家庭户规模

地区	户数 合计	户数 家庭户	户数 集体户	总人口数 合计	总人口数 男	总人口数 女	性别比（女=100）
全国	367 304	356 954	10 350	1 124 661	576 354	548 307	105.12
北京	6 368	5 878	490	17 266	8 851	8 415	105.18
天津	4 227	4 089	137	11 791	5 854	5 937	98.61
河北	18 597	18 532	65	60 806	31 087	29 719	104.60
山西	9 759	9 664	95	30 128	15 393	14 736	104.46
内蒙古	7 389	7 176	213	20 775	10 613	10 162	104.44
辽宁	13 129	12 605	523	36 621	18 359	18 263	100.53
吉林	7 955	7 794	161	22 949	11 670	11 279	103.47
黑龙江	11 558	11 541	17	31 990	16 283	15 707	103.66
上海	8 220	7 692	528	19 862	10 349	9 513	108.78
江苏	21 659	20 970	690	66 083	32 859	33 225	98.90
浙江	16 706	15 417	1 290	45 700	23 361	22 338	104.58
安徽	16 335	15 862	473	49 963	26 032	23 931	108.78
福建	10 887	10 330	557	31 273	15 783	15 490	101.89
江西	10 858	10 699	159	37 580	19 481	18 099	107.64
山东	27 700	27 473	227	80 810	40 832	39 978	102.14
河南	23 092	22 869	224	78 483	39 680	38 803	102.26
湖北	15 422	15 167	255	48 219	24 562	23 657	103.83
湖南	17 996	17 832	163	55 394	28 577	26 817	106.57
广东	26 421	24 068	2 353	88 395	46 688	41 707	111.94
广西	11 746	11 571	175	39 066	20 259	18 807	107.72
海南	2 003	1 910	93	7 397	3 934	3 463	113.60
重庆	9 081	8 892	188	24 573	12 370	12 203	101.37
四川	22 925	22 423	502	67 386	35 292	32 094	109.96
贵州	9 288	9 185	103	29 071	14 935	14 135	105.66
云南	11 746	11 450	296	38 874	19 993	18 882	105.88
西藏	630	627	3	2 567	1 275	1 292	98.72
陕西	10 107	9 962	145	31 315	16 193	15 123	107.08
甘肃	6 593	6 533	61	21 507	11 067	10 440	106.01
青海	1 408	1 374	34	4 782	2 465	2 318	106.35
宁夏	1 600	1 545	55	5 400	2 760	2 640	104.52
新疆	5 900	5 825	75	18 630	9 496	9 134	103.97

数据来源：国家统计局人口和就业统计司。

单位：户，人

人口数与性别比								平均家庭户规模（人/户）
家庭户人口数				集体户人口数			
合计	男	女	性别比（女=100）	合计	男	女	
1 077 355	547 201	530 155	103.22	47 306	29 153	18 153	3.02
14 874	7 328	7 546	97.11	2 393	1 523	869	2.53
11 298	5 747	5 551	103.54	493	107	386	2.76
60 341	30 873	29 468	104.77	465	214	251	3.26
29 551	15 037	14 514	103.60	577	355	222	3.06
19 915	10 253	9 662	106.11	860	360	500	2.78
33 899	16 961	16 937	100.14	2 723	1 398	1 325	2.69
22 438	11 416	11 022	103.58	511	254	257	2.88
31 917	16 247	15 669	103.69	73	35	38	2.77
18 108	9 181	8 927	102.85	1 754	1 168	587	2.35
62 302	31 053	31 249	99.37	3 782	1 806	1 976	2.97
41 250	21 173	20 077	105.46	4 450	2 188	2 262	2.68
47 980	24 284	23 697	102.48	1 983	1 748	235	3.02
29 180	14 718	14 461	101.78	2 093	1 064	1 029	2.82
36 731	18 782	17 949	104.64	849	699	150	3.43
80 024	40 320	39 704	101.55	785	512	274	2.91
77 069	38 527	38 542	99.96	1 414	1 153	261	3.37
45 958	23 220	22 738	102.12	2 261	1 342	919	3.03
54 786	28 143	26 643	105.63	609	435	174	3.07
78 487	40 261	38 226	105.32	9 908	6 427	3 481	3.26
38 470	19 878	18 591	106.92	597	381	216	3.32
6 952	3 726	3 225	115.53	446	208	238	3.64
23 774	11 966	11 808	101.35	799	404	395	2.67
63 841	32 229	31 611	101.95	3 546	3 063	483	2.85
28 495	14 466	14 028	103.12	576	469	107	3.10
37 301	19 270	18 031	106.87	1 574	723	851	3.26
2 552	1 271	1 281	99.15	15	4	10	4.07
30 574	15 740	14 834	106.11	742	453	289	3.07
21 038	10 742	10 296	104.33	469	325	144	3.22
4 669	2 376	2 293	103.63	114	89	25	3.40
5 177	2 650	2 526	104.91	223	109	114	3.35
18 407	9 360	9 046	103.47	223	136	87	3.16

13. 2012年各省、自治区、直辖市城市户数、人口数、性别比和平均家庭户规模

地区	户数 合计	家庭户	集体户	总人口数 合计	男	女	性别比（女=100）
全国	123 297	116 248	7 049	346 473	176 022	170 451	103.27
北京	5 215	4 767	448	13 841	7 061	6 780	104.14
天津	2 994	2 940	53	7 908	3 990	3 918	101.83
河北	4 156	4 127	28	12 341	6 220	6 122	101.60
山西	3 692	3 613	79	10 497	5 283	5 214	101.33
内蒙古	2 511	2 342	169	7 011	3 461	3 551	97.47
辽宁	7 507	7 006	501	20 035	9 875	10 160	97.19
吉林	3 028	2 883	145	7 713	3 860	3 853	100.19
黑龙江	4 850	4 835	15	12 021	6 001	6 020	99.69
上海	6 201	5 802	399	15 171	7 863	7 308	107.59
江苏	9 016	8 395	620	27 530	13 714	13 816	99.27
浙江	6 586	5 623	963	18 179	9 020	9 159	98.47
安徽	3 357	2 920	436	10 358	5 953	4 405	135.13
福建	4 107	3 794	313	11 023	5 498	5 526	99.49
江西	2 308	2 235	73	6 985	3 623	3 362	107.76
山东	8 841	8 655	186	24 534	12 239	12 295	99.54
河南	4 629	4 540	89	15 061	7 432	7 629	97.42
湖北	4 986	4 838	148	15 484	7 819	7 665	102.01
湖南	3 572	3 474	97	9 585	4 878	4 707	103.62
广东	13 027	11 327	1 699	38 777	20 854	17 923	116.35
广西	1 892	1 853	39	5 629	2 811	2 818	99.75
海南	649	580	69	2 054	1 073	981	109.43
重庆	2 741	2 681	60	7 765	3 893	3 872	100.54
四川	4 565	4 499	66	12 561	6 234	6 328	98.52
贵州	2 104	2 044	60	5 691	2 776	2 915	95.23
云南	2 784	2 702	81	7 362	3 818	3 544	107.76
西藏	117	115	2	312	139	173	80.68
陕西	2 500	2 422	78	6 760	3 441	3 319	103.65
甘肃	1 722	1 709	14	4 526	2 268	2 257	100.50
青海	442	433	9	1 198	600	598	100.41
宁夏	595	547	48	1 862	939	924	101.64
新疆	2 603	2 543	60	6 700	3 389	3 311	102.35

数据来源：国家统计局人口和就业统计司。

数　据

单位：户，人

人口数与性别比							平均
家庭户人口数				集体户人口数			家庭户规模
合计	男	女	性别比（女=100）	合计	男	女	（人/户）
317 641	159 589	158 051	100.97	28 833	16 433	12 400	2.73
11 745	5 732	6 013	95.32	2 095	1 329	766	2.46
7 727	3 892	3 835	101.49	181	98	83	2.63
12 230	6 166	6 064	101.67	111	54	57	2.96
10 058	5 051	5 006	100.90	439	232	207	2.78
6 349	3 248	3 101	104.75	663	213	450	2.71
17 434	8 570	8 864	96.69	2 601	1 304	1 297	2.49
7 249	3 648	3 602	101.28	463	212	251	2.51
11 969	5 979	5 991	99.80	51	22	29	2.48
13 818	6 918	6 901	100.24	1 353	945	408	2.38
24 117	12 060	12 057	100.02	3 413	1 655	1 759	2.87
15 004	7 754	7 250	106.96	3 175	1 265	1 910	2.67
8 572	4 326	4 245	101.91	1 786	1 626	160	2.94
10 085	5 072	5 013	101.19	938	425	513	2.66
6 632	3 344	3 288	101.69	354	280	74	2.97
23 926	11 879	12 047	98.60	608	360	248	2.76
14 527	7 142	7 385	96.71	534	290	244	3.20
14 021	7 031	6 990	100.59	1 463	788	675	2.90
9 348	4 719	4 628	101.97	237	158	79	2.69
32 196	16 636	15 560	106.91	6 580	4 218	2 363	2.84
5 516	2 746	2 770	99.17	113	64	48	2.98
1 792	960	832	115.49	262	113	149	3.09
7 578	3 784	3 794	99.74	186	109	78	2.83
12 377	6 143	6 234	98.53	184	91	93	2.75
5 557	2 699	2 858	94.43	134	77	57	2.72
7 140	3 671	3 469	105.81	222	147	74	2.64
299	136	163	83.28	13	4	10	2.60
6 525	3 318	3 206	103.49	235	122	113	2.69
4 499	2 249	2 250	99.98	27	19	8	2.63
1 167	583	584	99.76	31	17	14	2.69
1 666	847	819	103.37	196	92	104	3.05
6 517	3 285	3 232	101.64	183	104	79	2.56

14. 2012 年各省、自治区、直辖市镇户数、人口数、性别比和平均家庭户规模

地区	户数 合计	户数 家庭户	户数 集体户	总人口数 合计	总人口数 男	总人口数 女	性别比（女=100）
全 国	79 663	77 614	2 049	251 190	129 052	122 138	105.66
北 京	333	320	13	1 043	549	494	111.23
天 津	529	445	84	1 708	742	966	76.85
河 北	4 612	4 594	17	16 116	8 246	7 870	104.79
山 西	1 604	1 600	5	4 948	2 539	2 409	105.40
内蒙古	1 753	1 732	21	4 985	2 584	2 400	107.67
辽 宁	1 538	1 520	18	4 007	2 034	1 974	103.04
吉 林	1 639	1 638	1	4 611	2 359	2 252	104.76
黑龙江	2 225	2 224	2	6 181	3 150	3 031	103.92
上 海	1 131	1 077	53	2 566	1 388	1 178	117.78
江 苏	4 638	4 589	49	14 102	7 076	7 026	100.71
浙 江	4 075	3 897	178	10 703	5 678	5 026	112.97
福 建	2 541	2 422	119	7 615	3 902	3 714	105.07
江 西	3 181	3 101	80	10 869	5 644	5 225	108.01
山 东	5 995	5 962	33	17 835	9 082	8 753	103.76
河 南	4 896	4 775	122	18 240	9 521	8 719	109.20
湖 北	3 276	3 215	61	10 314	5 228	5 086	102.80
湖 南	5 161	5 107	54	16 257	8 446	7 812	108.12
广 东	5 729	5 402	327	20 802	10 827	9 975	108.54
广 西	3 297	3 171	127	11 377	5 904	5 473	107.87
海 南	466	452	14	1 764	974	789	123.51
重 庆	2 299	2 224	75	6 237	3 083	3 154	97.72
四 川	5 568	5 298	270	16 799	8 597	8 202	104.82
贵 州	1 411	1 380	31	4 895	2 565	2 330	110.09
云 南	2 432	2 288	144	7 920	3 850	4 071	94.57
西 藏	79	79	0	271	135	136	99.10
陕 西	2 799	2 740	59	8 905	4 727	4 179	113.11
甘 肃	1 171	1 138	33	3 808	1 998	1 810	110.37
青 海	342	323	19	1 071	563	508	110.77
宁 夏	251	246	5	874	453	421	107.38
新 疆	505	498	7	1 492	726	766	94.85

数据来源：国家统计局人口和就业统计司。

单位:户,人

| 人口数与性别比 ||||||||平均家庭户规模(人/户) |
| 家庭户人口数 |||性别比(女=100)| 集体户人口数 ||||
合计	男	女		合计	男	女	
240 180	122 092	118 088	103.39	11 010	6 961	4 049	3.09
882	446	436	102.33	161	103	58	2.76
1 397	734	663	110.65	311	8	303	3.14
15 930	8 197	7 733	106.00	186	49	136	3.47
4 925	2 518	2 407	104.61	23	21	2	3.08
4 881	2 511	2 371	105.91	103	74	30	2.82
3 950	1 987	1 962	101.29	58	46	12	2.60
4 609	2 357	2 252	104.66	2	2	0	2.81
6 173	3 145	3 028	103.89	8	5	4	2.78
2 421	1 279	1 142	111.91	145	109	36	2.25
13 922	6 973	6 949	100.34	180	103	77	3.03
10 243	5 396	4 847	111.32	460	281	179	2.63
7 062	3 539	3 524	100.43	553	363	190	2.92
10 470	5 292	5 178	102.20	400	352	48	3.38
17 693	8 962	8 731	102.65	142	119	22	2.97
17 390	8 685	8 706	99.76	849	836	13	3.64
9 871	4 968	4 903	101.33	443	260	183	3.07
15 936	8 204	7 732	106.10	321	242	79	3.12
18 607	9 458	9 149	103.38	2 195	1 369	826	3.44
10 937	5 620	5 317	105.71	440	283	156	3.45
1 637	900	736	122.23	127	74	53	3.62
5 743	2 859	2 885	99.10	494	224	270	2.58
15 678	7 824	7 854	99.61	1 121	773	347	2.96
4 509	2 216	2 293	96.63	386	349	37	3.27
7 061	3 619	3 442	105.16	859	230	629	3.09
270	134	136	99.10	0	0	0	3.42
8 430	4 422	4 008	110.33	476	305	171	3.08
3 486	1 776	1 711	103.82	322	222	100	3.06
1 019	520	499	104.29	52	43	9	3.15
853	439	413	106.34	21	13	8	3.47
1 469	708	761	93.13	23	18	5	2.95

15. 2012年各省、自治区、直辖市乡村户数、人口数、性别比和平均家庭户规模

地区	户数 合计	户数 家庭户	户数 集体户	总人口数 合计	总人口数 男	总人口数 女	性别比（女=100）
全 国	164 345	163 093	1 252	526 998	271 280	255 718	106.09
北 京	820	792	29	2 383	1 241	1 141	108.74
天 津	704	704	0	2 175	1 122	1 053	106.57
河 北	9 829	9 810	19	32 349	16 621	15 728	105.68
山 西	4 463	4 451	11	14 684	7 571	7 114	106.43
内蒙古	3 125	3 101	23	8 779	4 568	4 211	108.47
辽 宁	4 084	4 080	4	12 579	6 451	6 129	105.25
吉 林	3 288	3 272	16	10 625	5 451	5 174	105.36
黑龙江	4 483	4 482	1	13 788	7 132	6 656	107.15
上 海	888	813	75	2 125	1 098	1 027	106.95
江 苏	8 006	7 985	21	24 451	12 068	12 383	97.46
浙 江	6 046	5 897	149	16 817	8 664	8 153	106.27
安 徽	8 794	8 785	8	26 730	13 594	13 136	103.49
福 建	4 239	4 114	125	12 634	6 383	6 251	102.12
江 西	5 368	5 363	5	19 726	10 214	9 512	107.39
山 东	12 864	12 856	8	38 441	19 511	18 930	103.07
河 南	13 567	13 554	13	45 182	22 727	22 455	101.21
湖 北	7 160	7 113	46	22 421	11 515	10 906	105.59
湖 南	9 263	9 251	12	29 552	15 254	14 298	106.69
广 东	7 665	7 338	327	28 817	15 008	13 809	108.68
广 西	6 557	6 547	10	22 060	11 544	10 516	109.78
海 南	887	878	10	3 580	1 887	1 694	111.40
重 庆	4 040	3 987	54	10 571	5 395	5 176	104.22
四 川	12 792	12 626	165	38 026	20 461	17 565	116.49
贵 州	5 773	5 761	12	18 485	9 595	8 890	107.92
云 南	6 530	6 460	70	23 592	12 325	11 267	109.38
西 藏	433	433	0	1 984	1 001	983	101.83
陕 西	4 808	4 800	8	15 650	8 026	7 624	105.26
甘 肃	3 700	3 686	15	13 173	6 801	6 372	106.72
青 海	623	618	5	2 514	1 302	1 212	107.43
宁 夏	754	752	2	2 664	1 368	1 295	105.64
新 疆	2 792	2 784	8	10 438	5 381	5 057	106.42

数据来源：国家统计局人口和就业统计司。

单位:户,人

人口数与性别比							平均
家庭户人口数				集体户人口数			家庭户规模
合计	男	女	性别比 (女=100)	合计	男	女	(人/户)
519 535	265 520	254 015	104.53	7463	5759	1704	3.19
2 246	1 150	1 097	104.87	136	91	45	2.84
2 175	1 122	1 053	106.55	1	1	0	3.09
32 180	16 510	15 670	105.36	169	111	58	3.28
14 569	7 468	7 101	105.17	116	103	13	3.27
8 686	4 494	4 191	107.23	93	74	20	2.80
12 515	6 404	6 112	104.77	64	47	17	3.07
10 580	5 412	5 168	104.71	46	40	6	3.23
13 774	7 123	6 651	107.10	14	9	5	3.07
1 868	985	884	111.44	257	114	143	2.30
24 262	12 020	12 243	98.18	188	48	140	3.04
16 003	8 023	7 980	100.54	815	641	173	2.71
26 684	13 555	13 129	103.24	46	39	7	3.04
12 032	6 107	5 925	103.08	602	276	326	2.92
19 630	10 147	9 483	107.00	96	67	28	3.66
38 405	19 479	18 926	102.92	36	32	4	2.99
45 152	22 700	22 452	101.11	30	27	4	3.33
22 067	11 221	10 846	103.46	354	294	60	3.10
29 502	15 220	14 282	106.57	51	35	16	3.19
27 684	14 167	13 517	104.81	1133	841	292	3.77
22 016	11 511	10 505	109.58	44	33	11	3.36
3 523	1 866	1 657	112.57	57	21	36	4.01
10 452	5 323	5 129	103.80	119	71	48	2.62
35 785	18 262	17 523	104.22	2241	2198	42	2.83
18 429	9 552	8 877	107.60	56	43	13	3.20
23 099	11 980	11 119	107.73	493	345	148	3.58
1 983	1 000	983	101.79	1	1	0	4.58
15 619	8 000	7 620	104.99	31	26	5	3.25
13 053	6 717	6 336	106.02	120	84	37	3.54
2 483	1 273	1 210	105.23	31	29	2	4.02
2 658	1 364	1 294	105.43	6	4	2	3.54
10 420	5 367	5 053	106.20	18	14	3	3.74

16. 2012 年各省、自治区、直辖市分性别、受教育程度的人口

地区	6 岁及以上人口 合计	男	女	未上过学 小计	男	女	小学 小计	男	女
全 国	1 047 865	534 803	513 062	55 454	16 753	38 701	281 681	133 547	148 134
北 京	16 447	8 418	8 029	271	63	208	1 627	766	862
天 津	11 175	5 529	5 646	297	87	210	1 885	879	1 006
河 北	55 844	28 412	27 432	2 383	733	1 650	13 858	6 471	7 387
山 西	28 388	14 483	13 905	810	326	485	6 039	2 780	3 259
内蒙古	19 598	9 999	9 599	863	298	564	4 794	2 242	2 551
辽 宁	35 238	17 655	17 583	908	295	612	7 069	3 281	3 788
吉 林	21 799	11 059	10 740	480	168	312	5 340	2 502	2 838
黑龙江	30 608	15 559	15 049	873	324	549	7 476	3 498	3 979
上 海	19 034	9 918	9 117	466	118	348	2 403	1 073	1 330
江 苏	62 230	30 700	31 530	3 492	879	2 613	14 701	6 570	8 130
浙 江	43 285	22 088	21 197	2 383	691	1 692	11 640	5 701	5 939
安 徽	46 039	23 855	22 184	3 700	1 011	2 689	13 071	6 043	7 029
福 建	28 931	14 525	14 406	1 606	373	1 233	9 231	4 113	5 118
江 西	34 348	17 654	16 694	1 350	381	969	10 233	4 700	5 533
山 东	75 422	37 952	37 470	4 933	1 373	3 560	19 465	8 734	10 731
河 南	72 042	36 109	35 933	3 958	1 228	2 731	17 865	8 566	9 299
湖 北	45 109	22 876	22 233	2 697	764	1 933	10 585	4 966	5 618
湖 南	51 099	26 204	24 895	2 338	772	1 566	15 225	7 470	7 755
广 东	82 228	43 261	38 967	2 479	561	1 918	18 921	8 717	10 205
广 西	35 185	18 148	17 037	1 433	429	1 004	12 085	5 732	6 353
海 南	6 773	3 589	3 185	312	91	221	1 518	721	797
重 庆	23 049	11 562	11 487	1 240	387	853	7 865	3 897	3 968
四 川	63 113	33 010	30 103	4 353	1 350	3 003	20 810	10 475	10 334
贵 州	26 638	13 598	13 040	3 040	916	2 124	9 841	4 955	4 886
云 南	36 013	18 498	17 515	3 009	1 020	1 989	14 876	7 508	7 368
西 藏	2 332	1 157	1 175	800	344	456	1 001	525	476
陕 西	29 505	15 229	14 276	1 576	536	1 040	6 841	3 162	3 679
甘 肃	20 108	10 332	9 775	1 774	588	1 187	6 796	3 298	3 498
青 海	4 414	2 276	2 138	639	247	391	1 613	816	797
宁 夏	4 961	2 525	2 436	363	121	241	1 644	786	858
新 疆	16 910	8 624	8 286	629	278	351	5 362	2 599	2 763

数据来源:国家统计局人口和就业统计司。

单位:人

初中			高中			大专及以上		
小计	男	女	小计	男	女	小计	男	女
430 799	**230 637**	**200 162**	**168 941**	**94 487**	**74 454**	**110 990**	**59 380**	**51 610**
4 746	2 540	2 206	3 659	1 830	1 829	6 143	3 219	2 924
3 990	2 082	1 908	2 450	1 250	1 199	2 553	1 230	1 323
28 314	15 063	13 251	8 059	4 427	3 632	3 232	1 719	1 513
13 065	6 795	6 270	5 766	3 159	2 607	2 707	1 423	1 283
8 209	4 429	3 780	3 369	1 843	1 526	2 364	1 186	1 178
15 616	8 110	7 506	5 127	2 668	2 460	6 519	3 301	3 217
9 955	5 259	4 696	4 069	2 143	1 926	1 955	987	969
14 154	7 502	6 652	5 013	2 613	2 400	3 093	1 622	1 469
7 728	4 219	3 509	4 046	2 202	1 844	4 392	2 305	2 087
24 602	12 890	11 712	11 062	6 330	4 732	8 373	4 030	4 344
16 056	8 916	7 141	6 733	4 211	2 522	6 473	2 569	3 903
18 814	10 139	8 675	5 733	3 352	2 381	4 721	3 311	1 410
11 267	6 375	4 892	4 565	2 524	2 041	2 262	1 139	1 121
13 805	7 183	6 622	6 114	3 660	2 453	2 846	1 731	1 116
32 127	17 189	14 938	11 530	6 563	4 967	7 367	4 094	3 274
34 963	17 709	17 254	10 457	6 081	4 376	4 798	2 524	2 273
17 468	9 217	8 251	8 844	4 742	4 102	5 514	3 185	2 329
21 041	10 893	10 147	8 746	4 960	3 785	3 749	2 108	1 641
35 639	19 476	16 163	17 162	9 927	7 235	8 027	4 581	3 446
15 085	8 278	6 807	4 302	2 458	1 844	2 281	1 252	1 029
3 082	1 686	1 396	1 167	690	477	694	399	294
8 224	4 242	3 982	3 421	1 796	1 626	2 299	1 241	1 058
23 404	13 263	10 141	8 289	4 543	3 746	6 258	3 378	2 879
9 289	5 184	4 105	2 720	1 577	1 144	1 749	967	781
11 290	6 424	4 865	4 401	2 198	2 203	2 438	1 348	1 090
312	177	135	119	58	61	99	51	47
12 385	6 654	5 731	5 552	3 108	2 445	3 150	1 769	1 381
6 639	3 602	3 037	3 109	1 770	1 339	1 790	1 075	715
1 242	697	546	497	278	219	423	238	185
1 871	1 030	842	631	355	276	452	232	219
6 418	3 414	3 004	2 229	1 171	1 059	2 272	1 162	1 110

17. 2012年各省、自治区、直辖市城市分性别、受教育程度的人口

地区	6岁及以上人口 合计	男	女	未上过学 小计	男	女	小学 小计	男	女
全 国	328 293	166 318	161 974	6 860	1 805	5 055	50 132	23 226	26 907
北 京	13 180	6 710	6 471	140	28	112	1 023	483	540
天 津	7 522	3 793	3 729	168	48	120	932	417	515
河 北	11 575	5 808	5 768	265	72	193	2 089	968	1 120
山 西	9 915	4 977	4 938	124	38	86	1 324	594	729
内蒙古	6 654	3 270	3 384	109	43	66	937	410	528
辽 宁	19 356	9 547	9 809	232	62	170	2 215	1 002	1 213
吉 林	7 381	3 684	3 696	88	25	63	748	345	403
黑龙江	11 615	5 787	5 827	147	48	99	1 418	631	787
上 海	14 570	7 554	7 016	298	76	222	1 569	671	898
江 苏	26 154	12 959	13 195	828	178	650	4 135	1 872	2 264
浙 江	17 303	8 544	8 759	462	139	323	3 070	1 474	1 597
安 徽	9 838	5 663	4 175	281	56	225	1 402	637	765
福 建	10 259	5 106	5 154	309	61	249	2 283	1 059	1 224
江 西	6 592	3 398	3 195	123	28	95	1 021	489	533
山 东	23 079	11 478	11 601	610	157	453	3 761	1 695	2 066
河 南	14 074	6 909	7 165	204	50	154	2 041	976	1 065
湖 北	14 644	7 367	7 277	355	70	285	1 782	770	1 012
湖 南	9 075	4 607	4 468	255	89	166	1 698	808	890
广 东	36 692	19 703	16 989	478	96	382	5 444	2 635	2 809
广 西	5 250	2 598	2 651	75	25	49	970	434	535
海 南	1 922	1 001	921	29	10	19	248	123	125
重 庆	7 334	3 669	3 665	148	36	111	1 430	693	736
四 川	11 844	5 819	6 026	255	56	199	2 405	1 136	1 268
贵 州	5 334	2 592	2 741	139	45	94	1 055	491	564
云 南	6 972	3 622	3 350	224	102	122	1 562	768	794
西 藏	299	134	165	43	13	30	105	45	60
陕 西	6 387	3 248	3 139	158	54	104	749	343	407
甘 肃	4 297	2 149	2 147	143	39	104	758	336	422
青 海	1 143	571	571	39	13	26	234	104	130
宁 夏	1 730	870	859	49	15	35	375	179	196
新 疆	6 303	3 181	3 122	82	35	47	1 347	637	710

数据来源：国家统计局人口和就业统计司。

数据

单位：人

初中 小计	初中 男	初中 女	高中 小计	高中 男	高中 女	大专及以上 小计	大专及以上 男	大专及以上 女
113 179	58 383	54 796	81 535	42 779	38 756	76 587	40 125	36 460
3 389	1 762	1 628	2 887	1 407	1 481	5 741	3 031	2 711
2 399	1 220	1 179	1 998	1 001	997	2 025	1 108	917
4 612	2 372	2 240	2 634	1 334	1 301	1 976	1 063	913
3 244	1 585	1 659	3 145	1 680	1 465	2 078	1 079	999
2 413	1 262	1 150	1 766	908	858	1 429	647	781
7 074	3 515	3 559	3 872	1 968	1 904	5 962	3 000	2 962
2 745	1 392	1 353	2 390	1 215	1 175	1 408	707	702
4 695	2 363	2 332	3 056	1 548	1 508	2 298	1 198	1 100
5 414	2 938	2 476	3 293	1 777	1 515	3 996	2 092	1 904
8 557	4 466	4 091	6 062	3 378	2 684	6 570	3 064	3 507
5 466	3 009	2 457	3 495	2 250	1 246	4 810	1 673	3 137
2 855	1 425	1 430	2 187	1 193	994	3 113	2 352	761
3 907	2 077	1 830	2 446	1 193	1 253	1 314	716	598
1 988	988	1 001	1 854	917	937	1 607	976	630
7 696	3 812	3 883	5 622	2 874	2 748	5 391	2 941	2 451
4 532	2 243	2 289	3 890	1 859	2 031	3 406	1 781	1 626
4 168	2 065	2 103	4 632	2 318	2 315	3 707	2 145	1 562
2 957	1 454	1 504	2 522	1 351	1 171	1 642	906	736
15 191	8 326	6 865	9 443	5 260	4 183	6 136	3 385	2 750
1 922	955	967	1 222	614	609	1 060	570	490
578	290	288	616	311	306	450	267	183
2 471	1 255	1 216	1 821	910	910	1 464	773	692
3 943	1 945	1 998	2 902	1 508	1 394	2 340	1 173	1 166
1 851	919	932	1 165	549	617	1 123	588	535
2 482	1 327	1 155	1 491	797	694	1 213	627	584
57	29	28	38	19	19	57	27	28
2 268	1 188	1 080	1 930	994	936	1 281	669	613
1 375	690	686	1 180	618	561	840	467	375
396	205	191	230	118	111	243	130	113
645	335	311	305	162	143	354	180	174
1 885	970	915	1 440	748	692	1 549	790	758

18. 2012年各省、自治区、直辖市镇分性别、受教育程度的人口

地区	6岁及以上人口 合计	男	女	未上过学 小计	男	女	小学 小计	男	女
全国	234 122	119 763	114 360	10 272	3 013	7 258	57 011	26 325	30 686
北京	989	523	466	21	6	15	168	69	100
天津	1 607	686	922	40	12	28	255	126	129
河北	14 645	7 467	7 178	552	171	380	3 519	1 609	1 910
山西	4 663	2 392	2 271	118	49	69	950	435	515
内蒙古	4 650	2 415	2 235	177	53	124	1 117	533	584
辽宁	3 861	1 957	1 904	59	19	40	651	287	364
吉林	4 436	2 262	2 174	72	29	43	907	411	496
黑龙江	5 924	3 027	2 897	116	32	84	1 028	465	563
上海	2 443	1 319	1 124	74	20	54	392	187	206
江苏	13 268	6 607	6 661	723	196	527	3 279	1 478	1 800
浙江	10 079	5 348	4 731	441	150	291	2 768	1 297	1 471
安徽	11 941	5 955	5 986	782	198	584	2 681	1 252	1 429
福建	7 051	3 593	3 458	473	117	356	2 237	968	1 269
江西	9 948	5 127	4 821	342	97	245	2 483	1 128	1 355
山东	16 618	8 435	8 183	1 204	324	880	4 423	2 020	2 404
河南	16 865	8 746	8 118	772	245	527	3 910	1 825	2 085
湖北	9 721	4 919	4 802	460	124	336	2 221	1 070	1 151
湖南	14 946	7 675	7 271	511	183	329	3 640	1 732	1 908
广东	19 372	10 043	9 330	664	139	525	4 683	2 046	2 637
广西	10 317	5 327	4 990	305	102	203	2 755	1 276	1 479
海南	1 616	893	723	73	22	51	361	171	190
重庆	5 915	2 907	3 007	201	58	143	1 671	789	882
四川	15 877	8 122	7 755	625	196	429	3 869	1 864	2 005
贵州	4 515	2 354	2 161	317	85	232	1 358	627	730
云南	7 414	3 592	3 823	350	101	249	1 972	938	1 034
西藏	254	126	128	91	37	54	84	46	38
陕西	8 457	4 483	3 974	313	111	201	1 740	817	923
甘肃	3 578	1 869	1 709	192	61	131	1 019	449	570
青海	992	522	470	122	45	78	329	164	164
宁夏	802	414	388	63	24	39	255	125	130
新疆	1 357	659	699	18	5	12	286	121	165

数据来源:国家统计局人口和就业统计司。

单位:人

| 初　中 ||| 高　中 ||| 大专及以上 |||
小计	男	女	小计	男	女	小计	男	女
98 946	51 523	47 423	44 420	25 551	18 870	23 473	13 351	10 123
398	240	158	227	120	106	175	88	87
609	328	281	246	132	114	456	88	369
7 815	4 191	3 625	2 175	1 170	1 005	584	326	258
2 099	1 074	1 025	1 129	629	500	368	206	162
1 946	1 024	923	833	472	361	578	334	244
2 163	1 119	1 044	621	334	287	367	198	169
2 182	1 138	1 044	948	513	435	326	170	156
2 875	1 525	1 350	1 263	662	601	642	343	299
1 269	689	580	402	254	147	307	169	137
5 829	2 967	2 861	2 450	1 420	1 031	987	545	442
4 295	2 331	1 964	1 488	934	554	1 085	635	450
5 280	2 680	2 600	1 985	1 111	874	1 213	714	500
2 729	1 553	1 177	1 129	659	470	483	296	187
3 945	1 913	2 032	2 389	1 507	882	790	483	307
7 451	3 999	3 452	2 321	1 407	914	1 218	685	533
8 022	4 029	3 993	3 264	2 159	1 105	897	488	409
4 000	2 028	1 972	1 951	1 067	884	1 088	630	459
6 006	3 035	2 971	3 237	1 813	1 424	1 551	913	639
8 030	4 307	3 723	4 587	2 669	1 918	1 408	880	528
4 375	2 340	2 035	1 894	1 069	825	988	540	448
756	421	336	279	188	91	147	92	55
2 397	1 149	1 248	944	508	437	700	403	298
5 204	2 601	2 603	2 898	1 585	1 313	3 281	1 876	1 405
1 695	887	808	789	557	232	357	197	160
2 384	1 256	1 127	1 843	783	1 060	866	514	352
41	22	20	23	12	11	15	10	5
2 947	1 504	1 443	2 002	1 181	820	1 457	870	587
1 265	672	593	611	366	245	491	321	170
264	149	114	137	81	57	141	83	56
313	168	145	119	69	50	51	29	23
365	187	178	235	119	115	454	226	229

19. 2012年各省、自治区、直辖市乡村分性别、受教育程度的人口

地区	6岁及以上人口 合计	男	女	未上过学 小计	男	女	小学 小计	男	女
全国	485 450	248 722	236 728	38 322	11 935	26 388	174 538	83 996	90 542
北京	2 278	1 185	1 093	111	29	81	436	214	222
天津	2 046	1 050	996	89	27	62	698	336	361
河北	29 624	15 137	14 486	1 566	489	1 077	8 250	3 894	4 356
山西	13 809	7 113	6 696	568	238	330	3 765	1 751	2 014
内蒙古	8 294	4 314	3 980	576	202	374	2 740	1 300	1 440
辽宁	12 021	6 151	5 870	617	214	402	4 203	1 992	2 211
吉林	9 983	5 113	4 870	319	114	206	3 684	1 746	1 939
黑龙江	13 069	6 744	6 325	609	244	365	5 030	2 402	2 628
上海	2 021	1 044	977	94	22	71	441	215	226
江苏	22 808	11 135	11 674	1 941	506	1 436	7 287	3 220	4 067
浙江	15 904	8 196	7 708	1 479	401	1 078	5 802	2 931	2 871
安徽	24 260	12 237	12 023	2 637	757	1 880	8 989	4 154	4 835
福建	11 621	5 827	5 794	824	195	629	4 711	2 086	2 625
江西	17 808	9 129	8 678	885	256	630	6 728	3 083	3 646
山东	35 725	18 040	17 685	3 118	892	2 226	11 281	5 019	6 262
河南	41 103	20 453	20 650	2 983	932	2 051	11 914	5 765	6 149
湖北	20 744	10 590	10 154	1 882	571	1 312	6 581	3 127	3 455
湖南	27 077	13 921	13 156	1 571	501	1 071	9 887	4 930	4 957
广东	26 163	13 515	12 648	1 337	326	1 011	8 795	4 035	4 759
广西	19 618	10 223	9 395	1 053	301	751	8 360	4 022	4 338
海南	3 235	1 695	1 541	211	59	152	909	427	482
重庆	9 801	4 986	4 814	891	292	599	4 764	2 414	2 349
四川	35 391	19 070	16 321	3 473	1 097	2 375	14 536	7 475	7 061
贵州	16 789	8 652	8 137	2 584	786	1 798	7 428	3 836	3 592
云南	21 627	11 285	10 342	2 435	818	1 618	11 342	5 803	5 540
西藏	1 778	896	882	666	294	372	812	433	378
陕西	14 661	7 499	7 162	1 105	371	734	4 352	2 002	2 350
甘肃	12 233	6 314	5 919	1 439	488	951	5 019	2 513	2 505
青海	2 279	1 182	1 097	478	190	288	1 050	547	503
宁夏	2 430	1 241	1 189	251	83	167	1 014	482	532
新疆	9 250	4 785	4 465	529	237	292	3 729	1 841	1 888

数据来源：国家统计局人口和就业统计司。

单位:人

初 中			高 中			大专及以上		
小计	男	女	小计	男	女	小计	男	女
218 674	120 730	97 944	42 986	26 158	16 828	10 929	5 903	5 026
959	539	421	545	303	243	226	100	126
982	535	447	206	117	88	72	35	37
15 886	8 500	7 386	3 250	1 923	1 326	671	329	341
7 722	4 136	3 587	1 492	850	642	262	139	122
3 850	2 143	1 707	769	463	306	359	205	153
6 379	3 476	2 903	634	366	268	189	103	86
5 028	2 729	2 299	731	415	316	220	110	111
6 584	3 613	2 970	694	403	291	152	81	71
1 045	592	453	352	170	181	90	45	45
10 216	5 456	4 760	2 549	1 532	1 017	816	420	394
6 295	3 576	2 720	1 750	1 027	723	577	260	316
10 679	6 034	4 646	1 561	1 048	513	394	244	149
4 630	2 746	1 885	990	672	318	466	129	337
7 872	4 282	3 590	1 871	1 236	635	451	273	178
16 981	9 378	7 603	3 587	2 282	1 305	758	469	289
22 409	11 437	10 972	3 303	2 063	1 240	494	256	238
9 300	5 125	4 175	2 261	1 358	903	720	410	309
12 077	6 405	5 673	2 987	1 796	1 190	555	291	265
12 417	6 842	5 575	3 132	1 998	1 134	483	314	168
8 787	4 982	3 804	1 185	774	411	234	143	91
1 747	975	772	272	192	79	97	40	56
3 356	1 837	1 518	656	377	279	134	65	69
14 257	8 718	5 540	2 489	1 450	1 038	636	329	306
5 744	3 378	2 366	766	471	295	267	181	87
6 424	3 841	2 583	1 066	618	449	359	205	153
214	127	87	59	28	31	28	14	14
7 170	3 962	3 208	1 621	933	688	412	230	182
3 999	2 241	1 758	1 318	785	532	459	288	171
582	342	240	130	79	51	39	23	16
913	527	386	207	124	83	45	24	21
4 168	2 257	1 911	555	303	251	270	145	123

20. 2012年各省、自治区、直辖市分性别、婚姻状况的人口

地区	15岁及以上人口 合计	男	女	未婚 小计	男	女	初婚有配偶 小计	男	女
全国	939 526	476 037	463 489	191 753	111 298	80 455	669 629	334 786	334 843
北京	15 648	7 999	7 649	4 095	2 267	1 828	10 653	5 399	5 254
天津	10 408	5 121	5 287	2 075	1 056	1 019	7 504	3 752	3 753
河北	49 895	25 215	24 680	8 517	4 903	3 614	37 224	18 673	18 551
山西	25 396	12 932	12 464	5 591	3 171	2 420	17 973	9 044	8 930
内蒙古	17 897	9 132	8 765	3 301	1 851	1 450	13 168	6 706	6 462
辽宁	32 819	16 446	16 373	7 714	4 227	3 488	21 969	10 971	10 998
吉林	20 139	10 194	9 945	4 090	2 323	1 767	14 295	7 128	7 167
黑龙江	28 112	14 234	13 878	4 317	2 512	1 804	20 713	10 377	10 336
上海	18 181	9 443	8 738	3 870	2 203	1 668	13 150	6 817	6 333
江苏	57 383	27 979	29 403	10 599	5 642	4 957	42 185	20 694	21 491
浙江	40 062	20 367	19 694	9 091	4 900	4 191	28 141	14 443	13 698
安徽	40 915	20 962	19 953	8 395	5 456	2 939	28 955	14 149	14 806
福建	26 044	12 967	13 077	5 002	2 834	2 167	18 985	9 449	9 536
江西	29 495	14 874	14 621	5 680	3 437	2 243	21 518	10 593	10 925
山东	67 769	33 826	33 944	10 598	6 121	4 477	51 669	25 722	25 947
河南	62 353	30 621	31 733	12 881	7 175	5 707	44 804	21 535	23 268
湖北	41 428	20 880	20 548	8 283	4 824	3 460	29 336	14 549	14 787
湖南	45 065	22 876	22 189	7 828	4 805	3 023	32 810	16 317	16 493
广东	73 925	38 665	35 260	21 053	12 546	8 507	48 830	24 881	23 950
广西	30 243	15 480	14 762	6 917	4 204	2 713	20 703	10 327	10 376
海南	5 985	3 146	2 839	1 767	1 071	695	3 872	1 955	1 917
重庆	20 537	10 210	10 327	3 552	2 056	1 496	14 670	7 218	7 452
四川	56 449	29 551	26 898	10 277	6 167	4 110	40 506	21 162	19 343
贵州	22 393	11 333	11 060	4 729	2 758	1 971	15 433	7 677	7 756
云南	31 272	16 012	15 259	6 472	3 868	2 604	22 226	11 128	11 097
西藏	2 000	983	1 017	642	337	304	1 180	586	594
陕西	26 912	13 798	13 115	5 934	3 570	2 364	18 873	9 391	9 481
甘肃	17 947	9 169	8 778	3 959	2 363	1 596	12 573	6 250	6 323
青海	3 797	1 944	1 852	816	471	346	2 598	1 327	1 271
宁夏	4 246	2 140	2 106	855	480	375	3 100	1 544	1 556
新疆	14 812	7 538	7 274	2 851	1 700	1 151	10 011	5 021	4 990

数据来源：国家统计局人口和就业统计司。

数　据

单位:人

再婚有配偶			离婚			丧偶		
小计	男	女	小计	男	女	小计	男	女
14 647	7 005	7 642	13 272	7 610	5 662	50 226	15 337	34 888
201	105	96	212	96	116	487	132	355
137	68	69	187	87	100	505	158	347
1 014	470	544	507	333	174	2 632	836	1 796
352	153	199	319	198	121	1 161	367	794
364	162	203	277	172	106	786	242	544
514	242	272	855	442	413	1 767	565	1 202
326	153	174	555	310	245	873	281	591
632	316	315	908	531	377	1 541	497	1 045
252	130	122	301	141	160	608	152	455
729	339	389	666	377	289	3 204	927	2 278
650	293	357	470	265	205	1 710	466	1 244
668	292	376	473	290	183	2 423	774	1 649
390	194	195	301	169	132	1 367	320	1 047
436	205	231	302	188	113	1 559	451	1 108
999	431	568	617	395	222	3 886	1 156	2 730
717	348	369	718	458	260	3 233	1 105	2 129
660	335	325	521	273	249	2 627	900	1 727
771	359	413	652	429	223	3 003	966	2 038
437	231	206	557	274	283	3 048	734	2 314
374	186	188	384	231	153	1 864	532	1 332
51	28	23	46	29	17	250	63	186
470	217	253	430	253	177	1 415	467	948
1 123	522	601	963	554	410	3 580	1 146	2 434
428	218	209	386	231	156	1 417	448	968
535	278	258	400	227	173	1 638	511	1 128
16	9	8	41	13	28	121	38	83
335	173	162	246	154	92	1 524	509	1 016
180	93	87	224	129	95	1 011	333	678
76	34	42	102	51	51	205	62	143
70	36	33	59	34	25	162	46	116
740	384	356	590	278	313	620	156	464

21. 2012年各省、自治区、直辖市城市分性别、婚姻状况的人口

地区	15岁及以上人口 合计	男	女	未婚 小计	男	女	初婚有配偶 小计	男	女
全 国	302 999	152 724	150 274	70 244	38 428	31 816	211 426	106 543	104 882
北 京	12 551	6 375	6 176	3 487	1 918	1 569	8 446	4 243	4 203
天 津	7 064	3 561	3 503	1 280	753	527	5 246	2 620	2 626
河 北	10 503	5 231	5 273	1 680	911	768	7 942	3 991	3 952
山 西	8 923	4 473	4 449	2 046	1 095	951	6 350	3 175	3 175
内蒙古	6 106	2 998	3 107	1 500	707	793	4 147	2 112	2 035
辽 宁	18 311	9 015	9 296	5 346	2 789	2 557	11 357	5 626	5 730
吉 林	6 927	3 447	3 481	1 736	935	801	4 518	2 254	2 264
黑龙江	10 852	5 396	5 456	1 827	1 010	817	7 676	3 833	3 843
上 海	13 951	7 216	6 735	3 105	1 772	1 333	9 901	5 112	4 789
江 苏	24 500	12 050	12 450	5 690	2 775	2 915	17 234	8 719	8 515
浙 江	16 242	7 984	8 258	5 217	2 351	2 865	10 297	5 366	4 931
安 徽	9 127	5 270	3 857	3 043	2 306	737	5 477	2 739	2 738
福 建	9 321	4 567	4 754	2 171	1 137	1 034	6 596	3 245	3 351
江 西	5 880	2 986	2 894	1 192	727	465	4 270	2 103	2 167
山 东	20 869	10 329	10 539	3 347	1 793	1 555	16 100	8 054	8 045
河 南	12 521	6 067	6 454	2 247	1 023	1 225	9 372	4 667	4 705
湖 北	13 591	6 801	6 790	3 358	1 871	1 487	9 241	4 594	4 647
湖 南	8 278	4 183	4 095	1 465	850	616	6 049	3 038	3 011
广 东	33 993	18 153	15 840	9 571	5 751	3 820	23 290	12 097	11 193
广 西	4 750	2 328	2 421	1 188	626	563	3 132	1 567	1 566
海 南	1 746	897	849	576	307	269	1 105	566	538
重 庆	6 725	3 345	3 380	1 244	669	575	4 783	2 397	2 386
四 川	10 864	5 298	5 565	1 843	988	856	8 060	3 962	4 098
贵 州	4 788	2 307	2 482	1 065	489	575	3 149	1 587	1 562
云 南	6 351	3 304	3 047	1 332	837	495	4 583	2 307	2 276
西 藏	277	121	156	80	39	41	168	74	95
陕 西	5 824	2 944	2 880	1 267	713	554	4 251	2 122	2 129
甘 肃	3 880	1 931	1 949	656	355	301	2 865	1 437	1 428
青 海	1 028	509	520	183	101	81	729	370	359
宁 夏	1 526	759	768	317	167	150	1 111	558	554
新 疆	5 731	2 880	2 852	1 185	664	521	3 977	2 007	1 970

数据来源：国家统计局人口和就业统计司。

数　据

单位：人

| 再婚有配偶 ||| 离婚 ||| 丧偶 |||
小计	男	女	小计	男	女	小计	男	女
4 120	**2 167**	**1 953**	**5 952**	**2 753**	**3 199**	**11 257**	**2 833**	**8 424**
119	66	53	171	68	103	328	79	249
61	33	28	141	57	84	335	98	238
213	121	93	141	72	69	527	136	391
104	50	53	143	70	73	280	84	196
128	60	68	123	68	55	208	52	156
188	100	88	568	267	301	853	233	620
105	53	52	275	130	145	295	76	219
203	111	92	517	267	250	629	175	454
181	94	87	265	119	146	500	120	380
252	129	123	343	162	181	981	266	716
186	93	93	164	78	86	379	96	283
166	92	74	156	67	89	285	66	219
129	63	66	131	64	67	294	58	235
97	49	48	125	64	62	195	43	152
267	121	146	266	127	138	889	234	655
179	105	75	267	124	144	454	149	306
191	107	84	254	98	157	546	131	415
117	63	54	210	118	92	437	115	322
175	102	73	284	89	194	673	112	560
93	51	41	114	42	72	222	42	180
9	6	3	16	8	9	40	10	29
184	90	94	200	107	93	314	81	233
233	120	114	269	121	148	458	108	350
132	74	58	213	107	106	229	49	181
99	49	51	119	54	65	217	57	160
8	4	4	3	1	2	17	3	14
76	43	33	74	31	43	156	35	121
71	42	29	105	46	59	183	51	132
20	9	11	39	18	21	57	11	47
22	12	10	27	12	15	49	11	39
112	59	54	229	96	133	228	54	173

22. 2012年各省、自治区、直辖市镇分性别、婚姻状况的人口

地区	15岁及以上人口 合计	男	女	未婚 小计	男	女	初婚有配偶 小计	男	女
全国	208 972	106 031	102 941	41 751	24 597	17 155	151 415	75 511	75 904
北京	929	496	433	147	91	56	684	364	320
天津	1 487	615	873	507	133	374	882	443	438
河北	12 955	6 547	6 407	2 479	1 381	1 098	9 471	4 732	4 738
山西	4 108	2 087	2 021	862	495	367	2 957	1 489	1 468
内蒙古	4 168	2 163	2 005	588	374	214	3 297	1 677	1 620
辽宁	3 533	1 803	1 731	553	337	217	2 574	1 301	1 273
吉林	4 054	2 068	1 986	680	401	279	3 050	1 530	1 520
黑龙江	5 423	2 750	2 673	785	468	317	4 092	2 056	2 036
上海	2 320	1 250	1 070	365	240	124	1 851	965	887
江苏	12 075	5 916	6 159	1 642	908	734	9 496	4 680	4 817
浙江	9 192	4 875	4 317	1 423	1 025	398	7 157	3 622	3 535
安徽	10 494	5 136	5 358	1 862	1 028	834	7 788	3 794	3 994
福建	6 314	3 213	3 101	1 097	690	407	4 733	2 368	2 365
江西	8 553	4 329	4 224	1 728	1 055	674	6 278	3 084	3 194
山东	14 798	7 447	7 351	2 181	1 316	865	11 522	5 754	5 768
河南	14 715	7 495	7 220	3 327	2 060	1 267	10 422	5 064	5 358
湖北	8 924	4 496	4 428	1 599	917	682	6 399	3 166	3 233
湖南	13 224	6 729	6 495	2 230	1 356	874	9 933	4 983	4 950
广东	17 332	8 952	8 380	5 271	3 090	2 181	10 951	5 518	5 433
广西	8 922	4 570	4 352	2 041	1 192	848	6 274	3 158	3 115
海南	1 420	781	639	399	271	127	934	477	457
重庆	5 264	2 563	2 701	931	525	406	3 823	1 845	1 978
四川	14 459	7 371	7 089	3 196	1 948	1 248	10 108	5 000	5 108
贵州	3 788	1 954	1 833	1 017	627	391	2 495	1 239	1 256
云南	6 592	3 170	3 422	1 691	789	903	4 426	2 204	2 222
西藏	220	108	111	83	46	37	110	54	56
陕西	7 770	4 093	3 677	1 935	1 189	746	5 311	2 683	2 628
甘肃	3 228	1 683	1 545	602	347	255	2 436	1 261	1 175
青海	854	450	404	174	97	77	607	324	283
宁夏	671	342	329	134	78	56	493	247	246
新疆	1 184	579	605	221	123	98	863	428	435

数据来源：国家统计局人口和就业统计司。

单位:人

再婚有配偶			离婚			丧偶		
小计	男	女	小计	男	女	小计	男	女
3 129	1 558	1 571	2 605	1 437	1 168	10 071	2 928	7 143
20	11	10	19	12	6	59	18	41
26	12	14	16	9	6	57	17	40
257	124	133	112	76	36	636	233	403
58	26	33	42	27	15	188	50	138
84	41	43	67	31	36	132	41	92
70	33	37	141	64	78	194	68	126
58	29	29	89	51	39	177	57	119
122	60	63	147	93	54	277	74	204
33	18	15	20	10	10	51	17	34
199	96	103	117	68	49	621	164	457
161	81	80	117	55	62	334	92	243
181	88	93	121	69	52	541	157	385
94	48	46	70	39	32	320	69	251
129	60	69	70	42	29	347	89	258
217	100	117	121	80	41	757	197	560
159	82	77	130	76	55	677	213	464
143	74	69	100	47	53	683	292	391
207	105	102	161	87	73	693	197	497
98	53	45	151	95	56	861	196	665
80	45	35	102	55	47	425	119	306
14	7	7	12	8	4	62	18	44
109	54	55	108	59	49	294	81	213
251	125	127	269	131	138	635	167	468
55	27	28	45	21	24	176	41	135
125	66	59	98	49	50	250	62	188
2	1	1	11	4	7	13	3	10
100	56	44	59	37	22	365	128	237
24	11	13	28	16	12	138	49	90
20	11	9	19	9	10	35	9	25
13	6	7	8	5	3	23	6	17
18	9	9	33	12	21	49	6	43

23. 2012年各省、自治区、直辖市乡村分性别、婚姻状况的人口

地区	15岁及以上人口 合计	男	女	未婚 小计	男	女	初婚有配偶 小计	男	女
全 国	427 556	217 282	210 273	79 757	48 273	31 484	306 788	152 732	154 056
北 京	2 168	1 128	1 040	462	258	204	1 523	792	731
天 津	1 856	945	911	287	170	117	1 376	688	688
河 北	26 437	13 437	13 000	4 358	2 611	1 748	19 811	9 950	9 861
山 西	12 366	6 372	5 994	2 683	1 581	1 101	8 667	4 380	4 287
内蒙古	7 623	3 970	3 653	1 213	770	443	5 724	2 917	2 807
辽 宁	10 975	5 628	5 347	1 815	1 101	714	8 038	4 043	3 995
吉 林	9 157	4 679	4 478	1 674	987	687	6 727	3 344	3 383
黑龙江	11 837	6 087	5 750	1 705	1 034	671	8 945	4 488	4 457
上 海	1 910	977	933	401	190	210	1 397	740	657
江 苏	20 808	10 014	10 794	3 267	1 959	1 307	15 454	7 296	8 159
浙 江	14 627	7 508	7 119	2 451	1 524	927	10 688	5 455	5 232
安 徽	21 294	10 556	10 738	3 491	2 123	1 368	15 690	7 616	8 073
福 建	10 409	5 187	5 223	1 734	1 007	726	7 656	3 836	3 820
江 西	15 062	7 559	7 504	2 760	1 655	1 105	10 969	5 406	5 563
山 东	32 103	16 049	16 053	5 070	3 012	2 057	24 047	11 913	12 134
河 南	35 117	17 059	18 059	7 307	4 092	3 215	25 009	11 804	13 205
湖 北	18 913	9 583	9 330	3 326	2 036	1 290	13 696	6 788	6 908
湖 南	23 563	11 964	11 599	4 133	2 600	1 533	16 828	8 296	8 532
广 东	22 600	11 560	11 040	6 211	3 704	2 507	14 590	7 266	7 324
广 西	16 571	8 582	7 989	3 688	2 386	1 302	11 297	5 602	5 695
海 南	2 818	1 468	1 351	791	493	299	1 833	912	922
重 庆	8 547	4 302	4 245	1 377	862	515	6 065	2 977	3 088
四 川	31 126	16 882	14 244	5 237	3 231	2 006	22 337	12 200	10 137
贵 州	13 817	7 072	6 745	2 647	1 642	1 005	9 789	4 851	4 938
云 南	18 329	9 539	8 790	3 449	2 243	1 206	13 216	6 617	6 599
西 藏	1 503	754	749	479	252	226	902	459	443
陕 西	13 318	6 761	6 557	2 732	1 669	1 064	9 311	4 586	4 725
甘 肃	10 839	5 555	5 284	2 701	1 661	1 040	7 272	3 552	3 720
青 海	1 915	986	928	460	272	188	1 262	633	629
宁 夏	2 049	1 039	1 009	404	235	169	1 496	739	757
新 疆	7 897	4 079	3 817	1 445	913	531	5 170	2 585	2 585

数据来源：国家统计局人口和就业统计司。

数　据

单位：人

再婚有配偶			离婚			丧偶		
小计	男	女	小计	男	女	小计	男	女
7 398	3 281	4 117	4 715	3 420	1 295	28 898	9 576	19 322
62	28	33	22	15	7	100	34	65
49	22	27	30	21	9	113	44	69
543	225	318	254	185	70	1 469	467	1 003
190	77	113	133	101	33	693	233	460
153	61	92	87	73	14	446	149	296
256	109	147	146	111	35	720	264	456
164	71	93	191	129	61	401	148	253
307	146	161	245	171	73	635	248	387
38	19	20	17	12	5	57	16	41
278	115	163	207	146	60	1 602	497	1 105
303	120	184	189	132	57	996	277	719
321	112	209	196	154	42	1 597	551	1 046
167	84	83	99	67	33	753	193	560
211	96	115	106	83	23	1 017	319	697
515	211	304	231	188	43	2 240	725	1 515
379	162	217	320	258	62	2 102	743	1 359
326	154	172	167	129	39	1 398	476	922
447	190	256	282	223	58	1 873	655	1 219
163	76	88	122	90	32	1 515	425	1 090
201	89	112	167	133	34	1 217	371	846
28	15	13	18	13	5	148	35	112
177	73	104	122	86	35	807	305	503
638	277	361	426	302	124	2 487	871	1 616
241	118	123	129	103	26	1 011	359	652
310	163	148	183	125	58	1 171	391	779
6	4	3	26	7	19	90	32	59
159	75	84	113	85	28	1 003	346	657
86	41	45	91	68	23	689	233	456
36	15	21	43	24	19	113	41	72
35	19	16	24	17	7	90	29	61
610	316	294	328	169	159	344	96	248

人口构成

24. 2012年各省、自治区、直辖市人口城乡构成

单位:万人,%

地区	总人口(年末)	城镇 人口数	城镇 比重	乡村 人口数	乡村 比重
全 国	135 404	71 182	52.57	64 222	47.43
北 京	2 069	1 784	86.20	286	13.80
天 津	1 413	1 152	81.55	261	18.45
河 北	7 288	3 411	46.80	3 877	53.20
山 西	3 611	1 851	51.26	1 760	48.74
内蒙古	2 490	1 438	57.74	1 052	42.26
辽 宁	4 389	2 881	65.65	1 508	34.35
吉 林	2 750	1 477	53.70	1 273	46.30
黑龙江	3 834	2 182	56.90	1 652	43.10
上 海	2 380	2 126	89.30	255	10.70
江 苏	7 920	4 990	63.00	2 930	37.00
浙 江	5 477	3 461	63.20	2 016	36.80
安 徽	5 988	2 784	46.50	3 204	53.50
福 建	3 748	2 234	59.60	1 514	40.40
江 西	4 504	2 140	47.51	2 364	52.49
山 东	9 685	5 078	52.43	4 607	47.57
河 南	9 406	3 991	42.43	5 415	57.57
湖 北	5 779	3 092	53.50	2 687	46.50
湖 南	6 639	3 097	46.65	3 542	53.35
广 东	10 594	7 140	67.40	3 454	32.60
广 西	4 682	2 038	43.53	2 644	56.47
海 南	887	457	51.60	429	48.40
重 庆	2 945	1 678	56.98	1 267	43.02
四 川	8 076	3 516	43.53	4 561	56.47
贵 州	3 484	1 269	36.41	2 216	63.59
云 南	4 659	1 831	39.31	2 828	60.69
西 藏	308	70	22.75	238	77.25
陕 西	3 753	1 877	50.02	1 876	49.98
甘 肃	2 578	999	38.75	1 579	61.25
青 海	573	272	47.44	301	52.56
宁 夏	647	328	50.67	319	49.33
新 疆	2 233	982	43.98	1 251	56.02

注:本表数据根据2012年人口变动情况抽样调查数据推算。
数据来源:国家统计局人口和就业统计司。

25. 2012年各省、自治区、直辖市人口年龄构成和抚养比

单位:人,%

地区	人口数 合计	0~14岁	15~64岁	65岁及以上	总抚养比 合计	少儿抚养比	老年抚养比
全 国	1 145 209	188 590	852 078	104 541	34.40	22.13	12.27
北 京	17 246	1 510	14 216	1 521	21.31	10.62	10.70
天 津	11 577	1 233	9 213	1 131	25.66	13.39	12.27
河 北	61 861	10 890	45 918	5 053	34.72	23.72	11.00
山 西	30 698	4 961	23 353	2 384	31.45	21.24	10.21
内蒙古	21 203	2 900	16 842	1 461	25.89	17.22	8.67
辽 宁	37 447	4 254	29 159	4 034	28.42	14.59	13.84
吉 林	23 490	2 989	18 458	2 044	27.27	16.19	11.07
黑龙江	32 757	3 845	26 293	2 618	24.58	14.62	9.96
上 海	20 056	1 662	16 816	1 579	19.27	9.88	9.39
江 苏	67 485	8 765	51 421	7 300	31.24	17.05	14.20
浙 江	46 674	5 885	36 790	3 999	26.87	16.00	10.87
安 徽	50 989	9 187	36 459	5 342	39.85	25.20	14.65
福 建	31 783	5 009	24 335	2 438	30.60	20.58	10.02
江 西	38 348	8 234	27 191	2 923	41.03	30.28	10.75
山 东	82 336	12 785	60 696	8 854	35.65	21.06	14.59
河 南	80 208	16 632	56 519	7 057	41.91	29.43	12.49
湖 北	49 190	7 037	37 180	4 974	32.30	18.93	13.38
湖 南	56 351	10 087	40 358	5 906	39.63	24.99	14.63
广 东	89 750	15 466	68 401	5 884	31.21	22.61	8.60
广 西	39 686	8 716	27 183	3 786	45.99	32.07	13.93
海 南	7 496	1 493	5 487	516	36.61	27.21	9.40
重 庆	24 939	4 001	17 841	3 097	39.78	22.42	17.36
四 川	68 777	11 141	49 359	8 277	39.34	22.57	16.77
贵 州	29 636	7 161	19 776	2 698	49.85	36.21	13.64
云 南	39 564	7 744	28 780	3 041	37.47	26.91	10.56
西 藏	2 591	598	1 868	125	38.70	32.00	6.71
陕 西	31 976	4 803	24 457	2 715	30.74	19.64	11.10
甘 肃	21 908	3 697	16 260	1 951	34.74	22.74	12.00
青 海	4 854	998	3 568	288	36.04	27.98	8.06
宁 夏	5 463	1 143	4 021	299	35.87	28.43	7.44
新 疆	18 871	3 764	13 860	1 247	36.15	27.16	9.00

数据来源:国家统计局人口和就业统计司。

26. 2012年各省、自治区、直辖市城市人口年龄构成和抚养比

单位：人，%

地区	人口数 合计	0~14岁	15~64岁	65岁及以上	总抚养比 合计	少儿抚养比	老年抚养比
全 国	346 473	43 475	274 808	28 191	26.08	15.82	10.26
北 京	13 841	1 290	11 433	1 118	21.06	11.28	9.78
天 津	7 908	844	6 197	867	27.60	13.61	13.99
河 北	12 341	1 838	9 210	1 293	33.99	19.96	14.03
山 西	10 497	1 574	8 246	677	27.29	19.08	8.21
内蒙古	7 011	906	5 617	489	24.82	16.12	8.70
辽 宁	20 035	1 724	16 461	1 850	21.71	10.47	11.24
吉 林	7 713	785	6 320	607	22.03	12.43	9.60
黑龙江	12 021	1 169	9 592	1 260	25.32	12.18	13.13
上 海	15 171	1 220	12 443	1 508	21.92	9.80	12.12
江 苏	27 530	3 030	21 911	2 589	25.64	13.83	11.81
浙 江	18 179	1 937	15 153	1 089	19.97	12.78	7.19
安 徽	10 358	1 231	8 448	678	22.60	14.57	8.03
福 建	11 023	1 703	8 697	624	26.75	19.58	7.17
江 西	6 985	1 106	5 335	545	30.93	20.73	10.21
山 东	24 534	3 666	18 608	2 260	31.85	19.70	12.15
河 南	15 061	2 540	11 367	1 154	32.50	22.35	10.15
湖 北	15 484	1 893	12 298	1 293	25.91	15.40	10.51
湖 南	9 585	1 307	7 158	1 120	33.90	18.26	15.64
广 东	38 777	4 784	32 179	1 813	20.50	14.87	5.63
广 西	5 629	879	4 257	493	32.22	20.65	11.57
海 南	2 054	308	1 623	123	26.52	18.94	7.57
重 庆	7 765	1 039	5 960	765	30.28	17.44	12.84
四 川	12 561	1 697	9 677	1 187	29.80	17.54	12.26
贵 州	5 691	903	4 314	475	31.93	20.93	11.00
云 南	7 362	1 011	5 746	604	28.12	17.60	10.52
西 藏	312	35	258	19	20.97	13.68	7.29
陕 西	6 760	936	5 424	400	24.64	17.26	7.38
甘 肃	4 526	646	3 394	486	33.33	19.02	14.31
青 海	1 198	169	896	132	33.67	18.92	14.75
宁 夏	1 862	336	1 412	115	31.92	23.79	8.13
新 疆	6 700	968	5 170	561	29.58	18.73	10.85

数据来源：国家统计局人口和就业统计司。

27. 2012年各省、自治区、直辖市镇人口年龄构成和抚养比

单位:人,%

地区	人口数 合计	0~14岁	15~64岁	65岁及以上	总抚养比 合计	少儿抚养比	老年抚养比
全 国	251 190	42 218	187 343	21 628	34.08	22.54	11.54
北 京	1 043	114	795	134	31.25	14.36	16.90
天 津	1 708	221	1 368	119	24.83	16.12	8.71
河 北	16 116	3 161	11 746	1 209	37.21	26.91	10.29
山 西	4 948	840	3 732	376	32.57	22.50	10.07
内蒙古	4 985	817	3 815	353	30.66	21.40	9.26
辽 宁	4 007	474	3 111	423	28.82	15.23	13.59
吉 林	4 611	557	3 648	407	26.41	15.27	11.14
黑龙江	6 181	758	4 903	521	26.08	15.46	10.62
上 海	2 566	246	2 187	133	17.31	11.23	6.07
江 苏	14 102	2 027	10 547	1 529	33.72	19.22	14.49
浙 江	10 703	1 511	8 392	801	27.55	18.01	9.54
安 徽	12 875	2 381	9 407	1 087	36.87	25.31	11.56
福 建	7 615	1 301	5 675	639	34.19	22.93	11.26
江 西	10 869	2 316	7 774	779	39.82	29.79	10.03
山 东	17 835	3 037	13 015	1 782	37.03	23.33	13.69
河 南	18 240	3 524	13 239	1 477	37.78	26.62	11.15
湖 北	10 314	1 390	7 595	1 329	35.80	18.30	17.49
湖 南	16 257	3 033	11 745	1 479	38.42	25.83	12.60
广 东	20 802	3 470	15 691	1 641	32.57	22.11	10.46
广 西	11 377	2 455	8 039	883	41.52	30.54	10.98
海 南	1 764	343	1 308	113	34.85	26.23	8.62
重 庆	6 237	973	4 613	652	35.22	21.09	14.13
四 川	16 799	2 340	12 981	1 478	29.41	18.02	11.39
贵 州	4 895	1 107	3 462	325	41.38	31.98	9.40
云 南	7 920	1 329	6 029	562	31.37	22.04	9.33
西 藏	271	51	204	15	32.37	24.89	7.48
陕 西	8 905	1 135	6 896	874	29.13	16.46	12.67
甘 肃	3 808	580	2 930	298	29.96	19.79	10.17
青 海	1 071	217	803	51	33.31	26.99	6.32
宁 夏	874	203	621	49	40.64	32.68	7.96
新 疆	1 492	308	1 073	111	39.10	28.73	10.36

数据来源:国家统计局人口和就业统计司。

28. 2012年各省、自治区、直辖市乡村人口年龄构成和抚养比

单位：人，%

地区	人口数 合计	0～14岁	15～64岁	65岁及以上	总抚养比 合计	少儿抚养比	老年抚养比
全 国	526 998	99 442	371 671	55 885	41.79	26.76	15.04
北 京	2 383	215	1 936	232	23.10	11.10	12.01
天 津	2 175	319	1 609	247	35.19	19.84	15.35
河 北	32 349	5 912	23 409	3 027	38.19	25.26	12.93
山 西	14 684	2 319	11 019	1 347	33.27	21.04	12.22
内蒙古	8 779	1 156	6 829	794	28.55	16.93	11.63
辽 宁	12 579	1 604	9 609	1 366	30.92	16.70	14.22
吉 林	10 625	1 468	8 395	762	26.57	17.49	9.08
黑龙江	13 788	1 951	10 790	1 047	27.79	18.09	9.70
上 海	2 125	215	1 761	149	20.71	12.24	8.47
江 苏	24 451	3 643	17 328	3 480	41.10	21.02	20.08
浙 江	16 817	2 190	12 519	2 109	34.34	17.49	16.84
安 徽	26 730	5 436	17 905	3 389	49.29	30.36	18.93
福 建	12 634	2 225	8 985	1 424	40.61	24.76	15.85
江 西	19 726	4 664	13 346	1 716	47.80	34.94	12.86
山 东	38 441	6 338	27 650	4 453	39.03	22.92	16.10
河 南	45 182	10 065	30 825	4 292	46.58	32.65	13.92
湖 北	22 421	3 508	16 346	2 568	37.17	21.46	15.71
湖 南	29 552	5 989	20 011	3 553	47.68	29.93	17.75
广 东	28 817	6 216	19 882	2 718	44.94	31.27	13.67
广 西	22 060	5 489	14 302	2 269	54.25	38.38	15.87
海 南	3 580	762	2 516	303	42.32	30.28	12.04
重 庆	10 571	2 024	6 793	1 754	55.61	29.79	25.82
四 川	38 026	6 900	25 830	5 296	47.22	26.71	20.50
贵 州	18 485	4 668	11 956	1 862	54.61	39.04	15.57
云 南	23 592	5 263	16 482	1 848	43.14	31.93	11.21
西 藏	1 984	481	1 398	105	41.95	34.41	7.54
陕 西	15 650	2 332	11 687	1 632	33.91	19.95	13.96
甘 肃	13 173	2 334	9 636	1 203	36.71	24.22	12.49
青 海	2 514	599	1 762	152	42.67	34.01	8.65
宁 夏	2 664	615	1 855	194	43.59	33.15	10.44
新 疆	10 438	2 541	7 303	593	42.92	34.80	8.13

数据来源：国家统计局人口和就业统计司。

29. 2005–2012年各省、自治区、直辖市城镇人口比重

单位:%

地区	2005	2006	2007	2008	2009	2010	2011	2012
全 国	42.99	44.34	45.89	46.99	48.34	49.95	51.27	52.57
北 京	83.62	84.33	84.50	84.90	85.00	85.96	86.20	86.20
天 津	75.11	75.73	76.31	77.23	78.01	79.55	80.50	81.55
河 北	37.69	38.77	40.25	41.90	43.74	44.50	45.60	46.80
山 西	42.11	43.01	44.03	45.11	45.99	48.05	49.68	51.26
内蒙古	47.20	48.64	50.15	51.71	53.40	55.50	56.62	57.74
辽 宁	58.70	58.99	59.20	60.05	60.35	62.10	64.05	65.65
吉 林	52.52	52.97	53.16	53.21	53.32	53.35	53.40	53.70
黑龙江	53.10	53.50	53.90	55.40	55.50	55.66	56.50	56.90
上 海	89.09	88.70	88.70	88.60	88.60	89.30	89.30	89.30
江 苏	50.50	51.90	53.20	54.30	55.60	60.58	61.90	63.00
浙 江	56.02	56.50	57.20	57.60	57.90	61.62	62.30	63.20
安 徽	35.50	37.10	38.70	40.50	42.10	43.01	44.80	46.50
福 建	49.40	50.40	51.40	53.00	55.10	57.10	58.10	59.60
江 西	37.00	38.68	39.80	41.36	43.18	44.06	45.70	47.51
山 东	45.00	46.10	46.75	47.60	48.32	49.70	50.95	52.43
河 南	30.65	32.47	34.34	36.03	37.70	38.50	40.57	42.43
湖 北	43.20	43.80	44.30	45.20	46.00	49.70	51.83	53.50
湖 南	37.00	38.71	40.45	42.15	43.20	43.30	45.10	46.65
广 东	60.68	63.00	63.14	63.37	63.40	66.18	66.50	67.40
广 西	33.62	34.64	36.24	38.16	39.20	40.00	41.80	43.53
海 南	45.20	46.10	47.20	48.00	49.13	49.80	50.50	51.60
重 庆	45.20	46.70	48.30	49.99	51.59	53.02	55.02	56.98
四 川	33.00	34.30	35.60	37.40	38.70	40.18	41.83	43.53
贵 州	26.87	27.46	28.24	29.11	29.89	33.81	34.96	36.41
云 南	29.50	30.50	31.60	33.00	34.00	34.70	36.80	39.31
西 藏	20.85	21.13	21.50	21.90	22.30	22.67	22.71	22.75
陕 西	37.23	39.12	40.62	42.10	43.50	45.76	47.30	50.02
甘 肃	30.02	31.09	32.25	33.56	34.89	36.12	37.15	38.75
青 海	39.25	39.26	40.07	40.86	41.90	44.72	46.22	47.44
宁 夏	42.28	43.00	44.02	44.98	46.10	47.90	49.82	50.67
新 疆	37.15	37.94	39.15	39.64	39.85	43.01	43.54	43.98

注:2010年数据为当年人口普查数据推算数;其余年份数据为年度人口抽样调查推算数据,部分省份2005–2009年数据根据2010年普查数据进行了修订。

数据来源:国家统计局。

30. 2012 年全国 15 岁及以上人口分年龄、性别的婚姻状况

年龄（岁）	15 岁及以上人口 总计	男	女	未婚 合计	男	女	初婚有配偶 合计	男	女
总计	939 526	476 037	463 489	191 753	111 298	80 455	669 629	334 786	334 843
15～19	73 914	38 909	35 005	72 084	38 183	33 902	1 660	635	1 025
15	13 466	7 057	6 409	13 306	6 960	6 346	129	79	50
16	14 955	7 872	7 083	14 762	7 773	6 989	159	80	79
17	15 872	8 465	7 407	15 612	8 357	7 255	236	99	137
18	14 430	7 632	6 798	13 994	7 480	6 514	401	130	271
19	15 190	7 882	7 308	14 411	7 613	6 798	735	246	489
20～24	101 742	52 033	49 709	74 316	41 402	32 914	26 869	10 349	16 520
20	17 480	9 271	8 210	15 780	8 676	7 104	1 643	567	1 075
21	18 453	9 428	9 025	15 718	8 483	7 234	2 663	907	1 757
22	23 079	11 611	11 468	17 506	9 660	7 846	5 465	1 885	3 580
23	21 820	11 080	10 740	14 123	8 081	6 042	7 553	2 932	4 621
24	20 909	10 643	10 266	11 189	6 502	4 688	9 545	4 058	5 487
25～29	89 936	45 257	44 679	26 244	16 424	9 821	62 224	28 085	34 140
25	21 057	10 619	10 438	8 917	5 402	3 515	11 927	5 114	6 812
26	18 903	9 444	9 459	6 527	4 036	2 491	12 099	5 267	6 832
27	16 675	8 415	8 260	4 450	2 781	1 669	11 934	5 497	6 436
28	16 682	8 460	8 222	3 609	2 363	1 246	12 773	5 935	6 838
29	16 618	8 318	8 300	2 741	1 842	900	13 492	6 271	7 221
30～34	83 586	42 539	41 047	7 515	5 290	2 224	73 286	35 819	37 467
30	18 547	9 348	9 199	2 358	1 594	763	15 699	7 496	8 203
31	16 502	8 366	8 136	1 748	1 205	542	14 291	6 933	7 358
32	15 684	8 020	7 663	1 396	995	401	13 743	6 762	6 981
33	16 487	8 445	8 042	1 094	810	285	14 768	7 305	7 464
34	16 366	8 360	8 006	919	686	233	14 784	7 323	7 461
35～39	89 054	45 524	43 530	3 210	2 504	706	81 787	40 961	40 827
35	15 232	7 729	7 503	701	520	181	13 914	6 891	7 023
36	16 955	8 665	8 290	703	549	154	15 563	7 769	7 794
37	17 469	8 947	8 522	652	514	138	16 044	8 036	8 008
38	19 184	9 837	9 347	582	466	117	17 640	8 868	8 771
39	20 214	10 346	9 869	572	456	116	18 628	9 396	9 231

数据来源：国家统计局人口和就业统计司。

数 据

单位:人

再婚有配偶			离婚			丧偶		
合计	男	女	合计	男	女	合计	男	女
14 647	7 005	7 642	13 272	7 610	5 662	50 226	15 337	34 888
60	35	25	90	48	42	20	9	11
16	10	6	15	8	6	1	1	0
9	6	3	23	12	11	2	1	1
10	3	7	14	6	8	0	0	0
10	7	3	15	10	5	10	5	5
14	9	5	23	12	11	7	2	5
196	94	103	321	170	150	40	18	22
21	14	7	29	11	18	8	2	6
27	16	11	37	18	19	8	3	5
40	16	24	65	46	19	4	4	0
51	24	27	83	39	43	11	3	8
58	23	35	108	56	52	10	5	4
542	231	311	834	482	353	90	35	54
82	36	46	117	63	54	15	4	11
100	45	54	159	87	72	18	8	9
114	37	77	160	95	65	18	5	13
105	46	60	184	114	70	11	3	8
141	67	74	215	123	92	28	15	14
1 107	492	615	1 477	875	602	201	63	139
185	87	98	269	158	111	36	13	23
200	87	113	239	133	106	24	7	17
215	85	131	286	166	120	43	13	30
229	100	129	354	222	132	41	9	32
278	134	143	329	197	132	56	20	36
1 629	741	888	1 994	1 177	817	434	141	293
242	125	118	310	176	134	65	17	48
279	117	162	345	198	148	66	34	32
302	140	162	401	233	168	70	24	46
390	183	207	473	298	175	100	22	77
416	177	239	465	272	193	134	44	90

30. 2012 年全国 15 岁及以上人口分年龄、性别的婚姻状况

年龄 (岁)	15岁及以上人口 总计	男	女	未婚 合计	男	女	初婚有配偶 合计	男	女
40~44	107 532	54 913	52 620	2 327	1 975	352	99 193	50 021	49 172
40	20 673	10 576	10 098	546	455	91	19 077	9 595	9 482
41	20 834	10 700	10 135	470	389	81	19 264	9 783	9 482
42	22 667	11 530	11 137	479	414	65	20 930	10 532	10 398
43	20 767	10 590	10 177	413	364	49	19 129	9 627	9 502
44	22 591	11 518	11 073	419	353	67	20 793	10 485	10 309
45~49	99 312	50 563	48 748	1 660	1 463	197	91 048	46 002	45 046
45	17 550	8 932	8 618	322	277	45	16 180	8 155	8 026
46	19 813	10 116	9 697	385	346	39	18 164	9 169	8 995
47	20 066	10 263	9 803	304	273	31	18 441	9 372	9 069
48	19 391	9 767	9 623	299	269	30	17 772	8 854	8 918
49	22 492	11 484	11 008	350	298	52	20 489	10 451	10 038
50~54	61 916	31 554	30 362	845	758	87	56 145	28 690	27 455
50	16 364	8 344	8 021	243	220	23	14 999	7 639	7 360
51	9 197	4 570	4 627	120	101	19	8 396	4 183	4 213
52	11 690	5 932	5 758	148	132	16	10 612	5 424	5 189
53	10 844	5 507	5 337	125	108	17	9 758	5 000	4 758
54	13 821	7 201	6 620	209	196	12	12 380	6 445	5 935
55~59	71 403	36 136	35 267	1 095	1 017	78	63 318	32 304	31 014
55	15 186	7 762	7 424	245	225	20	13 646	6 990	6 655
56	14 087	7 194	6 893	210	192	18	12 490	6 417	6 074
57	14 392	7 290	7 102	224	209	15	12 761	6 522	6 239
58	14 487	7 283	7 204	206	191	15	12 798	6 538	6 260
59	13 252	6 607	6 645	210	199	11	11 623	5 836	5 787
60~64	55 427	27 928	27 499	872	823	49	46 990	24 265	22 725
60	13 259	6 612	6 646	233	225	8	11 399	5 786	5 614
61	11 246	5 520	5 726	177	161	16	9 672	4 792	4 880
62	11 015	5 679	5 336	164	156	8	9 430	4 961	4 469
63	10 675	5 445	5 230	151	145	6	8 825	4 690	4 135
64	9 232	4 672	4 561	146	136	10	7 664	4 037	3 627
65+	105 704	50 681	55 023	1 584	1 460	124	67 110	37 657	29 453

数据来源:国家统计局人口和就业统计司。

(续完)

单位：人

再婚有配偶 合计	男	女	离婚 合计	男	女	丧偶 合计	男	女
2 503	1 163	1 339	2 492	1 427	1 065	1 018	327	691
469	216	252	451	260	191	130	49	80
471	216	255	459	261	198	170	51	119
522	229	293	533	303	230	203	52	151
487	226	261	499	289	211	239	84	155
553	276	278	549	314	235	276	91	185
2 483	1 179	1 304	2 253	1 293	960	1 869	627	1 242
431	200	231	365	213	152	252	87	165
487	225	262	443	257	186	334	119	215
528	249	279	431	247	184	361	122	239
476	237	239	463	283	181	380	125	255
561	268	293	550	293	257	542	174	367
1 523	702	821	1 291	687	604	2 113	717	1 396
363	166	197	348	180	168	411	138	273
214	92	122	200	111	88	268	82	185
307	127	180	264	132	133	359	118	241
291	132	159	216	116	100	454	151	303
347	184	163	263	148	115	622	228	394
1 620	782	838	1 118	623	495	4 252	1 410	2 842
311	159	151	256	139	117	729	249	480
346	159	187	246	148	98	794	278	516
360	179	181	227	116	112	820	263	556
326	148	178	204	116	88	952	289	663
277	137	140	185	104	81	957	331	626
1 152	593	559	668	425	243	5 746	1 823	3 923
296	144	152	177	105	73	1 152	353	800
246	136	110	146	100	46	1 005	331	674
224	119	105	135	77	57	1 062	365	697
230	114	116	110	75	35	1 360	422	937
156	79	77	100	68	32	1 166	351	815
1 833	993	840	734	404	330	34 443	10 167	24 276

31. 2012年全国城市15岁及以上人口分年龄、性别的婚姻状况

年龄(岁)	15岁及以上人口 总计	男	女	未婚 合计	男	女	初婚有配偶 合计	男	女
总计	302 999	152 724	150 274	70 244	38 428	31 816	211 426	106 543	104 882
15~19	21 941	11 339	10 602	21 601	11 174	10 427	307	143	164
15	3 422	1 747	1 675	3 392	1 726	1 666	22	16	6
16	4 093	2 073	2 020	4 052	2 048	2 004	32	17	15
17	4 811	2 544	2 266	4 762	2 522	2 240	47	21	25
18	4 337	2 274	2 063	4 248	2 229	2 018	83	39	44
19	5 279	2 701	2 578	5 148	2 649	2 500	123	49	74
20~24	36 356	18 393	17 962	30 166	15 981	14 186	6 105	2 374	3 732
20	6 477	3 364	3 112	6 183	3 251	2 932	284	109	175
21	6 874	3 319	3 555	6 368	3 157	3 211	499	158	341
22	8 164	4 057	4 106	7 017	3 661	3 356	1 130	387	744
23	7 646	3 946	3 701	5 882	3 269	2 614	1 740	666	1 074
24	7 195	3 707	3 487	4 715	2 643	2 072	2 452	1 054	1 398
25~29	33 198	16 527	16 672	12 420	7 348	5 073	20 436	9 022	11 413
25	7 365	3 680	3 685	4 035	2 350	1 685	3 288	1 311	1 977
26	6 846	3 398	3 448	3 023	1 749	1 274	3 766	1 622	2 143
27	6 106	3 056	3 050	2 137	1 238	899	3 906	1 790	2 116
28	6 408	3 195	3 213	1 813	1 128	684	4 514	2 032	2 482
29	6 473	3 197	3 276	1 413	882	530	4 962	2 267	2 694
30~34	32 242	16 289	15 954	3 521	2 210	1 311	27 880	13 695	14 185
30	7 485	3 693	3 792	1 198	732	466	6 130	2 892	3 239
31	6 312	3 196	3 117	842	526	316	5 340	2 610	2 730
32	6 020	3 072	2 948	653	414	239	5 228	2 598	2 630
33	6 429	3 283	3 146	459	299	160	5 750	2 885	2 865
34	5 996	3 045	2 951	368	240	129	5 432	2 710	2 722
35~39	31 222	15 905	15 317	1 071	687	384	28 740	14 566	14 174
35	5 649	2 805	2 844	273	175	99	5 157	2 527	2 630
36	5 916	2 975	2 941	230	146	84	5 472	2 745	2 727
37	6 028	3 052	2 977	200	125	75	5 560	2 802	2 757
38	6 519	3 397	3 122	168	108	60	6 007	3 120	2 887
39	7 110	3 677	3 433	200	133	67	6 545	3 372	3 173

数据来源：国家统计局人口和就业统计司。

单位:人

再婚有配偶			离婚			丧偶		
合计	男	女	合计	男	女	合计	男	女
4 120	2 167	1 953	5 952	2 753	3 199	11 257	2 833	8 424
13	9	4	17	12	5	2	0	2
6	4	2	2	1	1	0	0	0
1	1	0	9	7	2	0	0	0
2	1	1	1	1	0	0	0	0
2	2	0	4	4	0	1	0	1
3	3	1	3	1	2	2	0	2
33	13	20	41	20	20	11	6	4
0	0	0	5	2	3	4	1	2
1	0	1	4	2	2	2	2	0
6	3	3	9	6	3	1	1	0
10	5	5	11	5	6	3	1	2
16	4	11	11	6	6	1	1	0
110	44	66	214	105	109	18	8	10
18	6	12	22	12	10	1	1	0
15	4	11	39	22	18	3	1	3
24	10	14	33	15	18	6	3	3
23	7	16	56	27	29	2	0	1
30	17	13	64	29	35	5	2	3
286	137	149	507	234	273	48	12	36
53	21	32	93	45	48	11	4	7
41	21	19	82	37	44	8	1	7
38	17	21	90	38	52	10	5	5
84	40	45	127	59	68	9	1	8
70	38	32	116	55	61	9	1	8
488	246	243	853	389	463	70	17	53
67	39	28	144	63	81	8	1	7
74	28	46	129	52	77	10	4	7
88	45	43	172	78	94	9	1	8
133	71	62	190	93	97	22	5	17
127	63	64	218	103	114	21	6	15

31. 2012 年全国城市 15 岁及以上人口分年龄、性别的婚姻状况

年龄 (岁)	15 岁及以上人口 总计	男	女	未婚 合计	男	女	初婚有配偶 合计	男	女
40～44	34 842	17 886	16 956	586	398	188	32 071	16 510	15 561
40	7 092	3 737	3 356	172	114	58	6 540	3 435	3 105
41	6 863	3 499	3 364	108	73	35	6 351	3 253	3 098
42	7 463	3 782	3 681	134	92	41	6 882	3 489	3 393
43	6 612	3 361	3 251	86	63	23	6 069	3 102	2 968
44	6 811	3 507	3 305	86	56	31	6 228	3 231	2 997
45～49	29 891	15 458	14 432	327	228	99	27 258	14 203	13 055
45	5 058	2 665	2 392	57	36	20	4 643	2 467	2 176
46	5 620	2 855	2 766	72	48	24	5 126	2 624	2 502
47	6 022	3 142	2 880	51	42	9	5 523	2 897	2 626
48	6 078	3 127	2 951	61	45	16	5 537	2 859	2 678
49	7 112	3 669	3 443	87	57	30	6 428	3 356	3 072
50～54	19 483	9 958	9 525	162	111	51	17 585	9 133	8 452
50	4 839	2 526	2 312	42	31	11	4 406	2 337	2 069
51	2 912	1 433	1 479	32	19	14	2 624	1 314	1 310
52	3 853	1 984	1 869	34	23	11	3 473	1 823	1 650
53	3 558	1 814	1 744	26	17	8	3 192	1 656	1 536
54	4 322	2 201	2 121	28	22	6	3 891	2 002	1 888
55～59	20 930	10 502	10 427	145	102	43	18 759	9 606	9 153
55	4 735	2 408	2 327	39	25	14	4 278	2 217	2 061
56	4 162	2 110	2 052	37	25	12	3 712	1 923	1 790
57	4 187	2 108	2 079	24	17	7	3 716	1 914	1 803
58	4 172	2 081	2 090	23	18	5	3 755	1 905	1 850
59	3 674	1 795	1 879	22	16	6	3 298	1 648	1 650
60～64	14 703	7 246	7 458	99	73	25	12 833	6 590	6 244
60	3 556	1 727	1 829	25	20	5	3 118	1 568	1 550
61	2 927	1 386	1 541	22	14	8	2 585	1 258	1 327
62	2 952	1 519	1 433	20	13	6	2 632	1 406	1 226
63	2 813	1 381	1 432	15	11	4	2 401	1 251	1 150
64	2 455	1 233	1 222	18	15	3	2 098	1 108	990
65 +	28 191	13 222	14 969	146	117	29	19 451	10 702	8 750

数据来源：国家统计局人口和就业统计司。

数　据

（续完）

单位：人

| 再婚有配偶 ||| 离婚 ||| 丧偶 |||
合计	男	女	合计	男	女	合计	男	女
796	394	402	1 178	533	645	212	51	160
162	76	86	191	103	87	27	8	19
157	73	84	219	87	131	28	13	15
166	84	82	243	109	134	38	7	31
163	82	82	241	103	138	53	11	42
147	78	69	285	130	155	65	12	53
735	377	358	1 205	563	642	366	89	277
128	64	65	182	85	97	47	13	34
154	70	84	221	104	117	48	9	39
145	80	65	225	105	120	78	18	60
142	77	65	256	127	128	82	20	62
166	86	80	321	141	180	110	29	81
483	248	236	760	339	421	493	128	366
111	57	54	198	81	117	81	20	61
74	36	38	120	55	65	63	10	53
101	44	57	162	70	92	83	23	59
97	51	46	123	56	66	120	33	87
100	60	41	157	76	81	146	41	105
448	251	196	621	281	340	957	262	694
96	54	42	144	62	82	178	49	129
96	48	47	127	63	64	190	51	139
97	56	41	142	67	74	209	54	155
92	54	38	107	50	57	195	54	141
68	39	29	101	38	63	185	54	131
262	152	110	310	159	152	1 199	272	927
73	47	26	87	37	50	253	56	198
50	31	19	65	40	24	206	43	163
49	27	22	52	22	30	200	51	149
52	25	26	56	33	23	290	61	228
37	21	16	51	27	24	250	61	189
465	297	168	246	118	128	7 882	1 989	5 894

32. 2012年全国镇15岁及以上人口分年龄、性别的婚姻状况

年龄 (岁)	15岁及以上人口 总计	男	女	未婚 合计	男	女	初婚有配偶 合计	男	女
总计	208 972	106 031	102 941	41 751	24 597	17 155	151 415	75 511	75 904
15~19	18 575	10 213	8 362	18 202	10 060	8 142	332	126	205
15	3 367	1 824	1 543	3 322	1 794	1 529	39	25	14
16	3 881	2 154	1 727	3 847	2 137	1 710	26	15	11
17	4 294	2 426	1 868	4 234	2 401	1 833	51	19	31
18	3 758	2 040	1 718	3 665	2 011	1 654	83	24	59
19	3 276	1 769	1 507	3 134	1 718	1 416	133	43	90
20~24	21 630	11 215	10 415	15 420	8 821	6 599	6 114	2 341	3 773
20	3 595	1 958	1 637	3 246	1 853	1 392	344	100	243
21	3 846	2 049	1 797	3 252	1 847	1 405	579	192	387
22	4 901	2 534	2 368	3 633	2 077	1 555	1 248	445	803
23	4 662	2 373	2 290	2 914	1 663	1 250	1 728	702	1 026
24	4 626	2 302	2 325	2 376	1 380	995	2 215	901	1 314
25~29	19 684	9 716	9 968	5 019	3 188	1 831	14 389	6 389	8 000
25	4 588	2 286	2 302	1 775	1 078	697	2 767	1 182	1 585
26	4 190	2 050	2 140	1 287	812	474	2 845	1 204	1 640
27	3 668	1 832	1 836	862	554	308	2 739	1 252	1 487
28	3 623	1 784	1 839	643	426	217	2 939	1 336	1 603
29	3 615	1 764	1 851	451	318	134	3 099	1 414	1 684
30~34	18 953	9 524	9 430	1 247	919	328	17 092	8 297	8 795
30	4 011	2 039	1 971	395	281	114	3 507	1 695	1 812
31	3 739	1 835	1 904	305	221	83	3 335	1 574	1 760
32	3 565	1 791	1 774	223	162	62	3 211	1 568	1 643
33	3 800	1 887	1 913	174	140	35	3 498	1 684	1 813
34	3 839	1 971	1 868	150	115	34	3 541	1 775	1 766
35~39	21 090	10 691	10 399	492	386	106	19 733	9 885	9 848
35	3 579	1 826	1 753	108	89	19	3 362	1 676	1 686
36	4 094	2 094	2 000	118	90	28	3 818	1 922	1 896
37	4 205	2 119	2 086	104	85	19	3 921	1 937	1 983
38	4 545	2 277	2 268	87	70	17	4 256	2 114	2 142
39	4 667	2 375	2 292	76	53	23	4 377	2 236	2 141

数据来源：国家统计局人口和就业统计司。

单位:人

再婚有配偶			离婚			丧偶		
合计	男	女	合计	男	女	合计	男	女
3 129	1 558	1 571	2 605	1 437	1 168	10 071	2 928	7 143
13	9	3	23	16	8	5	2	4
2	2	0	4	3	1	0	0	0
2	1	1	5	1	4	1	1	1
2	2	0	7	5	2	0	0	0
4	3	1	2	2	0	4	1	3
3	2	1	5	5	0	0	0	0
40	17	22	53	32	21	4	3	1
3	3	0	3	1	1	0	0	0
7	5	2	7	4	3	0	0	0
8	1	7	13	10	3	0	0	0
8	3	5	11	4	7	2	1	1
14	6	8	20	13	7	2	2	0
115	56	59	144	77	67	18	6	12
17	15	2	24	11	13	4	0	4
27	15	12	27	14	12	5	4	1
33	11	22	28	14	13	5	0	5
14	5	9	27	17	10	0	0	0
23	10	14	38	20	18	3	2	1
246	108	138	338	191	147	30	8	21
38	23	16	66	38	28	3	2	1
49	15	33	46	22	24	4	1	3
60	22	38	67	38	29	3	1	2
42	18	25	75	44	31	10	1	9
56	30	26	83	49	35	9	2	7
340	153	186	439	246	193	87	21	66
45	27	17	56	33	23	8	1	7
61	30	31	86	48	38	12	5	7
75	38	37	92	54	38	14	5	8
77	31	45	101	55	46	24	5	18
82	26	56	103	56	48	29	4	25

32. 2012年全国镇15岁及以上人口分年龄、性别的婚姻状况

年龄 (岁)	15岁及以上人口 总计	男	女	未婚 合计	男	女	初婚有配偶 合计	男	女
40~44	25 168	12 823	12 346	361	298	63	23 545	11 919	11 625
40	4 913	2 501	2 412	77	67	9	4 584	2 321	2 262
41	4 883	2 512	2 372	77	58	19	4 588	2 337	2 251
42	5 334	2 729	2 605	83	74	10	4 979	2 529	2 450
43	4 734	2 412	2 322	56	43	13	4 438	2 261	2 177
44	5 304	2 669	2 635	69	56	13	4 956	2 471	2 485
45~49	22 267	11 298	10 969	259	230	29	20 689	10 474	10 215
45	4 056	1 999	2 057	67	58	9	3 777	1 847	1 930
46	4 474	2 344	2 130	63	59	4	4 146	2 159	1 987
47	4 485	2 332	2 153	41	35	6	4 177	2 180	1 997
48	4 377	2 190	2 187	41	37	4	4 087	2 030	2 057
49	4 876	2 433	2 443	46	41	6	4 501	2 257	2 243
50~54	13 425	6 857	6 569	132	125	7	12 314	6 328	5 986
50	3 642	1 812	1 830	40	38	2	3 359	1 667	1 692
51	2 033	1 031	1 002	16	15	1	1 894	959	935
52	2 544	1 286	1 258	27	26	1	2 342	1 198	1 143
53	2 273	1 186	1 086	18	16	2	2 080	1 104	977
54	2 934	1 542	1 392	31	30	1	2 638	1 399	1 239
55~59	15 037	7 542	7 494	160	148	12	13 495	6 874	6 621
55	3 151	1 582	1 569	32	30	2	2 882	1 463	1 419
56	3 043	1 509	1 534	24	22	2	2 723	1 364	1 359
57	3 036	1 546	1 491	32	29	3	2 730	1 413	1 317
58	3 034	1 521	1 514	42	38	3	2 718	1 391	1 326
59	2 772	1 385	1 387	30	28	1	2 442	1 243	1 199
60~64	11 513	5 779	5 733	147	143	5	9 803	5 078	4 725
60	2 847	1 444	1 404	45	45	0	2 460	1 278	1 182
61	2 354	1 111	1 243	31	29	2	2 048	981	1 067
62	2 218	1 136	1 082	30	30	0	1 900	1 006	895
63	2 179	1 143	1 036	19	19	0	1 795	986	810
64	1 914	946	968	23	20	3	1 599	827	771
65+	21 628	10 373	11 255	312	278	34	13 912	7 800	6 112

数据来源:国家统计局人口和就业统计司。

(续完)

单位：人

再婚有配偶			离婚			丧偶		
合计	男	女	合计	男	女	合计	男	女
533	270	263	532	290	242	198	45	152
102	51	51	119	55	65	31	7	25
91	53	38	94	56	39	34	8	25
115	53	62	120	69	51	36	4	32
104	47	57	92	53	39	44	9	35
122	67	55	106	58	48	52	17	35
522	269	253	429	229	200	369	96	273
79	36	44	84	46	38	48	13	35
103	55	48	95	55	40	66	16	51
109	54	55	90	50	40	68	14	54
105	55	49	77	49	28	67	18	49
126	69	57	83	30	53	120	36	84
321	154	166	211	108	103	449	142	307
89	45	44	67	37	30	87	24	63
41	19	22	25	15	10	57	22	35
60	27	33	42	14	28	73	20	53
44	19	25	35	19	16	95	29	66
87	44	43	41	23	18	137	46	90
364	174	190	177	96	82	841	251	590
61	34	27	36	16	21	140	39	101
89	40	48	50	29	21	158	54	104
81	40	40	34	16	18	159	48	111
66	25	41	27	17	10	182	49	133
69	35	34	29	18	11	202	61	141
248	131	117	114	72	42	1 201	356	845
74	34	40	29	17	11	240	69	171
49	27	22	21	13	8	205	60	145
39	18	21	27	15	12	222	68	154
56	34	21	20	14	6	289	90	199
31	17	13	18	13	5	245	69	176
388	216	173	146	81	65	6 870	1 998	4 872

33. 2012 年全国乡村 15 岁及以上人口分年龄、性别的婚姻状况

年龄(岁)	15 岁及以上人口 总计	男	女	未婚 合计	男	女	初婚有配偶 合计	男	女
总计	427 556	217 282	210 273	79 757	48 273	31 484	306 788	152 732	154 056
15~19	33 398	17 358	16 040	32 281	16 949	15 332	1 022	366	656
15	6 677	3 487	3 190	6 592	3 440	3 151	68	37	31
16	6 981	3 645	3 336	6 863	3 588	3 275	101	49	53
17	6 768	3 495	3 273	6 616	3 434	3 182	139	59	80
18	6 335	3 318	3 017	6 082	3 240	2 842	234	67	167
19	6 636	3 412	3 224	6 129	3 246	2 883	479	154	325
20~24	43 756	22 425	21 331	28 730	16 600	12 130	14 649	5 635	9 015
20	7 409	3 948	3 461	6 351	3 571	2 780	1 015	358	657
21	7 733	4 060	3 673	6 097	3 480	2 618	1 585	556	1 028
22	10 014	5 020	4 994	6 856	3 921	2 935	3 086	1 053	2 033
23	9 512	4 762	4 750	5 327	3 150	2 178	4 085	1 565	2 520
24	9 089	4 634	4 454	4 099	2 479	1 620	4 879	2 103	2 776
25~29	37 054	19 014	18 039	8 805	5 888	2 917	27 400	12 673	14 727
25	9 105	4 653	4 452	3 106	1 974	1 132	5 871	2 622	3 250
26	7 867	3 997	3 870	2 218	1 474	743	5 489	2 441	3 048
27	6 901	3 527	3 374	1 451	989	462	5 289	2 455	2 834
28	6 651	3 481	3 170	1 154	809	344	5 319	2 566	2 753
29	6 530	3 357	3 173	877	642	235	5 432	2 590	2 842
30~34	32 390	16 727	15 663	2 747	2 161	585	28 314	13 827	14 487
30	7 051	3 616	3 436	764	581	183	6 061	2 909	3 153
31	6 451	3 335	3 116	601	458	143	5 617	2 749	2 868
32	6 099	3 157	2 942	519	419	100	5 303	2 595	2 708
33	6 258	3 275	2 983	461	371	90	5 521	2 736	2 785
34	6 532	3 345	3 187	401	331	70	5 811	2 838	2 973
35~39	36 742	18 928	17 814	1 647	1 431	216	33 314	16 509	16 805
35	6 004	3 099	2 906	320	257	63	5 395	2 689	2 707
36	6 945	3 596	3 349	355	313	42	6 273	3 101	3 171
37	7 236	3 776	3 459	348	304	44	6 563	3 296	3 267
38	8 119	4 163	3 956	327	287	40	7 376	3 634	3 743
39	8 437	4 294	4 144	297	270	27	7 706	3 789	3 917

数据来源：国家统计局人口和就业统计司。

单位:人

| 再婚有配偶 ||| 离婚 ||| 丧偶 |||
合计	男	女	合计	男	女	合计	男	女
7 398	3 281	4 117	4 715	3 420	1 295	28 898	9 576	19 322
34	17	17	49	20	29	12	7	5
8	4	4	9	5	4	1	1	0
7	5	2	9	4	5	1	0	1
7	1	5	6	1	5	0	0	0
5	3	2	9	4	5	5	4	1
8	4	3	15	6	9	5	2	3
124	63	61	227	118	109	26	9	17
18	11	7	21	7	14	4	1	3
19	11	8	26	12	14	6	1	5
26	13	13	43	31	13	3	3	0
33	16	17	61	31	30	6	1	5
28	12	15	76	37	39	7	3	4
317	131	186	477	300	177	55	22	33
47	15	32	71	40	31	9	3	7
58	27	31	93	51	42	9	4	5
56	16	40	99	65	33	7	2	5
68	33	35	101	69	32	9	3	6
88	40	47	113	75	38	20	10	9
574	247	327	632	450	182	124	42	82
94	43	51	110	75	35	22	7	14
111	50	60	111	73	38	12	5	7
117	46	71	129	90	39	30	6	24
102	42	60	151	118	33	22	7	15
151	66	85	130	93	37	38	17	21
801	342	459	702	542	161	278	104	174
131	58	73	109	80	29	49	14	35
144	59	85	130	97	33	43	25	18
140	57	83	137	101	36	48	18	30
180	81	100	182	150	32	54	12	42
207	87	119	144	113	31	84	34	50

33. 2012 年全国乡村 15 岁及以上人口分年龄、性别的婚姻状况

年龄(岁)	15 岁及以上人口 总计	男	女	未婚 合计	男	女	初婚有配偶 合计	男	女
40～44	47 522	24 205	23 318	1 380	1 279	101	43 578	21 592	21 986
40	8 668	4 338	4 330	298	273	25	7 953	3 838	4 115
41	9 088	4 689	4 399	285	259	26	8 325	4 193	4 132
42	9 870	5 019	4 851	262	248	14	9 068	4 514	4 555
43	9 421	4 816	4 604	271	258	13	8 621	4 265	4 357
44	10 475	5 342	5 133	264	242	23	9 609	4 782	4 827
45～49	47 154	23 807	23 347	1 074	1 005	70	43 101	21 325	21 776
45	8 437	4 268	4 169	198	183	15	7 760	3 841	3 919
46	9 719	4 918	4 801	250	240	11	8 892	4 386	4 505
47	9 558	4 789	4 770	212	196	16	8 741	4 296	4 445
48	8 936	4 450	4 486	197	186	11	8 148	3 965	4 183
49	10 503	5 382	5 121	217	200	16	9 560	4 838	4 722
50～54	29 007	14 739	14 268	552	522	30	26 246	13 229	13 017
50	7 883	4 005	3 878	161	151	10	7 234	3 634	3 599
51	4 252	2 106	2 145	72	68	4	3 879	1 910	1 969
52	5 293	2 663	2 631	87	83	4	4 798	2 402	2 396
53	5 014	2 507	2 507	82	75	6	4 486	2 240	2 246
54	6 565	3 458	3 107	150	145	6	5 850	3 043	2 807
55～59	35 437	18 091	17 345	790	767	23	31 064	15 824	15 240
55	7 300	3 772	3 528	174	169	4	6 486	3 311	3 175
56	6 882	3 574	3 307	150	145	4	6 055	3 130	2 925
57	7 168	3 636	3 532	168	163	5	6 315	3 196	3 119
58	7 281	3 681	3 600	142	135	7	6 325	3 242	3 083
59	6 806	3 427	3 379	158	155	3	5 883	2 946	2 937
60～64	29 212	14 903	14 308	626	607	19	24 354	12 597	11 757
60	6 855	3 442	3 414	164	161	3	5 821	2 939	2 882
61	5 965	3 023	2 942	125	118	6	5 039	2 553	2 486
62	5 845	3 024	2 821	115	113	2	4 898	2 549	2 349
63	5 683	2 921	2 761	117	115	2	4 628	2 454	2 175
64	4 864	2 493	2 371	105	101	5	3 967	2 102	1 866
65 +	55 885	27 086	28 799	1 126	1 065	61	33 747	19 155	14 592

数据来源:国家统计局人口和就业统计司。

(续完)

单位:人

_	再婚有配偶	_	_	离婚	_	_	丧偶	_	_
合计	男	女	合计	男	女	合计	男	女	
1 174	500	674	782	604	178	608	230	378	
205	89	115	141	102	39	71	35	36	
224	91	133	146	118	28	108	29	79	
241	92	149	170	125	45	129	41	88	
220	97	122	166	133	34	142	64	78	
285	131	154	159	126	32	158	62	97	
1 225	533	692	619	502	117	1 134	442	692	
223	100	123	99	83	16	157	61	96	
230	100	130	127	98	29	220	94	125	
274	115	159	116	93	23	215	90	126	
229	105	124	131	107	24	231	87	144	
269	113	156	146	121	24	312	110	202	
718	300	419	320	240	80	1 171	448	723	
163	64	99	83	62	21	243	94	149	
99	38	62	54	41	13	148	50	98	
145	55	90	60	47	13	203	74	129	
150	62	88	58	41	17	239	89	150	
161	81	80	65	49	16	339	141	198	
808	357	451	320	246	74	2 454	897	1 557	
154	71	83	76	61	15	411	160	251	
162	70	92	68	56	12	447	173	274	
183	83	99	51	32	19	452	162	290	
169	69	100	70	49	20	576	186	390	
141	63	78	55	47	7	570	216	354	
642	311	332	244	194	50	3 346	1 195	2 151	
149	63	86	62	50	11	659	228	431	
146	78	68	61	47	14	594	227	367	
136	74	62	56	41	15	640	247	394	
122	54	68	34	28	6	781	271	510	
88	41	48	31	28	3	672	222	450	
979	480	499	343	205	137	19 690	6 181	13 510	

非农业、农业人口

34. 2012 年全国非农业、农业人口

单位：人,%

地区	总人口	非农业人口	占总人口比重	农业人口	占总人口比重
全国	1 357 802 804	479 706 013	35.33	878 096 791	64.67
北京市	13 000 706	10 417 768	80.13	2 582 938	19.87
天津市	9 963 754	6 191 492	62.14	3 772 262	37.86
河北省	74 165 619	23 760 755	32.04	50 404 864	67.96
山西省	35 006 264	11 719 898	33.48	23 286 366	66.52
内蒙古自治区	24 599 026	10 128 746	41.18	14 470 280	58.82
辽宁省	42 447 600	21 839 601	51.45	20 607 999	48.55
吉林省	27 015 022	12 667 435	46.89	14 347 587	53.11
黑龙江省	38 111 028	18 589 884	48.78	19 521 144	51.22
上海市	14 269 319	12 808 180	89.76	1 461 139	10.24
江苏省	75 534 825	42 291 904	55.99	33 242 921	44.01
浙江省	47 993 436	15 216 060	31.70	32 777 376	68.30
安徽省	69 122 725	15 797 380	22.85	53 325 345	77.15
福建省	35 792 773	12 209 462	34.11	23 583 311	65.89
江西省	48 035 399	12 813 188	26.67	35 222 211	73.33
山东省	95 797 152	40 207 154	41.97	55 589 998	58.03
河南省	109 316 131	24 345 218	22.27	84 970 913	77.73
湖北省	61 653 701	21 305 500	34.56	40 348 201	65.44
湖南省	71 316 190	15 897 852	22.29	55 418 338	77.71
广东省	86 358 893	45 049 639	52.17	41 309 254	47.83
广西壮族自治区	53 781 730	10 312 855	19.18	43 468 875	80.82
海南省	9 019 305	3 422 627	37.95	5 596 678	62.05
重庆市	33 434 444	13 172 456	39.40	20 261 988	60.60
四川省	90 973 542	25 601 727	28.14	65 371 815	71.86
贵州省	41 342 574	6 855 848	16.58	34 486 726	83.42
云南省	45 757 438	10 415 682	22.76	35 341 756	77.24
西藏自治区	3 095 791	522 835	16.89	2 572 956	83.11
陕西省	39 262 183	14 561 746	37.09	24 700 437	62.91
甘肃省	27 129 996	7 427 767	27.38	19 702 229	72.62
青海省	5 655 530	2 036 058	36.00	3 619 472	64.00
宁夏回族自治区	6 590 258	2 597 896	39.42	3 992 362	60.58
新疆维吾尔自治区	22 260 450	9 521 400	42.77	12 739 050	57.23

数据来源：公安部治安管理局户政管理处。

35. 2012年全国市非农业、农业人口

单位：人，%

地区	总人口	非农业人口	占总人口比重	农业人口	占总人口比重
全国	647 327 034	344 770 490	53.26	302 556 544	46.74
北京市	12 290 820	10 120 623	82.34	2 170 197	17.66
天津市	8 156 153	5 813 631	71.28	2 342 522	28.72
河北省	27 162 239	14 762 075	54.35	12 400 164	45.65
山西省	13 907 596	7 939 755	57.09	5 967 841	42.91
内蒙古自治区	8 884 569	6 256 518	70.42	2 628 051	29.58
辽宁省	30 459 447	18 900 638	62.05	11 558 809	37.95
吉林省	18 617 409	10 247 739	55.04	8 369 670	44.96
黑龙江省	22 829 329	13 720 493	60.10	9 108 836	39.90
上海市	13 583 878	12 522 173	92.18	1 061 705	7.82
江苏省	51 252 241	32 674 715	63.75	18 577 526	36.25
浙江省	32 310 260	11 791 660	36.50	20 518 600	63.50
安徽省	24 853 363	10 209 795	41.08	14 643 568	58.92
福建省	18 355 587	8 331 310	45.39	10 024 277	54.61
江西省	16 048 071	6 747 631	42.05	9 300 440	57.95
山东省	54 540 518	30 372 850	55.69	24 167 668	44.31
河南省	37 572 496	15 262 947	40.62	22 309 549	59.38
湖北省	38 816 160	16 982 664	43.75	21 833 496	56.25
湖南省	25 138 535	9 557 543	38.02	15 580 992	61.98
广东省	58 912 777	39 343 036	66.78	19 569 741	33.22
广西壮族自治区	19 221 131	6 195 521	32.23	13 025 610	67.77
海南省	5 504 732	2 268 507	41.21	3 236 225	58.79
重庆市	17 791 211	8 894 832	50.00	8 896 379	50.00
四川省	33 900 233	15 218 095	44.89	18 682 138	55.11
贵州省	9 782 167	3 908 255	39.95	5 873 912	60.05
云南省	10 614 711	5 070 022	47.76	5 544 689	52.24
西藏自治区	307 872	225 361	73.20	82 511	26.80
陕西省	14 435 831	7 863 495	54.47	6 572 336	45.53
甘肃省	8 737 860	4 662 451	53.36	4 075 409	46.64
青海省	1 122 253	946 121	84.31	176 132	15.69
宁夏回族自治区	3 241 997	1 943 851	59.96	1 298 146	40.04
新疆维吾尔自治区	8 975 588	6 016 183	67.03	2 959 405	32.97

数据来源：公安部治安管理局户政管理处。

36. 2012年全国县非农业、农业人口

单位：人，%

地区	总人口	非农业人口	占总人口比重	农业人口	占总人口比重
全国	710 475 770	134 935 523	18.99	575 540 247	81.01
北京市	709 886	297 145	41.86	412 741	58.14
天津市	1 807 601	377 861	20.90	1 429 740	79.10
河北省	47 003 380	8 998 680	19.14	38 004 700	80.86
山西省	21 098 668	3 780 143	17.92	17 318 525	82.08
内蒙古自治区	15 714 457	3 872 228	24.64	11 842 229	75.36
辽宁省	11 988 153	2 938 963	24.52	9 049 190	75.48
吉林省	8 397 613	2 419 696	28.81	5 977 917	71.19
黑龙江省	15 281 699	4 869 391	31.86	10 412 308	68.14
上海市	685 441	286 007	41.73	399 434	58.27
江苏省	24 282 584	9 617 189	39.61	14 665 395	60.39
浙江省	15 683 176	3 424 400	21.83	12 258 776	78.17
安徽省	44 269 362	5 587 585	12.62	38 681 777	87.38
福建省	17 437 186	3 878 152	22.24	13 559 034	77.76
江西省	31 987 328	6 065 557	18.96	25 921 771	81.04
山东省	41 256 634	9 834 304	23.84	31 422 330	76.16
河南省	71 743 635	9 082 271	12.66	62 661 364	87.34
湖北省	22 837 541	4 322 836	18.93	18 514 705	81.07
湖南省	46 177 655	6 340 309	13.73	39 837 346	86.27
广东省	27 446 116	5 706 603	20.79	21 739 513	79.21
广西壮族自治区	34 560 599	4 117 334	11.91	30 443 265	88.09
海南省	3 514 573	1 154 120	32.84	2 360 453	67.16
重庆市	15 643 233	4 277 624	27.34	11 365 609	72.66
四川省	57 073 309	10 383 632	18.19	46 689 677	81.81
贵州省	31 560 407	2 947 593	9.34	28 612 814	90.66
云南省	35 142 727	5 345 660	15.21	29 797 067	84.79
西藏自治区	2 787 919	297 474	10.67	2 490 445	89.33
陕西省	24 826 352	6 698 251	26.98	18 128 101	73.02
甘肃省	18 392 136	2 765 316	15.04	15 626 820	84.96
青海省	4 533 277	1 089 937	24.04	3 443 340	75.96
宁夏回族自治区	3 348 261	654 045	19.53	2 694 216	80.47
新疆维吾尔自治区	13 284 862	3 505 217	26.39	9 779 645	73.61

数据来源：公安部治安管理局户政管理处。

计划生育

37. 2012年全国育龄妇女分年龄、孩次的生育状况

单位：人，‰

年龄（岁）	平均育龄妇女人数	出生人数 合计	一孩	二孩	三孩及以上	生育率 合计	一孩	二孩	三孩及以上
总计	317 046	11 379	7 412	3 462	500	35.89	23.38	10.92	1.58
15～19	35 897	241	231	9	1	6.72	6.43	0.25	0.04
15	6 831	0	0	0	0			0.00	0.00
16	7 430	11	11	0	0	1.45	1.45	0.00	0.00
17	7 017	38	37	1	0	5.46	5.31	0.15	0.00
18	6 974	72	69	2	1	10.39	9.93	0.35	0.12
19	7 646	120	113	6	1	15.63	14.84	0.72	0.08
20～24	51 300	3 735	3 090	604	41	72.80	60.23	11.78	0.79
20	8 555	266	236	28	2	31.09	27.59	3.29	0.22
21	10 377	514	462	50	2	49.50	44.51	4.82	0.17
22	11 380	887	749	132	5	77.95	65.83	11.64	0.47
23	10 471	1 058	873	176	10	101.09	83.34	16.82	0.93
24	10 518	1 009	770	218	22	95.98	73.19	20.70	2.08
25～29	43 655	4 227	2 867	1 241	117	96.82	65.68	28.44	2.69
25	9 833	1 008	765	225	17	102.49	77.82	22.93	1.74
26	8 776	968	687	261	20	110.29	78.25	29.73	2.31
27	8 297	784	501	255	29	94.51	60.33	30.72	3.46
28	8 106	776	493	254	28	95.68	60.82	31.36	3.39
29	8 643	691	422	246	24	80.00	48.79	28.46	2.75
30～34	40 238	2 045	893	984	163	50.81	22.21	24.46	4.05
30	8 897	629	323	268	35	70.65	36.32	30.10	3.99
31	7 694	470	212	227	29	61.11	27.57	29.51	3.79
32	8 034	392	158	194	40	48.79	19.69	24.14	4.97
33	7 979	311	113	172	26	38.93	14.21	21.52	3.21
34	7 635	243	87	124	33	31.87	11.35	16.20	4.32
35～39	44 903	770	215	445	110	17.15	4.80	9.91	2.44
35	7 912	181	52	102	28	22.94	6.58	12.85	3.51
36	8 454	199	55	126	18	23.52	6.52	14.92	2.08
37	8 941	150	42	80	29	16.83	4.66	8.97	3.20
38	9 508	140	34	84	22	14.68	3.53	8.82	2.33
39	10 088	100	33	53	14	9.89	3.28	5.27	1.34
40～44	51 982	284	79	150	56	5.47	1.51	2.88	1.08
40	10 118	112	34	61	17	11.11	3.33	6.05	1.73
41	10 515	61	12	36	13	5.79	1.14	3.43	1.23
42	10 685	55	18	21	16	5.14	1.70	1.95	1.49
43	11 161	33	7	20	6	2.96	0.61	1.81	0.54
44	9 504	23	8	11	4	2.43	0.82	1.19	0.41
45～49	49 070	77	37	28	11	1.56	0.75	0.58	0.23
45	9 041	14	7	3	3	1.50	0.82	0.36	0.32
46	9 920	22	9	10	3	2.23	0.94	0.98	0.31
47	9 498	18	5	8	5	1.93	0.52	0.85	0.56
48	10 442	5	4	1	0	0.46	0.40	0.07	0.00
49	10 169	18	11	7	0	1.76	1.10	0.65	—

数据来源：国家统计局人口和就业统计司。

38. 2012年全国城市育龄妇女分年龄、孩次的生育状况

单位:人,‰

年龄（岁）	平均育龄妇女人数	出生人数 合计	一孩	二孩	三孩及以上	生育率 合计	一孩	二孩	三孩及以上
总计	108 480	2 933	2 303	580	50	27.04	21.23	5.34	0.46
15～19	11 404	34	33	1	1	3.02	2.92	0.05	0.05
15	1 871	0	0	0	0	0.00	0.00	0.00	0.00
16	2 238	1	1	0	0	0.44	0.44	0.00	0.00
17	2 103	4	4	0	0	1.74	1.74	0.00	0.00
18	2 289	12	12	0	0	5.34	5.34	0.00	0.00
19	2 904	18	16	1	1	6.06	5.66	0.20	0.20
20～24	18 329	628	556	63	9	34.26	30.34	3.45	0.48
20	3 244	32	28	2	2	9.97	8.73	0.65	0.58
21	3 968	67	63	3	1	16.78	15.76	0.75	0.27
22	3 926	131	122	9	0	33.40	31.12	2.28	0.00
23	3 489	200	179	20	1	57.23	51.17	5.86	0.20
24	3 701	198	164	29	5	53.57	44.43	7.76	1.38
25～29	16 594	1 303	1 120	171	12	78.50	67.50	10.30	0.69
25	3 526	258	230	28	1	73.23	65.13	7.85	0.24
26	3 218	264	236	26	2	82.14	73.43	8.19	0.52
27	3 145	234	201	29	4	74.37	63.83	9.20	1.34
28	3 189	289	236	50	3	90.66	73.96	15.73	0.96
29	3 516	257	218	38	2	73.10	61.88	10.74	0.48
30～34	15 494	688	468	203	17	44.39	30.18	13.11	1.11
30	3 585	230	174	55	1	64.15	48.46	15.35	0.33
31	2 945	162	121	36	6	55.13	40.93	12.22	1.98
32	3 096	112	71	37	4	36.14	22.94	12.04	1.15
33	3 043	94	58	32	5	31.05	18.97	10.54	1.54
34	2 826	89	45	43	2	31.52	15.75	15.11	0.66
35～39	15 630	211	100	103	8	13.48	6.39	6.61	0.48
35	2 890	51	22	27	2	17.77	7.75	9.20	0.81
36	3 000	61	30	30	1	20.45	10.12	10.08	0.24
37	3 000	37	21	16	1	12.47	6.97	5.23	0.27
38	3 256	38	15	20	3	11.55	4.72	6.01	0.82
39	3 484	23	11	11	1	6.61	3.11	3.21	0.28
40～44	16 454	57	20	32	4	3.44	1.23	1.93	0.27
40	3 343	24	10	13	1	7.22	3.06	3.87	0.29
41	3 445	13	3	7	3	3.81	0.92	2.15	0.75
42	3 471	7	3	4	0	2.08	1.00	1.08	0.00
43	3 436	4	2	2	0	1.22	0.63	0.59	0.00
44	2 758	8	1	6	1	2.84	0.46	2.03	0.35
45～49	14 574	13	6	7	0	0.88	0.41	0.47	0.00
45	2 569	2	2	0	0	0.78	0.78	0.00	0.00
46	2 842	5	0	5	0	1.80	0.00	1.80	0.00
47	2 847	3	1	2	0	0.95	0.31	0.64	0.00
48	3 250	0	0	0	0	0.00	0.00	0.00	0.00
49	3 067	3	3	0	0	1.00	1.00	0.00	0.00

数据来源:国家统计局人口和就业统计司。

39. 2012年全国镇育龄妇女分年龄、孩次的生育状况

单位：人，‰

年龄（岁）	平均育龄妇女人数	出生人数 合计	一孩	二孩	三孩及以上	生育率 合计	一孩	二孩	三孩及以上
总计	72 188	2 457	1 548	809	98	34.04	21.44	11.21	1.36
15~19	8 384	38	37	1	0	4.54	4.37	0.17	0.00
15	1 643	0	0	0	0	0.00	0.00	0.00	0.00
16	1 810	0	0	0	0	0.00	0.00	0.00	0.00
17	1 834	9	9	0	0	4.69	4.69	0.00	0.00
18	1 573	16	16	0	0	10.30	10.30	0.00	0.00
19	1 524	13	12	1	0	8.69	7.78	0.92	0.00
20~24	10 892	822	673	138	11	75.45	61.79	12.65	1.02
20	1 720	56	48	8	0	32.82	28.08	4.74	0.00
21	2 076	106	94	13	0	51.29	45.26	6.03	0.00
22	2 427	196	161	34	1	80.96	66.50	13.87	0.59
23	2 296	220	178	40	2	95.99	77.74	17.53	0.73
24	2 373	242	191	43	8	102.01	80.43	18.20	3.38
25~29	9 674	934	621	291	21	96.54	64.24	30.12	2.18
25	2 121	212	164	45	3	99.96	77.12	21.24	1.61
26	1 993	231	157	71	2	115.82	78.92	35.74	1.15
27	1 856	174	115	51	7	93.49	62.09	27.61	3.79
28	1 832	162	94	62	6	88.25	51.49	33.65	3.12
29	1 871	156	91	62	3	83.25	48.63	33.23	1.39
30~34	9 378	414	154	227	31	44.13	16.42	24.21	3.30
30	1 971	120	65	50	6	60.99	32.92	25.22	2.85
31	1 832	102	33	60	7	55.92	18.15	32.82	3.94
32	1 897	77	27	45	6	40.78	13.99	23.62	3.16
33	1 850	65	15	45	6	35.36	8.11	24.23	3.02
34	1 827	48	14	28	6	26.46	7.82	15.09	3.55
35~39	10 738	172	40	109	23	16.05	3.73	10.14	2.17
35	1 863	45	14	24	7	23.91	7.57	12.73	3.60
36	1 984	43	7	31	6	21.81	3.40	15.54	2.87
37	2 279	30	5	21	4	13.22	2.12	9.39	1.71
38	2 229	28	3	20	5	12.61	1.41	9.08	2.12
39	2 384	26	11	13	2	11.02	4.74	5.34	0.94
40~44	12 158	62	16	38	9	5.11	1.32	3.09	0.70
40	2 376	29	10	14	5	12.02	4.16	5.93	1.92
41	2 494	11	1	8	1	4.46	0.56	3.31	0.59
42	2 445	12	2	7	3	4.92	0.91	2.98	1.04
43	2 602	7	1	6	0	2.75	0.51	2.24	0.00
44	2 241	3	1	2	0	1.46	0.54	0.92	0.00
45~49	10 964	15	6	5	3	1.36	0.59	0.47	0.30
45	2 072	1	0	1	0	0.59	0.00	0.59	0.00
46	2 162	6	4	2	0	2.66	1.81	0.85	0.00
47	2 149	3	0	0	3	1.54	0.00	0.00	1.54
48	2 257	1	1	0	0	0.43	0.43	0.00	0.00
49	2 325	4	2	2	0	1.60	0.69	0.91	0.00

数据来源：国家统计局人口和就业统计司。

40. 2012年全国乡村育龄妇女分年龄、孩次的生育状况

单位：人，‰

年龄（岁）	平均育龄妇女人数	出生人数 合计	一孩	二孩	三孩及以上	生育率 合计	一孩	二孩	三孩及以上
总计	136 379	5 989	3 561	2 073	352	43.91	26.11	15.20	2.58
15～19	16 110	169	161	7	1	10.48	9.99	0.43	0.05
15	3 317	0	0	0	0	0.04	0.04	0.00	0.00
16	3 382	10	10	0	0	2.90	2.90	0.00	0.00
17	3 080	26	25	1	0	8.47	8.12	0.34	0.00
18	3 112	44	41	2	1	14.16	13.11	0.77	0.28
19	3 218	89	85	4	0	27.56	26.46	1.10	0.00
20～24	22 079	2 285	1 861	403	21	103.48	84.27	18.27	0.94
20	3 591	177	159	18	0	49.35	44.38	4.97	0.00
21	4 332	341	305	35	1	78.60	70.48	7.97	0.15
22	5 027	559	466	90	4	111.29	92.63	17.88	0.79
23	4 686	638	516	115	7	136.25	110.05	24.63	1.57
24	4 444	569	415	146	9	128.08	93.30	32.82	1.97
25～29	17 387	1 990	1 126	779	85	114.48	64.74	44.81	4.88
25	4 185	537	372	153	13	128.42	88.86	36.48	3.07
26	3 565	473	293	163	16	132.61	82.22	45.81	4.57
27	3 295	377	185	175	17	114.31	56.01	53.01	5.29
28	3 085	325	163	142	19	105.29	52.78	46.16	6.07
29	3 256	279	113	146	20	85.58	34.75	44.84	5.99
30～34	15 366	943	272	554	115	61.37	17.70	36.05	7.49
30	3 340	278	84	163	29	83.32	25.30	48.80	8.58
31	2 917	205	58	131	16	70.40	20.00	44.88	5.52
32	3 041	203	61	112	30	66.67	19.93	36.77	9.97
33	3 086	151	41	95	15	48.85	13.17	30.72	4.96
34	2 982	106	28	53	25	35.51	9.35	17.90	8.26
35～39	18 535	387	75	233	79	20.88	4.07	12.56	4.25
35	3 158	86	16	51	19	27.10	4.91	16.26	5.93
36	3 469	94	18	65	11	27.15	5.18	18.74	3.22
37	3 662	83	16	43	24	22.64	4.36	11.76	6.52
38	4 024	74	15	44	15	18.36	3.73	10.95	3.67
39	4 221	50	11	29	10	11.96	2.59	6.94	2.44
40～44	23 370	166	42	80	43	7.09	1.80	3.44	1.85
40	4 398	60	14	34	12	13.57	3.08	7.77	2.72
41	4 575	37	7	20	9	8.02	1.62	4.45	1.94
42	4 768	36	13	10	13	7.48	2.62	2.05	2.81
43	5 123	22	3	12	6	4.23	0.66	2.41	1.17
44	4 506	12	5	4	3	2.66	1.18	0.82	0.66
45～49	23 532	49	24	16	8	2.08	1.04	0.69	0.35
45	4 400	10	5	2	3	2.35	1.23	0.46	0.66
46	4 917	11	5	3	3	2.30	1.10	0.57	0.63
47	4 503	12	4	6	2	2.73	0.89	1.40	0.44
48	4 936	4	3	1	0	0.78	0.64	0.14	0.00
49	4 777	11	6	5	0	2.33	1.36	0.95	—

数据来源：国家统计局人口和就业统计司。

41. 2012年全国分孩次出生政策符合率

单位:%

地 区	政策符合率	一孩政策符合率	二孩政策符合率	多孩政策符合率
全 国	**90.89**	**97.93**	**78.02**	**38.95**
北 京	94.69	98.47	75.71	31.88
天 津	98.44	99.93	91.62	0.00
河 北	90.94	99.22	74.99	39.99
山 西	87.92	98.88	68.34	30.78
内蒙古	95.39	98.52	89.29	75.46
辽 宁	98.66	99.59	95.79	54.36
吉 林	95.09	99.47	79.79	93.23
黑龙江	91.77	93.82	84.87	23.33
上 海	95.20	97.19	90.60	30.72
江 苏	97.73	99.52	88.39	74.75
浙 江	93.71	99.92	82.59	31.34
安 徽	77.96	79.28	76.53	55.55
福 建	93.07	99.14	84.16	32.23
江 西	77.70	99.79	56.85	4.44
山 东	93.96	99.16	78.60	0.06
河 南	97.27	99.86	85.60	92.24
湖 北	90.05	99.97	71.44	43.44
湖 南	88.57	99.93	74.45	0.29
广 东	85.36	97.46	70.61	17.50
广 西	93.02	99.38	84.56	22.14
海 南	93.15	99.95	95.33	27.63
重 庆	87.59	99.85	66.64	13.04
四 川	86.68	99.47	51.97	50.20
贵 州	96.87	97.35	97.26	47.53
云 南	93.67	95.77	92.28	39.80
西 藏	—	—	—	—
陕 西	98.76	100.00	95.04	89.46
甘 肃	91.86	98.88	78.23	62.08
青 海	98.50	99.89	97.63	89.69
宁 夏	90.23	99.67	79.66	56.48
新 疆	99.79	99.99	99.88	98.88

数据来源:国家人口和计划生育委员会发展规划与信息司。

42. 2012年全国分孩次出生政策符合率与上年比较

单位：人，‰

地区	政策符合率	一孩政策符合率	二孩政策符合率	多孩政策符合率
全 国	-0.96	0.33	-2.26	-4.66
北 京	0.43	0.13	-0.14	1.19
天 津	0.19	0.05	0.57	-7.14
河 北	-0.48	-0.01	-0.09	-1.29
山 西	-0.57	0.21	-1.70	-0.80
内蒙古	-0.29	0.06	-0.46	1.11
辽 宁	0.32	0.28	0.63	2.70
吉 林	9.01	10.84	1.19	64.34
黑龙江	0.01	0.47	-1.45	-0.30
上 海	-0.17	-0.20	-0.37	6.22
江 苏	2.01	0.46	9.62	13.67
浙 江	-0.51	0.31	-1.55	-2.94
安 徽	-0.61	-1.14	-0.73	22.69
福 建	0.50	0.22	2.67	1.77
江 西	-2.26	4.64	-6.34	-2.31
山 东	-0.24	0.11	-1.96	0.06
河 南	0.21	-0.03	0.62	-1.54
湖 北	-0.16	0.83	-1.27	1.92
湖 南	-1.06	0.01	-1.60	0.05
广 东	-11.12	-2.10	-18.76	-57.55
广 西	-0.51	-0.08	-0.67	4.64
海 南	0.33	0.01	0.66	1.10
重 庆	0.64	-0.09	4.17	-1.58
四 川	-0.20	0.02	-2.33	-0.35
贵 州	7.93	9.73	3.43	20.33
云 南	-3.57	-2.59	-3.92	-22.18
西 藏	—	—	—	—
陕 西	0.09	0.00	0.49	1.25
甘 肃	-0.87	-0.70	-1.14	1.17
青 海	-0.22	0.04	-0.78	1.10
宁 夏	-1.10	0.29	-3.97	3.64
新 疆	0.04	0.00	0.02	0.31

数据来源：国家人口与计划生育委员会发展规划与信息司。

43. 2012年全国已婚育龄妇女领证情况及避孕率

单位：人，%

地区	已婚育龄妇女人数	领证人数	领证率	已婚育龄妇女避孕率
全国	276 929 488	61 013 066	22.03	87.85
北京	2 890 384	847 969	29.34	82.70
天津	1 699 582	597 689	35.17	91.19
河北	14 949 958	2 275 332	15.22	90.93
山西	6 728 731	2 105 217	31.29	91.38
内蒙古	4 992 719	515 393	10.32	90.62
辽宁	8 178 296	2 489 751	30.44	85.94
吉林	5 313 859	870 512	16.38	89.84
黑龙江	7 513 331	3 265 125	43.46	91.72
上海	4 231 664	651 024	15.38	81.64
江苏	15 426 329	4 945 284	32.06	88.17
浙江	10 194 801	2 988 508	29.31	87.36
安徽	14 759 857	2 602 720	17.63	89.26
福建	8 193 095	1 716 995	20.96	82.31
江西	10 736 529	1 846 539	17.20	94.58
山东	19 762 149	7 912 031	40.04	90.29
河南	21 753 946	3 486 577	16.03	90.03
湖北	13 370 931	1 117 645	8.36	85.30
湖南	14 287 989	2 779 617	19.45	87.85
广东	20 135 904	1 467 154	7.29	80.94
广西	10 108 307	1 267 383	12.54	87.62
海南	1 603 483	72 430	4.52	81.05
重庆	4 900 305	2 108 287	43.02	79.71
四川	19 047 321	7 026 420	36.89	89.27
贵州	6 846 630	630 066	9.20	89.01
云南	8 967 383	1 580 206	17.62	87.15
西藏	748 822	8 770	1.17	81.33
陕西	7 006 784	1 286 717	18.36	91.69
甘肃	5 338 824	639 636	11.98	85.00
青海	1 224 280	104 823	8.56	85.95
宁夏	1 252 766	120 289	9.60	93.16
新疆	4 764 529	1 686 957	35.41	82.00

数据来源：国家人口和计划生育委员会发展规划与信息司。

44. 2012 年全国已婚育龄妇女领证情况及避孕率与上年比较

单位：人，%

地区	已婚育龄妇女人数	领证人数	领证率	已婚育龄妇女避孕率
全 国	-765 138	-374 043	-0.07	-0.74
北 京	65 589	8 942	-0.36	-0.87
天 津	-32 268	6 194	1.01	0.16
河 北	155 191	2 788	-0.14	-0.26
山 西	55 206	81 044	0.96	0.13
内蒙古	20 912	-52 963	-1.11	-0.04
辽 宁	-39 097	-218 731	-2.52	-2.26
吉 林	-109 733	-72 814	-1.01	0.22
黑龙江	-30 995	-103 241	-1.19	-0.41
上 海	71 466	-7 179	-0.44	1.14
江 苏	182 728	-168 142	-1.49	-1.20
浙 江	61 695	710	-0.17	-0.60
安 徽	-159 511	196 791	1.51	-0.54
福 建	-19 494	-152 273	-1.80	-0.52
江 西	321 741	-84 188	-1.34	-0.01
山 东	265 933	121 326	0.08	2.35
河 南	260 345	83 318	0.19	0.19
湖 北	296 578	-79 664	-0.80	-1.60
湖 南	-781 835	169 998	2.14	1.71
广 东	-2 212 777	-667 638	-2.27	-6.30
广 西	30 186	-13	-0.04	0.39
海 南	-6 610	-828	-0.03	-0.55
重 庆	-56 008	-254 504	-4.65	-9.73
四 川	338 872	49 451	-0.40	-1.28
贵 州	341 133	49 982	0.29	0.95
云 南	153 061	25 246	-0.02	-0.73
西 藏	-13 745	-3 642	-0.46	5.98
陕 西	56 101	7 381	-0.04	0.28
甘 肃	114 298	24 656	0.21	-3.05
青 海	-5 767	272	0.06	0.82
宁 夏	-23 823	-6 553	-0.33	1.69
新 疆	-64 510	670 231	14.35	-1.20

数据来源：国家人口和计划生育委员会发展规划与信息司。

45. 2012年全国采取各种节育措施人数

单位：人

地区	合计	男性绝育	女性绝育	宫内节育器	皮下埋植	口服及注射避孕药	避孕套	外用药	其他
全 国	243 292 570	11 312 825	70 886 127	131 852 436	772 759	2 214 321	25 167 558	423 164	663 380
北 京	2 390 422	5 321	67 804	730 556	3 186	78 027	1 477 500	9 292	18 736
天 津	1 549 775	1 850	114 729	820 570	2 496	24 157	575 576	4 591	5 806
河 北	13 594 215	562 449	3 837 092	7 914 331	14 702	92 506	1 048 625	5 802	118 708
山 西	6 148 712	29 947	2 255 861	3 778 798	5 680	16 974	57 609	101	3 742
内蒙古	4 524 380	5 075	848 027	2 991 413	11 425	33 947	630 936	852	2 705
辽 宁	7 028 337	749	315 903	5 714 487	10 399	57 266	914 656	11 238	3 639
吉 林	4 774 145	596	379 736	3 783 356	20 748	13 501	570 621	3 608	1 979
黑龙江	6 891 469	1 226	701 509	5 544 526	9 696	86 926	526 371	5 501	15 714
上 海	3 454 911	16 627	288 750	1 855 911	4 705	135 903	1 070 626	17 699	64 690
江 苏	13 600 992	205 188	1 671 296	9 385 088	13 005	148 992	2 119 054	37 193	21 176
浙 江	8 905 814	29 843	2 220 327	4 649 924	11 345	69 466	1 890 094	16 050	18 765
安 徽	13 174 104	296 963	6 095 125	6 078 198	36 372	104 863	548 781	1 118	12 684
福 建	6 743 969	365 186	2 873 678	2 960 554	12 989	12 306	513 786	1 297	4 173
江 西	10 154 350	23 743	5 578 116	3 436 396	4 944	35 493	1 047 057	22 073	6 528
山 东	17 843 066	1 610 184	3 429 412	10 734 925	137 727	10 683	1 906 883	6 979	6 273
河 南	19 584 738	2 302 176	8 194 543	8 077 512	65 372	66 738	840 672	15 060	22 665
湖 北	11 405 849	315 038	3 679 294	6 216 458	28 572	169 561	966 116	10 610	20 200
湖 南	12 551 875	288 844	5 211 134	5 505 955	23 907	21 432	1 454 931	43 664	2 008
广 东	16 297 322	1 380 743	6 949 406	4 926 686	8 107	70 819	2 915 156	13 000	33 405
广 西	8 857 214	800 526	3 058 432	4 330 186	4 627	128 689	465 227	64 629	4 898
海 南	1 299 597	11 228	648 814	546 716	343	2 957	85 988	1 919	1 632
重 庆	3 905 810	310 085	89 085	3 108 784	8 847	59 491	319 057	6 850	3 611
四 川	17 003 751	1 481 146	520 526	13 042 485	99 538	270 484	1 358 564	16 723	214 285
贵 州	6 094 521	878 090	3 122 739	1 967 094	8 046	9 287	91 889	2 975	14 401
云 南	7 815 325	245 931	2 125 049	4 921 844	23 586	138 602	328 831	14 761	16 721
西 藏	608 984	117	51 757	97 278	128 501	144 161	139 665	38 911	8 594
陕 西	6 424 826	124 190	2 783 837	3 044 739	40 631	84 726	325 382	18 638	2 683
甘 肃	4 538 083	4 627	2 765 407	1 565 037	13 750	28 703	152 652	1 247	6 660
青 海	1 052 261	867	403 859	544 557	5 844	38 614	53 922	3 695	903
宁 夏	1 167 043	283	374 559	592 593	3 965	26 445	166 319	2 023	856
新 疆	3 906 710	13 987	230 321	2 985 479	9 704	32 602	605 012	25 065	4 540

数据来源：国家人口和计划生育委员会发展规划与信息司。

46. 2012年全国采取各种节育措施人数与上年比较

单位：人

地区	合计	男性绝育	女性绝育	宫内节育器	皮下埋植	口服及注射避孕药	避孕套	外用药	其他
全 国	-2 734 286	-781 962	-2 975 847	-224 664	89 920	-10 699	1 176 120	-2 709	-4 445
北 京	29 710	372	-6 669	-44 897	94	8 470	69 689	2 358	293
天 津	-26 717	-181	-10 813	-22 571	45	-1 730	7 505	-134	1 162
河 北	103 072	-34 317	-240 178	385 725	-842	-9 229	1 980	-1 414	1 347
山 西	59 060	-2 229	-121 958	177 101	-474	-2 043	8 661	-3	5
内蒙古	16 787	-528	-65 829	20 287	-919	-2 348	66 585	-172	-289
辽 宁	-219 643	-98	-59 548	-140 420	-2 075	-3 897	-13 036	-709	140
吉 林	-86 925	-47	-98 707	-31 279	-1 838	-4 189	47 589	1 074	472
黑龙江	-59 599	-270	-101 381	11 089	-4 680	8 720	26 481	-815	1 257
上 海	105 598	-3 040	32 814	97 520	-277	39 184	-52 847	5 423	-13 179
江 苏	-21 307	-41 162	-218 240	-26 542	-1 599	-21 689	282 923	-3 091	8 093
浙 江	-6 916	-1 832	-51 706	-79 210	-730	-13 051	136 467	-950	4 096
安 徽	-222 392	-43 382	-208 356	17 364	-2 585	-11 255	28 350	-188	-2 340
福 建	-58 393	-15 683	-79 783	16 601	-1 333	-2 072	24 975	-341	-757
江 西	303 597	-1 049	107 037	-3 453	-801	3 458	196 817	2 170	-582
山 东	699 068	99 554	-108 571	469 877	102 101	-1 092	131 746	2 103	3 350
河 南	275 761	-6 271	28 742	227 554	-1 720	-3 503	27 891	-1 523	4 591
湖 北	43 992	-82 835	-77 110	197 613	1 722	34 165	-12 903	-13 063	-3 597
湖 南	-428 675	-120 127	-431 393	47 670	-1 066	-4 198	89 023	-8 822	238
广 东	-3 198 895	-281 587	-960 527	-1 710 273	-1 646	-25 562	-198 668	1 750	-22 382
广 西	65 472	-46 465	-81 037	175 540	-55	-3 201	21 924	-1 280	46
海 南	-14 144	-1 317	-34 524	20 147	-56	-153	2 361	-557	-45
重 庆	-527 100	-86 584	-27 943	-454 975	-2 751	3 471	38 710	1 185	1 787
四 川	63 132	-113 235	-17 310	91 657	3 809	5 587	79 403	1 341	11 880
贵 州	365 143	30 204	174 341	139 481	-2 187	5 183	14 265	2 264	1 592
云 南	69 367	-13 777	-21 187	73 967	1 628	3 352	23 199	-1 380	3 565
西 藏	34 396	12	-13 365	-45 149	11 879	4 401	60 875	16 091	-348
陕 西	70 581	-6 107	-68 047	116 348	793	-3 571	30 303	1 044	-182
甘 肃	-62 257	-147	-115 766	40 712	-2 049	-179	15 006	-214	380
青 海	5 143	-148	-15 408	22 226	346	-264	-181	-840	-588
宁 夏	-595	-49	-13 110	9 051	-769	-6 161	10 596	-199	46
新 疆	-110 607	-9 637	-70 315	-23 425	-464	448	10 431	-3 817	-4 496

数据来源：国家人口和计划生育委员会发展规划与信息司。

47. 2012年全国采取各种避孕措施分布   单位:%

地 区	男性绝育	女性绝育	宫内节育器	皮下埋植	口服及注射避孕药	避孕套	外用药	其他
全 国	4.65	29.14	54.20	0.32	0.91	10.34	0.17	0.27
北 京	0.22	2.84	30.56	0.13	3.26	61.81	0.39	0.78
天 津	0.12	7.40	52.95	0.16	1.56	37.14	0.30	0.37
河 北	4.14	28.23	58.22	0.11	0.68	7.71	0.04	0.87
山 西	0.49	36.69	61.46	0.09	0.28	0.94	0.00	0.06
内蒙古	0.11	18.74	66.12	0.25	0.75	13.95	0.02	0.06
辽 宁	0.01	4.49	81.31	0.15	0.81	13.01	0.16	0.05
吉 林	0.01	7.95	79.25	0.43	0.28	11.95	0.08	0.04
黑龙江	0.02	10.18	80.45	0.14	1.26	7.64	0.08	0.23
上 海	0.48	8.36	53.72	0.14	3.93	30.99	0.51	1.87
江 苏	1.51	12.29	69.00	0.10	1.10	15.58	0.27	0.16
浙 江	0.34	24.93	52.21	0.13	0.78	21.22	0.18	0.21
安 徽	2.25	46.27	46.14	0.28	0.80	4.17	0.01	0.10
福 建	5.42	42.61	43.90	0.19	0.18	7.62	0.02	0.06
江 西	0.23	54.93	33.84	0.05	0.35	10.31	0.22	0.06
山 东	9.02	19.22	60.16	0.77	0.06	10.69	0.04	0.04
河 南	11.75	41.84	41.24	0.33	0.34	4.29	0.08	0.12
湖 北	2.76	32.26	54.50	0.25	1.49	8.47	0.09	0.18
湖 南	2.30	41.52	43.87	0.19	0.17	11.59	0.35	0.02
广 东	8.47	42.64	30.23	0.05	0.43	17.89	0.08	0.20
广 西	9.04	34.53	48.89	0.05	1.45	5.25	0.73	0.06
海 南	0.86	49.92	42.07	0.03	0.23	6.62	0.15	0.13
重 庆	7.94	2.28	79.59	0.23	1.52	8.17	0.18	0.09
四 川	8.71	3.06	76.70	0.59	1.59	7.99	0.10	1.26
贵 州	14.41	51.24	32.28	0.13	0.15	1.51	0.05	0.24
云 南	3.15	27.19	62.98	0.30	1.77	4.21	0.19	0.21
西 藏	0.02	8.50	15.97	21.10	23.67	22.93	6.39	1.41
陕 西	1.93	43.33	47.39	0.63	1.32	5.06	0.29	0.04
甘 肃	0.10	60.94	34.49	0.30	0.63	3.36	0.03	0.15
青 海	0.08	38.38	51.75	0.56	3.67	5.12	0.35	0.09
宁 夏	0.02	32.09	50.78	0.34	2.27	14.25	0.17	0.07
新 疆	0.36	5.90	76.42	0.25	0.83	15.49	0.64	0.12

数据来源:国家人口和计划生育委员会发展规划与信息司。

48. 2012年全国采取各种避孕措施分布与上年比较

单位：%

地 区	男性绝育	女性绝育	宫内节育器	皮下埋植	口服及注射避孕药	避孕套	外用药	其他
全 国	-0.27	-0.89	0.51	0.04	0.01	0.59	0.00	0.00
北 京	0.01	-0.32	-2.29	0.00	0.32	2.17	0.09	0.00
天 津	-0.01	-0.56	-0.53	0.01	-0.08	1.11	0.00	0.08
河 北	-0.29	-2.00	2.41	-0.01	-0.07	-0.04	-0.01	0.00
山 西	-0.04	-2.36	2.31	-0.01	-0.04	0.13	0.00	0.00
内蒙古	-0.01	-1.53	0.20	-0.02	-0.05	1.43	0.00	-0.01
辽 宁	0.00	-0.69	0.53	-0.02	-0.03	0.21	0.00	0.00
吉 林	0.00	-1.89	0.77	-0.03	-0.08	1.19	0.02	0.01
黑龙江	0.00	-1.37	0.85	-0.07	0.14	0.45	-0.01	0.02
上 海	-0.11	0.72	1.22	-0.01	1.05	-2.55	0.15	-0.45
江 苏	-0.30	-1.58	-0.09	-0.01	-0.16	2.10	-0.02	0.06
浙 江	-0.02	-0.56	-0.85	-0.01	-0.15	1.55	-0.01	0.05
安 徽	-0.29	-0.79	0.90	-0.01	-0.07	0.28	0.00	-0.02
福 建	-0.18	-0.81	0.62	-0.02	-0.03	0.43	0.00	-0.01
江 西	-0.02	-0.61	-1.08	-0.01	0.02	1.68	0.02	-0.01
山 东	0.21	-1.42	0.29	0.56	-0.01	0.33	0.01	0.02
河 南	-0.20	-0.45	0.59	-0.01	-0.02	0.08	-0.01	0.02
湖 北	-0.74	-0.80	1.53	0.01	0.29	-0.15	-0.12	-0.03
湖 南	-0.85	-1.95	1.82	0.00	-0.03	1.07	-0.06	0.00
广 东	-0.05	2.07	-3.81	0.00	-0.06	1.92	0.02	-0.08
广 西	-0.60	-1.18	1.63	0.00	-0.05	0.21	-0.02	0.00
海 南	-0.09	-2.09	1.99	0.00	-0.01	0.25	-0.04	0.00
重 庆	-1.01	-0.36	-0.80	-0.04	0.26	1.84	0.05	0.05
四 川	-0.70	-0.11	0.26	0.02	0.03	0.44	0.01	0.07
贵 州	-0.39	-0.22	0.38	-0.05	0.08	0.15	0.04	0.01
云 南	-0.21	-0.52	0.39	0.02	0.03	0.26	-0.02	0.04
西 藏	0.00	-2.83	-8.81	0.80	-0.65	9.22	2.42	-0.15
陕 西	-0.12	-1.55	1.30	0.01	-0.07	0.42	0.01	0.00
甘 肃	0.00	-1.69	1.35	-0.04	0.00	0.37	0.00	0.01
青 海	-0.01	-1.66	1.87	0.03	-0.04	-0.04	-0.08	-0.06
宁 夏	0.00	-1.11	0.80	-0.07	-0.53	0.91	-0.02	0.00
新 疆	-0.23	-1.59	1.52	-0.04	-0.16	0.69	-0.08	-0.11

数据来源：国家人口和计划生育委员会发展规划与信息司。

49. 2012年全国实施各种节育手术例数

单位：例

地区	合计	男性绝育	女性绝育	放置宫内节育器	取出宫内节育器	人工流产	皮下埋植
全 国	15 590 078	238 544	2 083 344	9 957 831	1 801 318	1 441 013	68 028
北 京	23 662	37	147	6 606	7 453	9 356	63
天 津	44 201	8	274	29 739	6 195	7 976	9
河 北	1 051 796	11 626	55 155	860 866	63 763	60 202	184
山 西	418 248	308	39 621	354 917	20 816	2 561	25
内蒙古	235 288	35	11 722	165 600	40 164	17 218	549
辽 宁	281 844	3	213	149 546	90 387	40 727	968
吉 林	135 022	3	1 508	114 041	12 436	6 859	175
黑龙江	152 595	168	1 634	130 883	14 522	5 253	135
上 海	287 669	0	4 581	60 875	118 763	103 088	362
江 苏	916 138	756	22 226	580 745	195 289	114 640	2 482
浙 江	435 566	263	54 062	214 014	86 413	80 169	645
安 徽	1 275 220	12 460	219 406	738 374	121 644	179 625	3 711
福 建	578 478	15 479	126 831	348 063	46 296	40 936	873
江 西	686 807	295	218 483	396 835	18 485	51 024	1 685
山 东	1 369 785	47 419	137 873	900 071	146 780	135 690	1 952
河 南	1 078 534	29 811	127 624	784 442	96 745	37 961	1 951
湖 北	938 468	5 746	90 922	505 907	145 252	185 992	4 649
湖 南	872 365	1 924	211 184	523 310	35 066	98 360	2 521
广 东	742 912	39 688	253 567	349 901	52 649	46 653	454
广 西	749 706	20 441	83 637	543 674	67 266	34 623	65
海 南	90 263	59	15 525	64 467	3 520	6 688	4
重 庆	191 423	186	344	165 777	10 781	13 860	475
四 川	813 647	2 839	9 907	607 721	119 304	64 918	8 958
贵 州	553 332	44 805	203 948	259 593	21 692	21 988	1 306
云 南	562 870	3 303	46 162	370 281	104 147	35 747	3 230
西 藏	38 268	16	2 164	7 535	2 963	3 957	21 633
陕 西	338 951	157	45 670	238 899	45 314	4 507	4 404
甘 肃	241 780	11	72 804	142 487	16 512	7 263	2 703
青 海	55 724	2	10 081	38 333	4 881	1 525	902
宁 夏	63 153	0	12 202	33 574	14 744	2 575	58
新 疆	366 363	696	3 867	270 755	71 076	19 072	897

数据来源：国家人口和计划生育委员会发展规划与信息司。

50. 2012年全国实施各种节育手术例数与上年比较

单位:例

地区	合计	男性绝育	女性绝育	放置宫内节育器	取出宫内节育器	人工流产	皮下埋植
全国	-76 578	-13 109	-80 572	-115 416	-32 023	162 669	1 873
北京	-8 246	5	-154	-1 878	-2 143	-4 102	26
天津	-3 040	8	-79	-1 114	-1 385	-463	-7
河北	24 121	-1 754	-8 167	44 999	-8 000	-2 829	-128
山西	-67 148	64	-2 107	-18 738	-45 872	-494	-1
内蒙古	6 797	1	447	1 903	-1 085	5 634	-103
辽宁	-11 933	3	-500	-9 750	2 132	-3 602	-216
吉林	-56 858	-68	-593	-38 354	-7 890	-9 433	-520
黑龙江	-3 112	141	-134	309	-1 923	-1 457	-48
上海	10 318	0	761	861	-991	9 770	-83
江苏	-442	-647	-10 771	19 549	3 672	-6 169	-6 076
浙江	-20 094	-5	-102	-11 906	-5 477	-2 540	-64
安徽	183 567	1 677	-7 186	23 280	5 435	160 861	-500
福建	-653	2 131	5 336	5 221	-6 628	-6 370	-343
江西	-11 933	-55	-21 524	26 543	-10 891	-7 287	1 281
山东	-12 182	-2 373	-11 720	-27 955	23 364	6 003	499
河南	-15 516	-1 783	-6 223	8 537	-4 456	-10 729	-862
湖北	222 994	518	7 817	80 355	49 424	83 179	1 701
湖南	491	-477	-9 181	5 435	46	4 209	459
广东	-225 192	-4 526	-1 831	-175 039	-14 800	-28 835	-161
广西	-10 720	-4 614	-14 592	17 581	-1 695	-7 406	6
海南	11 008	18	5 300	5 636	1 975	-1 919	-2
重庆	-31 004	-398	-409	-25 832	-1 275	-3 185	95
四川	-37 969	-394	-798	-61 051	21 118	1 092	2 064
贵州	16 553	-56	8 370	8 021	-4 873	5 128	-37
云南	-34 457	-1 088	-10 788	-12 774	-3 547	-6 520	260
西藏	5 129	12	364	-164	6	516	4 395
陕西	-4 014	28	-4 715	2 809	-1 794	-644	302
甘肃	5 970	-4	3 586	3 192	-602	-685	483
青海	-793	1	-550	1 227	-1 101	-323	-47
宁夏	-26 306	-1	185	-15 159	-9 658	-1 519	-154
新疆	18 086	527	-614	28 840	-3 109	-7 212	-346

数据来源:国家人口和计划生育委员会发展规划与信息司。

51. 1971–2012年全国计划生育手术情况

单位：人

年份	合计	放置节育器 例数	%	取出节育器 例数	%	节育手术总例数 输精管结扎 人数	%	输卵管结扎 人数	%	人工流产 人数	%
1971	13 051 123	6 172 889	47.3	—	—	1 223 480	9.4	1 744 644	13.4	3 910 110	30.0
1972	18 690 446	9 220 297	49.3	853 625	4.6	1 715 822	9.2	2 087 160	11.2	4 813 542	25.8
1973	25 075 557	13 949 569	55.6	1 126 756	4.5	1 933 210	7.7	2 955 617	11.8	5 110 405	20.4
1974	22 638 229	12 579 886	55.6	1 352 787	6.0	1 445 251	6.4	2 275 741	10.1	4 984 564	22.0
1975	29 462 861	16 743 693	56.8	1 702 213	5.8	2 652 653	9.0	3 280 042	11.1	5 084 260	17.3
1976	22 385 435	11 626 510	51.9	1 812 590	8.1	1 495 540	6.7	2 707 849	12.1	4 742 946	21.2
1977	25 539 086	12 974 313	50.8	1 941 880	7.6	2 616 876	10.2	2 776 448	10.9	5 229 569	20.5
1978	21 720 096	10 962 517	50.5	2 087 420	9.6	767 542	3.5	2 511 413	11.6	5 391 204	24.8
1979	30 581 114	13 472 392	44.1	2 288 670	7.5	1 673 947	5.5	5 289 518	17.3	7 856 587	25.7
1980	28 628 437	11 491 871	40.1	2 403 408	8.4	1 363 508	4.8	3 842 006	13.4	9 527 644	33.3
1981	22 760 305	10 344 537	45.4	1 513 376	6.6	649 476	2.9	1 555 971	6.8	8 696 945	38.2
1982	33 702 389	14 069 161	41.7	2 056 671	6.1	1 230 967	3.7	3 925 927	11.6	12 419 663	36.9
1983	58 205 572	17 755 736	30.5	5 323 354	9.1	4 259 261	7.3	16 398 378	28.2	14 371 843	24.7
1984	31 734 864	11 751 146	37.0	4 383 129	13.8	1 293 286	4.1	5 417 163	17.1	8 890 140	28.0
1985	25 646 972	9 576 980	37.3	2 278 892	8.9	575 564	2.2	2 283 971	8.9	10 931 565	42.6
1986	28 475 506	10 637 909	37.4	2 313 157	8.1	1 030 827	3.6	2 914 900	10.2	11 578 713	40.7
1987	34 597 082	13 448 332	38.9	2 411 389	7.0	1 752 598	5.1	4 407 755	12.7	10 489 412	30.3
1988	31 820 664	12 227 219	38.4	2 264 969	7.1	1 062 161	3.3	3 590 469	11.3	12 675 839	39.8
1989	29 031 912	10 854 752	37.4	2 066 723	7.1	1 509 294	5.2	4 221 717	14.5	10 379 426	35.8
1990	34 982 328	12 352 110	35.3	2 355 128	6.7	1 466 442	4.2	5 314 722	15.2	13 493 926	38.6
1991	38 135 578	12 289 953	32.2	2 623 304	6.9	2 382 670	6.2	6 753 338	17.7	14 086 313	36.9
1992	28 017 605	10 091 391	36.0	2 151 223	7.7	858 675	3.1	4 500 029	16.1	10 416 287	37.2
1993	25 114 685	9 366 096	37.3	2 030 421	8.1	641 705	2.6	3 580 344	14.3	9 496 119	37.8
1994	27 967 575	10 353 790	37.0	2 322 221	8.3	671 890	2.4	3 726 861	13.3	9 467 064	33.9
1995	22 236 012	8 368 242	37.6	1 841 903	8.3	464 387	2.1	2 315 472	10.4	7 476 482	33.6
1996	22 953 599	8 807 090	38.4	2 029 474	8.8	546 425	2.4	2 736 415	11.9	8 834 195	38.5
1997	20 418 688	7 947 709	38.9	1 868 727	9.2	436 656	2.1	2 340 303	11.5	6 589 869	32.3
1998	19 458 072	7 663 447	39.4	2 088 129	10.7	329 080	1.7	1 993 126	10.2	7 384 290	37.9
1999	18 209 721	7 159 823	39.3	2 138 951	11.7	318 858	1.8	1 827 732	10.0	6 764 357	37.1
2000	17 720 620	6 833 181	38.6	2 235 434	12.6	312 538	1.8	1 680 917	9.5	6 658 550	37.6
2001	17 070 650	6 627 130	38.8	2 354 747	13.8	254 229	1.5	1 549 700	9.1	6 284 844	36.8
2002	17 671 279	6 539 550	37.0	2 395 709	13.6	209 006	1.2	1 372 535	7.8	6 812 317	38.6
2003	18 644 537	6 808 186	36.5	2 607 231	14.0	272 608	1.5	1 478 979	7.9	7 215 440	38.8
2004	18 524 918	6 661 851	36.0	2 807 888	15.2	192 751	1.0	1 466 742	7.9	7 140 588	38.5
2005	19 388 510	6 803 959	35.1	2 788 035	14.4	199 372	1.0	1 418 789	7.3	7 105 995	36.7
2006	19 010 352	6 955 904	36.6	2 786 171	14.7	259 433	1.4	1 422 983	7.5	7 308 615	38.4
2007	19 682 051	7 242 095	36.8	2 784 691	14.2	206 103	1.1	1 576 399	8.0	7 632 539	38.8
2008	22 965 823	7 680 893	33.4	2 928 735	12.8	214 514	0.9	1 606 313	7.0	9 173 101	40.0
2009	22 768 853	7 818 040	34.3	3 084 561	13.6	219 284	1.0	1 775 706	7.8	6 111 375	26.8
2010	22 157 408	7 543 621	34.0	2 817 209	12.7	218 306	1.0	1 699 379	7.7	6 361 539	28.7
2011	21 948 224	7 296 642	33.2	2 818 858	12.8	196 064	0.9	1 595 105	7.3	6 631 310	30.2
2012	21 763 821	7 200 416	33.1	2 835 480	13.0	173 231	0.8	1 561 809	7.2	6 690 027	30.7

数据来源：卫生部统计信息中心。

劳动就业

52. 2008-2012年全国就业基本情况

项目	2008	2009	2010	2011	2012
经济活动人口(万人)	77 046	77 510	78 388	78 579	78 894
就业人员合计(万人)	75 564	75 828	76 105	76 420	76 704
第一产业	29 923	28 890	27 931	26 594	25 773
第二产业	20 553	21 080	21 842	22 544	23 241
第三产业	25 087	25 857	26 332	27 282	27 690
就业人员构成(合计=100)					
第一产业	39.6	38.1	36.7	34.8	33.6
第二产业	27.2	27.8	28.7	29.5	30.3
第三产业	33.2	34.1	34.6	35.7	36.1
按城乡分就业人员(万人)					
城镇就业人员	32 103	33 322	34 687	35 914	37 102
国有单位	6 447	6 420	6 516	6 704	6 839
城镇集体单位	662	618	597	603	589
股份合作单位	164	160	156	149	149
联营单位	43	37	36	37	39
有限责任公司	2 194	2 433	2 613	3 269	3 787
股份有限公司	840	956	1 024	1 183	1 243
私营企业	5 124	5 544	6 071	6 912	7 557
港澳台商投资单位	679	721	770	932	969
外商投资单位	943	978	1 053	1 217	1 246
个体	3 609	4 245	4 467	5 227	5 643
乡村就业人员	43 461	42 506	41 418	40 506	39 602
私营企业	2 780	3 063	3 347	3 442	3 739
个体	2 167	2 341	2 540	2 718	2 986
城镇登记失业人数(万人)	886	921	908	922	917
城镇登记失业率(%)	4.2	4.3	4.1	4.1	4.1

注：全国就业人员1990年及以后的数据根据劳动力调查、人口普查推算。
数据来源：国家统计局。

53. 全国历年按三次产业分就业人员数

单位:万人

年份	经济活动人口	就业人员 合计	第一产业	第二产业	第三产业	构成(合计=100) 第一产业	第二产业	第三产业
1952	21 106	20 729	17 317	1 531	1 881	83.5	7.4	9.1
1957	23 971	23 771	19 309	2 142	2 320	81.2	9.0	9.8
1962	—	25 910	21 276	2 059	2 575	82.1	8.0	9.9
1965	—	28 670	23 396	2 408	2 866	81.6	8.4	10.0
1970	—	34 432	27 811	3 518	3 103	80.8	10.2	9.0
1975	—	38 168	29 456	5 152	3 560	77.2	13.5	9.3
1978	40 682	40 152	28 318	6 945	4 890	70.5	17.3	12.2
1979	41 592	41 024	28 634	7 214	5 177	69.8	17.6	12.6
1980	42 903	42 361	29 122	7 707	5 532	68.7	18.2	13.1
1981	44 165	43 725	29 777	8 003	5 945	68.1	18.3	13.6
1982	45 674	45 295	30 859	8 346	6 090	68.1	18.4	13.5
1983	46 707	46 436	31 151	8 679	6 606	67.1	18.7	14.2
1984	48 433	48 197	30 868	9 590	7 739	64.0	19.9	16.1
1985	50 112	49 873	31 130	10 384	8 359	62.4	20.8	16.8
1986	51 546	51 282	31 254	11 216	8 811	60.9	21.9	17.2
1987	53 060	52 783	31 663	11 726	9 395	60.0	22.2	17.8
1988	54 630	54 334	32 249	12 152	9 933	59.3	22.4	18.3
1989	55 707	55 329	33 225	11 976	10 129	60.1	21.6	18.3
1990	65 323	64 749	38 914	13 856	11 979	60.1	21.4	18.5
1991	66 091	65 491	39 098	14 015	12 378	59.7	21.4	18.9
1992	66 782	66 152	38 699	14 355	13 098	58.5	21.7	19.8
1993	67 468	66 808	37 680	14 965	14 163	56.4	22.4	21.2
1994	68 135	67 455	36 628	15 312	15 515	54.3	22.7	23.0
1995	68 855	68 065	35 530	15 655	16 880	52.2	23.0	24.8
1996	69 765	68 950	34 820	16 203	17 927	50.5	23.5	26.0
1997	70 800	69 820	34 840	16 547	18 432	49.9	23.7	26.4
1998	72 087	70 637	35 177	16 600	18 860	49.8	23.5	26.7
1999	72 791	71 394	35 768	16 421	19 205	50.1	23.0	26.9
2000	73 992	72 085	36 043	16 219	19 823	50.0	22.5	27.5
2001	73 884	72 797	36 399	16 234	20 165	50.0	22.3	27.7
2002	74 492	73 280	36 640	15 682	20 958	50.0	21.4	28.6
2003	74 911	73 736	36 204	15 927	21 605	49.1	21.6	29.3
2004	75 290	74 264	34 830	16 709	22 725	46.9	22.5	30.6
2005	76 120	74 647	33 442	17 766	23 439	44.8	23.8	31.4
2006	76 315	74 978	31 941	18 894	24 143	42.6	25.2	32.2
2007	76 531	75 321	30 731	20 186	24 404	40.8	26.8	32.4
2008	77 046	75 564	29 923	20 553	25 087	39.6	27.2	33.2
2009	77 510	75 828	28 890	21 080	25 857	38.1	27.8	34.1
2010	78 388	76 105	27 931	21 842	26 332	36.7	28.7	34.6
2011	78 579	76 420	26 594	22 544	27 282	34.8	29.5	35.7
2012	78 894	76 704	25 773	23 241	27 690	33.6	30.3	36.1

数据来源:国家统计局。

54. 全国历年按城乡分就业人员数

年份	合计	小计	国有单位	集体单位	股份合作单位	联营单位	有限责任公司	股份有限公司
1978	40 152	9 514	7 451	2 048	—	—	—	—
1980	42 361	10 525	8 019	2 425	—	—	—	—
1985	49 873	12 808	8 990	3 324	—	38	—	—
1990	64 749	17 041	10 346	3 549	—	96	—	—
1991	65 491	17 465	10 664	3 628	—	49	—	—
1992	66 152	17 861	10 889	3 621	—	56	—	—
1993	66 808	18 262	10 920	3 393	—	66	—	164
1994	67 455	18 653	11 214	3 285	—	52	—	292
1995	68 065	19 040	11 261	3 147	—	53	—	317
1996	68 950	19 922	11 244	3 016	—	49	—	363
1997	69 820	20 781	11 044	2 883	—	43	—	468
1998	70 637	21 616	9 058	1 963	136	48	484	410
1999	71 394	22 412	8 572	1 712	144	46	603	420
2000	72 085	23 151	8 102	1 499	155	42	687	457
2001	72 797	24 123	7 640	1 291	153	45	841	483
2002	73 280	25 159	7 163	1 122	161	45	1 083	538
2003	73 736	26 230	6 876	1 000	173	44	1 261	592
2004	74 264	27 293	6 710	897	192	44	1 436	625
2005	74 647	28 389	6 488	810	188	45	1 750	699
2006	74 978	29 630	6 430	764	178	45	1 920	741
2007	75 321	30 953	6 424	718	170	43	2 075	788
2008	75 564	32 103	6 447	662	164	43	2 194	840
2009	75 828	33 322	6 420	618	160	37	2 433	956
2010	76 105	34 687	6 516	597	156	36	2 613	1 024
2011	76 420	35 914	6 704	603	149	37	3 269	1 183
2012	76 704	37 102	6 839	589	149	39	3 787	1 243

数据来源：国家统计局。

数　据

单位:万人

私营企业	港澳台商投资单位	外商投资单位	个体	小计	乡　村 私营企业	个体
—	—	—	15	30 638	—	—
—	—	—	81	31 836	—	—
—	—	6	450	37 065	—	—
57	4	62	614	47 708	113	1 491
68	69	96	692	48 026	116	1 616
98	83	138	740	48 291	134	1 728
186	155	133	930	48 546	187	2 010
332	211	195	1 225	48 802	316	2 551
485	272	241	1 560	49 025	471	3 054
620	265	275	1 709	49 028	551	3 308
750	281	300	1 919	49 039	600	3 522
973	294	293	2 259	49 021	737	3 855
1 053	306	306	2 414	48 982	969	3 827
1 268	310	332	2 136	48 934	1 139	2 934
1 527	326	345	2 131	48 674	1 187	2 629
1 999	367	391	2 269	48 121	1 411	2 474
2 545	409	454	2 377	47 506	1 754	2 260
2 994	470	563	2 521	46 971	2 024	2 066
3 458	557	688	2 778	46 258	2 366	2 123
3 954	611	796	3 012	45 348	2 632	2 147
4 581	680	903	3 310	44 368	2 672	2 187
5 124	679	943	3 609	43 461	2 780	2 167
5 544	721	978	4 245	42 506	3 063	2 341
6 071	770	1 053	4 467	41 418	3 347	2 540
6 912	932	1 217	5 227	40 506	3 442	2 718
7 557	969	1 246	5 643	39 602	3 739	2 986

55. 2012年各省、自治区、直辖市按行业分城镇单位就业人员数

地区	合计	农、林、牧、渔业	采矿业	制造业	电力、燃气及水的生产和供应业	建筑业	交通运输、仓储和邮政业	信息传输、计算机服务和软件业	批发和零售业
合计	15 236.4	338.9	631.0	4 262.2	344.6	2 010.3	711.8	667.5	265.1
北京	717.4	2.5	6.9	108.0	8.9	42.7	68.6	57.8	32.0
天津	289.1	0.5	6.9	120.2	4.4	31.1	17.5	14.1	6.9
河北	619.9	5.5	28.8	145.4	21.2	81.4	26.3	24.3	6.8
山西	436.0	2.8	90.3	70.3	11.1	38.8	19.2	22.3	6.9
内蒙古	270.8	25.0	21.5	42.7	12.0	18.2	8.0	16.9	2.9
辽宁	598.7	25.2	32.6	168.3	16.4	60.9	21.1	32.8	7.2
吉林	285.5	15.7	16.6	64.8	8.9	17.6	9.5	15.9	3.0
黑龙江	471.0	93.3	41.3	63.3	15.7	35.6	15.9	25.6	4.6
上海	555.7	1.2	0.1	218.7	5.8	48.9	59.8	38.0	20.1
江苏	830.9	8.6	12.8	359.7	12.9	69.5	33.5	30.6	11.9
浙江	1 070.1	0.8	1.4	372.5	13.3	294.1	39.3	29.4	16.3
安徽	436.8	5.4	34.6	90.9	9.9	69.9	15.9	16.3	4.3
福建	637.9	4.8	5.3	292.4	9.5	121.7	24.3	18.6	9.4
江西	385.8	11.6	10.1	102.0	10.5	66.6	16.7	12.9	4.3
山东	1 110.2	2.8	78.8	395.0	21.0	136.8	48.9	37.4	15.2
河南	881.2	5.8	63.0	218.3	22.5	125.6	42.6	30.9	10.1
湖北	598.0	9.7	12.0	160.6	18.2	97.1	30.1	24.4	9.2
湖南	567.5	2.4	15.2	128.2	15.7	94.6	18.7	23.6	9.5
广东	1 304.0	7.2	3.4	540.9	20.1	107.6	65.0	61.8	32.3
广西	358.0	9.9	5.3	71.9	9.8	42.5	12.8	18.5	4.8
海南	90.1	11.9	1.0	9.5	2.1	6.0	5.4	4.5	6.2
重庆	353.2	1.3	10.4	82.3	7.5	85.2	19.8	15.8	7.1
四川	640.9	4.0	24.5	144.5	17.6	116.1	18.5	23.6	7.6
贵州	269.5	1.6	18.2	47.6	8.4	34.9	13.2	9.1	3.9
云南	392.7	9.2	22.3	70.5	9.7	66.4	23.5	13.6	8.5
西藏	25.2	0.6	0.2	0.7	0.8	0.5	0.5	0.6	0.3
陕西	411.2	3.6	30.0	86.2	9.6	42.8	17.8	18.3	7.5
甘肃	211.3	5.5	9.7	33.8	7.2	23.0	6.0	10.4	1.9
青海	61.7	1.6	2.6	11.7	2.0	7.4	2.4	3.4	0.7
宁夏	67.4	2.4	6.6	10.8	4.1	4.4	2.8	3.6	0.6
新疆	288.8	56.2	18.9	30.6	7.6	22.4	8.2	12.6	2.8

数据来源:国家统计局。

单位:万人

住宿和餐饮业	金融业	房地产业	租赁和商务服务业	科学研究、技术服务和地质勘查业	水利、环境和公共设施管理业	居民服务和其他服务业	教育	卫生、社会保障和社会福利业	文化、体育和娱乐业	公共管理和社会组织
222.8	527.8	273.7	292.3	330.7	243.8	62.1	1 653.4	719.3	137.7	1 541.5
52.6	37.6	37.1	61.4	54.0	9.4	8.6	44.4	23.0	17.1	44.7
3.3	7.8	5.5	5.4	8.3	3.7	10.9	16.3	8.8	1.9	15.5
6.5	24.7	6.8	5.2	12.5	11.3	2.2	89.9	32.2	5.2	83.8
5.3	15.8	2.6	5.3	5.9	7.6	0.6	49.9	17.1	4.5	59.6
4.4	10.8	1.8	3.2	4.9	7.8	0.7	34.8	12.9	3.3	39.0
9.0	22.5	12.4	10.2	15.8	15.6	2.7	57.8	30.4	5.1	52.8
4.7	10.9	5.1	4.9	7.6	8.2	0.9	37.2	16.3	3.6	33.9
6.1	16.0	5.9	4.9	11.9	10.2	4.4	47.0	21.0	4.2	44.1
8.6	29.5	15.2	17.2	12.2	6.2	3.3	28.0	17.4	5.1	20.5
10.8	29.4	8.2	12.3	12.8	13.3	1.3	88.8	41.1	6.1	67.4
14.1	36.4	17.5	29.2	17.5	12.9	2.0	66.2	37.4	6.7	63.3
4.5	16.8	6.9	3.7	8.2	8.1	0.6	63.3	25.3	3.6	48.5
5.3	14.8	10.2	6.0	6.5	5.0	1.4	46.7	18.1	3.6	34.3
4.3	10.6	4.5	2.9	5.4	5.9	0.6	44.2	21.1	3.9	47.6
9.1	32.7	15.8	11.5	12.4	12.5	3.9	109.8	49.6	6.9	109.8
6.3	23.3	13.1	11.3	13.1	13.1	1.6	118.9	46.1	7.1	108.4
5.6	16.3	10.0	6.2	13.5	9.8	1.5	71.8	34.2	6.3	61.5
7.1	20.7	9.9	8.8	9.5	9.7	1.5	72.0	34.8	5.0	80.7
18.6	47.6	34.9	37.0	21.3	14.3	5.8	117.7	56.1	9.5	102.9
4.4	11.7	5.4	8.9	9.3	8.8	0.7	60.8	26.0	3.3	43.0
1.0	2.8	4.2	2.0	1.7	2.6	0.2	12.3	4.8	1.1	10.8
3.9	13.0	7.8	6.1	5.7	4.6	0.9	37.1	13.5	2.6	28.5
6.0	23.0	6.6	5.2	16.2	10.6	1.1	89.4	39.3	4.5	82.6
2.5	7.4	5.4	3.0	5.4	4.2	1.0	44.2	14.6	1.6	43.3
4.3	9.8	7.3	6.2	7.8	5.7	0.8	54.9	19.4	3.4	49.3
0.3	0.8	0.0	0.2	1.1	0.2	—	4.4	1.6	0.6	11.7
7.8	14.6	6.6	4.5	14.4	8.9	1.5	56.9	21.9	5.0	53.2
2.0	7.2	1.9	1.7	5.6	5.2	0.4	36.8	11.7	2.6	38.7
0.9	2.2	0.8	0.8	2.8	1.0	0.3	7.6	3.7	0.8	9.2
0.6	3.0	1.1	1.8	1.2	2.0	—	8.4	4.0	0.7	9.3
2.6	8.1	3.2	5.4	6.1	5.4	0.6	36.0	15.8	2.9	43.4

56. 2003-2012年全国按行业分城镇单位就业人员数

地区	合计	农、林、牧、渔业	采矿业	制造业	电力、燃气及水的生产和供应业	建筑业	交通运输、仓储和邮政业	信息传输、计算机服务和软件业	批发和零售业
2003	10 969.7	484.5	488.3	2 980.5	297.6	833.7	628.1	636.5	172.1
2004	11 098.9	466.1	500.7	3 050.8	300.6	841.0	586.7	631.8	177.1
2005	11 404.0	446.3	509.2	3 210.9	299.9	926.6	544.0	613.9	181.2
2006	11 713.2	435.2	529.7	3 351.6	302.5	988.7	515.7	612.7	183.9
2007	12 024.4	426.3	535.0	3 465.4	303.4	1 050.8	506.9	623.1	185.8
2008	12 192.5	410.1	540.4	3 434.3	306.5	1 072.6	514.4	627.3	193.2
2009	12 573.0	373.7	553.7	3 491.9	307.7	1 177.5	520.8	634.4	202.1
2010	13 051.5	375.7	562.0	3 637.2	310.5	1 267.5	535.1	631.1	209.2
2011	14 413.3	359.5	611.6	4 088.3	334.7	1 724.8	647.5	662.8	242.7
2012	15 236.4	338.9	631.0	4 262.2	344.6	2 010.3	711.8	667.5	265.1

注:城镇单位数据不含私营单位。
数据来源:国家统计局。

单位:万人

住宿和餐饮业	金融业	房地产业	租赁和商务服务业	科学研究、技术服务和地质勘查业	水利、环境和公共设施管理业	居民服务和其他服务业	教育	卫生、社会保障和社会福利业	文化、体育和娱乐业	公共管理和社会组织
116.8	353.3	120.2	183.5	221.9	172.5	52.8	1 442.8	485.8	127.8	1 171.0
123.7	356.0	133.4	194.4	222.1	176.1	54.2	1 466.8	494.7	123.4	1 199.0
130.1	359.3	146.5	218.5	227.7	180.4	53.9	1 483.2	508.9	122.5	1 240.8
138.2	367.4	153.9	236.7	235.5	187.0	56.6	1 504.4	525.4	122.4	1 265.6
150.2	389.7	166.5	247.2	243.4	193.5	57.4	1 520.9	542.8	125.0	1 291.2
159.5	417.6	172.7	274.7	257.0	197.3	56.5	1 534.0	563.6	126.0	1 335.0
173.8	449.0	190.9	290.5	272.6	205.7	58.8	1 550.4	595.8	129.5	1 394.3
185.8	470.1	211.6	310.1	292.3	218.9	60.2	1 581.8	632.5	131.4	1 428.5
212.8	505.3	248.6	286.6	298.5	230.3	59.9	1 617.8	679.1	135.0	1 467.6
222.8	527.8	273.7	292.3	330.7	243.8	62.1	1 653.4	719.3	137.7	1 541.5

57. 2012年各省、自治区、直辖市私营企业就业人数

单位：万户，万人

地区	户数	就业人数 合计	就业人数 投资者	城镇就业人数 合计	城镇就业人数 投资者	乡村就业人数 合计	乡村就业人数 投资者
全 国	1 085.7	11 296.1	2 200.1	7 557.4	1 646.0	3 738.7	554.1
北 京	60.0	485.6	114.6	306.2	78.3	179.5	36.3
天 津	17.3	101.0	36.6	92.5	33.6	8.5	3.0
河 北	33.9	250.4	71.4	138.6	53.2	111.8	18.2
山 西	20.3	194.6	42.7	105.3	25.7	89.3	17.0
内蒙古	14.7	153.1	32.4	133.1	29.3	20.1	3.1
辽 宁	37.4	421.6	68.6	318.7	56.5	102.9	12.1
吉 林	16.0	166.1	31.9	139.7	28.4	26.4	3.5
黑龙江	19.8	217.1	46.8	158.7	35.6	58.5	11.2
上 海	84.7	666.5	158.6	362.6	89.1	303.9	69.5
江 苏	131.3	1 662.5	233.2	1 064.7	168.4	597.7	64.9
浙 江	77.5	986.9	161.9	561.9	110.6	425.0	51.3
安 徽	30.4	295.5	66.2	195.3	45.7	100.3	20.5
福 建	34.7	393.9	79.7	336.3	70.0	57.5	9.7
江 西	22.6	329.7	48.3	140.7	28.3	189.0	20.0
山 东	66.1	755.4	139.9	431.2	97.9	324.2	42.0
河 南	39.4	365.4	92.8	207.8	61.3	157.6	31.5
湖 北	34.6	338.7	78.7	246.7	62.5	92.0	16.2
湖 南	24.9	398.4	61.2	281.4	46.1	117.0	15.1
广 东	125.6	1 097.8	241.2	953.1	215.5	144.7	25.8
广 西	22.7	247.9	49.7	137.3	34.4	110.6	15.2
海 南	10.2	70.0	21.9	62.0	21.1	8.0	0.8
重 庆	29.2	370.6	52.7	290.1	42.6	80.5	10.1
四 川	44.8	402.9	95.6	216.6	76.1	186.3	19.5
贵 州	14.4	123.6	28.9	66.7	17.1	56.8	11.8
云 南	20.3	294.7	39.4	236.5	35.1	58.2	4.3
西 藏	1.0	24.1	2.4	20.0	2.2	4.1	0.2
陕 西	23.8	186.5	44.2	127.2	33.1	59.3	11.1
甘 肃	9.6	99.8	19.6	64.9	13.5	35.0	6.1
青 海	2.2	37.6	4.6	20.1	2.8	17.5	1.8
宁 夏	4.6	43.7	10.2	31.5	8.5	12.2	1.8
新 疆	11.7	114.5	24.1	109.8	23.5	4.7	0.6

数据来源：国家统计局。

58. 2012年各省、自治区、直辖市个体就业人数

单位:万户,万人

地区	个体户数	个体就业人数 合计	城镇	乡村
全 国	4 059.3	8 628.3	5 642.7	2 985.6
北 京	69.1	106.7	50.8	55.8
天 津	26.1	47.1	38.2	8.9
河 北	152.0	390.9	206.7	184.2
山 西	94.1	191.6	110.1	81.5
内蒙古	96.7	207.8	158.3	49.4
辽 宁	167.7	385.4	288.6	96.8
吉 林	99.1	240.9	173.9	67.0
黑龙江	119.4	287.1	214.7	72.4
上 海	36.3	45.5	30.3	15.2
江 苏	352.8	570.4	402.3	168.1
浙 江	249.9	559.3	333.2	226.2
安 徽	151.9	350.7	285.2	65.5
福 建	95.0	258.9	171.1	87.7
江 西	126.6	330.2	195.9	134.2
山 东	279.6	619.6	301.8	317.8
河 南	221.6	500.1	293.5	206.6
湖 北	201.4	572.9	387.8	185.0
湖 南	168.0	323.5	256.2	67.3
广 东	361.9	711.2	535.5	175.7
广 西	117.3	229.7	139.1	90.5
海 南	28.0	46.7	38.7	8.0
重 庆	101.7	177.9	143.6	34.3
四 川	252.6	481.2	284.4	196.8
贵 州	89.5	152.8	83.5	69.4
云 南	139.6	268.3	140.3	128.0
西 藏	10.7	27.3	22.0	5.2
陕 西	90.8	234.0	138.4	95.5
甘 肃	66.3	126.1	79.0	47.2
青 海	13.8	32.3	27.2	5.1
宁 夏	22.3	55.2	38.2	17.0
新 疆	57.6	97.2	74.0	23.2

数据来源:国家统计局。

59. 1990–2012年各省、自治区、直辖市城镇登记失业人员及失业率

单位：万人，%

地区	失业人员数 1990年	2005年	2009年	2010年	2011年	2012年	失业率 1990年	2005年	2009年	2010年	2011年	2012年
全 国												
北 京	1.7	10.6	8.2	7.7	8.1	8.1	0.4	2.1	1.4	1.4	1.4	1.3
天 津	8.1	11.7	15.0	16.1	20.1	20.4	2.7	3.7	3.6	3.6	3.6	3.6
河 北	7.7	27.8	34.5	35.1	36.0	36.8	1.1	3.9	3.9	3.9	3.8	3.7
山 西	5.5	14.3	21.6	20.4	21.1	21.0	1.2	3.0	3.9	3.6	3.5	3.3
内蒙古	15.2	17.7	20.1	20.8	21.8	23.1	3.8	4.3	4.0	3.9	3.8	3.7
辽 宁	23.7	60.4	41.6	38.9	39.4	38.1	2.2	5.6	3.9	3.6	3.7	3.6
吉 林	10.5	27.6	23.4	22.7	22.2	22.3	1.9	4.2	4.0	3.8	3.7	3.7
黑龙江	20.4	31.3	31.4	36.2	35.0	41.3	2.2	4.4	4.3	4.3	4.1	4.2
上 海	7.7	27.5	27.9	27.6	27.0	26.7	1.5	—	4.3	4.4	3.5	3.1
江 苏	22.5	41.6	40.7	40.6	41.4	40.5	2.4	3.6	3.2	3.2	3.2	3.1
浙 江	11.2	29.0	30.7	31.1	31.7	33.4	2.2	3.7	3.3	3.2	3.1	3.0
安 徽	15.2	27.8	30.1	26.9	33.1	31.3	2.8	4.4	3.9	3.7	3.7	3.7
福 建	9.0	14.9	15.2	14.5	14.6	14.5	2.6	4.0	3.9	3.8	3.7	3.6
江 西	10.3	22.8	27.3	26.3	24.6	25.7	2.4	3.5	3.4	3.3	3.0	3.0
山 东	26.2	42.9	45.1	44.5	45.1	43.4	3.2	3.3	3.4	3.4	3.4	3.3
河 南	25.1	33.0	38.5	38.2	38.4	38.3	3.3	3.5	3.5	3.4	3.4	3.1
湖 北	12.7	52.6	55.3	55.7	55.1	42.3	1.7	4.3	4.2	4.2	4.1	3.8
湖 南	15.9	41.9	47.8	43.2	43.1	44.1	2.7	4.3	4.1	4.2	4.2	4.2
广 东	19.2	34.5	39.5	39.3	38.8	39.6	2.2	2.6	2.6	2.5	2.5	2.5
广 西	13.9	18.5	19.1	19.1	18.8	18.9	3.9	4.2	3.7	3.7	3.5	3.4
海 南	3.5	5.1	5.3	4.8	2.9	3.6	3.0	3.6	3.5	3.0	1.7	2.0
重 庆	—	16.9	13.4	13.0	13.0	12.4	—	4.1	4.0	3.9	3.5	3.3
四 川	38.0	34.3	36.3	34.6	36.9	40.7	3.7	4.6	4.3	4.1	4.2	4.0
贵 州	10.7	12.1	12.3	12.2	12.5	12.6	4.1	4.2	3.8	3.6	3.6	3.3
云 南	7.8	13.0	15.4	15.7	16.0	17.4	2.5	4.2	4.3	4.2	4.1	4.0
西 藏	—	—	2.0	2.1	1.0	1.6	—	—	3.8	4.0	3.2	2.6
陕 西	11.2	21.5	21.5	21.4	20.9	19.5	2.8	4.2	3.9	3.9	3.6	3.2
甘 肃	12.5	9.3	10.3	10.7	10.8	9.8	4.9	3.3	3.3	3.2	3.1	2.7
青 海	4.2	3.6	4.1	4.2	4.4	4.1	5.6	3.9	3.8	3.8	3.8	3.4
宁 夏	4.0	4.4	4.8	4.8	5.2	4.6	5.4	4.5	4.4	4.4	4.2	4.2
新 疆	9.6	11.1	11.9	11.0	11.1	11.8	3.0	3.9	3.8	3.2	3.2	3.4

数据来源：国家统计局。

社会保障与社会服务

单位:万人

60. 全国历年城市社会救济和城市居民最低生活保障

年份	城市居民传统救济总人数 合计	城市居民传统定救人数	城市精简退职老职工人数	其中:享受40%人数	定量救济人数
1978	—				
1979	33.6	23.7	9.9	—	—
1980	32.9	22.9	10.0	—	—
1981	31.5	21.5	10.0	—	—
1982	34.7	21.4	13.3	—	—
1983	47.1	22.6	24.5	—	—
1984	207.4	160.6	46.8	25.3	—
1985	30.0	18.2	11.8	6.4	5.4
1986	49.0	35.6	13.4	7.1	6.3
1987	29.8	16.2	13.6	7.2	6.4
1988	32.9	17.6	15.3	7.7	7.6
1989	30.5	16.2	14.3	7.1	7.2
1990	41.8	16.4	25.4	16.4	9.0
1991	33.7	16.1	17.6	8.5	9.0
1992	39.5	19.2	20.3	9.7	10.6
1993	24.6	13.8	10.8	5.0	5.8
1994	23.0	12.4	10.6	4.9	5.7
1995	109.0	55.2	53.8	23.9	29.9
1996	120.1	66.5	53.6	23.6	30.0

年份	城市最低生活保障人数 合计	在职人员	下岗人员	退休人员	失业人员	"三无"人员	其他人员
1996	84.9	—	—	—	—	—	—
1997	87.9	—	—	—	—	—	—
1998	184.1	—	—	—	—	—	—
1999	256.9	—	—	—	—	—	—
2000	402.6	—	—	—	—	—	—
2001	1 170.7	—	—	—	—	—	—
2002	2 064.7	186.8	554.5	90.8	358.3	91.9	783.1
2003	2 246.8	179.3	518.4	90.7	409.0	99.9	949.3
2004	2 205.0	141.0	468.9	73.1	423.1	95.4	1 003.5
2005	2 234.2	114.1	430.7	61.3	410.1	95.8	1 122.1
2006	2 240.1	97.6	350.0	53.2	420.8	93.1	1 225.3

年份	城市最低生活保障人数 合计	残疾人	"三无"人员	老年人	在职人员	灵活就业	登记失业	未登记失业	在校生	其他
2007	2 272.1	161.0	125.8	298.4	93.9	343.8	627.2	364.3	321.6	223.0
2008	2 334.8	169.1	106.9	316.7	82.2	381.7	564.3	402.2	358.1	229.6
2009	2 345.6	181.0	94.1	333.5	79.0	432.2	510.2	410.9	369.1	210.7
2010	2 310.5	180.7	89.3	338.6	68.2	432.4	492.8	420.0	357.3	201.2
2011	2 276.8	184.1	80.3	346.9	61.5	429.7	472.5	426.7	348.5	191.0
2012	2 143.5	174.5	64.9	339.3	49.6	459.3	400.4	422.1	318.3	154.5

注:1984年的精简退职老职工人数含农村的数据。
数据来源:民政部规划财务司。

61. 2012年各省、自治区、直辖市城市居民最低生活保障及其他社会救济

地区	城市居民最低生活保障人数	女性	残疾人	三无人员	老年人	在职人员	灵活就业
全 国	21 435 260	8 898 980	1 745 278	649 414	3 392 967	495 968	4 592 752
北 京	109 743	8 253 049 712	20 657	2 363	13 523	7 418	14 132
天 津	166 440	81 530	21 957	899	18 214	5 313	16 174
河 北	772 703	321 255	48 862	19 602	120 512	17 722	198 562
山 西	890 367	383 389	60 715	21 118	96 447	31 007	261 207
内蒙古	808 032	390 283	64 939	—	113 531	4 901	179 707
辽 宁	1 069 574	458 453	134 670	17 793	147 961	18 122	200 427
吉 林	905 401	432 837	81 873	15 946	150 739	7 298	465 630
黑龙江	1 524 283	611 227	137 830	32 435	175 360	16 850	276 962
上 海	223 024	82 882	28 436	549	3 538	21 016	2 079
江 苏	270 084	154 808	40 964	6 461	85 593	9 824	53 050
浙 江	78 485	30 431	15 340	4 928	17 575	2 442	10 901
安 徽	818 502	338 943	77 150	41 849	231 083	9 663	136 441
福 建	168 517	58 146	22 345	7 607	37 339	2 920	30 395
江 西	979 546	417 240	159 443	59 287	183 276	26 967	228 276
山 东	530 065	209 694	36 307	17 293	76 464	31 425	89 653
河 南	1 334 416	517 677	83 658	65 313	218 494	19 533	149 131
湖 北	1 295 292	588 986	86 909	44 670	235 966	79 597	357 941
湖 南	1 456 300	563 158	92 211	53 912	291 406	23 510	204 514
广 东	371 609	147 433	41 330	15 826	75 186	11 879	72 947
广 西	515 317	185 836	41 150	38 861	127 252	15 660	126 752
海 南	157 065	75 172	14 892	6 539	26 060	3 438	36 698
重 庆	515 174	237 101	62 120	3 735	96 693	1 266	112 713
四 川	1 863 842	738 194	112 116	52 189	301 762	15 552	415 662
贵 州	530 247	210 581	31 925	14 404	82 544	5 646	99 462
云 南	935 728	359 673	52 246	31 113	138 071	29 311	177 110
西 藏	47 713	23 155	3 491	8 668	8 447	5 259	11 578
陕 西	747 367	316 819	32 800	12 258	58 730	11 982	148 949
甘 肃	883 106	321 025	39 931	14 266	89 716	21 797	175 747
青 海	230 399	110 359	8 419	3 079	19 903	6 084	40 428
宁 夏	181 788	67 652	16 450	7 817	36 055	5 707	31 364
新 疆	955 158	415 329	74 142	28 634	115 527	26 859	168 160

数据来源：民政部规划财务司。

单位：人，户，人次，万元

		未成年人		城市居民最低生活	城市低保资金	城市"三无"
登记失业	未登记失业	在校生	其他	保障家庭数	全年计划支出	救济人数
4 004 414	4 224 252	3 182 899	1 545 008	11 149 235	4 553 376	99 472
28 974	18 443	17 963	9 290	60 954	62 181	192
46 507	35 477	28 551	16 204	87 919	72 102	102
143 626	130 320	119 081	42 880	405 768	179 396	1 166
102 333	144 864	191 868	62 641	435 186	149 112	2 099
140 182	216 399	98 352	54 906	444 432	293 686	13 783
253 067	197 721	187 731	64 545	556 385	288 306	2 675
61 383	87 449	104 735	28 167	549 282	60 175	941
355 351	417 355	192 747	89 658	761 318	203 551	1 995
76 911	66 038	50 807	2 635	143 489	130 503	—
64 300	90 330	47 217	19 770	190 972	116 117	1 747
10 020	15 164	15 355	7 028	48 800	24 205	827
112 938	165 734	109 695	52 948	472 245	230 652	3 398
31 598	39 331	17 474	9 460	84 703	39 978	880
182 935	130 277	132 172	95 643	452 454	174 496	8 350
159 909	82 838	64 872	24 904	254 382	167 381	1 290
305 851	252 545	177 423	111 439	704 496	215 186	9
243 873	211 896	107 159	58 860	666 010	197 977	9 242
366 680	263 328	176 161	130 701	798 011	298 822	2 421
47 777	68 171	72 242	23 407	165 089	70 969	8 488
69 105	75 207	68 814	32 527	267 113	108 380	1 626
16 608	39 200	23 067	11 994	65 324	33 191	429
79 615	112 268	88 575	24 017	297 342	168 687	14 741
293 913	437 018	252 129	147 806	1 032 332	240 245	9 463
65 912	142 265	99 531	34 887	272 010	143 638	1 154
195 463	176 602	141 090	78 081	565 945	125 785	47
6 483	7 220	5 693	3 033	25 072	18 094	3 096
170 335	111 895	160 038	85 438	350 554	229 149	2 367
192 264	181 094	158 742	63 746	373 598	130 521	1 713
24 945	61 284	49 904	27 851	106 171	30 589	1 073
30 876	31 547	29 450	16 789	86 372	10 877	204
124 680	211 972	194 261	113 699	425 507	239 430	3 954

62. 2012年各省、自治区、直辖市农村居民最低生活保障情况

单位：人，户，万元，人次

地区	农村集中五保供养人数 合计	女性	老年人	未成年人	残疾人	农村居民最低生活保障家庭数	农村低保资金全年计划支出
全 国	53 445 402	18 145 320	20 165 417	6 409 594	4 618 573	28 149 170	4980747.3
北 京	62 979	26 606	23 772	8 234	18 662	36 291	26165.1
天 津	101 469	40 152	26 950	16 594	17 087	44 303	24652.5
河 北	2 079 912	646 210	1 214 969	127 156	179 314	1 479 174	206340.9
山 西	1 505 517	516 018	820 447	87 515	172 644	1 163 933	143929.3
内蒙古	1 235 133	526 691	625 878	53 484	107 042	917 795	216984.6
辽 宁	918 877	311 852	390 827	80 127	125 308	532 708	105388.1
吉 林	769 927	320 602	399 296	31 008	136 892	559 126	16202.9
黑龙江	1 194 387	413 736	494 784	90 017	91 719	610 362	81208.3
上 海	33 765	17 021	10 752	2 283	10 683	25 243	12340.9
江 苏	1 380 681	482 399	505 428	148 335	143 396	736 817	252569.2
浙 江	567 424	191 312	209 947	68 809	108 947	349 230	98021.5
安 徽	2 146 135	758 526	817 036	213 321	241 104	1 128 101	227074.0
福 建	735 322	229 415	204 802	83 569	91 048	337 021	99394.9
江 西	1 502 693	617 434	443 226	289 543	338 351	620 024	98523.6
山 东	2 507 064	815 505	1 399 171	169 156	208 842	1 646 975	378883.7
河 南	3 729 697	1 135 693	1 792 492	335 631	295 796	2 541 167	274107.9
湖 北	2 307 350	950 257	870 836	175 640	243 079	1 374 971	181446.8
湖 南	2 774 483	759 855	1 010 873	321 717	205 467	1 391 679	213267.0
广 东	1 778 371	595 538	521 784	321 593	168 182	784 847	168904.0
广 西	3 328 459	1 001 179	1 274 825	538 726	207 717	1 335 727	292187.1
海 南	247 375	102 733	66 577	40 477	19 081	96 778	27938.0
重 庆	743 423	324 061	225 747	118 449	88 622	406 115	130220.9
四 川	4 344 818	1 217 453	1 825 940	463 760	361 101	2 360 143	236974.5
贵 州	5 129 596	1 863 187	1 679 266	852 444	284 605	2 301 586	46999.5
云 南	4 375 101	1 474 182	1 256 596	536 682	261 025	2 381 313	321894.2
西 藏	329 000	129 939	115 480	76 223	12 761	86 774	24332.0
陕 西	2 054 066	773 612	622 871	216 133	135 384	863 281	251461.3
甘 肃	3 440 439	1 128 138	728 259	557 793	174 520	1 110 922	202342.5
青 海	399 663	123 743	69 596	65 776	24 641	134 491	35516.6
宁 夏	363 935	113 474	130 081	31 143	64 724	246 425	16840.6
新 疆	11 358 341	538 797	386 909	287 956	80 829	545 848	145635.5

数据来源：民政部规划财务司。

63. 全国历年农村社会救济和农村居民最低生活保障

单位：万人，万户

年份	农村社会救济总人数 合计	农村定期定量救济人数	农村精简退职老职工人数	其中:享受40%人数	定量救济人数
1978	—				
1979	6 847.6	6 837.7	9.9	—	—
1980	4 651.8	4 641.8	10.0	—	—
1981	4 265.1	4 255.1	10.0	—	—
1982	4 270.7	4 257.4	13.3	—	—
1983	3 526.7	3 502.2	24.5	—	—
1984	3 842.7	3 795.9	46.8	25.3	—
1985	116.7	75.1	41.6	18.1	23.5
1986	103.0	63.1	39.9	18.1	21.7
1987	92.2	53.2	39.0	17.7	21.3
1988	93.0	54.1	38.9	17.6	21.4
1989	75.7	35.0	40.7	18.3	22.3
1990	100.2	46.7	53.5	23.6	29.9
1991	97.0	43.8	53.2	23.5	29.8
1992	97.5	45.6	51.9	23.3	28.6
1993	80.1	36.3	43.8	19.5	24.3
1994	82.1	38.5	43.6	19.2	24.3
1995	98.3	55.2	43.1	19.0	24.1
1996	109.2	66.5	42.7	18.6	24.1
1997	104.5	51.4	53.1	23.2	29.8
1998	120.5	65.6	54.9	24.9	30.0
1999	107.1	55.6	51.5	22.5	28.7
2000	112.2	62.5	49.7	22.1	27.6
2001	130.5	80.7	49.8	21.3	27.8
2002	138.7	90.0	48.7	20.9	27.8

年份	农村困难群众救助总人数 合计	农村居民最低生活保障人数	农村特困户救助人数	农村困难群众救助总户数 合计	合计	困难户	其他	农村特困户救助户数 合计	困难户	其他	五保户供养户数	农村传统救济人数
2001	385.3	304.6	80.7	—	—	—	—	—	—	—	—	—
2002	497.8	407.8	90.0	156.7	156.7	—	—	—	—	—	—	—
2003	1 160.5	367.1	793.4	632.8	146.5	114.5	32.0	282.1	192.7	89.3	204.2	
2004	1 402.1	488.0	914.1	780.8	197.9	165.2	33.6	317.1	260.4	56.6	265.8	
2005	1 891.8	825.0	1 066.8	1 061.0	356.5	298.8	57.7	354.8	290.4	64.4	349.7	
2006	2 987.8	1 593.1	775.8	1 606.3	777.2	—	—	325.8	—	—	503.3	115.6

年份	农村救助总人数 合计	农村居民最低生活保障人数	农村集中供养五保人数	农村分散供养五保人数	农村传统救济人数	农村临时救济人数
2007	4 818.6	3 566.3	138.0	393.3	75.0	646.0
2008	5 757.3	4 305.5	155.6	393.0	72.2	831.0
2009	5 922.0	4 760.0	171.8	381.6	62.2	546.4
2010	6 443.5	5 214.0	177.4	378.9	59.5	613.7
2011	6 522.2	5 305.7	184.5	366.5	68.7	596.8
2012	5 969.7	5 344.5	185.3	360.3	79.6	—

注：1984年以前含应保未保的农村救济人数。
数据来源：民政部规划财务司。

64. 2004-2012年全国医疗救助情况

单位:万人次,万人

年份	农村民政部门医疗救助总数 合计	农村民政部门救助	民政部门资助参加合作医疗	城市医疗救助总数 合计	城市民政部门医疗救助	资助参加医疗保险人数
2004	673.7	121.1	552.6	—	—	—
2005	854.5	199.6	654.9	114.9	—	—
2006	1 518.4	201.3	1 317.1	187.2	—	—
2007	2 894.4	377.1	2 517.3	442.0	—	—
2008	4 191.9	759.5	3 432.4	1 086.2	443.6	642.6
2009	4 789.1	730.0	4 059.1	1 506.3	410.4	1 095.9
2010	5 634.6	1 019.2	4 615.4	1 921.3	460.1	1 461.2
2011	6 297.1	1 471.8	4 825.3	2 222.0	672.2	1 549.8
2012	5 974.2	1 483.8	4 490.4	2 077.0	689.9	1 387.1

数据来源:民政部规划财务司。

65. 2012年各省、自治区、直辖市医疗救助及其他农村救济

单位：人，人次

地区	城市医疗救助情况 城市民政部门医疗救助人次数	城市医疗救助情况 民政部门资助参保医疗人数	农村医疗救助情况 农村民政部门救助人次数	农村医疗救助情况 民政部门资助参加合作医疗人数	农村传统救济人数	临时救济户次
全国	6 898 816	13 871 473	14 837 582	44 904 129	795 885	6 397 919
北京	80 534	48 986	32 391	55 165	148	162 913
天津	119 196	304 095	—	—	215	14 527
河北	101 884	178 918	345 205	1 709 658	7 148	48 257
山西	147 487	661 825	133 555	950 410	9 130	85 906
内蒙古	160 813	790 305	228 314	1 290 634	31 980	91 978
辽宁	102 051	218 180	176 824	462 515	8 186	286 845
吉林	292 340	610 990	242 727	586 848	2 107	35 869
黑龙江	532 906	1 387 465	278 241	1 250 916	14 032	38 185
上海	67 735	41 853	19 646	7 492	51	913 538
江苏	684 485	330 668	963 975	1 156 189	128 632	353 341
浙江	149 921	26 134	763 438	188 647	10 587	157 164
安徽	129 444	260 316	639 842	1 859 963	50 752	162 528
福建	96 326	97 139	199 209	855 185	4 648	47 060
江西	285 866	556 260	517 422	1 215 272	27 970	40 063
山东	72 686	218 715	251 090	1 977 391	892	142 916
河南	233 967	657 862	1 089 834	2 988 924	24 012	185 552
湖北	189 139	1 203 473	601 199	2 157 906	68 839	288 289
湖南	388 953	739 087	871 045	1 916 859	102 471	584 057
广东	335 486	361 134	301 371	1 946 362	8 198	515 220
广西	81 710	227 612	469 185	2 260 543	109 216	308 824
海南	55 064	151 471	99 802	308 643	370	111 076
重庆	621 567	729 860	924 184	1 202 879	13 006	206 705
四川	781 584	942 869	2 498 460	400 027	61 791	368 625
贵州	55 530	489 529	386 433	5 041 998	17 415	65 830
云南	173 510	11 011 056	690 657	4 928 880	43 981	410 182
西藏	2 773	330	34 149	7 170	—	6 925
陕西	62 941	90 618	365 613	796 961	27 748	109 360
甘肃	190 123	207 848	547 240	905 124	21 805	59 472
青海	244 236	209 309	464 934	409 577	3	13 643
宁夏	122 060	147 598	237 148	262 256	50	499 901
新疆	336 499	969 968	464 449	1 513 835	502	50 168

数据来源：民政部规划财务司。

66. 2012年各省、自治区、直辖市农村五保供养情况

地区	农村集中五保供养人数 合计	女性	老年人	未成年人	残疾人	农村集中五保供养户数	农村集中五保供养资金全年计划支出
全 国	1 852 642	360 515	1 647 009	65 115	303 209	1 815 300	500 321.3
北 京	2 097	219	1 504	21	1 084	2 036	1 724.7
天 津	1 497	191	1 373	6	299	1 497	1 054.3
河 北	93 293	10 319	82 535	1 998	17 878	92 090	21 962.5
山 西	28 694	2 361	23 188	639	6 839	28 563	8 586.9
内蒙古	23 736	2 135	19 745	301	5 794	23 645	12 111.2
辽 宁	36 606	4 409	31 121	1 039	7 635	36 125	13 439.7
吉 林	35 081	8 589	31 252	2 079	10 898	31 729	951.6
黑龙江	68 394	13 494	55 579	2 267	16 876	65 809	26 498.3
上 海	1 368	298	1 256	4	241	1 368	820.5
江 苏	128 603	23 372	120 077	2 096	17 219	128 105	59 983.5
浙 江	38 652	6 711	36 184	452	5 876	37 957	14 063.4
安 徽	162 870	25 348	150 905	3 183	20 023	161 629	35 368.4
福 建	8 755	1 250	7 493	440	1 588	7 958	2 031.6
江 西	119 798	43 824	100 610	11 825	17 231	114 601	23 460.9
山 东	172 506	39 407	165 220	2 505	17 239	169 664	62 902.3
河 南	199 445	42 829	179 523	7 046	28 988	195 539	36 117.4
湖 北	119 834	30 329	109 399	2 963	19 517	118 974	22 677.6
湖 南	105 426	22 540	92 388	5 104	16 275	102 466	33 559.1
广 东	33 657	8 666	31 607	987	2 947	33 598	13 996.0
广 西	21 627	4 015	20 022	606	3 089	20 931	6 111.0
海 南	1 674	551	1 599	56	90	1 617	469.2
重 庆	58 297	6 179	49 539	764	10 945	58 064	22 328.2
四 川	257 064	33 891	226 402	8 050	44 539	253 866	43 544.3
贵 州	18 998	4 036	15 198	2 535	2 805	17 726	4 852.7
云 南	35 298	8 413	29 806	1 801	8 158	34 311	5 388.1
西 藏	2 517	1 157	759	1 755	380	2 517	805.2
陕 西	43 801	7 084	36 216	1 190	11 607	42 663	16 800.5
甘 肃	10 736	1 855	8 704	960	2 140	10 201	2 479.0
青 海	2 936	1 136	2 192	443	738	2 613	372.7
宁 夏	3 867	806	3 303	249	915	3 536	835.2
新 疆	15 515	5 101	12 310	1 751	3 356	13 902	5 025.3

数据来源：民政部规划财务司。

单位：人，户，人次，万元

农村分散五保供养人数					农村分散五保供养户数	农村分散五保供养全年计划支出
合计	女性	老年人	未成年人	残疾人		
3 603 349	732 928	3 057 969	205 920	632 868	3 477 197	627 265.6
2 006	184	1 528	16	979	1 920	1 479.8
11 332	1 028	9 776	83	2 600	11 330	6 589.8
142 912	16 295	125 058	4 460	24 505	139 310	24 170.5
139 371	16 613	101 307	7 755	41 553	137 812	20 861.0
65 447	5 372	55 193	1 354	14 892	64 634	17 019.4
104 723	14 404	87 479	3 377	22 805	102 973	21 848.5
94 219	21 454	82 489	4 619	28 875	85 990	1 303.9
77 134	16 335	57 461	2 805	23 379	72 154	12 472.2
1 816	286	1 468	21	537	1 811	911.8
75 325	14 801	69 753	1 943	9 036	74 909	30 907.2
1 020	187	877	31	225	971	354.4
288 332	53 659	266 318	6 804	34 363	284 425	38 123.1
82 225	13 374	65 779	4 836	18 288	78 858	17 325.2
108 930	38 707	88 268	12 383	18 596	100 541	14 724.0
60 177	14 426	57 254	1 121	6 281	58 744	14 307.2
276 753	59 138	247 769	9 918	38 116	270 983	30 432.5
161 212	37 444	150 029	4 476	21 284	160 040	22 181.3
406 597	82 092	348 834	22 990	61 952	395 850	66 682.9
217 673	56 457	199 637	12 791	23 779	215 733	53 974.5
283 768	53 100	247 093	18 576	38 002	279 545	59 864.3
31 224	11 464	28 731	1 385	1 911	30 406	9 202.3
97 020	11 211	80 857	2 720	17 933	96 585	35 736.9
253 017	38 908	220 777	9 537	42 904	250 987	34 780.8
110 022	25 453	78 172	22 319	17 258	96 188	14 870.8
183 914	44 956	128 684	20 831	49 336	175 887	16 413.9
12 730	6 197	11 871	732	1 414	12 680	2 975.8
83 057	13 317	63 677	4 950	22 119	78 931	26 147.3
112 400	23 363	91 552	7 597	23 569	99 364	14 294.2
19 726	6 378	14 713	3 252	3 794	17 463	2 514.7
10 970	3 217	7 259	1 447	3 635	9 417	735.9
88 297	33 108	68 306	10 791	18 948	70 756	14 059.5

67. 1999-2012年全国最低生活保障和社会救济平均标准

年 份	城市最低生活保障平均标准（元/人、月）	农村最低生活保障平均标准（元/人、月）	集中供养农村五保户救济平均标准（元/人、年）	分散供养农村五保户救济平均标准（元/人、年）
1999	149.0	—	—	—
2000	157.0	—	—	—
2001	147.0	—	—	—
2002	148.0	—	—	—
2003	149.0	—	—	—
2004	152.0	—	—	—
2005	156.0	—	—	—
2006	169.6	70.9	1 608.2	1 224.5
2007	182.4	70.0	1 953.0	1 432.0
2008	205.3	82.3	2 176.1	1 624.4
2009	227.8	100.8	2 587.5	1 842.7
2010	251.2	117.0	2 951.4	2 102.1
2011	287.6	143.2	3 399.7	2 470.5
2012	330.1	2 067.8	4 060.9	3 008.0

数据来源：民政部规划财务司。

68. 1999–2012年全国最低生活保障和社会救济平均支出水平

年份	城市最低生活保障平均支出水平（元/人、月）	农村最低生活保障平均支出水平（元/人、月）	农村集中供养五保平均支出水平（元/人、年）	农村分散供养五保平均支出水平（元/人、年）
1999	44.8	—	—	—
2000	45.3	—	—	—
2001	29.6	—	—	—
2002	43.9	—	—	—
2003	58.0	—	—	—
2004	65.0	—	—	—
2005	72.3	—	—	—
2006	83.6	414.0	—	—
2007	102.7	465.6	—	—
2008	143.7	604.8	2 055.7	1 121.0
2009	172.0	816.0	2 316.0	1 284.0
2010	189.0	888.0	2 460.0	1 416.0
2011	240.3	1 273.2	3 081.9	1 774.9
2012	239.1	1 247.9	3 496.6	2 237.3

数据来源：民政部规划财务司。

69. 2012年各省、自治区、直辖市城市养老服务机构

地区	机构数	年末床位数 合计	年末床位数 光荣间床位	年在院总人天数	年末在院人数 合计	年末在院人数 女性	在院人员按性质分 优抚对象	在院人员按性质分 "三无"对象	在院人员按性质分 自费人员
全国	6 464	782 373	9 103	119 035 880	448 792	173 432	6 235	97 589	344 968
北京	133	26 772	66	3 947 935	12 035	6 032	24	235	11 776
天津	192	26 117	21	4 801 718	16 792	9 268	62	333	16 397
河北	383	33 617	693	5 619 448	20 480	3 937	449	10 996	9 035
山西	80	7 131	343	506 029	4 049	451	182	561	3 306
内蒙古	119	18 689	180	3 786 279	7 022	1 820	45	1 018	5 959
辽宁	603	66 232	518	9 557 170	37 165	11 470	571	3 457	33 137
吉林	155	13 216	263	1 755 439	7 454	2 391	331	3 575	3 548
黑龙江	120	15 278	133	3 191 929	12 648	3 013	808	7 154	4 686
上海	404	60 374	—	12 733 748	41 398	27 283	47	543	40 808
江苏	888	128 702	531	14 532 474	65 837	21 388	330	15 254	50 253
浙江	447	70 688	126	9 142 560	32 216	14 864	189	5 125	26 902
安徽	186	23 434	568	3 752 079	13 796	4 034	75	1 331	12 390
福建	153	14 350		1 291 311	5 388	939	46	723	4 619
江西	228	8 642	317	1 856 343	6 693	1 559	488	3 259	2 946
山东	656	88 161	730	16 262 932	50 482	21 163	427	4 182	45 873
河南	178	16 973	782	2 476 901	10 728	2 484	659	5 471	4 598
湖北	319	29 638	2 220	4 146 156	21 826	8 897	372	9 151	12 303
湖南	77	6 308	119	1 383 253	4 704	1 740	176	2 884	1 644
广东	287	31 991	205	5 997 423	20 168	10 965	259	4 672	15 237
广西	126	10 462	3	1 702 997	7 303	2 845	28	498	6 777
海南	15	7 745	11	19 500	681	302	12	24	645
重庆	157	19 016	218	3 439 682	11 490	5 175	11	388	11 091
四川	162	17 519	301	2 507 977	13 245	3 800	244	8 389	4 612
贵州	71	5 262	161	500 899	1 935	671	28	461	1 446
云南	61	7 814	35	793 049	4 947	717	142	2 992	1 813
西藏									
陕西	73	9 168	224	1 094 162	6 028	2 233	113	1 771	4 144
甘肃	55	5 638	97	251 992	2 635	980	83	984	1 568
青海	4	240	—	7 434	104	58	—	101	3
宁夏	4	858	11	130 530	372	113	4	250	118
新疆	128	12 338	227	1 846 531	9 171	2 840	30	1 807	7 334

数据来源：民政部规划财务司。

单位:张,人,人天,人次

在院人员按年龄分			在院人员按类型分			康复和医疗门诊人次数	机构建筑面积(平方米)
老人	青壮年	少年儿童	自理(完全自理)	介助(半自理)	介护(不能自理)		
438 421	8 396	1 975	269 619	90 425	88 748	1 265 727	15 942 358
11 557	462	16	4 264	3 204	4 567	72 465	662 038
16 455	337	—	8 639	3 682	4 471	31 599	432 652
19 884	538	58	14 479	3 909	2 092	18 859	727 847
4 037	5	7	2 828	619	602	2 344	203 115
6 519	340	163	5 771	800	451		330 781
36 808	343	14	26 881	6 299	3 985	33 753	1 047 191
6 981	416	57	4 196	1 937	1 321	6 130	106 672
12 309	243	96	10 307	1 259	1 082	526	183 687
40 795	603	—	9 709	9 575	22 114	25 173	1 305 364
64 662	1 009	166	33 253	15 449	17 135	216 616	2 642 018
31 831	357	28	21 402	5 974	4 840	93 753	1 151 489
13 728	49	19	8 942	2 922	1 932	6 757	312 762
5 342	7	39	2 614	1 623	1 151	4 457	315 491
6 507	40	146	4 641	1 747	305	2 301	262 289
50 151	303	28	40 662	6 474	3 346	155 627	2 161 231
10 444	222	62	7 390	1 966	1 372	59 414	387 294
20 610	1 162	54	13 678	5 571	2 577	15 169	584 877
4 097	568	39	3 308	1 107	289	14 206	166 760
19 313	662	193	8 616	3 731	7 821	406 346	608 495
7 246	52	5	2 673	2 049	2 581	1 533	178 479
669	7	5	333	88	260	—	74 800
11 437	53	—	9 370	1 318	802	20 710	912 646
12 455	175	615	7 810	4 365	1 070	56 938	407 408
1 883	20	32	1 222	575	138	7 023	79 193
4 873	46	28	3 663	797	487	162	140 361
5 859	160	9	4 296	1 113	619	4 824	198 073
2 525	30	80	1 171	891	573	1 794	146 246
103	1	—	72	24	8	—	2 100
296	76	—	313	50	9	335	21 119
9 045	110	16	7 116	1 307	748	6 913	189 881

70. 2012年各省、自治区、直辖市农村养老服务机构

地区	单位数	年末床位数 合计	年末床位数 光荣间床位	年在院总人天数	年末在院人数 合计	年末在院人数 女性	在院人员按性质分 优抚对象	在院人员按性质分 "三无"对象	在院人员按性质分 自费人员
全国	32 787	2 610 476	83 215	516 914 757	1 999 980	379 422	72 244	1 768 588	159 148
北京	267	44 719	68	5 346 676	16 328	7 009	34	2 599	13 695
天津	119	4 713	5	906 262	2 580	501	7	1 528	1 045
河北	1 442	116 998	3 871	25 218 147	85 928	9 159	749	77 633	7 546
山西	744	44 727	1 975	7 164 198	28 338	1 727	312	27 345	681
内蒙古	522	36 572	858	7 390 348	26 675	4 011	991	23 468	2 216
辽宁	765	68 930	2 440	12 806 153	43 472	5 256	2 250	37 562	3 660
吉林	628	52 339	5 289	7 738 067	39 642	6 081	5 995	32 527	1 120
黑龙江	410	71 476	2 459	11 914 701	62 694	7 879	3 372	56 871	2 451
上海	197	36 138	28	5 522 242	19 870	11 105	115	2 259	17 496
江苏	1 640	196 405	5 008	38 419 328	144 353	35 287	6 088	119 401	18 864
浙江	1 400	149 160	2 515	23 707 428	79 125	23 108	1 181	35 104	42 840
安徽	2 082	222 939	3 545	47 547 891	174 263	26 084	2 722	170 140	1 401
福建	821	31 732	843	3 119 461	10 023	1 922	227	6 705	3 091
江西	1 360	117 784	14 188	28 134 852	114 857	26 272	4 714	107 770	2 373
山东	1 622	240 758	12 401	63 419 994	190 353	44 994	7 508	171 966	10 879
河南	2 422	238 426	10 567	43 988 721	207 660	32 663	17 764	187 760	2 136
湖北	1 949	162 917	5 659	35 767 655	140 678	33 471	3 767	132 496	4 415
湖南	2 440	124 555	3 500	27 480 658	109 725	21 606	4 479	102 701	2 545
广东	1 853	67 434	737	10 308 651	36 381	8 649	996	29 589	5 796
广西	1 158	28 626	123	5 948 275	20 775	2 601	258	19 917	600
海南	201	4 830	125	613 158	2 056	791	53	1 877	126
重庆	2 012	83 235	442	18 060 595	64 089	9 438	781	60 014	3 294
四川	2 952	285 275	3 363	53 778 152	251 275	37 598	5 770	238 121	7 384
贵州	1 027	36 391	819	6 044 125	19 162	2 631	386	18 527	249
云南	653	38 120	230	7 458 567	30 764	6 151	390	29 989	385
西藏	174	3 582	—	703 255	2 405	1 142	86	2 319	—
陕西	773	56 566	698	12 136 289	44 091	5 481	321	42 831	939
甘肃	593	18 815	1 030	2 426 162	11 571	2 307	649	10 235	687
青海	140	5 803	—	846 452	4 875	666	5	4 213	657
宁夏	56	4 742	86	1 045 050	3 765	623	105	3 510	150
新疆	365	15 769	343	1 953 244	12 207	3 209	169	11 611	427

数据来源:民政部规划财务司。

单位:张,人,人天,人次

在院人员按年龄分			在院人员按类型分			康复和医疗门诊人次数	机构建筑面积（平方米）
老人	青壮年	少年儿童	自理(完全自理)	介助(半自理)	介护(不能自理)		
1 930 248	55 388	14 344	1 616 022	303 786	80 172	2 432 284	51 204 180
15 233	902	193	8 645	3 719	3 964	48 081	978 308
2 495	85	—	1 689	746	145	8 012	140 963
83 074	2 361	493	70 454	11 573	3 901	134 885	2 170 592
26 061	2 001	276	23 522	4 460	356	17 191	1 407 313
25 011	1 333	331	20 461	5 330	884	—	747 727
41 546	1 777	149	33 743	7 301	2 428	36 124	1 233 618
36 449	2 370	823	26 566	8 491	4 585	32 826	831 618
59 369	3 106	219	52 124	8 598	1 972	18 536	548 779
18 588	1 216	66	7 665	7 432	4 773	77 424	944 450
141 844	2 097	412	110 916	26 214	7 223	391 344	3 221 598
78 535	447	143	61 137	12 972	5 016	484 282	2 150 625
170 766	3 012	485	149 717	21 187	3 359	66 791	5 335 948
9 836	113	74	8 135	1 663	225	2 547	636 727
111 301	2 420	1 136	94 597	17 692	2 568	8 213	1 993 540
188 904	1 071	378	168 258	17 145	4 950	186 716	6 043 086
196 635	8 847	2 178	174 105	26 766	6 789	100 352	3 925 334
133 519	6 214	945	110 033	23 712	6 933	351 177	2 823 437
106 426	1 985	1 314	88 600	18 190	2 935	85 471	3 048 750
35 509	430	442	27 202	6 463	2 716	41 400	1 825 919
20 637	89	49	19 047	1 655	73	4 216	881 627
1 989	10	57	1 618	362	76	480	112 556
60 893	3 059	137	58 130	4 661	1 298	48 769	1 806 004
243 493	6 100	1 682	209 314	35 327	6 634	151 451	4 380 817
18 023	319	820	9 811	9 078	273	40 074	846 513
29 299	890	575	22 179	6 784	1 801	19 172	1 230 712
2 386	3	16	2 253	150	2	—	125 629
42 397	1 538	156	32 204	10 336	1 551	5 951	772 263
10 246	881	444	8 824	2 097	650	58 380	443 401
4 564	278	33	3 494	1 289	92	286	95 300
3 711	42	12	2 450	1 104	211	10 003	151 812
11 509	392	306	9 129	1 289	1 789	2 130	349 214

71. 2012年各省、自治区、直辖市儿童收养机构

地区	机构数	年末床位数 合计	年末床位数 光荣间床位	年在院总人天数	年末在院人数 合计	年末在院人数 女性	在院人员按性质分 优抚对象	在院人员按性质分 "三无"对象	在院人员按性质分 自费人员
全 国	463	77 137	965	14 443 736	52 072	19 393	2 197	47 837	2 041
北 京	12	1 444	—	420 410	1 121	439	—	1 104	17
天 津	2	823	—	262 054	568	276	—	568	—
河 北	9	595	24	94 903	389	46	—	389	—
山 西	8	1 660	—	411 010	1 483	73	—	1 409	74
内蒙古	7	1 501	—	289 362	923	347	—	923	—
辽 宁	8	3 134	—	841 185	2 360	885	1 541	808	11
吉 林	11	1 907	25	221 334	1 266	155	8	1 188	70
黑龙江	13	2 339	—	391 997	1 638	490	140	1 390	108
上 海	6	2 455	—	805 397	2 289	966	—	2 085	204
江 苏	14	2 468	4	566 486	1 665	680	4	1 615	46
浙 江	14	2 210	—	491 223	1 981	655	—	1 555	426
安 徽	35	5 134	—	1 011 389	2 973	1 159	—	2 816	130
福 建	10	1 448	—	303 670	833	350	27	833	—
江 西	3	900	—	64 367	651	91	—	651	—
山 东	18	6 916	—	930 876	2 969	1 202	—	2 969	—
河 南	12	2 273	—	748 095	2 205	921	—	2 205	—
湖 北	51	5 005	—	724 903	2 707	1 478	—	2 538	169
湖 南	20	3 538	527	731 411	2 873	1 685	26	2 675	172
广 东	34	4 259	—	604 303	2 183	813	3	1 861	319
广 西	7	972	—	237 085	734	241	—	734	—
海 南	2	135	—	12 495	84	45	—	84	—
重 庆	6	2 640	—	302 295	1 420	707	—	1 416	4
四 川	22	2 999	1	678 607	2 145	899	—	2 132	13
贵 州	16	1 883	36	348 639	1 138	659	—	1 137	1
云 南	23	2 793	—	401 672	1 768	356	360	1 408	—
西 藏	13	1 439	—	365 962	1 423	626	86	1 337	—
陕 西	10	2 520	—	670 950	2 200	746	—	2 200	—
甘 肃	18	2 634	3	189 908	2 301	557	2	2 256	43
青 海	5	1 539	—	234 923	799	398	—	799	—
宁 夏	6	1 103	—	71 870	341	22	—	341	—
新 疆	48	6 471	75	1 014 955	4 642	1 426	—	4 408	234

数据来源:民政部规划财务司。

单位:张,人,人天,人次

| 在院人员按年龄分 ||| 在院人员按类型分 ||| 康复和医疗门诊人次数 | 家庭寄养儿童数量 | 机构建筑面积（平方米） |
老人	青壮年	少年儿童	自理(完全自理)	介助(半自理)	介护(不能自理)			
1 252	1 728	49 092	20 808	11 933	19 331	468 473	19 848	2 100 653
1	118	1 002	424	161	536	9 623	784	60 684
—	—	568	128	74	366	—	270	20 251
—	31	358	332	34	23	—	98	9 553
—	—	1 483	266	47	1 170	690	1 057	33 854
—	10	913	345	157	421	—	20	43 701
—	157	2 203	1 634	646	80	23 235	231	103 344
117	14	1 135	902	56	308	963	11	17 036
129	31	1 478	1 218	278	142	475	196	87 510
—	—	2 289	288	408	1 593	—	1 476	38 176
86	265	1 314	453	279	933	18 179	261	75 579
81	77	1 823	728	378	875	33 984	378	62 183
246	290	2 437	628	900	1 445	13 526	421	197 441
—	24	809	230	418	185	105	715	24 179
—	200	451	537	—	114	—	2	15 750
—	—	2 969	484	848	1 637	60 196	177	214 046
6	2	2 197	948	728	529	1 183	517	72 732
15	21	2 671	906	648	1 153	22 733	948	90 232
18	18	2 837	767	659	1 447	4 470	1 558	56 852
85	10	2 088	671	369	1 143	109 292	124	123 048
—	131	603	108	283	343	3 233	87	48 504
—	—	84	30	11	43	84	6	9 892
—	—	1 420	354	348	718	34 460	33	118 550
144	6	1 995	555	554	1 036	19 439	479	98 261
50	25	1 063	625	338	175	602	262	25 718
121	156	1 491	446	999	323	2 595	1 722	86 507
—	—	1 423	1 391	32	—	—	—	91 829
—	39	2 161	221	1 157	822	66	358	52 424
16	—	2 285	883	618	800	18 504	43	64 709
—	—	799	616	183	—	—	—	14 925
—	—	341	107	2	232	102	96	24 824
137	103	4 402	3 583	320	739	90 734	7 518	118 359

— 431 —

72. 2012年各省、自治区、直辖市社会福利院

地区	年末床位数 合计	年末床位数 光荣间床位	年在院总人天数	年末在院人数 合计	年末在院人数 女性	在院人员按性质分 优抚对象	在院人员按性质分 "三无"对象	在院人员按性质分 自费人员
全 国	308 996	14 718	55 444 237	203 198	74 211	6 822	114 024	82 352
北 京	3 341	—	983 646	2 987	1 493	5	754	2 228
天 津	1 613	—	438 307	1 373	503	—	615	758
河 北	7 614	1 822	1 645 475	5 444	931	16	4 850	578
山 西	3 037	—	663 595	2 531	668	366	2 054	111
内蒙古	7 926	275	1 165 996	4 988	854	117	2 475	2 396
辽 宁	10 966	138	2 624 878	7 849	2 607	187	4 069	3 593
吉 林	5 793	539	1 241 572	4 656	1 340	262	3 388	1 006
黑龙江	9 380	278	1 604 953	7 974	1 910	348	4 147	3 479
上 海	8 703	—	2 004 209	6 200	3 881	21	707	5 472
江 苏	22 989	478	3 541 273	11 875	5 257	298	5 865	5 712
浙 江	24 854	881	3 649 404	12 099	6 262	136	2 883	9 080
安 徽	6 857	483	1 327 019	4 419	1 743	127	3 104	1 188
福 建	7 520	448	1 093 540	4 223	1 349	185	2 673	1 365
江 西	14 801	1 076	2 778 439	12 209	2 947	628	8 379	3 202
山 东	7 162	—	1 282 977	4 050	1 380	118	2 752	1 180
河 南	8 283	174	1 602 968	5 588	1 712	286	4 916	386
湖 北	26 097	2 610	3 791 264	17 973	6 212	569	11 605	5 799
湖 南	14 042	653	3 093 824	10 647	4 929	1 103	6 398	3 146
广 东	34 963	1 257	7 189 165	24 950	11 722	401	8 805	15 744
广 西	8 722	487	1 811 648	5 883	2 712	51	3 105	2 727
海 南	505	10	107 256	354	27	—	354	—
重 庆	9 675	186	2 012 468	6 318	2 915	35	1 977	4 306
四 川	21 715	1 362	3 597 433	12 203	4 568	498	7 163	4 542
贵 州	3 948	383	628 860	2 405	884	14	1 962	429
云 南	8 773	30	1 027 971	5 632	1 169	70	4 702	860
西 藏	3 617	—	603 967	2 537	714	—	2 537	—
陕 西	6 678	546	1 571 120	4 995	1 212	542	4 360	93
甘 肃	6 476	53	526 470	2 927	623	82	2 473	372
青 海	1 492	31	148 477	492	142	34	371	87
宁 夏	1 368	90	188 415	1 000	219	15	745	240
新 疆	10 086	428	1 497 648	6 417	1 326	308	3 836	2 273

数据来源：民政部规划财务司。

单位:张,人,人天,人次

在院人员按年龄分			在院人员按类型分			康复和医疗门诊人次数	家庭寄养儿童数量	机构建筑面积（平方米）
老人	青壮年	少年儿童	自理(完全自理)	介助(半自理)	介护(不能自理)			
145 941	22 029	35 228	106 112	47 095	49 991	1 744 721	7 902	8 574 893
2 168	610	209	1 002	947	1 038	68 202	20	189 813
951	414	8	379	303	691	33 370	—	47 795
3 868	299	1 277	3 440	730	1 274	13 524	237	263 403
429	331	1 771	923	464	1 144	2 079	1 107	80 048
4 062	466	460	3 456	1 014	518	4 900	113	213 897
5 717	1 521	611	4 483	1 684	1 682	1 516	141	351 379
3 201	976	479	3 156	861	639	36 588	90	75 676
7 279	639	56	6 034	1 089	851	24 802	—	128 251
5 347	853	—	1 007	1 849	3 344	11 425	—	331 993
7 777	1 501	2 597	4 483	2 600	4 792	79 749	443	703 825
9 605	1 262	1 232	7 107	2 321	2 671	81 379	327	560 058
2 771	575	1 073	2 462	741	1 216	12 205	654	335 153
2 772	466	985	2 054	1 034	1 135	91 522	501	206 802
7 775	340	4 094	8 198	2 878	1 133	2 220	1 217	369 569
3 012	977	61	2 339	1 037	674	50 682	—	227 360
2 297	604	2 687	2 363	1 698	1 527	53 744	279	239 290
15 319	1 726	928	11 091	4 347	2 535	202 047	231	628 620
5 043	1 681	3 923	4 355	2 890	3 402	82 525	669	301 037
17 112	1 153	6 685	8 953	5 856	10 141	552 722	610	1 012 433
3 712	433	1 738	1 908	1 459	2 516	89 268	443	281 066
165	12	177	27	191	136	—	11	21 000
5 342	719	257	3 348	1 276	1 694	79 202	165	312 062
10 147	1 015	1 041	6 618	3 573	2 012	124 827	213	492 027
1 200	183	1 022	1 262	594	549	1 794	131	151 355
4 667	300	665	3 434	1 304	894	7 062	42	203 447
2 417	60	60	2 266	268	3	15	—	122 066
2 760	1 761	474	2 741	1 829	425	6 413	160	244 671
2 138	317	472	1 573	889	465	8 433	31	107 421
310	151	31	331	138	23	3 233	—	26 340
750	235	15	620	310	70	4 566	—	64 825
5 828	449	140	4 699	921	797	14 707	67	282 212

73. 2012年各省、自治区、直辖市老龄事业情况发展概况(一)

地区	机构数	60岁以上老年人口数	65岁以上老年人口数	80岁以上老年人口数	100岁以上老年人口数	纯老年人家庭人口数	老龄系统接待来信来访次数	老年法律援助中心
全国	2 583	177 363 374	119 802 222	26 174 826	55 740	28 815 253	426 155	22 336
北京	17	2 399 517	1 677 769	361 325	480	461 388	31 464	16
天津	18	1 877 599	1 276 474	311 602	307	440 460	2 382	114
河北	70	8 223 297	7 071 860	1 129 511	1 715	763 945	5 590	413
山西	118	3 612 909	2 519 952	447 106	1 495	758 546	4 905	672
内蒙古	39	1 642 056	1 494 688	306 288	230	502 298	1 192	107
辽宁	63	7 102 778	4 246 702	928 588	1 367	1 853 756	17 316	668
吉林	35	599 403	420 347	78 880	142	126 450	1 148	45
黑龙江	114	3 915 894	2 352 402	470 099	833	1 082 574	5 631	669
上海	18	3 641 087	2 462 132	640 604	1 711	771 460	46 312	56
江苏	79	13 632 812	9 481 064	2 107 693	4 261	2 516 881	31 506	2 719
浙江	88	8 471 159	5 647 513	1 296 023	1 602	2 196 987	39 172	298
安徽	105	9 814 478	6 091 660	1 350 557	2 980	1 462 237	17 561	603
福建	63	5 656 728	2 945 955	799 625	1 662	650 719	13 863	1 128
江西	113	5 252 795	3 360 487	749 849	1 082	301 032	3 852	556
山东	155	14 722 780	9 910 719	2 235 019	5 095	4 287 877	8 739	1 945
河南	95	10 395 963	7 918 331	2 107 472	4 513	1 037 199	9 230	1 071
湖北	85	7 631 253	4 958 410	950 200	1 757	748 249	11 717	528
湖南	131	9 217 968	6 042 603	1 687 071	2 248	1 321 458	32 040	1 217
广东	122	10 302 238	7 364 242	1 720 842	5 697	556 543	26 160	705
广西	71	6 605 093	4 510 648	1 178 084	4 283	515 255	14 388	357
海南	6	1 085 362	760 863	195 888	1 738	70 660	1 207	51
重庆	36	5 779 492	3 852 521	816 536	1 136	1 706 885	13 028	577
四川	225	13 635 427	8 880 387	1 903 878	4 384	1 901 331	23 525	3 859
贵州	96	4 938 213	3 157 926	544 617	930	452 936	5 914	822
云南	134	4 932 126	3 351 896	680 555	1 236	731 759	10 150	1 453
西藏	2	166 344	79 419	27 360	79	3 150	568	2
陕西	104	5 100 664	3 380 730	531 338	603	653 771	13 342	507
甘肃	101	3 409 695	2 238 051	275 020	469	319 630	7 962	549
青海	17	563 614	369 506	46 671	90	1 604	—	3
宁夏	27	475 540	305 453	50 197	90	83 931	13 037	113
新疆	236	2 559 090	1 671 512	246 328	1 525	534 282	13 254	513

数据来源：民政部规划财务司。

数据

单位:个,次,件,张

		老龄事业发展情况			老年医疗护理机构	
		老年活动设施				
涉老案件数	维权协调组织数	老年活动站/中心/室数	老年人参与人数	享受高龄补贴的老年人数	老年医院数	床位数
60 280	**78 323**	**345 914**	**44 871 711**	**12 576 832**	**3 344**	**123 192**
209	3 917	6 465	716 684	338 922	17	3 055
6 409	2 297	2 918	714 836	26 031	33	1 766
649	1 732	8 513	892 018	134 820	144	2 646
853	4 357	14 897	1 176 794	234 596	84	2 392
179	377	1 122	257 995	252 386	2	150
1 947	3 407	7 064	1 166 121	71 306	82	5 906
131	253	1 408	88 771	14 078	87	1 287
1 885	1 293	3 878	507 746	113 076	244	3 147
5 912	1 861	6 110	327 405	66 523	9	2 257
4 698	6 481	17 028	4 280 999	1 926 607	410	21 581
3 316	3 861	33 374	8 689 550	1 055 620	28	3 086
1 233	2 907	6 774	1 180 939	394 961	69	7 618
2 185	2 557	15 223	1 751 861	227 714	45	2 800
675	2 127	10 879	1 378 868	248 114	57	2 862
2 863	4 128	51 836	3 215 261	1 107 679	128	10 340
1 259	3 235	39 783	1 227 017	157 484	297	5 264
1 022	3 154	8 738	1 628 822	235 398	121	5 428
2 491	5 096	17 335	2 123 793	159 428	166	7 686
1 057	2 248	14 741	2 370 742	1 887 850	122	8 036
1 049	1 411	6 778	1 070 056	100 360	26	2 872
827	198	1 057	182 486	38 474	—	—
3 277	2 444	8 402	1 601 071	220 885	59	1 590
5 327	8 024	19 735	3 337 986	408 830	597	11 455
941	2 478	4 070	499 008	104 855	104	1 164
5 635	2 654	14 936	2 364 410	704 069	41	3 275
2	3	32	28 757	27 360	—	—
1 033	2 524	5 837	757 289	1 789 505	158	3 221
705	1 757	4 326	520 140	62 432	62	552
10	—	633	83 684	217 771	—	—
452	1 044	1 052	129 609	30 966	144	704
2 049	498	10 970	600 993	218 732	8	1 052

74. 2012年各省、自治区、直辖市老龄事业情况发展概况(二)

地区	老年医疗护理机构 老年临终关怀医院数	床位数	年底在院人数	老年人协会个数	参加人数	村、居老年人协会	参加人数	乡、街道老年人协会
全国	807	33 151	14 517	399 725	44 271 584	331 247	30 787 345	29 269
北 京	5	408	278	6 095	418 022	6 044	395 083	48
天 津	1	30	29	3 909	541 606	3 618	435 405	213
河 北	20	346	29	11 657	691 092	9 519	346 649	946
山 西	75	5 739	1 016	14 920	759 712	13 054	578 439	751
内蒙古	—	—	—	1 343	169 490	964	45 309	192
辽 宁	5	630	196	10 532	898 515	7 908	494 056	1 428
吉 林	1	10	10	1 830	118 821	1 301	60 827	322
黑龙江	121	3 193	1 636	5 510	489 001	3 783	289 290	1 234
上 海	5	72	37	1 642	211 143	1 443	147 371	173
江 苏	73	6 128	3 453	19 276	3 941 196	17 413	3 222 219	1 336
浙 江	6	662	637	33 129	6 444 232	31 991	5 794 276	666
安 徽	12	695	365	12 310	1 282 487	10 603	956 572	1 027
福 建	31	1 653	856	13 805	2 178 193	11 666	1 544 831	680
江 西	14	322	224	12 492	1 583 224	10 162	791 136	1 087
山 东	53	1 689	810	63 997	2 209 262	56 253	1 482 037	2 830
河 南	23	453	239	22 479	1 530 661	16 816	1 098 076	1 293
湖 北	20	466	209	8 505	1 712 880	6 927	860 986	884
湖 南	90	2 526	989	30 796	2 577 785	20 643	1 659 243	2 207
广 东	24	666	344	16 657	2 608 025	14 594	2 178 132	1 298
广 西	4	266	208	10 914	1 676 582	8 872	1 056 650	1 070
海 南	—	—	—	837	134 092	688	82 170	111
重 庆	47	961	533	8 742	1 876 195	7 000	1 275 777	1 269
四 川	118	3 338	832	20 196	3 999 472	15 876	2 136 719	3 115
贵 州	12	140	116	17 680	1 445 230	15 122	770 082	1 431
云 南	16	1 017	841	17 883	2 438 885	10 231	1 552 060	1 254
西 藏	—	—	—	7	1 079	—	—	—
陕 西	11	931	200	15 917	1 194 160	14 108	711 794	1 111
甘 肃	17	730	428	9 188	724 850	8 203	589 329	520
青 海	—	—	—	734	29 597	685	13 431	35
宁 夏	2	40	—	1 824	81 248	1 634	55 299	138
新 疆	1	40	2	4 919	304 847	4 126	164 097	600

数据来源:民政部规划财务司。

单位：个，次，件，张，万元

老龄事业发展情况

参加人数	县、市老年人协会	参加人数	老年基金会	事业投入经费	其他老年社团组织	参加人数	老年学校个数	其中：在校人数
6 423 668	5 938	2 231 960	3 182	70 119	37 659	4 263 724	49 560	6 252 990
17 845	3	5 094	3	39	5 359	603 814	2 909	284 243
66 418	8	2 136	2	942	1 414	162 149	484	219 871
65 525	243	119 575	3	27	167	133 974	396	38 418
103 291	197	41 635	13	21	528	35 734	1 173	250 739
38 390	75	31 954	—	—	33	5 423	61	9 262
240 696	268	50 309	1	—	1 552	91 374	543	133 288
32 966	39	7 972	1	6	68	19 997	389	32 604
142 485	118	16 187	4	6	133	33 542	473	28 595
59 195	7	4 577	12	2 566	53	31 461	1 312	448 758
357 672	143	97 489	13	7 815	11 136	813 274	3 706	578 819
230 889	69	36 033	110	2 807	940	126 647	8 697	844 921
171 249	160	58 725	7	23	658	65 513	2 441	219 967
139 868	102	25 868	343	6 236	1 394	274 382	9 787	721 622
262 758	340	157 109	13	99	1 754	106 919	959	204 289
328 659	522	223 268	9	315	2 200	94 921	2 480	293 220
134 120	398	44 558	11	25	266	26 514	2 762	171 306
415 376	293	165 502	22	168	801	198 811	933	195 228
485 750	778	180 333	44	363	784	197 718	948	156 482
290 371	153	56 081	829	7 682	1 598	119 393	736	137 042
304 325	180	56 754	397	84	1 108	152 308	887	79 123
32 799	32	17 035	187	—	17	7 369	9	2 553
345 962	174	229 731	5	38	1 082	145 939	1 345	265 358
1 397 576	391	322 288	1 077	169	1 276	492 824	1 976	406 407
177 803	427	45 350	15	48	1 031	37 985	892	88 326
251 798	503	122 676	53	40 470	1 059	133 039	1 993	269 693
—	6	955	—	—	—	—	—	—
141 508	101	34 849	6	170	541	94 835	365	87 399
93 019	50	11 284	2	1	261	35 358	119	13 638
12 568	7	1 858	—	—	—	—	6	1 530
13 566	31	6 086	—	—	83	3 076	46	4 286
69 221	120	58 689	1	8	363	19 431	733	66 003

75. 2012年各省、自治区、直辖市结婚登记服务情况（一）

地区	登记结婚对数	登记结婚人数	内地居民登记结婚对数	内地居民登记结婚人数	涉外及华侨、港澳台居民登记结婚对数
全国	13 235 949	26 471 898	13 182 663	26 348 011	53 286
北京	174 114	348 228	172 872	345 744	1 242
天津	101 389	202 778	101 016	202 032	373
河北	745 336	1 490 672	744 884	1 489 768	452
山西	362 827	725 654	362 711	724 084	116
内蒙古	207 707	415 414	207 502	401 004	205
辽宁	372 862	745 724	370 432	740 818	2 430
吉林	229 841	459 682	228 729	457 458	1 112
黑龙江	345 617	691 234	343 269	686 538	2 348
上海	144 223	288 446	142 028	284 056	2 195
江苏	887 636	1 775 272	885 935	1 771 826	1 701
浙江	441 984	883 968	437 817	875 634	4 167
安徽	764 886	1 529 772	763 990	1 527 980	896
福建	381 887	763 774	371 041	741 888	10 846
江西	421 144	842 288	419 594	838 188	1 550
山东	933 262	1 866 524	932 096	1 864 192	1 166
河南	1 191 308	2 382 616	1 190 314	2 380 628	994
湖北	615 861	1 231 722	614 173	1 228 334	1 688
湖南	643 757	1 287 514	641 556	1 283 112	2 201
广东	870 741	1 741 482	862 183	1 724 368	8 558
广西	491 701	983 402	489 820	979 640	1 881
海南	99 420	198 840	98 512	197 014	908
重庆	298 498	596 996	297 672	595 340	826
四川	748 296	1 496 592	746 764	1 493 528	1 532
贵州	417 840	835 680	417 400	834 800	440
云南	419 468	838 936	416 895	833 790	2 573
西藏	13 896	27 792	13 891	27 782	5
陕西	373 626	747 252	373 206	746 412	420
甘肃	167 518	335 036	167 386	334 772	132
青海	45 695	91 390	45 685	91 365	10
宁夏	60 745	121 490	60 707	121 414	38
新疆	262 864	525 728	262 583	524 502	281

数据来源：民政部规划财务司。

数 据

单位:人,对

按居住地分类						
内地居民	其中:女性	香港居民	澳门居民	台湾居民	华侨	外国人
51 843	32 906	5 049	1 945	11 505	7 500	28 730
1 160	854	67	10	128	51	1 068
373	305	11	1	43	13	305
452	347	18	8	76	17	333
114	70	4	2	9	9	94
188	97	10	—	26	1	185
2 428	1 970	31	15	243	104	2 039
1 110	786	27	11	149	33	894
2 346	1 199	27	11	186	323	1 803
2 064	1 591	131	20	341	1	1 833
1 686	1 392	59	23	560	52	1 022
3 214	1 923	54	11	332	3 296	1 427
896	698	37	7	326	33	493
10 834	4 887	836	94	2 796	1 448	5 684
1 550	716	68	25	398	43	1 016
1 144	909	31	5	182	32	938
922	751	82	51	439	45	449
1 677	1 421	188	41	661	56	753
2 201	1 937	220	71	1 177	42	691
8 519	5 368	2 405	1 370	961	1 693	2 168
1 872	1 443	153	61	667	79	930
908	682	253	24	466	34	131
824	703	83	27	319	21	378
1 529	1 320	132	30	569	30	774
439	367	54	6	195	11	175
2 513	451	29	2	40	1	2 561
	—	—	—	—	—	10
419	365	26	12	143	17	223
132	107	5	3	53	3	68
10	4	—	—	—	—	10
38	27	3	1	5	—	29
281	216	5	3	15	12	246

76. 2012年各省、自治区、直辖市结婚登记服务情况（二）

单位：人

地区	初婚人数	再婚人数 合计	再婚人数 女性	恢复结婚	20~24岁	25~29岁	30~34岁	35~39岁	40岁及以上
全国	23 611 741	2 860 157	1 457 935	229 607	9 396 366	9 040 847	2 889 582	1 589 320	3 555 783
北京	287 436	60 792	28 368	5 935	49 012	180 175	66 616	18 712	33 713
天津	174 681	28 097	13 279	4 360	65 885	83 050	26 702	11 787	15 354
河北	1 303 042	187 630	98 672	3 510	781 645	442 860	107 384	47 245	111 538
山西	677 046	48 608	25 763	4 102	290 978	232 259	76 507	49 615	76 295
内蒙古	343 877	71 537	38 181	7 580	135 427	146 215	51 901	15 324	56 547
辽宁	669 605	76 119	36 355	15 546	172 665	280 231	112 991	51 795	128 042
吉林	426 563	33 119	16 685	9 070	136 692	139 921	59 591	34 502	88 976
黑龙江	591 433	99 801	50 575	12 750	167 810	183 948	86 700	59 571	193 205
上海	229 645	58 801	28 624	6 525	38 880	127 776	53 697	18 731	49 362
江苏	1 590 318	184 954	93 600	23 030	669 157	543 207	146 560	92 436	323 912
浙江	770 792	113 176	59 445	10 229	207 425	370 154	107 989	51 626	146 774
安徽	1 349 499	180 273	93 280	15 045	637 916	443 458	129 815	91 926	226 657
福建	690 666	73 108	36 650	1 039	256 054	267 050	76 267	42 097	122 306
江西	781 537	60 751	30 701	5 163	358 462	273 196	77 046	48 167	85 417
山东	1 640 652	225 872	117 047	4 521	823 268	714 404	143 394	62 434	123 024
河南	2 292 571	90 045	43 242	11 414	992 675	736 766	225 960	120 968	306 247
湖北	1 155 365	76 357	37 713	8 867	401 109	423 144	134 619	75 080	197 770
湖南	1 137 713	149 801	77 382	8 128	483 992	450 708	142 004	68 177	142 633
广东	1 597 762	143 720	65 123	13 666	546 660	729 934	244 994	94 461	125 433
广西	904 457	78 945	42 547	3 623	305 027	396 483	145 777	61 125	74 990
海南	187 045	11 795	5 236	817	50 847	64 211	31 290	16 453	36 039
重庆	432 887	164 109	85 495	13 092	184 985	188 393	63 913	53 083	106 622
四川	1 211 201	285 391	151 126	19 836	490 726	465 474	157 362	127 938	255 092
贵州	780 707	54 973	29 838	3 641	225 501	219 967	108 265	84 551	197 396
云南	765 454	73 482	37 765	3 067	269 204	261 876	113 657	72 342	121 857
西藏	26 910	882	280	96	8 541	11 745	4 227	2 256	1 023
陕西	656 169	91 083	48 634	800	271 159	303 103	71 374	37 913	63 703
甘肃	318 659	16 377	8 369	819	119 271	123 402	36 269	15 634	40 460
青海	78 759	12 631	4 715	136	17 480	43 603	14 970	6 515	8 822
宁夏	108 751	12 739	5 043	3 675	52 544	36 905	10 201	8 031	13 809
新疆	430 539	95 189	48 202	9 525	185 369	157 229	61 540	38 825	82 765

数据来源：民政部规划财务司。

77. 全国历年结婚登记情况

年份	结婚登记总数（万对）	内地居民登记结婚数（万对）	涉外华侨港澳台登记结婚数（万对）	每千居民之结婚宗数(粗结婚率)（‰）
1978	597.8	597.8	—	6.2
1979	637.1	636.3	0.8	6.7
1980	720.9	719.8	1.1	7.3
1981	1 041.7	1040.3	1.4	10.4
1982	836.9	835.5	1.4	8.3
1983	765.4	764.2	1.3	7.5
1984	784.8	783.4	1.4	7.5
1985	831.3	829.1	2.2	7.9
1986	884.0	882.3	1.7	8.2
1987	926.7	924.7	2.0	8.6
1988	899.2	897.2	2.0	8.3
1989	937.2	935.2	2.0	8.4
1990	951.1	948.7	2.4	8.2
1991	953.6	951.0	2.6	8.3
1992	957.5	954.5	3.0	8.3
1993	915.4	912.2	3.3	7.8
1994	932.4	929.0	3.4	7.8
1995	934.1	929.7	4.4	7.7
1996	938.7	934.0	4.7	7.7
1997	914.1	909.1	5.1	7.4
1998	891.7	886.7	5.0	7.2
1999	885.3	879.9	5.4	7.1
2000	848.5	842.0	6.5	6.7
2001	805.0	797.1	7.9	6.3
2002	786.0	778.8	7.3	6.1
2003	811.4	803.5	7.8	6.3
2004	867.2	860.8	6.4	6.7
2005	823.1	816.6	6.4	6.3
2006	945.0	938.2	6.8	7.2
2007	991.4	986.3	5.1	7.5
2008	1 098.3	1 093.2	5.1	8.3
2009	1 212.4	1 207.5	4.9	9.1
2010	1 241.0	1 236.1	4.9	9.3
2011	1 302.4	1 297.5	4.9	9.7
2012	1 323.6	1 318.3	5.3	9.8

注：每千居民之结婚宗数(粗结婚率)计算方法

$$\text{每千居民之结婚宗数} = \frac{\text{结婚宗数}}{(\text{当年期初人口数}+\text{当年期末人口数})/2} \times 1000‰$$

数据来源：民政部规划财务司。

78. 2012年各省、自治区、直辖市离婚办理服务情况

地区	离婚登记总数	民政部门 合计	内地居民登记离婚	涉外及华侨、港澳台居民登记离婚	其中:外国人
全 国	3 103 837	2 423 393	2 417 232	6 161	2 833
北 京	48 575	38 243	38 080	163	114
天 津	36 287	30 414	30 355	59	—
河 北	171 208	118 613	118 566	47	37
山 西	52 808	35 585	35 576	9	9
内蒙古	70 577	48 867	48 855	12	8
辽 宁	141 224	113 198	112 946	252	130
吉 林	110 961	92 475	92 368	107	66
黑龙江	156 754	124 138	123 970	168	98
上 海	52 838	44 158	43 758	400	297
江 苏	181 157	141 182	140 965	217	115
浙 江	122 463	98 082	97 628	454	129
安 徽	133 651	102 170	102 097	73	30
福 建	74 901	56 815	55 467	1 348	448
江 西	75 502	60 006	59 906	100	40
山 东	196 682	142 951	142 818	133	99
河 南	159 955	139 638	139 553	85	35
湖 北	135 560	109 862	109 676	186	65
湖 南	155 350	125 638	125 407	231	53
广 东	155 446	129 733	128 519	1 214	685
广 西	85 888	67 079	66 877	202	90
海 南	12 067	8 898	8 791	107	14
重 庆	125 686	107 648	107 520	128	49
四 川	250 984	203 209	203 003	206	78
贵 州	81 230	59 405	59 352	53	11
云 南	82 119	62 225	62 154	71	61
西 藏	1 339	795	792	3	3
陕 西	70 952	55 006	54 928	78	25
甘 肃	32 908	16 741	16 729	12	4
青 海	10 675	6 233	6 231	2	2
宁 夏	14 994	10 794	10 789	5	5
新 疆	103 096	73 592	73 556	36	33

数据来源:民政部规划财务司。

数　据

单位：人，对，件

合计	法院部门离婚 判决离婚	调解离婚	离婚案件收案	判决不离	调解不离
680 444	161 202	519 242	1 251 234	153 266	93 062
10 332	2 801	7 531	20 919	3 553	440
5 873	1 735	4 138	13 112	2 641	621
52 595	3 223	49 372	101 073	2 503	9 117
17 223	4 181	13 042	33 362	3 163	4 488
21 710	5 026	16 684	38 574	1 360	2 994
28 026	7 633	20 393	52 191	7 068	2 281
18 486	5 049	13 437	33 077	2 770	1 627
32 616	4 600	28 016	46 855	1 070	1 656
8 680	2 367	6 313	18 070	4 115	679
39 975	6 382	33 593	80 550	12 734	9 722
24 381	7 079	17 302	49 639	12 108	2 004
31 481	9 206	22 275	60 221	10 908	1 814
18 086	7 187	10 899	33 849	6 331	1 098
15 496	4 791	10 705	30 257	4 643	2 234
53 731	13 071	40 660	107 686	15 356	12 938
20 317	6 300	14 017	41 944	4 726	2 257
25 698	6 665	19 033	46 141	7 256	2 384
29 712	9 089	20 623	53 489	8 180	5 122
25 713	7 869	17 844	46 093	6 202	2 888
18 809	4 288	14 521	30 744	3 378	2 641
3 169	977	2 192	5 136	757	576
18 038	5 536	12 502	35 938	6 550	1 668
47 775	12 044	35 731	86 201	11 773	5 713
21 825	4 933	16 892	34 446	2 536	1 962
19 894	5 772	14 122	33 310	3 074	2 470
544	42	502	781	6	124
15 946	3 388	12 558	30 586	2 394	3 556
16 167	3 650	12 517	29 555	2 943	3 044
4 442	990	3 452	7 888	468	792
4 200	1 136	3 064	8 109	1 269	425
29 504	4 192	25 312	41 438	1 431	3 727

79. 全国历年离婚办理情况

年份	离婚总数(万对)	民政部门登记离婚数(万对) 合计	内地居民登记离婚数(万对)	涉外华侨港澳台、登记离婚数(对)	法院部门办理离婚数(万对)	每千居民之离婚宗数(粗离婚率)(‰)
1978	28.5	17.0	17.0	—	11.5	0.2
1979	31.9	19.3	19.3	82	12.6	0.3
1980	34.1	18.0	18.0	330	16.1	0.4
1981	38.9	18.7	18.7	46	20.2	0.4
1982	42.8	21.1	21.1	116	21.7	0.4
1983	41.8	19.7	19.7	126	22.1	0.4
1984	45.4	19.9	19.9	110	25.5	0.4
1985	45.8	19.6	19.6	108	26.2	0.4
1986	50.6	21.4	21.4	205	29.2	0.5
1987	58.1	23.6	23.6	220	34.5	0.6
1988	65.5	26.4	26.4	310	39.1	0.6
1989	75.3	28.8	28.7	518	46.5	0.7
1990	80.0	30.1	30.0	602	49.9	0.7
1991	83.1	30.1	30.0	588	53.0	0.7
1992	85.0	31.6	31.5	833	53.4	0.7
1993	91.0	33.6	33.5	968	57.4	0.8
1994	98.2	35.5	35.4	737	62.7	0.8
1995	105.6	36.8	36.7	813	68.8	0.9
1996	113.4	39.4	39.3	1 175	74.0	0.9
1997	119.9	44.0	43.9	1 385	75.9	1.0
1998	119.2	46.6	46.5	948	72.6	1.0
1999	120.2	47.8	47.7	975	72.4	1.0
2000	121.3	48.9	48.8	1 075	72.4	1.0
2001	125.0	52.8	52.5	2 856	72.2	1.0
2002	117.7	57.3	56.8	5 221	60.4	0.9
2003	133.0	69.0	68.7	3 333	64.0	1.1
2004	166.5	104.6	104.0	5 830	61.9	1.3
2005	178.5	118.4	117.5	8 267	60.1	1.4
2006	191.3	129.1	128.3	8 414	62.2	1.5
2007	209.8	145.7	144.8	8 852	64.1	1.6
2008	226.9	161.0	160.0	9470	65.9	1.71
2009	246.8	180.2	179.6	5608	66.6	1.85
2010	267.8	201.0	200.4	5 783	66.8	2.00
2011	287.4	220.7	220.2	5 761	66.7	2.13
2012	310.4	242.3	241.7	6161	68.1	2.29

注：每千居民之离婚宗数（粗离婚率）计算方法

$$\text{每千居民之离婚宗数} = \frac{\text{离婚宗数}}{(\text{当年期初人口数}+\text{当年期末人口数})/2} \times 1000‰$$

数据来源：民政部规划财务司。

80. 全国历年自然灾害情况

年 份	受灾人口 (万人次)	因灾死亡人口 (含失踪)(人)	紧急转移人口 (万人)	直接经济损失 (亿元)	倒塌房屋 (万间)	农作物受灾面积 (万公顷)
1978	—	4 965	—	—	73.1	4 844.0
1979	—	6 962	—	—	152.1	3 937.0
1980	—	6 821	—	—	137.3	5 003.0
1981	26 710.0	7 422	—	—	261.5	3 979.0
1982	22 900.7	7 935	—	—	320.3	3 313.0
1983	22 439.0	10 952	—	260.9	345.4	3 471.0
1984	20 894.0	6 927	—	—	274.7	3 189.0
1985	26 446.0	4 394	290.5	410.4	224.9	4 437.0
1986	29 928.0	5 410	345.8	—	209.7	4 714.0
1987	23 512.0	5 495	348.0	326.3	180.0	4 207.0
1988	36 169.0	7 306	582.9	—	258.0	5 087.0
1989	34 569.0	5 952	365.3	525.0	194.1	4 699.0
1990	29 348.0	7 338	579.2	616.0	247.4	3 847.0
1991	41 941.0	7 315	1 308.5	1 215.1	581.5	5 547.0
1992	37 174.0	5 741	303.6	853.9	196.6	5 133.0
1993	37 541.0	6 125	307.7	933.2	271.6	4 867.0
1994	43 799.0	8 549	1 054.0	1 876.0	512.1	5 504.0
1995	24 215.0	5 561	1 064.0	1 863.0	439.3	4 587.0
1996	32 305.0	7 273	1 216.0	2 882.0	809.0	5 975.0
1997	47 886.0	3 212	511.3	1 975.0	288.0	5 343.0
1998	35 216.0	5 511	2 082.4	3 007.4	821.4	2 229.0
1999	35 319.0	2 966	664.8	1 962.4	174.5	4 998.0
2000	45 652.3	3 014	467.1	2 045.3	147.3	5 469.0
2001	37 255.9	2 583	211.1	1 942.0	92.2	5 215.0
2002	37 841.8	2 840	471.8	1 717.4	175.7	4 711.9
2003	49 745.9	2 259	707.3	1 884.2	343.0	5 438.6
2004	33 920.6	2 250	563.2	1 602.3	155.0	3 710.6
2005	40 653.7	2 475	1 570.3	2 042.1	226.4	3 881.8
2006	43 453.3	3 186	1 384.5	2 528.1	193.3	4 109.1
2007	39 777.9	2 325	1 499.1	2 363.0	146.7	4 899.3
2008	47 795.0	88 928	2 682.2	11 752.4	1 097.7	3 999.0
2009	47 933.5	1 528	709.9	2 523.7	83.8	4 721.4
2010	42 610.2	7 844	1 858.4	5 339.9	273.3	3 742.6
2011	43 290.0	1 126	939.4	3 096.4	93.5	3 247.1
2012	29 421.7	1 530	1 109.6	4 185.5	90.6	2 496.2

数据来源：民政部规划财务司。

81. 2012年各省、自治区、直辖市自然灾害损失情况

单位：万人次，人，千公顷，万间，亿元

地区	受灾	死亡人口	失踪人口	紧急转移安置人口	需救助人口	受灾面积	绝收面积	倒塌房屋	严重损坏房屋	一般损坏房屋	直接经济损失
合 计	29 422.0	1338	192	1 109.6	1 885.0	24 962.0	1 826.3	90.6	145.5	—	4 185.5
北 京	95.2	79	—	10.6	21.0	71.2	6.0	0.8	3.6	—	171.1
天 津	88.4	—	—	0.6	209.0	133.6	13.9	0.1	0.3	—	32.5
河 北	2 112.1	57	15	51.6	74.7	1 329.0	123.0	5.0	16.1	—	397.2
山 西	546.7	38	4	14.7	45.0	931.0	70.1	2.2	2.6	—	64.9
内蒙古	668.9	63	1	8.5	122.3	2 060.7	378.0	1.7	4.4	—	152.8
辽 宁	569.1	10	9	42.1	207.0	355.4	27.0	1.7	3.4	—	206.6
吉 林	712.4	5	—	2.0	27.2	632.8	15.8	0.1	0.8	—	52.1
黑龙江	796.2	—	—	2.6	31.9	2 429.4	134.9	0.3	1.6	—	69.9
上 海	42.0	4	—	35.0	—	14.7	1.9	—	0.2	—	5.2
江 苏	1 492.9	8	2	30.6	19.8	697.5	43.4	0.6	1.4	—	107.8
浙 江	1 126.8	10	—	205.1	13.7	554.2	42.0	0.7	0.7	—	464.4
安 徽	2 206.3	26	—	23.8	9.8	1 152.5	59.2	1.4	1.9	—	87.2
福 建	225.7	4	—	48.6	4.4	159.3	11.4	0.4	1.0	—	58.3
江 西	775.9	41	—	56.4	60.3	673.5	47.5	3.2	2.3	—	113.3
山 东	1 940.3	15	1	57.7	55.1	1 822.6	89.8	6.9	9.0	—	244.8
河 南	1 232.1	13	1	2.9	8.0	1 388.8	22.6	1.1	1.1	—	26.8
湖 北	1 703.6	57	7	28.5	266.5	1 718.7	112.3	3.1	3.8	—	131.7
湖 南	1 622.8	52	10	65.8	94.8	1 233.9	65.6	5.7	6.9	—	149.1
广 东	499.5	47	5	64.0	28.0	417.2	22.1	1.2	0.8	—	157.3
广 西	844.1	43	1	34.8	57.3	575.0	22.6	2.9	2.0	—	45.6
海 南	197.6	1	6	25.5	15.8	60.5	12.0	0.1	0.1	—	420.5
重 庆	795.4	33	3	54.7	57.0	405.4	45.4	1.8	1.9	—	56.0
四 川	3 655.1	163	59	131.0	263.6	943.9	47.5	24.7	24.7	—	402.4
贵 州	1 194.8	50	1	30.7	72.0	542.1	42.6	1.5	5.1	—	65.8
云 南	1 760.0	228	14	26.3	1 196.9	1 578.3	142.4	10.0	20.9	—	164.2
西 藏	49.0	23	—	2.2	1.6	14.4	2.5	—	—	—	2.9
陕 西	733.2	42	16	32.2	43.6	508.9	39.9	6.1	6.9	—	86.4
甘 肃	1 185.2	101	25	5.9	84.9	1 016.5	69.9	3.6	6.5	—	134.0
青 海	172.7	11	2	0.3	2.8	154.9	7.8	0.4	0.4	—	15.1
宁 夏	144.6	12	—	0.7	69.3	260.3	10.1	0.2	0.5	—	8.3
新 疆	182.3	56	10	12.0	13.5	688.3	68.5	2.9	12.9	—	62.1
兵 团	51.1	—	—	1.8	8.6	437.5	28.6	0.2	1.7	6.3	29.2

数据来源：民政部规划财务司。

社会保险

82. 1994–2012年全国社会保险基本情况

单位：亿元，万人

年份	失业保险 参保人数	失业保险 全年发放失业保险金人数	失业保险 全年发放失业保险金	城镇职工基本医疗保险 参保职工人数	城镇职工基本医疗保险 参保退休人员	工伤保险 参保人数	工伤保险 享受工伤待遇的人数	参加生育保险人数
1994	7 967.8	196.5	5.1	374.6	25.7	1 822.1	5.8	915.9
1995	8 237.7	261.3	8.2	702.6	43.3	2 614.8	7.1	1 500.2
1996	8 333.1	330.8	13.9	791.2	64.5	3 102.6	10.1	2 015.6
1997	7 961.4	319.0	18.7	1 588.9	173.1	3 507.8	12.5	2 485.9
1998	7 927.9	158.1	20.4	1 508.7	369.0	3 781.3	15.3	2 776.7
1999	9 852.0	271.4	31.9	1 509.4	555.9	3 912.3	15.1	2 929.8
2000	10 408.4	329.7	56.2	2 862.8	924.2	4 350.3	18.8	3 001.6
2001	10 354.6	468.5	83.3	5 470.7	1 815.2	4 345.3	18.7	3 455.1
2002	10 181.6	657.0	116.8	6 925.8	2 475.4	4 405.6	26.5	3 488.2
2003	10 372.9	741.6	133.4	7 974.9	2 926.8	4 574.8	32.9	3 655.4
2004	10 583.9	753.5	137.5	9 044.4	3 359.2	6 845.2	51.9	4 383.8
2005	10 647.7	677.8	132.4	10 021.7	3 761.2	8 478.0	65.1	5 408.5
2006	11 186.6	598.1	125.8	11 580.3	4 151.5	10 268.5	77.8	6 458.9
2007	11 644.6	538.5	129.4	13 420.0	4 600.0	12 173.3	96.0	7 775.3
2008	12 399.8	516.7	139.5	14 987.7	5 007.9	13 787.2	117.8	9 254.1
2009	12 715.5	483.9	145.8	16 410.5	5 526.9	14 895.5	129.6	10 875.7
2010	13 375.6	431.6	140.4	17 791.2	5 943.5	16 160.7	147.5	12 335.9
2011	14 317.1	394.4	159.9	18 948.5	6 278.6	17 695.9	163.0	13 892.0
2012	15 224.7	390.1	181.3	19 861.3	6 624.2	19 010.1	190.5	15 428.7

数据来源：国家统计局。

83. 1990–2012年全国社会保险基金收支及累计结余

单位：亿元

年份	合计	基本养老保险	失业保险	城镇职工基本医疗保险	工伤保险	生育保险
基金收入						
1990	186.8	178.8	7.2	—	—	—
1991	225.0	215.7	9.3	—	—	—
1992	377.4	365.8	11.7	—	—	—
1993	526.1	503.5	17.9	1.4	2.4	0.8
1994	742.0	707.4	25.4	3.2	4.6	1.5
1995	1 006.0	950.1	35.3	9.7	8.1	2.9
1996	1 252.4	1 171.8	45.2	19.0	10.9	5.5
1997	1 458.2	1 337.9	46.9	52.3	13.6	7.4
1998	1 623.1	1 459.0	68.4	60.6	21.2	9.8
1999	2 211.8	1 965.1	125.2	89.9	20.9	10.7
2000	2 644.9	2 278.5	160.4	170.0	24.8	11.2
2001	3 101.9	2 489.0	187.3	383.6	28.3	13.7
2002	4 048.7	3 171.5	215.6	607.8	32.0	21.8
2003	4 882.9	3 680.0	249.5	890.0	37.6	25.8
2004	5 780.3	4 258.4	290.8	1 140.5	58.3	32.1
2005	6 975.2	5 093.3	340.3	1 405.3	92.5	43.8
2006	8 643.2	6 309.8	402.4	1 747.1	121.8	62.1
2007	10 812.3	7 834.2	471.7	2 257.2	165.6	83.6
2008	13 696.1	9 740.2	585.1	3 040.4	216.7	113.7
2009	16 115.6	11 490.8	580.4	3 671.9	240.1	132.4
2010	18 822.8	13 419.5	649.8	4 308.9	284.9	159.6
2011	24 043.2	16 894.7	923.1	5 539.2	466.4	219.8
2012	28 909.5	20 001.0	1 138.9	6 938.7	526.7	304.2
基金支出						
1990	151.9	149.4	2.5	—	—	—
1991	176.1	173.1	3.0	—	—	—
1992	327.1	321.9	5.1	—	—	—
1993	482.2	470.6	9.3	1.3	0.4	0.5
1994	680.0	661.1	14.2	2.9	0.9	0.8
1995	877.1	847.6	18.9	7.3	1.8	1.6
1996	1 082.4	1 031.9	27.3	16.2	3.7	3.3
1997	1 339.2	1 251.3	36.3	40.5	6.1	4.9
1998	1 636.9	1 511.6	51.9	53.3	9.0	6.8
1999	2 108.1	1 924.9	91.6	69.1	15.4	7.1
2000	2 385.6	2 115.5	123.4	124.5	13.8	8.3
2001	2 748.0	2 321.3	156.6	244.1	16.5	9.6
2002	3 471.5	2 842.9	186.6	409.4	19.9	12.8
2003	4 016.4	3 122.1	199.8	653.9	27.1	13.5
2004	4 627.4	3 502.1	211.3	862.2	33.3	18.8
2005	5 400.8	4 040.3	206.9	1 078.7	47.5	27.4
2006	6 477.4	4 896.7	198.0	1 276.7	68.5	37.5
2007	7 887.8	5 964.9	217.6	1 561.8	87.9	55.6
2008	9 925.1	7 389.6	253.5	2 083.6	126.9	71.5
2009	12 302.6	8 894.4	366.8	2 797.4	155.7	88.3
2010	14 818.5	10 554.9	423.3	3 538.1	192.4	109.9
2011	18 054.6	12 764.9	432.8	4 431.4	286.4	139.2
2012	22 181.6	15 561.8	450.6	5 543.6	406.3	219.3
累计结余						
1990	117.3	97.9	19.5	—	—	—
1991	169.7	144.1	25.7	—	—	—
1992	252.8	220.6	32.1	—	—	—
1993	303.7	258.6	40.8	0.4	3.1	0.8
1994	365.7	304.8	52.0	0.7	6.8	1.4
1995	516.8	429.8	68.4	3.1	12.7	2.7
1996	696.1	578.6	86.4	6.4	19.7	5.0
1997	831.6	682.8	97.0	16.6	27.7	7.5
1998	791.1	587.8	133.4	20.0	39.5	10.3
1999	1 009.8	733.5	159.9	57.6	44.9	13.9
2000	1 327.5	947.1	195.9	109.8	57.9	16.8
2001	1 622.8	1 054.1	226.2	253.0	68.9	20.6
2002	2 423.4	1 608.0	253.8	450.7	81.1	29.7
2003	3 313.8	2 206.5	303.5	670.6	91.2	42.0
2004	4 493.4	2 975.0	385.8	957.9	118.6	55.9
2005	6 073.7	4 041.0	519.0	1 278.1	163.5	72.1
2006	8 255.9	5 488.9	724.8	1 752.4	192.9	96.9
2007	11 236.6	7 391.4	979.1	2 476.9	262.6	126.6
2008	15 176.9	9 931.0	1 310.1	3 431.7	335.0	168.2
2009	18 941.5	12 526.1	1 523.6	4 275.9	403.8	212.1
2010	22 902.7	15 365.3	1 749.8	5 047.1	479.1	261.4
2011	29 001.9	19 496.6	2 240.2	6 180.0	742.6	342.5
2012	35 804.4	23 941.3	2 929.0	7 644.5	861.9	427.6

注：1. 2007年及以后城镇基本医疗保险基金中包括城镇职工基本医疗保险和城镇居民基本医疗保险。
　　2. 工伤保险累计结余中含储备金。
数据来源：国家统计局。

84. 2012年各省、自治区、直辖市城镇职工基本养老保险情况
单位：万人，亿元

地区	参加基本养老保险人数 合计	职工	离退休	基金收入	基金支出	累计结余
全国	30 426.8	22 981.1	7 445.7	20 001.0	15 561.8	23 941.3
北京	1 206.4	995.7	210.7	995.1	640.2	1 224.8
天津	490.3	333.4	156.9	420.5	365.0	279.2
河北	1 125.6	813.3	312.3	793.0	723.5	755.1
山西	648.7	479.8	168.9	563.1	391.6	963.3
内蒙古	471.9	319.0	153.0	405.8	343.6	405.9
辽宁	1 609.2	1 098.8	510.4	1 212.3	1 052.6	1 054.9
吉林	632.2	397.6	234.6	390.6	377.6	407.1
黑龙江	1 013.0	611.4	401.6	720.2	717.2	469.9
上海	1 416.9	993.1	423.8	1 391.6	1 127.7	821.5
江苏	2 427.5	1 880.6	547.0	1 629.9	1 142.1	2 145.8
浙江	2 183.3	1 835.5	347.8	1 227.2	783.5	1 963.9
安徽	783.8	578.4	205.4	515.7	406.7	594.0
福建	756.5	631.0	125.5	322.0	273.3	226.2
江西	707.4	518.3	189.1	382.9	297.0	332.2
山东	2 063.2	1 646.9	416.3	1 316.6	1 059.0	1 639.5
河南	1 270.6	964.6	306.0	728.8	612.0	717.7
湖北	1 171.4	804.1	367.3	764.3	647.8	754.6
湖南	1 048.0	747.6	300.4	607.8	502.8	685.9
广东	4 034.1	3 643.8	390.2	1 680.9	900.9	3 879.6
广西	512.7	349.1	163.6	326.2	297.1	443.1
海南	214.2	161.6	52.5	123.0	114.4	94.1
重庆	716.9	469.9	247.0	535.8	412.7	458.1
四川	1 615.4	1 073.7	541.7	1 132.0	927.7	1 464.3
贵州	309.4	231.7	77.7	216.9	153.1	293.4
云南	364.5	253.8	110.7	298.5	211.3	423.0
西藏	13.3	9.9	3.5	18.2	12.0	24.6
陕西	643.5	466.4	177.1	480.6	401.1	338.9
甘肃	277.4	183.6	93.7	233.9	193.2	288.3
青海	86.0	59.9	26.2	71.8	65.0	78.8
宁夏	131.2	91.4	39.9	90.7	86.2	158.5
新疆	458.8	319.8	139.0	401.3	320.5	547.0
不分地区	23.7	17.7	6.0	3.8	3.6	8.3

注：不分地区合计中，包括中国人民银行、中国农业发展银行数。
数据来源：国家统计局。

85. 1989–2012年全国参加城镇职工基本养老保险人数

单位:万人

年份	合计	在职职工人数	其中:企业(含其他)	离休、退休人员数	其中:企业(含其他)
1989	5 710.3	4 816.9	4 816.9	893.4	893.4
1990	6 166.0	5 200.7	5 200.7	965.3	965.3
1991	6 740.3	5 653.7	5 653.7	1 086.6	1 086.6
1992	9 456.2	7 774.7	7 774.7	1 681.5	1 681.5
1993	9 847.6	8 008.2	8 008.2	1 839.4	1 839.4
1994	10 573.5	8 494.1	8 494.1	2 079.4	2 079.4
1995	10 979.0	8 737.8	8 737.8	2 241.2	2 241.2
1996	11 116.7	8 758.4	8 758.4	2 358.3	2 358.3
1997	11 203.9	8 670.9	8 670.9	2 533.0	2 533.0
1998	11 203.1	8 475.8	8 475.8	2 727.3	2 727.3
1999	12 485.4	9 501.8	8 859.2	2 983.6	2 863.8
2000	13 617.4	10 447.5	9 469.9	3 169.9	3 016.5
2001	14 182.5	10 801.9	9 733.0	3 380.6	3 171.3
2002	14 736.6	11 128.8	9 929.4	3 607.8	3 349.2
2003	15 506.7	11 646.5	10 324.5	3 860.2	3 556.9
2004	16 352.9	12 250.3	10 903.9	4 102.6	3 775.0
2005	17 487.9	13 120.4	11 710.6	4 367.5	4 005.2
2006	18 766.3	14 130.9	12 618.0	4 635.4	4 238.6
2007	20 136.9	15 183.2	13 690.6	4 953.7	4 544.0
2008	21 891.1	16 587.5	15 083.4	5 303.6	4 868.0
2009	23 549.9	17 743.0	16 219.0	5 806.9	5 348.0
2010	25 707.3	19 402.3	17 822.7	6 305.0	5 811.6
2011	28 391.3	21 565.0	19 970.0	6 826.2	6 314.0
2012	30 426.8	22 981.1	21 360.9	7 445.7	6 910.9

数据来源:国家统计局。

86. 2012年各省、自治区、直辖市城乡居民社会养老保险情况

单位：万人，亿元

地区	参加基本养老保险人数 合计	达到领取待遇年龄参保人员数	基金收入	基金支出	累计结余
全 国	48 369.5	13 382.2	1 829.2	1 149.7	2 302.2
北 京	176.8	27.1	26.8	13.6	88.7
天 津	89.3	69.8	31.1	14.0	73.1
河 北	3 334.6	789.7	91.0	49.1	93.3
山 西	1 482.1	326.2	41.5	21.0	62.8
内蒙古	756.1	184.9	33.1	19.7	38.1
辽 宁	1 046.1	347.9	36.0	22.4	30.5
吉 林	561.3	198.1	24.3	12.5	20.6
黑龙江	758.0	191.5	28.9	13.3	30.1
上 海	80.8	45.4	30.6	29.4	72.3
江 苏	2 347.2	888.7	145.9	109.1	294.7
浙 江	1 332.3	572.6	92.4	80.3	112.8
安 徽	3 350.6	805.5	96.1	53.1	84.5
福 建	1 446.1	358.8	40.3	22.1	46.2
江 西	1 737.5	394.9	48.0	24.6	49.3
山 东	4 401.2	1 257.5	169.7	106.8	286.0
河 南	4 719.7	1 153.8	116.6	74.2	129.6
湖 北	2 266.2	580.5	73.5	37.7	73.0
湖 南	3 120.3	857.0	94.3	54.6	68.1
广 东	2 255.2	727.2	95.3	54.8	163.4
广 西	1 572.3	488.8	46.5	34.3	35.7
海 南	269.5	65.7	8.9	5.6	9.9
重 庆	1 130.9	372.4	112.3	86.7	40.5
四 川	2 828.4	1 027.5	114.2	69.0	161.3
贵 州	1 260.7	404.8	58.5	48.9	28.1
云 南	2 103.2	419.7	47.2	24.2	48.7
西 藏	134.0	21.9	4.2	2.4	2.9
陕 西	1 705.5	383.5	58.5	32.9	64.5
甘 肃	1 176.6	252.4	30.0	14.1	51.3
青 海	206.1	38.1	7.8	4.5	8.9
宁 夏	180.3	35.7	5.8	3.2	8.5
新 疆	540.6	94.4	19.8	11.4	24.9

注：2012年8月起，新型农村社会养老保险和城镇居民社会养老保险制度全覆盖工作全面启动，合并为城乡居民社会养老保险。

数据来源：国家统计局。

87. 2012年各省、自治区、直辖市城镇基本医疗保险参保人数

单位：万人

地区	合计	城镇职工 小计	城镇职工 在岗职工	城镇职工 退休人员	城镇居民
全 国	53 641.3	26 485.6	19 861.3	6 624.2	27 155.7
北 京	1 431.6	1 279.7	1 040.6	239.1	151.9
天 津	981.3	479.1	310.2	168.9	502.2
河 北	1 644.4	906.8	645.3	261.5	737.6
山 西	1 055.9	621.1	463.8	157.2	434.9
内蒙古	967.7	455.1	322.7	132.4	512.6
辽 宁	2 251.9	1 587.0	1 062.1	524.8	664.9
吉 林	1 370.0	569.5	375.6	194.0	800.5
黑龙江	1 580.3	867.8	558.3	309.6	712.5
上 海	1 638.6	1 376.0	954.5	421.5	262.6
江 苏	3 608.8	2 155.5	1 646.5	508.9	1 453.4
浙 江	2 806.8	1 671.0	1 393.9	277.1	1 135.8
安 徽	1 660.0	685.2	493.7	191.5	974.8
福 建	1 262.9	666.3	536.1	130.2	596.6
江 西	1 438.6	546.8	366.4	180.4	891.8
山 东	3 101.2	1 734.1	1 368.5	365.6	1 367.1
河 南	2 222.2	1 082.2	789.0	293.2	1 140.0
湖 北	1 960.3	921.2	656.5	264.7	1 039.1
湖 南	2 341.9	797.6	548.8	248.8	1 544.3
广 东	8 421.8	3 373.4	3 010.6	362.8	5 048.4
广 西	1 011.5	456.3	322.7	133.6	555.3
海 南	378.5	205.2	157.7	47.5	173.2
重 庆	3 219.1	496.5	348.6	147.9	2 722.6
四 川	2 383.8	1 240.9	859.1	381.8	1 142.9
贵 州	648.3	329.3	233.0	96.3	319.0
云 南	882.4	452.2	322.7	129.5	430.2
西 藏	50.1	27.6	20.4	7.1	22.6
陕 西	1 118.8	547.5	371.7	175.8	571.3
甘 肃	616.5	293.0	205.3	87.7	323.6
青 海	172.3	86.1	59.4	26.7	86.2
宁 夏	561.8	106.6	78.1	28.5	455.2
新 疆	851.9	469.1	339.5	129.6	382.9

数据来源：国家统计局。

88. 2012年各省、自治区、直辖市城镇基本医疗保险基金收支情况

单位：亿元

地区	基金收入 合计	基金收入 职工	基金收入 居民	基金支出 合计	基金支出 职工	基金支出 居民	累计结余 合计	累计结余 职工	累计结余 居民
全 国	6 938.7	6 061.9	876.8	5 543.6	4 868.5	675.1	7 644.5	6 884.2	760.3
北 京	506.9	497.4	9.5	509.2	500.4	8.8	198.4	189.4	9.0
天 津	157.2	137.7	19.5	137.9	121.1	16.8	77.7	73.6	4.2
河 北	234.6	213.2	21.4	174.4	161.2	13.2	294.5	268.7	25.8
山 西	152.6	141.0	11.5	111.9	104.2	7.6	181.2	165.5	15.8
内蒙古	125.9	110.5	15.4	106.2	94.9	11.3	122.0	108.5	13.6
辽 宁	301.8	286.6	15.2	272.1	259.6	12.6	310.9	292.4	18.5
吉 林	111.9	89.8	22.1	84.2	71.9	12.4	156.9	128.8	28.1
黑龙江	187.7	163.5	24.2	160.5	145.2	15.3	252.3	221.8	30.5
上 海	545.7	524.8	20.9	367.8	348.5	19.3	475.8	473.0	2.8
江 苏	583.2	531.2	52.0	465.0	418.3	46.6	671.7	636.4	35.2
浙 江	511.6	453.2	58.4	364.8	310.8	54.0	624.3	598.1	26.2
安 徽	159.6	130.2	29.4	130.7	110.1	20.6	179.8	144.1	35.6
福 建	168.4	155.0	13.3	126.3	115.0	11.3	246.6	237.3	9.3
江 西	102.8	77.2	25.6	79.6	63.5	16.2	126.2	93.1	33.2
山 东	422.1	388.2	33.9	332.0	311.0	21.0	416.1	379.1	37.0
河 南	207.4	175.0	32.3	164.1	143.5	20.6	250.7	214.9	35.8
湖 北	196.5	167.3	29.2	174.0	154.8	19.3	221.4	177.9	43.5
湖 南	183.5	142.1	41.4	157.8	125.5	32.3	196.1	161.0	35.1
广 东	735.6	574.4	161.2	532.4	411.8	120.6	1 102.1	973.8	128.3
广 西	115.7	101.0	14.7	93.0	85.5	7.4	169.6	147.5	22.2
海 南	41.1	35.1	6.0	33.6	29.4	4.2	46.6	39.7	6.8
重 庆	201.7	120.8	80.9	158.2	87.3	70.9	185.9	146.7	39.2
四 川	337.0	277.3	59.7	276.8	223.7	53.1	423.3	377.0	46.3
贵 州	72.9	65.8	7.2	65.4	60.5	4.9	78.6	69.3	9.3
云 南	137.3	126.5	10.8	116.7	105.3	11.3	150.9	141.3	9.6
西 藏	13.0	12.3	0.7	8.9	8.0	0.8	22.9	22.4	0.6
陕 西	127.0	109.3	17.7	93.5	84.3	9.2	162.1	140.3	21.7
甘 肃	71.9	63.9	8.0	65.3	58.4	6.9	71.0	61.4	9.6
青 海	35.7	32.0	3.8	29.1	25.6	3.5	46.5	43.6	3.0
宁 夏	42.8	24.1	18.7	31.5	18.8	12.7	43.3	30.0	13.3
新 疆	147.5	135.4	12.1	120.5	110.3	10.2	138.8	127.7	11.1

数据来源：国家统计局。

89. 2011年各省、自治区、直辖市失业保险情况

单位：万人，亿元

地区	参加失业保险人数	领取失业保险金人数	基金收入	基金支出	累计结余
全 国	15 224.7	204.0	1 138.9	450.6	2 929.0
北 京	1 006.7	2.3	46.3	28.9	112.6
天 津	268.7	2.0	30.5	12.8	77.6
河 北	501.7	7.9	41.1	15.7	96.0
山 西	391.0	3.8	26.3	5.0	80.1
内蒙古	232.8	2.5	19.7	4.5	53.1
辽 宁	660.7	7.4	66.3	17.0	143.6
吉 林	251.5	4.6	20.1	5.7	57.2
黑龙江	476.2	7.7	32.3	7.4	96.1
上 海	617.4	10.9	91.5	69.5	129.2
江 苏	1 332.2	32.7	121.6	57.4	267.3
浙 江	1 065.6	7.0	83.6	36.9	233.9
安 徽	402.2	6.1	26.8	14.3	57.6
福 建	459.1	4.6	22.7	7.9	82.9
江 西	272.2	3.3	10.3	3.5	36.3
山 东	1 009.8	19.1	83.2	35.3	230.7
河 南	724.2	11.4	33.9	14.8	76.7
湖 北	508.6	4.8	33.1	8.4	90.8
湖 南	449.9	6.0	22.3	8.6	61.4
广 东	2 008.7	9.8	91.2	20.7	304.4
广 西	243.4	5.5	21.4	6.4	70.5
海 南	139.5	1.8	8.5	2.5	26.0
重 庆	323.5	2.8	19.6	3.5	52.6
四 川	585.5	24.5	71.6	24.9	161.8
贵 州	173.5	1.0	14.9	6.5	49.9
云 南	224.7	3.8	20.7	3.5	67.2
西 藏	10.6		1.7	0.3	7.2
陕 西	339.1	3.5	26.6	4.9	80.0
甘 肃	163.6	1.2	12.9	3.0	34.6
青 海	37.9	0.7	4.4	1.4	15.6
宁 夏	70.5	1.1	6.3	1.5	17.3
新 疆	273.7	4.2	27.4	17.8	58.7

数据来源：国家统计局。

90. 2012年各省、自治区、直辖市工伤保险情况

单位:万人,亿元

地区	参加工伤保险人数	享受工伤待遇人数	基金收入	基金支出	累计结余
全 国	19 010.1	190.5	526.7	406.3	861.9
北 京	897.2	4.8	20.5	17.2	21.9
天 津	330.1	3.4	8.2	7.4	12.5
河 北	694.8	9.1	24.7	23.5	21.9
山 西	529.6	8.4	24.0	17.6	38.6
内蒙古	248.9	2.5	12.2	5.8	20.4
辽 宁	819.1	14.0	26.7	22.3	41.2
吉 林	359.4	4.2	9.5	6.9	11.9
黑龙江	470.6	6.8	18.9	16.6	27.7
上 海	898.9	6.1	22.0	20.9	47.2
江 苏	1 420.7	12.3	43.7	38.7	48.5
浙 江	1 731.7	23.8	37.3	30.3	49.9
安 徽	457.9	8.8	14.3	10.9	20.6
福 建	540.9	3.4	11.8	7.0	32.6
江 西	410.9	5.5	10.3	8.3	14.4
山 东	1 339.6	11.9	34.7	28.0	41.9
河 南	720.6	4.8	18.0	11.9	35.2
湖 北	522.6	4.0	10.1	6.9	20.2
湖 南	693.8	7.8	23.6	17.0	28.9
广 东	2 962.8	16.7	52.7	32.1	172.1
广 西	312.4	1.8	5.9	3.3	17.9
海 南	119.5	0.4	2.1	1.0	6.4
重 庆	374.9	8.0	14.6	15.0	6.6
四 川	689.4	8.0	22.0	18.0	34.0
贵 州	238.2	2.7	11.0	8.0	13.0
云 南	295.3	4.0	10.8	9.2	18.5
西 藏	14.2	0.1	0.6	0.4	1.3
陕 西	350.4	2.2	10.9	5.8	21.8
甘 肃	158.5	1.8	5.1	4.0	8.6
青 海	49.2	0.6	2.3	1.7	4.1
宁 夏	63.9	0.4	8.1	1.9	8.7
新 疆	294.1	2.4	10.1	8.4	13.4

注:工伤保险累计结余中含储备金。
数据来源:国家统计局。

91. 2012年各省、自治区、直辖市生育保险情况

单位：万人，万人次，亿元

地区	参加生育保险人数	享受待遇人数	基金收入	基金支出	累计结余
全国	15 428.7	352.7	304.2	219.3	427.6
北京	844.7	27.9	30.3	20.9	33.5
天津	242.7	8.0	8.3	5.6	15.6
河北	634.8	9.7	9.3	5.6	12.9
山西	407.6	3.1	5.7	2.4	9.4
内蒙古	274.8	4.3	5.2	3.5	7.5
辽宁	713.9	19.4	13.2	11.2	14.2
吉林	350.4	9.4	3.8	2.1	7.8
黑龙江	353.1	4.2	5.1	3.5	9.6
上海	711.5	11.7	27.2	28.9	0.3
江苏	1 276.2	55.5	32.0	22.2	59.8
浙江	1 084.8	19.4	21.9	17.5	22.7
安徽	430.1	9.0	6.1	4.7	8.7
福建	484.3	8.2	8.0	5.8	14.1
江西	204.2	2.0	1.7	0.7	4.4
山东	919.0	19.9	23.1	17.3	31.0
河南	520.3	12.0	8.6	4.5	15.2
湖北	452.9	18.8	6.7	4.0	13.6
湖南	546.0	14.8	7.3	4.2	13.8
广东	2 484.9	40.1	30.1	21.1	48.9
广西	254.7	5.1	4.7	2.8	9.3
海南	116.0	3.2	1.7	1.1	3.2
重庆	253.5	8.2	5.3	3.6	6.4
四川	654.4	12.5	11.4	8.8	17.9
贵州	221.6	3.1	2.2	1.0	5.0
云南	239.2	4.6	6.2	4.6	12.0
西藏	18.2	0.4	0.4	0.3	0.9
陕西	223.7	3.1	4.2	1.9	8.1
甘肃	129.5	2.5	2.3	1.2	4.1
青海	33.8	0.3	1.0	0.3	1.3
宁夏	66.4	1.9	1.5	1.1	1.7
新疆	281.6	10.3	9.6	7.0	14.8

数据来源：国家统计局。

人民生活水平

92. 2012年人民生活基本情况

指标	1990年	2000年	2010年	2011年	2012年
就业					
城镇居民家庭每户就业人口(人)	1.98	1.68	1.49	1.48	1.49
农村居民家庭每户整半劳动力(人)	2.92	2.76	2.85	2.78	2.76
城镇居民家庭每一就业者负担人数(人)	1.77	1.86	1.93	1.94	1.92
农村居民家庭每一劳动力负担人数(人)	1.64	1.52	1.39	1.40	1.40
城镇登记失业人数(万人)	383	595	908	922	917
城镇登记失业率(%)	2.5	3.1	4.1	4.1	4.1
收入与支出					
城镇居民人均可支配收入(元)	1 510	6 280	19 109	21 810	24 565
农村居民人均纯收入(元)	686	2 253	5 919	6 977	7 917
城镇居民人均现金消费支出(元)	1 279	4 998	13 471	15 161	16 674
农村居民人均消费支出(元)	585	1 670	4 382	5 221	5 908
人均储蓄存款余额(元)	623	5 076	22 619	25 505	29 508
生活质量					
居民家庭恩格尔系数(%)					
城镇	54.2	39.4	35.7	36.3	36.2
农村	58.8	49.1	41.1	40.4	39.3
居住条件					
城镇居民人均住房建筑面积(平方米)	—	—	31.6	32.7	32.9
农村居民人均居住住房面积(平方米)	17.8	24.8	34.1	36.2	37.1
交通条件					
城市每万人拥有公交车辆(标台)	2.2	5.3	11.2	11.8	12.1
城市人均拥有道路面积(平方米)	3.1	6.1	13.2	13.8	14.4
城镇居民每百户拥有家用汽车(辆)	—	0.50	13.07	18.58	21.54
农村居民每百户拥有生活用汽车(辆)	—	0.30	2.75	5.51	6.59
通信条件					
电话普及率(含移动电话)(部/百人)	1.11	19.10	86.41	94.81	103.10
移动电话普及率(部/百人)	0.002	6.72	64.36	73.55	82.50
城市公用设施普及占有率					
用水普及率(%)	48.0	63.9	96.7	97.0	97.2
燃气普及率(%)	19.1	45.4	92.0	92.4	93.2
人均公园绿地面积(平方米)	1.8	3.7	11.2	11.8	12.3
每万人拥有公共厕所(座)	3.0	2.7	3.0	2.9	2.9
人均国内旅游花费(元)	—	427	598	731	768
城镇	—	679	883	878	915
农村	—	227	306	471	491
文化、教育和卫生					
文化					
广播节目综合人口覆盖率(%)	74.7	92.5	96.8	97.1	97.5
电视节目综合人口覆盖率(%)	79.4	93.7	97.6	97.8	98.2
每百户彩色电视机拥有量(台)					
城镇	59.0	116.6	137.4	135.2	136.1
农村	4.7	48.7	111.8	115.5	116.9
每百户家庭计算机拥有量(部)					
城镇	—	9.7	71.2	81.9	87.0
农村	—	0.5	10.4	18.0	21.4
居民家庭人均文教娱乐支出比重(%)					
城镇	11.1	13.4	12.1	12.2	12.2
农村	5.4	11.2	8.4	7.6	7.5
教育					
各级普通学校毕业生升学率(%)					
高中升学率	27.3	73.2	83.3	86.5	87.0
初中升学率	40.6	51.2	87.5	88.9	88.4
小学升学率	74.6	94.9	98.7	98.3	98.3
卫生					
每万人口医院、卫生院床位数(张)	23.2	23.8	32.9	35.3	39.0
每万人口执业(助理)医师(人)	15.6	16.8	17.9	18.2	19.4
居民家庭医疗保健支出比重(%)					
城镇	2.0	6.4	6.5	6.4	6.4
农村	3.3	5.2	7.4	8.4	8.7
社会保障					
社会保障					
参加城镇职工基本养老保险人数(万人)	6 166	13 617	25 707	28 391	30 427
职工人数	5 201	10 447	19 402	21 565	22 981
离退休人数	965	3 170	6 305	6 826	7 446
参加城镇基本医疗保险职工和退休人数(万人)	—	3 787	23 735	25 227	26 486
参加失业保险人数(万人)	—	10 408	13 376	14 317	15 225
参加工伤保险人数(万人)	—	4 350	16 161	17 696	19 010
参加生育保险人数(万人)	—	3 002	12 336	13 892	15 429
社会保险基金收入(亿元)	187	2 645	18 823	24 043	28 910

数据来源:国家统计局。

93. 2012年各省、自治区、直辖市城镇居民平均每人全年家庭收入来源

单位:元

地区	可支配收入	总收入合计	工资性收入	经营净收入	财产性收入	转移性收入
全 国	24 564.72	26 958.99	17 335.62	2 548.29	706.96	6 368.12
北 京	36 468.75	41 103.11	27 961.78	1 430.22	717.56	10 993.54
天 津	29 626.41	32 944.01	21 523.81	1 200.10	515.49	9 704.61
河 北	20 543.44	21 899.42	13 154.52	2 257.48	338.47	6 148.95
山 西	20 411.71	22 100.31	14 973.64	1 041.43	301.84	5 783.41
内蒙古	23 150.26	24 790.79	16 872.58	2 698.67	564.02	4 655.51
辽 宁	23 222.67	25 915.72	14 846.05	2 710.30	493.01	7 866.35
吉 林	20 208.04	21 659.64	13 535.33	2 168.82	324.03	5 631.45
黑龙江	17 759.75	19 367.84	11 700.50	1 729.29	186.10	5 751.95
上 海	40 188.34	44 754.50	31 109.30	2 267.15	575.82	10 802.23
江 苏	29 676.97	32 519.10	20 102.05	3 421.90	689.96	8 305.20
浙 江	34 550.30	37 994.83	22 385.09	4 694.40	1 465.32	9 450.02
安 徽	21 024.21	23 524.56	14 812.54	2 155.33	549.62	6 007.07
福 建	28 055.24	30 877.92	19 976.01	3 336.96	1 795.21	5 769.73
江 西	19 860.36	21 150.24	13 348.06	1 946.82	527.63	5 327.72
山 东	25 755.19	28 005.61	19 856.05	2 621.41	704.90	4 823.24
河 南	20 442.62	21 897.23	13 666.49	2 545.14	333.81	5 351.78
湖 北	20 839.59	22 903.85	14 191.04	2 158.33	476.23	6 078.25
湖 南	21 318.76	22 804.55	13 237.06	3 008.33	867.76	5 691.40
广 东	30 226.71	34 044.38	23 632.20	3 603.89	1 468.73	5 339.56
广 西	21 242.80	23 209.41	14 693.47	2 131.79	883.71	5 500.43
海 南	20 917.71	22 809.87	14 672.28	2 397.44	717.61	5 022.54
重 庆	22 968.14	24 810.98	15 415.44	2 183.51	538.43	6 673.59
四 川	20 306.99	22 328.33	14 249.32	2 017.84	633.82	5 427.34
贵 州	18 700.51	20 042.88	12 309.17	1 982.45	355.70	5 395.56
云 南	21 074.50	23 000.43	14 408.29	2 425.03	999.98	5 167.14
西 藏	18 028.32	20 224.17	17 672.12	570.88	417.86	1 563.31
陕 西	20 733.88	22 606.01	15 547.32	881.96	269.58	5 907.14
甘 肃	17 156.89	18 498.46	12 514.92	1 125.68	259.63	4 598.23
青 海	17 566.28	19 746.63	12 614.39	1 191.42	92.98	5 847.84
宁 夏	19 831.41	21 902.24	13 965.62	2 522.84	160.88	5 252.90
新 疆	17 920.68	20 194.55	14 432.12	1 633.22	145.50	3 983.71

数据来源:国家统计局。

94. 2012年各省、自治区、直辖市按来源分农村居民家庭人均纯收入

单位:元

地区	纯收入	工资性收入	家庭经营纯收入	财产性收入	转移性收入
全国	7 916.58	3 447.46	3 533.37	249.05	686.70
北京	16 475.74	10 843.48	1 318.10	1 716.36	2 597.79
天津	14 025.54	7 922.26	4 126.29	921.00	1 055.99
河北	8 081.39	4 005.28	3 254.57	218.30	603.23
山西	6 356.63	3 175.50	2 334.41	140.80	705.91
内蒙古	7 611.31	1 459.05	4 689.11	322.98	1 140.17
辽宁	9 383.72	3 630.24	4 783.35	246.17	723.96
吉林	8 598.17	1 792.02	5 617.63	392.96	795.56
黑龙江	8 603.85	1 816.84	5 433.69	580.34	772.98
上海	17 803.68	11 477.71	902.61	1 381.83	4 041.53
江苏	12 201.95	6 775.89	3 873.90	458.46	1 093.71
浙江	14 551.92	7 678.22	5 291.36	588.53	993.81
安徽	7 160.46	3 243.47	3 265.64	111.81	539.54
福建	9 967.17	4 474.49	4 570.44	319.80	602.44
江西	7 829.43	3 532.72	3 742.43	120.92	433.36
山东	9 446.54	4 383.22	4 234.55	257.20	571.57
河南	7 524.94	2 989.36	3 973.43	135.49	426.66
湖北	7 851.71	3 189.84	4 123.49	65.87	472.51
湖南	7 440.17	3 847.59	2 903.21	112.77	576.59
广东	10 542.84	6 804.43	2 566.10	556.47	615.84
广西	6 007.55	2 245.95	3 234.55	53.87	473.17
海南	7 408.00	2 475.57	4 182.73	173.30	576.40
重庆	7 383.27	3 400.77	2 975.31	175.56	831.63
四川	7 001.43	3 088.86	3 004.92	166.55	741.09
贵州	4 753.00	1 977.73	2 249.21	71.54	454.53
云南	5 416.54	1 435.87	3 328.10	234.19	418.38
西藏	5 719.38	1 201.93	3 678.66	127.71	711.08
陕西	5 762.52	2 727.85	2 294.43	200.05	540.18
甘肃	4 506.66	1 787.72	2 114.75	112.08	492.12
青海	5 364.38	1 989.69	2 221.92	95.26	1 057.51
宁夏	6 180.32	2 510.53	3 071.52	101.55	496.73
新疆	6 393.68	1 008.02	4 238.98	170.73	975.95

数据来源:国家统计局。

95. 2012 各省、自治区、直辖市城镇居民家庭平均每人全年现金消费支出(一)

地区	总计	食品 合计	粮食	淀粉及薯类	干豆类及豆制品	油脂类	肉禽及制品	蛋类	水产品类	蔬菜类	调味品	糖类
全 国	16 674.32	6 040.85	458.53	54.05	72.68	161.48	1 183.59	119.00	408.92	591.97	76.10	55.06
北 京	24 045.86	7 535.29	432.00	51.55	73.30	177.90	1 084.73	146.93	296.17	583.57	128.73	81.42
天 津	20 024.24	7 343.64	438.70	61.37	58.37	182.78	1 128.65	192.10	564.76	614.19	116.79	54.46
河 北	12 531.12	4 211.16	391.57	48.95	58.59	148.51	764.95	125.99	177.91	412.78	69.11	42.12
山 西	12 211.53	3 855.56	421.97	70.33	69.71	117.58	546.45	106.60	73.25	383.69	56.58	33.00
内蒙古	17 717.10	5 463.18	488.84	39.84	44.05	116.43	990.75	83.19	144.44	457.17	62.79	39.79
辽 宁	16 593.60	5 809.39	472.76	69.55	75.58	152.21	979.53	131.32	474.35	581.19	90.33	44.15
吉 林	14 613.53	4 635.27	453.09	59.95	74.58	135.65	803.19	99.27	208.16	489.50	78.69	34.27
黑龙江	12 983.55	4 687.23	479.60	71.66	68.97	147.34	857.79	112.20	213.69	463.23	74.44	48.48
上 海	26 253.47	9 655.60	699.84	71.01	108.67	139.82	1 447.45	149.84	1 011.40	761.58	91.92	125.58
江 苏	18 825.28	6 658.37	442.90	62.70	95.14	134.40	1 315.82	128.98	542.92	662.97	76.37	57.90
浙 江	21 545.18	7 552.02	467.83	58.42	99.87	144.84	1 128.30	108.24	949.22	660.54	65.02	54.47
安 徽	15 011.66	5 814.92	455.44	39.51	82.67	158.16	1 035.59	148.34	268.20	577.93	47.99	48.36
福 建	18 593.21	7 317.42	563.59	58.60	73.22	142.13	1 484.76	131.03	1 219.95	629.91	76.61	48.38
江 西	12 775.65	5 071.61	437.95	30.76	90.66	200.83	1 161.74	104.09	291.38	671.48	56.84	48.16
山 东	15 778.24	5 201.32	394.36	53.85	52.92	147.07	860.31	151.22	384.33	439.17	67.06	41.38
河 南	13 732.96	4 607.47	393.08	60.79	59.64	128.00	796.87	131.49	105.77	400.70	64.16	39.66
湖 北	14 495.97	5 837.93	583.33	36.74	85.61	196.98	1 118.08	115.20	334.46	703.01	73.89	43.30
湖 南	14 608.95	5 441.63	423.53	34.21	87.86	206.38	1 172.72	96.52	272.49	627.38	57.37	50.01
广 东	22 396.35	8 258.44	544.10	44.17	65.47	185.80	2 086.69	107.81	792.27	742.25	74.15	81.35
广 西	14 243.98	5 552.56	387.45	37.30	69.62	143.58	1 617.61	83.19	378.22	521.24	45.74	60.04
海 南	14 456.55	6 556.10	330.15	28.90	35.51	151.43	1 840.30	60.81	963.24	726.07	53.56	32.82
重 庆	16 573.14	6 870.23	417.12	59.87	82.88	266.56	1 591.79	135.26	266.13	797.03	137.92	74.79
四 川	15 049.54	6 073.86	413.09	73.96	72.03	195.95	1 512.48	120.48	185.40	710.36	115.95	64.07
贵 州	12 585.70	4 992.85	395.96	31.13	58.77	167.13	1 147.14	79.12	99.05	558.19	67.21	61.01
云 南	13 883.93	5 468.17	408.86	48.84	40.81	155.16	1 138.47	69.72	116.62	744.88	65.53	51.71
西 藏	11 184.33	5 517.69	462.52	26.98	10.51	143.22	1 204.78	41.05	50.96	682.52	59.32	53.66
陕 西	15 332.84	5 550.71	441.54	65.40	75.20	142.18	716.92	98.47	116.03	538.90	87.52	52.66
甘 肃	12 847.05	4 602.33	404.81	48.52	49.60	161.61	705.05	87.86	88.24	509.66	77.02	36.77
青 海	12 346.29	4 667.34	481.05	50.99	37.36	125.99	966.15	80.99	112.87	493.94	61.36	41.58
宁 夏	14 067.15	4 768.91	389.07	57.05	51.72	124.26	834.58	65.78	81.17	422.65	58.93	46.90
新 疆	13 891.72	5 238.89	494.46	56.37	39.44	177.44	1 205.88	91.01	115.34	499.33	57.90	71.91

数据来源:国家统计局。

单位:元

烟草类	酒和饮料	干鲜瓜果类	糕点类	奶及奶制品	其他食品	在外用餐	食品加工服务费	衣着 合计	服装	衣着材料	鞋类	衣着加工服务费
271.47	294.58	506.30	122.97	253.57	93.64	1 315.09	1.85	1 823.39	1 344.87	10.77	401.71	9.42
301.41	590.23	772.88	258.05	421.05	101.16	2 032.46	1.76	2 638.90	1 814.80	13.43	706.48	15.52
290.64	416.94	664.40	215.76	325.39	136.77	1 881.44	0.13	1 881.43	1 347.62	13.58	429.35	11.04
145.33	279.81	408.96	109.95	203.69	110.71	710.96	1.30	1 541.99	1 081.25	12.81	375.88	6.48
255.65	186.72	402.92	105.19	209.63	82.80	732.17	1.30	1 529.47	1 143.34	9.26	329.99	8.56
337.22	368.71	484.96	73.46	237.35	239.87	1 252.86	1.45	2 730.23	2 017.83	6.36	575.66	11.30
250.70	287.47	638.97	108.22	244.07	91.41	1 116.80	0.77	2 042.40	1 435.01	13.37	503.73	13.60
202.16	208.24	530.94	76.83	159.41	99.16	921.42	0.78	2 044.80	1 486.68	5.82	473.22	12.13
164.63	208.41	502.81	89.08	179.71	62.25	942.22	0.74	1 806.92	1 279.50	6.52	448.12	14.01
469.37	372.72	756.66	272.02	494.26	85.15	2 598.09	0.22	2 111.17	1 581.14	17.27	439.65	16.15
386.30	345.41	513.86	130.17	303.81	127.26	1 327.86	3.60	1 915.97	1 438.02	16.21	388.24	11.18
407.55	265.03	664.99	139.95	283.59	88.76	1 963.11	2.29	2 109.58	1 618.46	18.51	408.62	11.74
436.60	481.81	378.58	84.12	323.75	89.43	1 156.17	2.27	1 540.66	1 076.97	13.71	376.59	7.95
231.11	317.01	541.04	117.68	264.37	52.03	1 364.83	1.16	1 634.21	1 268.31	4.38	314.91	6.58
241.42	196.48	423.16	110.03	217.66	113.02	674.62	1.33	1 476.63	1 142.00	10.79	285.24	5.45
149.42	375.43	546.77	127.56	263.62	103.51	1 041.41	1.92	2 196.98	1 606.62	13.32	491.11	9.90
185.98	299.33	410.78	107.05	214.23	98.41	1 110.10	1.45	1 885.99	1 395.05	9.00	426.92	10.14
405.88	278.36	385.98	120.33	218.63	57.09	1 078.62	2.44	1 783.41	1 360.76	10.12	355.10	7.18
294.25	228.79	471.33	95.62	147.40	124.04	1 049.17	2.56	1 624.57	1 227.60	9.79	335.64	6.91
162.23	294.75	551.94	160.84	246.06	64.95	2 052.64	0.99	1 520.59	1 152.79	2.26	318.83	6.73
164.41	165.68	406.75	100.08	189.55	56.13	1 123.88	2.09	1 146.46	874.12	6.40	232.39	6.17
156.74	113.14	377.61	83.11	144.75	33.26	1 424.35	0.33	864.96	675.77	0.75	167.11	1.60
323.04	244.37	460.46	85.30	317.50	99.43	1 505.04	5.75	2 228.76	1 633.46	12.38	490.29	7.95
283.69	251.90	425.78	78.21	269.99	65.73	1 231.24	3.56	1 651.14	1 234.58	8.48	351.79	9.28
308.76	222.31	408.36	74.61	169.88	86.95	1 054.53	2.72	1 399.00	1 005.75	15.02	337.48	3.93
456.40	143.83	422.47	155.90	216.00	59.61	1 172.06	1.29	1 759.89	1 269.15	13.04	437.75	2.42
496.27	299.33	315.56	33.67	398.54	156.05	1 079.75	2.98	1 361.57	946.79	3.99	390.23	6.79
284.20	278.52	527.62	157.30	273.33	116.87	1 577.08	0.96	1 789.06	1 321.91	11.07	397.06	9.60
279.55	263.44	443.60	74.23	221.40	171.88	978.18	0.90	1 631.40	1 165.08	12.51	375.59	9.22
264.65	273.25	408.76	76.31	204.82	94.18	892.64	0.45	1 512.24	1 127.95	6.66	317.42	8.47
259.75	193.38	504.76	74.97	243.08	137.20	1 223.25	0.43	1 875.70	1 399.12	9.69	406.15	10.27
132.86	199.04	549.88	105.05	237.05	82.34	1 122.63	0.96	2 031.14	1 458.13	20.48	451.78	18.09

96. 2012年各省、自治区、直辖市城镇居民家庭平均每人全年现金消费支出(二)

地 区	居住 合计	住房	水电燃料及其他	家庭设备用品及服务 合计	耐用消费品	室内装饰品	床上用品	家庭日用杂品	家具材料	家庭服务
全 国	1 484.26	463.64	900.62	1 116.06	431.52	27.37	108.05	460.64	10.94	77.54
北 京	1 970.94	869.75	941.31	1 610.70	651.50	55.12	183.96	604.57	11.14	104.41
天 津	1 854.22	704.46	1 075.91	1 151.16	537.96	42.80	88.95	411.28	5.87	64.30
河 北	1 502.41	439.42	989.32	876.10	371.96	21.56	73.97	340.15	16.08	52.38
山 西	1 438.88	362.83	986.78	832.52	384.47	23.95	85.30	296.06	6.10	36.64
内蒙古	1 583.56	616.02	861.53	1 242.64	538.84	34.09	133.74	446.86	36.44	52.66
辽 宁	1 433.28	293.64	1 054.28	1 069.65	373.29	32.85	109.47	480.07	5.99	67.98
吉 林	1 594.14	348.84	1 156.56	871.46	286.66	17.38	82.43	419.61	3.65	61.72
黑龙江	1 336.85	269.72	996.89	742.22	268.97	23.17	72.95	338.71	8.23	30.18
上 海	1 790.48	768.08	823.57	1 906.49	672.21	40.10	211.71	784.85	1.79	195.83
江 苏	1 437.08	548.34	774.07	1 288.42	487.45	24.33	129.77	533.96	10.59	102.32
浙 江	1 551.69	518.22	935.45	1 161.39	403.46	19.52	110.91	475.71	4.77	147.01
安 徽	1 396.97	558.86	736.95	811.23	366.49	25.95	115.97	244.31	10.06	48.45
福 建	1 753.86	656.72	936.52	1 254.71	480.41	23.29	103.72	535.75	2.41	109.14
江 西	1 173.91	318.18	773.90	966.23	336.87	23.06	105.28	442.49	10.94	47.60
山 东	1 572.35	441.13	1 017.21	1 125.99	534.44	37.51	94.74	406.20	12.38	40.71
河 南	1 190.81	420.68	707.95	1 145.42	546.23	24.77	131.34	395.96	8.92	38.21
湖 北	1 371.15	476.75	828.09	978.26	400.45	25.97	74.37	405.30	24.72	47.45
湖 南	1 301.60	283.74	924.32	1 034.30	377.70	23.49	101.01	442.86	25.49	63.74
广 东	2 099.75	572.34	1 225.80	1 467.20	452.90	27.11	118.03	695.32	8.88	164.96
广 西	1 377.26	498.69	804.54	1 125.39	531.67	38.79	104.63	369.54	2.11	78.64
海 南	1 521.04	572.35	839.52	777.20	269.74	13.27	47.84	420.37	8.15	17.83
重 庆	1 177.02	292.95	733.10	1 196.03	414.35	27.13	154.12	499.73	32.57	68.13
四 川	1 284.09	433.98	716.64	1 097.93	414.60	18.67	107.75	482.16	10.61	64.16
贵 州	1 013.53	212.52	731.03	849.94	270.72	13.46	85.38	401.78	10.79	67.81
云 南	973.76	402.05	498.82	634.09	241.99	11.89	54.76	274.62	1.37	49.46
西 藏	845.18	190.25	618.74	474.69	95.16	34.12	92.96	233.80	8.80	9.85
陕 西	1 322.22	335.10	878.23	986.82	369.93	26.79	92.50	447.07	1.58	48.95
甘 肃	1 287.93	315.92	868.67	833.15	356.06	26.90	61.11	338.12	13.55	37.42
青 海	1 232.39	359.34	765.12	923.70	414.26	61.39	74.57	327.76	16.87	28.86
宁 夏	1 193.37	303.87	797.25	929.01	372.95	40.01	69.44	401.24	2.65	42.72
新 疆	1 166.59	402.96	688.86	950.17	303.05	54.14	71.10	466.46	5.26	50.16

数据来源:国家统计局。

(续完)
单位:元

| 交通和通信 ||| 教育文化娱乐服务 |||| 医疗保健 | 其他商品和服务 |||
合计	交通	通信	合计	文化娱乐用品	教育	文化娱乐服务		合计	其他商品	其他服务
2 455.47	1 628.35	827.12	2 033.50	451.88	819.62	762.00	1 063.68	657.10	439.80	217.30
3 781.51	2 725.74	1 055.77	3 695.98	823.54	1 214.24	1 658.20	1 658.37	1 154.18	804.41	349.77
3 083.37	2 004.89	1 078.48	2 254.22	553.15	925.25	775.82	1 556.35	899.87	667.62	232.25
1 723.75	1 115.09	608.67	1 203.80	320.90	481.39	401.51	1 047.28	424.63	293.77	130.86
1 672.29	1 012.22	660.08	1 506.20	380.90	719.76	405.54	905.88	470.72	312.36	158.36
2 572.93	1 863.06	709.88	1 971.78	514.30	786.53	670.96	1 354.09	798.68	572.69	225.99
2 323.29	1 507.46	815.83	1 843.89	436.00	816.58	591.31	1 309.62	762.07	472.45	289.62
1 780.67	1 083.91	696.75	1 642.70	347.43	883.10	412.16	1 447.50	597.00	357.54	239.46
1 462.61	922.41	540.19	1 216.56	285.73	627.29	303.54	1 180.67	550.51	348.75	201.76
4 563.80	3 221.58	1 342.23	3 723.74	917.08	1 241.36	1 565.31	1 016.65	1 485.53	1 058.56	426.97
2 689.51	1 855.02	834.48	3 077.76	670.60	1 111.65	1 295.52	1 058.11	700.06	476.83	223.23
4 133.50	3 048.46	1 085.04	2 996.59	512.29	1 457.04	1 027.26	1 228.02	812.39	520.90	291.49
1 809.72	1 012.05	797.67	1 932.74	413.61	948.12	571.01	1 142.96	562.44	359.70	202.74
2 961.78	1 924.89	1 036.89	2 104.83	500.82	756.09	847.92	773.22	793.17	539.23	253.95
1 501.34	915.30	586.04	1 487.30	321.57	548.65	617.08	670.71	427.93	306.16	121.77
2 370.23	1 634.99	735.24	1 655.91	463.03	692.03	500.85	1 005.25	650.21	495.54	154.67
1 730.35	1 125.25	605.09	1 525.33	392.78	549.85	582.70	1 085.47	562.13	374.84	187.29
1 476.98	867.08	609.90	1 651.92	304.23	725.83	621.85	1 029.55	366.78	266.04	100.74
2 084.15	1 421.93	662.23	1 737.64	330.26	787.20	620.18	918.41	466.65	292.37	174.27
4 176.66	2 882.35	1 294.31	2 954.13	552.09	1 078.38	1 323.65	1 048.28	871.30	562.67	308.63
2 088.64	1 448.53	640.12	1 626.05	424.81	679.88	521.37	883.56	444.06	295.76	148.30
2 004.34	1 261.77	742.57	1 319.54	322.41	572.28	424.84	993.24	420.13	287.43	132.70
1 903.24	1 090.36	812.88	1 470.64	332.67	480.59	657.39	1 101.56	625.66	428.40	197.26
1 946.72	1 088.11	858.61	1 587.43	376.95	622.15	588.32	772.75	635.62	353.96	281.66
1 891.03	1 146.18	744.85	1 396.00	315.85	499.87	580.28	654.53	388.82	265.74	123.08
2 264.23	1 476.18	788.05	1 434.30	288.71	502.94	642.65	939.13	410.35	247.80	162.55
1 387.45	582.29	805.16	550.48	139.16	225.41	185.91	467.23	580.05	319.78	260.27
1 788.38	1 046.19	742.19	2 078.52	443.02	955.48	680.02	1 212.44	604.69	410.20	194.49
1 575.67	799.76	775.90	1 388.21	386.78	517.32	484.11	1 049.65	478.72	354.76	123.96
1 549.76	983.65	566.11	1 097.21	328.47	422.02	346.72	906.14	457.51	342.36	115.15
2 110.41	1 468.29	642.12	1 515.91	386.81	581.15	547.95	1 063.09	610.74	443.19	167.56
1 660.27	1 030.83	629.45	1 280.81	359.49	600.01	321.30	1 027.60	536.24	408.77	127.47

97. 2012年各省、自治区、直辖市农村居民家庭平均每人消费支出

单位:元

地区	合计	食品	衣着	居住	家庭设备及服务	交通和通讯	文教娱乐用品及服务	医疗保健	其他商品及服务
全国	5 908.02	2 323.89	396.39	1 086.35	341.71	652.79	445.49	513.81	147.58
北京	11 878.92	3 944.76	947.97	2 199.75	773.55	1 398.80	1 152.67	1 125.25	336.17
天津	8 336.55	3 019.86	780.72	1 263.51	451.30	1 066.27	766.08	760.41	228.40
河北	5 364.14	1 817.00	396.58	1 137.31	349.90	604.33	358.49	543.75	156.77
山西	5 566.19	1 859.98	501.77	1 142.14	298.29	625.99	498.02	490.25	149.75
内蒙古	6 381.97	2 379.76	481.75	1 078.97	268.98	912.25	513.97	588.87	157.42
辽宁	5 998.39	2 299.99	517.86	979.77	250.52	668.71	556.56	548.77	176.23
吉林	6 186.17	2 268.76	478.74	836.77	251.93	699.03	606.26	840.52	204.15
黑龙江	5 718.05	2 164.94	544.64	754.72	229.66	611.34	518.04	727.02	167.67
上海	11 971.50	4 847.59	704.43	1 834.07	646.13	1 704.83	952.10	1 028.96	253.39
江苏	9 138.18	3 049.11	610.70	1 493.21	532.95	1 311.05	1 184.18	724.23	232.74
浙江	10 652.73	3 947.31	751.58	1 950.08	604.41	1 499.95	902.23	746.05	251.11
安徽	5 555.99	2 180.80	331.94	1 139.78	346.90	516.60	385.92	510.06	144.00
福建	7 401.92	3 403.46	471.44	1 165.78	426.70	794.98	565.83	380.60	193.13
江西	5 129.47	2 232.83	264.96	1 030.18	278.31	494.46	342.70	380.45	105.59
山东	6 775.95	2 321.46	454.75	1 399.90	405.75	937.55	500.98	635.34	120.21
河南	5 032.14	1 701.75	424.12	1 060.70	361.63	525.11	343.83	468.81	146.21
湖北	5 726.73	2 154.01	316.41	1 206.16	397.86	496.10	394.63	591.87	169.68
湖南	5 870.12	2 574.81	317.99	1 088.23	373.50	481.58	400.22	497.24	136.56
广东	7 458.56	3 658.66	319.46	1 196.10	378.53	760.07	466.63	446.46	232.66
广西	4 933.58	2 085.63	156.47	1 200.80	274.63	453.01	270.24	383.95	108.84
海南	4 776.30	2 410.07	178.86	828.62	207.47	435.58	253.97	306.54	155.20
重庆	5 018.64	2 216.15	380.18	557.02	413.54	489.31	394.23	482.24	85.98
四川	5 366.71	2 514.16	338.52	787.41	333.20	463.94	329.29	498.29	101.90
贵州	3 901.71	1 740.58	226.81	758.37	211.36	371.35	226.44	282.51	84.30
云南	4 561.33	2 080.61	241.07	804.39	247.00	470.19	289.22	362.63	66.22
西藏	2 967.56	1 592.00	372.62	251.62	173.31	363.95	40.86	82.67	90.52
陕西	5 114.68	1 520.10	332.72	1 258.06	298.69	503.34	445.47	619.94	136.37
甘肃	4 146.24	1 648.60	303.14	682.30	250.43	436.03	327.30	398.01	100.42
青海	5 338.91	1 858.62	404.47	1 209.74	257.40	683.73	283.28	520.06	121.62
宁夏	5 351.36	1 891.37	463.35	1 033.17	304.95	620.79	373.36	492.14	172.21
新疆	5 301.25	1 891.10	429.95	1 298.54	219.11	646.42	261.74	444.18	110.21

数据来源:国家统计局。

98. 全国历年城乡居民家庭人均收入和消费支出

单位:元,%

年份	城镇居民家庭 城镇居民人均可支配收入	城镇居民家庭 人均生活消费支出	城镇居民家庭 恩格尔系数	农村居民家庭 农民人均纯收入	农村居民家庭 人均生活消费支出	农村居民家庭 恩格尔系数
1978	343	311	58	134	116	67.7
1979	—	—	—	161	135	64.0
1980	478	412	57	191	162	61.8
1981	500	457	57	223	191	59.8
1982	535	471	59	270	220	60.6
1983	565	506	59	310	248	59.4
1984	652	559	58	355	274	59.3
1985	739	673	52	398	317	57.8
1986	900	799	52	424	357	56.5
1987	1 002	884	54	463	398	55.8
1988	1 181	1 104	51	545	477	54.0
1989	1 376	1 211	55	602	535	54.8
1990	1 510	1 279	54	686	585	58.8
1991	1 701	1 454	54	709	620	57.6
1992	2 027	1 672	53	784	659	57.6
1993	2 577	2 111	50	922	770	58.1
1994	3 496	2 851	50	1 221	1 017	58.9
1995	4 283	3 538	51	1 578	1 310	58.6
1996	4 839	3 919	49	1 926	1 572	56.3
1997	5 160	4 186	47	2 090	1 617	55.1
1998	5 425	4 332	45	2 162	1 590	53.4
1999	5 854	4 616	42	2 210	1 577	52.6
2000	6 280	4 998	39	2 253	1 670	49.1
2001	6 860	5 309	38	2 366	1 741	47.7
2002	7 703	6 030	38	2 476	1 834	46.2
2003	8 472	6 511	37	2 622	1 943	45.6
2004	9 422	7 182	38	2 936	2 185	47.2
2005	10 493	7 943	37	3 255	2 555	45.5
2006	11 759	8 697	36	3 587	2 829	43.0
2007	13 786	9 997	36	4 140	3 224	43.1
2008	15 781	11 243	38	4 761	3 661	43.7
2009	17 175	11 265	37	5 153	3 993	41.0
2010	19 109	13 471	36	5 919	4 382	41.1
2011	21 810	15 161	36	6 977	5 221	40.4
2012	24 565	16 674	36	7 917	5 908	39.3

注:本表资料来源于国家统计局。
数据来源:民政部规划财务司。

99. 2012年各省、自治区、直辖市居民消费水平

单位：元，%

地区	绝对数（元）合计	绝对数（元）农村居民	绝对数（元）城镇居民	城乡消费水平对比（农村居民=1）	指数（上年=100）合计	指数（上年=100）农村居民	指数（上年=100）城镇居民
北京	30 349.5	14 664.1	32 857.4	2.2	106.6	106.7	106.5
天津	22 984.0	11 936.0	25 568.9	2.1	109.1	117.6	107.5
河北	10 749.4	5 766.0	16 553.9	2.9	108.1	112.1	104.1
山西	10 829.0	6 485.2	15 090.9	2.3	112.6	116.6	108.8
内蒙古	15 195.5	7 032.4	21 307.8	3.0	111.7	113.9	109.6
辽宁	17 998.7	8 651.7	23 064.9	2.7	110.4	114.3	107.7
吉林	12 276.3	6 976.7	16 873.1	2.4	110.7	109.1	111.0
黑龙江	11 600.8	6 445.3	15 538.0	2.4	105.8	106.6	104.8
上海	36 892.9	18 512.3	39 095.2	2.1	106.0	106.2	106.0
江苏	19 452.3	11 721.3	24 100.6	2.1	114.2	115.9	112.6
浙江	22 844.7	13 723.6	28 259.2	2.1	106.0	108.8	104.5
安徽	10 977.7	5 647.8	16 131.3	2.9	106.6	103.8	105.3
福建	16 143.9	9 595.8	20 722.3	2.2	107.0	110.4	104.6
江西	10 572.9	6 422.8	15 327.4	2.4	110.5	113.4	106.7
山东	15 095.0	8 212.2	21 527.8	2.6	110.4	115.6	106.9
河南	10 380.3	5 607.6	17 103.7	3.1	110.4	111.1	106.8
湖北	12 283.0	6 705.2	17 296.1	2.6	109.7	114.5	105.6
湖南	11 739.5	6 381.8	18 060.1	2.8	109.2	111.4	105.7
广东	21 823.3	8 898.2	28 268.6	3.2	108.3	107.7	107.9
广西	10 519.5	5 355.5	17 457.2	3.3	110.3	109.5	107.5
海南	10 634.5	6 019.6	15 068.5	2.5	109.3	111.8	107.0
重庆	13 655.4	5 740.5	19 873.3	3.5	111.9	117.7	107.8
四川	11 280.2	7 146.5	16 649.1	2.3	112.2	116.9	105.9
贵州	8 372.0	4 448.4	15 441.3	3.5	109.2	110.9	105.5
云南	9 781.6	5 645.0	16 513.7	2.9	113.7	114.4	108.9
西藏	5 339.5	3 098.2	12 958.4	4.2	108.6	107.2	109.5
陕西	11 852.2	5 782.7	18 254.4	3.2	114.1	117.9	109.4
甘肃	8 542.0	4 562.7	15 047.7	3.3	111.8	112.8	108.6
青海	10 289.1	6 116.0	15 026.4	2.5	115.2	121.2	110.6
宁夏	12 120.4	5 958.1	18 222.8	3.1	109.2	114.7	105.5
新疆	10 675.1	5 409.8	17 441.6	3.2	115.9	116.2	114.8

注：本表绝对数按当年价格计算，指数按不变价格计算。
数据来源：国家统计局。

100. 全国历年居民消费水平

年份	绝对数（元）合计	农村居民	城镇居民	城乡消费水平对比（农村居民=1）	指数（上年=100）合计	农村居民	城镇居民	指数（1978年=100）合计	农村居民	城镇居民
1978	184	138	405	2.9	104.1	104.3	103.3	100.0	100.0	100.0
1979	208	159	425	2.7	106.9	106.5	102.8	106.9	106.5	102.8
1980	238	178	489	2.7	109.0	108.4	107.2	116.5	115.4	110.2
1981	264	201	521	2.6	108.3	109.8	104.0	126.2	126.8	114.6
1982	288	223	536	2.4	106.8	109.1	100.7	134.8	138.3	115.4
1983	316	250	558	2.2	108.1	110.6	102.1	145.8	153.1	117.9
1984	361	287	618	2.2	112.0	112.9	107.9	163.2	172.8	127.2
1985	446	349	765	2.2	113.5	113.3	111.1	185.2	195.7	141.3
1986	497	378	872	2.3	104.7	102.3	106.7	194.0	200.3	150.8
1987	565	421	998	2.4	106.0	104.9	105.6	205.5	210.0	159.3
1988	714	509	1 311	2.6	107.8	105.2	109.7	221.5	221.0	174.7
1989	788	549	1 466	2.7	99.8	98.3	100.7	221.0	217.2	176.0
1990	833	560	1 596	2.9	103.7	99.2	108.5	229.2	215.4	190.9
1991	932	602	1 840	3.1	108.6	105.4	110.7	249.0	227.1	211.4
1992	1 116	688	2 262	3.3	113.3	108.5	116.1	282.0	246.5	245.3
1993	1 393	805	2 924	3.6	108.4	104.3	110.4	305.8	257.1	270.8
1994	1 833	1 038	3 852	3.7	104.6	103.1	104.4	320.0	265.0	282.8
1995	2 355	1 313	4 931	3.8	107.8	106.8	107.2	345.1	282.9	303.2
1996	2 789	1 626	5 532	3.4	109.4	114.5	103.4	377.6	323.8	313.6
1997	3 002	1 722	5 823	3.4	104.5	103.1	102.2	394.6	334.0	320.4
1998	3 159	1 730	6 109	3.5	105.9	101.2	105.9	417.8	338.1	339.2
1999	3 346	1 766	6 405	3.6	108.3	105.1	107.0	452.3	355.3	363.0
2000	3 632	1 860	6 850	3.7	108.6	104.5	107.8	491.0	371.3	391.1
2001	3 887	1 969	7 161	3.6	106.1	104.5	103.9	521.2	388.0	406.3
2002	4 144	2 062	7 486	3.6	107.0	105.2	104.9	557.6	408.1	426.2
2003	4 475	2 103	8 060	3.8	107.1	100.3	107.0	596.9	409.5	456.1
2004	5 032	2 319	8 912	3.8	108.1	104.2	106.9	645.3	426.7	487.7
2005	5 596	2 657	9 593	3.6	108.2	110.8	105.0	698.2	472.8	511.8
2006	6 299	2 950	10 618	3.6	109.8	108.2	108.0	766.4	511.6	552.7
2007	7 310	3 347	12 130	3.6	110.9	106.9	109.7	849.9	546.8	606.2
2008	8 430	3 901	13 653	3.5	109.0	108.5	106.9	926.4	593.5	647.9
2009	9 283	4 163	14 904	3.6	110.3	107.7	109.1	1022.0	639.3	706.5
2010	10 522	4 700	16 546	3.5	108.2	108.0	105.9	1106.1	690.3	748.3
2011	12 272	5 633	18 750	3.3	109.5	111.7	106.6	1211.1	771.3	797.8
2012	14 098	6 515	21 120	3.2	109.4	107.9	107.8	1334.1	838.6	866.3

注：1.本表绝对数按当年价格计算，指数按不变价格计算。
2.城乡消费水平对比，没有剔除城乡价格不可比的因素（下表同）。
3.居民消费水平指按常住人口平均计算的居民消费支出（下表同）。
数据来源：国家统计局。

101. 2012年各省、自治区、直辖市城镇单位就业人员工资总额和指数

地区	工资总额(亿元) 合计	国有单位	城镇集体单位	其他单位	指数(上年=100) 合计	国有单位	城镇集体单位	其他单位
合计	70 914.2	32 950.0	1 990.4	35 973.8	118.3	113.8	114.6	122.9
北京	6 012.4	1 624.8	76.3	4 311.3	117.9	111.3	114.2	120.7
天津	1 778.1	606.5	34.2	1 137.5	119.9	110.0	106.0	126.4
河北	2 398.3	1 295.5	61.4	1 041.5	121.4	112.4	109.4	135.9
山西	1 922.7	973.0	81.0	868.7	120.3	109.9	121.9	134.3
内蒙古	1 304.7	871.2	38.7	394.8	116.3	114.3	116.9	120.9
辽宁	2 550.5	1 346.8	103.1	1 100.6	113.7	111.6	118.8	115.9
吉林	1 107.3	668.6	27.3	411.4	117.8	114.9	111.5	123.2
黑龙江	1 732.6	1 226.7	49.9	456.0	116.6	116.3	113.4	117.8
上海	4 404.5	1 275.7	64.1	3 064.7	117.9	105.1	118.9	124.2
江苏	4 205.9	1 801.4	126.4	2 278.1	114.5	112.2	113.7	116.5
浙江	5 313.1	1 638.6	119.6	3 555.0	119.7	109.3	103.2	125.8
安徽	1 926.0	1 008.1	58.0	859.9	121.1	118.7	112.1	124.8
福建	2 792.6	888.1	61.1	1 843.4	123.0	118.5	118.4	125.5
江西	1 335.0	817.2	50.7	467.1	123.5	124.5	116.2	122.7
山东	4 628.2	2 125.1	216.3	2 286.7	117.0	112.7	118.8	121.1
河南	3 210.0	1 597.7	137.3	1 475.0	115.7	113.5	111.5	118.6
湖北	2 358.5	1 245.7	63.4	1 049.5	113.2	110.0	132.9	116.1
湖南	2 187.1	1 133.4	79.7	974.0	117.0	116.6	111.9	117.9
广东	6 561.1	2 545.6	171.8	3 843.8	117.7	112.0	111.2	122.1
广西	1 280.5	800.0	45.1	435.4	115.0	110.2	104.5	126.5
海南	353.7	218.1	11.0	124.6	115.6	109.3	125.9	127.5
重庆	1 533.6	641.8	29.2	862.6	118.1	113.5	96.2	122.7
四川	2 699.8	1 706.0	110.7	883.0	119.0	117.8	116.4	121.7
贵州	1 093.1	755.3	25.6	312.1	127.6	120.3	110.8	151.6
云南	1 454.0	840.5	44.9	568.6	123.6	113.0	130.2	141.4
西藏	128.5	124.7	1.1	2.7	112.2	113.1	185.2	73.5
陕西	1 805.6	1 262.0	49.2	494.4	117.5	115.9	119.6	121.4
甘肃	810.8	620.6	26.4	163.7	126.0	126.9	125.8	122.8
青海	288.0	220.7	4.5	62.7	114.9	114.7	101.2	117.1
宁夏	349.8	205.9	4.7	139.2	131.3	131.6	109.9	131.7
新疆	1 388.1	864.5	17.7	505.9	123.4	121.8	122.8	126.4

数据来源:国家统计局。

102. 1995-2012年全国城镇单位就业人员工资总额和指数

年份	工资总额(亿元) 合计	国有单位	城镇集体单位	其他单位	指数(上年=100) 合计	国有单位	城镇集体单位	其他单位
1995	8 055.8	6 172.6	1 210.6	672.6	119.0	117.4	115.6	142.2
1996	8 964.4	6 893.3	1 269.4	801.7	111.3	111.7	104.9	119.2
1997	9 602.4	7 323.9	1 283.9	994.5	107.1	106.2	101.1	124.0
1998	9 540.2	6 934.6	1 054.9	1 550.7	99.4	94.7	82.2	155.9
1999	10 155.9	7 289.9	995.8	1 870.1	106.5	105.1	94.4	120.6
2000	10 954.7	7 744.9	950.7	2 259.1	107.9	106.2	95.5	120.8
2001	12 205.4	8 515.2	898.5	2 791.7	111.4	109.9	94.5	123.6
2002	13 638.1	9 138.0	863.9	3 636.2	111.7	107.3	96.1	130.3
2003	15 329.6	9 911.9	867.1	4 550.6	112.4	108.5	100.4	125.1
2004	17 615.0	11 038.2	876.2	5 700.6	114.9	111.4	101.0	125.3
2005	20 627.1	12 291.7	906.4	7 429.0	117.1	111.4	103.4	130.3
2006	24 262.3	13 920.6	983.8	9 357.9	117.6	113.3	108.5	126.0
2007	29 471.5	16 689.1	1 108.1	11 674.3	121.5	119.9	112.6	124.8
2008	35 289.5	19 487.9	1 203.2	14 598.4	119.7	116.8	108.6	125.0
2009	40 288.2	21 862.7	1 273.3	17 152.1	114.2	112.2	105.8	117.5
2010	47 269.9	24 886.4	1 433.7	20 949.7	117.3	113.8	112.6	122.1
2011	59 954.7	28 954.8	1 737.4	29 262.4	126.8	116.3	121.2	139.7
2012	70 914.2	32 950.0	1 990.4	35 973.8	118.3	113.8	114.6	122.9

注:1995-2008年的城镇单位就业人员工资总额即为原来的城镇单位就业人员劳动报酬总额。
数据来源:国家统计局。

103. 2012年各省、自治区、直辖市城镇单位就业人员平均工资和指数

地区	平均工资(元) 合计	在岗职工	国有单位	城镇集体单位	其他单位
合计	46 769	47 593	48 357	33 784	46 360
北京	84 742	85 307	87 299	38 552	85 613
天津	61 514	62 225	68 231	40 494	59 326
河北	38 658	39 542	39 177	28 597	38 822
山西	44 236	44 943	40 881	32 780	50 526
内蒙古	46 557	47 053	49 278	45 344	41 598
辽宁	41 858	42 503	43 177	28 183	42 200
吉林	38 407	39 092	39 335	29 506	37 717
黑龙江	36 406	38 598	36 814	28 762	36 378
上海	78 673	80 191	89 739	52 786	75 568
江苏	50 639	51 279	61 221	42 368	44 978
浙江	50 197	50 813	73 494	46 789	43 891
安徽	44 601	46 091	44 818	34 741	45 209
福建	44 525	44 979	54 211	38 576	41 189
江西	38 512	39 651	39 422	29 429	38 247
山东	41 904	42 572	47 894	34 001	38 295
河南	37 338	37 958	39 344	27 682	36 508
湖北	39 846	40 884	41 979	32 683	38 054
湖南	38 971	40 028	40 397	29 663	38 380
广东	50 278	50 577	59 423	30 947	46 814
广西	36 386	37 614	37 706	28 819	35 081
海南	39 485	40 051	40 225	31 715	39 072
重庆	44 498	45 392	50 523	30 087	41 488
四川	42 339	43 110	47 721	33 409	35 749
贵州	41 156	42 733	43 702	38 882	36 223
云南	37 629	38 908	43 415	37 211	31 460
西藏	51 705	58 347	52 219	25 966	49 730
陕西	43 073	44 330	45 526	32 399	38 989
甘肃	37 679	38 440	38 401	32 580	36 074
青海	46 483	46 827	50 729	29 341	37 114
宁夏	47 436	48 961	46 880	44 330	48 400
新疆	44 576	45 243	42 479	46 452	48 609

数据来源：国家统计局。

\multicolumn{10}{c	}{指数（上年=100）}
\multicolumn{5}{c	}{平均货币工资}	\multicolumn{5}{c	}{平均实际工资}
合计	在岗职工	国有单位	城镇集体单位	其他单位	合计	在岗职工	国有单位	城镇集体单位	其他单位
111.9	**112.1**	**111.2**	**117.3**	**112.2**	**109.0**	**109.2**	**108.3**	**114.2**	**109.3**
112.3	112.5	111.5	118.4	112.3	108.8	109.0	108.0	114.7	108.8
110.5	110.2	106.4	115.0	113.0	107.6	107.3	103.6	111.9	110.0
109.5	109.9	109.2	115.4	109.1	106.7	107.0	106.4	112.4	106.3
112.8	112.6	111.9	121.2	109.9	110.1	109.9	109.2	118.3	107.3
113.2	113.4	112.5	121.3	114.5	109.6	109.8	108.9	117.4	110.9
109.7	109.8	108.2	118.2	110.7	106.6	106.7	105.1	114.8	107.5
114.3	114.3	114.9	116.8	113.0	111.5	111.5	112.1	113.9	110.2
116.3	115.2	116.2	116.4	116.6	112.6	111.5	112.5	112.7	112.9
104.1	104.1	107.4	102.7	103.6	101.2	101.2	104.4	99.9	100.7
111.3	111.5	110.3	117.4	112.1	108.5	108.7	107.5	114.5	109.3
111.1	111.0	108.4	114.0	114.0	108.8	108.7	106.1	111.6	111.6
113.3	113.4	114.1	117.6	111.8	110.9	111.0	111.7	115.1	109.4
115.4	115.4	115.7	114.3	115.8	112.7	112.7	113.0	111.6	113.1
115.9	116.3	110.7	120.6	123.4	112.9	113.3	107.8	117.5	120.2
111.4	112.1	110.2	114.5	112.9	109.1	109.7	107.9	112.1	110.5
111.0	111.0	111.2	114.3	110.5	108.2	108.2	108.4	111.4	107.7
110.3	110.1	107.4	123.2	113.4	107.2	107.1	104.4	119.8	110.3
112.7	112.7	113.4	113.8	111.7	110.3	110.3	111.0	111.4	109.3
111.6	112.0	110.1	121.0	112.4	108.6	109.0	107.1	117.7	109.3
110.2	110.4	108.1	130.3	111.5	106.8	107.0	104.7	126.3	108.0
108.9	109.1	107.1	127.6	111.1	105.5	105.7	103.8	123.6	107.6
112.9	113.4	115.8	107.2	111.5	110.1	110.5	112.9	104.5	108.7
113.4	113.7	113.5	117.9	113.2	110.3	110.6	110.4	114.7	110.1
114.0	114.5	117.0	125.9	108.7	111.0	111.5	114.0	122.6	105.9
110.7	111.1	112.2	115.9	112.6	107.5	107.9	108.9	112.5	109.3
104.5	104.5	102.9	171.2	140.5	100.9	100.9	99.3	165.2	135.6
112.9	113.5	112.8	121.5	112.7	110.0	110.6	109.9	118.4	109.8
117.4	117.5	118.6	117.1	113.2	114.6	114.7	115.7	114.3	110.5
112.4	110.2	108.1	123.6	122.4	109.1	107.0	104.9	120.0	118.8
111.1	109.8	113.7	119.3	106.6	108.8	107.5	111.3	116.8	104.3
116.6	116.5	117.0	119.3	115.2	112.8	112.7	113.2	115.4	111.4

104. 1995-2012年全国城镇单位就业人员平均工资和指数

年份	平均工资(元) 合计	在岗职工	国有单位	城镇集体单位	其他单位
1995	5 348	5 500	5 553	3 934	7 728
1996	5 980	6 210	6 207	4 312	8 521
1997	6 444	6 470	6 679	4 516	9 092
1998	7 446	7 479	7 579	5 314	9 241
1999	8 319	8 346	8 443	5 758	10 142
2000	9 333	9 371	9 441	6 241	11 238
2001	10 834	10 870	11 045	6 851	12 437
2002	12 373	12 422	12 701	7 636	13 486
2003	13 969	14 040	14 358	8 627	14 843
2004	15 920	16 024	16 445	9 723	16 519
2005	18 200	18 364	18 978	11 176	18 362
2006	20 856	21 001	21 706	12 866	21 004
2007	24 721	24 932	26 100	15 444	24 271
2008	28 898	29 229	30 287	18 103	28 552
2009	32 244	32 736	34 130	20 607	31 350
2010	36 539	37 147	38 359	24 010	35 801
2011	41 799	42 452	43 483	28 791	41 323
2012	46 769	47 593	48 357	33 784	46 360

数据来源:国家统计局。

指数(上年=100)									
平均货币工资					平均实际工资				
合计	在岗职工	国有单位	城镇集体单位	其他单位	合计	在岗职工	国有单位	城镇集体单位	其他单位
118.9	121.2	117.3	121.1	119.9	101.8	103.8	100.4	103.7	102.6
111.8	112.9	111.8	109.6	110.3	102.8	103.8	102.7	100.7	101.3
107.8	104.2	107.6	104.7	106.7	104.5	101.1	104.4	101.6	103.5
115.5	106.6	113.5	117.7	101.6	116.2	107.2	114.2	118.4	102.3
111.7	111.6	111.4	108.4	109.8	113.2	113.1	112.9	109.8	111.2
112.2	112.3	111.8	108.4	110.8	111.3	111.4	110.9	107.5	109.9
116.1	116.0	117.0	109.8	110.7	115.3	115.2	116.2	109.0	109.9
114.2	114.3	115.0	111.5	108.4	115.4	115.5	116.2	112.6	109.5
112.9	113.0	113.0	113.0	110.1	111.9	112.0	112.0	112.0	109.1
114.0	114.1	114.5	112.7	111.3	110.3	110.5	110.9	109.1	107.7
114.3	114.6	115.4	114.9	111.2	112.5	112.8	113.6	113.1	109.4
114.6	114.4	114.4	115.1	114.4	112.9	112.7	112.7	113.4	112.7
118.5	118.7	120.2	120.0	115.6	113.4	113.6	115.0	114.8	110.6
116.9	117.2	116.0	117.2	117.6	110.7	111.0	109.8	111.0	111.4
111.6	112.0	112.7	113.8	109.8	112.6	113.0	113.7	114.8	110.8
113.3	113.5	112.4	116.5	114.2	109.8	110.0	108.9	112.9	110.7
114.4	114.3	113.4	119.9	115.4	108.6	108.5	107.7	113.9	109.6
111.9	112.1	111.2	117.3	112.2	109.0	109.2	108.3	114.2	109.3

105. 全国历年城乡居民家庭人均收入及恩格尔系数

年份	城镇居民家庭人均可支配收入 绝对数(元)	指数(1978=100)	农村居民家庭人均纯收入 绝对数(元)	指数(1978=100)	城镇居民家庭恩格尔系数(%)	农村居民家庭恩格尔系数(%)
1978	343.4	100.0	133.6	100.0	57.5	67.7
1980	477.6	127.0	191.3	139.0	56.9	61.8
1985	739.1	160.4	397.6	268.9	53.3	57.8
1990	1 510.2	198.1	686.3	311.2	54.2	58.8
1991	1 700.6	212.4	708.6	317.4	53.8	57.6
1992	2 026.6	232.9	784.0	336.2	53.0	57.6
1993	2 577.4	255.1	921.6	346.9	50.3	58.1
1994	3 496.2	276.8	1 221.0	364.3	50.0	58.9
1995	4 283.0	290.3	1 577.7	383.6	50.1	58.6
1996	4 838.9	301.6	1 926.1	418.1	48.8	56.3
1997	5 160.3	311.9	2 090.1	437.3	46.6	55.1
1998	5 425.1	329.9	2 162.0	456.1	44.7	53.4
1999	5 854.0	360.6	2 210.3	473.5	42.1	52.6
2000	6 280.0	383.7	2 253.4	483.4	39.4	49.1
2001	6 859.6	416.3	2 366.4	503.7	38.2	47.7
2002	7 702.8	472.1	2 475.6	527.9	37.7	46.2
2003	8 472.2	514.6	2 622.2	550.6	37.1	45.6
2004	9 421.6	554.2	2 936.4	588.0	37.7	47.2
2005	10 493.0	607.4	3 254.9	624.5	36.7	45.5
2006	11 759.5	670.7	3 587.0	670.7	35.8	43.0
2007	13 785.8	752.5	4 140.4	734.4	36.3	43.1
2008	15 780.8	815.7	4 760.6	793.2	37.9	43.7
2009	17 174.7	895.4	5 153.2	860.6	36.5	41.0
2010	19 109.4	965.2	5 919.0	954.4	35.7	41.1
2011	21 809.8	1 046.3	6 977.3	1 063.2	36.3	40.4
2012	24 564.7	1 146.7	7 916.6	1 176.9	36.2	39.3

数据来源:国家统计局。

106. 全国历年城乡居民生活水平、职工工资和住房

单位：元，平方米/人

年份	平均消费水平 全国	平均消费水平 农村	平均消费水平 城镇	职工平均工资	人均住宅建筑面积
1978	184	138	405	615	6.7
1979	208	159	425	668	6.9
1980	238	178	489	762	7.2
1981	264	201	521	772	7.7
1982	288	223	536	798	8.2
1983	316	250	558	826	8.7
1984	361	287	618	974	9.1
1985	446	349	765	1 148	10.0
1986	497	378	872	1 329	12.4
1987	565	421	998	1 459	12.7
1988	714	509	1 311	1 747	13.0
1989	788	549	1 466	1 935	13.5
1990	833	560	1 596	2 140	13.7
1991	932	602	1 840	2 340	14.2
1992	1 116	688	2 262	2 711	14.8
1993	1 393	805	2 924	3 371	15.2
1994	1 833	1 038	3 852	4 538	15.7
1995	2 355	1 313	4 931	5 348	16.3
1996	2 789	1 626	5 532	5 980	17.0
1997	3 002	1 722	5 823	6 444	17.8
1998	3 159	1 730	6 109	7 446	18.7
1999	3 346	1 766	6 405	8 319	19.4
2000	3 632	1 860	6 850	9 333	20.3
2001	3 887	1 969	7 161	10 834	20.8
2002	4 144	2 062	7 486	12 373	22.8
2003	4 475	2 103	8 060	13 969	23.7
2004	5 032	2 319	8 912	15 920	25.0
2005	5 596	2 657	9 593	18 200	26.1
2006	6 299	2 950	10 618	20 856	27.1
2007	7 310	3 347	12 130	24 721	31.6
2008	8 430	3 901	13 653	28 898	32.4
2009	9 283	4 163	14 904	32 244	32.5
2010	10 522	4 700	16 546	36 539	32.9
2011	12 113	5 545	18 522	41 799	34.5
2012	13 946	6 475	20 864	46 769	35.0

注：本表资料来源于国家统计局。
数据来源：民政部规划财务司。

107. 2012年东、中、西部及东北地区农村居民家庭基本情况

项 目	东部地区	中部地区	西部地区	东北地区
平均每户常住人口（人）	3.65	3.96	4.17	3.32
平均每户整半劳动力（人）	2.62	2.90	2.85	2.51
平均每个劳动力负担人口（人）	1.39	1.37	1.46	1.32
平均每人总收入（元）	13 919.23	9 829.41	8 857.15	15 710.99
现金收入	13 194.14	8 580.68	7 511.73	13 430.91
平均每人总支出（元）	11 397.40	8 462.30	8 164.02	14 017.58
现金支出	11 037.76	7 865.03	7 242.21	13 433.00
平均每人纯收入（元）	10 817.48	7 435.24	6 026.61	8 846.49
工资性收入	5 790.96	3 328.08	2 124.39	2 377.68
家庭经营纯收入	3 710.82	3 483.06	3 083.85	5 283.15
财产性收入	451.91	113.47	154.94	421.50
转移性收入	863.78	510.62	663.43	764.15
消费支出（元）	7 682.97	5 469.00	4 798.36	5 941.18
食品	2 947.51	2 119.22	1 992.23	2 237.25
衣着	497.98	354.99	322.03	517.20
居住	1 379.88	1 108.11	877.85	848.93
家庭设备及用品	443.55	350.16	271.97	242.63
交通通信	965.77	515.71	503.93	654.66
文教娱乐	647.13	385.58	306.26	555.61
医疗保健	604.70	492.45	419.04	704.00
其他	196.46	142.78	105.04	180.90
现金消费支出（元）	7 379.04	4 950.53	4 141.14	5 594.38
食品	2 671.09	1 629.01	1 366.41	1 969.66
衣着	497.79	354.71	321.75	517.03
居住	1 352.94	1 080.28	847.16	770.34
家庭设备及用品	443.23	350.00	271.61	242.18
交通通信	965.77	515.71	503.93	654.66
文教娱乐	647.13	385.58	306.26	555.61
医疗保健	604.70	492.45	419.04	704.00
其他	196.38	142.78	104.98	180.90

数据来源：国家统计局。

108. 全国历年城乡新建住宅面积和居民住房情况

年份	城镇新建住宅面积 （亿平方米）	农村新建住宅面积 （亿平方米）	城镇人均住宅建筑面积 （平方米）	农村人均住房面积 （平方米）
1978	0.38	1.00	—	8.10
1980	0.92	5.00	—	9.40
1985	1.88	7.22	—	14.70
1986	2.22	9.84	—	15.30
1987	2.23	8.84	—	16.00
1988	2.40	8.45	—	16.60
1989	1.97	6.76	—	17.20
1990	1.73	6.91	—	17.80
1991	1.92	7.54	—	18.50
1992	2.40	6.19	—	18.90
1993	3.08	4.81	—	20.70
1994	3.57	6.18	—	20.20
1995	3.75	6.99	—	21.00
1996	3.95	8.28	—	21.70
1997	4.06	8.06	—	22.50
1998	4.76	8.00	—	23.31
1999	5.59	8.34	—	24.20
2000	5.49	7.97	—	24.80
2001	5.75	7.29	—	25.70
2002	5.98	7.42	24.50	26.50
2003	5.50	7.52	25.30	27.20
2004	5.69	6.80	26.40	27.90
2005	6.61	6.67	27.80	29.70
2006	6.30	6.84	28.50	30.65
2007	6.88	7.75	30.10	31.63
2008	7.60	8.34	30.60	32.40
2009	8.21	10.21	31.30	33.58
2010	8.69	9.63	31.60	34.08
2011	9.49	10.26	32.65	36.24
2012	10.00	9.51	32.91	37.09

注：城镇居民人均住房建筑面积为城镇住户抽样调查数据(不含集体户)。
数据来源：国家统计局。

109. 2012年各省、自治区、直辖市农村居民家庭住房情况

地区	住房面积（平方米/人）	住房价值（元/平方米）	住房结构（平方米/人）钢筋混凝土结构	住房结构（平方米/人）砖木结构
全 国	37.09	681.90	17.12	16.35
北 京	38.17	3192.13	10.74	27.17
天 津	30.26	1858.35	5.85	24.40
河 北	35.01	693.07	9.72	23.80
山 西	30.61	553.32	8.27	18.72
内蒙古	24.94	523.27	1.33	17.45
辽 宁	29.29	818.86	5.94	22.95
吉 林	24.71	603.87	0.16	23.04
黑龙江	24.82	831.34	1.01	20.29
上 海	60.42	2470.77	27.51	32.87
江 苏	50.82	881.12	26.52	24.06
浙 江	62.14	1256.30	43.46	17.36
安 徽	35.28	637.19	21.83	13.01
福 建	50.80	830.47	38.18	9.87
江 西	46.95	487.33	37.88	7.43
山 东	38.43	568.22	12.00	25.92
河 南	37.86	510.77	20.12	17.15
湖 北	44.98	546.26	26.66	14.06
湖 南	46.54	432.94	20.62	24.16
广 东	31.67	867.46	24.56	4.88
广 西	35.98	470.64	28.21	6.16
海 南	25.25	865.96	12.67	12.54
重 庆	41.10	461.56	20.79	16.16
四 川	37.90	506.61	16.29	15.32
贵 州	29.62	531.80	10.41	16.20
云 南	31.73	589.67	10.02	8.42
西 藏	28.77	316.76	0.77	16.74
陕 西	36.88	616.51	18.58	11.15
甘 肃	24.08	547.48	4.35	9.67
青 海	29.69	506.79	4.42	14.18
宁 夏	25.86	501.92	2.96	17.19
新 疆	27.18	486.44	2.81	14.20

数据来源：国家统计局。

公共卫生与健康

110. 2012年各省、自治区、直辖市医疗卫生机构数

地区	合计	医院	社区服务中心(站)	乡镇卫生院	村卫生室	门诊部(所)	疾病预防控制中心	专科疾病防治机构	妇幼保健机构	卫生监督机构	其他机构
总 计	950 297	23 170	33 562	37 097	653 419	187 932	3 490	1 289	3 044	3 088	2 424
东 部	343 064	8 965	20 173	9 430	223 743	75 419	1 072	561	950	960	1 233
中 部	306 978	6 998	7 438	11 468	226 215	49 745	1 081	527	982	973	720
西 部	300 255	7 207	5 951	16 199	203 461	62 768	1 337	201	1 112	1 155	471
北 京	9 632	573	1 846	—	2 957	4 034	32	28	19	18	104
天 津	4 551	304	559	160	2 157	1 218	24	17	23	19	57
河 北	79 119	1 249	1 130	1 961	64 513	9 573	193	8	185	188	96
山 西	40 192	1 215	791	1 199	28 285	7 691	135	10	132	130	77
内蒙古	23 046	519	1 162	1 326	14 022	5 496	119	52	117	111	71
辽 宁	35 792	860	1 121	999	21 245	10 860	130	88	110	118	186
吉 林	19 734	576	353	771	11 475	6 205	67	52	69	56	80
黑龙江	21 158	996	776	996	12 316	5 378	174	112	146	154	58
上 海	4 845	320	1 013	—	1 361	2 005	21	20	21	18	45
江 苏	31 050	1 426	2 613	1 115	15 835	9 323	128	48	110	114	231
浙 江	30 271	782	6 622	1 144	13 091	8 075	100	22	86	103	173
安 徽	23 275	930	1 948	1 384	15 306	3 173	121	52	118	116	87
福 建	27 276	519	532	880	19 691	5 271	96	25	87	82	76
江 西	39 509	548	611	1 582	32 369	3 802	147	112	113	110	80
山 东	68 840	1 549	2 251	1 639	51 055	11 517	182	134	158	155	152
河 南	69 258	1 285	1 135	2 072	57 112	6 933	180	20	165	168	140
湖 北	35 240	650	1 220	1 165	24 976	6 668	111	83	100	109	89
湖 南	58 612	798	604	2 299	44 376	9 895	146	86	139	130	109
广 东	46 534	1 186	2 345	1 227	29 086	11 902	138	147	127	122	102
广 西	34 152	469	266	1 280	23 323	8 388	109	41	103	105	39
海 南	5 154	197	141	305	2 752	1 641	28	24	24	23	11
重 庆	17 961	463	485	933	10 642	5 241	42	16	42	40	21
四 川	76 557	1 542	928	4 606	54 601	14 079	204	37	200	204	87
贵 州	27 404	772	469	1 436	21 463	2 894	101	7	96	101	28
云 南	23 395	926	439	1 384	13 317	6 747	150	30	147	145	63
西 藏	6 660	104	9	673	5 254	476	82	0	57	2	2
陕 西	36 271	888	552	1 630	26 883	5 822	122	6	117	118	107
甘 肃	26 401	403	616	1 377	16 711	6 921	103	6	99	92	32
青 海	5 948	142	174	405	4 314	765	56	1	21	55	3
宁 夏	4 140	143	107	230	2 431	1 136	25	0	22	24	10
新 疆	18 320	836	744	919	10 500	4 803	224	5	91	158	8

数据来源：卫生部统计信息中心。

111. 2012年各省、自治区、直辖市医疗卫生机构床位数

单位:张

地区	床位总数	医院 合计	其中:公立医院	每千人口医疗卫生机构床位
总 计	5 724 775	4 161 486	3 579 309	4.24
东 部	2 323 857	1 772 865	1 516 201	4.16
中 部	1 791 308	1 258 740	1 113 903	4.21
西 部	1 609 610	1 129 881	949 205	4.42
北 京	100 167	92 610	76 350	4.84
天 津	53 509	44 798	38 273	3.79
河 北	284 359	203 324	177 462	3.90
山 西	165 309	119 856	103 221	4.58
内蒙古	110 788	82 244	74 732	4.45
辽 宁	230 962	185 573	166 555	5.26
吉 林	127 756	100 183	86 183	4.64
黑龙江	178 210	141 239	127 412	4.65
上 海	109 784	90 151	81 717	4.61
江 苏	333 118	255 853	195 819	4.21
浙 江	213 286	180 722	156 059	3.89
安 徽	222 315	157 827	124 790	3.71
福 建	139 341	102 011	89 423	3.72
江 西	163 721	103 184	91 655	3.64
山 东	473 768	322 007	273 729	4.89
河 南	393 993	274 540	249 518	4.19
湖 北	252 991	173 784	158 044	4.38
湖 南	287 013	188 127	173 080	4.32
广 东	355 274	272 873	238 854	3.35
广 西	168 691	107 350	100 884	3.60
海 南	30 289	22 943	21 960	3.42
重 庆	130 813	86 140	72 561	4.44
四 川	390 147	257 333	204 411	4.83
贵 州	139 211	96 903	70 141	4.00
云 南	194 707	143 528	110 650	4.18
西 藏	8 352	5 385	4 942	2.72
陕 西	169 230	126 889	110 057	4.51
甘 肃	112 296	76 444	71 069	4.36
青 海	26 018	20 654	18 924	4.54
宁 夏	27 765	23 937	21 037	4.29
新 疆	131 592	103 074	89 797	5.89

数据来源:卫生部统计信息中心。

112. 2012年各省、自治区、直辖市卫生人员数

单位:人

地区	卫生人员总数	卫生技术人员数 合计	执业(助理)医师	注册护士	每千人口 执业(助理)医师	注册护士
总 计	9 115 705	6 675 549	2 616 064	2 496 599	1.94	1.85
东 部	3 950 917	2 978 014	1 174 399	1 128 795	2.10	2.02
中 部	2 783 467	1 974 774	779 643	743 178	1.83	1.75
西 部	2 374 321	1 715 761	662 022	624 626	1.82	1.71
北 京	253 164	196 234	74 380	79 534	3.59	3.84
天 津	104 201	77 076	30 690	27 621	2.17	1.95
河 北	463 283	314 933	142 989	101 988	1.96	1.40
山 西	279 466	199 601	87 319	70 337	2.42	1.95
内蒙古	183 875	139 876	59 528	46 774	2.39	1.88
辽 宁	329 679	246 808	100 972	98 036	2.30	2.23
吉 林	196 395	144 065	61 400	50 975	2.23	1.85
黑龙江	270 687	201 155	78 589	70 073	2.05	1.83
上 海	183 416	147 807	55 797	63 245	2.34	2.66
江 苏	519 709	395 961	157 902	155 247	1.99	1.96
浙 江	400 094	329 565	129 973	121 313	2.37	2.21
安 徽	334 842	236 188	92 061	95 046	1.54	1.59
福 建	236 756	176 074	66 740	71 124	1.78	1.90
江 西	259 552	179 705	67 077	72 055	1.49	1.60
山 东	738 868	530 082	200 465	191 721	2.07	1.98
河 南	652 564	428 508	167 608	156 041	1.78	1.66
湖 北	386 415	288 695	109 149	115 745	1.89	2.00
湖 南	403 546	296 857	116 440	112 906	1.75	1.70
广 东	662 462	518 414	198 966	199 534	1.88	1.88
广 西	303 759	220 761	78 043	85 515	1.67	1.83
海 南	59 285	45 060	15 525	19 432	1.75	2.19
重 庆	184 055	131 658	51 990	49 823	1.77	1.69
四 川	549 023	389 440	162 877	139 810	2.02	1.73
贵 州	191 079	129 772	49 179	48 646	1.41	1.40
云 南	233 361	166 764	68 466	60 755	1.47	1.30
西 藏	21 558	9 336	4 043	1 732	1.31	0.56
陕 西	293 775	216 293	69 471	79 390	1.85	2.12
甘 肃	151 899	111 609	42 956	37 202	1.67	1.44
青 海	40 831	29 311	11 918	10 026	2.08	1.75
宁 夏	44 021	34 250	13 011	12 504	2.01	1.93
新 疆	177 085	136 691	50 540	52 449	2.26	2.35

数据来源:卫生部统计信息中心。

113. 2012年各省、自治区、直辖市农村乡镇卫生院及床位、人员数

地区	机构数(个)	床位数(张)	人员数(人)	每千农业人口 床位	每千农业人口 人员	乡镇数(个)
总计	37 097	1 099 262	1 204 996	1.25	1.37	33 162
东部	9 430	349 062	437 586	1.29	1.62	8 613
中部	11 468	381 098	413 244	1.17	1.27	10 221
西部	16 199	369 102	354 166	1.31	1.26	14 328
北京	—	—	—	—	—	182
天津	160	4 098	5 112	1.09	1.36	134
河北	1 961	59 469	55 225	1.18	1.10	1 959
山西	1 199	28 378	24 910	1.22	1.07	1 196
内蒙古	1 326	17 502	20 075	1.21	1.39	767
辽宁	999	28 057	25 118	1.36	1.22	885
吉林	771	18 241	24 760	1.27	1.73	618
黑龙江	996	20 500	23 221	1.05	1.19	894
上海	—	—	—	—	—	110
江苏	1 115	51 760	69 497	1.56	2.09	932
浙江	1 144	14 781	44 723	0.45	1.36	929
安徽	1 384	48 289	48 297	0.91	0.91	1 257
福建	880	27 282	30 464	1.16	1.29	929
江西	1 582	40 902	44 381	1.16	1.26	1 398
山东	1 639	107 580	119 531	1.94	2.15	1 207
河南	2 072	91 155	100 952	1.07	1.19	1 841
湖北	1 165	55 753	70 143	1.38	1.74	934
湖南	2 299	77 880	76 580	1.41	1.38	2 083
广东	1 227	50 605	78 467	1.23	1.90	1 142
广西	1 280	49 331	58 445	1.13	1.34	1 126
海南	305	5 430	9 449	0.97	1.69	204
重庆	933	34 560	31 426	1.71	1.55	824
四川	4 606	111 514	93 266	1.69	1.42	4 380
贵州	1 436	33 148	26 113	0.96	0.76	1 439
云南	1 384	39 833	27 200	1.13	0.77	1 243
西藏	673	2 573	2 594	1.00	1.01	683
陕西	1 630	29 162	37 551	1.18	1.52	1 216
甘肃	1 377	22 819	27 436	1.16	1.39	1 228
青海	405	4 072	4 983	1.13	1.38	366
宁夏	230	2 598	4 275	0.65	1.07	193
新疆	919	21 990	20 802	1.73	1.63	863

数据来源:卫生部统计信息中心。

114. 2012年各省、自治区、直辖市村卫生室及人员数

地区	村委会（个）	村卫生室（个）	设卫生室的村占总村数（％）	村卫生室人员数（人）合计	其中乡村医生和卫生员	每千农业人口村卫生室人员
总 计	588 475	653 419	93.3	1 371 592	1 022 869	2.33
东 部	221 196	223 743	82.3	475 521	357 970	2.15
中 部	192 972	226 215	99.7	508 089	379 631	2.63
西 部	174 307	203 461	99.9	387 982	285 268	2.23
北 京	3 940	2 957	75.1	4 225	3 614	1.07
天 津	3 782	2 157	57.0	5 930	4 702	1.57
河 北	48 721	64 513	100.0	107 314	81 455	2.20
山 西	28 127	28 285	100.0	49 852	38 998	1.77
内蒙古	11 296	14 022	100.0	23 681	18 065	2.10
辽 宁	11 416	21 245	100.0	33 948	26 105	2.97
吉 林	9 109	11 475	100.0	23 161	18 310	2.54
黑龙江	8 988	12 316	100.0	31 778	24 349	3.54
上 海	1 613	1 361	84.4	3 950	717	2.45
江 苏	15 173	15 835	100.0	62 121	43 292	4.09
浙 江	28 798	13 091	45.5	20 125	9 127	0.70
安 徽	15 054	15 306	100.0	69 885	50 194	4.64
福 建	14 435	19 691	100.0	34 503	27 536	2.39
江 西	16 961	32 369	100.0	58 027	47 720	3.42
山 东	71 570	51 055	71.3	150 769	128 205	2.11
河 南	47 140	57 112	100.0	158 406	114 475	3.36
湖 北	25 575	24 976	97.7	55 400	41 661	2.17
湖 南	42 018	44 376	100.0	61 580	43 924	1.47
广 东	19 180	29 086	100.0	48 578	30 750	2.53
广 西	14 345	23 323	100.0	45 400	33 874	3.16
海 南	2 568	2 752	100.0	4 058	2 467	1.58
重 庆	8 467	10 642	100.0	30 010	22 182	3.54
四 川	46 604	54 601	100.0	95 420	68 936	2.05
贵 州	18 099	21 463	100.0	42 519	27 302	2.35
云 南	12 292	13 317	100.0	39 751	32 783	3.23
西 藏	5 259	5 254	99.9	10 326	7 819	1.96
陕 西	26 890	26 883	100.0	45 023	34 307	1.67
甘 肃	16 053	16 711	100.0	26 371	19 471	1.64
青 海	4 170	4 314	100.0	8 832	5 806	2.12
宁 夏	2 231	2 431	100.0	4 299	3 175	1.93
新 疆	8 601	10 500	100.0	16 350	11 548	1.90

数据来源：卫生部统计信息中心。

115. 2012年各省、自治区、直辖市医院诊疗人次、住院人数

地区	诊疗人次(万人次) 合计	公立医院	民营医院	住院人数(万人) 合计	公立医院	民营医院
总 计	254 161.6	228 866.3	25 295.3	12 727.4	11 331.2	1 396.3
东 部	143 757.1	129 278.6	14 478.5	5 349.9	4 780.3	569.6
中 部	55 787.2	50 857.8	4 929.4	3 832.7	3 490.4	342.3
西 部	54 617.3	48 730.0	5 887.4	3 544.8	3 060.4	484.4
北 京	12 055.2	10 907.0	1 148.2	211.6	190.8	20.8
天 津	5 745.8	4 831.8	914.0	117.2	106.0	11.2
河 北	9 235.7	8 353.9	881.8	654.4	595.7	58.7
山 西	4 191.8	3 741.7	450.1	275.7	246.1	29.5
内蒙古	3 494.4	3 245.4	249.0	209.2	195.7	13.4
辽 宁	7 821.1	7 224.2	596.9	468.3	428.1	40.2
吉 林	4 225.1	3 857.3	367.9	258.2	236.4	21.9
黑龙江	5 344.7	4 956.5	388.2	344.2	321.6	22.6
上 海	12 312.0	11 571.9	740.1	250.1	239.2	10.8
江 苏	19 368.2	15 763.4	3 604.8	759.9	600.0	159.9
浙 江	20 640.7	19 099.6	1 541.1	561.6	512.9	48.7
安 徽	7 252.8	6 012.2	1 240.7	516.4	432.2	84.2
福 建	8 175.7	7 477.4	698.3	364.7	329.5	35.2
江 西	5 082.1	4 725.0	357.0	363.0	322.2	40.8
山 东	15 223.7	13 589.3	1 634.4	979.4	885.1	94.3
河 南	13 107.8	11 958.8	1 149.0	857.3	790.7	66.6
湖 北	9 470.4	8 921.7	548.7	576.3	542.0	34.2
湖 南	7 112.4	6 684.5	427.9	641.7	599.2	42.4
广 东	31 777.1	29 139.9	2 637.1	914.6	827.4	87.2
广 西	7 216.5	6 845.4	371.1	387.9	373.2	14.7
海 南	1 401.8	1 320.1	81.7	68.2	65.7	2.5
重 庆	4 509.7	4 079.0	430.7	256.8	220.3	36.5
四 川	12 817.8	11 090.4	1 727.4	817.7	667.0	150.7
贵 州	3 464.0	2 817.0	647.0	324.3	233.5	90.8
云 南	7 006.9	5 988.7	1 018.2	451.9	371.4	80.5
西 藏	317.3	290.1	27.1	11.1	10.0	1.1
陕 西	5 972.8	5 322.4	650.3	391.9	353.8	38.1
甘 肃	3 291.7	3 104.7	187.0	214.2	201.4	12.8
青 海	908.1	859.8	48.3	56.5	52.9	3.6
宁 夏	1 410.5	1 259.0	151.6	72.0	66.1	5.9
新 疆	4 207.6	3 827.9	379.7	351.4	315.0	36.4

数据来源:卫生部统计信息中心。

116. 2012年各省、自治区、直辖市基层医疗卫生机构诊疗人次、住院人数

地区	诊疗人次(万人次) 合计	社区卫生服务中心	社区卫生服务站	乡镇卫生院	村卫生室	住院人数(万人) 合计	社区卫生	乡镇卫生院
总 计	410 920.6	45 475.1	14 393.6	96 757.8	192 707.6	4 209.0	266.5	3 865.4
东 部	191 389.2	35 989.1	8 058.6	39 040.3	79 837.3	1 129.1	107.8	1 000.2
中 部	117 295.0	5 035.5	3 589.5	28 374.8	67 346.6	1 483.4	79.2	1 375.5
西 部	102 236.4	4 450.5	2 745.4	29 342.8	45 523.7	1 596.6	79.5	1 489.7
北 京	5 902.4	3 615.1	468.4	—	417.5	3.6	3.6	—
天 津	3 573.9	1 458.2	7.8	639.4	888.7	10.8	1.2	9.6
河 北	26 630.9	543.8	941.9	4 130.5	18 167.4	165.9	5.7	156.0
山 西	7 431.4	353.8	397.7	1 565.4	3 563.3	61.2	4.6	48.1
内蒙古	5 524.8	390.6	454.9	1 227.2	2 178.2	38.5	4.7	32.3
辽 宁	9 361.8	774.4	502.5	1 697.8	4 191.6	72.5	6.9	62.4
吉 林	5 295.6	288.0	54.2	1 027.4	2 778.7	33.0	2.9	29.5
黑龙江	5 882.4	519.5	208.7	1 064.3	3 217.4	61.3	3.8	56.6
上 海	9 259.8	7 544.2	—	—	709.4	10.5	10.1	—
江 苏	24 594.8	4 906.3	1 288.4	7 383.0	7 735.3	167.6	27.9	139.4
浙 江	22 478.7	7 392.2	776.0	7 529.9	3 440.7	27.6	8.3	18.2
安 徽	15 529.4	864.2	963.3	4 159.6	8 368.7	177.1	11.8	163.8
福 建	10 051.9	910.6	304.3	2 091.6	4 586.2	124.9	6.7	118.1
江 西	13 091.9	303.1	308.4	2 630.5	8 840.2	239.8	5.3	229.9
山 东	41 339.1	1 392.7	1 326.9	7 992.0	26 476.1	340.6	20.8	313.9
河 南	35 193.7	781.2	823.1	8 140.7	23 008.5	329.8	12.5	315.9
湖 北	20 008.4	1 356.3	642.1	5 576.9	9 921.2	232.9	26.1	201.6
湖 南	14 862.2	569.5	192.1	4 209.8	7 648.6	348.4	12.5	330.1
广 东	35 910.7	7 382.7	2 255.6	6 605.9	12 649.7	195.1	15.3	173.7
广 西	14 490.5	464.1	147.6	4 547.2	6 400.6	245.7	1.3	244.3
海 南	2 285.3	69.0	186.9	970.2	574.5	10.0	1.1	8.8
重 庆	8 352.0	566.6	128.9	2 405.0	3 512.3	174.6	18.5	153.3
四 川	28 478.3	1 491.9	415.3	8 994.6	12 309.6	517.8	23.6	487.4
贵 州	7 788.0	142.7	215.0	2 060.6	4 231.9	217.3	10.1	196.7
云 南	12 300.3	316.1	251.1	3 730.9	5 881.7	142.6	6.8	135.1
西 藏	677.3	2.4	0.6	304.1	162.5	2.9	0.0	2.9
陕 西	9 623.1	394.8	247.6	1 894.9	5 135.2	80.1	5.6	72.8
甘 肃	8 349.4	289.1	314.1	2 148.3	3 896.0	67.5	3.5	62.3
青 海	1 199.2	51.8	140.3	290.9	509.5	17.0	0.4	15.8
宁 夏	1 566.1	10.2	88.6	548.1	517.5	5.9	0.0	5.7
新 疆	3 887.5	330.1	341.4	1 191.0	788.7	86.9	4.8	81.2

数据来源：卫生部统计信息中心。

117. 2012年全国医院收入与支出

指标	合计	公立医院 小计	三级医院	二级医院	一级医院
院均总收入(万元)	6 741	10 950	55 320	8 363	1 013
医疗收入	6 068	9 796	50 161	7 412	821
其中:药品收入	2 692	4 389	22 266	3 361	398
财政补助收入	513	893	3 772	785	147
科教项目收入	29	50	390	7	1
其他收入	131	212	997	159	44
院均总支出(万元)	6 412	10 439	52 603	8 003	977
医疗业务成本	5 103	8 408	43 272	6 329	675
其中:药品费	2 249	3 715	19 132	2 796	308
财政项目补助支出	214	371	1 835	262	46
科教项目支出	23	40	286	12	1
管理费用	804	1 317	6 241	1 120	106
其他支出	268	302	969	279	150
次均门诊费用(元)	192.5	193.4	242.1	157.4	112.0
其中:药费	96.9	99.3	126.7	77.9	59.9
人均住院费用(元)	6 980.4	7 325.1	11 186.8	4 729.4	3 285.0
其中:药费	2 867.4	3 026.7	4 521.0	2 033.3	1 411.3

统计范围:22 678个医院。
数据来源:卫生部统计信息中心。

118. 2012年全国综合医院收入与支出

指标	合计	部属	省属	地级市属	县级市属	县属
院均总收入（万元）	20 566	264 261	97 926	34 773	12 182	8 451
医疗收入	18 633	235 598	88 425	31 708	11 081	7 607
其中：药品收入	8 139	104 285	38 601	13 799	4 889	3 295
财政补助收入	1 528	16 584	7 181	2 560	867	718
科教项目收入	83	6 264	664	65	10	5
其他收入	322	5 815	1 655	440	224	122
院均总支出（万元）	19 556	249 354	93 434	33 035	11 679	7 963
医疗业务成本	16 107	209 121	77 869	27 334	9 576	6 381
其中：药品费	6 953	91 816	33 103	11 857	4 165	2 740
财政项目补助支出	626	9 790	3 905	963	276	251
科教项目支出	73	4 750	481	74	24	5
管理费用	2 488	23 700	10 338	4 349	1 585	1 143
其他支出	263	1 993	840	315	219	184
次均门诊费用（元）	198.4	360.1	287.7	204.3	161.3	142.8
其中：药费	98	197	149	103	76	62
人均住院费用（元）	7 403.5	18 818.7	14 369.8	9 269.4	5 620.2	3 880.3
其中：药费	3 033	7 250	5 716	3 733	2 388	1 675

注：本表系政府办综合医院数字。
数据来源：卫生部统计信息中心。

119. 2008-2012年全国医院次均门诊费用、人均住院费用

单位:元,%

年份	门诊病人 次均医药费用 合计	药费	检查治疗费	占医药费用 药费	检查治疗费	住院病人 人均医药费用 合计	药费	检查治疗费	占医药费用 药费	检查治疗费
合计										
2008	138.8	72.3	25.4	43.2	18.3	5 363.3	2 349.1	358.5	43.8	6.7
2009	152.5	80.0	27.8	44.4	18.2	5 856.2	2 573.0	407.7	43.9	7.0
2010	167.3	87.4	30.8	48.5	18.4	6 415.9	2 784.3	460.8	43.4	7.2
2011	180.2	92.8	33.4	51.5	18.5	6 909.9	2 903.7	518.5	42.0	7.5
2012	193.4	99.3	36.2	51.3	18.7	7 325.1	3 026.7	565.4	41.3	7.7
三级医院										
2008	187.9	100.3	32.3	53.4	17.2	8 969.1	3 906.8	615.1	43.6	6.9
2009	203.7	109.3	34.9	53.7	17.1	9 753.0	4 231.9	694.8	43.4	7.1
2010	220.2	117.6	37.9	53.4	17.2	10 442.4	4 441.0	765.5	42.5	7.3
2011	231.8	122.0	40.2	52.6	17.3	10 935.9	4 480.4	838.7	41.0	7.7
2012	242.1	126.7	42.7	52.3	17.6	11 186.8	4 521.0	881.1	40.4	7.9
二级医院										
2008	116.7	58.9	24.0	50.5	20.5	3 647.2	1 618.4	237.7	44.4	6.5
2009	128.0	65.1	26.2	50.9	20.4	3 973.8	1 784.0	270.1	44.9	6.8
2010	139.3	70.5	28.9	50.6	20.8	4 338.6	1 944.8	303.4	44.8	7.0
2011	147.6	73.6	31.0	49.9	21.0	4 564.2	1 999.2	332.3	43.8	7.3
2012	157.4	77.9	33.3	49.5	21.2	4 729.4	2 033.3	352.4	43.0	7.5
一级医院										
2008	77.3	41.8	10.0	54.1	12.9	2 550.4	1 111.7	146.8	43.6	5.8
2009	83.9	46.3	10.5	55.2	12.5	2 609.6	1 128.2	164.8	43.2	6.3
2010	93.1	51.6	11.5	55.4	12.4	2 844.3	1 243.7	185.9	43.7	6.5
2011	103.9	56.1	13.4	54.0	12.8	3 121.3	1 364.4	207.0	43.7	6.6
2012	112.0	59.9	14.7	53.5	13.1	3 285.0	1 411.3	236.1	43.0	7.2

数据来源:卫生部统计信息中心。

120. 2012年全国综合医院次均门诊费用、人均住院费用

单位:元,%

年份	门诊病人 次均医药费用 合计	门诊病人 次均医药费用 药费	门诊病人 次均医药费用 检查治疗费	门诊病人 占医药费用 药费	门诊病人 占医药费用 检查治疗费	住院病人 人均医药费用 合计	住院病人 人均医药费用 药费	住院病人 人均医药费用 检查治疗费	住院病人 占医药费用 药费	住院病人 占医药费用 检查治疗费
合计										
2011	186.1	92.4	38.6	49.6	20.7	7 027.7	2 939.7	536.5	41.8	7.6
2012	198.4	97.7	41.5	49.2	20.9	7 403.5	3 033.1	578.0	41.0	7.8
部属										
2011	341.6	186.0	53.6	54.4	15.7	17 473.7	6 698.8	1 228.6	38.3	7.0
2012	360.1	196.6	56.2	54.6	15.6	18 818.7	7 250.2	1 241.3	38.5	6.6
省属										
2011	272.6	143.3	48.1	52.6	17.7	13 783.0	5 674.2	1 014.7	41.2	7.4
2012	287.7	149.2	51.3	51.9	17.8	14 369.8	5 716.4	1 079.7	39.8	7.5
地级市属										
2011	192.9	97.2	39.1	50.4	20.3	8 732.5	3 568.6	721.7	40.9	8.3
2012	204.3	102.9	41.7	50.4	20.4	9 269.4	3 733.3	784.6	40.3	8.5
县级市属										
2011	149.0	70.8	32.8	47.5	22.0	5 328.5	2 299.0	404.1	43.1	7.6
2012	161.3	76.0	35.5	47.1	22.0	5 620.2	2 387.5	436.7	42.5	7.8
县属										
2011	131.8	58.5	35.4	44.4	26.9	3 549.3	1 584.6	248.9	44.6	7.0
2012	142.8	62.3	38.8	43.7	27.2	3 880.3	1 674.5	286.5	43.2	7.4

注:本表系政府办综合医院数字。
数据来源:卫生部统计信息中心。

121. 2012年全国城市医院住院病人前10位疾病构成

位次	2011年 疾病种类（ICD-10）	构成%	2012年 疾病种类（ICD-10）	构成%
1	呼吸系病	11.59	呼吸系病	12.00
2	消化系病	10.29	消化系病	10.12
3	损伤、中毒和外因	7.96	妊娠、分娩和产褥期病	8.17
4	妊娠、分娩和产褥期病	7.69	损伤、中毒和外因	7.50
5	泌尿生殖系病	6.55	泌尿生殖系病	6.30
6	恶性肿瘤	6.38	脑血管病	6.16
7	脑血管病	5.41	恶性肿瘤	5.42
8	缺血性心脏病	4.50	缺血性心脏病	4.61
9	内分泌营养和代谢疾病	3.86	内分泌营养和代谢疾病	3.86
10	传染病和寄生虫病	3.24	传染病和寄生虫病	3.29
	十种疾病合计	67.47	十种疾病合计	67.44

注：本表系政府办综合医院数字。
数据来源：卫生部统计信息中心。

122. 2012年全国县级医院住院病人前10位疾病构成

位次	2011年 疾病种类（ICD-10）	构成%	2012年 疾病种类（ICD-10）	构成%
1	呼吸系病	16.56	呼吸系病	17.55
2	损伤、中毒和外因	14.58	妊娠、分娩和产褥期病	13.95
3	妊娠、分娩和产褥期病	13.17	损伤、中毒和外因	11.51
4	消化系病	11.42	消化系病	11.28
5	脑血管病	6.10	脑血管病	6.13
6	泌尿生殖系病	4.80	泌尿生殖系病	4.86
7	传染病和寄生虫病	3.86	传染病和寄生虫病	4.06
8	缺血性心脏病	3.82	缺血性心脏病	4.05
9	恶性肿瘤	2.91	恶性肿瘤	2.76
10	围生期病	2.13	围生期病	2.34
	十种疾病合计	79.35	十种疾病合计	78.49

注：1.本表系政府办综合医院数字；
　　2.县级医院包括县和县级市医院。
数据来源：卫生部统计信息中心。

123. 2012年全国部分市分性别前10位疾病死亡专率及死亡原因构成

位次	合计 死亡原因	死亡专率 1/100000	构成 (%)	男 死亡原因	死亡专率 1/100000	构成 (%)	女 死亡原因	死亡专率 1/100000	构成 (%)
1	恶性肿瘤	164.51	26.81	恶性肿瘤	208.11	29.64	心脏病	126.80	24.22
2	心脏病	131.64	21.45	心脏病	136.38	19.42	恶性肿瘤	120.12	22.95
3	脑血管病	120.33	19.61	脑血管病	130.68	18.61	脑血管病	109.80	20.97
4	呼吸系病	75.59	12.32	呼吸系病	87.55	12.47	呼吸系病	63.41	12.11
5	损伤及中毒	34.79	5.67	损伤及中毒	45.66	6.50	损伤及中毒	23.72	4.53
6	内分泌营养和代谢病	17.32	2.82	消化系病	18.78	2.67	内分泌营养和代谢病	18.69	3.57
7	消化系病	15.25	2.48	内分泌营养和代谢病	15.96	2.27	消化系病	11.65	2.23
8	神经系病	6.86	1.12	传染病	8.62	1.23	神经系病	6.43	1.23
9	泌尿生殖系病	6.30	1.03	神经系病	7.28	1.04	泌尿生殖系病	5.58	1.07
10	传染病	6.07	0.99	泌尿生殖系病	7.01	1.00	传染病	3.47	0.66
	十种死因合计		94.30	十种死因合计		94.85	十种死因合计		93.54

数据来源：卫生部统计信息中心。

124. 2012年全国部分县分性别前10位疾病死亡专率及死亡原因构成

位次	合计 死亡原因	死亡专率 1/100000	构成 (%)	男 死亡原因	死亡专率 1/100000	构成 (%)	女 死亡原因	死亡专率 1/100000	构成 (%)
1	恶性肿瘤	151.47	22.96	恶性肿瘤	198.65	25.91	脑血管病	120.80	21.99
2	脑血管病	135.95	20.61	脑血管病	150.62	19.65	心脏病	115.36	21.00
3	心脏病	119.50	18.11	心脏病	123.51	16.11	恶性肿瘤	102.78	18.71
4	呼吸系病	103.90	15.75	呼吸系病	114.53	14.94	呼吸系病	92.93	16.91
5	损伤及中毒	58.86	8.92	损伤及中毒	78.92	10.29	损伤及中毒	38.17	6.95
6	消化系病	16.79	2.54	消化系病	21.95	2.86	消化系病	11.46	2.08
7	内分泌营养和代谢病	10.66	1.62	传染病	10.90	1.42	内分泌营养和代谢病	11.42	2.08
8	传染病	7.77	1.18	内分泌营养和代谢病	9.92	1.29	神经系病	5.90	1.07
9	泌尿生殖系病	6.62	1.00	泌尿生殖系病	7.72	1.01	泌尿生殖系病	5.48	1.00
10	神经系病	6.26	0.95	神经系病	6.60	0.86	传染病	4.55	0.83
	十种死因合计		93.64	十种死因合计		94.35	十种死因合计		92.62

数据来源：卫生部统计信息中心。

125. 2012年各省、自治区、直辖市儿童保健情况

地区	出生体重<2500克婴儿比重(%)	围产儿死亡率(‰)	新生儿破伤风发病率(1/万)	新生儿破伤风死亡率(1/万)	5岁以下儿童中重度营养不良比重(%)	新生儿访视率(%)	3岁以下儿童系统管理率(%)	7岁以下儿童保健管理率(%)
全国	2.38	5.89	0.11	0.04	1.44	91.8	87.0	88.9
北京	3.52	4.57	0.00	0.00	0.12	95.7	93.3	98.7
天津	3.61	7.89	0.00	0.00	0.23	97.5	77.9	93.2
河北	3.02	5.23	0.00	0.00	2.52	91.9	90.4	92.6
山西	2.03	7.85	0.00	0.00	1.08	91.0	86.0	88.2
内蒙古	1.91	7.01	0.00	0.00	0.56	95.1	93.5	94.0
辽宁	2.25	7.99	0.00	0.00	0.83	96.8	95.0	95.7
吉林	1.70	8.90	0.00	0.00	0.44	91.6	91.2	90.9
黑龙江	2.57	7.52	0.00	0.00	1.64	95.7	92.8	94.3
上海	3.96	2.67	0.00	0.00	0.06	78.0	97.5	99.3
江苏	2.10	3.77	0.00	0.00	0.53	100.0	97.9	98.8
浙江	2.82	5.01	0.00	0.00	0.60	98.9	95.7	96.7
安徽	1.35	5.26	0.04	0.00	0.69	73.7	67.5	78.0
福建	2.77	6.03	0.02	0.02	1.19	93.0	91.3	94.5
江西	2.32	3.98	0.02	0.02	2.30	92.9	81.5	85.1
山东	1.22	4.78	0.00	0.00	0.67	95.0	93.9	93.1
河南	1.99	3.98	0.00	0.00	1.53	80.7	81.0	81.7
湖北	1.73	4.96	0.00	0.00	1.19	95.1	89.5	90.4
湖南	2.36	5.94	0.01	0.01	2.02	92.8	78.8	81.2
广东	3.48	5.84	0.32	0.04	1.08	94.1	92.4	95.6
广西	4.79	7.97	0.56	0.10	2.88	98.4	85.1	86.4
海南	2.68	5.84	0.75	0.17	3.18	87.5	80.7	89.6
重庆	1.24	4.71	0.00	0.00	0.85	90.2	85.6	87.2
四川	1.60	5.17	0.05	0.04	1.60	92.1	87.8	86.6
贵州	1.06	4.86	0.48	0.25	1.27	93.4	79.6	78.8
云南	3.46	8.47	0.44	0.31	2.97	96.9	89.4	90.5
西藏	3.43	24.04	0.00	0.00	5.21	59.3	49.5	53.2
陕西	1.31	5.60	0.00	0.00	0.90	97.2	95.2	95.5
甘肃	1.99	8.51	0.34	0.14	1.19	95.1	91.2	90.0
青海	2.75	8.93	0.00	0.00	2.33	89.0	85.4	80.7
宁夏	2.57	11.20	0.00	0.00	0.45	98.6	93.1	94.1
新疆	2.27	14.38	0.05	0.05	1.85	90.8	81.7	83.5

数据来源：卫生部统计信息中心。

126. 1990-2012 年全国儿童保健情况

年份	出生体重<2 500克婴儿比重(%)	围产儿死亡率(‰)	新生儿破伤风发病率(1/万)	新生儿破伤风死亡率(1/万)	5岁以下儿童中重度营养不良比重(%)	新生儿访视率(%)	3岁以下儿童系统管理率(%)	7岁以下儿童保健管理率(%)
1990	3.74	16.11	2.70	—	—	—	46.28	—
1995	2.01	13.64	—	2.90	—	82.32	53.33	—
1997	2.31	15.14	4.16	2.97	3.51	82.38	65.65	65.83
1998	2.58	14.94	2.74	1.86	3.41	83.74	69.07	68.89
1999	2.39	14.22	2.24	1.48	3.29	85.42	72.34	71.77
2000	2.40	13.99	1.88	1.16	3.09	85.80	73.84	73.37
2001	2.35	13.28	1.41	0.84	3.01	86.72	74.65	74.47
2002	2.39	12.47	1.33	0.73	2.83	86.12	73.88	74.03
2003	2.26	12.24	1.40	0.83	2.70	84.65	72.77	72.68
2004	2.20	11.08	0.98	0.51	2.56	84.96	73.73	74.44
2005	2.21	10.27	0.77	0.39	2.34	85.03	73.88	74.79
2006	2.22	9.68	0.64	0.32	2.10	84.70	73.90	75.00
2007	2.26	8.71	0.47	0.20	2.02	85.59	74.39	75.89
2008	2.35	8.74	0.34	0.15	1.92	85.36	75.04	77.39
2009	2.40	7.70	0.27	0.11	1.71	87.13	77.20	80.04
2010	2.34	7.02	0.17	0.08	1.55	89.60	81.50	83.40
2011	2.33	6.32	0.14	0.05	1.51	90.60	84.60	85.80
2012	2.38	5.89	0.11	0.04	1.44	91.84	87.04	88.89

数据来源：卫生部统计信息中心。

127. 1991—2012年卫生部监测地区新生儿死亡率、婴儿死亡率、5岁以下儿童和孕产妇死亡率

年份	新生儿死亡率(‰) 合计	城市	农村	婴儿死亡率(‰) 合计	城市	农村	5岁以下儿童死亡率(‰) 合计	城市	农村	孕产妇死亡率(1/10万) 合计	城市	农村
1991	33.1	12.5	37.9	50.2	17.3	58.0	61.0	20.9	71.1	80.0	46.3	100.0
1992	32.5	13.9	36.8	46.7	18.4	53.2	57.4	20.7	65.6	76.5	42.7	97.9
1993	31.2	12.9	35.4	43.6	15.9	50.0	53.1	18.3	61.6	67.3	38.5	85.1
1994	28.5	12.2	32.3	39.9	15.5	45.6	49.6	18.0	56.9	64.8	44.1	77.5
1995	27.3	10.6	31.1	36.4	14.2	41.6	44.5	16.4	51.1	61.9	39.2	76.0
1996	24.0	12.2	26.7	36.0	14.8	40.9	45.0	16.9	51.4	63.9	29.2	86.4
1997	24.2	10.3	27.5	33.1	13.1	37.7	42.3	15.5	48.5	63.6	38.3	80.4
1998	22.3	10.0	25.1	33.2	13.5	37.7	42.0	16.2	47.9	56.2	28.6	74.1
1999	22.2	9.5	25.1	33.3	11.9	38.2	41.4	14.3	47.7	58.7	26.2	79.7
2000	22.8	9.5	25.8	32.2	11.8	37.0	39.7	13.8	45.7	53.0	29.3	69.6
2001	21.4	10.6	23.9	30.0	13.6	33.8	35.9	16.3	40.4	50.2	33.1	61.9
2002	20.7	9.7	23.2	29.2	12.2	33.1	34.9	14.6	39.6	43.2	22.3	58.2
2003	18.0	8.9	20.1	25.5	11.3	28.7	29.9	14.8	33.4	51.3	27.6	65.4
2004	15.4	8.4	17.3	21.5	10.1	24.5	25.0	12.0	28.5	48.3	26.1	63.0
2005	13.2	7.5	14.7	19.0	9.1	21.6	22.5	10.7	25.7	47.7	25.0	53.8
2006	12.0	6.8	13.4	17.2	8.0	19.7	20.6	9.6	23.6	41.1	24.8	45.5
2007	10.7	5.5	12.8	15.3	7.7	18.6	18.1	9.0	21.8	36.6	25.2	41.3
2008	10.2	5.0	12.3	14.9	6.5	18.4	18.5	7.9	22.7	34.2	29.2	36.1
2009	9.0	4.5	10.8	13.8	6.2	17.0	17.2	7.6	21.1	31.9	26.6	34.0
2010	8.3	4.1	10.0	13.1	5.8	16.1	16.4	7.3	20.1	30.0	29.7	30.1
2011	7.8	4	9.4	12.1	5.8	14.7	15.6	7.1	19.1	26.1	25.2	26.5
2012	6.9	3.9	8.1	10.3	5.2	12.4	13.2	5.9	16.2	24.5	22.2	25.6

数据来源：卫生部统计信息中心。

128. 2012年各省、自治区、直辖市孕产妇保健情况(一)

地区	活产数	高危产妇比重(%)	建卡率(%)	系统管理率(%)	产前检查率(%)	产后访视率(%)	住院分娩率(%) 合计	住院分娩率(%) 市	住院分娩率(%) 县
总计	15 442 995	18.5	94.8	87.6	95.0	92.6	99.2	99.7	98.8
北京	121 747	34.6	99.3	96.8	99.0	97.1	100.0	100.0	100.0
天津	97 656	40.2	96.9	92.8	95.9	94.7	100.0	100.0	100.0
河北	1 050 860	12.0	95.8	89.7	95.7	93.1	99.8	99.9	99.8
山西	351 114	13.9	94.2	82.4	92.9	90.5	99.8	99.9	99.6
内蒙古	213 482	22.8	97.6	93.6	97.2	95.6	99.8	100.0	99.7
辽宁	317 510	21.0	99.0	94.4	98.6	97.0	100.0	100.0	100.0
吉林	200 710	16.4	93.6	89.4	92.9	91.8	100.0	100.0	100.0
黑龙江	235 272	14.0	97.3	92.3	97.7	96.3	100.0	100.0	100.0
上海	98 975	18.9	83.4	76.0	78.2	78.0	100.0	100.0	100.0
江苏	775 453	29.6	99.8	100.0	100.0	100.0	100.0	100.0	100.0
浙江	424 042	44.0	99.4	96.6	98.6	98.2	100.0	100.0	100.0
安徽	746 383	17.6	84.1	55.0	84.4	73.6	99.7	99.8	99.7
福建	474 611	27.2	95.4	89.6	96.2	93.1	100.0	100.0	100.0
江西	638 293	14.9	94.7	84.0	94.8	94.1	99.7	99.7	99.7
山东	964 075	11.6	96.5	93.0	96.1	95.3	100.0	100.0	100.0
河南	1 634 025	13.6	86.3	78.2	92.5	85.1	99.5	99.5	99.6
湖北	653 865	19.6	98.0	91.6	97.7	96.5	99.9	100.0	99.9
湖南	838 974	23.0	95.9	88.2	95.2	93.1	99.8	99.9	99.8
广东	1 365 005	18.3	95.4	88.7	95.7	94.2	99.1	99.4	98.2
广西	833 822	20.0	99.4	95.0	95.7	98.3	99.7	99.9	99.6
海南	120 226	10.6	93.1	85.0	94.1	88.1	99.6	99.8	99.4
重庆	312 777	13.6	95.8	86.1	95.2	91.0	97.6	99.5	95.6
四川	760 178	14.0	93.4	88.3	93.3	92.3	96.2	99.4	94.4
贵州	440 898	10.7	95.8	90.2	96.2	94.9	97.8	98.4	97.6
云南	542 669	22.4	98.4	93.1	96.7	97.1	96.5	98.8	95.8
西藏	39 178	7.6	71.7	38.2	61.6	52.7	73.3	87.2	72.4
陕西	383 976	19.8	98.3	95.1	97.2	97.3	99.8	99.9	99.8
甘肃	291 552	11.8	96.8	93.4	96.8	95.6	98.3	99.3	97.9
青海	66 395	10.6	89.2	85.0	89.3	88.5	94.1	99.1	93.3
宁夏	80 078	26.6	99.7	96.3	99.5	98.7	99.8	99.9	99.6
新疆	369 194	21.3	95.4	83.9	94.8	91.5	98.6	99.3	98.3

数据来源：卫生部统计信息中心。

129. 2012年各省、自治区、直辖市孕产妇保健情况(二)

地区	新法接生率(%) 合计	市	县	孕产妇死亡率(1/10万) 合计	市	县	孕产妇死因构成(%) 产科出血	妊高症	产褥感染	内科合并症	羊水栓塞	其他
总 计	99.8	99.9	99.7	13.9	10.9	16.4	27.2	9.0	0.5	27.6	17.5	18.3
北 京	100.0	100.0	100.0	6.6	5.0	9.7	0.0	0.0	0.0	87.5	12.5	0.0
天 津	100.0	100.0	100.0	9.2	8.5	10.4	11.1	11.1	0.0	77.8	0.0	0.0
河 北	100.0	100.0	100.0	10.5	9.0	11.2	13.6	8.2	0.9	30.9	24.6	21.8
山 西	100.0	100.0	100.0	11.7	7.8	14.3	31.7	9.8	0.0	22.0	26.8	9.8
内蒙古	99.9	100.0	99.9	20.1	13.7	24.6	16.3	14.0	0.0	18.6	30.2	20.9
辽 宁	100.0	100.0	100.0	7.9	8.1	7.2	12.0	8.0	0.0	24.0	16.0	40.0
吉 林	100.0	100.0	100.0	16.4	16.0	17.5	9.1	0.0	0.0	30.3	15.2	45.5
黑龙江	100.0	100.0	100.0	17.4	19.8	13.9	24.4	7.3	0.0	31.7	14.6	22.0
上 海	100.0	100.0	100.0	2.0	2.1	0.0	0.0	0.0	0.0	0.0	0.0	100.0
江 苏	100.0	100.0	100.0	1.4	1.2	1.8	18.2	9.1	0.0	27.3	36.4	9.1
浙 江	100.0	100.0	100.0	4.0	3.6	4.9	11.8	11.8	0.0	35.3	23.5	17.7
安 徽	100.0	100.0	100.0	11.5	10.4	12.1	26.7	8.1	1.2	26.7	10.5	26.7
福 建	100.0	100.0	100.0	11.4	8.6	14.0	18.5	3.7	0.0	44.4	13.0	20.4
江 西	100.0	100.0	100.0	11.3	14.4	9.8	19.4	4.2	1.4	38.9	19.4	16.7
山 东	100.0	100.0	100.0	10.1	9.0	11.2	25.8	9.3	0.0	33.0	13.4	18.6
河 南	99.8	99.6	99.9	9.2	9.7	9.0	21.3	8.0	0.0	27.3	27.3	16.0
湖 北	100.0	100.0	100.0	10.1	8.9	12.0	21.2	9.1	0.0	31.8	10.6	27.3
湖 南	100.0	100.0	100.0	19.6	20.4	19.1	26.2	6.1	0.0	26.8	20.7	20.1
广 东	100.0	100.0	100.0	9.9	9.0	12.3	27.4	9.6	0.7	25.9	18.5	17.8
广 西	100.0	100.0	100.0	17.4	17.9	17.1	20.0	6.2	0.0	37.9	21.4	14.5
海 南	99.7	99.9	99.5	25.8	22.2	30.4	16.1	12.9	0.0	41.9	16.1	12.9
重 庆	99.5	99.8	99.2	15.0	11.7	18.6	29.8	8.5	2.1	29.8	13.3	17.0
四 川	98.8	99.9	98.2	18.9	14.5	21.4	36.1	6.3	0.7	20.1	9.7	27.1
贵 州	99.8	99.9	99.8	26.1	24.4	26.6	37.4	7.0	1.7	20.9	15.7	17.4
云 南	99.4	99.8	99.3	28.0	17.9	31.1	39.5	8.6	0.0	21.7	18.4	11.8
西 藏	92.1	96.7	91.8	176.1	41.5	185.0	56.5	21.7	0.0	13.0	4.4	4.4
陕 西	100.0	100.0	100.0	10.7	10.3	10.9	26.8	4.9	2.4	22.0	24.4	19.5
甘 肃	99.9	100.0	99.8	24.4	17.0	27.5	35.2	5.6	0.0	22.5	23.9	12.7
青 海	96.4	99.9	95.9	36.2	34.0	36.5	37.5	20.8	0.0	20.8	4.2	16.7
宁 夏	100.0	100.0	100.0	27.5	23.5	30.4	31.8	9.1	0.0	22.7	18.2	18.2
新 疆	98.9	99.6	98.7	34.1	25.5	37.4	28.6	22.2	1.6	24.6	10.3	12.7

数据来源:卫生部统计信息中心。

130. 1980—2012 年全国孕产妇保健情况

年份	活产数	高危产妇比重(%)	建卡率(%)	系统管理率(%)	产前检查率(%)	产后访视率(%)	住院分娩率(%) 合计	住院分娩率(%) 市	住院分娩率(%) 县	新法接生率(%) 合计	新法接生率(%) 市	新法接生率(%) 县
1980	—	—	—	—	—	—	—	—	—	91.4	98.7	90.3
1985	—	—	—	—	—	—	43.7	73.6	36.4	94.5	98.7	93.5
1990	14 517 207	—	—	—	—	—	50.6	74.2	45.1	94.0	98.6	93.9
1991	15 293 237	—	—	—	—	—	50.6	72.8	45.5	93.7	98.1	93.2
1992	11 746 275	—	76.6	—	69.7	69.7	52.7	71.7	41.2	84.1	91.2	82.0
1993	10 170 690	—	75.7	—	72.2	71.0	56.5	68.3	51.0	83.6	81.1	84.7
1994	11 044 607	—	79.1	—	76.3	74.5	65.6	76.4	50.4	—	—	87.4
1995	11 539 613	—	81.4	—	78.7	78.8	58.0	70.7	50.2	—	—	87.6
1996	11 412 028	7.3	82.4	65.5	83.7	80.1	60.7	76.5	51.7	—	—	95.5
1997	11 286 021	8.1	84.5	68.3	85.9	82.3	61.7	76.4	53.0	—	—	91.8
1998	10 961 516	8.6	86.2	72.3	87.1	83.9	66.2	79.0	58.1	—	—	92.6
1999	10 698 467	9.2	87.9	75.4	89.3	85.9	70.0	83.3	61.5	96.8	98.9	95.4
2000	10 987 691	10.0	88.6	77.2	89.4	86.2	72.9	84.9	65.2	96.6	98.8	95.2
2001	10 690 630	11.1	89.4	78.6	90.3	87.2	76.0	87.0	69.0	97.3	99.0	96.1
2002	10 591 949	11.9	89.2	78.2	90.1	86.7	78.7	89.4	71.6	96.7	98.6	95.4
2003	10 188 005	11.8	87.6	75.5	88.9	85.4	79.4	89.9	72.6	95.9	98.5	94.1
2004	10 892 614	12.4	88.3	76.4	89.7	85.9	82.8	91.4	77.1	97.3	98.9	96.2
2005	11 415 809	12.8	88.5	76.7	89.8	86.0	85.9	93.2	81.0	97.5	98.7	96.7
2006	11 770 056	13.0	88.2	76.5	89.7	85.7	88.4	94.1	84.6	97.8	98.7	97.2
2007	12 506 498	13.7	89.3	77.3	90.9	86.7	91.7	95.8	88.8	98.4	99.1	97.9
2008	13 307 045	15.7	89.3	78.1	91.0	87.0	94.5	97.5	92.3	99.1	99.6	98.7
2009	13 825 431	16.4	90.9	80.9	92.2	88.7	96.3	98.5	94.7	99.3	99.8	99.0
2010	14 218 657	17.1	92.9	84.1	94.1	90.8	97.8	99.2	96.7	99.6	99.9	99.4
2011	14 507 141	17.7	93.8	85.2	93.7	91.0	98.7	99.6	98.1	99.7	99.9	99.6
2012	15 442 995	18.5	94.8	87.6	95.0	92.6	99.2	99.7	98.8	99.8	99.9	99.7

数据来源：卫生部统计信息中心。

131. 2012年全国28种传染病报告发病及死亡人数

单位:万人

疾病名称	发病数	发病率(1/100 000)	死亡数	死亡率(1/100 000)
总计	3 216 932	238.76	16 721	1.241
鼠疫	1	0.00	1	0.000
霍乱	75	0.01	—	—
传染性非典型肺炎	—	—	—	—
艾滋病	41 929	3.11	11 575	0.859
病毒性肝炎	1 380 800	102.48	747	0.055
脊髓灰质炎	—	—	—	—
人感染高致病性禽流感	1	0.00	1	0.000
甲型H1N1流感	1 072	0.08	3	0.000
麻疹	6 183	0.46	8	0.001
流行性出血热	13 308	0.99	104	0.008
狂犬病	1 425	0.11	1 361	0.101
流行性乙型脑炎	1 763	0.13	59	0.004
登革热	575	0.04	—	—
炭疽	237	0.02	1	0.000
细菌性和阿米巴性痢疾	207 429	15.40	13	0.001
肺结核	951 508	70.62	2 662	0.198
伤寒和副伤寒	11 998	0.89	3	0.000
流行性脑脊髓膜炎	195	0.02	24	0.002
百日咳	2 183	0.16	1	0.000
白喉	—	—	—	—
新生儿破伤风	656	0.05	51	0.004
猩红热	46 459	3.45	2	0.000
布鲁氏菌病	39 515	2.93	1	—
淋病	91 853	6.82	1	0.000
梅毒	410 074	30.44	79	0.006
钩端螺旋体病	440	0.03	5	0.000
血吸虫病	4 802	0.36	4	0.000
疟疾	2 451	0.18	15	0.001

注:"—"表示无发病及死亡病例,下表同。
数据来源:卫生部统计信息中心。

132. 2012年各省、自治区、直辖市新型农村合作医疗情况

地区	开展新农合县(市、区)(个)	参合人口数(万人)	人均筹资(元)	补偿受益人次(万人次)
总计	2 566	80 530.9	308.5	174 507.3
北京	13	267.4	707.3	565.6
河北	164	5 037.0	294.7	12 406.7
山西	115	2 194.0	294.1	3 598.4
内蒙古	92	1 233.6	308.3	823.1
辽宁	94	1 958.6	295.5	2 151.2
吉林	60	1 328.2	290.5	977.8
黑龙江	122	1 447.3	295.3	1 960.7
上海	9	113.2	1 232.5	1 570.8
江苏	81	4 089.3	327.8	12 271.6
浙江	81	2 876.2	480.4	11 231.6
安徽	94	5 043.8	294.9	10 071.6
福建	74	2 444.1	298.8	831.7
江西	96	3 293.8	294.2	4 079.9
山东	135	6 465.8	307.2	23 243.4
河南	157	7 965.1	293.4	19 766.6
湖北	93	3 877.6	298.0	13 854.6
湖南	111	4 671.2	291.6	5 617.7
广东	10	200.0	271.7	279.7
广西	106	3 974.8	292.8	5 209.5
海南	20	481.5	300.1	827.2
重庆	37	2 162.9	296.4	3 127.3
四川	175	6 224.1	295.9	14 476.1
贵州	88	3 112.2	291.5	4 887.9
云南	127	3 467.9	295.8	9 190.4
西藏	73	237.8	324.0	477.6
陕西	104	2 649.7	311.9	4 544.3
甘肃	86	1 921.5	292.6	3 901.5
青海	39	352.6	408.3	335.2
宁夏	21	361.5	385.1	837.7
新疆	89	1 078.3	315.1	1 390.0

注：天津城乡居民统一实行居民基本医疗保险制度。
数据来源：卫生部统计信息中心。

133. 2012年各省、自治区、直辖市农村改水情况

单位:%

地区	改水受益人口占农村人口 2011	改水受益人口占农村人口 2012	饮用自来水人口占农村人口 2011	饮用自来水人口占农村人口 2012
总计	94.9	94.2	71.2	72.1
天 津	100.0	99.9	97.3	97.5
河 北	97.5	96.7	83.9	83.9
山 西	87.2	89.3	75.7	77.3
内蒙古	88.4	94.0	50.5	58.4
辽 宁	96.7	96.0	66.1	69.2
吉 林	99.1	100.0	73.1	77.4
黑龙江	98.6	99.5	64.5	66.5
上 海	100.0	100.0	100.0	100.0
江 苏	98.8	98.6	98.8	98.6
浙 江	97.2	96.5	93.3	92.7
安 徽	99.6	96.1	47.8	50.4
福 建	98.8	97.1	87.2	87.6
江 西	99.6	100.7	59.1	62.9
山 东	99.6	99.5	90.6	91.8
河 南	91.2	93.5	55.1	59.9
湖 北	99.2	98.7	72.0	68.5
湖 南	94.3	90.5	65.8	65.9
广 东	99.0	98.4	83.9	84.3
广 西	92.0	75.1	65.7	54.5
海 南	96.4	95.4	72.4	75.0
重 庆	98.6	98.8	87.5	90.3
四 川	92.6	93.1	53.3	56.2
贵 州	81.0	75.8	61.8	61.4
云 南	85.1	88.1	64.1	66.1
陕 西	89.3	97.0	55.1	55.1
甘 肃	97.1	97.0	59.2	60.9
青 海	85.0	86.6	76.9	78.0
宁 夏	94.6	96.3	68.0	77.4
新 疆	78.5	87.8	78.4	87.6

注:缺西藏数据。
数据来源:卫生部统计信息中心。

134. 2012年各省、自治区、直辖市农村改厕情况

地区	卫生厕所普及率(%) 2011	卫生厕所普及率(%) 2012	无害化厕所普及率(%) 2011	无害化厕所普及率(%) 2012
总 计	**69.2**	**71.7**	**47.3**	**49.7**
北 京	97.0	97.0	96.6	96.6
天 津	93.2	93.3	93.2	93.3
河 北	53.1	55.8	27.3	29.5
山 西	50.6	52.2	24.4	27.3
内蒙古	43.2	46.0	18.2	21.1
辽 宁	60.4	64.2	26.8	29.6
吉 林	74.9	75.5	14.4	15.0
黑龙江	70.1	70.7	10.8	13.3
上 海	98.0	98.0	96.6	96.6
江 苏	87.4	90.9	67.4	73.9
浙 江	90.1	91.5	78.7	81.1
安 徽	58.0	59.2	28.7	32.3
福 建	85.5	88.5	83.8	86.9
江 西	81.2	84.4	54.8	58.9
山 东	85.7	88.3	47.7	50.8
河 南	71.1	72.9	52.8	49.9
湖 北	75.2	76.7	50.4	52.2
湖 南	63.2	64.8	36.3	37.8
广 东	86.7	88.6	78.8	81.1
广 西	64.1	72.8	60.6	66.5
海 南	67.5	70.0	65.0	67.5
重 庆	58.7	60.8	58.7	60.8
四 川	64.1	67.4	48.8	51.2
贵 州	40.9	43.9	23.8	28.1
云 南	55.7	58.7	30.8	31.4
陕 西	49.4	51.5	39.8	41.9
甘 肃	68.0	66.5	29.9	28.2
青 海	57.9	62.6	8.4	11.4
宁 夏	56.6	59.2	40.5	47.0
新 疆	58.8	64.3	33.9	39.3

注：缺西藏数据。
数据来源：卫生部统计信息中心。

教育状况

135. 全国历年各级各类学校数

单位:所

年份	普通高等学校	普通中学 合计	普通中学 高中	普通中学 初中	职业中学	普通小学	特殊教育学校	学前教育
1978	598	162 345	49 215	113 130	—	949 323	292	163 952
1980	675	118 377	31 300	87 077	3 314	917 316	292	170 419
1985	1 016	93 221	17 318	75 903	8 070	832 309	375	172 262
1986	1 054	92 967	17 111	75 856	8 187	820 846	423	173 376
1987	1 063	92 857	16 930	75 927	8 381	807 406	504	176 775
1988	1 075	91 492	16 524	74 968	8 954	793 261	577	171 845
1989	1 075	89 575	16 050	73 525	9 173	777 244	662	172 634
1990	1 075	87 631	15 678	71 953	9 164	766 072	746	172 322
1991	1 075	85 851	15 243	70 608	9 572	729 158	886	164 465
1992	1 053	84 021	14 850	69 171	9 860	712 973	1 077	172 506
1993	1 065	82 795	14 380	68 415	9 985	696 681	1 123	165 197
1994	1 080	82 358	14 242	68 116	10 217	682 588	1 241	174 657
1995	1 054	81 020	13 991	67 029	10 147	668 685	1 379	180 438
1996	1 032	79 967	13 875	66 092	10 049	645 983	1 428	187 324
1997	1 020	78 642	13 880	64 762	10 047	628 840	1 440	182 485
1998	1 022	77 888	13 948	63 940	10 074	609 626	1 535	181 368
1999	1 071	77 213	14 127	63 086	9 636	582 291	1 520	181 136
2000	1 041	77 268	14 564	62 704	8 849	553 622	1 539	175 836
2001	1 225	80 432	14 907	65 525	7 802	491 273	1 531	111 706
2002	1 396	80 067	15 406	64 661	7 402	456 903	1 540	111 752
2003	1 552	79 490	15 779	63 711	6 843	425 846	1 551	116 390
2004	1 731	79 058	15 998	63 060	6 478	394 183	1 560	117 899
2005	1 792	77 977	16 092	61 885	6 423	366 213	1 593	124 402
2006	1 867	76 703	16 153	60 550	6 100	341 639	1 605	130 495
2007	1 908	74 790	15 681	59 109	6 191	320 061	1 618	129 086
2008	2 263	72 907	15 206	57 701	6 128	300 854	1 640	133 722
2009	2 305	70 774	14 607	56 167	5 805	280 184	1 672	138 209
2010	2 358	68 881	14 058	54 823	5 273	257 410	1 716	150 420
2011	2 409	67 751	13 688	54 063	4 856	241 249	1 767	166 750
2012	2 442	66 676	13 509	53 167	4 566	228 585	1 853	181 251

注:职业中学包括职业高中和职业初中(以下相关表同)。

数据来源:教育部。

136. 全国历年各级各类学校专任教师数　　　　　　　　　　　　　　　　　　　　　单位:万人

年份	普通高等学校	普通中学 合计	普通中学 高中	普通中学 初中	职业中学	普通小学	特殊教育学校	学前教育
1978	20.6	318.2	74.1	244.1	—	522.6	0.4	27.7
1980	24.7	302.0	57.1	244.9	2.3	549.9	0.5	41.1
1985	34.4	265.2	49.2	216.0	14.1	537.7	0.7	55.0
1986	37.2	275.8	51.8	223.9	16.4	541.4	0.8	60.5
1987	38.5	287.0	54.4	232.7	18.5	543.4	0.9	65.1
1988	39.3	296.0	55.7	240.3	20.3	550.1	1.1	67.0
1989	39.7	298.0	55.4	242.7	21.4	554.4	1.2	70.9
1990	39.5	303.3	56.2	247.0	22.4	558.2	1.4	75.0
1991	39.1	309.0	57.3	251.7	23.5	553.2	1.6	76.9
1992	38.8	314.1	57.6	256.5	24.8	552.7	1.9	81.5
1993	38.8	316.7	55.9	260.8	26.2	555.2	2.0	83.6
1994	39.6	323.4	54.7	268.7	27.7	561.1	2.3	86.2
1995	40.1	333.4	55.1	278.4	29.2	566.4	2.5	87.5
1996	40.3	346.5	57.2	289.3	30.8	573.6	2.7	88.9
1997	40.5	358.7	60.5	298.2	32.2	579.4	2.9	88.4
1998	40.7	369.7	64.2	305.5	33.6	581.9	3.0	87.5
1999	42.6	384.1	69.2	314.8	33.6	586.1	3.1	87.2
2000	46.3	400.5	75.7	324.9	32.0	586.0	3.2	85.6
2001	53.2	418.8	84.0	334.8	30.6	579.8	2.9	63.0
2002	61.8	437.6	94.6	343.0	31.0	577.9	3.0	57.1
2003	72.5	453.7	107.1	346.7	28.9	570.3	3.0	61.3
2004	85.8	466.8	119.1	347.7	29.4	562.9	3.1	65.6
2005	96.6	477.1	129.9	347.2	30.3	559.2	3.2	72.2
2006	107.6	485.1	138.7	346.3	30.7	558.8	3.3	77.6
2007	116.8	490.7	144.3	346.4	31.7	561.3	3.5	82.7
2008	123.7	494.4	147.6	346.9	32.6	562.2	3.6	89.9
2009	129.5	500.7	149.3	351.3	32.6	563.3	3.8	98.6
2010	134.3	504.2	151.8	352.3	30.9	561.7	4.0	114.4
2011	139.3	508.0	155.7	352.3	31.7	560.5	4.1	131.6
2012	144.0	509.8	159.5	350.3	31.3	558.5	4.4	147.9

数据来源:教育部。

137. 全国历年各级各类学校招生数

单位：万人

年份	普通高等学校	普通中学 合计	普通中学 高中	普通中学 初中	职业中学	普通小学	特殊教育学校
1978	40.2	2 698.9	692.9	2 006.0	—	3 315.4	0.6
1980	28.1	1 934.3	383.4	1 550.9	30.7	2 942.3	0.6
1985	61.9	1 606.9	257.5	1 349.4	116.1	2 298.2	0.9
1986	57.2	1 643.9	257.3	1 386.6	112.8	2 258.2	1.1
1987	61.7	1 649.5	255.2	1 394.3	113.2	2 094.6	1.2
1988	67.0	1 584.8	244.3	1 340.5	119.5	2 123.3	1.2
1989	59.7	1 551.5	242.1	1 309.4	118.3	2 151.5	1.4
1990	60.9	1 619.6	249.8	1 369.9	123.2	2 064.0	1.6
1991	62.0	1 655.2	243.8	1 411.3	137.8	2 072.7	2.0
1992	75.4	1 699.7	234.7	1 465.0	152.1	2 183.2	3.0
1993	92.4	1 707.3	228.3	1 479.0	161.5	2 353.5	3.4
1994	90.0	1 859.8	243.4	1 616.4	175.3	2 537.0	4.0
1995	92.6	2 025.9	273.6	1 752.3	190.1	2 531.8	5.6
1996	96.6	2 042.9	282.2	1 760.7	188.9	2 524.7	4.8
1997	100.0	2 128.2	322.6	1 805.6	211.2	2 462.0	4.6
1998	108.4	2 321.0	359.6	1 961.4	217.6	2 201.4	4.9
1999	159.7	2 546.0	396.3	2 149.7	194.1	2 029.5	5.0
2000	220.6	2 736.0	472.7	2 263.3	182.7	1 946.5	5.3
2001	268.3	2 815.9	558.0	2 257.9	185.0	1 944.2	5.6
2002	320.5	2 929.0	676.7	2 252.3	216.9	1 952.8	5.3
2003	382.2	2 947.4	752.1	2 195.3	222.1	1 829.4	4.9
2004	447.3	2 899.7	821.5	2 078.2	229.1	1 747.0	5.1
2005	504.5	2 854.3	877.7	1 976.5	259.3	1 671.7	4.9
2006	546.1	2 794.8	871.2	1 923.6	294.0	1 729.4	5.0
2007	565.9	2 703.9	840.2	1 863.7	306.9	1 736.1	6.3
2008	607.7	2 693.2	837.0	1 856.2	294.1	1 695.7	6.2
2009	639.5	2 616.7	830.3	1 786.4	315.2	1 637.8	6.4
2010	661.8	2 551.7	836.2	1 715.5	279.8	1 691.7	6.5
2011	681.5	2 484.8	850.8	1 634.0	247.1	1 736.8	6.4
2012	688.8	2 414.8	844.6	1 570.2	214.4	1 714.7	6.6

数据来源：教育部。

138. 全国历年各级各类学校在校学生数

单位:万人

年份	普通高等学校	普通中学 合计	普通中学 高中	普通中学 初中	职业中学	普通小学	特殊教育学校	学前教育
1978	86	6 548	1 553	4 995	—	14 624	3	788
1980	114	5 508	970	4 538	45	14 627	3	1 151
1985	170	4 706	741	3 965	230	13 370	4	1 480
1986	188	4 890	773	4 117	256	13 183	5	1 629
1987	196	4 948	774	4 174	268	12 836	5	1 808
1988	207	4 762	746	4 016	279	12 536	6	1 855
1989	208	4 554	716	3 838	282	12 373	6	1 848
1990	206	4 586	717	3 869	295	12 241	7	1 972
1991	204	4 684	723	3 961	316	12 164	9	2 209
1992	218	4 771	705	4 066	343	12 201	13	2 428
1993	254	4 739	657	4 082	363	12 421	17	2 553
1994	280	4 982	665	4 317	406	12 823	21	2 630
1995	291	5 371	713	4 658	448	13 195	30	2 711
1996	302	5 740	769	4 970	473	13 615	32	2 666
1997	317	6 018	850	5 168	512	13 995	34	2 519
1998	341	6 301	938	5 363	542	13 954	36	2 403
1999	413	6 771	1 050	5 722	534	13 548	37	2 326
2000	556	7 369	1 201	6 168	503	13 013	38	2 244
2001	719	7 836	1 405	6 431	466	12 543	39	2 022
2002	903	8 288	1 684	6 604	512	12 157	37	2 036
2003	1 109	8 583	1 965	6 618	528	11 690	36	2 004
2004	1 334	8 695	2 220	6 475	569	11 246	37	2 089
2005	1 562	8 581	2 409	6 172	626	10 864	36	2 179
2006	1 739	8 452	2 515	5 937	676	10 712	36	2 264
2007	1 885	8 243	2 522	5 721	741	10 564	42	2 349
2008	2 021	8 051	2 476	5 574	761	10 332	42	2 475
2009	2 145	7 868	2 434	5 434	786	10 071	43	2 658
2010	2 232	7 703	2 427	5 276	730	9 941	43	2 977
2011	2 308	7 519	2 454	5 064	683	9 926	40	3 424
2012	2 391	7 228	2 467	4 761	625	9 696	38	3 686

数据来源:教育部。

139. 2012年各省、自治区、直辖市每10万人口各级学校平均在校生数

单位:人

地区	幼儿园	小学	初中阶段①	高中阶段②	高等学校③
合计	2 736	7 196	3 535	3 411	2 335
北京	1 643	3 560	1 513	2 114	5 534
天津	1 687	3 928	1 893	2 275	4 358
河北	2 710	7 765	3 002	3 148	2 063
山西	2 546	7 285	4 182	4 050	2 351
内蒙古	1 983	5 501	3 007	3 206	2 042
辽宁	1 961	4 859	2 589	2 675	2 811
吉林	1 574	5 178	2 534	2 730	2 889
黑龙江	1 510	4 871	3 142	2 985	2 441
上海	2 047	3 239	1 843	1 389	3 481
江苏	2 791	5 352	2 494	3 014	2 786
浙江	3 453	6 347	2 733	3 020	2 288
安徽	2 645	6 781	3 570	3 940	2 101
福建	3 763	6 794	3 012	3 846	2 301
江西	3 389	9 672	4 334	3 422	2 295
山东	2 613	6 513	3 405	3 325	2 238
河南	3 406	11 495	4 834	3 911	2 012
湖北	2 354	5 675	2 740	2 984	3 078
湖南	2 675	7 183	3 201	2 950	2 087
广东	3 148	7 694	4 212	4 417	2 082
广西	3 572	9 182	4 233	3 790	1 834
海南	3 073	8 573	4 157	3 965	2 218
重庆	3 058	6 657	3 725	3 995	2 734
四川	2 724	6 966	3 779	3 585	2 037
贵州	2 832	10 957	6 057	3 443	1 392
云南	2 424	8 783	4 220	2 975	1 566
西藏	2 028	9 628	4 295	2 180	1 508
陕西	3 139	6 269	3 515	4 479	3 525
甘肃	1 873	8 048	4 603	4 246	2 145
青海	2 699	8 777	3 674	3 590	1 133
宁夏	2 506	9 667	4 579	4 230	2 107
新疆	3 143	8 606	4 270	3 293	1 596

注:①初中阶段包括普通初中和职业初中。
②高中阶段合计数据包括普通高中、成人高中、普通中专、职业高中、技工学校和成人中专。
③高等学校包括普通高等学校和成人高等学校。
数据来源:教育部。

140. 全国历年各级各类学校毕业生数

单位：万人

年 份	普通高校 学校	普通高校 合计	普通中学 高中	普通中学 初中	职业中学	普通小学	特殊教育学校
1978	16.5	2 375.3	682.7	1 692.6	—	2 287.9	0.3
1980	14.7	1 581.0	616.2	964.7	7.9	2 053.3	0.4
1985	31.6	1 194.9	196.6	998.3	41.3	1 999.9	0.4
1986	39.3	1 281.0	224.0	1 057.0	57.9	2 016.1	0.5
1987	53.2	1 364.1	246.8	1 117.3	75.0	2 043.0	0.4
1988	55.3	1 407.8	250.6	1 157.2	81.0	1 930.3	0.5
1989	57.6	1 377.5	243.2	1 134.3	86.3	1 857.1	0.5
1990	61.4	1 342.1	233.0	1 109.1	89.3	1 863.1	0.5
1991	61.4	1 308.5	222.9	1 085.5	94.5	1 896.7	0.6
1992	60.4	1 328.4	226.1	1 102.3	96.7	1 872.4	0.9
1993	57.1	1 365.9	231.7	1 134.2	102.5	1 841.5	1.2
1994	63.7	1 361.9	209.3	1 152.6	107.6	1 899.6	1.4
1995	80.5	1 429.0	201.6	1 227.4	124.0	1 961.5	1.9
1996	83.9	1 484.0	204.9	1 279.0	139.6	1 934.1	2.4
1997	82.9	1 664.0	221.7	1 442.4	150.1	1 960.1	2.8
1998	83.0	1 832.0	251.8	1 580.2	162.8	2 117.4	3.5
1999	84.8	1 852.7	262.9	1 589.8	167.8	2 313.7	3.8
2000	95.0	1 908.6	301.5	1 607.1	176.3	2 419.2	4.3
2001	103.6	2 047.4	340.5	1 707.0	166.5	2 396.9	4.6
2002	133.7	2 263.6	383.8	1 879.9	145.4	2 351.9	4.4
2003	187.7	2 453.7	458.1	1 995.6	135.5	2 267.9	4.5
2004	239.1	2 617.4	546.9	2 070.4	142.5	2 135.2	4.7
2005	306.8	2 768.1	661.6	2 106.5	170.0	2 019.5	4.3
2006	377.5	2 789.5	727.1	2 062.4	179.5	1 928.5	4.5
2007	447.8	2 745.2	788.3	1 956.8	197.7	1 870.2	5.0
2008	511.9	2 699.0	836.1	1 862.9	216.7	1 865.0	5.2
2009	531.1	2 618.4	823.7	1 794.7	232.1	1 805.2	5.7
2010	575.4	2 543.0	794.4	1 748.6	232.0	1 739.6	5.9
2011	608.2	2 523.2	787.7	1 735.5	219.0	1 662.8	4.4
2012	624.7	2 451.3	791.5	1 659.8	218.4	1 641.6	4.9

数据来源：教育部。

141. 2012年各省、自治区、直辖市各级普通学校生师比

单位:%

地区	小学	初中	普通高中	中等职业学校	普通高校 合计	普通高校 本科院校	普通高校 专科院校
合计	17.36	13.59	15.47	24.19	17.52	17.65	17.23
北京	13.70	9.83	9.38	25.65	16.70	16.97	14.27
天津	14.09	9.85	11.74	13.82	17.29	17.18	17.60
河北	17.74	12.95	14.19	19.84	17.65	17.79	17.34
山西	14.20	12.71	14.72	19.38	18.01	17.71	18.62
内蒙古	12.09	12.01	15.52	16.31	17.59	18.56	16.12
辽宁	14.72	11.22	14.72	16.77	17.17	17.46	16.11
吉林	11.94	10.41	17.13	11.71	17.20	17.41	16.12
黑龙江	12.95	12.04	14.38	18.68	16.19	16.54	15.13
上海	15.82	12.29	9.51	19.63	16.93	17.07	16.19
江苏	16.74	10.81	12.43	20.82	15.45	16.18	14.34
浙江	19.32	12.56	13.58	19.29	17.05	16.85	17.48
安徽	16.76	13.23	18.01	27.64	18.74	18.82	18.61
福建	16.42	11.59	13.27	35.02	17.20	17.48	16.61
江西	21.13	15.85	17.35	26.64	17.37	17.68	16.77
山东	16.41	12.54	14.28	20.80	17.08	17.04	17.15
河南	21.72	16.07	17.94	25.73	17.64	18.33	16.49
湖北	17.04	11.16	15.16	21.15	17.76	17.85	17.54
湖南	19.19	12.33	15.30	25.20	18.64	18.70	18.55
广东	18.69	16.18	15.93	35.31	18.82	19.05	18.42
广西	19.64	16.74	17.86	39.51	17.80	17.75	17.89
海南	14.68	14.54	16.12	31.25	19.34	19.80	18.49
重庆	17.04	14.29	18.13	25.99	17.53	17.77	16.97
四川	18.39	14.92	17.54	30.37	18.36	18.44	18.17
贵州	19.20	18.31	18.59	29.26	18.19	17.85	18.83
云南	17.40	16.18	15.60	26.64	18.50	17.87	19.92
西藏	15.49	14.50	13.07	28.94	16.17	15.07	19.01
陕西	14.06	11.68	16.75	23.88	18.19	17.88	19.37
甘肃	14.71	13.99	16.43	22.27	18.99	19.16	18.58
青海	19.10	14.06	13.80	23.68	14.74	14.32	15.84
宁夏	17.98	15.11	16.17	29.50	17.43	17.04	18.39
新疆	13.96	10.98	13.61	16.27	16.87	16.16	18.18

注:普通高校生师比中专任教师数包括聘请校外教师。

数据来源:教育部。

142. 1990—2012年全国学龄儿童入学率和各级普通学校毕业生升学率

单位:%

年 份	学龄儿童净入学率	小学升学率	初中升学率	高中升学率
1990	97.8	74.6	40.6	27.3
1991	97.8	77.7	42.6	28.7
1992	97.2	79.7	43.6	34.9
1993	97.7	81.8	44.1	43.3
1994	98.4	86.6	47.8	46.7
1995	98.5	90.8	50.3	49.9
1996	98.8	92.6	49.8	51.0
1997	98.9	93.7	51.5	48.6
1998	98.9	94.3	50.7	46.1
1999	99.1	94.4	50.0	63.8
2000	99.1	94.9	51.2	73.2
2001	99.1	95.5	52.9	78.8
2002	98.6	97.0	58.3	83.5
2003	98.7	97.9	59.6	83.4
2004	98.9	98.1	62.9	82.5
2005	99.2	98.4	69.7	76.3
2006	99.3	100.0	75.7	75.1
2007	99.5	99.9	79.3	71.8
2008	99.5	99.7	83.4	72.7
2009	99.4	99.1	85.6	77.6
2010	99.7	98.7	87.5	83.3
2011	99.8	98.3	88.6	86.5
2012	99.9	98.3	88.4	87.0

注:1.初中升高级中学包含升入技工学校。
　　2.高中升学率为普通高校招生数(含电大普通班)与普通高中毕业生数之比。
数据来源:国家统计局。

143. 2012年全国高等教育学校（机构）学生数

单位：人

项　目	招生数	在校学生数	毕业生数	授予学位数
研究生	589 673	1 719 818	486 455	481 830
博　士	68 370	283 810	51 713	50 399
硕　士	521 303	1 436 008	434 742	431 431
普通本专科	6 888 336	23 913 155	6 247 338	2 966 148
本　科	3 740 574	14 270 888	3 038 473	2 966 148
专　科	3 147 762	9 642 267	3 208 865	—
成人本专科	2 439 551	5 831 123	1 954 357	126 570
本　科	984 817	2 475 495	801 015	126 570
专　科	1 454 734	3 355 628	1 153 342	—
在职人员攻读硕士学位	140 629	489 857	—	104 781
网络本专科生	1 964 468	5 704 112	1 360 870	34 658
本　科	696 698	2 002 698	477 949	34 658
专　科	1 267 770	3 701 414	882 921	—
自考助学班	—	397 381	184 933	—
普通预科生	—	37 668	—	—
研究生课程进修班	—	73 796	50 284	—
进修及培训	—	3 439 532	7 550 132	—
留学生	102 991	157 845	83 613	18 259

注：留学生指来中国学习的留学生数。
数据来源：教育部。

144. 2012 年全国各级各类学历教育学生情况

单位：人，%

项　　目	招生数	在校学生数	毕业生数	女学生占学生总数比重
高等教育				
研究生	589 673	1 719 818	486 455	49.0
博　　士	68 370	283 810	51 713	36.4
硕　　士	521 303	1 436 008	434 742	51.5
普通本专科	6 888 336	23 913 155	6 247 338	51.4
本　　科	3 740 574	14 270 888	3 038 473	51.0
专　　科	3 147 762	9 642 267	3 208 865	51.8
成人本专科	2 439 551	5 831 123	1 954 357	54.4
本　　科	984 817	2 475 495	801 015	55.5
专　　科	1 454 734	3 355 628	1 153 342	53.5
其他高等学历教育				
在职人员攻读博士、硕士学位	140 629	489 857	—	34.7
网络本专科生	1 964 468	5 704 112	1 360 870	49.5
本　　科	696 698	2 002 698	477 949	52.5
专　　科	1 267 770	3 701 414	882 921	47.8
中等教育	31 695 120	94 214 196	32 020 579	47.4
高中阶段教育	15 987 420	45 952 782	14 780 256	47.7
高中	8 446 071	24 815 911	8 031 310	49.4
普通高中	8 446 071	24 671 712	7 915 046	49.4
完全中学	2 878 240	8 278 864	2 613 879	49.2
高级中学	5 348 540	15 788 100	5 119 686	49.7
十二年一贯制学校	219 291	604 748	181 481	44.9
成人高中	—	144 199	116 264	48.1
中等职业教育	7 541 349	21 136 871	6 748 946	45.5
普通中专	2 773 643	8 125 608	2 653 135	53.7
成人中专	1 058 110	2 542 747	716 307	45.0
职业高中	2 139 032	6 230 465	2 174 398	46.7
技工学校	1 570 564	4 238 051	1 205 106	28.6
初中阶段教育	15 707 700	48 261 414	17 240 323	47.1
初中	15 707 700	47 630 607	16 607 751	47.1
初级中学	11 484 894	35 032 212	12 382 897	47.5
九年一贯制学校	1 822 554	5 402 756	1 801 127	45.5
十二年一贯制学校	218 920	633 749	197 499	40.8
完全中学	2 176 027	6 543 086	2 216 885	46.8
职业初中	5 305	18 804	9 343	49.0
成人初中	—	630 807	632 572	46.9
初等教育	17 146 640	98 602 286	18 007 271	46.4
普通小学	17 146 640	96 958 985	16 415 565	46.3
小学	15 697 392	88 527 616	14 902 844	46.4
九年一贯制学校	1 342 630	7 778 434	1 398 080	45.0
十二年一贯制学校	106 618	652 935	114 641	40.7
成人小学	—	1 643 301	1 591 706	52.5
扫盲班	—	689 067	585 749	53.0
工读学校	4 547	10 640	3 653	14.1
特殊教育	65 699	378 751	48 590	35.4
学前教育	19 119 154	36 857 624	14 335 717	46.3

注：特殊教育学生数中包括普通中小学随班就读的学生。
数据来源：教育部。

145. 2012年各省、自治区、直辖市特殊教育基本情况

单位：人

地区	学校数(所)	招生数	在校学生数	毕业生数	教职工数 合计	专任教师
全国	1 853	65 699	378 751	48 590	53 615	43 697
北京	22	1 190	8 118	1 747	1 231	898
天津	20	536	2 963	311	739	575
河北	151	1 913	12 408	1 202	3 553	2 912
山西	53	1 215	7 873	882	1 583	1 316
内蒙古	39	874	4 455	392	1 312	1 103
辽宁	74	905	8 593	804	2 648	1 967
吉林	46	805	6 261	574	1 751	1 382
黑龙江	74	1 423	11 150	894	2 312	1 879
上海	29	1 202	8 138	1 455	1 580	1 177
江苏	107	3 534	24 702	3 271	3 911	3 124
浙江	79	2 741	14 425	1 550	2 185	1 915
安徽	64	2 165	9 986	1 114	1 507	1 283
福建	73	4 350	27 291	3 604	1 863	1 636
江西	80	4 094	21 510	1 751	1 074	961
山东	145	3 555	21 239	2 793	5 700	4 595
河南	132	2 994	16 689	2 381	3 767	3 211
湖北	77	1 483	10 557	1 292	1 826	1 560
湖南	61	1 812	10 184	1 058	1 673	1 349
广东	94	4 632	24 485	2 917	3 329	2 527
广西	62	2 538	14 270	1 441	1 516	1 105
海南	4	313	1 616	214	217	160
重庆	36	2 090	13 083	1 836	927	804
四川	113	8 398	44 287	7 969	2 220	1 941
贵州	56	2 904	13 657	1 389	1 139	996
云南	47	3 294	16 777	3 071	1 140	934
西藏	3	185	633	39	110	92
陕西	46	1 266	6 046	1 010	1 147	904
甘肃	28	1 434	8 337	834	673	572
青海	11	359	2 124	189	166	140
宁夏	8	358	1 985	84	242	227
新疆	19	1 137	4 909	522	574	452

数据来源：教育部。

146. 2011年各省、自治区、直辖市教育经费情况

单位:万元

地 区	合 计	国家财政性教育经费	其中公共预算教育经费	民办学校中举办者投入	社会捐赠经费	事业收入	其中学杂费	其他教育经费
总计	238 692 936	185 867 009	168 045 617	1 119 320	1 118 675	44 246 927	33 169 742	6 341 005
中央	23 356 525	15 634 144	14 413 470	—	266 793	6 096 208	2 937 487	1 359 380
地方	215 336 411	170 232 866	153 632 146	1 119 320	851 882	38 150 719	30 232 255	4 981 625
北京	7 373 843	6 277 348	5 577 283	2 894	42 608	851 455	622 423	199 539
天津	4 136 097	3 389 120	2 920 631	239	5 531	594 114	436 350	147 094
河北	8 447 882	6 844 588	6 106 370	22 060	6 392	1 484 576	1 302 985	90 267
山西	5 494 903	4 451 667	4 067 348	51 370	14 323	902 811	733 005	74 732
内蒙古	5 040 005	4 463 714	4 038 149	10 480	3 597	512 773	399 327	49 442
辽宁	7 809 413	6 325 914	5 649 334	30 860	5 744	1 332 250	1 121 184	114 645
吉林	4 293 877	3 543 183	3 329 166	6 702	2 878	703 764	595 838	37 350
黑龙江	4 838 173	3 859 462	3 573 011	2 843	869	941 146	793 588	33 855
上海	7 106 255	5 844 327	4 795 157	5 215	6 331	1 006 085	821 000	244 297
江苏	15 882 132	11 768 474	9 974 984	50 534	179 649	3 149 370	2 437 172	734 106
浙江	12 069 078	8 732 600	7 081 452	20 810	154 065	2 591 357	2 080 309	570 246
安徽	8 172 010	6 461 027	5 903 475	57 900	20 122	1 456 867	1 132 576	176 095
福建	6 344 839	4 856 150	4 256 932	80 851	37 395	1 286 253	983 115	84 190
江西	6 307 866	5 036 882	4 718 264	89 662	19 066	1 056 873	878 233	105 383
山东	13 727 939	11 225 099	9 869 201	40 992	22 969	2 307 705	1 779 356	131 174
河南	11 821 418	9 292 217	8 786 207	131 298	5 735	2 103 536	1 881 920	288 633
湖北	6 844 038	4 787 821	4 489 740	18 227	20 305	1 809 429	1 337 660	208 256
湖南	7 987 607	5 846 551	5 447 450	53 567	17 604	1 791 759	1 394 362	278 126
广东	18 846 365	13 592 334	12 282 084	174 940	105 231	4 655 227	3 769 241	318 634
广西	5 938 482	4 905 638	4 635 386	31 747	7 328	925 396	732 021	68 374
海南	1 732 237	1 370 536	1 240 893	33 157	15 086	279 938	233 588	33 519
重庆	5 039 550	3 832 059	3 590 885	24 470	45 121	926 746	679 350	211 154
四川	10 244 130	8 017 200	7 393 263	116 697	51 511	1 932 562	1 279 067	126 162
贵州	4 510 531	3 869 567	3 624 514	18 762	7 811	519 550	386 485	94 842
云南	6 582 935	5 652 685	5 235 529	18 172	23 784	767 760	604 635	120 533
西藏	826 102	807 466	800 260	201	683	17 622	14 318	130
陕西	6 838 342	5 249 804	4 952 664	12 917	10 035	1 326 983	1 072 042	238 604
甘肃	3 608 174	3 129 282	2 938 828	4 558	7 347	431 519	361 413	35 468
青海	1 552 462	1 469 582	1 398 060	1 338	3 907	63 800	48 435	13 836
宁夏	1 313 862	1 147 144	1 075 864	4 249	1 978	119 957	93 927	40 535
新疆	4 605 867	4 183 426	3 879 766	1 611	6 880	301 540	227 332	112 410

数据来源:国家统计局。

147. 2011年全国各类学校教育经费情况

单位:万元

学校类别	合计	国家财政性教育经费	其中公共财政预算教育经费	民办学校中举办者投入	社会捐赠经费	事业收入	其中学费和杂费	其他教育经费
全国总计	238 692 936	185 867 009	168 045 617	1 119 320	1 118 675	44 246 927	33 169 742	6 341 005
按学校类别分组								
高等学校	70 208 740	40 963 277	38 303 348	332 915	434 534	24 620 019	18 623 612	3 857 995
普通高等学校	68 802 316	40 234 989	37 632 641	332 915	431 870	24 007 176	18 121 026	3 795 366
成人高等学校	1 406 423	728 288	670 707	—	2 664	612 843	502 586	62 629
中等职业学校	16 385 030	12 590 644	10 379 263	128 688	24 765	3 226 600	2 668 384	414 334
中等专业学校	7 560 390	5 671 922	4 728 781	58 264	9 058	1 619 122	1 350 180	202 024
职业高中	6 177 797	5 062 497	4 025 549	55 130	13 427	942 754	803 664	103 989
技工学校	1 854 712	1 236 388	1 064 615	7 359	1 757	522 612	436 450	86 597
成人中专学校	792 131	619 837	560 318	7 934	523	142 113	78 090	21 724
中学	66 709 034	57 114 550	50 782 295	215 221	363 248	8 144 614	5 770 465	871 402
普通中学	66 607 151	57 023 628	50 710 861	215 221	363 154	8 136 799	5 769 061	868 350
普通高中	24 943 611	17 999 617	15 376 404	76 990	186 050	6 238 204	4 546 108	442 751
普通初中	41 663 540	39 024 011	35 334 458	138 231	177 105	1 898 595	1 222 954	425 599
农村	22 879 621	22 308 622	20 740 121	41 211	63 884	304 463	173 901	161 440
成人中学	101 883	90 922	71 434	—	94	7 815	1 403	3 052
小学	60 124 183	57 599 831	53 147 915	149 897	218 537	1 638 763	1 141 006	517 155
普通小学	60 120 841	57 596 542	53 144 651	149 897	218 537	1 638 729	1 141 006	517 137
农村	37 975 040	37 249 144	35 088 711	48 293	102 146	358 382	223 509	217 073
成人小学	3 342	3 289	3 264	—	—	35	—	18
特殊教育学校	790 439	766 927	654 865	174	5 221	7 733	1 435	10 385
幼儿园	10 185 761	4 156 986	3 516 392	292 425	50 189	5 497 586	4 927 263	188 575
教育行政单位	3 281 499	2 989 852	2 628 782	—	11 909	135 171	—	144 567
教育事业单位	8 777 740	7 712 373	6 676 855	—	9 971	785 483	—	269 914
其他	2 230 510	1 972 571	1 955 902	—	303	190 958	37 577	66 679

数据来源:教育部。

148. 2012年各省、自治区、直辖市分性别的15岁及以上文盲人口

单位:人,%

地区	15岁及以上人口 合计	男	女	文盲人口 小计	男	女	文盲人口占15岁及以上人口比例 小计	男	女
全国	939 526	476 037	463 489	46 619	12 699	33 920	4.96	2.67	7.32
北京	15 648	7 999	7 649	229	47	181	1.46	0.59	2.37
天津	10 408	5 121	5 287	233	55	178	2.24	1.08	3.36
河北	49 895	25 215	24 680	1 879	516	1 363	3.77	2.05	5.52
山西	25 396	12 932	12 464	592	213	379	2.33	1.64	3.04
内蒙古	17 897	9 132	8 765	718	223	494	4.01	2.44	5.64
辽宁	32 819	16 446	16 373	736	217	519	2.24	1.32	3.17
吉林	20 139	10 194	9 945	372	121	251	1.85	1.19	2.53
黑龙江	28 112	14 234	13 878	686	232	454	2.44	1.63	3.27
上海	18 181	9 443	8 738	406	87	319	2.23	0.92	3.65
江苏	57 383	27 979	29 403	2 742	602	2 140	4.78	2.15	7.28
浙江	40 062	20 367	19 694	2 051	520	1 531	5.12	2.55	7.77
安徽	40 915	20 962	19 953	3 385	869	2 516	8.27	4.15	12.61
福建	26 044	12 967	13 077	1 204	215	989	4.62	1.66	7.56
江西	29 495	14 874	14 621	1 103	256	847	3.74	1.72	5.79
山东	67 769	33 826	33 944	4 204	1 051	3 153	6.20	3.11	9.29
河南	62 353	30 621	31 733	3 344	949	2 395	5.36	3.10	7.55
湖北	41 428	20 880	20 548	2 431	610	1 821	5.87	2.92	8.86
湖南	45 065	22 876	22 189	1 820	523	1 297	4.04	2.29	5.85
广东	73 925	38 665	35 260	2 061	368	1 693	2.79	0.95	4.80
广西	30 243	15 480	14 762	1 134	268	867	3.75	1.73	5.87
海南	5 985	3 146	2 839	266	64	202	4.45	2.03	7.13
重庆	20 537	10 210	10 327	1 082	326	756	5.27	3.19	7.32
四川	56 449	29 551	26 898	3 866	1 163	2 703	6.85	3.94	10.05
贵州	22 393	11 333	11 060	2 679	757	1 922	11.97	6.68	17.38
云南	31 272	16 012	15 259	2 608	825	1 783	8.34	5.15	11.68
西藏	2 000	983	1 017	696	287	409	34.81	29.24	40.19
陕西	26 912	13 798	13 115	1 243	384	859	4.62	2.79	6.55
甘肃	17 947	9 169	8 778	1 559	489	1 070	8.68	5.33	12.19
青海	3 797	1 944	1 852	465	154	310	12.24	7.93	16.76
宁夏	4 246	2 140	2 106	318	100	218	7.50	4.69	10.36
新疆	14 812	7 538	7 274	507	207	299	3.42	2.75	4.11

数据来源:国家统计局人口和就业统计司。

149. 2012年各省、自治区、直辖市城市分性别的15岁及以上文盲人口

单位：人，%

地区	15岁及以上人口 合计	男	女	文盲人口 小计	男	女	文盲人口占15岁及以上人口比例 小计	男	女
全 国	302 999	152 724	150 274	5 249	1 123	4 126	1.73	0.74	2.75
北 京	12 551	6 375	6 176	110	16	94	0.88	0.26	1.52
天 津	7 064	3 561	3 503	122	25	97	1.73	0.70	2.78
河 北	10 503	5 231	5 273	209	40	169	1.99	0.77	3.20
山 西	8 923	4 473	4 449	83	21	62	0.93	0.47	1.39
内蒙古	6 106	2 998	3 107	53	13	39	0.86	0.44	1.27
辽 宁	18 311	9 015	9 296	167	35	133	0.91	0.38	1.43
吉 林	6 927	3 447	3 481	64	16	48	0.93	0.46	1.39
黑龙江	10 852	5 396	5 456	99	27	73	0.91	0.49	1.33
上 海	13 951	7 216	6 735	253	53	200	1.81	0.73	2.98
江 苏	24 500	12 050	12 450	646	131	515	2.64	1.09	4.13
浙 江	16 242	7 984	8 258	364	89	275	2.24	1.12	3.33
安 徽	9 127	5 270	3 857	229	37	192	2.51	0.70	4.98
福 建	9 321	4 567	4 754	235	35	200	2.52	0.77	4.20
江 西	5 880	2 986	2 894	91	15	76	1.54	0.50	2.62
山 东	20 869	10 329	10 539	449	90	359	2.15	0.88	3.41
河 南	12 521	6 067	6 454	135	23	112	1.08	0.39	1.73
湖 北	13 591	6 801	6 790	279	36	243	2.06	0.53	3.58
湖 南	8 278	4 183	4 095	216	75	141	2.61	1.79	3.45
广 东	33 993	18 153	15 840	398	62	336	1.17	0.34	2.12
广 西	4 750	2 328	2 421	43	6	37	0.90	0.26	1.52
海 南	1 746	897	849	20	5	15	1.16	0.56	1.81
重 庆	6 725	3 345	3 380	109	24	85	1.62	0.72	2.52
四 川	10 864	5 298	5 565	205	36	169	1.89	0.68	3.04
贵 州	4 788	2 307	2 482	108	33	76	2.26	1.41	3.06
云 南	6 351	3 304	3 047	191	86	105	3.01	2.59	3.45
西 藏	277	121	156	41	12	29	14.83	9.74	18.78
陕 西	5 824	2 944	2 880	97	27	70	1.66	0.90	2.44
甘 肃	3 880	1 931	1 949	112	24	88	2.90	1.25	4.52
青 海	1 028	509	520	33	9	24	3.22	1.74	4.68
宁 夏	1 526	759	768	37	9	28	2.42	1.13	3.70
新 疆	5 731	2 880	2 852	48	14	34	0.83	0.48	1.19

数据来源：国家统计局人口和就业统计司。

150. 2012年各省、自治区、直辖市镇分性别的15岁及以上文盲人口

单位：人，%

地区	15岁及以上人口 合计	男	女	文盲人口 小计	男	女	文盲人口占15岁及以上人口比例 小计	男	女
全 国	208 972	106 031	102 941	8 450	2 103	6 347	4.04	1.98	6.17
北 京	929	496	433	20	6	14	2.17	1.21	3.28
天 津	1 487	615	873	34	9	25	2.27	1.49	2.82
河 北	12 955	6 547	6 407	414	110	304	3.20	1.68	4.74
山 西	4 108	2 087	2 021	90	28	62	2.20	1.37	3.07
内蒙古	4 168	2 163	2 005	131	32	99	3.14	1.48	4.94
辽 宁	3 533	1 803	1 731	43	10	34	1.23	0.54	1.94
吉 林	4 054	2 068	1 986	61	22	39	1.50	1.06	1.95
黑龙江	5 423	2 750	2 673	79	15	64	1.45	0.55	2.39
上 海	2 320	1 250	1 070	74	18	56	3.18	1.47	5.19
江 苏	12 075	5 916	6 159	556	122	434	4.61	2.06	7.05
浙 江	9 192	4 875	4 317	387	120	267	4.21	2.46	6.18
安 徽	10 494	5 136	5 358	733	172	561	6.98	3.34	10.48
福 建	6 314	3 213	3 101	342	56	286	5.42	1.74	9.24
江 西	8 553	4 329	4 224	283	64	219	3.31	1.49	5.17
山 东	14 798	7 447	7 351	1 020	230	789	6.89	3.09	10.73
河 南	14 715	7 495	7 220	635	179	456	4.32	2.39	6.32
湖 北	8 924	4 496	4 428	409	85	324	4.58	1.88	7.32
湖 南	13 224	6 729	6 495	370	94	275	2.79	1.40	4.24
广 东	17 332	8 952	8 380	575	97	478	3.32	1.09	5.70
广 西	8 922	4 570	4 352	228	64	164	2.55	1.40	3.76
海 南	1 420	781	639	63	16	47	4.42	2.03	7.33
重 庆	5 264	2 563	2 701	177	48	128	3.35	1.89	4.74
四 川	14 459	7 371	7 089	541	163	378	3.74	2.22	5.33
贵 州	3 788	1 954	1 833	240	58	182	6.34	2.99	9.92
云 南	6 592	3 170	3 422	291	74	217	4.41	2.33	6.35
西 藏	220	108	111	89	37	53	40.71	34.03	47.20
陕 西	7 770	4 093	3 677	261	80	181	3.36	1.95	4.93
甘 肃	3 228	1 683	1 545	158	44	114	4.90	2.63	7.36
青 海	854	450	404	80	25	56	9.40	5.47	13.78
宁 夏	671	342	329	58	21	37	8.63	6.20	11.17
新 疆	1 184	579	605	9	2	7	0.76	0.37	1.14

数据来源：国家统计局人口和就业统计司。

151. 2012年各省、自治区、直辖市乡村分性别的15岁及以上文盲人口

单位：人，%

地区	15岁及以上人口 合计	男	女	文盲人口 小计	男	女	文盲人口占15岁及以上人口比例 小计	男	女
全 国	427 556	217 282	210 273	32 920	9 473	23 447	7.70	4.36	11.15
北 京	2 168	1 128	1 040	98	25	73	4.54	2.21	7.07
天 津	1 856	945	911	77	21	56	4.16	2.25	6.13
河 北	26 437	13 437	13 000	1 256	365	890	4.75	2.72	6.85
山 西	12 366	6 372	5 994	418	163	255	3.38	2.56	4.26
内蒙古	7 623	3 970	3 653	534	178	356	7.01	4.48	9.75
辽 宁	10 975	5 628	5 347	526	173	353	4.79	3.07	6.60
吉 林	9 157	4 679	4 478	247	83	164	2.70	1.77	3.67
黑龙江	11 837	6 087	5 750	508	190	318	4.30	3.13	5.53
上 海	1 910	977	933	79	16	63	4.15	1.66	6.76
江 苏	20 808	10 014	10 794	1 539	348	1 191	7.40	3.48	11.03
浙 江	14 627	7 508	7 119	1 300	310	990	8.89	4.13	13.90
安 徽	21 294	10 556	10 738	2 423	661	1 762	11.38	6.26	16.41
福 建	10 409	5 187	5 223	627	124	503	6.02	2.38	9.63
江 西	15 062	7 559	7 504	730	177	553	4.85	2.34	7.37
山 东	32 103	16 049	16 053	2 735	730	2 004	8.52	4.55	12.49
河 南	35 117	17 059	18 059	2 573	747	1 827	7.33	4.38	10.12
湖 北	18 913	9 583	9 330	1 743	489	1 254	9.22	5.11	13.44
湖 南	23 563	11 964	11 599	1 234	354	880	5.24	2.96	7.59
广 东	22 600	11 560	11 040	1 088	208	879	4.81	1.80	7.96
广 西	16 571	8 582	7 989	864	197	666	5.21	2.30	8.34
海 南	2 818	1 468	1 351	183	43	140	6.50	2.92	10.38
重 庆	8 547	4 302	4 245	796	254	542	9.32	5.90	12.78
四 川	31 126	16 882	14 244	3 120	964	2 156	10.02	5.71	15.13
贵 州	13 817	7 072	6 745	2 331	666	1 665	16.87	9.42	24.68
云 南	18 329	9 539	8 790	2 126	666	1 461	11.60	6.98	16.62
西 藏	1 503	754	749	566	239	327	37.63	31.68	43.61
陕 西	13 318	6 761	6 557	885	278	607	6.65	4.11	9.26
甘 肃	10 839	5 555	5 284	1 288	420	868	11.88	7.56	16.43
青 海	1 915	986	928	351	121	230	18.34	12.24	24.82
宁 夏	2 049	1 039	1 009	224	70	153	10.91	6.78	15.17
新 疆	7 897	4 079	3 817	450	191	259	5.70	4.69	6.77

数据来源：国家统计局人口和就业统计司。

台湾省

152. 2008—2012年台湾省面积和人口主要指标

项目	2008 年	2009 年	2010 年	2011 年	2012 年
土地面积（万平方公里）	3.6	3.6	3.6	3.6	3.6
户籍登记人口数（万人）	2 303.7	2 312.0	2 316.2	2 322.5	2 331.6
男	1 162.6	1 163.7	1 163.5	1 164.6	1 167.3
女	1 141.1	1 148.3	1 152.7	1 157.9	1 164.3
粗出生率（‰）	8.64	8.29	7.21	8.48	9.86
粗死亡率（‰）	6.25	6.22	6.30	6.59	6.63
人口自然增长率（‰）	2.40	2.07	0.91	1.88	3.23
一般生育率（‰）	31	31	27	32	
结婚率（对/千人）	6.73	5.07	6.00	7.13	6.16
离婚率（对/千人）	2.43	2.48	2.51	2.46	2.41
期望寿命（岁）					
男	75.59	76.03	76.13	75.98	—
女	81.94	82.34	82.55	82.65	—
人口的年龄分布（%）					
0－14 岁	16.95	16.34	15.65	15.08	14.63
15－64 岁	72.62	73.03	73.61	74.04	74.22
65 岁及以上	10.43	10.63	10.74	10.89	11.15
性别比（女=100）	101.89	101.34	100.94	100.57	100.26
人口密度（人/平方公里）	636.6	638.8	640.0	641.7	644.2

数据来源：国家统计局。

153. 2008—2012年台湾省劳动力和就业状况

单位：万人，%

项目	2008 年	2009 年	2010 年	2011 年	2012 年
劳动力总计（万人）	1 085.3	1 091.7	1 107.0	1 120.0	1 134.1
男	617.3	618.0	624.2	630.4	636.9
女	468.0	473.7	482.8	489.6	497.2
就业人数（万人）	1 040.3	1 027.9	1 049.3	1 070.9	1 086.0
男	590.2	577.6	588.0	600.6	608.3
女	450.1	450.2	461.3	470.2	477.7
就业者行业构成（%）	100.0	100.0	100.0	100.0	100.0
农、林、渔、牧业	5.1	5.3	5.2	5.1	5.0
工业	36.8	35.8	35.9	36.3	36.2
矿业及土石采取业	0.06	0.05	0.04	0.04	0.04
制造业	27.7	27.1	27.3	27.5	27.4
电力及燃气供应业	0.3	0.3	0.3	0.3	0.3
用水供应及污染整治业	0.7	0.7	0.7	0.7	0.8
建筑业	8.1	7.7	7.6	7.8	7.8
服务业	58.0	58.9	58.8	58.6	58.8
批发及零售业	17.0	16.9	16.6	16.5	16.6
运输及仓储业	4.0	3.9	3.9	3.8	3.8
金融及保险业	4.0	4.0	4.1	4.0	3.9
咨讯及通讯传播	2.0	2.0	2.0	2.0	2.1
住宿及餐饮业	6.6	6.7	6.9	6.8	6.9
教育服务业	5.8	6.0	5.9	5.9	5.8
公共行政	3.3	3.7	3.7	3.6	3.5
失业人数（万人）	45.0	63.8	57.7	49.1	48.1
失业率（%）	4.1	5.8	5.2	4.4	4.2

数据来源：国家统计局。

154. 2004—2011年台湾省医院、病床和医务人员情况

年份	医疗机构（所）	病床数（床）	每万人病床数（床）	从业医务人员数（人）	每万人拥有医务人员（人）
2004	19 240	143 343	63.18	192 611	84.89
2005	19 433	146 382	64.29	199 734	87.72
2006	19 682	148 962	65.12	206 959	90.47
2007	19 900	150 628	65.61	214 748	93.54
2008	20 174	152 901	66.37	223 623	97.07
2009	20 306	156 740	67.79	233 553	101.02
2010	20 691	158 922	68.61	241 156	104.12
2011	21 135	160 472	69	250 258	107.75

数据来源：国家统计局。

155. 2004—2012年台湾省入学率和教育经费

年份	粗入学率(6~21岁) 初等教育(6~11岁)	中等教育(12~17岁)	高等教育[1](18~21岁)	每千人口高等教育学生数[2]	15岁以上人口识字率[3]	公共教育经费 占GNP比重(%)	公共教育经费 占政府支出比重(%)
2004	100.77	98.30	78.11	58.80	97.16	5.63	19.65
2005	100.34	97.91	82.02	58.70	97.33	5.70	19.95
2006	99.54	99.14	83.58	59.10	97.48	5.61	21.20
2007	100.82	98.68	85.31	59.20	97.63	5.37	20.82
2008	100.70	99.24	83.18	59.40	97.78	5.70	20.53
2009	101.40	98.98	82.17	58.70	97.91	6.13	19.93
2010	99.66	100.30	83.77	58.60	98.04	5.51	19.91
2011	100.37	100.02	83.37	58.50	98.17	5.70	20.40
2012	101.40	98.96	84.40	58.20	98.30	—	—

注：[1]不含五专前三年、研究所及进修教育。[2]不含五专前三年。[3]年底资料。

数据来源：国家统计局。

香港特别行政区

156. 2008—2012年香港特别行政区人口主要指标

项目	2008年	2009年	2010年	2011年	2012年
年中人口（万人）	695.8	697.3	702.4	707.2	715.5
粗出生率（‰）	11.3	11.8	12.6	13.5	12.8
粗死亡率（‰）	6.0	5.9	6.0	6.0	6.0
婴儿死亡率（‰）	1.8	1.7	1.7	1.3	1.4
自然增长率（‰）	5.3	5.9	6.6	7.5	6.8
总和生育率[①]	1 064	1 055	1 127	1 204	1 253
登记结婚数（对）	47 331	51 175	52 558	58 369	60 273
登记离婚数（对）	17 771	17 002	18 167	19 597	21 125
出生时平均预期寿命（年）					
男	79.4	79.8	80.1	80.3	80.6
女	85.5	85.9	86.0	86.7	86.3

注：①不包括外籍佣工。每千名女性的活产婴儿数目。
数据来源：国家统计局。

157. 2008—2012年香港特别行政区劳动人口及失业状况

项目	2008年	2009年	2010年	2011年	2012年
劳动人口数目（万人）	363.7	366.0	363.1	370.3	378.5
男	194.4	194.4	193.1	194.3	197.2
女	169.3	171.6	170.0	176.0	181.3
劳动人口参与率（%）	60.9	60.8	59.6	60.1	60.5
就业人口（万人）	350.9	346.8	347.4	357.6	366.1
失业人口（万人）	12.8	19.3	15.7	12.7	12.4
失业率（%）	3.5	5.3	4.3	3.4	3.3

注：数字是根据每年1月至12月进行的"综合住户统计调查"结果，以及由政府统计处与跨部门人口分布推算小组共同编制按区议会分区划分年中人口估计数字而编制。
数据来源：国家统计局。

158. 2008—2012年香港特别行政区按行业划分的就业人数

单位：万人

行 业	2008	2009	2010	2011	2012
（按香港标准行业分类2.0版分类）					
制造	16.6	15.0	13.3	13.3	13.4
建筑	26.5	26.2	26.5	27.7	29.1
进出口贸易及批发	58.9	56.2	54.7	53.9	56.4
零售、住宿及膳食服务①	55.2	54.5	55.8	57.8	59.1
运输、仓库、邮政及速递服务、资讯及通讯	43.4	42.3	42.2	43.4	43.4
金融、保险、地产、专业及商用服务	63.9	63.7	64.1	67.6	68.7
公共行政、社会及个人服务	84.3	86.7	88.5	91.5	93.5
其他	2.2	2.1	2.3	2.4	2.4
总计	350.9	346.8	347.4	357.6	366.1

注：①数字是根据每年1月至12月进行的"综合住户统计调查"结果，以及由政府统计处与跨部门人口分布推算小组共同编制，按区议会分区划分年中人口估计数字而编制。
②住宿服务包括酒店、宾馆、旅舍及其他提供短期住宿服务的机构单位。
数据来源：国家统计局。

159. 2008—2012年香港特别行政区按居住国家/地区划分的访港旅客人数

单位：万人次

居住国家/地区	2008年	2009年	2010年	2011年	2012年
中国内地	1 686.2	1 795.7	2 268.4	2 810.0	3 491.1
南亚及东南亚	293.6	288.5	350.1	375.1	365.2
中国台湾	224.0	201.0	216.5	214.9	208.9
北亚	222.9	182.3	220.8	230.5	233.3
欧洲、非洲及中东	209.4	196.9	217.4	219.4	222.8
美洲	168.5	156.8	175.0	182.1	177.8
澳大利亚、新西兰及南太平洋	76.3	70.8	76.9	75.8	74.1
中国澳门①	69.7	67.1	78.0	84.3	88.3
总计	2 950.7	2 959.1	3 603.0	4 192.1	4 861.5
与上年比较的变动百分比	4.7	0.3	21.8	16.4	16.0

注：①访港旅客数字包括经澳门访港的非澳门居民。
数据来源：国家统计局。

160. 2008—2012年香港特别行政区医疗卫生条件

项目	2008年	2009年	2010年	2011年	2012年
注册医护专业人员(人)					
医生	12 215	12 424	12 620	12 818	13 006
中医					
注册中医	5 860	6 048	6 241	6 414	6 565
有限制注册中医①	72	71	66	70	74
表列中医②	2 823	2 786	2 772	2 746	2 733
牙医	2 074	2 126	2 179	2 215	2 258
药剂师	1 785	1 878	1 954	2 050	2 127
护士	37 447	38 641	40 011	41 310	43 698
按每千名人口计算的医生数目③	1.8	1.8	1.8	1.8	1.8
医疗机构和病床④					
医疗机构（间）	107	111	113	117	120
病床（张）	35 048	35 062	35 522	36 121	36 579
按每千名人口计算的病床数目③	5.0	5.0	5.0	5.1	5.1

注：数字是指该年年底的数字。
　①有限制注册中医可在指定的教育或科研机构进行中医药学方面的临床教学和研究工作。有限制注册中医的注册有效期不超过一年，并且他们不可作私人执业。
　②表列中医可在中医注册过渡性安排下在香港合法地执业，直至食物及卫生局局长日后在宪报上公布的日期为止。表列中医在过渡性安排期间，可分别循直接注册，通过注册审核或通过执业资格考试成为"注册中医"。
　③2007年至2010年与人口有关的数据已根据于2011年6月至8月期间进行的人口普查的结果作出修订。
　④包括医院管理局辖下医院、私家医院、护养院及惩教机构的医院。
数据来源：国家统计局。

161. 2008—2012年香港特别行政区15岁及以上人口受教育程度

项目	2008年 人数（万人）	2008年 百分比（%）	2009年 人数（万人）	2009年 百分比（%）	2010年 人数（万人）	2010年 百分比（%）	2011年 人数（万人）	2011年 百分比（%）	2012年 人数（万人）	2012年 百分比（%）
总计										
男	279.00	46.68	280.03	46.49	281.90	46.26	283.98	46.07	286.87	45.87
女	318.72	53.32	322.26	53.51	327.49	53.74	332.46	53.93	338.47	54.13
未受教育/学前教育①										
男	7.17	1.20	7.20	1.20	7.94	1.30	7.56	1.23	6.41	1.02
女	25.11	4.20	24.20	4.02	24.53	4.03	23.59	3.83	21.61	3.46
小学										
男	47.84	8.00	46.37	7.70	44.55	7.31	42.58	6.91	42.66	6.82
女	60.28	10.09	59.41	9.86	57.90	9.50	56.98	9.24	57.95	9.27
初中										
男	49.56	8.29	49.02	8.14	48.56	7.97	47.54	7.71	47.32	7.57
女	45.71	7.65	46.75	7.76	46.62	7.65	46.65	7.57	46.90	7.50
高中										
男	98.35	16.45	99.03	16.44	100.97	16.57	102.42	16.61	102.75	16.43
女	114.74	19.20	117.16	19.45	120.80	19.82	124.03	20.12	126.68	20.26
高等教育 非学位课程②										
男	24.31	4.07	23.67	3.93	22.48	3.69	22.83	3.70	24.18	3.87
女	24.89	4.16	24.01	3.99	22.51	3.69	22.68	3.68	23.26	3.72
学位课程③										
男	51.76	8.66	54.74	9.09	57.39	9.42	61.05	9.90	63.55	10.16
女	48.00	8.03	50.73	8.42	55.13	9.05	58.53	9.49	62.06	9.92

注：数字是根据每年1月至12月进行的"综合住户统计调查"结果，以及由政府统计处与跨部门人口分布推算小组共同编制，按区议会分区划分年中人口估计数字而编制。
① 包括所有幼儿园及幼儿中心班级。
② 包括所有在香港或以外地区学院的证书、文凭、高级证书、高级文凭、专业文凭及其他同等程度的高等教育课程。
③ 包括所有在香港或以外地区学院的学士学位、研究生修课及专题研究课程。
数据来源：国家统计局。

澳门特别行政区

162. 2008—2012年澳门特别行政区人口主要指标

项目	2008年	2009年	2010年	2011年	2012年
年中人口（万人）	54.1	53.5	53.7	55.0	56.8
出生率（‰）	8.7	8.9	9.5	10.6	12.9
死亡率（‰）	3.2	3.1	3.3	3.4	3.2
婴儿死亡率（‰）	3.2	2.1	2.9	2.9	2.5
自然增长率（‰）	5.5	5.8	6.2	7.3	9.6
总和生育率	1.0	1.0	1.1	1.2	1.4
登记结婚（宗）	2 778	3 035	3 103	3 545	3 783
离婚（宗）	658	782	889	998	1 230
	2005~2008	2006~2009	2007~2010	2008~2011	2009~2012
出生时平均预期寿命(岁)	81.9	82.2	82.3	82.3	82.4
男	78.9	79.1	79.2	79.1	79.1
女	84.7	85.1	85.3	85.5	85.7

数据来源：国家统计局。

163. 2009—2012年澳门特别行政区按行业划分的就业人口

单位：万人

行业	2009年	2010年	2011年	2012年
总数	31.19	31.48	32.76	34.32
农业、捕渔业及采矿工业	0.11	0.06	0.08	0.08
制造业	1.64	1.52	1.28	1.03
水电及气体生产供应业	0.09	0.09	0.13	0.15
建筑业	3.18	2.71	2.82	3.23
批发及零售业	4.08	4.14	4.34	4.23
酒店及饮食业	4.32	4.28	4.61	5.30
运输、仓储及通信业	1.62	1.82	1.60	1.60
金融业	0.73	0.73	0.81	0.82
不动产及工商服务业	2.53	2.75	2.80	2.43
公共行政及社保事务	1.97	2.14	2.30	2.51
教育	1.18	1.15	1.23	1.31
医疗卫生及社会福利	0.75	0.81	0.85	0.86
文娱博彩及其他服务业	7.37	7.54	8.20	8.95
家务工作	1.60	1.74	1.68	1.80
其他及不详	0.01	0.01	0.02	0.01

数据来源：国家统计局。

164. 2008—2012年澳门特别行政区经济活动人口及失业状况

居住国家/地区	2008年	2009年	2010年	2011年	2012年
劳动人口（万人）	32.7	32.3	32.4	33.6	35.0
男	17.3	16.6	16.5	17.1	18.1
女	15.4	15.7	15.9	16.5	16.9
就业人口（万人）	31.7	31.2	31.5	32.8	34.3
失业人口（万人）	1.0	1.1	0.9	0.9	0.7
失业率（%）	3.0	3.5	2.8	2.6	2.0

数据来源：国家统计局。

165. 2008—2012年澳门特别行政区医疗卫生条件

项目	2008年	2009年	2010年	2011年	2012年
医护人员（人）					
医生	1 261	1 292	1 330	1 438	1 482
牙科技术员	78	71	67	64	60
护士	1 415	1 491	1 536	1 606	1 751
诊断及治疗助理员	449	450	412	405	465
卫生服务助理员	857	995	980	1 038	1 050
每千人口对医生	2.3	2.4	2.5	2.6	2.5
医疗机构和病床					
医院（所）	3	3	4	4	4
病床（张）	1 030	1 109	1 173	1 222	1 354
每千人口的病床数	1.9	2.1	2.2	2.2	2.3

数据来源：国家统计局。

166. 澳门特别行政区 14 岁及以上人口受教育程度

项目	2001 年人口普查 人数(万人)	%	2006 年中期人口统计 人数(万人)	%	2011 年人口普查 人数(万人)	%
总计	34.97	100.00	43.36	100.00	49.20	100.00
男	16.45	47.00	20.97	48.40	23.35	47.46
女	18.52	53.00	22.39	51.60	25.85	52.54
从未入学/学前教育	2.10	6.00	2.06	4.70	1.63	3.31
男	0.48	1.40	0.50	1.10	0.37	0.74
女	1.62	4.60	1.56	3.60	1.26	2.56
小学	13.64	39.00	13.28	30.60	12.14	24.67
男	6.63	19.00	6.59	15.20	5.78	11.76
女	7.01	20.00	6.69	15.40	6.35	12.91
初中	9.45	27.00	12.07	27.80	12.30	25.00
男	4.43	12.70	6.00	13.80	6.10	12.41
女	5.02	14.30	6.07	14.00	6.19	12.59
高中	6.63	18.90	10.43	24.00	14.09	28.64
男	3.32	9.50	5.16	11.90	6.73	13.68
女	3.31	9.50	5.27	12.10	7.36	14.96
高等教育						
高等专科	0.75	2.10	0.64	1.50	0.99	2.01
男	0.29	0.80	0.26	0.60	0.46	0.93
女	0.46	1.30	0.38	0.90	0.53	1.08
大学	2.39	6.80	4.86	11.20	8.02	16.29
男	1.29	3.70	2.44	5.60	3.88	7.89
女	1.10	3.20	2.42	5.60	4.13	8.40
特殊教育	0.02	0.10	0.03	0.10	0.04	0.09
男	0.01	—	0.02	—	0.03	—
女	0.01	—	0.01	—	0.02	—

数据来源：国家统计局。

世界人口数据

167. 人口统计(一)

国家和地区	人口数(千人) 总计 2011	人口数(千人) <18 2011	人口数(千人) <5 2011	人口年均增长率(%) 1990~2011	人口年均增长率(%) 2011~2030	年出生人数(千人) 2010	总和生育率 1970	总和生育率 1990	总和生育率 2011
全世界	6 934 761	2 207 145	638 681	1.3	0.9	135 056	4.7	3.2	2.4
非洲									
尼日利亚	162 471	79 931	27 195	2.4	2.4	6 458	6.5	6.4	5.5
埃及	82 537	30 537	9 092	1.8	1.3	1 886	5.9	4.4	2.7
埃塞俄比亚	84 734	40 698	11 915	2.7	1.8	2 613	6.8	7.1	4.0
刚果民主共和国	67 758	35 852	12 037	3.0	2.4	2 912	6.2	7.1	5.7
南非	50 460	18 045	4 989	1.5	0.4	1 052	—	—	2.4
苏丹	—	—	—	—	—	—	—	—	—
坦桑尼亚	46 218	23 690	8 257	2.8	3.0	1 913	6.8	6.2	5.5
肯尼亚	41 610	20 317	6 805	2.7	2.4	1 560	8.1	6.0	4.7
阿尔及利亚	35 980	11 641	3 464	1.7	1.0	712	7.4	4.7	2.2
摩洛哥	32 273	10 790	3 048	1.3	0.8	620	7.1	4.0	2.2
北美洲									
美国	313 085	75 491	21 629	1.0	0.8	4 322	2.2	1.9	2.1
加拿大	34 350	6 926	1 936	1.0	0.8	388	2.2	1.7	1.7
拉丁美洲和加勒比地区									
巴西	196 655	59 010	14 662	1.3	0.6	2 996	5.0	2.8	1.8
墨西哥	114 793	39 440	10 943	1.5	0.9	2 195	6.7	3.4	2.3
哥伦比亚	46 927	15 951	4 509	1.6	1.0	910	5.6	3.1	2.3
阿根廷	40 765	12 105	3 423	1.1	0.7	693	3.1	3.0	2.2
秘鲁	29 400	10 421	2 902	1.4	1.0	591	6.3	3.8	2.5
委内瑞拉	29 437	10 215	2 935	1.9	1.2	598	5.4	3.4	2.4
智利	17 270	4 615	1 222	1.3	0.6	245	4.0	2.6	1.8
厄瓜多尔	14 666	5 234	1 469	1.7	1.0	298	6.3	3.7	2.4
危地马拉	14 389	6 954	2 167	2.4	2.3	473	6.2	5.6	3.9
古巴	11 258	2 403	569	0.3	−0.1	110	4.0	1.8	1.5
大洋洲									
澳大利亚	22 606	5 190	1 504	1.3	1.1	307	2.7	1.9	2.0
新西兰	4 415	1 091	320	1.2	0.9	64	3.1	2.1	2.2
亚洲									
中国	1 347 565	317 892	82 205	0.8	0.2	16 364	5.5	2.3	1.6
印度	241 492	448 336	128 542	1.7	1.1	27 098	5.5	3.9	2.6
印度尼西亚	242 362	77 471	21 210	1.3	0.8	4 331	5.5	3.1	2.1
巴基斯坦	176 745	73 756	22 064	2.2	1.5	4 764	6.6	6.0	3.3
孟加拉国	148 692	55 938	14 707	1.7	1.0	3 016	6.9	4.5	2.2
日本	126 497	20 375	5 418	0.2	−0.3	1 073	2.1	1.6	1.4
菲律宾	94 852	39 205	11 161	2.1	1.5	2 358	6.3	4.3	3.1
越南	88 792	25 532	7 202	1.3	0.7	1 458	7.4	3.6	1.8
土耳其	73 640	23 107	6 489	1.5	0.9	1 289	5.5	3.0	2.1
伊朗	74 799	20 819	6 269	1.5	0.6	1 255	6.5	4.8	1.6
欧洲									
俄罗斯	142 836	26 115	8 264	−0.2	−0.2	1 689	2.0	1.9	1.5
德国	82 163	13 437	3 504	0.2	−0.2	699	2.0	1.4	1.4
法国	63 126	13 837	3 985	0.5	0.4	796	2.5	1.8	2.0
英国	62 417	13 153	3 858	0.4	0.6	761	2.3	1.8	1.9
意大利	60 789	10 308	2 910	0.3	0.0	557	2.5	1.3	1.4
乌克兰	45 190	7 977	2 465	−0.6	−0.6	494	2.1	1.9	1.5
西班牙	46 455	8 306	2 546	0.8	0.4	499	2.9	1.3	1.5
波兰	38 299	7 023	2 008	0.0	−0.1	410	2.2	2.0	1.4
罗马尼亚	21 436	3 928	1 093	−0.4	−0.3	221	2.9	1.9	1.4
荷兰	16 655	3 526	907	0.5	0.2	181	2.4	1.6	1.8

数据来源: UNICEF: *The State of The World's Children 2013* (http://www.unicef.org)

168. 人口统计(二)

国家和地区	粗死亡率 1970	粗死亡率 1990	粗死亡率 2011	粗出生率 1970	粗出生率 1990	粗出生率 2011	出生时预期寿命 1970	出生时预期寿命 1990	出生时预期寿命 2011	城市人口的百分比 2011	城市人口年均增长率(%) 1990~2011	城市人口年均增长率(%) 2011~2030
全世界	12	9	8	33	26	19	59	65	69	52	2.2	1.7
非洲												
尼日利亚	22	19	14	46	44	40	42	46	52	50	4.1	3.5
埃及	16	9	5	41	32	23	50	62	73	43	1.8	2.0
埃塞俄比亚	21	18	9	47	48	31	43	47	59	17	4.1	3.6
刚果民主共和国	21	19	16	48	50	43	44	47	48	34	4.0	3.8
南非	14	8	15	38	29	21	53	62	53	62	2.3	1.1
苏丹	—	—	—	—	—	—	—	—	—	—	—	—
坦桑尼亚	18	15	10	48	44	41	47	51	58	27	4.5	4.7
肯尼亚	15	10	11	51	42	38	52	59	57	22	3.7	4.4
阿尔及利亚	16	6	5	49	32	20	53	67	73	73	3.3	1.7
摩洛哥	17	8	6	47	30	19	52	64	72	57	2.0	1.4
北美洲												
美国	9	9	8	16	16	14	71	75	79	82	1.4	1.0
加拿大	7	7	8	17	14	11	73	77	81	81	1.3	0.9
拉丁美洲和加勒比地区												
巴西	10	7	6	35	24	15	59	66	73	85	1.9	0.8
墨西哥	10	5	5	43	28	19	61	71	77	78	1.9	1.2
哥伦比亚	9	6	5	38	27	19	61	68	74	75	2.1	1.3
阿根廷	9	8	8	23	22	17	66	72	76	93	1.4	0.8
秘鲁	14	7	5	42	30	20	53	66	74	77	2.0	1.3
委内瑞拉	7	5	5	37	29	20	64	71	74	94	2.4	1.3
智利	10	6	6	29	23	14	62	74	79	89	1.6	0.8
厄瓜多尔	12	6	5	42	29	20	58	69	76	67	2.7	1.7
危地马拉	15	9	5	44	39	32	52	62	71	49	3.3	3.3
古巴	7	7	7	29	17	10	70	74	79	75	0.4	0.0
大洋洲												
澳大利亚	9	7	7	20	15	14	71	77	82	89	1.5	1.2
新西兰	9	8	7	22	17	15	71	75	81	86	1.3	1.0
亚洲												
中国	9	7	7	36	21	12	63	69	73	51	3.9	1.8
印度	16	11	8	38	31	22	49	58	65	31	2.6	2.3
印度尼西亚	15	8	7	40	26	18	52	62	69	51	3.7	1.9
巴基斯坦	15	10	7	43	40	27	53	61	65	36	3.0	2.6
孟加拉国	23	10	6	47	36	20	42	59	69	28	3.5	2.9
日本	7	7	9	19	10	9	72	79	83	67	0.5	0.2
菲律宾	9	7	6	39	33	25	61	65	69	49	2.1	2.3
越南	18	8	5	41	30	16	48	66	75	31	3.4	2.5
土耳其	16	8	5	39	26	18	50	63	74	72	2.4	1.6
伊朗	16	8	5	42	34	17	51	62	73	69	2.4	0.9
欧洲												
俄罗斯	9	12	14	14	14	12	69	68	69	74	-0.1	0.0
德国	12	11	11	14	11	9	71	75	80	74	0.2	0.1
法国	11	9	9	17	13	13	72	77	82	86	1.2	0.8
英国	12	11	9	15	14	12	72	76	80	80	0.5	0.8
意大利	10	10	10	17	10	9	71	77	82	68	0.4	0.5
乌克兰	9	13	16	15	13	11	71	70	68	69	-0.5	-0.2
西班牙	9	9	9	20	10	11	72	77	81	77	1.0	0.6
波兰	8	10	10	17	15	11	70	71	76	61	0.0	0.1
罗马尼亚	9	11	12	21	14	10	68	69	74	53	-0.4	0.0
荷兰	8	9	8	17	13	11	74	77	81	83	1.4	0.5

数据来源: UNICEF: *The State of The World's Children 2013* (http://www.unicef.org)

169. 人口与经济统计(一)

国家和地区	人均国民总收入 (US $) 2011	人均国民总收入 (PPP US $) 2011	人均国民生产总值年均增长率(%) 1970~1990	人均国民生产总值年均增长率(%) 1990~2011	年均通货膨胀率(%) 1990~2011
全世界	9 513	11 580	2.4	2.6	8
非洲					
尼日利亚	1 200	2 300	-1.3	2.1	20
埃及	2 600	6 160	4.3	2.8	7
埃塞俄比亚	400	1 110	—	3.3	7
刚果民主共和国	190	350	-2.2	-2.6	211
南非	6 960	10 790	0.1	1.3	8
苏丹	—	—	—	—	-
坦桑尼亚	540	1 510	—	2.5	13
肯尼亚	820	1 720	1.2	0.4	9
阿尔及利亚	4 470	8 370	1.6	1.5	12
摩洛哥	2 970	4 910	1.9	2.5	3
北美洲					
美国	48 450	48 890	2.1	1.7	2
加拿大	45 560	39 830	2.0	1.8	2
拉丁美洲和加勒比地区					
巴西	10 720	11 500	2.3	1.6	49
墨西哥	9 240	15 120	1.7	1.3	12
哥伦比亚	6 110	9 640	1.9	1.6	13
阿根廷	9 740	17 250	-0.8	2.3	8
秘鲁	5 500	10 160	-0.6	3.2	10
委内瑞拉	11 920	12 620	-1.7	0.4	32
智利	12 280	16 160	1.5	3.4	6
厄瓜多尔	4 140	8 310	1.3	1.5	5
危地马拉	2 870	4 800	0.2	1.3	7
古巴	5 460	—	3.9	3.0	4
大洋洲					
澳大利亚	46 200	36 910	1.6	2.2	3
新西兰	29 350	29 140	1.1	1.8	2
亚洲					
中国	4 930	8 430	6.6	9.3	5
印度	1 410	3 620	2.0	4.9	6
印度尼西亚	2 940	4 530	4.6	2.7	14
巴基斯坦	1 120	2 880	2.6	1.9	10
孟加拉国	770	1 940	0.6	3.6	4
日本	45 180	35 510	3.4	0.7	-1
菲律宾	2 210	4 160	0.5	1.9	7
越南	1 260	3 260	—	6.0	10
土耳其	10 410	16 730	2.0	2.4	44
伊朗	4 520	11 400	-2.3	2.7	22
欧洲					
俄罗斯	10 400	20 050	—	2.3	52
德国	43 980	40 170	2.3	1.3	1
法国	42 420	35 860	2.1	1.2	2
英国	37 780	36 970	2.1	2.4	2
意大利	35 330	32 350	2.8	0.8	3
乌克兰	3 120	7 080	—	0.6	67
西班牙	30 990	31 930	1.9	1.9	4
波兰	12 480	20 450	—	4.4	10
罗马尼亚	7 910	15 140	0.9	2.8	44
荷兰	49 730	43 770	1.6	1.9	2

数据来源:UNICEF: The State of The World's Children 2013 (http://www.unicef.org)

170. 人口与经济统计(二)

国家和地区	中央政府财政支出百分比 (2007~2010) 健康	教育	国防	每日生活费低于1.25美元的人口百分比 2006~2011	家庭收入所占比重 2005~2011 最低40%	最高20%
全世界	6	5	3	22	17	46
非洲						
尼日利亚	2	—	1	68	15	54
埃及	2	4	2	2	22	40
埃塞俄比亚	2	5	1	39	22	39
刚果民主共和国	—	3	1	88	15	51
南非	3	5	1	14	7	68
苏丹	—	—	—	—	—	—
坦桑尼亚	3	7	1	68	18	45
肯尼亚	—	7	2	43	14	53
阿尔及利亚	4	24	17	7	18	42
摩洛哥	2	5	3	3	17	48
北美洲						
美国	8	5	5	—	16	46
加拿大	7	5	1	—	20	40
拉丁美洲和加勒比地区						
巴西	4	6	2	6	10	59
墨西哥	3	5	1	1	13	54
哥伦比亚	5	5	4	8	10	60
阿根廷	6	6	1	1	14	49
秘鲁	3	3	1	5	12	53
委内瑞拉	3	4	1	7	14	49
智利	4	5	3	1	12	58
厄瓜多尔	3	—	4	5	13	54
危地马拉	2	3	0	14	10	60
古巴	11	14	3	—	—	—
大洋洲						
澳大利亚	6	5	2	—	—	—
新西兰	8	6	1	—	—	—
亚洲						
中国	2	—	2	13	15	48
印度	1	—	3	33	21	42
印度尼西亚	1	4	1	18	20	42
巴基斯坦	1	3	3	21	23	40
孟加拉国	1	2	1	43	21	41
日本	7	3	1	—	—	—
菲律宾	1	3	1	18	15	50
越南	3	5	2	17	19	43
土耳其	5	—	3	0	17	45
伊朗	2	5	2	2	17	45
欧洲						
俄罗斯	3	4	4	0	17	47
德国	8	5	1	—	22	37
法国	9	6	3	—	—	—
英国	8	6	3	—	—	—
意大利	7	5	2	—	18	42
乌克兰	4	5	3	0	24	36
西班牙	7	5	1	—	19	42
波兰	5	6	2	0	20	42
罗马尼亚	4	4	2	0	21	38
荷兰	8	6	2	—	—	—

数据来源：UNICEF: *The State of The World's Children 2013* (http://www.unicef.org)

171 健康状况(一)

国家和地区	饮水条件得到改善的人口百分比 2010 总计	城市	农村	享有足够的环境卫生设施的人口百分比 2010 总计	城市	农村	由政府资助的常规计划免疫百分比 2011
全世界	89	96	81	63	79	47	84
非洲							
尼日利亚	58	74	43	31	35	27	—
埃及	99	100	99	95	97	93	100
埃塞俄比亚	44	97	34	21	29	19	—
刚果民主共和国	45	79	27	24	24	24	0
南非	91	99	79	79	86	67	100
苏丹	—	—	—	—	—	—	—
坦桑尼亚	53	79	44	10	20	7	23
肯尼亚	59	82	52	32	32	32	57
阿尔及利亚	83	85	79	95	98	88	—
摩洛哥	83	98	61	70	83	52	—
北美洲							
美国	99	100	94	100	100	99	—
加拿大	100	100	99	100	100	99	—
拉丁美洲和加勒比地区							
巴西	98	100	85	79	85	44	—
墨西哥	96	97	91	85	87	79	—
哥伦比亚	92	99	72	77	82	63	—
阿根廷	—	98	—	—	—	—	—
秘鲁	85	91	61	71	81	37	—
委内瑞拉	—	—	—	—	—	—	—
智利	96	99	75	96	98	83	—
厄瓜多尔	94	96	89	92	96	84	—
危地马拉	92	98	87	78	87	70	—
古巴	94	96	89	91	94	81	—
亚洲							
中国	91	98	85	64	74	56	100
印度	92	97	90	34	58	23	100
印度尼西亚	82	92	74	54	73	39	100
巴基斯坦	92	96	89	48	72	34	—
孟加拉国	81	85	80	56	57	55	30
日本	100	100	100	100	100	100	—
菲律宾	92	93	92	74	79	69	—
越南	95	99	93	76	94	68	30
土耳其	100	100	99	90	97	75	—
伊朗	96	97	92	100	100	100	100
大洋洲							
澳大利亚	100	100	100	100	100	100	—
新西兰	100	100	100	—	—	—	100
欧洲							
俄罗斯	97	99	92	70	74	59	—
德国	100	100	100	100	100	100	—
法国	100	100	100	100	100	100	—
英国	100	100	100	100	100	100	—
意大利	100	100	100	—	—	—	—
乌克兰	98	98	98	94	96	89	—
西班牙	100	100	100	100	100	100	—
波兰	—	100	—	—	96	—	—
罗马尼亚	—	99	—	—	—	—	—
荷兰	100	100	100	100	100	100	100

数据来源: UNICEF: The State of The World's Children 2013(http://www.unicef.org)

172. 健康状况(二)

国家和地区	低出生体重婴儿的百分比	纯母乳喂养的百分比（<6个月）	母乳加辅食物喂养的百分比（6~8个月）	仍采用母乳喂养的百分比（24个月）	补充维生素A的百分比 2007	食用碘盐家庭的百分比
全世界	15	39	60	58	75	76
非洲						
尼日利亚	12	13	76	32	73	97
埃及	13	53	70	35	—	79
埃塞俄比亚	20	52	55	82	71	15
刚果民主共和国	10	37	52	53	98	59
南非	—	8	49	31	44	—
苏丹	—	41	51	40	—	10
坦桑尼亚	8	50	92	51	97	59
肯尼亚	8	32	85	54	—	98
阿尔及利亚	6	7	39	22	—	61
摩洛哥	15	31	66	15	—	21
北美洲						
美国	8	—	—	—	—	—
加拿大	6	—	—	—	—	—
拉丁美洲和加勒比地区						
巴西	8	41	70	25	—	96
墨西哥	7	19	27	—	—	91
哥伦比亚	6	43	86	33	—	—
阿根廷	7	—	—	28	—	—
秘鲁	8	71	82	55	—	91
委内瑞拉	8	—	—	—	—	—
智利	6	—	—	—	—	—
厄瓜多尔	8	40	77	23	—	—
危地马拉	11	50	71	46	28	76
古巴	5	49	77	16	—	88
亚洲						
中国	3	28	43	—	—	97
印度	28	46	56	77	66	71
印度尼西亚	9	32	85	50	76	62
巴基斯坦	32	37	36	55	90	69
孟加拉国	22	64	71	91	94	84
日本	8	—	—	—	—	—
菲律宾	21	34	90	34	91	45
越南	5	17	50	19	99	45
土耳其	11	42	68	22	—	69
伊朗	7	23	68	58	—	99
大洋洲						
澳大利亚	7	—	—	—	—	—
新西兰	6	—	—	—	—	—
欧洲						
俄罗斯	6	—	—	—	—	35
德国	—	—	—	—	—	—
法国	—	—	—	—	—	—
英国	8	—	—	—	—	—
意大利	—	—	—	—	—	—
乌克兰	4	18	86	6	—	18
西班牙	—	—	—	—	—	—
波兰	6	—	—	—	—	—
罗马尼亚	8	16	41	—	—	74
荷兰	—	—	—	—	—	—

注：本表数据如无特殊标注，均为2007-2011年数据。
数据来源：UNICEF: *The State of The World's Children 2013*(http://www.unicef.org)

173. 妇女发展统计(一)

单位:%

国家和地区	女性与男性预期寿命比 2011	女性与男性成人识字率比 2007~2011	女性与男性入学率比 小学 2008~2011	女性与男性入学率比 中学 2008~2011
全世界	106	90	97	97
非洲				
尼日利亚	103	70	91	88
埃及	105	79	96	96
埃塞俄比亚	106	59	91	82
刚果民主共和国	107	74	87	58
南非	102	96	96	105
苏丹	—	—	—	—
坦桑尼亚	103	85	102	—
肯尼亚	104	93	98	90
阿尔及利亚	104	79	94	102
摩洛哥	107	64	94	—
北美洲				
美国	107	—	99	101
加拿大	106	—	100	98
拉丁美洲和加勒比地区				
巴西	110	100	—	—
墨西哥	106	97	99	107
哥伦比亚	111	100	98	110
阿根廷	110	100	99	112
秘鲁	107	89	100	98
委内瑞拉	108	100	97	110
智利	108	100	95	103
厄瓜多尔	108	93	101	103
危地马拉	111	87	96	93
古巴	105	100	98	99
大洋洲				
澳大利亚	106	—	99	95
新西兰	105	—	100	105
亚洲				
中国	105	94	103	104
印度	105	68	100	92
印度尼西亚	105	94	102	100
巴基斯坦	103	59	82	76
孟加拉国	102	85	—	113
日本	109	—	100	100
菲律宾	110	101	98	108
越南	105	96	94	109
土耳其	106	89	98	91
伊朗	105	90	101	86
欧洲				
俄罗斯	119	100	100	98
德国	106	—	100	95
法国	108	—	99	101
英国	105	—	100	102
意大利	107	99	99	99
乌克兰	118	100	101	98
西班牙	108	98	99	102
波兰	112	100	99	99
罗马尼亚	110	99	99	99
荷兰	105	—	99	99

数据来源: UNICEF: *The State of The World's Children 2013* (http://www.unicef.org)

174. 妇女发展统计(二)

国家和地区	采用避孕措施的比例(%) 2007~2012	产前保健覆盖率(%) 最少1次 2007~2012	产前保健覆盖率(%) 最少4次 2007~2012	孕产妇死亡率 1/10万 报告数据 2007~2011	孕产妇死亡率 1/10万 调整数据 2010
全世界	55	81	50	—	210
非洲					
尼日利亚	15	58	45	550	630
埃及	60	74	66	55	66
埃塞俄比亚	29	43	19	680	350
刚果民主共和国	17	89	45	550	540
南非	60	97	87	400	300
苏丹	—	—	—	—	—
坦桑尼亚	34	88	43	450	460
肯尼亚	46	92	47	490	360
阿尔及利亚	61	89	—	—	97
摩洛哥	67	77	—	130	100
北美洲					
美国	79	—	—	13	21
加拿大	74	100	99	—	12
拉丁美洲和加勒比地区					
巴西	81	98	91	75	56
墨西哥	73	96	86	52	50
哥伦比亚	79	97	89	63	92
阿根廷	78	99	89	44	77
秘鲁	75	95	94	93	67
委内瑞拉	—	94	—	63	92
智利	58	—	—	20	25
厄瓜多尔	73	84	58	61	110
危地马拉	54	93	—	140	120
古巴	78	100	100	43	53
大洋洲					
澳大利亚	71	98	92	—	7
新西兰	—	—	—	—	15
亚洲					
中国	85	94	—	30	37
印度	55	74	37	210	200
印度尼西亚	61	93	82	230	220
巴基斯坦	27	61	28	280	260
孟加拉国	61	55	26	220	240
日本	54	—	—	—	5
菲律宾	51	91	78	160	99
越南	78	94	60	69	59
土耳其	73	92	74	29	20
伊朗	79	98	94	25	21
欧洲					
俄罗斯	80	—	—	17	34
德国	—	100	—	—	7
法国	71	100	—	—	8
英国	84	—	—	—	12
意大利	—	99	68	—	4
乌克兰	67	99	75	16	32
西班牙	66	—	—	—	6
波兰	—	—	—	2	5
罗马尼亚	70	94	76	21	27
荷兰	69	—	—	—	6

数据来源: UNICEF: *The State of The World's Children 2013* (http://www.unicef.org)

175. 儿童发展统计(一)

国家和地区	肺结核 卡介苗	白百破 白百破第一针	白百破 白百破第三针	脑灰质炎 三针脑灰质炎疫苗	麻疹 麻疹疫苗	乙肝 三针乙肝疫苗	血友病 三针血友病疫苗	新生儿接种破伤风的比例
全世界	88	89	83	84	84	75	43	82
非洲								
尼日利亚	64	53	47	73	71	50	—	60
埃及	98	97	96	96	96	96	—	86
埃塞俄比亚	69	61	51	62	57	51	51	88
刚果民主共和国	67	79	70	78	71	70	70	70
南非	78	77	72	73	78	76	72	77
苏丹	—	—	—	—	—	—	—	—
坦桑尼亚	99	96	90	88	93	90	90	88
肯尼亚	92	95	88	88	87	88	88	73
阿尔及利亚	99	99	95	95	95	95	95	90
摩洛哥	99	99	99	98	95	98	99	89
北美洲								
美国	—	98	94	94	90	91	88	—
加拿大	—	98	95	99	98	70	95	—
拉丁美洲和加勒比地区								
巴西	99	99	96	97	97	96	97	92
墨西哥	99	99	97	97	98	98	97	88
哥伦比亚	83	95	85	85	88	85	85	79
阿根廷	99	98	93	95	93	93	93	—
秘鲁	91	94	91	91	96	91	91	85
委内瑞拉	95	90	78	78	86	78	78	50
智利	91	98	94	93	91	94	94	—
厄瓜多尔	99	99	99	99	98	98	99	85
危地马拉	89	91	85	86	87	85	85	85
古巴	99	96	96	99	99	96	96	—
亚洲								
中国	99	99	99	99	99	99	—	—
印度	87	83	72	70	74	47	—	87
印度尼西亚	82	86	63	70	89	63	—	85
巴基斯坦	85	88	80	75	80	80	80	75
孟加拉国	95	99	96	96	96	96	96	94
日本	94	99	98	96	94	—	—	—
菲律宾	84	85	80	80	79	76	14	76
越南	98	97	95	96	96	95	95	87
土耳其	97	98	97	97	97	96	97	90
伊朗	99	99	99	99	99	99	—	95
大洋洲								
澳大利亚	—	92	92	92	94	92	92	—
新西兰	—	95	95	95	93	95	94	—
欧洲								
俄罗斯	95	97	97	97	98	97	—	—
德国	—	99	99	95	99	93	93	—
法国	—	99	99	99	89	65	97	—
英国	—	98	95	95	90	—	95	—
意大利	—	98	96	96	90	96	96	—
乌克兰	90	73	50	58	67	21	26	—
西班牙	—	99	97	97	95	97	97	—
波兰	93	99	99	96	98	98	99	—
罗马尼亚	99	96	89	89	93	96	89	—
荷兰	—	99	97	97	96	—	97	—

数据来源：UNICEF: The State of The World's Children 2013(http://www.unicef.org)

176. 儿童发展统计（二）

国家和地区	5岁以下儿童死亡率排序	5岁以下儿童死亡率（‰）1970	1990	2000	2011	5岁以下儿童死亡人数（千人）2011
全世界		**139**	**88**	**73**	**57**	**6 914**
非洲						
尼日利亚	14	259	214	188	124	756
埃及	91	237	86	44	21	40
埃塞俄比亚	36	230	198	138	77	194
刚果民主共和国	5	244	181	181	168	465
南非	58	—	62	74	47	47
苏丹	29	148	123	104	86	95
坦桑尼亚	41	208	158	126	68	122
肯尼亚	38	153	98	113	73	122
阿尔及利亚	74	199	66	46	30	21
摩洛哥	69	177	81	53	33	21
北美洲						
美国	145	23	11	9	8	32
加拿大	156	22	8	6	6	2
拉丁美洲和加勒比地区						
巴西	107	129	58	36	16	44
墨西哥	107	108	49	29	16	34
哥伦比亚	102	105	34	25	18	16
阿根廷	122	58	28	20	14	10
秘鲁	102	158	75	39	18	11
委内瑞拉	115	61	31	22	15	9
智利	141	82	19	11	9	2
厄瓜多尔	86	138	52	34	23	7
危地马拉	74	172	78	48	30	14
古巴	157	41	13	9	6	1
亚洲						
中国	115	117	49	35	15	249
印度	49	189	114	88	61	1 665
印度尼西亚	71	164	82	53	32	134
巴基斯坦	39	182	122	95	72	352
孟加拉国	60	226	139	84	46	134
日本	184	18	6	5	3	3
菲律宾	83	88	57	39	25	57
越南	87	—	50	34	22	32
土耳其	115	194	72	35	15	20
伊朗	83	203	61	44	25	33
大洋洲						
澳大利亚	165	21	9	6	5	1
新西兰	157	21	11	7	6	0
欧洲						
俄罗斯	128	40	27	21	12	20
德国	169	26	9	5	4	3
法国	169	18	9	5	4	3
英国	165	21	9	7	5	4
意大利	169	33	10	6	4	2
乌克兰	135	34	19	19	10	5
西班牙	169	29	11	7	4	2
波兰	157	36	17	10	6	2
罗马尼亚	125	64	37	27	13	3
荷兰	169	16	8	6	4	1

数据来源：UNICEF: *The State of The World's Children 2013*(http://www.unicef.org)

177. 儿童发展统计(三)

国家和地区	艾滋病 2000	艾滋病 2010	腹泻 2000	腹泻 2010	麻疹 2000	麻疹 2010	疟疾 2000	疟疾 2010	肺炎 2000	肺炎 2010	早产 2000	早产 2010
全世界	3	2	12	10	5	1	7	7	19	18	15	17
非洲												
尼日利亚	4	4	11	11	17	1	19	20	13	17	9	12
埃及	0	0	11	7	2	0	0	0	13	11	22	30
埃塞俄比亚	3	2	18	14	4	4	2	2	23	21	12	15
刚果民主共和国	1	1	15	13	4	0	20	18	18	19	11	10
南非	37	28	7	5	0	1	0	0	10	11	14	16
苏丹	0	2	14	12	4	1	5	3	22	19	13	16
坦桑尼亚	10	6	11	9	3	1	15	11	15	15	11	15
肯尼亚	16	7	12	9	3	0	3	3	16	17	12	15
阿尔及利亚	0	0	7	5	9	11	0	0	15	12	24	24
摩洛哥	0	0	10	6	0	0	0	0	18	15	24	28
北美洲												
美国	0	0	0	0	0	0	0	0	3	2	27	20
加拿大	0	0	0	0	0	0	0	0	2	1	23	26
拉丁美洲和加勒比地区												
巴西	0	0	9	3	0	0	0	0	12	7	22	22
墨西哥	0	0	8	4	0	0	0	0	15	12	16	17
哥伦比亚	0	0	5	4	0	0	0	0	11	10	25	21
阿根廷	0	0	2	2	0	0	0	0	7	10	26	24
秘鲁	1	1	5	4	0	0	0	0	11	10	18	20
委内瑞拉	0	0	11	7	0	0	0	0	8	10	23	23
智利	0	0	1	1	0	0	0	0	12	7	23	22
厄瓜多尔	1	1	9	4	0	0	1	0	14	10	19	16
危地马拉	1	2	11	7	0	0	0	0	19	15	19	22
古巴	0	0	2	2	0	0	0	0	11	11	10	10
大洋洲												
澳大利亚	0	0	0	0	0	0	0	0	2	3	16	20
新西兰	0	0	0	0	0	0	0	0	6	8	20	20
亚洲												
中国	0	0	5	3	0	0	0	0	25	17	14	15
印度	0	0	14	13	3	3	0	0	24	24	18	20
印度尼西亚	0	0	8	5	9	5	1	2	15	14	22	25
巴基斯坦	0	0	14	11	1	1	0	0	22	19	17	20
孟加拉国	0	0	11	6	5	1	0	1	19	14	19	29
日本	0	0	1	2	0	0	0	0	7	6	8	8
菲律宾	0	0	10	6	0	0	0	0	17	16	20	23
越南	1	1	14	10	7	5	0	0	15	12	20	18
土耳其	0	0	3	1	0	0	0	0	18	11	21	24
伊朗	0	0	8	4	0	0	0	0	16	13	24	28
欧洲												
俄罗斯	1	9	3	1	0	0	0	0	16	8	19	21
德国	0	0	0	0	0	0	0	0	2	2	25	26
法国	0	0	1	1	0	0	0	0	1	2	13	12
英国	0	0	1	0	0	0	0	0	4	4	33	35
意大利	0	0	0	0	0	0	0	0	2	1	33	23
乌克兰	5	1	3	2	0	0	0	0	16	12	17	16
西班牙	0	0	0	1	0	0	0	0	2	3	17	17
波兰	0	0	0	0	0	0	0	0	5	5	24	33
罗马尼亚	0	0	3	0	0	0	0	0	35	29	8	14
荷兰	0	0	0	0	0	0	0	0	2	3	19	17

数据来源：WHO：World Health Statistics 2013(Http://www.who.int/)

178. 儿童发展统计(四)

国家和地区	出生窒息 2000	出生窒息 2010	新生儿脓毒症 2000	新生儿脓毒症 2010	先天性异常 2000	先天性异常 2010	其他疾病 2000	其他疾病 2010	意外伤害 2000	意外伤害 2010
全世界	10	10	6	6	6	7	15	16	4	5
非洲										
尼日利亚	7	8	5	6	3	4	9	14	2	3
埃及	9	11	3	2	12	21	27	15	1	3
埃塞俄比亚	9	10	6	6	3	4	16	18	4	6
刚果民主共和国	7	8	4	4	3	4	15	20	2	3
南非	8	8	3	3	5	8	13	15	3	4
苏丹	10	11	3	8	4	5	21	18	4	5
坦桑尼亚	9	11	6	7	3	5	14	17	3	5
肯尼亚	9	11	7	7	3	6	15	20	4	5
阿尔及利亚	12	11	3	3	10	13	15	15	4	5
摩洛哥	12	13	6	3	9	12	16	16	5	6
北美洲										
美国	5	3	3	3	25	22	27	26	10	22
加拿大	10	11	4	2	25	23	29	31	7	6
拉丁美洲和加勒比地区										
巴西	8	11	7	10	13	19	24	23	4	4
墨西哥	7	6	5	6	19	23	20	22	9	9
哥伦比亚	9	8	6	7	15	21	21	23	6	6
阿根廷	6	4	5	5	24	27	21	21	9	7
秘鲁	6	6	7	6	11	20	35	23	5	10
委内瑞拉	8	9	9	8	15	19	18	13	7	9
智利	4	3	3	3	34	36	15	20	8	8
厄瓜多尔	7	13	6	5	16	25	14	19	12	9
危地马拉	14	14	7	7	6	9	17	17	7	8
古巴	12	10	6	7	28	23	21	30	10	8
大洋洲										
澳大利亚	10	9	2	1	28	24	31	35	11	8
新西兰	6	6	2	3	28	24	26	21	12	17
亚洲										
中国	18	16	2	1	7	11	19	25	9	10
印度	10	11	8	8	5	7	13	11	3	3
印度尼西亚	11	11	7	5	6	9	17	19	5	6
巴基斯坦	12	13	9	9	4	5	15	18	4	5
孟加拉国	13	14	10	9	4	7	15	14	4	6
日本	5	4	2	2	39	40	26	27	13	10
菲律宾	13	13	7	6	9	10	17	17	7	8
越南	8	10	6	7	14	22	13	13	3	3
土耳其	8	7	7	7	13	23	25	23	5	4
伊朗	11	11	4	4	21	18	18	16	6	6
欧洲										
俄罗斯	7	7	4	4	22	25	19	18	10	7
德国	5	6	1	2	33	31	24	26	9	6
法国	11	12	3	4	28	26	31	38	11	7
英国	6	7	3	1	24	27	24	23	5	4
意大利	9	8	2	2	33	28	17	32	4	4
乌克兰	7	8	4	4	24	28	15	19	9	9
西班牙	7	9	5	5	34	27	29	34	6	5
波兰	9	6	6	3	36	34	15	13	6	5
罗马尼亚	4	4	0	0	19	25	21	20	10	7
荷兰	11	10	3	5	33	33	27	28	5	4

数据来源:WHO:*World Health Statistics 2013*(Http://www.who.int/)

179. HIV 统计(一)

单位:%,千人

国家和地区	艾滋病成人感染率（15~49岁）	艾滋病病毒感染者及患者的估计数（所有年龄）总计	较低估计值	较高估计值	女性艾滋病病毒感染者及患者的估计值（≥15岁）	儿童艾滋病病毒感染者及患者的估计值（0~14岁）
全世界	0.8	34 000	31 400	35 900	15 000	3 400
非洲						
尼日利亚	3.7	3 400	3 000	3 800	1 700	440
埃及	<0.1	10	6	18	2	—
埃塞俄比亚	1.4	790	720	870	390	180
刚果民主共和国	—	—	—	—	—	—
南非	17.3	5 600	5 300	5 900	2 900	460
苏丹	0.4	69	56	84	22	—
坦桑尼亚	5.8	1 600	1 500	1 700	760	230
肯尼亚	6.2	1 600	1 500	1 700	800	220
阿尔及利亚	—	—	13	28	—	—
摩洛哥	0.2	32	21	46	15	—
北美洲						
美国	0.6	1 300	1 000	2 000	300	—
加拿大	0.3	71	63	89	13	—
北美洲和加勒比地区						
巴西	0.3	490	430	570	200	—
墨西哥	0.3	180	160	200	32	—
哥伦比亚	0.5	150	90	240	29	—
阿根廷	0.4	95	79	120	35	—
秘鲁	0.4	74	38	200	20	—
委内瑞拉	0.5	99	51	230	25	—
智利	0.5	51	34	73	5	—
厄瓜多尔	0.4	35	19	84	8	—
危地马拉	0.8	65	19	280	26	—
古巴	0.2	14	12	16	3	—
亚洲						
中国	<0.1	780	620	940	231	—
印度	—	—	—	—	—	—
印度尼西亚	0.3	380	240	570	110	—
巴基斯坦	0.1	130	76	260	28	—
孟加拉国	<0.1	8	5	16	<1	—
日本	<0.1	8	6	10	2	—
菲律宾	<0.1	19	16	24	4	—
越南	0.5	250	200	330	48	—
土耳其	<0.1	6	4	8	2	—
伊朗	0.2	96	80	120	13	—
大洋洲						
澳大利亚	0.2	22	18	27	7	—
新西兰	0.1	3	2	3	<1	—
欧洲						
俄罗斯	—	—	730	1 300	—	—
德国	0.1	73	66	82	11	—
法国	0.4	160	130	200	46	—
英国	0.3	94	74	120	29	—
意大利	0.4	150	120	200	49	—
乌克兰	0.8	230	180	310	94	—
西班牙	0.4	150	130	160	35	—
波兰	0.1	35	28	46	10	—
罗马尼亚	0.1	16	13	20	5	—
荷兰	0.2	25	20	36	8	—

注:本表为 2011 年数据。

数据来源: UNICEF: *The State of The World's Children 2013*(http://www.unicef.org)

180. HIV 统计(二)

国家和地区	青年中感染艾滋病病毒的百分比 2011 总计	男	女	青年中具有艾滋病综合知识的百分比 2007~2011 男	女	青年中在上一次高风险性行为中使用安全套的百分比 2007~2011 男	女
全世界	**0.4**	**0.3**	**0.5**	—	21	—	—
非洲							
尼日利亚	2.0	1.1	2.9	33	22	56	29
埃及	<0.1	<0.1	<0.1	18	5	—	—
埃塞俄比亚	0.3	0.2	0.4	34	24	47	—
刚果民主共和国	—	—	—	—	15	—	16
南非	8.6	5.3	11.9	—	—	—	—
苏丹	0.2	0.2	0.2	11	5	—	—
坦桑尼亚	2.9	1.8	4.0	43	48	36	32
肯尼亚	2.6	1.6	3.5	55	48	67	37
阿尔及利亚	—	—	—	—	13	—	—
摩洛哥	0.1	0.1	0.1	—	—	—	—
北美洲							
美国	0.2	0.3	0.2	—	—	—	—
加拿大	—	0.1	0.1	0.1	—	—	—
北美洲和加勒比地区							
巴西	0.1	0.1	0.1	—	—	—	—
墨西哥	0.1	0.1	<0.1	—	—	—	—
哥伦比亚	0.3	0.4	0.1	—	24	—	39
阿根廷	0.2	0.2	0.2	—	—	—	—
秘鲁	0.2	0.2	0.1	—	19	—	38
委内瑞拉	0.2	0.4	0.1	—	—	—	—
智利	0.2	0.3	<0.1	—	—	—	—
厄瓜多尔	0.2	0.2	0.1	—	—	—	—
危地马拉	0.4	0.4	0.5	24	22	74	27
古巴	<0.1	0.1	<0.1	—	54	—	66
亚洲							
中国	—	—	—	—	—	—	—
印度	—	—	—	36	20	32	17
印度尼西亚	0.2	0.1	<0.1	15	10	—	—
巴基斯坦	0.1	0.1	<0.1	—	3	—	—
孟加拉国	<0.1	<0.1	<0.1	18	8	—	—
日本	<0.1	<0.1	<0.1	—	—	—	—
菲律宾	<0.1	<0.1	<0.1	—	21	—	13
越南	0.2	0.3	0.2	—	51	—	—
土耳其	<0.1	<0.1	<0.1	—	—	—	—
伊朗	<0.1	<0.1	<0.1	—	—	—	—
大洋洲							
澳大利亚	0.1	0.1	0.1	—	—	—	—
新西兰	<0.1	<0.1	<0.1	—	—	—	—
欧洲							
俄罗斯	—	—	—	—	—	—	—
德国	0.1	0.1	<0.1	—	—	—	—
法国	0.1	0.2	0.1	—	—	—	—
英国	0.1	0.1	0.1	—	—	—	—
意大利	0.1	0.1	0.1	—	—	—	—
乌克兰	0.1	0.1	0.1	43	45	64	63
西班牙	0.1	0.2	0.1	—	—	—	—
波兰	0.1	0.1	<0.1	—	—	—	—
罗马尼亚	<0.1	<0.1	<0.1	—	—	—	—
荷兰	0.1	0.1	0.1	—	—	—	—

注: 青年 (15~24岁)。
数据来源: UNICEF: *The State of The World´s Children 2013*(http://www.unicef.org)

181. 教育统计(一)

国家和地区	小学总入学率 2008~2011 男	小学总入学率 2008~2011 女	小学净入学率 2008~2011 男	小学净入学率 2008~2011 女	小学净在校率 2007~2011 男	小学净在校率 2007~2011 女	小学达到小学五年级的学生比 2008~2011 官方数据	小学达到小学五年级的学生比 2007~2011 调查数据
全世界	107	105	92	90	82	79	81	—
非洲								
尼日利亚	87	79	60	55	65	60	80	98
埃及	103	98	—	—	90	87	—	99
埃塞俄比亚	106	97	85	80	64	65	47	84
刚果民主共和国	100	87	—	—	78	72	55	75
南非	104	100	90	91	80	83	—	—
苏丹	—	—	—	—	—	—	—	—
坦桑尼亚	101	103	98	98	79	82	81	91
肯尼亚	114	111	83	84	72	75	—	96
阿尔及利亚	113	107	98	96	97	96	95	93
摩洛哥	115	108	95	93	91	88	91	—
北美洲								
美国	102	101	95	96	—	—	93	—
加拿大	99	98	—	—	—	—	—	—
拉丁美洲和加勒比地区								
巴西	—	—	—	—	95	95	—	88
墨西哥	115	113	99	100	97	97	94	—
哥伦比亚	116	114	92	91	90	92	85	95
阿根廷	118	117	—	—	—	—	94	—
秘鲁	108	108	98	98	96	96	90	95
委内瑞拉	104	101	95	95	91	93	92	82
智利	108	103	94	94	—	—	—	—
厄瓜多尔	114	115	—	—	92	93	—	—
危地马拉	119	114	100	98	—	—	—	—
古巴	104	102	100	100	—	—	95	—
大洋洲								
澳大利亚	105	105	97	98	—	—	—	—
新西兰	101	101	99	100	—	—	—	—
亚洲								
中国	110	113	100	100	—	—	99	—
印度	116	116	99	98	85	81	—	95
印度尼西亚	117	119	—	—	98	98	—	—
巴基斯坦	104	85	81	67	70	62	62	—
孟加拉国	—	—	—	—	85	88	66	94
日本	103	103	—	—	—	—	100	—
菲律宾	107	105	88	90	88	89	76	90
越南	109	103	—	—	98	98	—	99
土耳其	103	101	98	97	94	92	92	95
伊朗	114	115	—	—	94	91	94	—
欧洲								
俄罗斯	99	99	95	96	—	—	96	—
德国	103	102	—	—	—	—	96	—
法国	111	109	99	99	—	—	—	—
英国	106	106	100	100	—	—	—	—
意大利	102	101	100	99	—	—	100	—
乌克兰	99	100	91	91	70	76	98	100
西班牙	106	105	100	100	—	—	99	—
波兰	98	97	96	96	—	—	98	—
罗马尼亚	96	95	88	87	—	—	97	—
荷兰	108	106	—	—	—	—	—	—

数据来源：UNICEF: *The State of The World's Children 2013* (http://www.unicef.org)

182. 教育统计(二)

单位:%

国家和地区	学前教育总入学率 2008~2011 男	学前教育总入学率 2008~2011 女	中学入学率 总入学率 2008~2011 男	中学入学率 总入学率 2008~2011 女	中学入学率 净入学率 2007~2011 男	中学入学率 净入学率 2007~2011 女	青年(15~24岁)识字率 2007~2011 男	青年(15~24岁)识字率 2007~2011 女
全世界	48	48	64	61	49	45	92	87
非洲								
尼日利亚	14	14	—	—	45	43	78	66
埃及	24	23	71	69	70	70	91	84
埃塞俄比亚	5	5	—	—	16	16	63	47
刚果民主共和国	3	3	—	—	35	28	69	62
南非	65	65	—	—	41	48	97	98
苏丹	—	—	—	—	—	—	—	—
坦桑尼亚	33	34	—	—	26	24	78	76
肯尼亚	52	51	51	48	40	42	92	94
阿尔及利亚	79	76	—	—	57	65	94	89
摩洛哥	65	50	—	—	39	36	87	72
北美洲								
美国	68	70	89	90	—	—	—	—
加拿大	71	71	—	—	—	—	—	—
拉丁美洲和加勒比地区								
巴西	—	—	—	—	74	80	97	99
墨西哥	101	102	70	73	—	—	98	98
哥伦比亚	49	49	72	77	73	79	98	99
阿根廷	73	75	78	87	—	—	99	99
秘鲁	79	79	77	78	81	82	98	97
委内瑞拉	71	76	68	76	30	43	98	99
智利	55	58	81	84	—	—	99	99
厄瓜多尔	109	115	—	—	71	73	98	99
危地马拉	70	72	43	40	23	24	89	85
古巴	100	100	86	85	—	—	100	100
大洋洲								
澳大利亚	79	78	85	86	—	—	—	—
新西兰	91	95	94	95	—	—	—	—
亚洲								
中国	54	54	—	—	—	—	99	99
印度	54	56	—	—	59	49	88	74
印度尼西亚	43	44	68	67	57	59	100	99
巴基斯坦	—	—	38	29	35	29	79	61
孟加拉国	14	13	45	50	—	—	75	78
日本	—	—	99	100	—	—	—	—
菲律宾	51	52	56	67	55	70	97	98
越南	84	79	—	—	78	84	97	96
土耳其	22	21	77	71	65	57	99	97
伊朗	41	44	92	80	—	—	99	99
欧洲								
俄罗斯	91	89	—	—	—	—	100	100
德国	114	113	—	—	—	—	—	—
法国	109	108	98	99	—	—	—	—
英国	81	82	95	97	—	—	—	—
意大利	100	96	94	94	—	—	100	100
乌克兰	99	96	86	86	85	85	100	100
西班牙	126	127	94	96	—	—	100	100
波兰	65	66	90	92	—	—	100	100
罗马尼亚	79	79	82	83	—	—	97	97
荷兰	93	93	87	88	—	—	—	—

数据来源: UNICEF: *The State of The World's Children 2013*(http://www.unicef.org)

183. 死亡率统计(一)

单位：‰

国家和地区	新生儿死亡率 1990	新生儿死亡率 2011	婴儿死亡率 1990	婴儿死亡率 2000	婴儿死亡率 2011	5岁以下儿童死亡率 1990	5岁以下儿童死亡率 2011	成人死亡率 男 1990	成人死亡率 男 2011	成人死亡率 女 1990	成人死亡率 女 2011
全世界	32	22	61	51	37	87	51	240	190	166	129
非洲											
尼日利亚	51	39	127	113	78	214	124	411	393	360	360
埃塞俄比亚	20	7	63	36	18	86	21	232	141	178	85
埃塞俄比亚	52	31	118	86	52	198	77	475	306	377	265
刚果民主共和国	49	47	117	117	111	181	168	425	411	365	358
南非	26	19	48	52	35	62	47	334	474	190	407
苏丹	38	31	77	67	57	123	86	360	279	279	216
坦桑尼亚	41	25	97	78	45	158	68	405	363	338	322
肯尼亚	32	27	64	70	48	98	73	295	346	233	294
阿尔及利亚	29	17	54	39	26	66	30	182	123	160	160
摩洛哥	35	19	64	44	28	81	33	215	141	158	89
北美洲											
美国	6	4	9	7	6	11	8	172	131	91	77
加拿大	4	4	7	5	5	8	6	132	84	71	53
拉丁美洲和加勒比地区											
巴西	27	10	49	31	14	58	16	270	202	149	100
墨西哥	17	7	38	24	13	49	16	215	177	120	95
哥伦比亚	19	11	28	21	15	34	18	230	154	115	76
阿根廷	16	7	24	18	13	28	14	196	154	102	85
秘鲁	26	9	54	30	14	75	18	162	119	122	93
委内瑞拉	15	8	26	19	13	31	15	178	198	117	90
智利	9	5	16	9	8	19	9	196	113	98	58
厄瓜多尔	19	10	41	28	20	52	23	219	162	141	89
危地马拉	28	15	56	37	24	78	30	288	282	198	155
古巴	7	3	11	7	5	13	6	155	119	111	75
大洋洲											
澳大利亚	5	3	8	5	4	9	5	124	80	66	46
新西兰	4	3	9	6	5	11	6	143	85	93	55
亚洲											
中国	23	9	39	29	13	49	15	171	112	125	81
印度	47	32	81	64	47	114	61	302	247	243	159
印度尼西亚	29	15	54	38	25	82	32	286	200	243	166
巴基斯坦	48	36	95	76	59	122	72	218	186	195	152
孟加拉国	52	26	97	62	37	139	46	196	163	211	136
日本	3	1	5	3	2	6	3	109	84	53	46
菲律宾	22	12	40	29	20	57	25	271	256	153	137
越南	22	12	36	26	17	50	22	227	128	176	87
土耳其	29	9	60	28	12	72	15	209	123	144	68
伊朗	27	14	47	35	21	61	25	380	154	213	85
欧洲											
俄罗斯	13	6	23	18	10	27	12	318	351	117	131
德国	4	2	7	4	3	9	4	157	96	77	51
法国	3	2	7	4	3	9	4	162	113	67	53
英国	5	3	8	6	4	9	5	129	91	78	57
意大利	6	2	8	5	3	10	4	129	73	60	40
乌克兰	8	5	17	16	9	19	10	287	310	112	120
西班牙	7	3	9	6	4	11	4	146	91	60	41
波兰	11	3	15	8	5	17	6	263	191	102	72
罗马尼亚	17	8	31	23	11	37	13	239	209	114	84
荷兰	5	3	7	5	3	8	4	116	72	67	55

数据来源：WHO: World Health Statistics 2013 (Http://www.who.int/)

184. 死亡率统计(二)

国家和地区	年龄标准化的死因别死亡率（每10万人口） 传染病 2008	非传染病 2008	意外伤害 2008	死因别死亡率（每10万人口） 艾滋病 2001	艾滋病 2011	疟疾 2010	艾滋病病毒阴性人群的结核病 2000	艾滋病病毒阴性人群的结核病 2011
全世界	230	573	78	31	25	12	22	14
非洲								
尼日利亚	832	809	76	160	139	146	36	21
埃及	76	749	34	0.6	0.9	—	1.7	0.6
埃塞俄比亚	721	903	139	—	—	4.0	41	18
刚果民主共和国	932	837	155	—	—	119	60	54
南非	983	635	72	462	535	0.2	43	49
苏丹	377	897	148	21	16	—	27	22
坦桑尼亚	782	745	120	367	181	34	19	14
肯尼亚	624	681	116	380	201	12	18	17
阿尔及利亚	202	523	47	—	—	0.0	13	13
摩洛哥	104	597	37	2.3	3.6	0.0	8.5	6.2
北美洲								
美国	34	418	53	7.1	6.5	—	0.3	0.1
加拿大	23	346	32	1.0	1.1	—	0.3	0.2
拉丁美洲和加勒比地区								
巴西	97	534	76	—	—	0.1	4.5	2.9
墨西哥	68	493	57	—	—	0.0	3.6	0.8
哥伦比亚	64	404	97	23	21	0.4	3.4	1.9
阿根廷	87	501	48	—	—	0.0	13	13
秘鲁	173	387	52	26	10	0.1	14	7.4
委内瑞拉	71	433	101	—	—	0.1	3.1	2.3
智利	43	419	45	—	—	—	2.3	1.3
厄瓜多尔	105	400	81	17	13	0.0	13	4.6
危地马拉	225	471	130	15	17	0.0	5.0	2.4
古巴	47	468	48	2.0	1.4	—	0.5	0.3
大洋洲								
澳大利亚	18	330	30	0.8	0.8	—	0.2	0.2
新西兰	15	369	37	0.2	0.2	0.0	0.3	0.2
亚洲								
中国	58	604	70	—	—	0.0	8.7	3.5
印度	363	685	99	—	—	2.4	39	24
印度尼西亚	244	647	70	0.1	6.0	3.6	56	27
巴基斯坦	387	711	92	0.3	2.7	0.9	68	33
孟加拉国	344	702	91	0.1	0.2	0.9	57	45
日本	40	273	36	0.1	0.0	0.0	2.3	1.5
菲律宾	231	599	55	0.1	0.5	0.2	41	29
越南	122	607	66	2.7	13	0.1	36	33
土耳其	53	590	31	0.1	0.1	0.0	2.7	0.7
伊朗	82	599	90	2.5	8.6	0.0	5.2	1.8
欧洲								
俄罗斯	71	797	159	—	—	0.0	21	16
德国	21	394	25	0.8	0.5	—	0.6	0.3
法国	23	336	38	3.0	2.0	—	1.1	0.5
英国	36	401	25	0.5	0.8	—	0.7	0.6
意大利	16	342	25	3.4	1.3	0.0	0.8	0.4
乌克兰	94	823	112	19	49	—	21	18
西班牙	24	351	23	5.1	1.7	—	1.1	0.6
波兰	28	546	54	0.3	0.5	—	2.8	2.1
罗马尼亚	38	643	52	0.7	2.3	—	11	6.0
荷兰	28	377	22	0.4	0.3	0.0	0.2	0.2

数据来源：WHO: *World Health Statistics 2013*(Http://www.who.int/)

185. 死亡率统计(三)

国家和地区	年龄标准化的成人死亡率（每10万人口） 小计 2008	癌症 2008	心血管疾病和糖尿病 2008	慢性呼吸道 2008	孕产妇死亡率（每10万活产） 1990	2000	2010
全世界	764	150	245	52	400	320	210
非洲							
尼日利亚	1 632	148	377	90	1 100	970	630
埃及	805	130	303	20	230	100	66
埃塞俄比亚	1 863	132	473	115	950	700	350
刚果民主共和国	1 765	138	399	95	930	770	540
南非	2 259	193	307	68	250	330	300
苏丹	1 282	100	503	65	1000	870	730
坦桑尼亚	1 733	113	341	86	870	730	460
肯尼亚	1 495	178	276	69	400	490	360
阿尔及利亚	591	127	200	48	220	140	97
摩洛哥	535	127	214	23	300	170	100
北美洲							
美国	460	143	137	24	12	14	21
加拿大	320	138	82	11	6	7	12
拉丁美洲和加勒比地区							
巴西	667	139	248	32	120	81	56
墨西哥	570	94	217	20	92	82	50
哥伦比亚	493	112	152	21	170	130	92
阿根廷	553	165	165	39	71	63	77
秘鲁	478	130	86	15	200	120	67
委内瑞拉	532	112	200	14	94	91	92
智利	414	125	114	17	56	29	25
厄瓜多尔	515	125	142	10	180	130	110
危地马拉	815	146	170	14	160	130	120
古巴	476	159	172	19	63	63	73
大洋洲							
澳大利亚	278	125	65	11	10	9	7
新西兰	312	137	91	14	18	12	15
亚洲							
中国	568	179	199	49	120	61	37
印度	1 002	108	328	133	600	390	200
印度尼西亚	876	165	308	64	600	340	220
巴基斯坦	998	152	361	86	490	380	260
孟加拉国	1 210	183	421	97	800	400	240
日本	281	119	68	6	12	10	5
菲律宾	911	134	362	51	170	120	99
越南	685	168	232	38	240	100	59
土耳其	550	163	268	30	67	39	20
伊朗	600	111	271	23	120	48	21
欧洲							
俄罗斯	1 172	180	517	21	74	57	34
德国	362	150	102	11	13	7	7
法国	360	169	65	8	13	10	8
英国	359	144	91	20	10	12	12
意大利	273	132	66	6	10	4	4
乌克兰	1 188	170	500	24	49	35	32
西班牙	305	140	68	14	7	5	6
波兰	632	219	219	14	17	8	5
罗马尼亚	700	202	280	17	170	52	27
荷兰	323	165	77	12	10	13	6

数据来源：WHO: World Health Statistics 2013(Http://www.who.int/)

186. 致患因素(一)

单位:%

国家和地区	使用改良饮用水源的人口比例 1990	2000	2011	使用改良卫生设施的人口比例 1990	2000	2011	使用固体燃料的人口比例 2010	低体重新生儿所占比例 2010	婴儿出生后6个月内纯母乳喂养的比例 2005~2012
全世界	76	83	89	49	56	64	41	11	38
非洲									
尼日利亚	47	55	61	38	34	31	74	12	15
埃及	93	96	99	72	86	95	<5	7	53
埃塞俄比亚	14	29	49	2	8	21	>95	10	52
刚果民主共和国	43	44	46	17	23	31	93	12	37
南非	83	87	91	64	69	74	15	8	—
苏丹	67	62	55	27	25	24	—	—	41
坦桑尼亚	55	54	53	7	9	12	94	11	50
肯尼亚	43	52	61	25	27	29	80	12	32
阿尔及利亚	94	89	84	89	92	95	<5	7	7
摩洛哥	73	78	82	53	64	70	<5	7	15
北美洲									
美国	98	99	99	100	100	100	<5	12	16
加拿大	100	100	100	100	100	100	<5	8	14
拉丁美洲和加勒比地区									
巴西	88	93	97	67	75	81	6	9	40
墨西哥	82	89	94	66	75	85	14	7	—
哥伦比亚	88	91	93	67	73	78	14	9	43
阿根廷	93	97	99	87	92	96	<5	8	—
秘鲁	75	80	85	54	63	72	36	7	71
委内瑞拉	90	92	—	82	89	—	<5	8	12
智利	90	95	98	85	92	99	6	7	—
厄瓜多尔	76	84	92	69	81	83	<5	5	—
危地马拉	81	87	94	62	71	80	57	8	50
古巴	—	91	94	81	87	92	9	6	49
大洋洲									
澳大利亚	100	100	100	100	100	100	<5	8	—
新西兰	100	100	100	—	—	—	<5	8	—
亚洲									
中国	67	80	92	24	45	65	46	7	—
印度	70	81	92	18	25	35	58	13	46
印度尼西亚	70	78	84	35	47	59	55	16	32
巴基斯坦	85	88	91	27	37	47	64	16	40
孟加拉国	76	79	83	38	45	55	91	14	64
日本	100	100	100	100	100	100	<5	6	—
菲律宾	85	89	92	57	65	74	50	15	34
越南	58	77	96	37	55	75	56	9	17
土耳其	85	93	100	84	87	91	<5	12	42
伊朗	91	93	95	81	89	100	<5	13	28
欧洲									
俄罗斯	93	95	97	74	72	70	<5	7	—
德国	100	100	100	100	100	100	<5	9	22
法国	100	100	100	100	100	100	<5	8	<1
英国	100	100	100	100	100	100	<5	—	—
意大利	100	100	100	—	—	—	<5	7	—
乌克兰	—	97	98	—	95	94	<5	7	18
西班牙	100	100	100	100	100	100	<5	7	—
波兰	—	—	—	—	89	—	<5	7	—
罗马尼亚	75	84	—	71	72	—	17	7	—
荷兰	100	100	100	100	100	100	<5	8	40

数据来源:WHO: *World Health Statistics 2013*(Http://www.who.int/)

187. 致患因素(二)

单位:%

国家和地区	≥20岁的成人肥胖比例 2008 男	≥20岁的成人肥胖比例 2008 女	≥15岁的成人吸食任何形式烟草的流行率 2009 男	≥15岁的成人吸食任何形式烟草的流行率 2009 女	13~15岁的青少年使用烟草的流行率 2005~2010 男	13~15岁的青少年使用烟草的流行率 2005~2010 女	15~49岁的成年人高危性行为避孕套的使用率 2005~2011 男	15~49岁的成年人高危性行为避孕套的使用率 2005~2011 女	15~24岁中接受全面而正确的艾滋病知识的人口比例 2005~2011 男	15~24岁中接受全面而正确的艾滋病知识的人口比例 2005~2011 女
全世界	10.0	14	36	8	18	11	—	—	—	—
非洲										
尼日利亚	5.1	9	10	3	19	11	33	23	33	22
埃及	22.5	46.3	40	—	20	4	—	—	—	4
埃塞俄比亚	0.9	1.6	8	—	—	—	16	47	34	24
刚果民主共和国	0.7	3	10	2	37	29	16	9	21	15
南非	23.2	42.8	24	8	29	20	—	—	—	—
苏丹	4.1	8.9	24	2	10	4	—	—	—	—
坦桑尼亚	4	6.8	21	3	12	9	24	27	43	48
肯尼亚	2.5	6.8	26	1	15	15	37	32	55	47
阿尔及利亚	10.7	24.3	—	—	26	6	—	—	—	—
摩洛哥	11.1	23.1	33	2	13	8	—	—	—	—
北美洲										
美国	30.2	33.2	33	25	15	11	—	—	—	—
加拿大	24.6	23.9	22 422	13	29	31	—	—	—	—
拉丁美洲和加勒比地区										
巴西	16.5	22.1	22	13	29	31	—	—	—	—
墨西哥	26.7	38.4	24	8	28	29	—	—	—	—
哥伦比亚	11.9	23.7	—	—	27	28	—	36	—	—
阿根廷	27.4	31	32	22	26	30	—	—	—	—
秘鲁	11.1	21.7	—	9	22	17	—	—	—	—
委内瑞拉	26.6	34.8	—	—	11	7	—	—	—	—
智利	24.5	33.6	38	33	30	40	—	—	—	—
厄瓜多尔	15.7	28.2	—	—	31	26	—	—	—	—
危地马拉	13.8	26.7	22	4	20	13	—	—	—	—
古巴	13.3	27.5	—	—	20	15	—	—	—	—
大洋洲										
澳大利亚	25.2	24.9	22	19	—	—	—	—	—	—
新西兰	26.2	27.7	27	24	19	22	—	—	—	—
亚洲										
中国	4.6	6.5	51	2	7	4	—	—	—	—
印度	1.3	2.5	26	4	19	8	23	12	36	20
印度尼西亚	2.5	6.9	61	5	41	6	—	—	—	—
巴基斯坦	3.5	8.4	34	6	—	—	—	—	—	—
孟加拉国	1.0	1.3	46	2	9	5	—	—	—	—
日本	5.5	3.5	42	12	—	—	—	—	—	—
菲律宾	4.5	8.3	47	10	28	18	22	—	—	21
越南	1.2	2	48	2	7	2	—	—	50	42
土耳其	22.8	35.6	47	15	14	7	—	—	—	—
伊朗	13.6	29.5	26	2	33	20	—	—	—	—
欧洲										
俄罗斯	18.4	29.8	59	24	—	—	—	—	—	—
德国	23.1	19.2	33	25	—	—	—	—	—	—
法国	16.8	14.6	36	27	—	—	—	—	—	—
英国	24.4	25.2	25	23	—	—	—	—	—	—
意大利	19.3	14.9	33	19	—	—	—	—	—	—
乌克兰	15.5	23.6	50	13	30	22	46	48	43	45
西班牙	24.9	23	36	27	—	—	—	—	—	—
波兰	22.9	22.9	36	25	26	32	—	—	—	—
罗马尼亚	16.3	19	46	24	18	10	—	—	—	—
荷兰	16.1	16.1	31	26	—	—	—	—	—	—

数据来源:WHO: World Health Statistics 2013(Http://www.who.int/)

188. 发病率统计

单位:1/10万

国家和地区	发病率 艾滋病 2001	发病率 艾滋病 2011	发病率 疟疾 2010	发病率 结核病 2000	发病率 结核病 2011	感染率 艾滋病 2001	感染率 艾滋病 2011	感染率 结核病 2000	感染率 结核病 2011
全世界	52	37	4082	148	125	484	499	257	170
非洲									
尼日利亚	244	208	31 913	172	118	1 996	2 095	306	171
埃及	—	—	—	26	17	13	12	39	28
埃塞俄比亚	—	—	6 353	421	258	—	—	430	237
刚果民主共和国	—	—	27 349	327	327	—	—	543	512
南非	1 334	750	35	576	993	9 655	11 087	534	768
苏丹	—	—	—	144	117	243	202	248	201
坦桑尼亚	389	316	22 681	236	169	4 134	3 383	239	177
肯尼亚	427	250	8 526	286	288	5 031	3 880	261	291
阿尔及利亚	—	—	0.1	87	90	136	139		
摩洛哥	—	—	—	117	103	40	98	149	131
北美洲									
美国	17	16	—	6.7	3.9	355	419	8.2	4.7
加拿大	—	—	—	6.4	4.5	156	208	8.0	5.6
拉丁美洲和加勒比地区									
巴西	—	—	221	60	42	—	—	72	46
墨西哥	—	—	1.3	31	23	141	156	48	28
哥伦比亚	—	—	411	43	34	326	326	64	43
阿根廷	14	14	0.2	40	26	177	233	55	36
秘鲁	—	—	267	184	101	300	250	247	117
委内瑞拉	—	—	203	34	33	—	—	46	48
智利	—	—	—	26	18	270	293	36	24
厄瓜多尔	—	—	15	107	62	252	237	179	98
危地马拉	—	—	82	68	61	239	438	125	111
古巴	—	—	—	13	9.3	32	120	19	12
大洋洲									
澳大利亚	—	—	—	6.1	6.0	67	99	7.7	7.6
新西兰	—	—	—	11	7.6	40	59	14	9.7
亚洲									
中国	—	—	0.9	109	75	—	—	170	104
印度	—	—	1 973	216	181	—	—	438	249
印度尼西亚	—	—	2 274	204	187	5.3	155	457	281
巴基斯坦	—	—	1 026	231	231	8.1	72	547	350
孟加拉国	0.3	0.9	397	225	225	1.7	5.1	481	411
日本	—	—	—	35	20	4.9	6.3	45	26
菲律宾	0.7	5.7	63	329	270	3.1	20	775	484
越南	36	23	29	205	199	138	283	344	323
土耳其	—	—	0.0	36	24	2.8	7.4	45	24
伊朗	—	—	2.9	26	21	85	129	39	31
欧洲									
俄罗斯	—	—	0.1	122	106	163	696	174	136
德国	—	—	—	13	4.8	58	81	17	5.9
法国	—	—	—	12	4.5	54	89	15	5.7
英国	—	—	—	12	14	78	150	15	19
意大利	—	—	—	8.6	2.8	226	249	11	3.5
乌克兰	—	—	—	106	89	515	519	154	104
西班牙	—	—	—	22	15	301	320	27	19
波兰	—	—	—	33	23	52	70	41	29
罗马尼亚	—	—	—	167	116	68	74	242	159
荷兰	—	—	—	9.9	6.8	117	150	12	8.5

数据来源:WHO: World Health Statistics 2013(Http://www.who.int/)

189. 传染病统计(一)

单位:例

国家和地区	霍乱 2011	白喉 2011	H5N1流感 2012	流行性脑炎 2011	麻风病 2011	疟疾 2011	麻疹 2011	脑膜炎 2012	腮腺炎 2011
全世界	589 854	4 880	—	10 426	224 334	23 826 496	354 820	—	726 169
非洲									
尼日利亚	23 377	0	0	0	—	0	18 843	1 206	0
埃及	—	—	0	11	—	649	—	26	—	531
C 埃塞俄比亚	—	—	—	—	5 280	1 480 306	3 255	150	—
刚果民主共和国	21 700	—	—	—	3 949	4 561 981	133 802	10 141	—
南非	—	0	—	0	—	9 866	92	—	—
苏丹	—	193	—	—	706	506 806	5 616	524	—
坦桑尼亚	942	0	—	—	—	0	1 622	—	—
肯尼亚	74	—	—	0	105	1 002 805	2 395	—	0
阿尔及利亚	—	1	—	0	0	191	112	—	0
摩洛哥	—	0	—	0	51	—	982	—	—
北美洲									
美国	42	0	—	—	173	—	222	—	404
加拿大	9	1	—	—	—	—	759	—	282
拉丁美洲和加勒比地区									
巴西	1	6	—	—	33 955	267 045	43	—	0
墨西哥	1	0	—	—	215	1 124	3	—	2 685
哥伦比亚	—	0	—	—	434	64 309	6	—	15 926
阿根廷	—	0	—	—	340	18	3	—	5 481
秘鲁	—	0	—	—	21	22 878	0	—	0
委内瑞拉	49	0	—	—	577	45 824	0	—	2 740
智利	1	0	—	—	0	—	6	—	950
厄瓜多尔	—	0	—	—	112	1 233	201	—	733
危地马拉	—	0	—	—	3	6 822	0	—	0
古巴	—	0	—	—	254	—	0	—	0
大洋洲									
澳大利亚	6	4	—	0	7	—	190	—	145
新西兰	—	20	—	0	1	—	597	—	52
亚洲									
中国	26	0	2	1 625	1 144	3 367	9 943	—	454 385
印度	—	3 485	—	8 247	127 295	1 310 367	29 339	—	—
印度尼西亚	—	806	9	—	20 023	256 592	21 893	—	—
巴基斯坦	527	22	0	—	429	0	4 386	—	—
孟加拉国	—	11	3	103	3 970	51 773	5 625	—	—
日本	12	0	—	9	—	—	434	—	137 060
菲律宾	120	—	—	—	1 818	9 552	6 538	—	—
越南	3	13	4	126	748	16 612	750	—	1 609
土耳其	—	1	0	—	—	128	111	—	—
伊朗	1 187	132	—	—	36	3 239	73	—	—
欧洲									
俄罗斯	—	5	—	—	—	0	629	—	406
德国	4	4	—	—	—	—	1 607	—	—
法国	1	—	—	—	—	—	14 949	—	—
英国	32	2	—	0	—	—	1 112	—	2 716
意大利	—	0	—	—	0	—	5 189	—	726
乌克兰	33	8	—	0	—	—	1 333	—	955
西班牙	—	0	—	0	—	—	3 802	—	4 416
波兰	—	—	—	—	—	—	—	—	—
罗马尼亚	—	0	—	0	—	—	4 189	—	195
荷兰	—	1	—	—	—	—	51	—	610

注:本表均为报告病例数。
数据来源:WHO: *World Health Statistics 2013*(Http://www.who.int/)

190. 传染病统计(二)

单位:例

国家和地区	百日咳 2011	鼠疫 2012	脊髓灰质炎 2012	先天性风疹综合症 2011	风疹 2011	新生儿破伤风 2011	破伤风总计 2011	结核病 2011	黄热病 2011
全世界	162 047	—	285	—	114 449	4 214	14 272	5 772 224	—
非洲									
尼日利亚	0	—	130	0	3 691	82	114	86 778	387
埃及	0	—	0	—	30	20	264	8 974	—
埃塞俄比亚	—	—	0	—	174	33	33	156 539	—
刚果民主共和国	2 452	131	17	—	318	888	943	110 132	195
南非	181	—	0	—	3 266	3	—	343 715	0
苏丹	132	—	0	—	237	168	174	19 348	—
坦桑尼亚	0	7	0	—	18	0	—	59 357	—
肯尼亚	—	—	1	—	473	7	7	99 272	0
阿尔及利亚	1	—	0	0	170	0	0	21 429	0
摩洛哥	35	—	0	—	8	4	16	28 640	0
北美洲									
美国	18 610	1	0	0	4	1	37	10 521	0
加拿大	676	—	0	1	2	0	2	1 391	2
拉丁美洲和加勒比地区									
巴西	1 774	—	0	0	0	6	307	74 892	0
墨西哥	252	—	0	0	0	1	23	19 857	0
哥伦比亚	1 010	—	0	0	1	2	37	11 523	0
阿根廷	1 594	—	0	0	1	0	1	9 610	0
秘鲁	56	5	0	0	0	1	38	31 241	13
委内瑞拉	3	—	0	0	0	3	26	6 282	0
智利	2 582	—	0	0	1	0	12	2 450	0
厄瓜多尔	3	—	0	0	0	2	2	5 106	0
危地马拉	0	—	0	0	0	1	2	3 040	0
古巴	0	—	0	0	0	0	1	805	0
大洋洲									
澳大利亚	38 040	—	0	0	60	0	3	1 222	0
新西兰	1 992	—	0	0	22	0	0	305	0
亚洲									
中国	2 517	—	0	—	65 549	—	—	899 669	—
印度	35 217	—	0	—	—	653	4 493	1 323 949	—
印度尼西亚	1 941	—	0	—	1 959	114	210	318 949	—
巴基斯坦	156	—	73	—	189	505	516	261 041	—
孟加拉国	44	—	0	—	5 631	98	644	150 899	—
日本	—	—	3	0	610	—	—	97 320	0
菲律宾	—	—	0	—	926	166	1 537	195 560	—
越南	105	—	0	189	7 259	32	186	98 804	—
土耳其	242	—	0	1	1 734	0	24	15 054	0
伊朗	650	—	0	0	20	3	18	10 980	—
欧洲									
俄罗斯	4 733	—	0	0	349	0	8	112 910	0
德国	—	—	0	0	—	—	—	3 528	0
法国	—	—	0	0	—	0	9	—	0
英国	1 243	—	0	1	5	0	3	7 850	0
意大利	302	—	0	0	84	0	58	1 658	—
乌克兰	2 937	—	0	2	3 667	0	12	34 237	0
西班牙	3 088	—	0	0	30	0	9	6 044	0
波兰	—	—	0	—	—	—	—	7 946	—
罗马尼亚	86	—	0	0	3 494	0	20	16 866	0
荷兰	6 726	—	0	0	2	0	5	970	—

注:本表均为报告病例数。
数据来源:WHO: *World Health Statistics 2013*(Http://www.who.int/)

191. 卫生服务覆盖率(一)

单位:%

国家和地区	产前检查覆盖率 至少1次	产前检查覆盖率 至少4次	专业医护人员接生率	剖腹产率	5岁以下儿童 入院的急性呼吸道感染者①	5岁以下儿童 接受抗生素治疗的患者①	5岁以下儿童 接受口服补液治疗的腹泻者①	5岁以下儿童 睡在药浸蚊帐里的比例①	5岁以下儿童 发烧接受抗疟疾的药物治疗的比例
全世界	81	55	70	16	78	—	64	—	—
非洲									
尼日利亚	53	45	34	2	45	23	31	29	49
埃及	74	66	79	28	73	58	28	—	—
埃塞俄比亚	34	19	10	2	27	7	31	33	10
刚果民主共和国	89	44	80	7	40	42	53	6	39
南非	—	—	—	—	—	—	—	—	—
苏丹	—	—	—	—	56	66	52	16	65
坦桑尼亚	88	43	49	5	31	—	59	62	59
肯尼亚	92	47	44	6	56	50	72	46	23
阿尔及利亚	89	—	95	—	53	59	27	—	—
摩洛哥	77	64	74	16	—	—	—	—	—
北美洲									
美国	—	97	99	33	—	—	—	—	—
加拿大	100	99	99	28	—	—	—	—	—
拉丁美洲和加勒比地区									
巴西	97	90	99	52	50	0	51	—	—
墨西哥	96	—	95	39	—	—	—	—	—
哥伦比亚	97	89	99	43	65	—	61	—	—
阿根廷	91	25	99	23	—	—	—	—	—
秘鲁	95	94	85	23	68	51	40	—	—
委内瑞拉	—	—	—	—	—	—	—	—	—
智利	—	—	100	37	—	—	—	—	—
危地马拉	93	—	51	16	—	—	—	—	—
厄瓜多尔	84	—	89	—	—	—	—	—	—
古巴	100	100	100	—	97	70	53	—	—
大洋洲									
澳大利亚	97	91	99	32	—	—	—	—	—
新西兰	—	—	96	24	—	—	—	—	—
亚洲									
中国	94	—	96	27	—	—	—	—	—
印度	75	50	58	8	67	13	26	—	8
印度尼西亚	93	82	80	7	66	—	46	3	1
巴基斯坦	64	28	45	7	—	—	—	0	3
孟加拉国	50	26	31	17	57	—	81	—	—
日本	—	—	100	23	—	—	—	—	—
菲律宾	91	78	62	10	50	42	59	—	0
越南	94	60	92	20	73	68	66	5	1
土耳其	92	74	91	37	—	—	—	—	—
伊朗	98	94	97	40	—	—	—	—	—
欧洲									
俄罗斯	—	—	100	18	—	—	—	—	—
德国	—	—	99	32	—	—	—	—	—
法国	100	99	98	21	—	—	—	—	—
英国	—	—	—	—	—	—	—	—	—
意大利	98	84	100	38	—	—	—	—	—
乌克兰	99	75	99	10	—	—	—	—	—
西班牙	—	—	—	25	—	—	—	—	—
波兰	—	—	100	34	—	—	—	—	—
罗马尼亚	—	—	99	30	—	—	—	—	—
荷兰	—	—	—	15	—	—	—	—	—

注:除特别标注外,本表数据均为 2005—2012 年数据。
注:①2005—2011 年数据。
数据来源:WHO:*World Health Statistics 2013*(Http://www.who.int/)

192. 卫生服务覆盖率(二)

单位:%

国家和地区	补充维生素A的6~59月龄儿童 2005~2011	产后两天内获得产后护理 2005~2011	出生时获新生儿破伤风保护 2011	麻疹 1990	麻疹 2000	麻疹 2011	百白破三联疫苗 2011	乙肝疫苗 2011	B型流感患者血杆菌疫苗 2011
全世界	50	49	82	72	72	84	83	75	43
非洲									
尼日利亚	26	38	60	54	33	71	47	50	—
埃及	12	65	86	86	98	96	96	96	—
埃塞俄比亚	53	7	88	38	33	57	51	51	51
刚果民主共和国	82	80	70	38	46	71	70	70	70
南非	—	—	77	79	72	78	72	76	72
苏丹	—	—	74	—	—	87	93	93	93
坦桑尼亚	61	31	88	80	78	93	90	90	90
肯尼亚	30	42	73	78	78	87	88	88	88
阿尔及利亚	—	—	90	83	80	95	95	95	95
摩洛哥	—	—	89	79	93	95	99	98	99
北美洲									
美国	—	—	—	90	91	90	94	91	88
加拿大	—	—	—	89	96	98	95	70	95
拉丁美洲和加勒比地区									
巴西	—	—	92	78	99	97	96	96	97
墨西哥	—	55	88	75	96	98	97	98	97
哥伦比亚	—	3	79	82	80	88	85	85	85
阿根廷	—	—	—	93	91	93	93	93	93
秘鲁	9	92	85	64	97	96	91	91	91
委内瑞拉	—	—	50	61	84	86	78	78	78
智利	—	—	—	97	97	91	94	94	94
危地马拉	—	26	85	68	86	87	85	85	85
厄瓜多尔	—	—	85	60	99	98	99	98	99
古巴	—	—	—	94	94	99	96	96	96
大洋洲									
澳大利亚				86	91	94	92	92	92
新西兰				90	85	93	95	95	94
亚洲									
中国	—	—	—	98	84	99	99	99	—
印度	16	48	87	56	55	74	72	47	—
印度尼西亚	69	70	85	58	74	89	63	63	—
巴基斯坦	60	39	75	50	59	80	80	80	80
孟加拉国	84	27	94	65	72	96	96	96	96
日本	—	—	—	73	96	94	98	—	—
菲律宾	76	77	76	85	78	79	80	76	14
越南	83	—	87	88	97	96	95	95	95
土耳其	—	80	90	78	87	97	97	96	97
伊朗	—	—	95	85	99	99	99	99	—
欧洲									
俄罗斯	—	—	—	—	97	98	97	97	—
德国	—	—	—	75	92	99	99	93	93
法国	—	—	—	71	84	89	99	65	97
英国	—	—	—	87	88	90	95	—	95
意大利	—	—	—	43	74	90	96	96	96
乌克兰	—	87	—	—	99	67	50	21	26
西班牙	—	—	—	99	94	95	97	97	97
波兰	—	—	—	95	97	98	99	98	99
罗马尼亚	—	—	—	92	98	93	89	96	89
荷兰	—	—	—	94	96	96	97	—	97

数据来源:WHO: *World Health Statistics 2013*(Http://www.who.int/)

193. 卫生服务覆盖率(三)

单位:%

国家和地区	未满足计划生育需求 2005~2012	避孕普及率 2005~2012	感染艾滋病病毒的孕妇接受抗逆转录病毒疗法(PMTCT)(以防止母婴传播) 2011	晚期艾滋病病毒患者接受抗逆转录病毒疗法 2011	痰涂阳性结核病病例检出率 2000	痰涂阳性结核病病例检出率 2011	痰涂阳性结核病治疗成功率 2000	痰涂阳性结核病治疗成功率 2010
全世界	12	63	57	54	41	67	69	87
非洲								
尼日利亚	19	14	18	30	12	45	79	84
埃及	12	60	—	21	62	63	87	86
埃塞俄比亚	25	29	24	56	33	72	80	83
刚果民主共和国	24	18	—	—	38	50	78	90
南非	—	—	95	66	59	69	63	79
苏丹	—	9	—	9	50	48	75	80
坦桑尼亚	25	34	74	40	68	76	78	90
肯尼亚	26	46	67	72	72	81	80	87
阿尔及利亚	—	61	—	—	70	67	87	89
摩洛哥	—	—	—	37	86	86	89	85
北美洲								
美国	7	79	—	—	86	86	83	64
加拿大	—	—	—	—	85	89	35	76
拉丁美洲和加勒比地区								
巴西	6	80	—	71	74	91	71	74
墨西哥	12	71	—	84	60	76	76	87
哥伦比亚	8	79	—	46	68	73	80	79
阿根廷	—	79	—	79	79	90	47	48
秘鲁	7	74	—	60	81	110	90	68
委内瑞拉	—	—	—	79	77	64	76	83
智利	—	64	—	66	75	79	82	71
危地马拉	—	—	—	56	38	34	86	83
厄瓜多尔	—	—	—	68	53	56	—	79
古巴	—	73	—	95	83	77	93	89
大洋洲								
澳大利亚	—	72	—	—	90	90	72	80
新西兰	—	—	—	—	80	91	30	74
亚洲								
中国	—	85	—	—	33	89	93	96
印度	21	55	—	—	49	59	34	88
印度尼西亚	13	61	—	24	19	70	87	90
巴基斯坦	25	27	—	10	3	64	74	91
孟加拉国	12	61	—	31	26	45	81	92
日本	—	54	—	—	89	86	45	52
菲律宾	22	49	—	51	47	76	88	91
越南	4	78	—	58	56	56	92	92
土耳其	6	73	—	50	78	85	73	91
伊朗	—	—	—	7	71	71	85	83
欧洲								
俄罗斯	—	80	—	—	75	81	68	53
德国	—	—	—	—	91	96	77	77
法国	2	77	—	—	83	—	—	—
英国	—	84	—	—	89	89	—	81
意大利	—	—	—	—	71	96	74	—
乌克兰	10	67	—	22	63	86	—	60
西班牙	—	66	—	—	88	84	—	70
波兰	—	—	—	—	84	91	72	65
罗马尼亚	—	—	—	74	68	78	70	84
荷兰	—	69	—	—	80	86	76	78

数据来源:WHO: World Health Statistics 2013(Http://www.who.int/)

194. 卫生资源统计(一)

单位:1/万人

国家和地区	医生	护理和助产人员	牙医	药剂师	环境和公共场卫生人员	社区卫生人员	精神科医生
全世界	**13.9**	**29.0**	**2.6**	**4.4**	—	—	**0.3**
非洲							
尼日利亚	4	16.1	0.2	1.0	0.3	1.4	<0.05
埃及	28.3	35.2	4.2	16.7	—	—	0.1
埃塞俄比亚	0.3	2.5	—	0.1	0.2	3.6	<0.05
刚果民主共和国	—	—	—	<0.05	—	—	<0.05
南非	7.6	—	1.2	2.5	0.6	—	<0.05
苏丹	—	—	—	—	—	—	—
坦桑尼亚	0.1	2.4	<0.05	<0.05	—	—	<0.05
肯尼亚	1.8	7.9	0.2	0.5	—	—	<0.05
阿尔及利亚	12.1	19.5	3.1	2.2	—	—	0.2
摩洛哥	6.2	8.9	0.8	2.7	—	—	0.1
北美洲							
美国	24.2	98.2	—	8.8	—	—	0.8
加拿大	20.7	104.3	5.9	10.1	0.4	—	1.3
拉丁美洲和加勒比地区							
巴西	17.6	64.2	11.7	5.4	—	—	0.3
墨西哥	19.6	—	—	—	—	—	0.2
哥伦比亚	14.7	6.2	9.2	—	—	—	—
阿根廷	—	—	—	—	—	—	—
秘鲁	9.2	12.7	1.2	0.6	<0.05	—	0.1
委内瑞拉	—	—	—	—	—	—	—
智利	10.3	1.4	<0.05	<0.05	—	—	0.6
厄瓜多尔	16.9	19.8	2.4	0.5	—	—	0.1
危地马拉	9.3	—	1.8	—	—	—	0.1
古巴	67.2	90.5	16.3	—	—	—	1.1
亚洲							
中国	14.6	15.1	—	2.6	—	8.1	0.1
印度	6.5	10	0.8	5.4	—	0.5	<0.05
印度尼西亚	2	13.8	0.4	1.0	1.8	—	<0.05
巴基斯坦	8.1	5.6	0.6	—	—	0.6	<0.05
孟加拉国	3.6	2.2	0.3	0.6	0.1	3.3	<0.05
日本	21.4	41.4	7.4	21.5	1.7	2.7	0.1
菲律宾	—	—	—	6.2	—	—	<0.05
越南	12.2	10.1	—	0.7	—	—	0.1
土耳其	17.1	24	2.9	—	2.5	—	0.2
伊朗	8.9	14.1	—	2	—	—	0.1
大洋洲							
澳大利亚	38.5	95.9	6.9	11.7	—	0.5	1.3
新西兰	27.4	108.7	4.6	10.1	—	—	1.0
欧洲							
俄罗斯	43.1	85.2	3.2	0.8	—	—	1.2
德国	36.9	113.8	7.9	9.5	—	—	—
法国	33.8	93	6.4	11.5	—	—	2.2
英国	27.7	94.7	5.3	6.7	—	—	1.5
意大利	38	—	—	—	—	—	0.8
乌克兰	32.5	64.1	6.7	—	—	—	1
西班牙	39.6	—	—	9.2	—	—	0.9
波兰	20.7	54	3.2	6.6	—	—	0.5
罗马尼亚	23.9	54.6	6.1	6.5	—	—	0.6
荷兰	—	—	—	3.1	—	—	1.9

注:本表数据为 2005—2012 年间数据。
数据来源:WHO:*World Health Statistics 2013*(Http://www.who.int/)

195. 卫生资源统计(二)

国家和地区	医疗设施 病床数(每万人口) 2005~2012	医疗设施 精神科病床(每百万人口) 2005~2010	基础药品 选定通用名药的消费价格比中位数% 公共机构 2001~2012	基础药品 选定通用名药的消费价格比中位数% 私立机构 2001~2012	基础药品 选定通用名药的可获得性中位数% 公共机构 2001~2012	基础药品 选定通用名药的可获得性中位数% 私立机构 2001~2012
全世界	30	2.5	—	—	—	—
非洲						
尼日利亚	—	—	26.2	36.4	3.5	4.3
埃及	17	1	—	—	—	—
埃塞俄比亚	63	<0.05	—	—	—	—
刚果民主共和国	—	—	55.6	65.4	2	2.3
南非	—	2.2	—	71.7	—	6.5
苏丹	—	—	51.7	77.1	4.4	4.7
坦桑尼亚	7	0.3	23.4	47.9	1.3	2.7
肯尼亚	14	—	37.7	72.4	2	3.3
阿尔及利亚	—	1.4	—	—	—	—
摩洛哥	11	0.7	0.0	57.5	—	9.8
北美洲						
美国	30	3.4	—	—	—	—
加拿大	32	—	—	—	—	—
拉丁美洲和加勒比地区						
巴西	23	1.9	0.0	76.7	—	11.3
墨西哥	17	0.4	46.2	50	—	4.7
哥伦比亚	14	—	86.7	87.9	—	3.1
阿根廷	45	2.8	—	—	—	—
秘鲁	15	—	61.5	60.9	1.4	5.6
委内瑞拉	9	—	—	—	—	—
智利	20	0.5	—	—	—	—
厄瓜多尔	16	1.2	41.7	71.7	—	5
危地马拉	7	0.3	—	—	—	—
古巴	51	6.8	—	—	—	—
亚洲						
中国	39	1.4	15.5	13.3	1.6	1.4
印度	9	0.2	22.1	76.8	—	1.9
印度尼西亚	6	—	65.5	57.8	1.8	2.0
巴基斯坦	6	0.3	3.3	31.3	—	2.3
孟加拉国	0.1	6	—	..	—	—
日本	18	1.8	—	—	—	—
菲律宾	5	—	15.4	26.5	6.4	5.6
越南	22	1.8	—	—	—	—
土耳其	25	1.0	—	—	—	—
伊朗	17	0.9	96.7	96.7	1.3	1.3
大洋洲						
澳大利亚	39	3.9	—	—	—	—
新西兰	23	2.1	—	—	—	—
欧洲						
俄罗斯	97	11.1	100	100	2.7	4.1
德国	82	—	—	—	—	—
法国	66	9.5	—	—	—	—
英国	30	5	—	—	—	—
意大利	35	1.1	—	—	—	—
乌克兰	87	9.4	88.6	91.4	3.7	3
西班牙	32	4.3	—	—	—	—
波兰	66	5.4	—	—	—	—
罗马尼亚	63	7.5	—	—	—	—
荷兰	47	13.1	—	—	—	—

数据来源：WHO: *World Health Statistics 2013* (Http://www.who.int/)

196. 卫生费用统计(一)

单位:%

国家和地区	卫生费用占GDP的比例 2000	卫生费用占GDP的比例 2010	政府总体卫生支出占卫生总费用的比例 2000	政府总体卫生支出占卫生总费用的比例 2010	私人卫生支出占卫生总费用的比例 2000	私人卫生支出占卫生总费用的比例 2010	政府总体卫生支出占政府总支出的比例 2000	政府总体卫生支出占政府总支出的比例 2010
全世界	**8.9**	**9.2**	**56.4**	**58.9**	**43.6**	**41.1**	**13.5**	**15.1**
非洲								
尼日利亚	4.6	5.4	33.5	31.5	66.5	68.5	4.2	5.7
埃及	1.7	4.7	99.6	39.2	0.4	60.8	5.6	6.1
埃塞俄比亚	4.3	4.8	53.6	52.9	46.4	47.1	8.9	13.7
刚果民主共和国	4.7	7.5	4.2	28.4	95.8	71.6	1.8	10.0
南非	8.1	8.7	42.3	46.6	57.7	53.4	10.9	12.4
苏丹	3.3	7.2	25.8	27.6	74.2	72.4	7.6	10.3
坦桑尼亚	3.4	7.2	43.4	39.2	56.6	60.8	10.2	11.1
肯尼亚	4.7	4.4	46.3	40.2	53.7	59.8	10.5	5.9
阿尔及利亚	3.5	4.3	73.3	79.9	26.7	20.1	8.8	9
摩洛哥	4.1	5.4	28.7	29.8	71.3	70.2	3.8	5.4
北美洲								
美国	13.4	17.6	43.2	48.2	56.8	51.8	17.1	19.9
加拿大	8.8	11.4	70.4	71.1	29.6	28.9	15.1	18.3
拉丁美洲和加勒比地区								
巴西	7.2	9.0	40.3	47.0	59.7	53.0	4.1	10.7
墨西哥	5.1	6.3	46.6	49.0	53.4	51.0	16.6	12.1
哥伦比亚	5.9	6.5	79.3	74.6	2.7	25.4	19.3	17.8
阿根廷	9.2	8.3	53.9	64.4	46.1	35.6	14.7	17.7
秘鲁	4.7	4.9	58.7	56.2	41.3	43.8	14.9	14.3
委内瑞拉	5.7	5.3	41.5	38.8	58.5	61.2	8	9
智利	7.7	7.4	43.7	47.2	56.3	52.8	14.1	15.8
厄瓜多尔	4.2	7.9	31.2	40.2	68.8	59.8	6.4	7.7
危地马拉	5.6	6.9	40.2	34.9	59.8	65.1	17.0	15.8
古巴	6.1	10.2	90.8	95.2	9.2	4.8	10.8	13.9
亚洲								
中国	4.6	5.0	38.3	54.3	61.7	45.7	10.9	12.1
印度	4.3	3.7	26	28.2	74	71.8	7.4	6.8
印度尼西亚	2.0	2.8	36.1	36.1	63.9	63.9	4.5	6.2
巴基斯坦	1.1	1.0	58.7	76.6	41.3	23.4	2.4	3.4
孟加拉国	2.8	3.7	39	36.5	61	63.5	7.6	8.9
日本	7.6	9.2	80.8	80.3	19.2	19.7	16.2	18.2
菲律宾	3.2	4.1	47.6	36.1	52.4	63.9	8.4	8.8
越南	5.3	6.8	30.9	37.1	69.1	62.9	6.6	7.7
土耳其	4.9	6.7	62.9	74.8	37.1	25.2	9.8	12.8
伊朗	4.6	5.3	41.6	40.2	58.4	49.8	8.4	10.1
大洋洲								
澳大利亚	8.1	9	66.8	68.5	33.2	31.5	15.1	16.8
新西兰	7.6	10.1	78	83.2	22	16.8	15.7	19.8
欧洲								
俄罗斯	5.4	6.5	59.9	58.7	40.1	41.3	12.7	9.7
德国	10.4	11.5	79.5	76.8	20.5	23.2	18.3	18.5
法国	10.1	11.7	79.4	76.9	20.6	23.1	15.5	15.9
英国	7	9.6	78.8	83.2	21.2	16.8	15.1	15.9
意大利	8	9.5	72.5	77.6	27.5	22.4	12.7	14.7
乌克兰	5.6	7.8	51.8	56.6	48.2	43.4	8.4	12.7
西班牙	7.2	9.6	71.6	74.2	28.4	25.8	13.2	15.4
波兰	5.5	7.0	70	71.7	30	27.8	9.4	11.0
罗马尼亚	4.3	5.9	81.2	80.3	18.8	19.6	9.1	11.9
荷兰	8	12.1	63.1	84.8	36.9	14.2	11.4	20.1

数据来源:WHO: World Health Statistics 2013(Http://www.who.int/)

197. 卫生费用统计(二)

单位:%

国家和地区	外部卫生投入占政府总支出的比例 2000	外部卫生投入占政府总支出的比例 2010	社会保障性卫生费用占政府总卫生支出的比例 2000	社会保障性卫生费用占政府总卫生支出的比例 2010	自付卫生费用占个人卫生支出的比例 2000	自付卫生费用占个人卫生支出的比例 2010	私人预付计划占私人卫生支出的比例 2000	私人预付计划占私人卫生支出的比例 2010
全世界	0.4	1.2	59.2	60.1	50	49.9	38.8	39.3
非洲								
尼日利亚	16.2	8.7	0	0	92.7	95.6	5.1	3.1
埃及	3.3	0.6	—	21.0	—	97.7	—	1.7
埃塞俄比亚	16.5	36.1	0	0	79.2	80.1	0.5	1.5
刚果民主共和国	2.8	33.0	—	—	77.3	6	0	0.2
南非	0.3	2.2	3.3	2.9	23.1	13.9	75.4	80.3
苏丹	4.5	2.9	—	11.1	91.6	96.1	2.2	1
坦桑尼亚	27.8	39.6	0	4.5	83.5	52.4	4.5	1.5
肯尼亚	8	37.9	10.9	13.0	80.4	76.6	6.6	9.3
阿尔及利亚	0.1	0	35.5	30.0	96.7	94.7	3.1	5.1
摩洛哥	0.5	0.8	0	—	76.6	88.3	23.4	11.7
北美洲								
美国	—	—	80.3	86.4	25.5	22.7	60.3	64.4
加拿大	0	0	2	1.9	53.7	49.0	38.8	43.2
拉丁美洲和加勒比地区								
巴西	0.5	0.3	0	0	63.6	57.8	34.3	40.4
墨西哥	1	0	67.6	55.4	95.3	92.2	4.7	7.8
哥伦比亚	0.3	0.1	66.8	82.9	59	67.7	41	32.3
阿根廷	0	0.1	59.5	65.9	63.0	60	30.7	31.5
秘鲁	1.1	1.7	49.5	43.0	81.3	84.9	15	11.9
委内瑞拉	0.7	0	34.6	31.6	90.9	90.8	3.2	3.4
智利	0	0	15	13.7	64.8	69.1	35.2	30.9
厄瓜多尔	4.1	0.4	28	37.8	85.3	85	4.8	12
危地马拉	3.4	1.9	51.2	42	89.4	81.2	4.2	5.5
古巴	0.2	0	0	0	100	100	0	0
亚洲								
中国	0.1	0.1	57.2	64.2	95.6	77.2	1.0	7.4
印度	0.5	1.3	18.3	19.0	91.8	86	1.1	4.7
印度尼西亚	—	1.2	6.3	17.4	72.9	75.8	6.4	3.7
巴基斯坦	2.0	10.2	5.7	3.4	—	—	1.2	2.3
孟加拉国	6.9	7.1	0	0	95.1	96.6	0.1	0.3
日本	—	—	84.9	87.3	80.1	82.0	12.7	12.5
菲律宾	3.5	1.7	14.7	25.5	77.2	83.8	11.1	11.3
越南	2.6	3.2	19.7	38.4	95.6	93	—	—
土耳其	0.1	0	55.5	57.0	74.6	64.4	—	7.3
伊朗	0	0	57.8	—	96.2	97	3.6	2.8
大洋洲								
澳大利亚	—	—	—	—	59.7	59.4	21.8	24.9
新西兰	—	—	—	10.1	69.9	62.6	28.5	29.2
欧洲								
俄罗斯	0.2	—	40.3	44.6	74.7	87.8	8.1	7.1
德国	—	—	87.2	88.6	51.0	51.4	40.2	39.9
法国	—	9.9	94.3	95.3	34.4	32.2	61.6	59.3
英国	—	—	—	—	53.9	53.1	19.2	18.8
意大利	—	—	0.1	0.2	89.1	87.6	3.2	4.6
乌克兰	0.5	0.6	0	0.5	91.4	93.4	1.1	2
西班牙	—	—	9.6	6.1	83.1	76.2	13.7	21.4
波兰	—	0.1	82.6	86.2	100	79.4	0.8	2.4
罗马尼亚	—	0.1	81.9	79.9	100	98.2	—	0.4
荷兰	—	—	93.9	84.2	24.3	36.2	43	33.9

数据来源:WHO: *World Health Statistics 2013* (Http://www.who.int/)

198. 卫生费用统计(三)

单位:元

国家和地区	按平均汇率(美元)计算的人均卫生总费用 2000	2010	按国际美元购买力平价计算的人均卫生总费用 2000	2010	按平均汇率(美元)计算的人均政策卫生支出 2000	2010	按国际美元购买力计算的人均政策卫生支出 2000	2010
全世界	**482**	**941**	**564**	**1 017**	**278**	**571**	**318**	**599**
非洲								
尼日利亚	17	67	60	128	6	21	20	40
埃及	24	125	61	293	24	49	61	115
埃塞俄比亚	5	15	20	50	3	8	11	26
刚果民主共和国	13	15	11	26	<1	4	<1	7
南非	240	631	540	915	102	294	228	426
苏丹	12	111	41	162	3	31	10	45
坦桑尼亚	10	37	25	100	4	14	11	39
肯尼亚	19	35	53	72	9	14	25	29
阿尔及利亚	63	198	188	364	46	158	138	291
摩洛哥	53	153	108	257	15	46	31	77
北美洲								
美国	4 703	8 233	4 703	8 233	2 032	3 967	2 032	3 967
加拿大	2 089	5 257	2 519	4 443	1 470	3 736	1 772	3 157
拉丁美洲和加勒比地区								
巴西	265	990	503	1 009	107	466	203	474
墨西哥	328	603	509	962	153	296	237	471
哥伦比亚	148	407	345	614	118	304	274	458
阿根廷	709	759	840	1 321	382	489	453	851
秘鲁	97	258	231	463	57	145	135	261
委内瑞拉	274	720	482	642	114	279	200	249
智利	387	933	735	1 191	169	440	321	562
厄瓜多尔	54	318	198	635	17	128	62	255
危地马拉	96	197	197	327	39	69	79	114
古巴	166	583	147	414	151	555	134	394
亚洲								
中国	43	219	108	373	17	119	41	203
印度	20	51	65	126	5	14	17	36
印度尼西亚	15	84	46	123	5	30	16	44
巴基斯坦	6	10	18	28	3	8	11	21
孟加拉国	10	25	24	61	4	9	9	22
日本	2 834	3 958	1 974	3 120	2 290	3 179	1 595	2 506
菲律宾	34	89	77	164	16	32	37	59
越南	21	83	74	216	6	31	23	80
土耳其	205	668	454	1 039	129	500	286	777
伊朗	231	302	306	797	96	121	127	320
大洋洲								
澳大利亚	1 713	5 174	2 253	3 685	1 145	3 545	1 505	2 525
新西兰	1 051	3 267	1 603	2 992	820	2 719	1 250	2 490
欧洲								
俄罗斯	96	670	369	1 277	57	393	221	749
德国	2 386	4 654	2 679	4 342	1 898	3 573	2 131	3 334
法国	2 203	4 618	2 546	3 997	1 749	3 553	2 021	3 075
英国	1 765	3 495	1 835	3 433	1 391	2 908	1 446	2 857
意大利	1 554	3 247	2 064	3 046	1 127	2 520	1 497	2 365
乌克兰	36	234	184	527	19	133	96	298
西班牙	1 040	2 896	1 538	3 057	745	2 148	1 101	2 268
波兰	247	851	584	1377	173	610	409	987
罗马尼亚	72	457	248	881	59	367	201	708
荷兰	1 925	5 683	2 341	5 112	1 214	4 820	1 477	4 335

数据来源:WHO: *World Health Statistics 2013*(Http://www.who.int/)

世界人口数据部分指标解释

5岁以下儿童死亡率：每1 000个新生儿从出生到5岁死亡的概率。

婴儿死亡率：每1 000个婴儿从出生到1岁的死亡概率。

新生儿死亡率：每1 000个新生儿出生后28天内死亡的概率。

人均国民总收入：国民总收入(GNI)是指所有常住单位创造的增加值的总和，加上未统计在产值中的生产税(减去补贴)，再加上来自境外的初级收入(雇员报酬和财产收入)净额。人均国民总收入是国民总收入除以年中总人口。用美元表示的人均国民总收入根据世界银行Atlas方法进行转换。

出生预期寿命：根据出生时人口死亡风险估算的一个新生儿的寿命。

成人识字率：15岁及以上年龄人口识字的人数占同年龄段总人口的百分比。

小学净入学率/在校率：进入小学的儿童数占小学学龄儿童总人数的百分比。该指标通常表示为小学净入学率或在校率。一般情况下，如果两个数据都能得到，更倾向于使用净入学率，除非净在校率数据质量更高。

收入份额：20%最高收入户的收入份额和40%最低收入户的收入份额。

低出生体重：出生时体重低于2 500克的婴儿百分比。

补充维生素A(全覆盖)：2008年6-59个月龄的儿童二次补充维生素A的百分比。

食用碘盐：食用合格碘盐的住户百分比(15ppmm以上)。

政府资助的疫苗：为保护儿童，由国家政府资助(包括贷款)，在全国范围内进行常规免疫的疫苗的百分比。

计划免疫(EPI)：免疫扩展计划。该免疫计划覆盖肺结核、百白破、脑灰质炎、麻疹，以及通过为孕妇接种疫苗预防新生儿患破伤风。某些国家也可把其他疫苗接种(如预防乙肝等)列入免疫扩展计划。

5岁以下儿童患疑似肺

炎接受合适卫生保健人员服务的比例：调查之前两周患急性呼吸道感染被送到合适的医疗服务提供者那里接受治疗的0-4岁儿童的百分比。

5岁以下儿童患疑似肺炎服用抗生素的比例：调查之前两周内患急性呼吸道感染服用抗生素的0-4岁儿童的百分比。

5岁以下儿童患腹泻接受口服补液疗法并持续喂食的比例：调查之前两周内患腹泻接受口服补液疗法（口服补液治疗或喂食自制的流食）或持续喂食的0-4岁儿童的百分比。

使用防虫蚊帐的5岁以下儿童的比例：调查前一晚睡在防虫蚊帐内的0-4岁儿童的百分比。

5岁以下儿童发烧后或抗疟类药物治疗的比例：调查之前两周内发烧的0-4岁儿童获得合适的抗疟类药物治疗的百分比。

艾滋病成人感染率：感染艾滋病病毒的成人(15-49岁)的百分比。

艾滋病病毒感染者的估计数：感染艾滋病病毒的人（所有年龄）的估计数目。

具有艾滋病方面综合知识的人数比例：青年男性和女性(15-24岁)能够正确识别出两种主要的预防艾滋病病毒传播的途径（使用安全套和只与一个固定的、未患艾滋病的伴侣发生性关系），并对当地两个有关艾滋病传播最常见的错误看法有清楚的认识，同时知道外表健康的人可能是艾滋病病毒携带者的人数占总人数的百分比。

在上一次高风险性行为中使用安全套：15-24岁男性和女性在上一次和婚外或非固定性伴侣，或与有婚外或非固定伴侣性经验的人发生性行为时使用了安全套。

艾滋病致孤儿童：因为艾滋病失去双亲或单亲的0-17岁儿童的估计数。

各种原因致孤儿童：因任何原因失去双亲或单亲的0-17岁儿童。

孤儿和非孤儿在校率之比：10-14岁孤儿（失去双亲或单亲）在校率与同龄非孤儿（和双亲或单亲生活在一起）在校率之比。

青年识字率：15-24岁人口中具备读写能力人口的百分比。

小学毛入学率：小学教育水平入学儿童人数（无论年龄大小）占官方规定的小学教育水平所对应的年龄段人口的比重。

中学毛入学率：中学教育水平入学儿童人数（无论年龄大小）占官方规定的中学教育水平所对应的年龄段人口的比重。

小学净入学率：属于官方规定的小学教育所对应的年龄段的入学儿童人数占该年龄段人口的比重。

中学净入学率：属于官方规定的中学教育所对应的年龄段的入学儿童人数占该年龄段人口的比重。

小学净在校率：官方规定的小学教育所对应的年龄段中在校儿童人数占该年龄段人口的比重。

中学净在校率：官方规定的中学教育所对应的年龄段中在校儿童人数占该年龄段人口的比重。

读到小学最高年级的学生比例：进入小学一年级就读并最终升至最高年级的学生的百分比。

产前保健覆盖率：15-49岁的女性中，在妊娠期间至少接受过一次熟练医护人员（医生、护士或助产士）提供的产前保健服务的百分比和妊娠期间至少接受过4次熟练医护人员提供的产前保健服务的百分比。

熟练接生服务：由熟练保健人员（医生、护士或助产士）接生的百分比。

住院分娩率（由机构接生）：调查前两年内有过生育且在医疗机构分娩的15-49岁妇女的比例。

孕产妇死亡率：每年每10万个活产数中，孕产妇因与妊娠相关的原因而死亡的人数的比例。相关表格中"报告数据"一栏指的是未经漏报和分类调整的各国上报的数据。

儿童残疾率：至少有一项残疾的2-9岁儿童所占的百分比（即在认知能力、行动能力、抓取能力、视力或听力方面有残疾）。

结核和艾滋病两种疾病的发病率和患病率估计：发病率是指每年的新发病例，而患病率是指特定时间点的人数。由于并非所有的感染者都就诊，通过家庭调查获取真实的病例数就很有必要；很多国家的估计数依靠模型模拟，这很大程度上依赖于结核病的通报率，所以发病率和患病率的不确定区间很大。对于艾滋病普遍流行的国家，患病率的估计通过孕妇的产前诊断和包括艾滋病检测在内的人口调查获取。对于艾滋病集发的地区，估计值主要基于对高危人群的监测获得。

卫生服务覆盖率指标：反映有需要的人群实际得到重要卫生干预的程度。这类干预包括城乡孕产期妇女提供专业护理、生殖健康服务、接种预防儿童常见的传染病疫苗、儿童维生素A补充，以及儿童、青少年和成年人的疾病治疗。覆盖率为接受特定干预的人数除以符合该干预的条件或需要该干预的人数。例如，1岁儿童免疫覆盖率可通过各国接受某一特定接种的儿童数除以该国所有1岁儿童数计算得出。对于产前检查、专业医护人员接生数和剖腹产数指标，分母为界定人群的总活产数。

致患因素：某些增加死亡率和发病率相关的危险因素指标。以下描述的是可预防的危险因素：不安全的饮用水和缺乏卫生设施；家庭使用固体燃料；低出生体重；不良的婴儿喂养习惯；儿童期营养不良；超重或肥胖；饮酒过量；吸烟；不安全的性行为。

当前的吸烟流行率是将来烟草相关疾病负担的重要预报器。饮酒过量可引起酒精依赖、肝硬化、癌症和意外伤害。

卫生人力、基础建设和基本药物：本系列数据指标指卫生系统所用资源的数据，包括医师、护士和助产士，以及其他卫生服务者和住院病床数。这些数据对于使政府能够决定如何最大化地满足其国民的健康需求是必不可少的。

其中，住院病床数可以表明住院服务的提供能力。住院病床数的统计通常从日常管理记录中获得，但有些地区仅包括公共部门的床位数。

索 引

索引

说明：
1. 本索引按汉语拼音字母发音（同音字按声调），英文字母顺序排列；
2. 类目和文章标题及人名用黑体字注明，图、表名称后另标有"图"、"表"字样；
3. 索引名称后的数字表示内容所在页数，数字后括号内的小写英文字母表示内容所在栏。

"90后"大学生就业能力结构模型研究 256(a)
15-59岁人口出现下降趋势，老龄化进程加快 124
1959年全国营养调查 219
1971-2012年全国计划生育手术情况（表）403
全国历年城乡居民生活水平、职工工资和住房（表）475
1978-2012年全国人口出生率、死亡率和自然增长率（表）339
1980-2012年全国孕产妇保健情况（表）497
1982年全国营养调查 220
1989-2012年全国参加城镇职工基本养老保险人数（表）450
1990-2011年全国儿童保健情况（表）493
1990-2012年全国社会保险基金收支及累计结余（表）448

1990-2012年全国学龄儿童入学率和各级普通学校毕业生升学率（表）509
1990-2012年我国人口城镇化率（表）202
1991-2011年卫生部监测地区新生儿死亡率、婴儿死亡率、5岁以下儿童和孕产妇死亡率（表）494
1992年全国营养调查 221
1994-2012年全国社会保险基本情况（表）447
1995-2012年全国城镇单位就业人员工资总额和指数（表）469
1995-2012年全国城镇单位就业人员平均工资和指数（表）472
1999-2012年全国最低生活保障和社会救济平均标准（表）424
1999-2012年全国最低生活保障和社会救济平均支出水平（表）425

2000、2005、2010-2012年流动人口数据（表）126
2001年以来的求人倍率变化（图）158
2002年中国居民营养与健康状况调查 221
2003-2012年全国按行业分城镇单位就业人员数（表）410
2004-2011年台湾省医院、病床和医务人员情况（表）520
2004-2012年全国医疗救助情况（表）420
2004-2012年台湾省入学率和教育经费（表）520
2005-2012年分性别人口和总人口性别比（表）125
2005-2012年各省、自治区、直辖市城镇人口比重（表）369
2005-2012年全国城镇人口比重（表）126

2005-2012年我国出生人口性别比(图) 125

2008-2012年香港特别行政区人口主要指标(表) 521

2008-2012年澳门特别行政区经济活动人口及失业状况(表) 526

2008-2012年澳门特别行政区人口主要指标(表) 525

2008-2012年澳门特别行政区医疗卫生条件(表) 526

2008-2012年全国医院次均门诊费用、人均住院费用(表) 488

2008-2012年全国就业基本情况(表) 404

2008-2012年台湾省劳动力和就业状况(表) 519

2008-2012年台湾省面积和人口主要指标(表) 519

2008-2012年香港特别行政区15岁及以上人口受教育程度（表）524

2008-2012年香港特别行政区按居住国家/地区划分的访港旅客人数(表) 522

2008-2012年香港特别行政区按行业划分的就业人数(表) 522

2008-2012年香港特别行政区劳动人口及失业状况(表) 521

2008-2012年香港特别行政区医疗卫生条件(表) 523

2009-2012年澳门特别行政区按行业划分的就业人口(表) 525

2010-2013年中国居民营养与健康监测 223

2011年各类学校教育经费情况(表) 514

2012年各省、自治区、直辖市儿童保健情况(表) 492

2011年各省、自治区、直辖市教育经费情况(表) 513

2011年各省、自治区、直辖市医院诊疗人次、住院人数(表) 484

2011年各省、自治区、直辖市孕产妇保健情况(二)(表) 496

2011年各省、自治区、直辖市孕产妇保健情况(一)(表) 495

2012:中国人口学研究的回顾与评述 173

2012广州论坛·新型城市化发展高峰论坛 316(a)

2012年东、中、西部及东北地区农村居民家庭基本情况(表) 476

2012年分地区人口变动情况(表) 127

2012年各省、自治区、直辖市按来源分农村居民家庭人均纯收入(表) 459

2012年各省、自治区、直辖市按行业分城镇单位就业人员数（表）408

2012年各省、自治区、直辖市城市分年龄、性别的人口数(表) 330

2012年各省、自治区、直辖市城市分性别、婚姻状况的人口数（表）358

2012年各省、自治区、直辖市城市分性别、受教育程度的人口数(表) 350

2012年各省、自治区、直辖市城市分性别的15岁及以上文盲人口(表) 516

2012年各省、自治区、直辖市城市户数、人口数、性别比和平均家庭户规模(表) 342

2012年各省、自治区、直辖市城市居民最低生活保障及其他社会救济(表) 416

2012年各省、自治区、直辖市城市人口年龄构成和抚养比(表) 366

2012年各省、自治区、直辖市城市养老服务机构(表) 426

2012年各省、自治区、直辖市城乡居民社会养老保险情况(表) 451

2012年各省、自治区、直辖市城镇单位就业人员工资总额和指数(表) 468

2012年各省、自治区、直辖市城镇单位就业人员平均工资和指数(表) 470

2012年各省、自治区、直辖市城镇登记失业人员及失业率(表) 414

2012年各省、自治区、直辖市城镇基本医疗保险参保人数(表) 452

2012年各省、自治区、直辖市城镇基本医疗保险基金收支情况（表）453

2012年各省、自治区、直辖市城镇居民家庭平均每人全年现金消费支出(二)(表) 462

2012年各省、自治区、直辖市城镇居民家庭平均每人全年现金消费支出(一)(表) 460

2012年各省、自治区、直辖市城镇居民平均每人全年家庭收入来源(表) 458

2012年各省、自治区、直辖市城镇职工基本养老保险情况(表) 449

2012年各省、自治区、直辖市村卫生室及人员数(表) 483

2012年各省、自治区、直辖市儿童收养机构(表) 430

索 引

2012年全国非农业、农业人口(表) 386

2012年全国分年龄、性别的人口数(表) 327

2012年各省、自治区、直辖市分性别、婚姻状况的人口数(表) 356

2012年各省、自治区、直辖市分性别、受教育程度的人口数(表) 348

2012年各省、自治区、直辖市分性别的15岁及以上文盲人口（表）515

2012年各省、自治区、直辖市个体就业人数(表) 413

2012年各省、自治区、直辖市各级普通学校生师比(表) 508

2012年各省、自治区、直辖市工伤保险情况(表) 455

2012年各省、自治区、直辖市户数、人口数(表) 324

2012年各省、自治区、直辖市户数、人口数、性别比和平均家庭户规模(表) 340

2012年各省、自治区、直辖市基层医疗卫生机构诊疗人次、住院人数(表) 485

2012年各省、自治区、直辖市结婚登记服务情况(二)(表) 440

2012年各省、自治区、直辖市结婚登记服务情况(一)(表) 438

2012年各省、自治区、直辖市居民消费水平(表) 466

2012年各省、自治区、直辖市老龄事业情况发展概况(二)(表) 436

2012年各省、自治区、直辖市老龄事业情况发展概况(一)(表) 434

2012年各省、自治区、直辖市离婚办理服务情况(表) 442

2012年各省、自治区、直辖市每10万人口各级学校平均在校生数(表) 506

2012年各省、自治区、直辖市农村改厕工作情况(表) 501

2012年各省、自治区、直辖市农村改水情况(表) 500

2012年各省、自治区、直辖市农村居民家庭平均每人消费支出（表）464

2012年各省、自治区、直辖市农村居民家庭住房情况(表) 478

2012年各省、自治区、直辖市农村居民最低生活保障情况(表) 418

2012年各省、自治区、直辖市农村五保供养情况(表) 422

2012年各省、自治区、直辖市农村乡镇卫生院及床位、人员数（表）482

2012年各省、自治区、直辖市农村养老服务机构(表) 428

2012年各省、自治区、直辖市人口城乡构成(表) 364

2012年各省、自治区、直辖市人口年龄构成和抚养比(表) 365

2012年各省、自治区、直辖市人口数及人口自然变动情况(表) 323

2012年各省、自治区、直辖市生育保险情况(表) 456

2012年各省、自治区、直辖市失业保险情况(表) 454

2012年全国市非农业、农业人口(表) 387

2012年各省、自治区、直辖市市户数、人口数(表) 325

2012年各省、自治区、直辖市私营企业就业人数(表) 412

2012年各省、自治区、直辖市特殊教育基本情况(表) 512

2012年各省、自治区、直辖市卫生人员数(表) 481

2012年各省、自治区、直辖市县非农业、农业人口(表) 388

2012年各省、自治区、直辖市县户数、人口数(表) 326

2012年全国乡村分年龄、性别的人口数(表) 336

2012年各省、自治区、直辖市乡村分性别、婚姻状况的人口数（表）362

2012年各省、自治区、直辖市乡村分性别、受教育程度的人口数(表) 354

2012年各省、自治区、直辖市乡村分性别的15岁及以上文盲人口(表) 518

2012年各省、自治区、直辖市乡村户数、人口数、性别比和平均家庭户规模(表) 346

2012年各省、自治区、直辖市乡村人口年龄构成和抚养比(表) 368

2012年各省、自治区、直辖市新型农村合作医疗情况(表) 499

2012年各省、自治区、直辖市医疗救助及其他农村救济(表) 421

2012年各省、自治区、直辖市医疗卫生机构床位数(表) 480

2012年各省、自治区、直辖市医疗卫生机构数(表) 479

2012年全国镇分年龄、性别的人口数(表) 333

2012年各省、自治区、直辖市镇分性别、婚姻状况的人口数(表) 360

2012年各省、自治区、直辖市镇分

性别、受教育程度的人口数（表）352

2012年各省、自治区、直辖市镇分性别的15岁及以上文盲人口(表)517

2012年各省、自治区、直辖市镇户数、人口数、性别比和平均家庭户规模(表)344

2012年各省、自治区、直辖市镇人口年龄构成和抚养比(表)367

2012年各省、自治区、直辖市自然灾害损失情况(表)446

2012年各省、自治区、直辖市社会福利院(表)432

2012年全国15岁及以上人口分年龄、性别的婚姻状况(表)370

2012年全国28种传染病报告发病及死亡数(表)498

2012年全国部分市分性别前10位疾病死亡专率及死亡原因构成(表)491

2012年全国部分县分性别前10位疾病死亡专率及死亡原因构成(表)491

2012年全国采取各种避孕措施分布(表)399

2012年全国采取各种避孕措施分布与上年比较(表)400

2012年全国采取各种节育措施人数(表)397

2012年全国采取各种节育措施人数与上年比较(表)398

2012年全国城市15岁及以上人口分年龄、性别的婚姻状况(表)374

2012年全国城市医院住院病人前10位疾病构成(表)490

2012年全国城市育龄妇女分年龄、孩次的生育状况(表)390

2012年全国分孩次出生政策符合率(表)393

2012年全国分孩次出生政策符合率与上年比较(表)394

2012年全国高等教育学校(机构)学生数(表)510

2012年全国各级各类学历教育学生情况(表)511

2012年全国户籍人口和暂住人口状况 128

2012年全国户籍人口状况 128

2012年全国民族自治地方行政区划和人口数(表)322

2012年全国实施各种节育手术例数(表)401

2012年全国实施各种节育手术例数与上年比较(表)402

2012年全国县级医院住院病人前10位疾病构成(表)490

2012年全国乡村15岁及以上人口分年龄、性别的婚姻状况(表)382

2012年全国乡村育龄妇女分年龄、孩次的生育状况(表)392

2012年全国行政区划(表)321

2012年全国医院收入与支出(表)486

2012年全国已婚育龄妇女领证情况及避孕率(表)395

2012年全国已婚育龄妇女领证情况及避孕率与上年比较(表)396

2012年全国育龄妇女分年龄、孩次的生育状况(表)389

2012年全国暂住人口状况 129

2012年全国镇15岁及以上人口分年龄、性别的婚姻状况(表)378

2012年全国镇育龄妇女分年龄、孩次的生育状况(表)391

2012年全国综合医院门诊病人、住院病人次均医药费用(表)489

2012年人民生活基本情况（表）457

2012年中国社会服务事业发展概况 151

2012年我国城乡15岁及以上人口婚姻构成状况(表)126

2012年中国教育事业发展概况 136

2012年中国人才事业发展概况 140

2012年中国人才事业工作要点回顾 140

2012年中国人口发展概况 123

2012年中国人口和计划生育事业发展概况 130

2012年中国人口活动大事记 275

2012年中国社会保障事业发展概况 132

2012年中国卫生事业发展概况 146

2012年全国综合医院收入与支出(表)487

51.27%的城镇化率是否高估了中国城镇化水平:国际背景下的思考 257(a)

60岁以上老年人口占全国总人口比重(表) 152

HIV 统计(二)(表) 541

HIV 统计(一)(表) 540

A

澳门特别行政区 525

澳门特别行政区14岁及以上人口

索 引

受教育程度(表) 527

B

保障特殊群体平等接受义务教育 112(a)

编辑说明 1

变革中的劳动关系研究:中国劳动争议的特点与趋向 257(b)

不断巩固和发展民族团结进步事业,营造各民族和谐发展的社会环境 38(b)

不断提高留守儿童教育水平 118(a)

不同年龄劳动力的就业途径(表) 196

不同年龄组的就业时间(表) 195

不同文化程度劳动力的就业时间(表) 195

不同文化水平外出劳动力的就业类型(表) 194

不同研究显示的资本边际报酬下降(图) 163

C

财政部 发展改革委 教育部 人力资源社会保障部关于扩大中等职业教育免学费政策范围进一步完善国家助学金制度的意见 114(a)

财政部 民政部关于印发《城乡最低生活保障资金管理办法》的通知 80(a)

蔡昉 157

残疾人保障国际论坛(2012) 314(b)

城乡居民社会保障体系实现制度

全覆盖 132

"城市化:动态、问题与治理"国际学术会议 315(a)

城乡最低生活保障资金管理办法 80(a)

城镇化率的定义与标准 201

城镇化率的统计方法 202

城镇化要从"要素驱动"走向"创新驱动" 257(b)

城镇劳动力市场雇佣关系的演化及影响因素 258(a)

城镇人口比重继续稳步提高 125

充分认识深化收入分配制度改革的重要性和艰巨性 58(b)

充分认识义务教育均衡发展的重要意义 110(b)

充分认识做好随迁子女升学考试工作的重要性 109(b)

出生人口性别比和总人口性别比均呈下降态势 124

出生性别比 174

传染病统计(二)(表) 551

传染病统计(一)(表) 550

从"民工荒"看我国"刘易斯转折点"与农民就业转型 258(a)

充分发挥商会(协会)预防调节劳动争议的作用 88(b)

促进高校办出特色 93(b)

促进就业是保障和改善民生的头等大事 70(a)

促进劳动力外出就业需要关注的几个问题 199

D

大力发展教育、科技、卫生、就业和社会保障事业,不断提高民族地区

基本公共服务水平 35(a)

大力提高教师专业化水平 106(b)

大力推进科教和人才队伍建设 149

大事记 275

"单独"育龄妇女总量、结构及变动趋势研究 256(a)

当前我国农村外出劳动力的构成 188

到底能生多少孩子?——中国人的政策生育潜力估计 258(b)

邓力源 226

邓志喜 188

第二届城市社会论坛 316(b)

第二届中国世界城市史论坛 312(b)

第六届"亚洲女性论坛" 313(a)

对劳动争议结果的满意程度(表) 212

对延迟退休年龄的争论 305

E

儿童发展统计(二)(表) 537

儿童发展统计(三)(表) 538

儿童发展统计(四)(表) 539

儿童发展统计(一)(表) 536

二元转型及其动态演进下的刘易斯转折点讨论 258(b)

F

发病率统计(表) 549

发达地区人口、土地与经济城镇化协调发展研究 259(a)

繁荣发展高校哲学社会科学 96(a)

反思当前城镇化发展中的五种偏

向 259(a)

非农就业、社会保障与农户土地转出——基于30镇49村476个农民的实证分析 259(b)

非农业、农业人口 386

非正规就业劳动关系的调整机制----基于对城市农民工群体的调查 259(b)

分地区劳动争议案件占全国比例(图) 208

妇女发展统计(二)(表) 535

妇女发展统计(一)(表) 534

附录 299

覆盖面进一步扩大,基本实现人人享有社会保障 132

G

改革高校科研管理机制 96(b)

改革考试招生制度 97(a)

概况 123

高度重视留守儿童工作 116(b)

高速增长是一种赶超现象(图) 159

个人特征、家庭特征对农村非农就业影响的实证 260(a)

各年龄段农村劳动力外出就业行业(表) 192

各年龄段外出劳动力的就业类型(表) 194

各年龄组的年龄构成(表) 190

各年龄组外出劳动力的就业地点分布(表)191

各学历农村劳动力外出就业行业(表) 193

工会建设与外来工劳动权益保护 260(a)

公安部治安管理局户政管理处 128

公共就业服务范围及主要内容 85(b)

公共就业服务基本原则 85(b)

公共卫生与健康 479

公共支出结构与农村减贫——基于省级面板数据的证据 260(b)

巩固本科教学基础地位 94(b)

构建养老保障体系机会与挑战并存 309

估计的各个时期GDP潜在生产率(图) 164

鼓励民间资本参与居家和社区养老服务 43(b)

鼓励民间资本参与提供基本养老服务 44(a)

鼓励民间资本参与养老产业发展 44(a)

鼓励民间资本举办养老机构或服务设施 43(b)

关于"新农保"制度可持续性的讨论 307

关于深化收入分配制度改革的若干意见 57(b)

关于特殊人群的养老保障的改革问题 306

关于养老金缺口的问题 304

关于做好进城务工人员随迁子女接受义务教育后在当地参加升学考试工作的意见 109(b)

郭叶波 242

国际经验的借鉴与启示 308

国家抚恤、补助优抚对象(表) 154

国家基本公共服务体系"十二五"规划 1(b)

国家免费孕前优生项目全面推进工作会议 311(b)

国家人口发展"十二五"规划实施研讨会 317(a)

国家人口和计划生育委员会办公厅研究室 130

国家人口计生委召开2011年度工作总结大会 310(a)

国家社会福利制度发展战略研讨会 318(a)

国内人口红利理论文献研究 233

国外人口红利理论文献研究 226

国务院办公厅关于建立疾病应急救助制度的指导意见 119(b)

国务院办公厅关于印发少数民族事业"十二五"规划的通知 32(b)

国务院办公厅转发教育部等部门关于做好进城务工人员随迁子女接受义务教育后在当地参加升学考试工作的意见的通知 109(a)

国务院关于加强教师队伍建设的意见 105(a)

国务院关于加强食品安全工作的决定 100(a)

国务院关于进一步加强和改进最低生活保障工作的意见 76(a)

国务院关于深入推进义务教育均衡发展的意见 110(b)

国务院关于印发国家基本公共服务体系"十二五"规划的通知 1(a)

国务院批转发展改革委等部门关于深化收入分配制度改革的若干意见的通知 57(b)

过往高速增长靠的是人口红利(图) 160

H

合理配置教师资源 112(a)

何珊珊 151

胡锦涛 49(b)

环境污染对劳动生产率的影响研究 260(b)

会议动态 310

会议综述 299

获得重新配置效率的途径（图）171

J

积极开展厂办大集体职工再就业工作 89(b)

积极应对人口老龄化战略研讨会 314(a)

基层社会保障服务设施建设加强，经办管理服务能力不断提高 134

基于 SYS-GMM 的中国人口结构变化与经济增长关系研究 261(a)

集体谈判的影响因素分析——基于一家合资企业集体谈判历史变迁的实证研究 261(a)

集体协商与"国家主导"下的劳动关系治理——指标管理的策略与实践 261(b)

计划生育 389

技术创新对就业的影响：创造还是毁灭工作岗位——以福建省为例 261(b)

技术进步、资本深化、产业升级与大学生就业——2001-2010 年中国省级面板数据分析 262(a)

继续加大民族工作交流合作力度，不断提升对外和对港澳台交流与合作水平 40(b)

继续完善初次分配机制 60(a)

加大对民间资本进入养老服务领域资金支持 45(a)

加大食品安全监管力度 101(a)

加快健全再分配调节机制 61(b)

加强创新创业和就业指导服务 95(a)

加强对民间资本进入养老服务领域指导规范 45(a)

加强非公有制企业劳动争议调解与仲裁工作的衔接 89(a)

加强非公有制企业劳动争议预防调解工作的组织实施 89(a)

加强非公有制企业劳动争议预防调解工作的指导思想和目标任务 88(a)

加强高校基础条件建设 99(b)

加强高校经费保障 99(b)

加强和创新社会管理 51(b)

加强和改进最低生活保障工作的政策措施 76(b)

加强和改进学校管理 113(a)

加强监督管理 87(b)

加强教师队伍建设的指导思想、总体目标和重点任务 105(b)

加强教师思想政治教育和师德建设 106(a)

加强公共就业服务体系建设 86(a)

加强民族理论政策体系和民族法律体系建设，提高民族工作决策和管理水平 39(b)

加强少数民族各类人才队伍建设，提升民族地区发展的智力支撑能力 39(a)

加强深化收入分配制度改革的组织领导 64(a)

加强师德师风建设 98(b)

加强食品安全工作的组织领导 104(b)

加强食品安全监管能力和技术支撑体系建设 103(a)

加强组织领导，进一步落实管理责任 79(a)

家庭儿童收养（表）152

家庭发展专题研究 179

坚定不移沿着中国特色社会主义道路前进　为全面建成小康社会而奋斗（节选）49(b)

建立健全促进农民收入较快增长的长效机制 62(b)

建立健全教师管理制度 107(a)

建设优质教育资源共享体系 98(a)

健康、劳动参与及中国农村老年贫困 262(a)

健康状况（二）（表）533

健康状况（一）（表）532

健全公共就业服务经费保障机制 87(a)

健全教育质量评估制度 95(b)

教育部 136

教育部等 5 部门关于加强义务教育阶段农村留守儿童关爱和教育工作的意见 116(b)

教育部关于全面提高高等教育质量的若干意见 93

教育和公共卫生 93

教育统计（二）（表）543

教育统计（一）（表）542

教育质量：国际学生评估项目的结果 298

教育状况 502

进一步健全食品安全监管体系 100(b)

进一步完善中等职业教育国家助学金制度 115(a)

经济增长、收入差距与农村贫困 262(b)

— 569 —

经济增长与不平等对农村贫困的影响 262(b)

均衡配置办学资源 111(b)

K

空间依赖、碳排放与人均收入的空间计量研究 263(a)

扩大中等职业教育免学费政策范围 114(a)

L

"狼来了"并不可怕 157

劳动保护、工作福利、社会保障与农民工城镇就业 263(a)

劳动关系氛围和员工工作满意度：组织承诺的调节作用 263(a)

劳动就业 404

劳动就业和社会保障 70

劳动力供给与就业 175

劳动力市场"去管制化"与"知识失业" 263(b)

劳动力自由迁移为何如此重要？——基于代际收入流动的视角 263(b)

劳动年龄人口的受教育程度国际比较(图) 162

劳动契约、员工参与与相互投资型劳动关系 264(a)

劳动争议案件处理方式(图) 209

劳动争议的基本状况 206

劳动争议解决的最终结果（表）212

劳动争议原因(图) 209

劳动争议状况及影响因素 210

"老龄健康"的经济学研究 256(b)

老年生活状况 176

李桂芝 123

李乾源 146

李玉柱 299

李月 173

历年分地区劳动争议案件数（图）207

历年劳动争议案件数和案件发生率(图) 207

粮食补贴政策与农户非农就业行为研究 264(a)

两岸人力资源开发与交流研讨会 314(a)

流动儿童歧视、社会身份冲突与城市适应的关系 264(b)

流动儿童社会融合的代际传承 264(b)

流动人口规模不断扩大 125

流动人口婚育及生存状况 179

流动人口社会融合 177

流动人口在城市劳动力市场中的地位：三群体研究 265(a)

流动人口专题研究 177

陆杰华 173

论我国罢工立法与罢工转型的关系 265(a)

落实民间资本参与养老服务优惠政策 44(b)

落实食品生产经营单位的主体责任 102(a)

M

马冠生 218

孟颖颖 304

民政部关于鼓励和引导民间资本进入养老服务领域的实施意见 43(a)

民族地区教育基础薄弱县普通高中建设工程 36(a)

民族地区双语教育推进工程 35(b)

民族地区双语科普工程 36(b)

民族地区义务教育学校标准化建设工程 36(a)

民族法规体系建设工程 40(a)

民族工作对港澳台交流与合作工程 41(a)

民族工作对外交流与合作工程 40(b)

民族理论政策研究工程 40(a)

民族事务服务体系建设工程 41(b)

民族团结进步创建工程 39(a)

民族医药保护与发展工程 37(a)

民族院校和民族地区高校教育质量提升工程 36(a)

民族院校和民族地区高校学生锻炼平台搭建工程 36(a)

明确留守儿童工作的基本原则 117(a)

明确加强食品安全工作的指导思想、总体要求和工作目标 100(a)

目录 1

N

农村劳动力外出就业的基本特征 190

农村劳动力就业地域的变化（表）198

农村劳动力外出地域(表) 191

农村劳动力外出就业行业（表）192

农村外出劳动力的就业地点分布（表）190

索 引

农民对新型农村合作医疗的福利认同及其影响因素 265(b)
农民工城镇化的分层路径:基于意愿与能力匹配的研究 265(b)
农民工的劳动合同状况及其影响因素研究 266(a)
农民工人力资本与工资关系的性别差异及户籍地差异 266(a)
农牧区幼儿园建设工程 36(a)
努力办好人民满意的教育 49(b)
努力构建民族事务服务体系,不断提高民族事务管理和服务水平 41(a)

P

潘晨光 140

Q

其他专题研究 180
企业劳动关系和谐度实证研究:基于大连地区的企业调查 266(b)
千方百计增加居民收入 50(a)
潜在生产率下降的政策含义 163
强化工作保障,确保各项政策措施落到实处 78(b)
强化农业农村发展基础,推动城乡发展一体化 64(b)
切实保障教师合法权益和待遇 108(a)
切实改善留守儿童教育条件 117(b)
切实解决厂办大集体职工的养老保险等社会保险问题 90(a)
全国历年按城乡分就业人员数(表) 406
全国历年按三次产业分就业人员数(表) 405

全国历年城市社会救济和城市居民最低生活保障(表) 415
全国历年城乡居民家庭人均收入和消费支出(表) 465
全国历年城乡居民家庭人均收入及恩格尔系数(表) 474
全国历年城乡新建住宅面积和居民住房情况(表) 477
全国历年各级各类学校毕业生数(表) 507
全国历年各级各类学校数(表) 502
全国历年各级各类学校在校学生数(表) 505
全国历年各级各类学校招生数(表) 504
全国历年各级各类学校专任教师数(表) 503
全国历年结婚登记情况(表) 441
全国历年居民消费水平(表) 467
全国历年离婚办理情况(表) 444
全国历年农村社会救济和农村居民最低生活保障(表) 419
全国历年自然灾害情况(表) 445
全国人口和计划生育形势分析会 311(a)
全国人口和计划生育综合改革工作会议 318(b)
全国人口计生利益导向工作会议 312(a)
全国综合治理出生人口性别比偏高暨重点治理年工作会议 313(a)
全面提高义务教育质量 112(b)
权少伟 201
确保教师队伍建设政策落到实处 108(b)

R

人口变化与经济发展 175
人口承载力研究的演进、问题与展望 266(b)
人口城镇化 178
人口构成 364
人口红利、结构红利与区域经济增长 267(a)
人口红利:理论辨析、现实困境与理性选择 267(a)
人口红利理论研究新进展 226
人口红利消失之后日本经济的衰落(图) 167
人口红利已经消失 160
人口婚姻、家庭状况保持稳定 126
人口基本公共服务 181
人口结构、城镇化与碳排放 267(b)
人口与经济专题研究 175
人口老龄化的区域经济效应分析——基于新古典经济增长模型 267(b)
人口老龄化与经济增长 177
人口老龄化专题研究 176
人口流动、财政支出结构与城乡收入差距 268(a)
人口流动行为与效应 179
人口数和户数、人口自然变动 323
人口素质稳步提高 127
人口挑战与社会融合国际研讨会 312(b)
人口统计(二)(表) 529
人口统计(一)(表) 528
人口研究方法与应用:健康老龄的生物人口学与多状态事件史分析国际研讨会 317(b)
人口与发展 1

571

人口与环境专题研究 180

人口与经济统计(二)(表) 531

人口与经济统计(一)(表) 530

人口转变理论再审视 180

人口总量继续保持低速增长 123

人力资本、劳动力市场分割与性别收入差距 268(a)

人力资源社会保障部 财政部 卫生部关于开展基本医疗保险付费总额控制的意见 82(b)

人力资源社会保障部 中华全国工商业联合会关于加强非公有制企业劳动争议预防调解工作的意见 88(a)

人力资源社会保障部办公厅关于进一步贯彻落实国务院开展厂办大集体改革工作的指导意见的通知 89(b)

人力资源社会保障部财政部关于进一步完善公共就业服务体系有关问题的通知 85(b)

人力资源社会保障部关于执行《工伤保险条例》若干问题的意见 90(b)

人力资源社会保障部关于做好H7N9禽流感患者医疗保障工作的通知 120(a)

人力资源社会保障部 总后勤部等5部门关于军人退役养老保险关系转移接续有关问题的通知 73(b)

人民生活水平 457

如何提高潜在生产率 167

S

三类地区制造业资本密集度（图）166

少数民族濒危语言抢救与保护工程 38(a)

少数民族传统文化展演评奖活动 37(b)

少数民族古籍保护工程 38(a)

少数民族和民族地区干部教育培训工程 39(b)

少数民族人才发展工程 39(b)

少数民族事业"十二五"规划 33(a)

少数民族特色村寨保护与发展工程 35(a)

少数民族特需商品传统生产工艺和技术保护工程 35(a)

少数民族文化读本编辑出版工程 37(b)

少数民族文物保护工程 38(a)

少数民族语言文字规范化信息化建设工程 38(a)

设立疾病应急救助基金 119(b)

社会保险 447

社会保障基金规模扩大，保障水平稳步提高 133

社会保障与社会服务 415

社会服务 151

社会服务机构床位(表) 151

社会服务基本情况 151

社会服务基本情况(表) 151

社会救助情况(表) 153

社区服务机构(表) 155

深化医改重点工作全面推进 146

生育分析方法 174

生育政策和生育水平 173

生育专题研究 173

失地对中国农村居民健康风险的影响分析 264(b)

"十二五"时期残疾人基本公共服务国家基本标准 27-28

"十二五"时期公共文化体育服务国家基本标准 24-25

"十二五"时期国家提供的残疾人基本公共服务 26

"十二五"时期基本住房保障服务国家基本标准 21-22

"十二五"时期基本公共教育服务国家基本标准 6

"十二五"时期基本社会服务国家基本标准 14-15

"十二五"时期基本医疗卫生服务国家基本标准 17

"十二五"时期劳动就业公共服务国家基本标准 9

"十二五"时期人口和计划生育基本服务国家基本标准 19-20

"十二五"时期社会保险服务国家基本标准 11-12

"十二五"时期我国劳动关系发展走势与应对之策 257(a)

"十二五"时期政府提供的基本公共教育服务 4

"十二五"时期政府提供的基本社会服务 12

"十二五"时期政府提供的基本医疗卫生服务 15

"十二五"时期政府提供的基本住房保障服务 20

"十二五"时期政府提供的劳动就业公共服务 7

"十二五"时期政府提供的人口和计划生育基本服务 18

"十二五"时期政府提供的社会保险服务 9

"十二五"时期政府提供的公共文化体育服务 23

实现"人人老有所养"：构建覆盖城

乡的中国特色社会养老保障体系——"2012养老保障国际论坛"

会议综述 304

实现人才强国梦想的思考 142

世界人口数据 528

世界人口数据部分指标解释 560

首届全国社会保障教学研讨会 316(b)

首届中美婚姻家庭治疗国际研讨会 315(b)

受到鼓励的产业产能过剩更加严重(图) 165

数据 319

数据类目 320

双重角色定位下的工会跨界职能履行及作用效果分析 268(b)

说明 319

死亡统计(二)(表) 545

死亡统计(三)(表) 546

死亡统计(一)(表) 544

四次人口普查与2011、2012年人口抚养比(表) 124

索引 563

T

台湾省 519

谭相东 146

唐代盛 226

提高教师业务水平和教学能力 99(a)

提高劳动参与率的增长效应（图）168

提高全要素生产率的增长效应（图）170

提高人民健康水平 50(b)

提起过与未提起过劳动争议的劳动力基本特征比较(表) 213

提起劳动争议的年份(图) 211

提起劳动争议的主要原因（表）211

提升高校科技创新能力 96(a)

提升公共就业服务水平 86(a)

体面劳动背景下我国集体谈判制度的构建 269(a)

统筹推进城乡社会保障体系建设 50(b)

统筹做好随迁子女和流入地学生升学考试工作 110(a)

统筹做好政策法规、国际合作交流等各项工作 150

推动非公有制企业普遍建立劳动争议协商调解机制 88(b)

推动实现更高质量的就业 50(a)

推动形成公开透明、公正合理的收入分配秩序 63(b)

推动优质教育资源共享 111(a)

推进民族事务信息化建设 41(b)

妥善处理厂办大集体职工的劳动关系 90(a)

W

外出劳动力的就业类型(表) 193

外出劳动力的就业时间(表) 195

外出劳动力的来源构成(表) 190

外出劳动力的年龄构成(表) 189

外出劳动力的文化程度构成（表）189

外出劳动力的性别构成(表) 188

外国人在中国永久居留享有相关待遇的办法 48(a)

完善教师分类管理 99(a)

完善人才培养质量标准体系 93(b)

完善研究生资助体系 97(b)

完善中国特色现代大学制度 97(b)

汪泽英 132

王美艳 206

卫生费用统计(二)(表) 558

卫生费用统计(三)(表) 559

卫生费用统计(一)(表) 557

卫生服务覆盖率(二)(表) 553

卫生服务覆盖率(三)(表) 554

卫生服务覆盖率(一)(表) 552

卫生规划及信息化工作发挥重要支撑作用 149

卫生资源统计(二)(表) 556

卫生资源统计(一)(表) 555

魏后凯 242

温家宝 64(b)

温家宝 70(a)

文献选载 1

文摘 256

我国城镇化率与非农业人口比重状况 201

我国劳动关系协调机制整体推进论纲 269(a)

我国劳动密集型小企业劳动关系问题研究 269(b)

我国企业劳动关系和谐度的评价与建议:基于问卷调查的实证分析 269(b)

我国企业劳动关系和谐指数评价指标之研究 270(a)

我国人口年龄结构的变化（图）124

五年来我国农村劳动力外出就业的新变化 196

武洁 201

X

习近平 67(a)
香港特别行政区 521
"新生代农民工家庭的社会融入"研讨会 318(a)
新型农村合作医疗改革与发展战略论坛 314(b)
行政区划 321
性别失衡下的婚姻问题 181
学术研究综述 226

Y

亚洲构建可持续老龄化社会研讨会 315(a)
养老服务和养老产业的供需现状 307
养老模式 176
药品、食品安全监管和卫生监督执法全面加强 148
医疗卫生服务能力和安全质量得到提升 147
以保障和改善民生为重点,全面提高人民物质文化生活水平 65(b)
因地制宜制定随迁子女升学考试具体政策 110(a)
因灾死亡(含失踪)人口(表) 154
英文目录 577
营养调查的目的 218
营养调查的内容 218
影响潜在生产率的因素变化(图) 162
预期寿命与中国家庭储蓄 270(a)

Z

在改善民生和创新管理中加强社会建设 49(b0
在十二届全国人大一次会议闭幕上的讲话 67(a)
增长、就业与社会支出——关于社会政策的"常识"与反"常识" 270(b)
增强高校社会服务能力 96(b)
张恒春 188
赵慧英 140
赵丽云 218
浙江非公企业劳资矛盾与工会调节作用研究:基于农民工租住地工会的实证研究 270(b)
政府工作报告(节选) 64(b)
制定家庭暴力防治法可行性研讨会 310(a)
致患因素(二)(表) 548
致患因素(一)(表) 547
中法家庭发展政策研讨会 311(b)
中共中央组织部 人力资源社会保障部 公安部关于印发《外国人在中国永久居留享有相关待遇的办法》的通知 47(b)
中国必须通过的减速关 157
中国边民与毗邻国边民婚姻登记办法 45(b)
"中国城市化的反思与创新"学术研讨会 313(b)
"中国城市化的反思与创新"学术研讨会综述 299
中国城市化的进程、意义与可能遭遇的"陷阱" 299
中国城市化面临的困境和失衡 301
中国城镇化"推进模式"研究 271(a)
中国城镇化格局变动与人口合理分布 271(a)
中国城镇化战略研讨会 312(a)
中国居民营养状况调查与监测 218
中国科技与世界前沿的差距(图) 171
中国劳动力市场的户籍分割效应及其变迁——工资差异与机会差异双重视角下的实证研究 271(b)
中国劳动学会劳动科学教育分会2012年年会 317(b)
中国劳动争议的状况及影响因素 206
中国流动人口人力资本回报与社会融合 272(a)
中国农村居民收入地区差异的社会经济影响 247
中国农村居民收入地区差异变迁 242
中国农村居民收入地区差异成因 244
中国农村居民收入地区差异研究述评 242
中国农村劳动力外出就业的新变化 188
中国农民养老生命周期补偿理论及补偿水平研究 272(a)
中国区域间人口红利差异分解及解释——基于数据包络分析模型 272(b)
中国人口城镇化率统计与推算方法探讨 201
中国人口年龄结构合理转化问题研究 272(b)

中华人民共和国老年人权益保障法 51(b)

中国社会保障 30 人论坛年会（2012）310(a)

中国省际人口迁移区域模式变化及其影响因素——基于 2000 年和 2010 年人口普查资料的分析 273(a)

中国细分行业的就业创造研究 273(a)

中国行业工资集体协商效果的实证分析：以武汉餐饮行业为例 273(b)

中国制造业部门劳动报酬比重下降及其动因分析 273(b)

中华人民共和国民政部令（第 45 号）45(b)

中日韩应对人口老龄化问题国际研讨会 313(b)

中医药工作更加注重服务基层、贴近群众 149

重大疾病防控、卫生应急、妇幼卫生及健康教育工作取得明显成效 147

逐步构建社会关爱服务机制 118(b)

专论 157

专文 157

转型社会的劳资关系：特征与走向 274(a)

准确把握深化收入分配制度改革的总体要求和主要目标 59(b)

着力发展少数民族文化事业和文化产业，不断满足各族群众精神文化需求 37(a)

着力推动民族地区加快发展，不断改善各族群众生产生活条件 34(a)

宗教参与对我国高龄老人死亡风险的影响分析 274(b)

最低工资标准提升的劳动力供给效应——基于回归间断设计的经验研究 274(b)

中国中产阶层的兴起

2000年到2010年之间,中国的经济总量翻了3倍,成为仅次于美国的全球第二大经济体。中国过去的经济增长主要是投资所拉动的,由于私人储蓄率较高,消费水平一直相对较低。造成这一状况的主要原因有三:居民收入水平较低、社会保障体系不完善以及倚重投资的经济结构。

自2010年以来,很多研究指出,要推动中国经济未来持续增长,需要培育和刺激中产阶层的消费热情。这需要部分借力于中国的城镇化进程,因为城市能够提供广阔的市场,使人们能够更加方便地购买各类商品;而各种类型的企业也应该为中产阶层消费者提供更有针对性的服务。据估计到2020年,中国的城市人口中约有51%为中产阶层。

在中国,越来越多的人将成为新的中产阶层成员,他们的生活方式也在发生着变化,并对城市消费产生拉动作用。大学入学率水平的逐步提高意味着年轻人成家立业的年龄也随之后延,他们更喜欢娱乐和旅行消费等内容。中国女性的独立性和职业发展前景相对以往也有很大改善,这有助于缩小男女之间的收入差距,同时也推动针对女性的商品和服务需求水平提高。

(摘编自联合国开发计划署、中国社会科学院城市发展与环境研究所:《2013中国人类发展报告:可持续与宜居城市——迈向生态文明》)

英文目录

Contents

Editor's Notes	1
1. Selections from Documents	1
·Population and Development	1
Circular of the State Council on Printing and Issuing the Plan for the National Basic Public Service System During the Period of the Twelfth Five-year Plan(July 11,2012)	1
Plan for the National Basic Public Service System During the Period of the Twelfth Five-year Plan	1
Circular of the General Office of the State Council on plan for Undertakings Relating to Ethnic Minorities During the Period of the Twelfth Five-year(July12,2012)	32
Plan for Undertakings Relating to Ethnic Minorities During the Period of the Twelfth Five-year	33
The Implementation Opinions of the Ministry of Civil Affairs on Issues Regarding Encouraging and Guiding Private Capital Investment to the Area of Old-age Service(July 24,2012)	43
Decree of the Ministry of Civil of the People's Republic of China(No. 45)(August 8,2012)	45
Measures for Marriage Registration of Residents of Border Areas of China and Neighboring Countries	45
Circular of The Organization Department of CPC Central Committee,the Ministry of Human Resources and Social Security,the Ministry of Public Security and Other Departments on Printing and Issuing Measures for Relevant Treatments Enjoyed by Foreigners with Permanent Residence Status in China(September 25,2012)	47
Measures for Relevant Treatments Enjoyed by Foreigners with Permanent Residence Status in China	48
Firmly March on the Path of Socialism with Chinese Characteristics and Strive to Complete the Building of a Moderately Prosperous Society in All Respects(excerpt)	
——Report to the Eighteenth National Congress of Communist Party of China on November 8, 2012 ***Hu Jintao***	49
Law of the People's Republic of China on Protection of the Rights and Interests of the Elderly(December 28,2012)	51
Circular of the State Council on Approving and Transmitting the Several Opinions of the National Development and Reform Commission and Other Departments on Deepening Reform of the Income Distribution System(February 3,2013)	57
Several Opinions on Deepening Reform of the Income Distribution System	58
Report on the Work of the Government (excerpt)	
——Delivered at the First Session of the 12th National People's Congress on March 5, 2013 ***Wen Jiabao***	64
Speech on the Closing Ceremony of the First Session of the Twelfth National People's Congress (March 17,2013) ***Xi Jinping***	67
·Employment and Social Security	70

Promote Employment is the Top Priority of Ensuring and Improving People's Wellbeing(July 17,2012) **Wen Jiabao** 70

Notifications of the Ministry of Human Resources and Social Security, the General Logistics Department of PLA and Other Departments on Issues Regarding the Transferring of Ex-servicemen's Endowment Insurance(August 20,2012) 73

Opinions of the State Council on Further Strengthening and Improving the Work of Minimum Subsistence Guarantee (September 1,2012) 76

Circular of the Ministry of Finance and the Ministry of Civil Affairs on Printing and Issuing the Measures for Administration of the Funds for Guaranteeing Minimum Subsistence in Urban and Rural Areas(September 28,2012) 80

Measures for Administration of the Funds for Guaranteeing Minimum Subsistence in Urban and Rural Areas 80

Opinions of the Ministry of Human Resources and Social Security, the Ministry of Finance and the Ministry of Health on Issues Regarding the Total Amount Control of Basic Medical Insurance(November 14,2012) 82

Notifications of the Ministry of Human Resources and Social Security and the Ministry of Finance on Issues Regarding Further Improving the Public Employment Service System(December 26,2012) 85

Opinions of the Ministry of Human Resources and Social Security and the All-China Federation of Industry & Commerce on Enforcing Labour Conflict Prevention and Mediation in Non State-Owned Enterprises(January 10,2013) 88

Notification of the General Office of the Ministry of Human Resources and Social Security on Further Implementing State Council's Suggestions on Factor-run Collective Firms Reform(April 16,2012) 89

Opinions of the Ministry of Human Resources and Social Security on Several Problems in Implementing "Work-related Injury Insurance Regulations"(April 25,2012) 90

· **Education and Public Health** 93

Several Opinions of the Ministry of Education on Improving the Quality of Higher Education in an All-round Way (March 16,2012) 93

Decision of the State Council on Enhancement of Food Safety(June 23,2012) 100

Opinions of the State Council on Building a Strong Contingent of Teachers(August 20,2012) 105

Circular of the General Office of the State Council on Transmitting and Issuing the Opinions of the Ministry of Education and Other Departments on Fulfilling the Work for Granting Access to the Children of Rural Migrant Workers in Cities to Local Entrance Examinations After Their Compulsory Education(August 30,2012) 109

Opinions on Fulfilling the Work for Granting Access to the Children of Rural Migrant Workers in Cities to Local Entrance Examinations After Their Compulsory Education 109

Opinions of the State Council on Further Promoting the Balanced Development of Compulsory Education (September 5,2012) 110

Opinions of the Ministry of Finance, the National Development and Reform Commission, the Ministry of Education and the Ministry of Human Resources and Social Security on Increasing Application of Tuition-waiver Policies in Secondary Vocational Education and Further Improving the State Students Stipends System(October 22,2012) 114

Suggestions of the Ministry of Education and Others on Enhancing Care and Educational Work for Rural Left-Behind Children in Compulsory Education Stage(January 4,2013) 116

Guiding Opinions of the General Office of the State Council on Establishing the Disease Emergency Relief System (February 22,2013) 119

Notification of the General Office of the Ministry of Human Resources and Social Security on Preparing Medicare for Avian Flu Subtype H7N9 Patients(April 18,2013) 121

2.Survey 123

China's Population in 2012 *Li Guizhi* 123

An Overview of Household Registered Population and Floating Population in China in 2012
Census Office, The Ministry of Public Security 128

China's Profile of Population and Family Planning Program in 2012
The General Office of the National Population and Family Planning Commission 130

China's Social Security Development in 2012 *Wang Zeying* 132

China's Education Development in 2012 *The Ministry of Education* 136

Development of Chinese Talents in 2012 *Pan Chenguang and Zhao Huiying* 140

The Overview of China's Health Care Development in 2012 *Tan Xiangdong and Li Qianyuan* 146

China's Social Services Work in 2012 *He Shanshan* 151

3.Monograph 157

·Special Essays 157

Tackling the Economic Slowdown in China *Cai Fang* 157

Review and Comments on China's Demographic Studies in 2012 *Lu Jiehua and Li Yue* 173

The New Changes of Rural Migrant Labor in China *Zhang Hengchun and Deng Zhixi* 188

The Probe into Methods of Statistic and Estimation of Urbanization Rate *Wu jie and Quan Shaowei* 201

The Situation of Labor Disputes and Its Determinants in China *Wang Meiyan* 206

The China National Nutrition and Health Survey *Ma Guansheng and Zhao Liyun* 218

·Academic Research Review 226

New Development in Demographic Dividend Theory *Tang Daisheng and Deng Liyuan* 226

Literature Review on Regional Income Differences of Rural Residents in China *Guo Yebo and Wei Houkai* 242

·Digest 256

Analysis on the Structure of Post-90s College Graduates' Employability 256

The Changing Numbers and Structure of the "Only-child" Women in Fertility Age 256

A Review of Economics Analysis on the Elderly Health 256

On the Development Trend of Labor Relations during 12th Five Year Plan in China and its Countermeasures 257

Is the Figure of 51.27 Percent an Over-estimation of China's Urbanization Rate? Some Thoughts in the International Context 257

The Changing Dynamics of Employment Relations in China: Characteristic and Trends of Labor Disputes 257

Urbanization Transition in China: From a Factor-driven to an Innovation-driven Approach 257

Evolution of Employment Relations in Urban China 258

Research on Our Country's "Lewis Turning Point" and Peasant Employment Transformation Based on the Shortage of Rural Migrant Workers 258

How Many Births We Have? The Potential Birth Estimation under Policy 258

Title	Page
Lewis Turning Point from Dual Economy Transition and Dynamic Evolutionary Point of View	258
Coordinate Development among Population, Land and Economy Urbanization in Developed Area	259
Rethinking of Five Deviations of Urbanization in China	259
Non-agricultural Employment, Social Security and Farmer's Land Transfer: An Empirical Analysis Based on 476 Farmers in 30 Towns and 49 Villages	259
The Adjustment Mechanism of Informal Employment Relations——A Survey on the Urban Migrant Workers	259
Empirical Analysis on the Effects of Individual Features and Family Traits to Non-agricultural Employment in Rural Areas	260
The Construction of Trade Unions and Protection for Migrant Workers' Labor Right	260
Structure of Public Expenditure and Rural Poverty Reduction—Based on Evidence of Panel Data on Provincial Level	260
The Impact of Pollution on Labor Productivity	260
An Analysis of the Relationship between Demographic Change and Economic Growth of China Based on System GMM	261
Determinants of Collective Bargaining—A Longitudinal Study on a Joint Venture Enterprise	261
Collective Consultation and the Governance of Labor Relations under State Dominance: The Strategies and Practices of Index Management	261
The Impact of Technological Innovation on Employment: Hypothesis, Theory and Positive Analysis	261
Technology Progress, Capital Deepening and Industry Upgrading and the Employment of College Graduates: An Empirical Study on 2001-2010 Panel Data of the Chinese Provinces	262
Health, Labour Participation and Poverty of the Rural Elderly in China	262
Economic Growth, Inequality and Poverty in Rural China	262
The Impact of Economic Growth and Inequality on Rural Poverty in China	262
Spatial and Econometric Analysis of Spatial Dependence, Carbon Emissions and Per Capita Income	263
Labor Protection, Work Benefits, Social Security and Urban Employment of Rural Migrant Workers	263
Labor Relations Climate and Job Satisfaction: The Moderating Role of Organizational Commitment	263
"Deregulation" in the Labor Market and "Educated Unemployment"	263
Why Free Labor Migration is so Important?——Based on the Perspective of Intergenerational Income Mobility	263
Labor Contract, Employee Participation and Mutual Investment Employment Relations	264
Study on the Relationship between Grain Subsidy Policies and Farmer's Non-agricultural Employment	264
Discrimination, Social Identity Conflict and Floating Child's City Adaptation	264
Inter-generational Heritage of the Assimilation of Migrant Children	264
The Urban Labor Market Status of China's Floating Population: A three-Group Approach	265
On China's Law on Strike and Transformation of Strike Modes	265
Farmer's Recognition of the Welfare Effects of the New Type Rural Cooperative Medicare System and the Determinants	265
Farmer's Relocation from Rural Areas to Urban Areas: Matching Willingness with Capacity	265
The Research on Status and Determinants of Labor Contract in Migrant Workers	266
The Gender Difference and Household Registration Difference in the Relationship between Human Capital and Wage Rate of Rural Migrant Workers	266

An Empirical Study on Corporate Labour Relations Harmony Index: A Survey on Enterprises in Dalian	266
Research on Population Carrying Capacity: Evolution, Problems and Prospect	266
Demographic Dividend, Structure Dividend and Regional Economic Growth	267
Demographic Dividend: Theoretical Analysis, Reality Dilemma and Rational Choice	267
Population Structure, Urbanization and Carbon Emission	267
Population Movement, Structure of Fiscal Expenditure and Income Gap between Urban and Rural Residents	268
Human Capital, Labor Market Segmentation and Gender Income Gap	268
A Health Risk Assessment of Landless Rural Residents under Land Requisition	268
The Effect Analysis of Trade Union's Boundary-Spanning Behaviour under Dual Roles	268
The Foundation of A Collective Bargain System Based on the Decent Work	269
A Proposal on Establishing China's Labour Relations Regulation System	269
The Research of Labour Relations in China's Small Labour-Intensity Enterprises	269
The Evaluation and Suggestions to Chinese Harmonious Enterprise Labour Relations: Based on a Survey	269
On the Harmonious Labour Relations Index in Enterprises and its Evaluation System	270
Life Expectancy and Household Saving in China	270
Growth, Employment and Social Spending: Rethinking the Conventional Wisdom on Social Policy	270
On Labour and Capital Conflicts and Union Regulation in Non-Public Enterprises in Zhejiang Province: An Empirical Study Based on Migrant Workers Rent Residence	270
On the "Development Mode" of Chinese Urbanization	271
General Trends of Urbanization and Rational Distribution of Urban in China	271
Empirical Research on the Household Registration System Evolvement on Labor Market Segmentation in China: From Dual Perspectives of Employment Opportunities and Wage Gap	271
Returns to Human Capital and Social Integration of Migrants in China	272
Research on the Theory and Standard of Peasants' Life Cycle Pension Compensation	272
A Breakdown Study and Interpretation of Regional Demographic Bonus Difference in China: Based on Data Envelopment Analysis Model	272
Research on Feasible Transition of Age Structure in China	272
China's Inter-Provincial Migration Patterns and Influential Factors: Evidence from Year 2000 and 2010 Population Census of China	273
Employment Creation and Structural Adjustment under the Mode of New Industrialization in the Sub-sectors of China	273
An Empirical Analysis of Industrial Collective Bargaining Outcomes in China: An Example from Wuhan Restaurant and Catering Industry	273
The Decreasing of Labor-share in China's Manufacturing Sector and Its Mechanism Analysis	273
Labour Capital Relations in the Transition Society: Characteristics and Trends	274
Impact of Religious Attendance on Mortality Risk of China's Oldest Old	274
Labor Supply Effects of the Promotion of Minimum Wage: An Empirical Research Based on Regression Discontinuity Design	274

4.Events	275
Major Events of China's Population in 2012	275
5.Appendix	299
·Conference Overview	299
Review of "China's Urbanization: Rethinking and Creation" Conference　　*Li Yuzhu*	299
Realization"All Elder Will be Looked After": Establishing Chinese Characteristic Social Pension System Covering Urban and Rural Areas	
— Review of 2012 International Academic Symposium on Old-Age Security　　*Meng Yingying*	304
·Conference News	310
2011 annual summary Assembly of National Population and Family Planning Commission	310
Chinese social security 30 Forum(2012)	310
Seminar on drafting the feasibility of domestic violence prevention law	311
The conference of analyze national population and family planning situation	311
The state of promoting the free pre-pregnancy project work conference	311
Seminar on the family development policy of China and French	311
Chinese urbanization strategy seminar	312
Interest orientation of the population and family planning work conference	312
The second forum of the world City history in China	312
International Symposium on population challenges and social integration	312
The sixth Asian women forum	313
International Symposium on deal with the aging in China, Japan and South Korea	313
Seminar on China's urbanization Reflection and Innovation	313
The annual work conference of National comprehensive management of birth population sex Ratio	313
Seminar on the Cross strait human resource development and exchange	314
Actively dealing with the aging strategy seminar	314
Forum on the reform and development strategy of new rural cooperative medical system	314
International Forum on the protection of disabled persons(2012)	314
International conference on the dynamic, problems and governance of urbanization	315
Conference on the building sustainable Aging Society in Asia	315
The first International Symposium on the marriage and family therapy of China and American	315
New urbanization development Forum in Guangzhou (2012)	316
The second forum of the city social	316
The first national social security teaching seminar	316
Seminar on the twelfth five-year planning and Implementation of national population development	317
Research methods and application of demography: International Symposium on the bio-demographic and multi state event history analysis of healthy aging	317

Annual Conference of Labor Science Education Committee, China Association for Labor Studies	317
Seminar on the social integration of new-age peasant workers family	318
Seminar on the development strategy of the national social welfare system	318
National population and family planning comprehensive reform work conference	318

6.Data — 319

·Notes of Data — 319
·Category of Data — 320
·Division of Administrative Areas — 321

1.Divisions of Administrative Areas in China (2012)	321
2.Administrative Division and Population of Ethnic Minority Autonomous Areas(2012)	322

·Numbers of Population, Household and Natural Change of Population — 323

3.Total Population and Natural Changes by Region (2012)	323
4.Household and Population by Region (2012)	324
5.Household and Population of Cities by Region (2012)	325
6.Household and Population of Rural by Region (2012)	326
7.Population by Age, Sex and Region (2012)	327
8.Population of Cities by Age, Sex and Region (2012)	330
9.Population of Towns by Age, Sex and Region (2012)	333
10.Population of Rural by Age, Sex and Region (2012)	336
11.Birth Rate, Death Rate and Natural Growth Rate of Population (1978-2012)	339
12.Households, Population, Sex Ratio and Household Size by Region (2012)	340
13.Households, Population, Sex Ratio and Household Size of Cities by Region (2012)	342
14.Households, Population, Sex Ratio and Household Size of Towns by Region (2012)	344
15.Households, Population, Sex Ratio and Household Size of Rural by Region (2012)	346
16.Population by Sex, Educational Attainment and Region (2012)	348
17.Cities Population by Sex, Educational Attainment and Region (2012)	350
18.Towns Population by Sex, Educational Attainment and Region (2012)	352
19.Rural Population by Sex, Educational Attainment and Region (2012)	354
20.Population by Sex, Marital Status and Region (2012)	356
21.Cities Population by Sex, Marital Status and Region (2012)	358
22.Towns Population by Sex, Marital Status and Region (2012)	360
23.Rural Population by Sex, Marital Status and Region (2012)	362

·Composition of Population — 364

24.Population by Urban and Rural Residence and Region(2012)	364
25.Age Composition and Dependency Ratio of Population by Region(2012)	365
26.Age Composition and Dependency Ratio of Cities Population by Region(2012)	366
27.Age Composition and Dependency Ratio of Towns Population by Region(2012)	367

28. Age Composition and Dependency Ratio of Rural Population by Region(2012) — 368
29. Proportion of Urban Population by Region (2005-2012) — 369
30. Population Aged 15 and Over by Age, Sex and Marital Status(2012) — 370
31. Cities Population Aged 15 and Over by Age, Sex and Marital Status(2012) — 374
32. Towns Population Aged 15 and Over by Age, Sex and Marital Status(2012) — 378
33. Rural Population Aged 15 and Over by Age, Sex and Marital Status(2012) — 382

·Population by Non-Agricultural and Agricultural — 386
34. Population of Non-Agricultural and Agricultural by Region(2012) — 386
35. Population of Non-Agricultural and Agricultural of Cities by Region(2012) — 387
36. Population of Non-Agricultural and Agricultural of Rural by Region(2012) — 388

·Family Planning — 389
37. Age-specific Fertility Rate of Women at Childbearing Ages by Age of Mother and Birth Order (2012) — 389
38. Age-specific Fertility Rate of Cities Women at Childbearing Ages by Age of Mother and Birth Order(2012) — 390
39. Age-specific Fertility Rate of Towns Women at Childbearing Ages by Age of Mother and Birth Order(2012) — 391
40. Age-specific Fertility Rate of Rural Women at Childbearing Ages by Age of Mother and Birth Order(2012) — 392
41. Parity-Specific Birth Control Rate (2012) — 393
42. Parity-Specific Birth Control Rate(2012)(compared to same period the previous year) — 394
43. Number of Married Women of Childbearing Age and Those Applying for Only-Child Certificate and Contraceptive Rate (2012) — 395
44. Number of Married Women of Childbearing Age and Those Applying for Only-Child Certificate and Contraceptive Rate (2012)(compared to same period the previous year) — 396
45. Number of People Adopting Various Contraceptive Methods (2012) — 397
46. Number of People Adopting Various Contraceptive Methods (2012)(compared to same period the previous year) — 398
47. Distribution of People by Contraceptive Use (2012) — 399
48. Distribution of People by Contraceptive Use (2012)(compared to same period the previous year) — 400
49. Number of Birth Control Operations (2012) — 401
50. Number of Birth Control Operations (2012)(compared to same period the previous year) — 402
51. Cases of Sterilization Operation(1971~2012) — 403

·Labor and Employment — 404
52. Employment (2008-2012) — 404
53. Number of Employment Persons by Three Strata of Industry — 405
54. Number of Employment Persons in Urban and Rural Areas — 406
55. Number of Employment Persons in Urban Units by Sector and Region (2012) — 408
56. Number of Employment Persons in Urban Units by Sector (2003-2012) — 410
57. Number of Employment Persons in Private Enterprises by Region (2012) — 412
58. Number of Self-Employed Individual by Region (2012) — 413
59. Registered Unemployed Persons and Unemployed Rate in Urban Area by Region (1990-2012) — 414

·Social Security and Social Services 415

60. Urban Social Relief and Minimum Life Guarantee 415
61. Urban Minimum Life Guarantee and Other Social Relief by Region (2012) 416
62. Rural Minimum Life Guarantee by Region (2012) 418
63. Rural Social Relief and Minimum Life Guarante 419
64. Medical Aid (2004-2012) 420
65. Medical Aid and Other Rural Social Relief by Region (2012) 421
66. Rural Five Guarantee by Region (2012) 422
67. Average Standards of Minimum Life Guarantee and Social Relief (1999-2012) 424
68. Average Level of Expenditure of Minimum Life Guarantee and Social Relief (1999-2012) 425
69. Statistics of Pension Agencies in Urban by Region (2012) 426
70. Statistics of Pension Agencies in Rural by Region (2012) 428
71. Statistics of Child Welfare by Region (2012) 430
72. Social Welfare Homes by Region (2012) 432
73. Development Situation on Ageing by Region (2012) (1) 434
74. Development Situation on Ageing by Region (2012) (2) 436
75. Marriage Registration by Region (2012) (1) 438
76. Marriage Registration by Region (2012) (2) 440
77. Marriage Registration 441
78. Divorces Handled by Civil Affairs System by Region (2012) 442
79. Divorces Handled by Civil Affairs System 444
80. Losses Caused by Natural Disasters 445
81. Natural Disasters Losses by Region (2012) 446

·Social Insurance 447

82. Basic Statistics of Social Insurance (2004-2012) 447
83. Revenue, Expenses and Balance of Social Insurance Fund (1990-2012) 448
84. Statistics on Urban Employee Basic Pension Insurance by Region (2012) 449
85. Number of People Participated in Urban Basic Pension Insurance (1990-2012) 450
86. Statistics on Basic Pension Insurance for Urban and Rural Residents by Region (2012) 451
87. Persons Covered of Urban Basic Medical Care Insurance by Region (2012) 452
88. Revenue and Expenses of Urban Basic Medical Insurance by Region (2012) 453
89. Statistics of Unemployment Insurance by Region (2012) 454
90. Statistics of Work Insurance by Region (2012) 455
91. Statistics of Maternity Insurance by Region (2012) 456

·People's Livelihood 457

92. Basic Statistics on People's Living Conditions (2012) 457
93. Per Capita Annual Income of Urban Households by Sources and Region (2012) 458

94.Per Capita Annual Net Income of Rural Households by Sources and Region (2012)	459
95.Per Capita Annual Consumption Expenditure of Urban Households by Region (2012) (1)	460
96.Per Capita Annual Consumption Expenditure of Urban Households by Region (2012) (2)	462
97.Per Capita Consumption Expenditure of Rural Households by Region (2012)	464
98.Family Income and Expenditure Per Capita of Urban and Rural Region	465
99.Statistics of Consumption Level by Region (2012)	466
100.Statistics of Consumption Level	467
101.Total Wages Bill of Staff and Workers and Related Indices in Urban by Region(2012)	468
102.Total Wages Bill of Staff and Workers and Related Indices in Urban(1995~2012)	469
103.Average Wage of Staff and Workers and Related Indices by Region (2012)	470
104.Average Wage of Staff and Workers and Related Indices(1995-2012)	472
105.Per Capita Annual Income and Engel's Coefficient of Urban and Rural Households (2012)	474
106.The living Level of Urban and Rural Residents, Salaries and Housing of Employees (1978-2012)	475
107.Basic Conditions of Rural Households of Eastern, Central, Western and Northeastern Region(2012)	476
108.Floor Space of Newly Built of Residential Building and Housing Conditions of Urban and Rural Residents	477
109.Housing Conditions of Rural Households by Region(2012)	478

· Public Health 479

110.Number of Health Institutions by Region(2012)	479
111.Number of Beds by Region in Health Institutions(2012)	480
112.Number of Health Personnel by Region(2012)	481
113.Number of Township Health Centers, Beds & Personnel by Region(2012)	482
114.Number of Village Clinics and Personnel by Region(2012)	483
115.Number of Visits and Inpatients in Hospitals by Region (2012)	484
116.Number of Visits and Inpatients in Grass-roots Health Care Institutions by Region (2012)	485
117.Income & Expenditure of Hospitals(2012)	486
118.Income & Expenditure of General Hospitals by Grade(2012)	487
119.Average Medical Expense Per of Outpatient and Inpatient in Public of Health Sector(2012)	488
120.Average Medical Expense Per of Outpatient and Inpatient in Government-run Hospital of Health Sector(2012)	489
121.Percentage of 10 Main Diseases of Inpatients in City Hospitals of Health Sector (2012)	490
122.Percentage of 10 Main Diseases of Inpatients in County Hospitals of Health Sector(2012)	490
123.Death Rate of 10 Main Diseases in Certain Cities (2012)	491
124.Death Rate of 10 Main Diseases in Certain Rural(2012)	491
125.Child Health by Region (2011)	492
126.Child Health (1990-2011)	493
127.Neonatal Mortality Rate, Infant Mortality Rate, Mortality Rate of Children Under 5-year Old and Maternal Mortality Rate in Surveillance Region (1991-2011)	494
128.Maternal Health by Region (2011) (1)	495

129.Maternal Health by Region (2011) (2)	496
130.Maternal Health (1990–2011)	497
131.Number of Reported Incidence and Death of 28 Infectious Diseases(2012)	498
132.Statistics on New Cooperative Medical System by Region (2012)	499
133.Improvement of Rural Drinking Water Supply by Region (2012)	500
134.Improvement of Rural Hygienic Toilets by Region(2012)	501

· Education 502

135.Number of Schools by Level and Type of School (1978–2012)	502
136.Number of Full-time Teachers by Level and Type of School (1978–2012)	503
137.Number of New Students Enrollment by Level and Type of School (1978–2012)	504
138.Number of Students Enrollment by Level and Type of School (1978–2012)	505
139.Number of Students per 100 000 Population by Region (2012)	506
140.Number of Graduates by Level and Type of School (1978–2012)	507
141.Students-Teachers Ratio by Level of Regular Schools by Region (2012)	508
142.Net Enrollment Ratio of Primary Schools and Promotion Rate of Various Schools (1990–2012)	509
143.Number of Students in Regular Institutions of Higher Education (2012)	510
144.Basic Statistics on Students by Level and Type of Education (2012)	511
145.Basic Statistics on Special Education by Region (2012)	512
146.Educational Funds by Region (2011)	513
147.Educational Funds in Various School (2011)	514
148.Illiterate Population Aged 15 and Over by Sex and Region (2012)	515
149.Cities Illiterate Population Aged 15 and Over by Sex and Region (2012)	516
150.Towns Illiterate Population Aged 15 and Over by Sex and Region (2012)	517
151.Rural Illiterate Population Aged 15 and Over by Sex and Region (2012)	518

· Taiwan Province 519

152.Main Indicators of Area and Population of Taiwan Province (2008–2012)	519
153.Labor Force and Employment of Taiwan Province (2008–2012)	519
154.Medical Facilities and Health Personnel of Taiwan Province (2004–2011)	520
155.Net Enrolment Rate and Public Expenditure for Education of Taiwan Province (2004–2012)	520

· Hong Kong Special Administrative Region 521

156.Main Indicators of Area and Population of Hong Kong Special Administrative Region (2008–2012)	521
157.Labor Force and Unemployment of Hong Kong Special Administrative Region (2008–2012)	521
158.Employed Persons by Industry of Hong Kong Special Administrative Region (2008–2012)	522
159.Visitor Arrivals by Country/Territory of Hong Kong Special Administrative Region (2008–2012)	522
160.Conditions of Public Health of Hong Kong Special Administrative Region (2008–2012)	523
161.Educational Attainment of Population Aged 15 and Above of Hong Kong Special Administrative Region (2008–2012)	524

· Macao Special Administrative Region 525
162. Main Demographic Indicator of Macao Special Administrative Region (2008–2012) 525
163. Employed Population by Industry of Macao Special Administrative Region (2009–2012) 525
164. Labor Force and Unemployment of Macao Special Administrative Region (2008–2012) 526
165. Health of Macao Special Administrative Region (2008–2012) 526
166. Educational Attainment of Population Aged 14 and Above of Macao Special Administrative Region 527

· Data of World 528
167. Population Statistics (1) 528
168. Population Statistics (2) 529
169. Statistice of Population and Economics (1) 530
170. Statistice of Population and Economics (2) 531
171. Health (1) 532
172. Health (2) 533
173. Women (1) 534
174. Women (2) 535
175. Children (1) 536
176. Children (2) 537
177. Children (3) 538
178. Children (4) 539
179. HIV/AIDS (1) 540
180. HIV/AIDS (2) 541
181. Education (1) 542
182. Education (2) 543
183. Death Rate (1) 544
184. Death Rate (2) 545
185. Death Rate (3) 546
186. Risk Factors (1) 547
187. Risk Factors (2) 548
188. Morbidity 549
189. Cause-Specific Mortality (1) 550
190. Cause-Specific Mortality (2) 551
191. Coverage Rate of Health Services (1) 552
192. Coverage Rate of Health Services (2) 553
193. Coverage Rate of Health Services (3) 554
194. Statistic of Health Resources (1) 555
195. Statistic of Health Resources (2) 556
196. Health Expenditure (1) 557

197.Health Expenditure (2)	558
198.Health Expenditure (3)	559
·**Explanatory Notes on Data of World**	560
7.Index	563
8.English Contents	577
9.Filler	
1.Ecological Civilization Construction in China	122
2.Education Quality: Information for International Student Assessment Programme	298
3.The Rise of the Middle Class in China	576